公路应急和风险管理国际研讨会论文集

Proceeding of the PIARC International Seminar on Risk and Emergency Management for Roads

交通运输部公路局
交通运输部公路科学研究院 编

人民交通出版社

内 容 提 要

本书为中华人民共和国交通运输部、交通运输部公路科学研究院主编的公路应急和风险管理国际研讨会论文集。全书共分四个部分:公路风险和应急管理理论和技术;与自然灾害、人为灾难及气候变化有关的公路风险管理实践;应急预案与紧急救援和风险防范与紧急处置的实践;社会公众对公路相关风险的认知和接受。

全书收录了近百篇论文,从不同角度对公路应急和风险管理进行了广泛和深入地研讨,是一本内容全面、新颖、具有较高学术水平的专业论文集。本书可供交通行业的科研人员、管理人员、工程技术人员等学习参考。

图书在版编目(CIP)数据

公路应急和风险管理国际研讨会论文集/交通运输部公路局,交通运输部公路科学研究院编. —北京:人民交通出版社,2010.11

ISBN 978-7-114-08740-0

Ⅰ.①公… Ⅱ.①交…②交… Ⅲ.①公路运输—交通运输管理:安全管理—国际学术会议—文集②公路运输—交通运输管理:风险管理—国际学术会议—文集 Ⅳ.①U491-53

中国版本图书馆 CIP 数据核字(2010)第 207724 号

书　　名:公路应急和风险管理国际研讨会论文集
著 作 者:交通运输部公路局　交通运输部公路科学研究院
责任编辑:沈鸿雁　周　宇
出版发行:人民交通出版社
地　　址:(100011) 北京市朝阳区安定门外外馆斜街 3 号
网　　址:http://www.ccpress.com.cn
销售电话:(010) 59757969, 59757973
总 经 销:人民交通出版社发行部
印　　刷:北京市密东印刷有限公司
开　　本:880×1230　1/16
印　　张:31.75
字　　数:981 千
版　　次:2010 年 11 月　第 1 版
印　　次:2010 年 11 月　第 1 次印刷
书　　号:ISBN 978-7-114-08740-0
定　　价:90.00 元
(如有印刷、装订质量问题的图书由本社负责调换)

《公路应急和风险管理国际研讨会论文集》
编　委　会

序

伴随着我国经济的持续高速健康发展，公路交通事业实现了可持续发展。截至2009年年底，我国公路通车总里程逾380万公里，其中高速公路突破6.5万公里，以高速公路为骨架、国省干线公路为主体、县乡村公路为基础的公路交通网络加快形成，为经济社会又好又快发展和人民群众安全便捷出行提供了重要的支撑。然而，中国是个灾害多发的国家，灾害种类多，波及面广，影响严重，各种自然、地质灾害，以及人为事故严重影响了公路网的可靠运行和服务质量，直接威胁人民群众生命安全与公路基础设施安全。

近年来，中国公路交通应急管理先后经历了多次严峻考验，包括2008年南方冰冻雨雪灾害、汶川及玉树大地震、舟曲泥石流和今年汛期南方水灾。在政府的高度重视和科学领导下，我们攻坚克难，成功渡过了难关。公路交通在历次抢险救灾和恢复重建过程中发挥了重大作用。这些特大灾害事件考验了我国的公路应急管理体系与能力，同时也使我们积累了经验，促进了我国公路应急管理工作支撑条件与保障体系的建设。近些年，我国公路应急管理工作取得了可喜的成绩，以《公路交通突发事件应急预案》为总体预案的应急预案体系基本形成；多层级、跨部门的应急会商与协调联动机制基本建立，形成较为完整的快速反应体系；部省两级路网管理与应急处置平台体系建设取得积极进展，为应急保障提供有力的技术支撑；广大交通管理和科研工作者也在公路应急与风险管理方面进行了积极的探索和实践，取得了丰硕的管理与技术成果。

公路应急和风险管理是一项长期工作，任重而道远。要在加强公路应急管理和风险管理问题上取得突破，就要以世界眼光、战略思维来深化认识，就要通过先进的技术手段破解制约公路交通应急工作的突出问题。公路应急和风险管理也是一个全球性的话题，分享经验、交流成果是提高公路应急管理水平的重要途径，也是各国政府和交通从业者的广泛共识。

此次中华人民共和国交通运输部与PIARC联合主办“公路应急和风险管理国际研讨会”，旨在搭建一个学习、交流的平台，促进公路应急和风险管理方面好经验、好方法的共享。研讨会内容十分丰富，涉及风险管理理论与技术，风险和应急管理政策与体系，风险管理和应急处置的实践经验，应急预案和紧急救援，社会公众对风险的认知等方面。这本论文集收录了我国公路交通行业的专家学者和从业人员的近百篇会议论文，集中反映了大家多年的研究成果和实践经验，理论和实用价值较高，对于总结和提升我国公路交通风险管理的经验和水平具有重要的现实意义。

中华人民共和国交通运输部总规划师

2010年11月2日

前　言

为了进一步提高我国交通行业风险管理意识，交流和借鉴国内外公路应急和风险管理的经验，加强与世界各国在风险管理领域的科技交流与合作，中华人民共和国交通运输部与世界道路协会(PIARC)于2010年11月11～13日在北京联合召开“公路应急和风险管理国际研讨会”。此次会议诚邀有关国际组织、政府机构、企业界和学术界等相关人员参会，为我国公路应急和风险管理创造了一个良好的交流、合作和发展的机会。作为此次会议的承办单位，交通运输部公路科学研究院积极准备、精心组织，确保了会议圆满成功。

为适应并满足我国交通行业对风险管理意识的逐步提高和各地日益增长的广泛需求，本次研讨会融合了PIARC TCC3技术委员会在公路交通领域对风险管理的相关研究，内容涉及风险管理理论与技术，风险和应急管理政策和体系的建立，如何对由于自然原因、人为因素或气候变化引起的灾害、事故或事件等进行风险管理和应急处置的实践和经验，应急预案和紧急救援以及社会公众对风险的认知等方面。本次会议提供了各国先进的经验和丰富案例供学习和交流，对全面提升我国公路交通的风险管理能力具有一定的现实意义。为开好大会，交通运输部在全国范围内展开了与会议议题相关的论文征集与出版工作。

围绕会议的四个议题，本论文集也相应分为以下四个部分：

(1)公路风险和应急管理理论和技术；

(2)与自然灾害、人为灾难及气候变化有关的公路风险管理实践；

(3)应急预案与紧急救援和风险防范与紧急处置的实践；

(4)社会公众对公路相关风险的认知和接受。

论文征集工作得到了行业相关人员的广泛关注与大力支持，有关政府部门、大专院校、科研机构、企业及相关单位的专家学者和从业人员积极投稿，共征集到来自各方面的论文近百篇。

本论文集的出版将有助于此次国际会议的深入研讨，在认识层面上，全面提升我国各级交通主管部门对应急管理的理念、体系建立等的总体水平；在技术层面上，各国专家就在应急管理的实践中积累的先进经验和技术进行交流，并对未来的发展趋势进行探讨。通过研讨和交流，加强各国尤其是发展中国家在面对各种自然灾害、气候变化、人为灾难以及威胁安全的风险时运用风险管理先进技术及处理手段的能力，提高应急管理的水平；从政策上、决策上、机制上分析，从方法上、内容上、手段上研究，吸收先进经验，推广最佳实践，最大限度地调动社会力量，减少灾害风险对公路运输产生的负面影响，从而实现以人为本、公路建设运营的可持续性发展。

中国作为发展中国家，虽然在这方面起步较晚，但是经过不断的摸索研究与实践，尤其是在2008年冰冻灾害、汶川地震、北京奥运会等重大实践活动中，积累了一定的经验。这次研讨会的召开，一方面有利于我们进一步了解国外应急管理、风险管理的经验和实践；另一方面也给我们自身创造了一个走向世界的机会，可以藉此展示我们相关领域的研究成果。

论文集在筹备出版的过程中，得到了各级领导的大力支持，在此表示衷心感谢。同时，对所有应征投稿的各界朋友们表示由衷的谢意。书中内容参阅了大量的国内外参考文献，引述文献已尽量予以标注，但难免存在疏漏，在此对各文献作者表示感谢！因编写时间仓促，书中疏漏、不足之处在所难免，恳请专家、同仁和广大读者批评指正。

本书编委会

2010年9月于北京

目　录

公路风险和应急管理理论和技术

与自然灾害、人为灾难及气候变化有关的公路风险管理实践

应急预案与紧急救援和风险防范与紧急处置的实践

社会公众对公路相关风险的认知和接受

公路风险和应急管理理论和技术

基于粗糙集的三峡库岸公路路基安全风险因素权重研究❶

牛衍亮　黄如宝

（同济大学经济与管理学院　上海　200092）

摘　要：从风险分析角度，论文展开了对库岸公路路基各安全风险因素权重的研究，构建了基于粗糙集理论的库岸路基安全风险因素定权模型；且以渝巴路云阳白水滩至南溪段库岸公路为背景，根据该段公路的实际工程情况，对库岸路基安全风险因素进行分析研究，得出适合该路段的各安全风险因素权重。

关键词：库岸路基安全风险　粗糙集模型　安全风险因素　定权

Study on the Weighting of Risk Factors of Bank Roadbed Security along the Three Gorges Based on the Rough Set

Yanliang Niu　Rubao Huang

（School of Economics and Management，Tongji University，Shanghai　200092）

Abstract：In this study，a research conducts upon the weighting of risk factors of bank roadbed security along the Three Gorges. Based on the rough set theory，a weighting model of risk factors is established. Based on the resources and information of the Yuba bank road，this study provides a method to make sure the weight of the factors though the analysis of the actual bank road instances，and provides a strong support to the following process of risk management.

Keywords：risk assessment of bank roadbed security　Rough Set Model　security risk factors　weighting for the factors

0　引言

随着三峡大坝蓄水位达到设计水位，三峡库区公路库岸路基稳定安全风险问题不仅对公路设计、施工有重要的影响，而且对已建公路的安全运营也有重大的影响。但由于导致库区岸坡安全风险的影响因素多，且影响关系复杂，至今尚未形成考虑多因素影响下的库岸公路路基安全风险管理体系。本文针对三峡库区蓄水完成后，库区岸坡安全风险时有发生，库岸路基安全问题存在的风险不仅潜在威胁大，且后果严重。本文从风险分析角度，展开对库岸公路路基安全风险因素权重的研究。

1　三峡库岸路基安全风险因素识别

影响库岸路基安全的风险因素众多，其中包括：社会因素，如社会时局的动荡对三峡库岸公路路基安全可能带来的恶意政治性人为破坏；经济因素，如经济萧条长期不景气致使政府或相关公路管理部门无暇或无能力进行适时合理的修缮养护；军事因素，如突发的战争对三峡库岸公路安全带来的潜在的毁坏性打击。这些风险因素都是有可能对渝巴公路白南段带来安全风险的，然而并不属于本文研究的范畴。本文从工程风险的角度研究库岸公路路基安全性问题。

---

❶本文结合《渝巴公路云阳境内白南段沿线库岸稳定研究》课题完成。

由于各种安全风险因素对两类库岸的影响差异较大，因此需分类研究。通过大量的文献调查与理论研究分析表明影响库岸路基安全风险因素大体可分为两类：内部因素和外部因素。内部因素主要包括：库岸岩、土体结构特性类型和库岸岩、土体坡形。外部因素主要包括：库水影响、降雨影响、不利的人类活动和地震活动性作用。库岸路基安全风险因素可见图1所示。

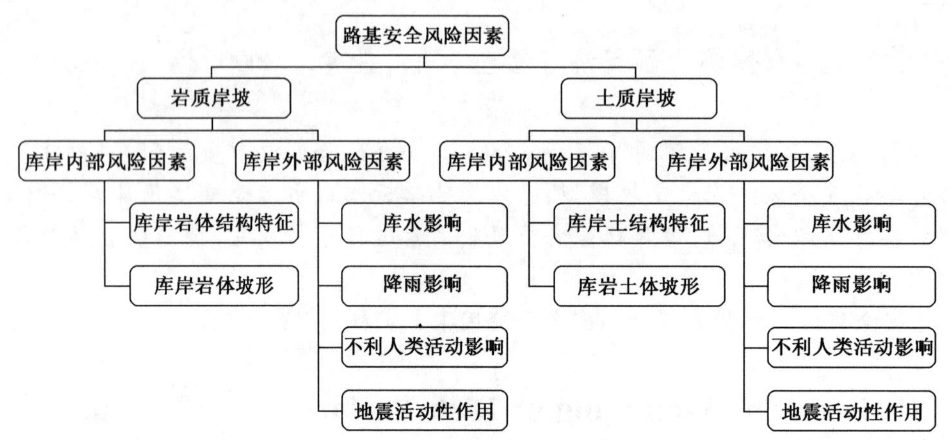

图1 库岸路基安全风险因素

2 基于粗糙集的库岸路基安全风险因素定权方法分析

本文基于粗糙集理论确定权重有如下两个原因。

(1)粗糙集本身的特点

粗糙集理论是一种新的研究不完整数据、模糊的和不确定性知识的表达、学习及归纳的数学工具，为研究不精确数据的分析、推理，挖掘数据间的关系，发现隐含的知识，揭示潜在的规律提供了行之有效的方法。该理论的主要特点是：它无需提供除问题所需处理的数据集合之外的任何先验信息，可以只根据观测数据，比较不完整知识的程度——粗糙度，删除冗余信息，分析属性间的依赖性与重要性，生成分类规则等，因而对问题的不确定性描述或处理是比较客观的。在原始数据主要由专家判断得出的情况下，使用粗糙集理论的定权方法确定指标权重时，在保持解释性较强的优点的同时，还可增加评估的客观性。

(2)适应于特定路段的权重

基于粗糙集理论的库岸路基安全风险模型是针对特定路段的具体数字信息进行的数字挖掘，因此可以得出适应于该路段的各风险因素的相应权重。对评估对象性质的刻画会更有针对性，更客观。

3 渝巴公路云阳境内白南段库岸路基安全风险因素定权

3.1 库岸岩、土体结构特征与坡形特征

由于岩质库岸和土质库岸的性能差别较大，对渝巴路云阳境内白水滩至南溪段库岸路基安全风险的分析依然分为岩质岸坡和土质岸坡两种情况分别讨论。根据渝巴公路白南段坡型特征，结合《长江三峡工程库岸稳定性研究》、《库区公路边坡稳定性分析》、《库岸公路边坡稳定性风险分析》等研究，岩土体结构与坡形特征汇总如下(见表1)。

3.2 基于粗糙集理论的渝巴路白南段库岸路基安全风险因素定权

进行安全风险因素定权有以下几个步骤：

(1)确定知识表达体系

首先以风险因素评估指标体系中的指标组成属性集 $A=\{a_1,a_2,\cdots,a_6\}$，即库岸路基安全风险的六个主要因素：岸坡结构特征、坡形、库水因素、降雨因素、地震因素及人类活动因素；分别以10段岩质库岸和10段

土质库岸组成论域 $X=\{x_1,x_2,\cdots,x_{10}\}$ 分别评价各影响因素的重要性，构建关系表。关系表中的行对应于对象 $x_i(i=1,2,\cdots,10)$，列对应于 x_i 的属性 a_j。数值 π_{ij} 表示对应行所指要素 x_i 的属性 a_j 的取值，各因素的影响程度按影响低、影响较低、影响较高和影响高，以分值 1 到 4 赋值给 π_{ij}。

表 1 库岸岩土体坡形与结构特征分类汇总

公路里程	土质岸坡结构特征	坡高(m)	坡度(度)	公路里程	岩质岸坡结构特征	坡高(m)	坡度(度)
K39+960-K40+770	残坡积土	60～80	35～50	K40+770-K40+980	层状砂岩、黏土岩	70～75	25～40
……	……	……	……	……	……	……	……
K49+930-K50+060	人工堆积土	55～70	25～35	K50+990-K53+330	层状碳酸盐岩	55～75	25～35

(2)确定等价集

以岩性岸坡为例，将知识体系中的因素分为两组 $A_1=\{a_1,a_2\}$；$A_2=\{a_3,a_4,a_5,a_6\}$，分别求其等价类：

$$U/ind(A_1)=\{(x_1),(x_2),(x_3,x_5),(x_4),(x_6,x_7),(x_8),(x_9),(x_{10})\}$$

$$U/ind(A_1-\{a_1\})=\{(x_1,x_6,x_7,x_9),(x_2,x_3,x_5),(x_4),(x_8,x_{10})\}$$

$$U/ind(A_1-\{a_2\})=\{(x_1),(x_2,x_6,x_7),(x_3,x_4,x_5,x_9,x_{10}),(x_8)\}$$

$$U/ind(A_2)=\{(x_1),(x_2),(x_3),(x_4),(x_5),(x_6,x_7),(x_8),(x_9,x_{10})\}$$

$$U/ind(A_2-\{a_3\})=\{(x_1),(x_2,x_9,x_{10}),(x_3),(x_4),(x_5),(x_6,x_7),(x_8)\}$$

$$U/ind(A_2-\{a_4\})=\{(x_1),(x_2,x_6,x_7),(x_3),(x_4,x_5),(x_8),(x_9,x_{10})\}$$

$$U/ind(A_2-\{a_5\})=\{(x_1,x_6,x_7),(x_2,),(x_3),(x_4),(x_5),(x_8),(x_9,x_{10})\}$$

$$U/ind(A_2-\{a_6\})=\{(x_1),(x_2),(x_3,x_4),(x_5),(x_6,x_7),(x_8),(x_9,x_{10})\}$$

(3)定权模型及其改进

给定信息系统 $S=(U,A,V,F)$，$P\in A$，$U/ind(p)=\{X_1,X_2,\cdots,X_n\}$，则知识 P 的信息量定义为：

$$I(P)=\sum_{i=1}^{n}\frac{|X_i|}{|U|}\left(1-\frac{|X_i|}{|U|}\right)=1-\frac{1}{|U|^2}\sum_{i=1}^{n}|X_i|^2 \tag{1}$$

其中，$|X|$ 表示集合 X 的基数，$|X_i|/|U|$ 表示等价类 X_i 在 U 中的概率。

给定信息系统 $S=(U,A,V,F)$，属性 $a\in A$ 在 A 中的重要性定义为：

$$Sig_{A-\{a\}}(a)=I(A)-I(A-\{a\}) \tag{2}$$

当 $A=\{a\}$ 时，用 $Sig(a)$ 表示 $Sig_\phi(a)$：

$$Sig(a)=Sig_\phi(a)=I(A)-I(\{a\}) \tag{3}$$

其中，$U/ND(\phi)=\{U\}$，$I(\phi)=0$。

然而在本案例的计算过程中，当 $A=\{a\}$，若依然按照式(3)计算，则会将该子因素的信息量与母因素信息量比较从而得出其属性重要性；然而当因素数量较少时，根据此式计算则会夸大该因素的重要性。因此，笔者认为在本模型中应作出相应改进，以适合库岸公路安全风险因素定权的研究。当 $A=\{a\}$ 时，其数学含义实际为：通过粗糙度分析，该影响因素对实际结果的影响基本为零，则此时可考虑从风险因素中剔除此项，并根据新的因素集重新计算各因素的信息量。

由以上等价类集合，利用式(1)、式(2)可分别求出 A_1、$(A_1-\{a_1\})$、$(A_1-\{a_2\})$、$(A_2-\{a_3\})$、$(A_2-\{a_4\})$ 等知识的信息量，属性 a_1、a_2、a_3、a_4 的重要性，以及各属性对应指标的影响性，如表 2 所示。

表 2 岩质岸坡因素所属评估指标计算结果

评估指标	指标影响性	对应属性	属性重要性	知识	知识的信息量
内部因素				A_1	0.86
结构特征	0.41	a_1	0.16	$(A_1-\{a_1\})$	0.70
坡形因素	0.59	a_2	0.22	$(A_1-\{a_2\})$	0.64
外部因素				A_2	0.86
库水因素	0.25	a_3	0.04	$(A_2-\{a_3\})$	0.82
降雨因素	0.375	a_4	0.06	$(A_2-\{a_4\})$	0.80
地震因素	0.25	a_5	0.04	$(A_2-\{a_5\})$	0.82
人类活动因素	0.125	a_6	0.02	$(A_2-\{a_6\})$	0.84

同理可得出土质岸坡各属性对应指标的影响性，如表 3 所示。

表 3 土质岸坡因素所属评估指标计算结果

评估指标	指标影响性	对应属性	属性重要性	知识	知识的信息量
内部因素				A_1	0.82
结构特征	0.39	a_1	0.18	$(A-\{a_1\})$	0.64
坡形因素	0.61	a_2	0.28	$(A-\{a_2\})$	0.54
外部因素				A_2	0.88
库水因素	0.42	a_3	0.3	$(A-\{a_3\})$	0.88
降雨因素	0.28	a_4	0.2	$(A-\{a_4\})$	0.68
地震因素	0.14	a_5	0.1	$(A-\{a_5\})$	0.78
人类活动因素	0.16	a_6	0.12	$(A-\{a_6\})$	0.76

因此，根据渝巴公路实际情况的分析数据结合粗糙集因素重要性数学计算，可以得知：渝巴公路云阳境内白南段岩质库岸和土质库岸的内部因素重要性比例大致为：结构特征比坡形因素为四比六；而对岩质岸坡影响较大的外部因素为降雨因素，对土质岸坡影响较大的因素为库水因素。

4 结论与展望

4.1 结论

本文为库岸路基安全风险研究中各因素权重的确定，提供了可针对特定路段的具体情况得出适合于本路段的各风险因素重要程度的可行方法；为渝巴公路白南段库岸公路安全风险管理中进一步进行危险路段重点微观评价及其风险防范措施研究提供了有力支持。

4.2 展望

本文无时间轴坐标，没有考虑不同月份季节同一库岸路基安全风险因素的不同影响性，而动态的风险评价更加客观真实；也没有考虑植被因素对库岸安全风险的影响，而对植被因素的研究可能是一项很好的问题分析解决途径和方法。

由于篇幅原因，本文仅涉及库岸路基安全风险管理第一、二阶段的研究，而未涉及风险管理第三、四阶段风险综合评价和风险防范策略与经济性评价的研究，因此，对于危险路段重点微观评价及其风险防范措施的选择有待于进一步分析研究。

参考文献

[1] 冯文凯. 库岸公路边坡稳定性风险分析[学位论文]. 成都理工大学. 2005. 5.

[2] A. W. Malone,黄润秋. 香港的边坡安全管理与滑坡风险防范. 山地学报,2000, 18(2): 187-192.

[3] 汪小平. 库岸区岩质边坡稳定性分析研究[J]. 铁道勘察,2007. 6:5-10.

[4] 长江水利委员会. 三峡工程地质研究[M]. 武汉:湖北科学技术出版社,1997.

[5] 张文修. 粗糙集理论与方法[M]. 北京:科学出版社,2001.

[6] 巩微,冯东. Rough 集理论及其应用发展[J]. 辽宁大学学报(自然科学版),2007,34(1):78-80.

[7] 蒙清. 基于粗糙集的模糊综合评判[J]. 红河学院学报,2006(4):32-35.

[8] 眭封云. 库区公路边坡稳定性分析[学位论文]. 长安大学. 2006. 5.

[9] 地质矿产部编写组. 长江三峡工程库岸稳定性研究[M]. 北京:地质出版社,1988.

[10] 熊萍,程华斌,吴晓平. 基于粗糙集理论的一种综合定权法[J]. 海军工程大学学报,2003(2):53-56.

[11] 钟波,肖智. 一种基于粗糙集理论的组合预测方法[J]. 统计研究,2002(11):37-39.

[12] 冯文凯,石豫川,王学武,柴贺军,唐胜传. 库区公路岸坡稳定性风险评价基本理论体系[J]. 山地学报,2005. 11(23):702-708.

路面湿滑指数开发及其在交通运行管理中的应用

李长城[1,2] 刘小明[1] 荣 建[1]

（1. 北京工业大学建工学院交通研究中心 北京 100124；
2. 交通运输部公路科学研究院公路交通安全技术交通行业重点实验室 北京 100088）

摘 要：在雨天、雪天、冰冻等天气条件下，路面会因湿润、积水、积雪、结冰或覆盖有污染物而变得湿滑危险，导致路面摩擦系数发生突变，从而对公路通行和行车安全产生不利影响。本文提出了路面湿滑指数的概念，并基于大量研究成果给出了路面湿滑指数的分级和阈值，建立了路面实际摩擦系数和路面湿滑现象描述间的联系。基于停车视距理论分析，提出湿滑路面条件下自由流车速的确定方法，结合通行能力速度——流量关系的研究成果，进而建立不同路面湿滑条件、特定交通流量下推荐限速值的确定方法。在本文研究成果的基础上，给出了路面湿滑指数在高速公路可变限速控制和发布在途驾驶员行车建议与警告信息方面的应用。

关键词：安全 湿滑指数 摩擦系数 公路 限速

Development of Road Slippery Index and Its Application in Traffic Operation Safety

Li Changcheng[1,2] Liu Xiaoming[1] Rong Jian[1]

(1. Beijing University of Technology Beijing 100124;
2. Key Laboratory of Road Safety, Research
Institute of Highway, Ministry of Transport Beijing 100088)

Abstract: Under rain, snow or icy road weather condition, road surface will become slippery due to moisture, water film, snow or ice, or kinds of contaminant such as sand or dirt on the pavement. Slippery road conditions have noticeable impact on traffic safety. In this paper road slippery index is put forward, which builds the link between practical pavement friction coefficient and descriptive phenomena of slippery road. Grading of slippery index and their threshold value are proposed. A method to determine free flow speed is provided based on theoretical analysis of stop sight distance. Combined with speed-flow relationship in highway capacity study, recommended speed limit is determined under different slippery road conditions, at acertain traffic flow rate. Furthermore, the application of slippery index in variable speed limit control on expressway, and advisory and/or warning information provision for drivers on road are proposed based on the study results.

Keywords: Safety Slippery index Friction Highway Speed limit

0 引言

在雨天、雪天、冰冻等天气条件下，路面会因湿润、积水、积雪、结冰或覆盖有污染物而变得湿滑危险，导致路面摩擦系数发生突变，从而对公路通行和行车安全产生不利影响，路面湿滑已成为导致公路交通事故的最主要原因之一。影响路面湿滑的路面情况和天气情况有多种，但对于行车安全的影响其本质上体现在路面实际摩擦系数的降低，以及由此导致的车辆制动距离增加和车辆行驶稳定性的下降。对于公众而言，路面实际摩擦系数是个相对抽象的概念，难以理解以及采取适当的措施；而路面湿滑现象描述又难以客观反映其湿滑程度。因此，有必要提出路面湿滑指数的概念，在路面实际摩擦系数和路面湿滑现象描述间建立联系，从而更好地服务于公众出行和运行管理决策。

1 路面湿滑指数的概念与等级划分

1.1 湿滑指数的概念

如今穿衣指数、洗车指数、污染指数、防晒指数等天气指数预报已经为大众所广泛接受，极大地方便了人们的工作、生活与出行。然而，交通天气指数预报尚处于摸索阶段，部分省市气象部门提供了交通天气指数预报，研究人员也在研究交通天气指数的分级和确定方法，然而，目前尚未形成一致的观点，类似的标准也尚未出台。

不利天气条件对行车安全的影响主要体现在湿滑路面状况（雨、雪、霜、冰）和低能见度条件（雾）两个方面。由于湿滑路面和低能见度对交通安全的影响和作用机理不同，因此，在开发交通气象指数时有必要进行区分。路面湿滑指数用来描述路面抗滑性能的好坏。路面湿滑指数分级反映出由路面温度、路面状态（干燥、潮湿、湿润/积水、冰雪）、路面污染物（砂粒、泥土）等主要因素所决定的路面湿滑程度（路面实际摩擦系数）。路面湿滑指数应具有较强的管理可应用性与良好的公众可接受性。

1.2 湿滑指数的划分

路面湿滑指数依据路面实际摩擦系数划分，不同指数对应的摩擦系数区间阀值的确定需要充分考虑摩擦系数对交通事故的影响、典型路面状况的摩擦系数范围、路面养护技术水平等多方面因素。

《公路沥青路面养护技术规范》(JTJ 073.2—2001)中根据用横向力系数(SFC)或摆式仪的摆值(BPN)表示的路面抗滑系数，将路面抗滑能力分为“优、良、中、次、差”5个等级。当摩擦系数 $F_{PC}\leqslant 37$($F_S\leqslant 40$)时，必须对公路进行维修，并要求维修后的摩擦系数 $F_{PC}\geqslant 45$($F_S\geqslant 54$)，摩擦系数 $F_{PC}\geqslant 50$($F_S\geqslant 42$)属于优等级。

谢静芳等(2006)指出，根据实际路面摩擦的变化范围及其对车辆安全行驶的影响程度，将路面抗滑性能分为良好/正常($F>0.55$)、稍差($F>0.50$)、较差($F>0.40$)、很差($F>0.30$)、极差($F\leqslant 0.30$)5个等级。

当路面刚铺筑完而未通车时，沥青面层集料表面裹附着一层沥青薄膜，随着通车以后轮胎对路面的磨耗作用，在短期内摩擦系数将达到最大值(≥0.70)，然后大约在1～2年时间内，摩擦系数值将逐渐降低（正常降低幅度在15%～25%范围内），最终摩擦系数将长期稳定在0.50附近。

日本对不同路面条件的路面摩擦系数进行测定，其摩擦系数范围如表1所示，从表中可以看出冰、雪、雨对道路抗滑系数有非常大的影响。

表1 不同路面状况的摩擦系数范围

路面状况	摩擦系数范围	路面状况	摩擦系数范围
非常光滑的冰膜	0.05～0.15	积雪下有冰板，压实雪	0.20～0.30
非常光滑的压实雪	0.10～0.20	积雪、轻度压实雪	0.25～0.35
冰板、雪下有冰板	0.15～0.20	湿润路面、干燥路面	0.45～0.65
冰膜	0.15～0.30		

李松龄、裴玉龙(2007)通过研究发现，在冰雪路面的各种状况中，松软雪路面的附着性能相对好一些，压实雪路面次之，附着性能最差的是结冰路面，并给出了各种状况的具体摩擦系数值，如表2所示。

表2 冰雪路面平均摩擦系数

路面	峰值摩擦系数	滑动摩擦系数
雪(松软)	0.3	0.20
雪(压实)	0.2	0.15
冰	0.1	0.07

交通部公路科学研究院通过调查得出，当摆值(由摆式摩擦仪测定)$F_{PC}<35$时，事故将成倍增长。瑞典的一项研究给出了不同路面摩擦系数范围下的事故率，统计数据如表3所示。

表3 不同路面摩擦系数范围与交通事故率的关系

摩擦系数范围	交通事故率(受伤人数/每百万车公里)	摩擦系数范围	交通事故率(受伤人数/每百万车公里)
<0.15	0.80	0.25～0.34	0.25
0.15～0.24	0.55	0.35～0.44	0.20

文斌、曹东伟(2006)对高速公路路面抗滑力与交通事故的关系进行了统计分析，通过大量的调查综合分析认为：雨天事故率受SFC影响非常显著，雨天事故率在路面SFC值较小时较高，随着SFC值增大呈减小的趋势，当SFC小于45时雨天事故有急剧上升的趋势。

综合已有研究成果得到以下结论：干燥清洁的沥青路面在使用一段时间后，其摩擦系数会在较长时间内稳定在0.50以上，车辆在这种路面上行驶不存在打滑的隐患；当路面覆盖有水膜时，摩擦系数会急剧减小，事故率急剧上升，尤其当摩擦系数低于0.35时，交通事故数量将成倍增长；对覆盖有压实雪或冰层的路面而言，路面抗滑性能恶化更加严重，摩擦系数降至0.20以下，一般情况下不具备安全行车条件，即使铺撒砂石，摩擦系数提升也很有限。

综上所述，将湿滑指数划分为4个等级：1级、2级、3级、4级，等级越高，路面摩擦系数越小，路面湿滑状况越差，车辆行驶越危险。将湿滑指数划分为4级是比较合理的：级别过多，相邻级别之间的差异性不显著，不易于准确识别，评估结果缺乏指导性；级别太少，相邻级别的区分度较差，无法有效地为管理部门和驾驶员提供决策参考。

1级——路面抗滑性能正常/良好，车辆可正常行驶，行车比较安全。没有任何覆盖物、干燥清洁的路面通常适用这一指数。

2级——路面抗滑性能稍差，行车存在打滑风险，比较容易发生交通事故，车辆须适当减速慢行，谨慎驾驶。雾天潮湿路面或雨天积水路面通常适用这一指数。

3级——路面抗滑性能较差，车辆容易打滑，交通事故常有发生，车辆必须减速慢行并保持车距，尽量避免紧急制动、猛打轮操作。路面存在少量松散雪，路面出现斑驳分布的冰时通常适用这一指数。

4级——车辆轮胎几乎不能接触路面，摩擦系数很小，路面抗滑性能很差，车辆难以控制，基本不具备安全通行条件，通常需要关闭公路采取铲雪除冰作业。寒冷季节覆盖有压实雪或连续冰层的路面通常适用这一指数。

高速公路路面湿滑指数与摩擦系数范围、路面抗滑性能及路面湿滑状况的对应关系如表4所示。

表4 高速公路路面湿滑指数与摩擦系数范围、路面抗滑性能及路面湿滑状况的对应关系

摩擦系数范围	路面抗滑性能	路面湿滑状况	路面湿滑指数
$F\geqslant 0.5$	正常	干燥清洁路面	1级
$0.35\leqslant F<0.5$	稍差	潮湿；降雨天气，积水	2级
$0.2\leqslant F<0.35$	较差	松散雪；斑驳冰；霜	3级
$F<0.2$	很差	严寒季节，压实雪或冰层	4级

2 湿滑路面条件下安全行车速度的确定

2.1 湿滑路面条件下自由流的车速

停车视距是保障高速公路行车安全的基本条件之一，其基本计算见式(1)。式(1)分为由三部分组成：第一部分为反应时间内行驶的距离，主要决定于行车速度和总反应时间，总反应时间一般取2.5s；第二部分为制动距离，是驾驶员开始制动到汽车完全停止时间内行驶的距离，实际由路面摩擦系数φ来控制，高速公路的路段纵向坡度i(%)一般较小，可忽略不计；第三部分为安全距离，是汽车停止后距障碍物的距离，一般为

5～10m。

$$s = v(t_1 + t_2)/3.6 + v^2/254(\varphi \pm i) + s_{安} \quad (1)$$

如果总反应时间取2.5s，路面摩擦系数取0.50，纵坡取0，安全距离取10m，代入式(1)得到的数值取10的整数倍后，即为我国标准规范中给出的不同设计速度下的停车视距。由此可以看出，停车视距是按照路面摩擦系数相对良好的条件计算得到的，然而，当出现雨、雪、冰冻天气时，路面摩擦系数会显著下降，如果仍然按照正常状况下的速度行驶，实际停车视距就会增加，设计停车视距可能小于实际停车视距，形成安全隐患，此时需要适当地降低车速，使行驶条件不利(湿滑路段及几何条件受限)的路段仍能满足实际停车视距。

《公路工程技术标准》(JTG B01—2003)给出的停车视距是一个固定值，是不同设计速度下对应的设计停车视距，实际上反映的是高速公路线形最不利时的停车视距，通常绝大部分路段的实际视距都远大于设计停车视距。在线形条件不良或路线受地形条件限制时，设计停车视距就成为制约车辆安全行驶速度的主要因素之一，因此，可以将设计停车视距作为约束条件，以路面实际摩擦系数为变量，来确定路面湿滑条件下的最大安全车速或自由流车速 v_f。将公式(1)进行变换可得到 v_f 的计算表达式(2)，式中 $s_{设}$ 为设计停车视距。

$$v_f = \frac{\sqrt{4\,816.36\varphi^2 + 157.4\varphi \cdot s_{设}} - 69.4\varphi}{0.78} \quad (2)$$

由于路面湿滑指数所对应的摩擦系数阀值分别是0.50，0.35和0.20，因此，将120km/h、100km/h、80km/h设计速度对应的停车视距210m、160m、110m和上述摩擦系数值分别代入式(2)，可得到不同湿滑路面状况下的自由流车速，见表5。

表5 不同湿滑路面状况下的自由流车速

设计速度(km/h) \ 自由流车速 \ 摩擦系数	0.50	0.35	0.20
120	120[126]	110	88
100	100[106]	93	75
80	80[83]	73	60

注：表中[ ]内数值为公式计算得到，大于设计速度，为确保安全，取设计速度值。

自由流车速是在交通密度很低的情况下车速，主要取决于其机械性能和道路几何特性。在自由流条件下，车辆行驶不受前后及临近车道行驶车辆的影响。在路面状况良好的条件下，可以近似的把设计速度当作自由流车速；当路面条件发生变化时，如出现路面湿滑，自由流车速按照公式(2)计算。自由流车速确定后，并不意味着车辆可以在当前天气、路面状况下以自由流速度安全行驶，安全行驶车速会受到交通流量的影响。根据通行能力理论，随着流量和密度的增加，交通速度会逐步减低，流量、速度和密度三者之间存在着复杂的关系。

2.2 不同流量条件下的推荐限速值

限速的首要目的是对车速实施控制以寻求车辆在不同等级道路或特定路段上行驶时间与安全风险间的合理平衡点。尤其是当出现恶劣气象、交通事故、大交通流时，为有效控制事故风险，需要针对实时道路、交通、天气情况确定当前适合的限速值。

目前，国内外在基于实时路况的车速调节方面研究较多，不少研究都提出了速度控制的标准，但相关研究大多是基于交通流理论分析或交通仿真方法，由于交通流规律的复杂性，使得理论分析和交通仿真方法都存在一定的局限性。因此，为使实时路况下的合理限速值确定更合理，应基于大量实测数据所反映出的交通流规律来确定适合限速值。

由原交通部公路科学研究所编写的《公路通行能力手册》是在对我国多个城市地区进行调查分析的基础上得到的研究成果，其流量—速度—密度交通流三大参数关系曲线基于大量实测数据，具有较好的适用性。有鉴于此，本文提出了一种确定湿滑路面条件下适合车速(限速值)的综合方法，能够将理论分析与实证研究成果有机地结合起来。推荐限速值的确定包括以下两个主要步骤。

(1)确定当前道路和湿滑条件下的自由流速度。自由流速度的确定采用设计停车视距约束法,即以设计停车视距作为约束条件,测量或估计当前路面摩擦系数,按照停车视距基本计算公式反向推导出自由流速度,具体过程参见本文 2.1 节。

(2)利用通行能力研究成果中的速度—流量关系曲线图确定不同流量下的适合车速,即推荐限速值。按照第(1)步确定自由流速度后,可通过插值方法确定该自由流速度对应的速度—流量曲线,参照此曲线,即可确定不同路面湿滑条件、特定交通流量下的推荐限速值。设计速度 80km/h、100km/h、120km/h 的高速公路,在典型湿滑路面条件下(摩擦系数分别是 0.50、0.35、0.20)的速度—流量关系曲线如图 1、图 2、图 3 所示。

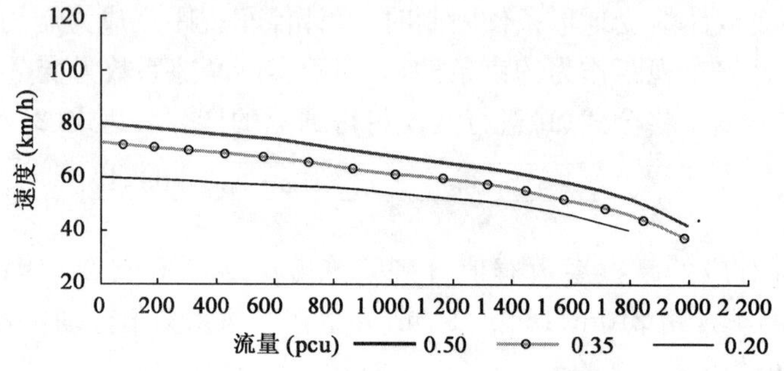

图 1 湿滑路面条件下的速度—流量关系图(设计速度 80km/h)

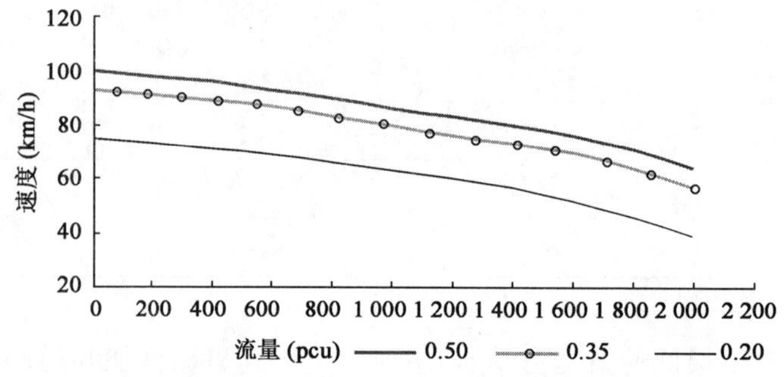

图 2 湿滑路面条件下的速度—流量关系图(设计速度 100km/h)

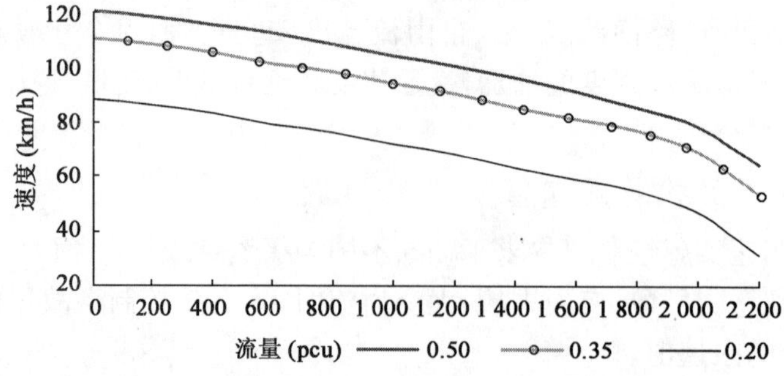

图 3 湿滑路面条件下的速度—流量关系图(设计速度 120km/h)

3 路面湿滑指数的应用

3.1 实施可变限速控制

可变限速控制是高速公路交通流控制的一种重要手段,尤其是在出现恶劣天气、湿滑路面或其他交通事件的情况下,可变限速控制措施能够发挥控制车速、平滑交通、提高运行安全的作用。推荐限速值的确定是实施可变限速控制的关键。湿滑路面条件下限速值的确定需要路面摩擦系数和实时交通流两个参数。路面实际摩擦系数值的可通过专用测试设备或传感器来测量，但更为快捷有效的方式是根据表4中路面湿滑状况描述来估计摩擦系数的大致范围，并确定路面湿滑指数；实时交通流一般可通过车检器获得。路面湿滑指数和交通流量确定后，可根据高速公路的设计速度，比照图1、图2或图3中相应的速度—流量图。

路面湿滑指数为1时，由于路面实际抗滑性能正常或良好，一般可不考虑实施限速，当出现交通事故、大交通流的情况，必要时可考虑实施可变限速控制；路面湿滑指数为2时，根据高速公路的设计速度，参照相应速度—流量图，并根据摩擦系数为0.35的速度—流量曲线确定当前交通流下的推荐限速值；路面湿滑指数为3时，根据高速公路的设计速度，参照相应速度—流量图，并根据摩擦系数为0.20的速度—流量曲线确定当前交通流下的推荐限速值；路面湿滑指数为4时，由于道路非常湿滑，基本不具备通车条件，需要关闭高速公路，按照20～30km/h的限速将车流分流出高速公路。

3.2 发布行车参考信息

当路面出现湿滑状况时，为确保行车安全，除发布限速指令外，还应根据路面湿滑程度和交通流状况发布相应的行车建议与警告信息，更好地引导驾驶员采取适当操作。将交通流状态分为自由流、稳定流、饱和流三种，分别对应一级服务水平、二级和三级服务水平、四级服务水平的上半段。表6给出不同路面湿滑指数条件下各种交通流状况下的行车策略。

表6 高速公路湿滑路面安全行车策略

路面湿滑指数	交通流状态	行车策略	路面湿滑指数	交通流状态	行车策略
1级	自由流	—	3级	自由流	路面湿滑，谨慎驾驶
	稳定流	保持车距		稳定流	路面湿滑，保持车距；避免紧急制动、猛打轮
	饱和流	车流量大，保持车距		饱和流	路面湿滑，减速慢行；避免紧急制动、猛打轮
2级	自由流	注意防滑，谨慎驾驶	4级	自由流	路面非常湿滑，谨慎低速行驶
	稳定流	注意防滑，谨慎驾驶，保持车距		稳定流	路面非常湿滑，谨慎低速行驶；就近驶离高速
	饱和流	注意防滑，减速慢行，车流量大，保持车距		饱和流	路面非常湿滑，谨慎低速行驶；就近驶离高速

4 结论

考虑到路面湿滑状况对行车安全的不利影响，本文提出了路面湿滑指数的概念，并给出了路面湿滑指数的分级和阀值。路面湿滑指数建立了路面实际摩擦系数和路面湿滑现象描述间的联系，在一定程度上克服了路面摩擦系数不易理解、路面湿滑现象描述不够准确的缺陷，能够更好地为运营管理者和公众所理解和接受。本文提出了一种可用于确定湿滑路面条件下、特定交通流率下车辆适合车速/推荐限速值的综合方法，该方法的第一步是基于停车视距理论分析方法确定当前道路和湿滑条件下的自由流速度；第二步是基于通行能力研究成果中的速度—流量关系图，通过插值方法确定该自由流速度对应的速度—流量曲线，参照此曲线便可确定不同路面湿滑条件、不同流率下的推荐限速值。该推荐限速值确定方法将理论分析与实证研究成果有机结合起来，在一定程度上克服了现有研究的不足。本文初步探讨了路面湿滑指数在高速公路可变限速控制和发布在途驾驶员行车建议与警告信息方面的应用方法，为深入开展路面湿滑指数在交通运行管理中的应用进行了有益尝试。

参考文献

[1] 谢静芳，吕得宝，王宝书. 高速公路路面摩擦气象指数预报方法. 气象与环境学报，2006，22(6)：18-21.
[2] 曲海涛，薛龚波. 影响公路路况气象要素分析及路况预报. 山东气象，2002，22(89)：41-42.

[3] 中华人民共和国交通行业标准. JTJ 073.2—2001 公路沥青路面养护技术规范[S]. 北京:人民交通出版社,2004.

[4] 和松,夏礼秀. 高速公路路面摩擦系数的测试与评价[J]. 公路交通科技,2002,19(1):8-11.

[5] 刘利花,张金喜. 高速公路不良天气交通事故分析[J]. 道路交通与安全,2006,6(8):26-29.

[6] 李松龄,裴玉龙. 路面附着性能影响因素分析及其改善对策的研究[J]. 公路,2007,(11):126-130.

[7] Wallman. C. G. and H. Strom. Friction Measurement Methods and the Correlation between Road Friction and Traffic Safety——Literature Review[R]. Swedish National Road and Transport Research Institute. Linkoping. Sweden,2001.

[8] 文斌,曹东伟. 高速公路路面抗滑力与交通事故的统计分析[J]. 公路交通科技,2006,23(8):72-75.

[9] 中华人民共和国交通行业标准. JTG B01—2003 公路工程技术标准[S]. 北京:人民交通出版社,2004.

基于离散元模拟的避险车道制动床长度确定方法研究

张高强[1,2] 程晓辉[3] 孙传夏[4] 刘海涛[3] 张建军[1,2]

(1. 交通运输部公路科学研究院 北京 100088;
2. 公路交通安全技术交通行业重点实验室 北京 100088;
3. 清华大学土木工程系 北京 100084;
4. 河南省公路局 郑州 450052)

摘 要: 本文提供了一种利用颗粒流模型模拟制动器失灵货车驶入避险车道制动床后的运动过程,进而确定制动床长度的方法。该方法所建立的颗粒流模型能够较好地模拟制动器失灵货车驶入避险车道制动床后的运动过程。仿真模拟结果显示,FHWA 方法偏保守,工程设计时制动床长度不应小于 FHWA 方法计算值;制动床坡度越小,FHWA 方法计算出的制动床长度越保守。本文提供的方法为确定不同制动床设计条件下制动床长度的确定提供了一种较为简便、实用的方法。

关键词: 长大下坡 安全保障工程 避险车道 制动床 离散元

Study on the Determining Method on the Length of Arrested Beds of Truck Escape Ramps Based on Discrete Elements Simulation

Zhang Gaoqiang[1,2] Cheng Xiaohui[3] Sun Chuanxia[4] Liu Haitao[3] Zhang Jianjun[1,2]

(1. Research Institute of Highway Ministry of Transport Beijing 100088;
2. Key Laboratory of Road Safety Research Ministry of Transport Beijing 100088;
3. Department of Civil Engineering, Tsinghua University Beijing 100084;
4. Henan Provincial Highway Administration Zhengzhou 450052)

Abstract: A model based on discrete elements simulation simulating the movement of escaped trucks entering the arrester bed is proposed to determine the length of arrester bed. The simulation result shows that FHWA approach is conservative. The length of the arrester bed should not be less than the calculated value based on FHWA approach. The more steep the arrester bed is, the more conservative the calculated value is based on FHWA. The model provides a simple and practical method to determine the length of arrester beds ander different conditions.

Keywords: Long and steep downgrade Highway Safety Enhancement Project (HSEP) Truck escape ramp Arrester bed Discrete element

0 引言

避险车道是设置在连续长大下坡路段路侧的、通过把制动器失灵货车分离出主线,并利用重力或滚动阻力消散其能量,进而使其停车的特殊设施。自 1956 年全世界第一条供制动器失灵货车使用的避险设施在美国加利福尼亚建成以来,避险车道在全世界得到了广泛应用。自 1998 年京藏高速(G6)北京段(原八达岭高速公路)设置了我国第一条避险车道后,迄今为止我国已有超过 200 条避险车道建成投入使用。

国内外的实践已经证明,避险车道对于遏制连续长大下坡路段货车刹车失灵事故具有重要作用,是解决

基金项目:河南省交通厅公路局科技计划资助项目。

连续长大下坡路段交通安全问题最为有效的工程措施。但是，由于我国一方面避险车道数量增长迅速，另一方面在避险车道方面的研究相对较少，没有相关的标准和规范指导避险车道设置，导致我国避险车道设置仍存在一些问题。部分制动器失灵车辆冲进避险车道后仍然逃脱不了车毁人亡的厄运。其中最为突出的问题就是避险车道制动床长度不足以阻止制动器失灵货车停止于制动床内造成车辆冲出避险车道，造成了较大的社会影响，社会上出现了“避险车道不避险”的质疑。

制动床是避险车道能否有效发挥作用的关键，其长度的确定更是避险车道设计中的关键问题。

1 文献综述

制动器失灵货车冲入避险车道后在制动床中的运动状态决定着所需要的制动床长度。目前，主要有两大类方法，一类是通过运动学的方法确定制动床长度；另一类是通过模拟货车在制动床中的运动状态来确定制动床长度。

1.1 运动学方法

假设制动器失灵货车冲入避险车道制动床后做匀减速运动，只考虑车轮向前运动时受到的滚动阻力，并假设滚动阻力系数为一常数，忽略车轮陷入制动床和空气阻力的影响。根据能量守恒定律，得出：

$$L=\frac{V^2}{254(G+D_f)}$$

式中：L——使制动器失灵货车停车所需的制动床长度(m)；

V——制动器失灵货车驶入制动床的初始速度(m/s)；

D_f——轮胎—制动床集料滚动阻力系数。

美国联邦公路局(FHWA)推荐这种方法计算避险车道制动床长度(以下将运动学方法简称为“FHWA方法”)。基于这种方法，考虑到空气阻力等因素，Bullinger，Erickson，Stanley 提出了各自的计算方法。

1.2 模拟货车驶入制动床后的运动状态确定长度的方法

制动器失灵货车驶入制动床后逐渐陷入松散的集料中，部分集料粒被车轮挤向轮侧或飞溅出去(车轮与集料之间存在动量转换)，部分集料粒被车轮碾压至制动床底部(克服材料的剪切力做功)。这样，制动器失灵货车的动能逐渐被制动床吸收，直至速度降为零。基于此，在设定一定假设的前提下，模拟制动器失灵货车驶入制动床后运动状态的分析模型被提出并建立起来。在这些模型中，考虑了集料粒径、车轮沉陷深度、车辆荷载和入口速度等因素，但忽略滚动阻力和空气阻力的简单模型，也有 J. Y. Wong 基于刚性车轮下砂性土流动和破坏机理而建立的复杂模型(以下简称“复杂模型”)。

另外，Al-Qadi 等人在 1991 年选择 River Pea Gravel 卵石作为制动床集料，通过 12 组静力三轴试验数据标定了卵石的颗粒微观参数，在此基础上利用复杂模型建立了车辆驶入制动床后的停车模型。

由于 FHWA 方法将制动器失灵货车冲入避险车道制动床后的运动过程简化为匀减速运动，其计算出的使制动器失灵货车停车所需的制动床长度偏于保守。而其他方法因较为复杂，在工程实践中实用性不强。确定制动床长度最保险的方法是开展实车足尺试验，但由于开展避险车道制动床实车足尺研究投资巨大，且对于不同避险车道制动床设计条件都开展实车足尺试验是不现实的。因此，需要研究探索一种比较简洁、实用的制动床避险车道制动床长度确定方法。

2 颗粒流模型建立

20 世纪 80 年代发展起来的岩土力学离散元方法(Cundall，1979)在模拟砂土、砾石、岩石等离散性较大的岩土类材料中体现出了巨大的优势，在工业生产和科学研究中得到了越来越多的应用。

颗粒流程序(Particle Flow Code，PFC)是美国 Itasca 公司的商业软件。它以离散单元方法为基础，采用数值方法将物体分为有代表性的成千上万个颗粒单元，基本思想是采用介质最基本单元——颗粒和最基本的力学关系——颗粒满足牛顿第二运动定律来描述介质的复杂力学行为，颗粒之间的接触模型有线性接触模型、非线性接触模型和黏性接触模型等。包含下列假设:基本单元为圆盘或球体;颗粒单元被认为是刚性体;与颗粒尺寸相比接触范围很小,接近于点接触;接触为柔性接触,接触处允许一定的重叠。PFC 程序运行的基本控制方程如图 1 所示。

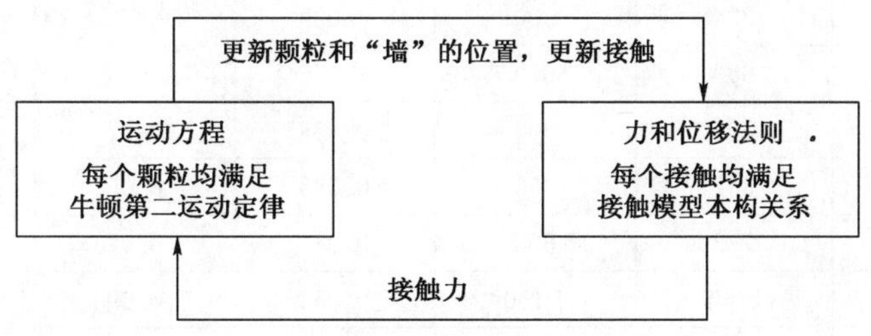

图 1 PFC 程序运行的基本控制方程

本文采用 PFC 软件,以小颗粒单元(平均直径 2cm)模拟卵石,由卵石填充成为避险车道。车轮由大颗粒单元(直径 1.0m)模拟,车轮的密度给定为每个车轮平均承担的总车重除以车轮体积。车轮以给定的初始速度冲上避险车道,在避险车道上消耗完能量后最终停止。模型如图 2 所示。

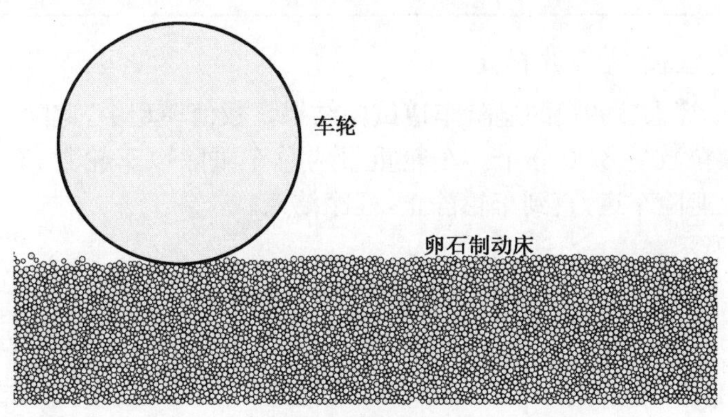

图 2 避险车道模型

制动器驶入货车驶入避险车道制动床后,耗能主要包括:

(1)摩擦耗能。在运行过程中,车轮与制动床集料(即卵石)之间会有滚动摩擦和滑动摩擦,车轮的动能通过摩擦作用耗散。

(2)压实挤密耗能。车轮经过时,压实挤密车轮下方的卵石,车轮的动能得以耗散。

(3)转化为卵石的动能。避险车道上制动床的一部分卵石被撞击或挤压获得速度。

(4)重力势能。如果制动床有坡度存在,动能会转化为重力势能。

在数值模型建立以后,选择 Al-Qadi 等人(1991)所做的集料经历三轴试验结果对模型进行标定,确定基于颗粒流模型建立的避险车道制动床长度确定方法是合理的,然后使用建立的模型对避险车道进行设计。

3 模型标定

在进行数值试验之前,首先对数值模型的微观参数进行标定,以确保试验结果的正确和合理。标定过程分为两部分:第一部分标定卵石模型的颗粒微观参数;第二部分标定车轮模型的颗粒微观参数。

3.1 卵石模型的颗粒微观参数标定

实验室试验数据采用 Al-Qadi 等人(1991)的静力三轴试验结果,其试验采用的卵石是 River Pea Gravel。本文采用 PFC 2D 软件进行数值双轴试验,模拟三轴试验的应力应变过程,标定结果如表 1 所示。

从表 1 中可以看到,数值双轴试验和实验室三轴试验的峰值强度能够基本吻合。由于数值试验是二维试验,所以在应变和体积变形上与实验室试验有一定差距。

表 2 为标定得到的微观参数。在下面的数值试验中,卵石模型将采用这一套微观参数。

表 1 三轴试验数值标定结果

相对密实度	围压(kPa)	峰值应力(kPa)		峰值应变		对应体积应变	
		试验	数值	试验	数值	试验	数值
45%	69	324	300	0.039	0.035	+0.001 05	−0.03
	137	659	670	0.055	0.065	+0.001 30	−0.062
	206	701	800	0.058	0.07	+0.001 90	—
80%	69	367	350	0.033	0.05	+0.006 15	−0.01
	137	772	660	0.041	0.07	+0.006 50	−0.055
	206	1 086	1 150	0.053	0.09	+0.012 70	—
13%	69	294	200	0.044	0.03	−0.002 25	−0.02
	137	480	400	0.055	0.065	−0.002 90	−0.045

表 2 卵石模型的颗粒微观参数

颗粒密度(kg/m³)	颗粒正向刚度 k_n(N/m)	颗粒切向刚度 k_s(N/m)	颗粒间摩擦系数(μ_b)	加载速度(m/s)
2 650	48e5	24e6	30	0.001

3.2 车轮模型的颗粒微观参数标定

试验数据采用 Al-Qadi 等人(1991)的避险车道试验结果。数值模型中,避险车道高度 0.6m,长为 75m。卵石颗粒平均粒径 2cm,颗粒数量 84 000 个。车轮重量为总车重除以车轮数,车轮直径 0.8m。程序开始时,车轮以一定初速度冲上避险车道,直到车轮静止,程序结束。

整理试验结果如表 3 所示。

表 3 避险车道停车试验结果

车型	试验编号	车轮重量(kg)	入射速度(m/s)	制动距离(m)		平均加速度(m/s²)		平均车辙深度(cm)		最大车辙深度(cm)	
				试验	数值	试验	数值	试验	数值	试验	数值
单轴自卸车	86-1	2 472	18.59	36.27	41.367	5.90	3.98	14.478	6.39	31.75	11.96
	86-2	2 472	20.38	45.42	49	4.8	3.86	13.48	6.48	33.02	13.38
	86-3	2 472	18.73	46.02	41.367	4.8	3.98	13.97	6.39	27.94	11.96
	86-4	1 081	17.70	39.93	42.45	4.5	3.17	9.24	4.92	22.86	9.01
	86-5	1 081	20.92	52.73	57	5.0	4.00	10.21	4.30	27.94	6.92
半拖挂车	86-6	1 160	22.93	66.75	73	3.9	3.13	12.7	4.09	24.13	6.55
	86-7	1 160	18.82	53.64	51	3.2	3.07	12.04	4.25	13.97	6.44
	86-8	580	18.01	45.72	46.38	3.7	2.82	10.36	3.49	21.59	5.78
	86-9	580	21.32	74.06	66.25	2.9	2.7	10.57	3.64	17.78	5.8
	86-10	580	19.13	63.09	52.48	4.4	2.79	10.49	3.55	19.05	5.86

把表 3 中的现场试验制动距离和数值试验制动距离绘制图表加以比较,结果如图 3 所示。

其中,数值试验制动距离与现场试验制动距离两组数据相关系数为 0.87。再把数值试验的精度与 Al-Qadi(1991)的理论模型和 FHWA 模型进行对比,对比结果如表 4 所示。

表 4 三种方法模拟制动距离的精度对比

	Al-Qadi 模型	FHWA 方法	PFC 数值试验
误差平均值	+4.5%	−22%	+0.48%
标准差	11.3%	12.3%	10.4%
最大误差	+21.4%	−3%	+14%
最小误差	−7.1%	−40%	−16%

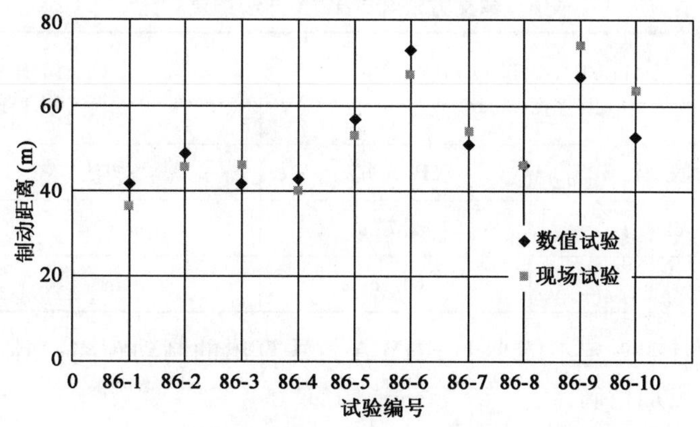

图 3　现场试验制动距离和数值试验制动距离比较

3.3　绘制车轮速度随距离的变化过程

绘制试验 86-1、86-3 和 86-8 的车轮速度随距离的变化，比较数值试验和现场试验(图 4、图 5)。

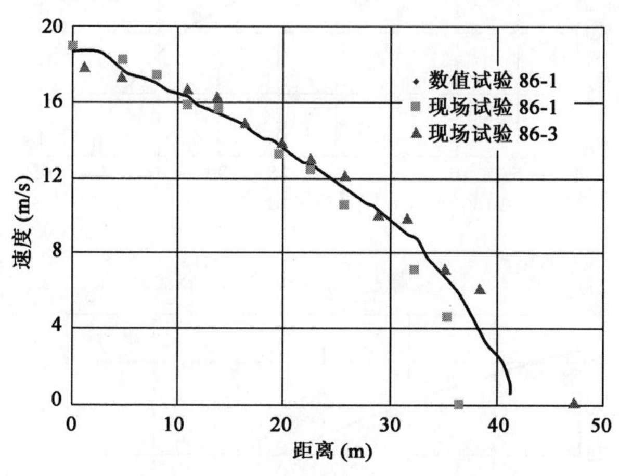

图 4　车轮速度随距离变化：试验 86-1、86-3

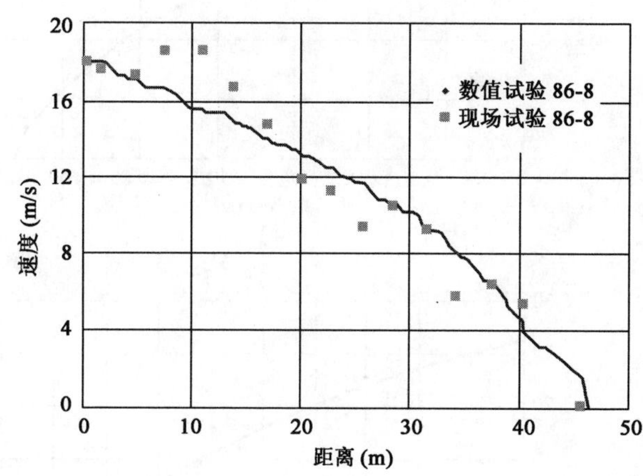

图 5　车轮速度随距离变化：试验 86-8

数值试验车轮速度变化曲线能够基本上与现场试验的车轮速度变化曲线吻合起来，所以得到结论：本文的数值试验能够比较好的模拟现场试验。

得出的车轮的微观参数如表 5 所示。

表 5　车轮模型的颗粒微观参数

颗粒正向刚度 k_n(N/m)	颗粒切向刚度 k_s(N/m)	颗粒间摩擦系数 μ_t
3e5	3e5	0.16

4　工程设计

采用如下参数设计避险车道：制动床深 0.6m，坡度 0%和 15%；卵石采用 River Pea Gravel(以上标定的卵石)；轮胎和颗粒间摩擦系数取 0.16；

模拟车辆参数：①CA1252P21K2T1A1 型 6×4 平头柴油载货车：车重 25t(单个车轮 2.5t)，入口速度 82km/h；②CA4163P7K2L11T4A 型 4×2 平头柴油载货车：车重 16t(单个车轮 1.14t)，入口速度 93km/h。

结果如表 6 和图 6 所示。

表 6 本文方法与 FHWA 方法结果对比

坡　度	CA1252P21K2T1A1 型货车（入口速度：82km/h）		CA4163P7K2L11T4A 型货车（入口速度：93km/h）	
	本文方法	FHWA 方法	本文方法	FHWA 方法
0%	65m	52.78m	94m	67.88m
15%	41m	40.5m	54m	53m

从仿真结果看，工程设计时一定不能小于 FHWA 方法算出的制动距离；当制动床坡度较大时（不小于 15%），FHWA 方法可能会更加精确。

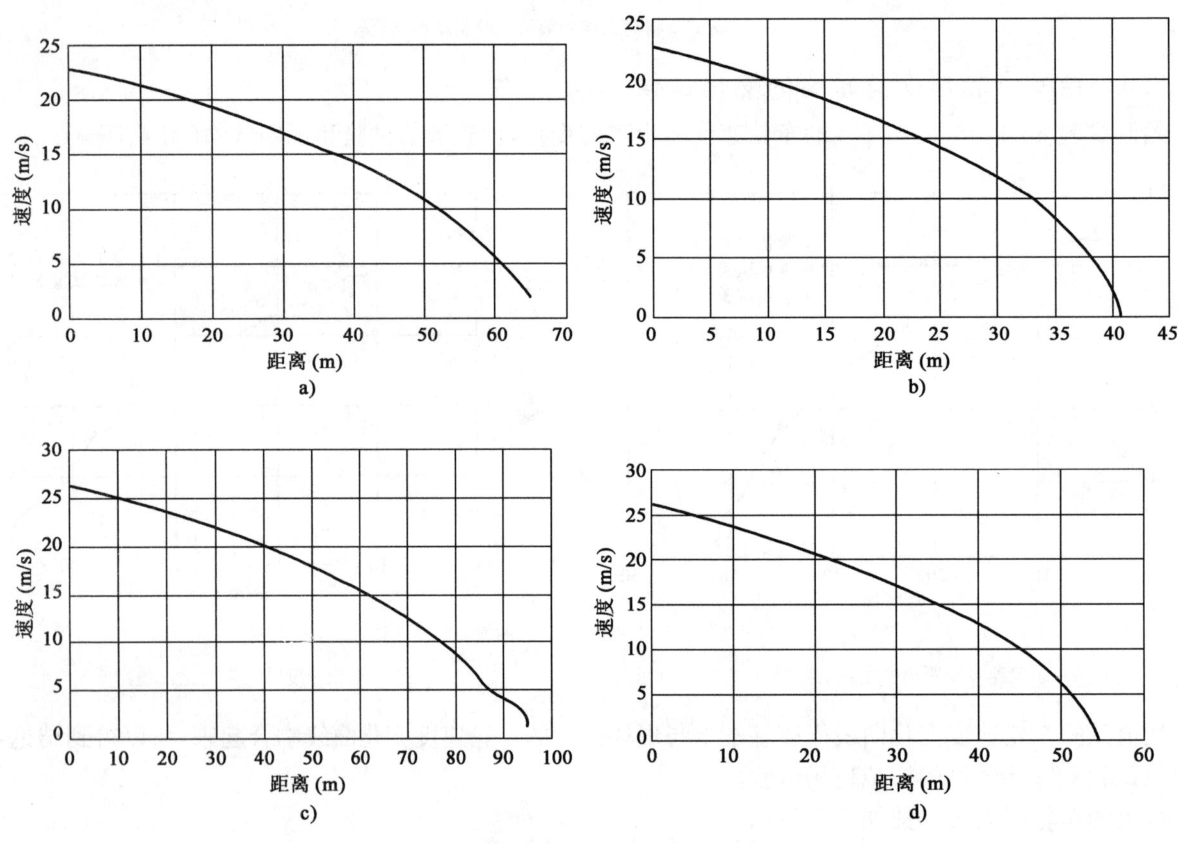

图 6 应用颗粒流模型模拟结果

a)CA1252P21K2T1A1 型货车，入口速度 82km/h，制动床坡度 0%；b)CA1252P21K2T1A1 型货车，入口速度 82km/h，制动床坡度 15%；c)CA4163P7K2L11T4A 型货车，入口速度 93km/h，制动床坡度 0%；d)CA4163P7K2L11T4A 型货车，入口速度 93km/h，制动床坡度 15%

5 结语

本文提供了一种利用颗粒流模型模拟制动器失灵货车驶入避险车道制动床后的运动过程，进而确定制动床长度的方法。所建立的颗粒流模型能够较好地模拟制动器失灵货车驶入避险车道制动床后的运动过程。仿真模拟结果显示，FHWA 方法偏保守，工程设计时制动床长度不应小于 FHWA 方法计算值；制动床坡度越小，FHWA 方法计算出的制动床长度越保守。本文提供的方法为确定不同制动床设计条件下制动床长度的确定提供了一种较为简便、实用的方法。

参 考 文 献

[1] Witheford D. Truck Escape Ramps. Washington, D. C.: NCHRP Synthesis of Highway Practice 178. Transportation Research Board, 1992.

[2] 吴京梅,何勇. 公路连续长大下坡安全处置技术[M]. 北京:人民交通出版社,2008.

[3] I. L. Al-Qadi, L. A. Rivera-Ortiz. Laboratory Testing of River Gravel Used in Arrester Beds. Journal of Testing and Materials, JTEVA, 1991,19(4):280-291.

[4] I. L. Al-Qadi, L. A. Rivera-Ortiz. Use of Gravel Properties to Develop Arrester Bed Stopping Model. Journal of Transportation Engineering, 1991,117(5):566-584.

减低交通荷载引起地面振动的三维数值分析

廖雪娇[1] 王建国[2]
(1. 重庆市交通规划勘察设计院 重庆 400030;2. 新加坡国立大学土木工程系 新加坡 119260)

摘 要:高速铁路和高等级公路是国民经济发展的需要,同时也可能带来严重的噪声和地面振动等环境问题,如何防止或减轻这种灾害是建设者必须考虑的问题。本文运用 LS-DYNA 软件,对高速列车等交通荷载作用下地面振动及连续墙挡板的防护能力进行三维数值模拟分析,研究了 5~20Hz 荷载下混凝土桩组成的不同尺寸挡板的减振效果,并与日本某现场试验结果比较。结果发现,混凝土减振挡板可以显著减低地面的振动加速度级,挡板宽度和深度对地表振动的防护效果及防护范围影响较大,与波长有关。

关键词:瑞利波 减振连续挡板 PC 桩 三维数值分析 地面振动

3-D Numerical Analysis for Reduction of Traffic-induced Ground Vibration

Liao Xuejiao[1] Wang Jianguo[2]
(1. Chongqing Communication Planning Survey & Design Institute Chongqing 400030;
2. Department of Civil Engineering, National University of Singapore Singapore 119260)

Abstract: High-speed railways and high-grade roads are fundamental infrastructures for national economy growth. However, their operations may cause some environmental problems such as serious noises and drastic ground vibration. Engineering measures should be taken to solve such problems. In this paper, high-speed train induced ground vibration and the isolation of a continuous vibration barrier on ground vibration are analyzed with a three-dimensional numerical model through software LS-DYNA. Particularly, a reinforced concrete pile barrier with different dimensions is analyzed subjected to dynamic loads of 5Hz to 20Hz. Numerical simulations are compared with in-situ test measurements. These results indicate that the acceleration magnitude of ground vibration can be reduced by the PC pile wall. Further parameter study reveals that barrier length and depth can determine the protection zone and the reduction of vibration magnitude if these dimensions are normalized by wave length.

Keywords: Rayleigh wave scattering continuous barrier PC pile 3-D numerical analysis ground vibration reduction

0 引言

交通是所有国家都离不开的重要基础设施,为人口迁移,物资交换等提供基本运输工具。中国幅员辽阔,人口众多,高速交通建设,如高速铁路和高等级公路,可以带动整个社会经济的发展。高速列车及高等级公路的出现与发展给人类生活带来便利,同时也带来了噪声和地面振动等环境问题,亟待解决。例如,高速铁路和高等级公路运行产生的地面振动,可能导致一些精密仪器故障,人类感觉不舒适以及建筑物的破坏。为了防止或减轻这种环境灾害,采用适当的防护措施是必要的。因此,开展减低列车荷载对于地面振动的数值分析研究,具有重要的理论与现实意义,并越来越受到重视。

减振结构种类繁多,Woods 提出了“主动防护”和“被动防护”的概念,并通过野外试验及室内试验研究了

基金项目:新加坡国防科技局资助项目,重庆大学西南资源开发及环境灾害控制工程教育部重点实验室访问学者基金。

不同挡板尺寸及位置的屏蔽效果。此后，Al-Hussaini 等使用边界元法研究了不同振动频率的荷载作用下挡板的尺寸及布置对于地表水平振动的防护能力。结果发现，无填充壕沟是最简单最有效的方式，但在多雨地带可能出现倒塌现象，导致经济损失以致人员伤亡，因此在实际工程中大多采用填充壕沟。日本通过现场试验研究了不同桩孔直径的钢筋混凝土桩挡板的减振能力。上面的研究都是针对连续屏障。值得一提的是，以桩为基础的非连续减振屏障研究近来非常活跃，但其效果还有待实践验证。

本文数值分析由桩组成的连续减振板的减振效果。采用商业软件 LS-DYNA，基于文献[6]的现场试验布置建立三维几何模型，采用适用土介质的弹塑性模型，综合研究了不同振动频率荷载作用下混凝土桩挡板的减振能力。首先研究了地面有无防护时的地基动力响应，并与现场试验结果比较；其次研究了不同材料的减振板的防护能力；最后通过改变挡板的宽度和深度进行参数研究，探讨其防护效果。该研究为探讨城市中心地带铁路引起的地面结构振动安全评估，为减振结构的合理布置设计及选材等相关技术提供理论基础。

1 数值计算模型

本文的数值模型以文献[6]的现场试验为参考。图 1a)是文献[6]的现场试验平面布置，在振源中心 3m 远处建长 10.4m 的钢筋混凝土桩墙（墙厚 0.8m），观测长 25m、宽 7.5m 范围内的地表加速度等。以此原型，本文采用 100m×100m×50m（长×宽×深）的计算区域。由于沿 A 线对称，实际计算仅采用一半区域，见图 1b)。振源由机械均匀施加正弦动荷载于混凝土基垫上，再由基垫传至地基。在振源前 3m 处设置宽 L（可变）、厚 0.8m、深 D（也可变）的减振挡板，由钢筋混凝土桩（简称 PC barrier）组成。计算域的顶面为自由面，底面位移固定，左、右两侧及背面为无反射边界，前面为对称面。

本文采用大型商用软件 LS-DYNA 进行数值模拟。用 ALE 算法（Arbitrary Lagrange-Euler algorithm）来模拟混凝土基垫、土体和空气，用 Lagrange 算法模拟减振挡板，均采用 SOLID164 三维实体单元离散，在振源和减振挡板间进行渐变网格细化，全模型共约 280 000 实体单元。假定荷载均匀分布在基垫表面，且保持总力不变，采用输入荷载历时的方式施加荷载大小。

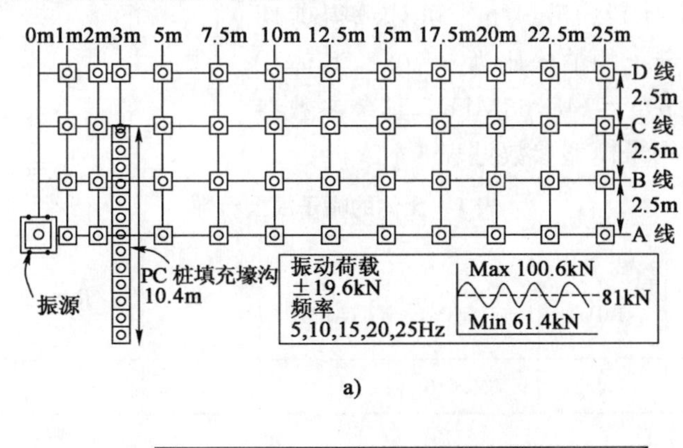

a)

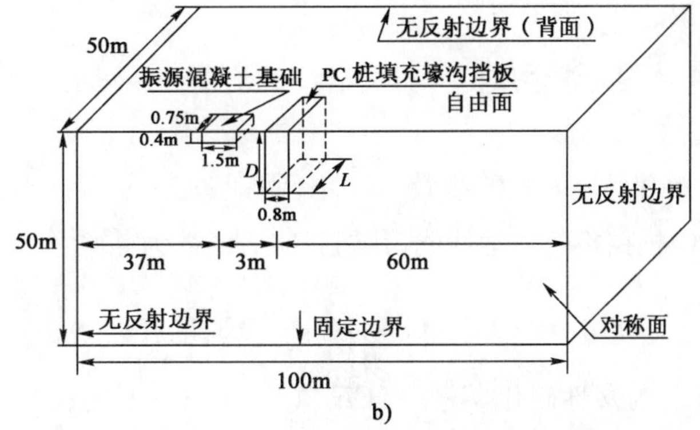

b)

图 1 数值计算模型

a)现场试验平面布置图（摘自文献[6]）；b)计算模型及边界条件（图中尺寸非比例绘制）

2 材料模型与计算参数

2.1 土体弹塑性模型和基本参数

土体的力学特性采用如图 2 所示的"帽子"模型描述，即弹性区由张力截断面 f_3、帽子屈服面 f_2、破坏面 f_1 和静水压力轴围成。如果定义

$$\sqrt{J_{2D}}=\sqrt{\frac{1}{2}S_{ij}S_{ij}} \quad S_{ij}=\sigma_{ij}-\delta_{ij}p \quad J_1=\sigma_{ii}=3p \tag{1}$$

则破坏面 f_1 为：

$$f_1=\sqrt{J_{2d}}-[\alpha-\gamma\exp(-\beta J_1)+\theta J_1] \tag{2}$$

而压缩屈服面 f_2 采用椭圆形式：

$$f_2=\sqrt{J_{2D}}-\frac{1}{R}\sqrt{[X(K)-L(K)]^2-[J_1-L(K)]^2} \tag{3}$$

其中

$$X(K)=X_0-\frac{1}{D}\ln\left(1-\frac{\varepsilon_v^p}{W}\right) \tag{4}$$

$$L(K)=\begin{cases}K & K>0\\ 0 & K\leqslant 0\end{cases} \tag{5}$$

对于拉伸部分，采用如下简单的静水张拉应力截断模式：

$$f_3=T-J_1 \tag{6}$$

上述式中：α、β、γ、θ 为强度系数；R、D 和 W 为屈服面材料常数；ε_v^p 为塑性体积应变；T 为拉应力强度。

模型计算参数参考现场实测波速确定，例如现场实测剪切波速为 200m/s，土的密度为 17.15kN/m³，可计算得剪切模量 $G=\rho V_s^2=68.6$MPa，假定土的泊松比为 $\upsilon=0.3$，其体积模量 $K=2(1+\upsilon)G/\{3(1-2\upsilon)\}=148.63$MPa。其余参数参照文献[7]取得，因此土体的帽子模型参数见表 1。

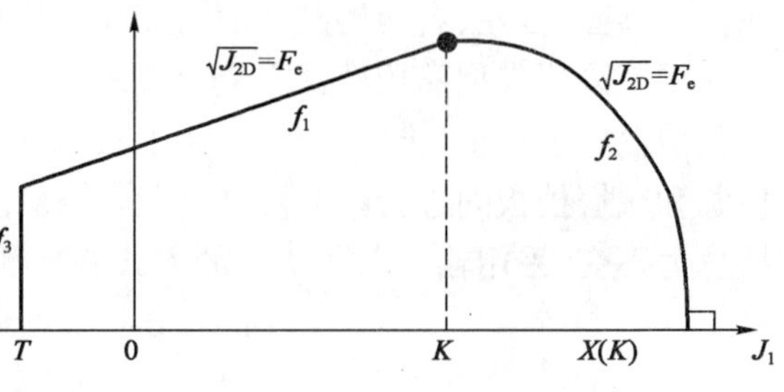

图 2 土体的弹塑性"帽子"模型

表 1 土体的帽子模型参数

密度 (g/cm³)	体积模量 (MPa)	剪切模量 (MPa)	α (MPa)	β (1/MPa)	γ (MPa)	θ	R	D (1/MPa)	W	λ_0 (1/MPa)
1.715	148.63	68.6	1.725	9.724×10^{-3}	1.26	0	2.5	0.67	0.066	0

2.2 土体线弹模型参数

将土体视为线弹性体时，土体的力学性质由剪切模量 G 和泊松比 υ 确定。本计算中采用 $\rho=17.15$kN/m³，$G=68.6$MPa 和 $\upsilon=0.3$。

2.3 混凝土挡板的材料模型和计算参数

采用塑性硬化模型模拟 PC 桩挡板的力学性能，其屈服应力函数为：

$$\delta_y=[1+(C\dot{\varepsilon})^{\eta}](\delta_0+\beta E_P\varepsilon_{eff}^p) \tag{7}$$

式中：C、η 和 $0<\beta<1$ 为常数；E_p 为塑性硬化模量($=EE_t/(E-E_t)$)；ε_{eff}^p 为相对塑性应变；δ_0 为初始屈服应力；应变率 $\dot{\varepsilon}=\sqrt{\dot{\varepsilon}_{ij}\dot{\varepsilon}_{ij}}$。模型基本参数取自文献 [6,8]，见表 2。侵蚀单元的失效应变假定为 0.8，其他参数取 LS-DYNA 的默认值。

表 2　混凝土挡板材料模型

密度 (g/cm^3)	泊松比 υ	弹性模量 E (MPa)	初始屈服应力 δ_0 (MPa)	切线模量 E_t (MPa)	硬化系数 β
2.45	0.167	20 600	35	4 000	0.5

2.4　混凝土基垫

采用线弹性模型模拟混凝土基垫，其材料参数为弹性模量 E 和泊松比 υ，参考文献[8]得到模型基本参数见表 3。

表 3　混凝土基垫材料参数

密度(g/cm^3)	弹性模量 E(MPa)	泊松比 υ
2.00	332.5	0.33

2.5　空气的材料模型和基本参数

用 MAT_NULL 材料模型模拟空气，其状态方程为：

$$P = \rho_0 k^2 \mu + (\gamma_0 + \alpha\mu) E_0 \tag{8}$$

式中：$\mu=\rho/\rho_0-1$；k 为声速；γ_0 为格林伽马；α 为第一体积修正系数，具体参数取自文献[7]，见表 4，初始内能 E_0 取 LS-DYNA 默认值。

表 4　空气的材料参数

密度(kg/m^3)	k($10^3 m/s$)	γ_0	α
1.25	0.344	1.4	0.0

3　有限元结果分析

3.1　数值模型验证

取图 1a)中 A 线上的点振动幅值来表达振动波的衰减规律，并用如下振动加速度级（VAL）的概念来评估防护层的防护能力：

$$\mathrm{VAL} = 20\log_{10}(A/A_0) \tag{9}$$

式中：A 为振动加速度幅值(m/s^2)，人体振动感知值，取为 $A_0=0.005\ m/s^2$。

为验证数值模型的正确性，本文对文献[6]的现场有无减振挡板试验进行了数值模拟，并与加载频率为 5Hz、10Hz 和 20Hz 的现场试验结果比较。当土体模型为线性完全弹性和弹塑性"帽子"模型时的典型计算结果见图 3(加载频率 20Hz 时)，其中图 3a)为无减振挡板时地面土体最大振幅衰减规律，图 3b)为有减振挡板时地面土体最大振幅衰减规律。由此可见，在此荷载作用下，无论是线弹性模型还是弹塑性模型，都能较好地描述现场实测的衰减规律，该数值模型是合理的。振源附近的振动幅值与试验所测数据有一定差别，这可能是本文采用单点高斯积分并引入了人工黏性系数控制沙漏所致。更进一步，振源附近的应力较大，有可能产生非弹性变形，因此选用"帽子"模型和"动力硬化"模型可能更合适。

3.2　不同材料防护层的防护效果比较

本节比较当加载频率为 20Hz、10Hz 和 5Hz 时，不同减振挡板(无挡板、PC 桩墙、无填充壕沟)的防护效果。

3.2.1　加载频率为 20Hz

当加载频率为 20Hz 时，振动加速度级随着振源距离的变化见图 4。无论有无减振挡板，沿着 A 线离振源越远，其加速度值越小，从而通过式(9)计算出的振动加速度级也减小。该种衰减是瑞利波沿传播方向呈几何消散的结果。然而，挡板的作用可以从模拟过程中观察到。例如，在PC桩作为挡板的情况下，明显观察到波的绕射现象。桩材质较硬，当应力波传到桩的时候，部分波发生反射现象，部分波通过透射穿过桩以及绕射继续传播下去。与无挡板情况比较，在挡板前两者的VAL较为吻合，在挡板处出现很大的降落，大约减小20dB，在挡板后，明显低于无挡板情况，且大致平行于无挡板的VAL曲线，该差值可以反映PC桩的防护效果，因此，PC桩有一定的防护效果。与PC桩比较，无填充壕沟的VAL降落速度更快，在挡板设置处，振动加速度级大约减小了60dB。无填充壕沟属于软材料挡板，当波传到挡板处，大部分被吸收，只有少部分波能通过绕射传到挡板后面，因此，无填充壕沟的防护效果显然更好，这与文献[11]的图9有明显不同。文献[11]是非连续墙而本文为连续墙，墙的连续性可能是差异的原因。在实际工程中，特别在多雨地带，空壕沟容易积水，从而影响防护效果，甚至出现倒塌等情况。相比之下，PC桩的可操作性以及经济性都使得它成为实际工程中的一种很好的选择。

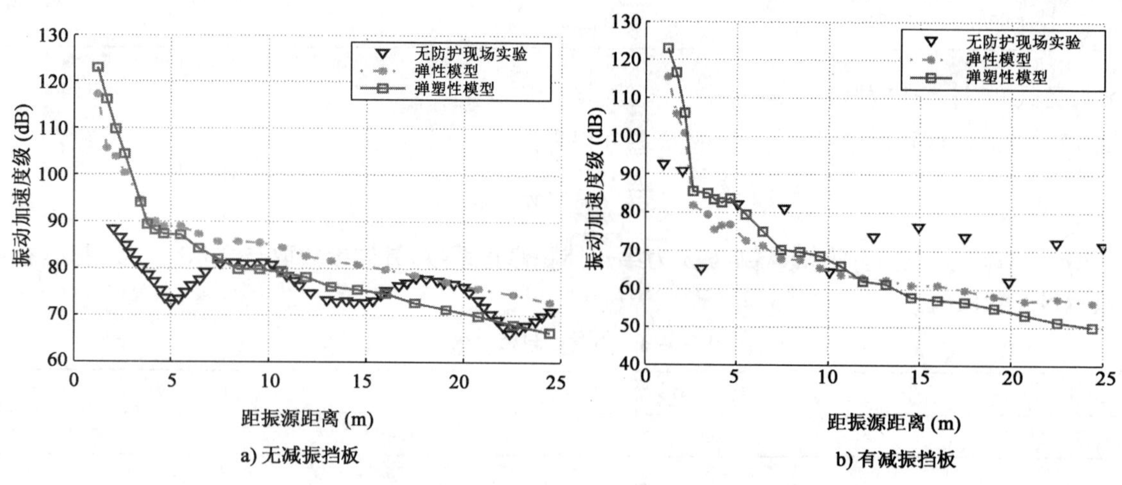

图3 不同模型时振动加速度级衰减规律比较(f=20Hz)

3.2.2 加载频率为10Hz和5Hz

当加载频率为10Hz和5Hz时，振动加速度级随着距振源距离的变化分别见图5和图6。与20Hz时同样，在PC桩挡板处，相对于无挡板时明显降低，减小了大约19dB(10Hz)和19dB (5Hz)。因此，无论振动频率是10Hz还是5Hz，PC桩作为减振挡板是有效的。

3.3 挡板宽度 L 变化效应

选择A线上的点作为研究点，来分析混凝土挡板的减振能力。引入振级减少量来评估其减低地面振动的能力，具体公式如下：

$$\text{振级减少量}=\text{有挡板时的振动加速度级}-\text{无挡板时相同点的振动加速度级} \tag{10}$$

选择加载频率为20Hz时情况作为参数研究对象，探讨减振挡板的深度和宽度变化时其防护效果的变化规律。首先，保持减振挡板的深度为12m不变，挡板尺寸L为3m、5.2m、8m、和10m时，PC桩墙的振动加速度级的减少量与位置的关系见图7。由图可见，增大减振挡板宽度L，防护范围也随之扩大，且防护效果更好。

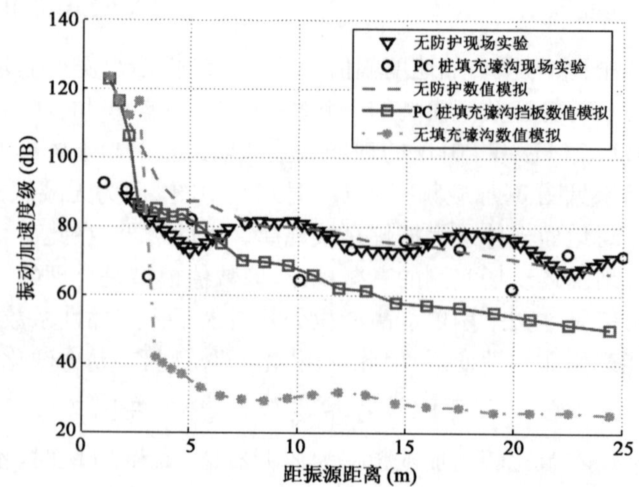

图4 振动加速度级沿A线衰减趋势(f=20Hz)

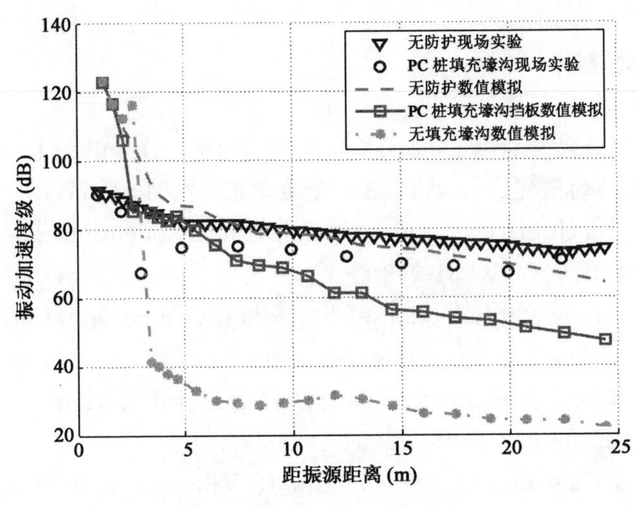

图 5 振动加速度级沿 A 线衰减趋势(f=10Hz)

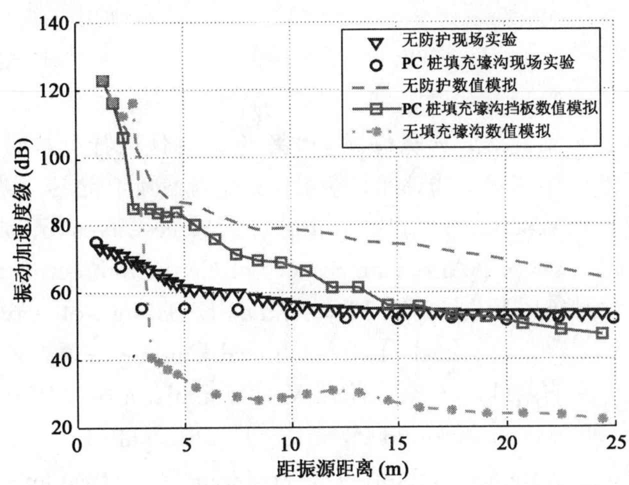

图 6 振动加速度级沿 A 线衰减趋势(f=5Hz)

3.4 挡板深度 D 变化效应

其次,保持 L=5.2m 不变,减振挡板深度为 7m、12m 和 15m 时,PC 桩墙的振动加速度级的减少量与位置的关系见图 8。随着深度 D 的增大,防护范围随之扩大。这是由于瑞利波在减振挡板处发生绕射现象。当 D 为 7m 时,在距振源 10m 范围内的防护效果较好,振动加速度幅值大约减少了 12dB;当 D 为 12m 时,在距振源 17m 范围内的防护效果较好,振动加速度幅值大约减少了 17dB;当 D 为 15m 时,在距振源 20m 范围内防护效果较好,振动加速度幅值大约减少了 20dB。

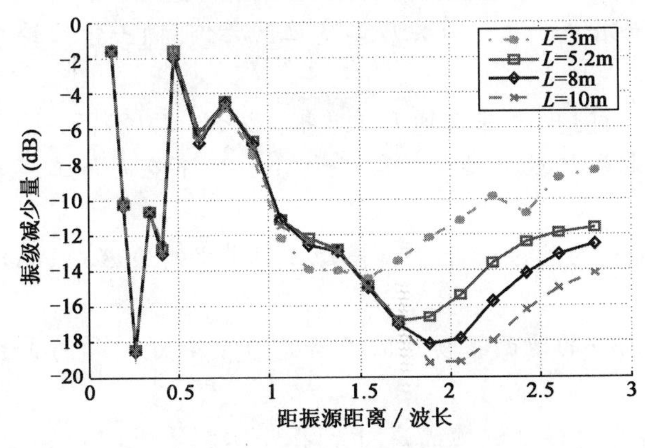

图 7 挡板宽度 L 对防护效果的影响

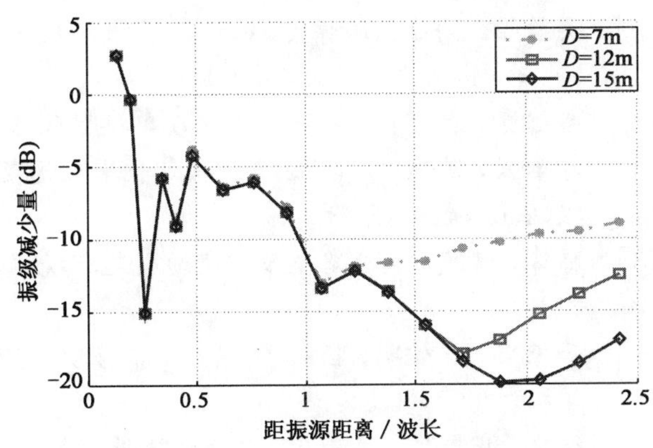

图 8 挡板深度 D 对防护效果的影响

4 结论

本文应用三维数值模型,模拟了不同频率的正弦荷载作用下有无防护屏障时地面的动力响应,并与现场实测结果进行了比较,最后,研究了防护屏障的三维效应。通过这些比较研究,可以得出如下结论:

本文建立的三维数值模型和弹塑性本构关系,能够描述钢筋混凝土桩墙的防护效果。在荷载不大的情况下,弹塑性本构模型与线弹性模型的预测结果无大的差别。然而,弹塑性变形主要集中在荷载附近,不能正确描述可能导致波无法有效传播出去的现象。

在计算的加载频率(20Hz,10Hz 以及 5Hz)范围内,采用的钢筋混凝土桩墙作为减振挡板,有明显的防护效果,它能有效地减小地面振动水平。尽管无填充壕沟的防护效果最佳,但钢筋混凝土桩墙更具可操作性,稳定性,因而更经济。

减振挡板的三维效应明显,波的绕射值得关注。计算表明,挡板长度 L 和深度 D 直接关系防护效果和防护范围,可由波长归一化后的参数确定。

参考文献

[1] 刘建达，苏晓梅，陈国兴，等. 地铁运行引起的地面振动分析[J]. 自然灾害学报，2007，10:148-154.

[2] 李保德，谢伟平，李荣. 交通荷载所引起的地基振动的研究[J]. 武汉理工大学学报，2001，3:77-79.

[3] Woods R. D. Screening of surface waves in soils [J]. Journal of Soil Mechanics and Foundations Division，American Society of Civil Engineering，1968，94(4)，951-979.

[4] Al-Hussaini T. M.，Ahmad S. Design of wave barriers for reduction of horizontal ground vibration [J]. Journal of Geotechnical Engineering ASCE，1991，117(4)：619-639.

[5] Hayakawa K.，Kani Y.，Matsubara N.，Woods R. D. The effectiveness of pre-cast wall-piles in reduction ground vibration[J]. Journal of Building Acoustics，1998，l5(3)：185-199.

[6] Kanda H.，Ishii H.，Yoshioka O.，Hirakawa Y.，Kawamura J.，Nishimura T. Vibration reduction performance of PC Wall-Piles examined by field measurements with a vibration exciter and numerical analyses[J]. BUTSURI-TANSA，2005，58(4):377-389.

[7] Wang J. G.，Sun W.，Anand S. Numerical investigation on active isolation of ground shock by soft porous layers[J]. Journal of Sound and Vibration，2009,(04):492-509.

[8] 孙伟，王建国，姜绍飞. 减小高速列车荷载对地面结构损害的数值分析[J]. 爆炸与冲击，2009,(3)：155-161.

[9] Hallquist J. O. LS-DYNA Theoretical Manual[M]，USA；Livermore Software Technology Corp，1998；16.38-16.42.

[10] 吴静怡. 高速铁路噪音、振动对沿线居民影响之研究——以台南县归仁乡社区为例[硕士学位论文D]. 台南:国立成功大学,2008.

[11] 韦红亮，吕绍棣. 铁路环境振动单排桩隔振数值分析[J]. 华东交通大学学报，2008，25(2):10-15.

[12] 陈国兴，陈斌，苏晓梅,等. 快速轨道交通运行引起的场地振动分析与评价[J]. 地下空间与工程学报,2008,4(1):26-32.

[13] 陈锋，黄茂松. 公路高架桥交通引起环境振动的填充沟隔振分析[J]. 振动工程学报，2008，21(3)：243-247.

[14] 和振兴，翟婉明，杨新文,等. 列车移动轴荷载作用下的地面振动及隔振研究[J]. 铁道科学与工程学报，2007，4(5):73-77.

[15] 徐平，周新民，夏唐代. 非连续弹性圆柱实心桩屏障对弹性波的隔离[J]. 振动工程学报，2007，20(4):388-394.

[16] 李志毅，高广运，邱畅，等. 多排桩屏障远场被动隔振分析[J]. 岩石力学与工程学报，2005，24(21)：3990-3995.

[17] 蔡袁强，丁光亚，徐长节. 饱和土中排桩对入射S波隔离的三维分析[J]. 自然灾害学报，2008，17(2):1-7.

[18] 陆建飞，聂卫东. 饱和土中单桩在瑞利波作用下的动力响应 [J]. 岩土工程学报，2008，30(2)：225-231.

突发交通事件后高速公路有效通行能力估算

杜 璇 陆 建

（东南大学交通学院 南京 210096）

摘 要：通过对突发交通事件后高速道路局部交通状态演变过程的分解，分析了事发点各阶段的通行能力，定义了突发交通事件后高速公路有效通行能力系数。针对引起局部车道临时关闭不同类型的突发交通事件，利用 VISSIM 仿真软件进行微观交通仿真，分析仿真评价文件得出了不同类型突发交通事件后高速公路有效通行能力修正表。

关键词：突发交通事件 高速公路 有效通行能力 交通仿真

Estimation of the Effective Capacity of Unexpected Traffic Incident on Expressway

Du Xuan Lu Jian

（Transportation College of Southeast University Nanjing 210096）

Abstract：This paper analyzes the capacity in each phase of the unexpected incident on the traffic operation of expressway by disassembling the process of local traffic state during incident and defined the effective capacity factor of the unexpected traffic incident on highway. The simulation software VISSIM is used to simulate different types of unexpected traffic events. Based on the simulation evaluation documents, the correction table of the effective capacity of unexpected traffic incident is obtained.

Keywords：Unexpected traffic incident Expressway Effective capacity Traffic simulation

0 引言

高速公路突发交通事件是指突然发生的对高速公路的正常运营产生显著影响，并对生命财产和社会生活造成不利后果的路面紧急事件，该事件在一段时间内造成高速公路原有功能减弱甚至丧失，包括事故、停滞、抛洒货物、公路毁损及其他严重影响路面交通的突发事件。高速公路突发交通事件发生后，事件地点的通行能力降低，其上游易发生交通拥挤阻塞现象，造成行车延误、行程时间增加，对区域路网交通产生很大的影响。确定突发交通事件发生后高速公路有效通行能力，能够为实时、可靠地预测突发交通事件所造成的影响范围提供依据，从而服务交通控制系统、交通诱导系统、出行者信息服务系统，使相关管理部门采取必要的交通管理控制措施，诱导驾驶员选择行驶路径，尽可能地降低公路突发交通事件造成的影响。

本文针对突发交通事件引起的局部车道临时关闭现象，首先分析事发后高速公路局部交通状态的变化过程和事发点通行能力，然后针对不同类型的突发交通事件，利用 VISSIM 微观交通仿真软件对事发后高速公路的局部交通状态进行仿真研究，确定突发交通事件发生后高速公路有效通行能力。

1 道路通行能力的演变过程

高速公路突发交通事件发生后，事发点路段因通行能力降低而成为交通瓶颈，典型的突发交通事件从发生直至事件排除与交通恢复到正常状态，一般可以分为 3 个阶段：事件检测与响应、事件现场处理、事件影响

基金项目：国家科技支撑计划课题，2009BAG13A06；教育部新世纪优秀人才支持计划（NCET-08-0115）；江苏省青蓝工程。

持续。事发点及其上游路段的通行能力管理演变过程见图 1。

第 1 阶段：t_1时刻事件发生，进入事件检测与响应阶段，事发点可通行的车道数减少，断面通行能力明显降低（由非拥挤状态下的通行能力 C_0降至 C_1）；而上游到达交通流量尚未发生明显变化，于是事发点上游形成排队并不断延伸，交通拥挤状态不断发展。

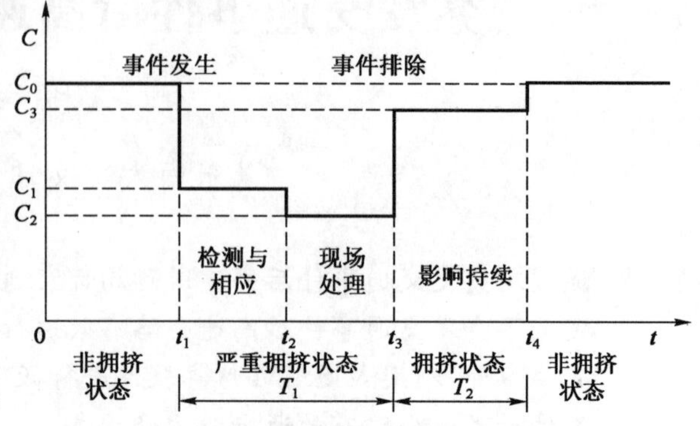

图 1 突发交通事件发生后交通状态演变过程

第 2 阶段：确认突发交通事件发生后，相关部门到现场处理突发交通事件，在此过程中，事发点交通可能会受到进一步影响，断面通行能力也随之发生变化（由 C_1变为 C_2，C_2并不一定比 C_1小，视事件处理具体情况而定），事发点上游交通仍处于严重拥挤状态。

第 3 阶段：随着突发交通事件的排除，事发点通行能力也基本恢复（由 C_2增至拥挤状态下的通行能力 C_3），排队车辆逐渐疏散，事发点上游处于交通拥挤状态。

t_4时刻，事发点上游交通恢复到事发前的非拥挤交通状态，事发点通行能力完全恢复至正常水平（由 C_3恢复至 C_0）。当然，如果事发前交通流就处于拥挤状态，那么 C_0与 C_3相等，但这并不意味着第 3 阶段消失。下面的分析中，一般假定事发前交通流处于非拥挤状态。

2 事发点通行能力分析

从道路通行能力的演变过程发现，C_1、C_2和 C_3决定了突发交通事件后高速公路的有效通行能力，由于 C_2受到事件处理具体情况的影响，很难获取其规律性，在下面的研究中，视 C_2等同于 C_1，下面重点分析 C_1和 C_3。

2.1 第 1 阶段事发点通行能力 C_1

在突发交通事件造成局部车道临时关闭的情况下，事发车道的通行能力骤降为零，直至突发交通事件排除后才恢复。其间，事发车道车辆会变换车道至相邻车道上去，在一定范围内的车流处于紊流状态，车辆之间的相互影响比较大，因此，此时可通行车道的通行能力比其正常通行能力要小一些。

美国学者 Goolsby 等最早对交通事故造成高速道路车道阻塞后的瓶颈路段通行能力进行了研究。1996 年美国 FHWA《交通控制系统手册》中给出了不同类型紧急事件对道路通行能力的影响程度，见表 1。

表 1 不同类型紧急事件下高速公路有效通行能力比例

高速车道在每个方向的数量	路肩抛锚	路肩意外事故	车道堵塞		
			一	二	三
2	0.95	0.81	0.35	0	N/A
3	0.99	0.83	0.49	0.17	0
4	0.99	0.85	0.58	0.25	0.13
5	0.99	0.87	0.65	0.4	0.2
6	0.99	0.89	0.71	0.5	0.25
7	0.99	0.91	0.75	0.57	0.36
8	0.99	0.93	0.78	0.63	0.41

2.2 第 3 阶段事发点通行能力 C_3

传统交通流理论（Greenshield 提出的 $V—K$ 线性模型）力图用简单的公式反映各交通流指标之间的关系，忽略了拥挤和非拥挤状态下交通流通行能力的微小差异。近年来，国外有不少学者对这一差异进行深入探讨：在 1995 年，Banks 在高速公路上选取 4 个受控制的入口匝道下游附近的交通流进行分析后发现，拥挤状态下的断面平均通行能力（本文中的 C_3）比非拥挤状态下的断面平均通行能力（本文中的 C_0）低 3%左右;而在 1998 年,Persaud 在高速公路上对不受控的入口匝道下游附近的交通流进行分析后发现,这一降低比率大于 6 %。

由于突发交通事件具有不可预测性,很难在实际中获取 C_1 和 C_3,本文采用仿真方法确定突发交通事件发生后道路有效通行能力。定义突发交通事件发生后道路有效通行能力系数为 μ。

$$\mu = \frac{C_1}{C_0} \tag{1}$$

由于假定事发前交通流处于非拥挤状态,无法从仿真中获取 C_0,而 C_0 和 C_3 的差异微小,为使研究更具有普适性,C_0 用 C_3 代替。故式(1)可化为式(2)。

$$\mu = \frac{C_1}{C_3} \tag{2}$$

3 高速公路有效通行能力修正

利用 VISSIM 微观交通仿真软件通过交通仿真研究进行高速公路有效通行能力修正,具体流程见图 2。

3.1 仿真边界条件设定

3.1.1 道路交通条件和事件类型设定

根据我国高速公路服务水平分级,选取设计速度 120km/h 的高速公路基本路段进行仿真,在四级服务水平下,该道路最大服务交通量为 2 200 pcu(h·ln)。参考美国 FHWA《交通控制系统手册》的研究成果,根据我国高速公路的实际情况和堵塞行车道数,进行以下 6 种不同类型突发交通事件的仿真:

(1)单向两车道关闭一车道(简称二关一);

(2)单向三车道关闭一车道(简称三关一);

(3)单向三车道关闭二车道(简称三关二);

(4)单向四车道关闭一车道(简称四关一);

(5)单向四车道关闭两车道(简称四关二);

(6)单向四车道关闭三车道(简称四关三)。

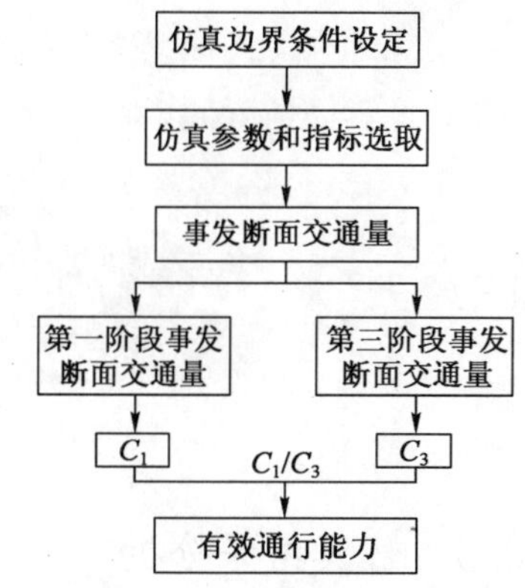

图 2 高速公路有效通行能力修正流程

3.1.2 交通量条件设定

根据表 1 中不同紧急事件下高速公路有效通行能力比例,将初始输入交通量范围设定为表 2 的数值,以 100pcu(h·ln)为步长递增。

表 2 输入交通量范围[pcu(h·ln)]

高速车道在每个方向的数量	车道堵塞		
	一	二	三
2	900～2 200	0	N/A
3	1 200～2 200	600～2 200	0
4	1 300～2 200	900～2 200	500～2 200

3.1.3 大车比例设定

根据江苏省高速公路车辆组成情况,将交通组成定义为小客车和大车,大车率范围为 20%～60%,以 10%为步长递增。

3.2 仿真参数及指标选取

采用设置停车线模拟事件发生点的方法,停车线处限制车速控制下游离去率。事件发生时间信号灯开始变红,持续到结束时间变绿,车辆开始减速时间为事件开始时间,基本参数见表 3。

表 3 仿真基本参数表

参数	基本路段长度	车道宽度	事件点位置	仿真时间	事件开始时刻	持续时间	检测间隔(s)
数值	10km	3.5m	9.8km(距起点)	90min	15min(距起点)	15min	30s[输入＜1 500pcu(h·ln)] 60s[输入≥1 500pcu(h·ln)]

仿真指标选取事发断面交通量(包括断面全部车道),仿真交通组成参数设定界面(三关一)见图 3,仿真图片(三关一)见图 4。

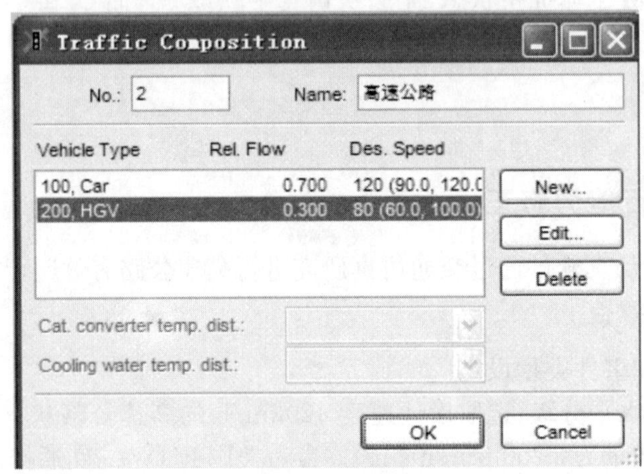

图 3 仿真参数设定界面(三关一)

图 4 仿真图片(三关一)

3.3 仿真结果分析

3.3.1 三关一结果讨论

以单向三车道关闭一车道,输入交通量 1 400pcu(h·ln)为例,对事发断面流量进行跟踪,结果见图 5,分析如下。

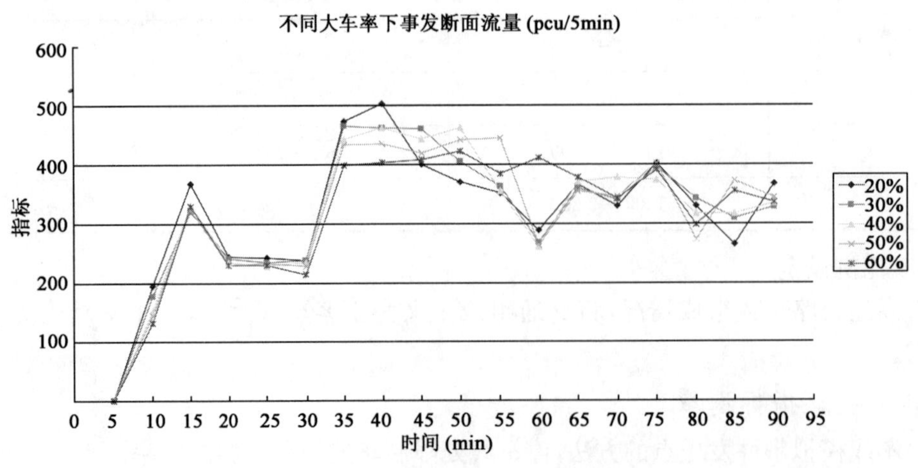

图 5 不同大车率下事发断面流量

(1)事发断面交通流量对车道关闭的敏感性很强,反应极为迅速。在不同大车率下,曲线显示出一致的趋势,以大车率为 30%为例,在车道关闭后,断面流量立即由事发前的 330pcu/5min 左右大幅度降低至230pcu/5min 左右,并保持稳定;车道关闭结束后强烈反弹至 460pcu/5min 左右,并保持稳定;经过一段时间后,上游累积的排队车辆基本消散,于是,事发断面流量开始逐步降低,其间也存在波动,再经过一段时间后降低至事发前的正常水平,并保持稳定;至此,可以认为该区域交通已经完全恢复至正常状态。其中,230pcu/5min 和 460pcu/5min 分别近似地反映了第 1 阶段和第 3 阶段的事发点通行能力,即 C_1 和 C_3。

(2)从图中可以看出,随着大车率的增加,排队消散的时间变长,流量稳定阶段持续的时间也越长。

(3)分别取事件持续阶段和消散阶段交通量的平均值为 C_1 和 C_3,可计算出不同输入交通量、不同大车比例下的 μ 值,如表 4 所示。

表 4 突发交通事件后高速公路有效通行能力系数(三关一)

大车率 / 输入交通量	20%	30%	40%	50%	60%	均值	标准差
1 100	0.50	0.52	0.52	0.53	0.55	0.52	0.02
1 200	0.48	0.50	0.50	0.54	0.54	0.51	0.02
1 300	0.47	0.52	0.52	0.53	0.54	0.51	0.03
1 400	0.50	0.52	0.52	0.54	0.56	0.52	0.02
1 500	0.49	0.50	0.53	0.53	0.54	0.52	0.02
1 600	0.48	0.50	0.51	0.53	0.53	0.51	0.02
1 700	0.48	0.50	0.51	0.53	0.55	0.51	0.02
1 800	0.48	0.51	0.51	0.54	0.55	0.52	0.03
1 900	0.48	0.50	0.52	0.53	0.52	0.51	0.02
2 000	0.47	0.51	0.51	0.53	0.53	0.51	0.02
2 100	0.48	0.50	0.50	0.52	0.54	0.51	0.02
2 200	0.49	0.50	0.52	0.54	0.53	0.52	0.02

根据表 4 的数据,可以近似认为在不同输入交通量、不同大车比例下,具有相同的 μ 值,即 $\mu=0.52$。

3.3.2 总体结果讨论

通过对其余五种情况的仿真分析,发现其余五种情况显示出和示例相同的趋势,在各种情况下通过输入不同交通量和大车比例,有效通行能力系数的差在 0.05 以内,标准差在 0.03 以内,所以此处用各种情况下的平均值对有效通行能力进行修正。不同类型突发交通事件下高速公路有效通行能力系数及其和表 1 的对比见表 5。

表 5 不同类型突发交通事件下高速公路有效通行能力修正表

高速车道在每个方向的数量	一		二		三	
	原值	修正值	原值	修正值	原值	修正值
2	0.35	0.39	0	0	N/A	N/A
3	0.49	0.52	0.17	0.27	0	0
4	0.58	0.57	0.25	0.39	0.13	0.20

3.4 国内外高速公路突发事件有效通行能力比较

比较表 1、表 5 中有效通行能力数值发现,基于 VISSIM 仿真的、符合国内高速公路交通组成特点的高速公路事故有效通行能力比例与美国的《交通控制系统手册》中存在一定差异,造成这种差异的原因,除了 VISSIM 仿真软件本身的局限性外,还与国内外交通环境特点有关。国内外交通流特性的主要差别归纳如下。

3.4.1 车辆因素

国外车辆的性能以及状况都相对比较好,国产车辆的加、减速性能在总体上较国外车辆存在一些差距,并且国内外车型大小也存在差异。

3.4.2 人的因素

由于国外与国内的驾驶人员在驾驶习惯以及个人素质方面的差异，导致驾驶员的车辆跟驰和换车道行为都存在不同的特性。如在换车道行为中，国内的强制性换道现象多于国外。

4 结语

突发交通事件的检测与处理在高速道路交通管理中占据着极为重要的地位。本文针对突发交通事件引起的车道临时关闭现象，在对事发后高速道路局部交通状态以及事发点通行能力进行分析的基础上，针对不同类型的突发交通事件，进行微观交通仿真和分析，以事发断面流量近似作为事发点通行能力，计算出不同类型突发交通事件下高速公路有效通行能力系数，并将其与美国《交通控制系统手册》的相关研究成果做了对比。该系数能够为实时、可靠地预测突发交通事件所造成的影响范围提供依据，从而为高速道路事件管理提供决策支持。

参考文献

[1] 彭春露. 异常事件下城市快速道路交通状态预测与分析[D]. 上海：同济大学，2003.

[2] 异常事件下高速道路交通状态的分析与仿真[J]. 交通运输工程学报，2008，8(2)：116-121.

[3] Transportation Research Board. Highway Capacity Manual [M]. Washington DC：National Research Council ，2000.

[4] 荆便顺. 道路交通控制工程[M]. 北京：人民交通出版社，1995.

[5] Banks J . Two-capacity phenomenon at freeway bottlenecks：a basis for ramp metering[J]. Transportation Research Record，1991，1320：83-90.

[6] Persaud B N. Exploration of the breakdown phenomenon in freeway traffic[J] . Transportation Research Record，1998，1634：64-69.

[7] PTV Planung Transport Verkehr AG. VISSIM User Manual [M]. Karlsruhe：PTV Corporation，2003.

[8] 张贵宾，刘清，严新平. 公共事件对交通延误影响分析[J]. 道路交通与安全，2008，8(1)：17-20.

区域高速公路网络交通事件传感器布设方法研究

陈雨人　郑仕文　童世鑫　张　翔
（同济大学交通运输工程学院　上海　201804）

摘　要：高速公路网上交通流参数（交通流量、平均速度以及车流密度等）变化是感知交通事件的主要依据，而事件传感器是探测交通流参数变化的主要手段。大量研究表明交通事件传感器的布设对高速公路网络中事件检测的精度影响很大。由于受到投资费用和客观条件的限制，事件传感器不可能覆盖高速公路网所有区域，交通事件的发生虽然是一个随机事件，但总有一定规律性，因此也没有必要均匀布置这些传感器。这里就存在一个交通事件传感器布设优化的问题，如何使用有限的传感器投入而获得最大的事件检测效益是人们关注的一个重点。本文依据区域高速公路网络拓扑特点，充分利用了匝道以及出入口的重要特性，以常规的最短路径算法为基础，研究了一种交通事件传感器的优化布设方法，以高速公路网络行程时间标准差作为优化目标，在充分利用现有资源前提下，分别布设和优化路段和出入口事件检测器，形成两层结构的事件检测传感器网络体系。

关键词：交通事件　传感器　优化布设　路网拓扑

Study on Traffic Incident Detectors Deployment for Regional Expressway Network

Chen Yuren　Zhen Shiwen　Tong Shixin　Zhang Xiang
（Traffic Engineering School of Tongji University　Shanghai　201804）

Abstract：The parameter of traffic flow (traffic volume, average velocity and traffic density, etc.) is primary basis to detect traffic incident for regional expressway network. The traffic incident detector is major measure to apperceive traffic flow parameter. Lots of study show that detectors deployment influences traffic event detection precision in expressway network. As a result of the investment costs and objective conditions, it is not possible for detectors to cover all regions in expressway network. Although traffic incident is a random event, there are some rules in it. So, it is not necessary to arrange detectors evenly. Optimization of traffic event detectors deployment can help people to use a limited number of sensors to obtain the maximum benefit. In this paper, a new optimization technique based on topology is put forward. The shortest path algorithm is applied to optimize detectors deployment. The standard deviation of travel time is selected to be optimization objective. In full use of existing resources, respective deployment and optimization for traffic incident detectors are studied and double-layers structure of event detection sensor networks are created.

Keywords：Traffic incident　Detector　Deployment and optimization　Expressway topology

0　引言

基于区域高速公路网上交通流参数（交通流量、平均车速以及车流密度等）的交通事件检测是目前安全态势分析和紧急情况处置的主要手段。大量事故资料和研究表明，在交通事故发生前后一段时间内，以交通流量、平均车速以及车流密度等为主要内容的交通流特征会发生比较明显的变化，基于这种上下游交通流特征的变化，结合大量历史统计资料的分析，就能够确定一段时间以后发生各种交通事件的概率大小，从而可以进行交通事故预警和区域高速公路网安全态势分析。在这样的应用实践中,除了合适的模型和预测技术以外,实时或者短时内的交通流特征的样本点分布就显得相当重要,在某种程度上起着决定性的作用。目前所要求的实时和短时的交通流参数,基本上都是采用包括线圈、超声波、微波和视频等传感器检测技术而获得的,人们除了关注信息融合等技术以外,也同样关心这些传感器位置的布设情况,因为传感器位置的布设对交通事件检测效果影响很大,众多研究者在进行相关方面的研究。陈扶崑等使用仿真方法对路段固定传感器布设使用人工神经网络方法进行分析;裴玉龙等借助均匀设计方法结合神经网络处理技术,对交通量检测设备布设方法进行研究;江龙晖等通过数据筛选可以识别出交通传感器原始数据中的错误数据,保证了各种交通模型输入信息的可靠性;ShouRen Hu 等研究基于最小的预算情况下的车辆传感器布设问题;Adam Danczyk 等研究基于混合整数线性方程的传感器布局优化问题;Xiaopeng Li 等研究交通监控传感器优化布设的可靠性问题。

上述这些研究表明无论国内还是国外都在积极研究交通事件传感器的布设优化方法,这些研究成果提高了相关应用的数值精度和检测水平。总的来说,这些布设方法更多在于宏观的把握和布局,比较适合于交通调查和数据统计方面的应用,这些传感器设施并不能完全适应交通事件检测、交通事故预测和安全态势分析的需要。本文认为应该充分结合区域高速公路网络的拓扑结构特点,突出匝道以及出入口在交通事件检测中的重要作用,同时尽可能充分利用现有传感器设施,更加科学高效地布置交通事件传感器,使得基于交通流参数的相关研究更加准确合理。本文第 1 节,简要分析了基于传感器检测交通事件的基本原理;第 2 节,主要分析了基于高速公路拓扑结构的交通事件检测传感器布设思路及优化技术。

1 基于传感器检测交通事件的基本原理

目前国内外主要应用自动交通事件检测算法(Automatic Incident Detection, AID)来感知交通事件的发生。目前用于交通事件检测的传感器主要有视频检测器,线圈检测器,超声波检测器以及微波检测器等。其中的视频检测和线圈检测是最为常用的技术,下面主要基于这两种传感器进行分析,这是因为一方面目前高速公路网已经大量安装了这两种传感器,可以充分利用现有资源;另一方面是视频检测经过十几年的发展在技术上已经相当成熟,所具有的优越性和高性价比已得到业界的公认,代表了未来交通事件检测的发展方向。事实上视频检测技术也可以看成是一种直接的检测方法,相应的 AID 算法可以直接判断交通事件的发生和消散,与仅依据交通流参数的非正常变化来间接判断交通事件发生的间接技术不同。总的来说直接检测技术无论在检测速度、精度等方面均应优于间接检测技术,但是直接检测需要布设密集的视频传感器(摄像机),资金投入比较大,同时也会收到天气、光线、障碍物等方面的影响,而间接法则相对经济方便,是目前应用最多的方法,当然间接法检测精度很大程度上依赖传感器(线圈等)的布设密度和间距。这两种交通事件检测的基本原理可以见图 1。

对于直接事件检测,通过视频信息可以直接获得有关事件情况,视频传感器没有覆盖的区域当然也可以利用获取的交通流参数进行间接检测。对于间接检测来说,通过上下游交通参数的变化,基于合适的算法(如神经网络,贝叶斯网络等)和判断阈值,判定两个传感器之间有无发生交通事件,可见传感器的位置是非常重要的因素。目前在高速公路网络系统中这两种技术应该能够协同工作,取长补短,共同构造一个高效、经济、高精度的交通事件检测系统。

2 基于高速公路网络复杂拓扑结构的传感器布设优化方法

高速公路网络有其重要的特点,在相关应用研究中习惯将其简单视为路段(Route)+节点(Node)的模式,如图 2a)的形式,基本忽略了构成节点具体枢纽互通的内在拓扑关系,实在是浪费了许多重要的信息。而在设置一个高效的直接检测和间接检测联合作用的交通事件检测的具体应用中,本文在原来拓扑结构的基础上,将每个节点(Node)再设计一层拓扑结构:匝道(Ramp)+出入口(Exit/Enter),如图 2b)所示,就形成了路段(Route)+节点(Node)和匝道(Ramp)+出入口(Exit/Enter)的二层拓扑结构模式,具体内容可参考文献。这种拓扑结构相比传统的结构可以包含更多的拓扑信息,基于这种拓扑结构进行交通事件传感器布置将形成“出口/入口”传感器和“匝道/路段”传感器网络的形式，从宏观上讲前者属于“点”，后者属于“线”，对简化交通事件检测的决策算法，提高交通事件的检测精度都是有益的。

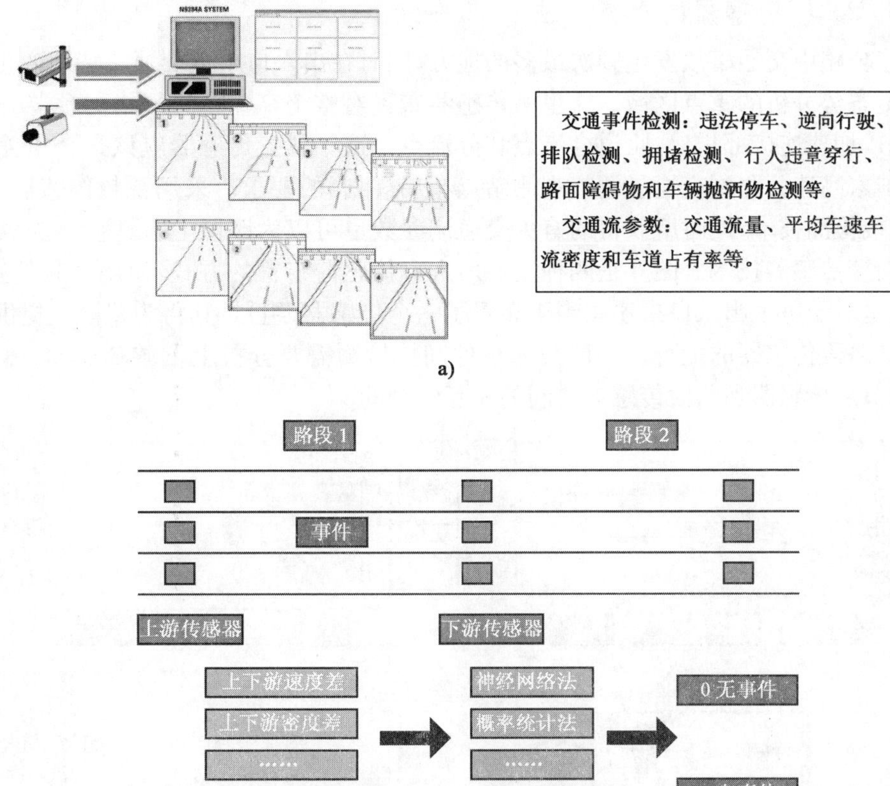

图 1　交通事件检测的基本原理

a)交通事件直接检测；b)交通事件间接检测

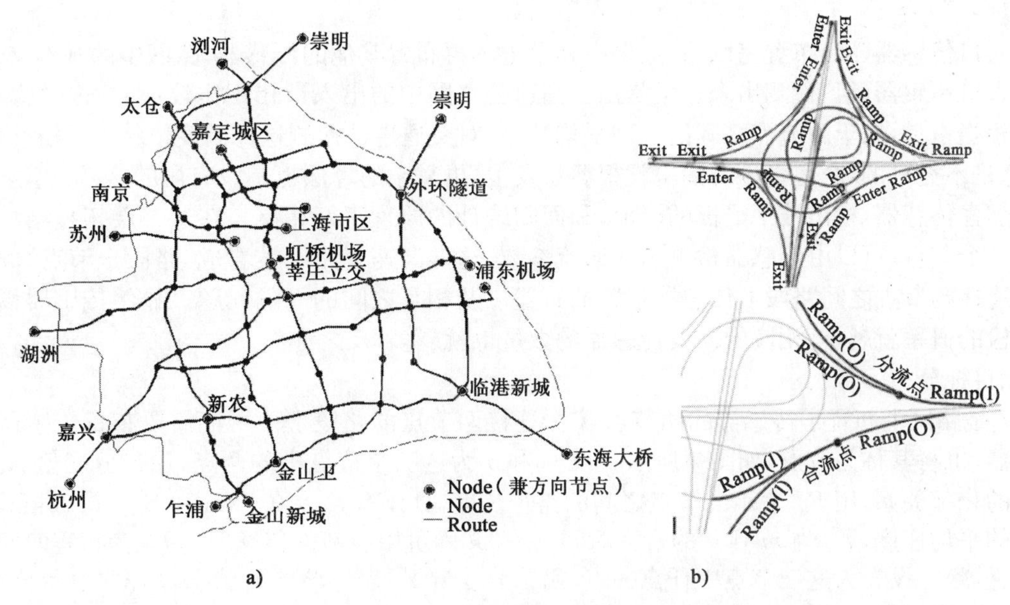

图 2　本文使用的高速公路网路二层拓扑结构

a)传统路段＋节点的路网拓扑模式；b)节点展开形成匝道＋出入口拓扑模式

为此，本文按照两个层次来布设传感器，一个是解决"出口/入口"(点)的布置，另一个是解决"匝道/路段"的布置，下面分别进行论述。

2.1 "出口/入口"传感器的布置方法

出入口是高速公路中交通事故发生频次最多的地方，同时在出入口附近交通流特征变化最为明显，是交通事故预警和安全态势分析的重点区域。这里的传感器布置对整个高速公路网络的预警分析至关重要，包含减速连接部出口，加速连接部进口、匝道合流点和分流点。这些位置传感器应该是全覆盖的，不应该出现盲区，这也符合《国家高速公路网交通量调查观测站点布局规划》的要求。采用视频传感器布置是非常合适的，既可以采用直接检测技术，同时所获得的有关交通流参数也可以为路段上事件检测提供支持，必要时也可以采用线圈等间接传感器技术。图 3 是四种主要出入口传感器布置的方式，使用视频传感器可以覆盖所有区域，事实在这里对于每个出入口来说相当于布置了一个传感器(组)。其将为路段上提供必要的信息，当然同时也需要来自路段传感器的配合。一般交通事件间接检测需要分析上下游 3～5min 内的交通特征情况的，这显然需要节点传感器和路段传感器之间的相互配合的。

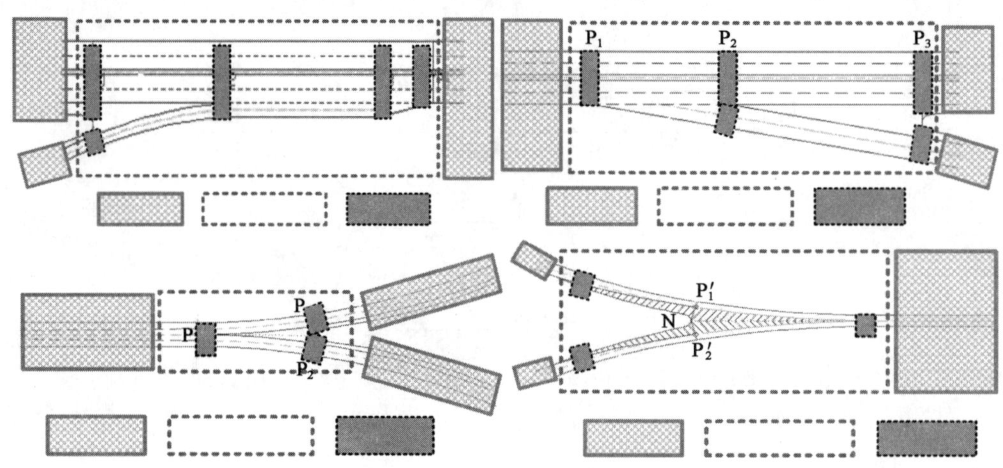

图 3 "出口/入口"传感器的布置方式

2.2 "匝道/路段"传感器的布置方法

上述出入口传感器(组)布置完以后，如果在路段上不再布置其他的传感器，路网中的基本交通流参数也可以依据出入口传感器(组)检测出来。但是由于高速公路网中的出入口相距比较远的，这时所获得的交通流参数数据相当粗糙，属于两节点之间的一种平均数据，对交通事件检测这样高度依赖上下游交通特征变化的应用，信息是不充分的，交通事件的漏检就很容易发生，再复杂的算法也是没有用的，要解决整个问题就必须在路段上加密传感器，检出被平滑掉的峰值，和回归统计的原理正好相反。在这一层拓扑结构中，出入口都被理解成一个节点，可以由传感器检测出交通流参数，这样高速公路网被看成"路段＋节点"的形式，目的就是要解决连接两节点之间路段上传感器位置的布置以及相互之间的间隔问题。显然传感器设置的越密，交通事件漏检的概率就越小，相应的需要传感器的数量也就越多，反之亦然。

(1)优化目标分析

设 i 和 j 是路网上布置了传感器的两节点，k 为连接两节点的路段上一可能需要布置传感器的点，一旦布置了传感器，也将其称为节点，如图 4 所示。设 m 和 n 为这三个节点中的两点，用二分变量 X_{mn} 表示节点 m 和 n 之间的相邻关系，用 S_{mn} 表示二节点之间的路径长度，具体有 $S_{ik}=0.5\text{km}$ 和 $S_{jk}=0.25\text{km}$，$\overline{V}_{mn}$ 为节点 m 和 n 之间的平均速度，T^{S}_{mn} 为 m 到 n 的行程时间(m 和 n 间可以有新的传感器)，T^{T}_{mn} 为行程时间(m 和 n 间没有新的传感器)。设 h 为这三节点中任意一点，用二分变量 Y_h 表示该点的状态，用 V_h 表示该点处所测得断面速度，具体有：

$$Y_h=\begin{cases}1 & \text{节点 } h \text{ 处布置传感器}\\ 0 & \text{节点 } h \text{ 处不布置传感器}\end{cases} \tag{1}$$

$$X_{mn}=\begin{cases}1 & (当 Y_m\times Y_n=1)\\ 0 & (当 Y_m\times Y_n=0)\end{cases} \tag{2}$$

如果 i、k 和 j 三点全部安装有传感器，同时测得 $V_i=35\text{km/h}$，$V_k=60\text{km/h}$ 和 $V_j=60\text{km/h}$，则二分变量 X_{mn} 有 $X_{ik}=1$，$X_{kj}=1$，$X_{ij}=0$，而二分变量 Y_h 有 $Y_i=1$，$Y_k=1$，$Y_j=1$，点 i、k 之间的行程时间可以根据平均速度和路径长度计算达到，即 $\overline{V}_{ik}=\dfrac{V_i+V_k}{2}=47.5\text{km/h}$，$T_{ik}^{S}=\dfrac{S_{ik}}{\overline{V}_{ik}}=38\text{s}$，同样点 k、j 之间平均速度为 $\overline{V}_{kj}=\dfrac{V_k+V_j}{2}=60\text{km/h}$，行程时间为 $T_{kj}^{S}=\dfrac{S_{kj}}{\overline{V}_{kj}}=15\text{s}$。这样从点 i 到 j 的行程时间为 $T_{ij}^{S}=T_{ik}^{S}+T_{kj}^{S}=53\text{s}$。

如果点 k 不安装传感器，同样可以测得 $V_i=35\text{km/h}$ 和 $V_j=60\text{km/h}$，则二分变量 X_{mn} 有 $X_{ik}=0$，$X_{kj}=0$，$X_{ij}=1$，而二分变量 Y_h 有 $Y_i=1$，$Y_k=0$，$Y_j=1$，点 i，j 之间的行程时间可以根据平均速度和路径长度计算得到，即 $\overline{V}_{ij}=\dfrac{V_i+V_j}{2}=47.5\text{km/h}$，$T_{ij}^{T}=\dfrac{S_{ik}+S_{ki}}{\overline{V}_{ij}}=57\text{s}$。

这说明传感器设置与否会很大程度上影响交通参数计算的，为了表征传感器布置所带来的变化情况，这里引入一个震荡量 E_{mn}，令 $E_{mn}=X_{mn}\times(T_{mn}^{S}-T_{mn}^{T})^2$，也就是说加密的传感器可以恢复峰值。总的指导思想应该是在有限的传感器数量前提下，获得最优的布设效果，从寻优角度来讲，选择 E_{mn} 最大的路段布置传感器。在满足 $\sum_{h=1}^{N}Y_h\leqslant R$ 情况下使得路网总的 $\sum_{m=1}^{M}\sum_{n=1}^{M}E_{mn}$ 最小化，表明路网上已经不需要增加传感器了，这里 N 为全路网划分的路段数量，M 为所有节点之间存在的链接关系数量，R 为在路段上准备布置的各类传感器总和。优化目标为：

路段寻优：
$$\max E_{mn}=X_{mn}\times(T_{mn}^{S}-T_{mn}^{T})^2 \tag{3}$$

优化收敛：
$$\min\sum_{m=1}^{M}\sum_{n=1}^{M}(T_{mn}^{S}-T_{mn}^{T})^2 \text{ 或者 } \sum_{h=1}^{N}Y_h\leqslant R \tag{4}$$

(2)路段传感器优化

根据上面所确定的优化思路，遍历所有起讫点，比如图 5 中由节点 S 到节点 N，利用文献描述的搜索算法获得最短路径集合 $\{S_{ij}\}$，利用各节点现有的传感器获得各路段平均速度集 $\{\overline{V}_{ij}\}$，计算出全路网基础行程时间集 $\{T_{ij}^{T}\}$，然后布设第 1 只路段传感器，根据式(3)寻优，然后节点传感器数量+1，路段数量+1，继续上述过程依次布置根据式(4)决定是否停止优化。这一过程可以用图 4 的逻辑框图表现出来。

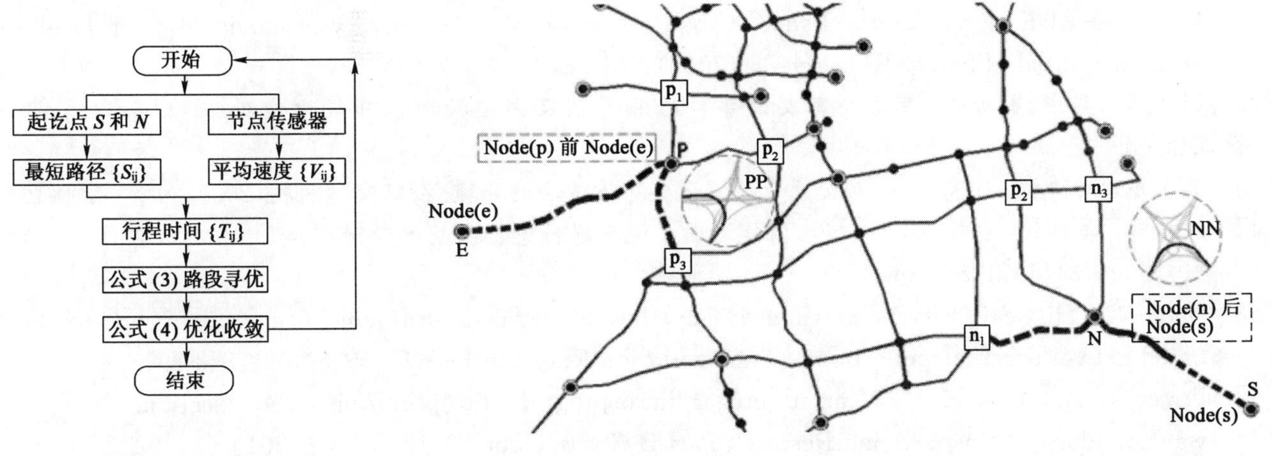

图 4　路段传感器优化逻辑框图

图 5　路段传感器布设优化

2.3　实例应用

为了验证上述方法的有效性，笔者以上海市高速公路网为例进行了实例应用分析，计划在路段上布设两个传感器。利用以前完成其他项目所建立起来的上海市高速公路网二层拓扑关系，利用 Google Map 上面所提供的交通信息获得路段平均速度：绿色路段为 70km/h，黄色路段为 50km/h，红色路段为 30km/h，黑色路段为 10km/h，当然这个精度比较低，不过没有关系，由此可以计算出基础行程时间$\{T_{ij}^{T}\}$，然后布设路段传感器，通过优化可以确定传感器 A 和 B 的位置，如图 6 所示。

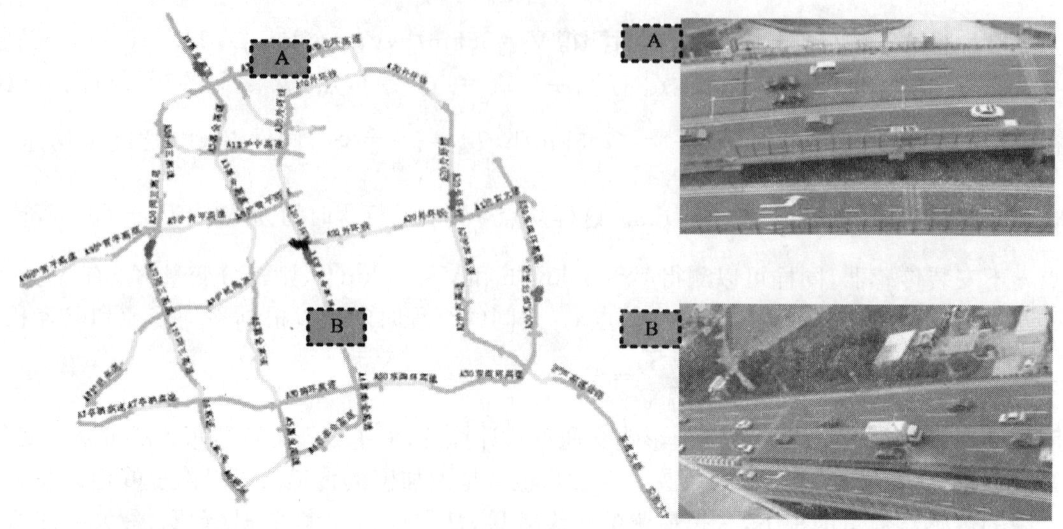

图 6 实例应用

3 结语

通过交通流变化特征来检测交通事件，传感器位置的布置很重要，最好是能够将路网全部覆盖，这是不可能也没有必要，优秀的交通事件检测算法可以弥补存在的不足，围绕本文所建立的传感器的网络，合适的检测算法在路段上分为高速模型(主线)和低速模型(匝道)，出入口根据形式不同作为分类变量，参与检测模型之中，基于贝叶斯统计理论的 logit 多分类变量模型配合本文所设计的传感器模型是比较适宜的，这是以后进一步研究的内容。

参考文献

[1] Mohamed Abdel-Aty, Anurag Pande, Crash data analysis: Collective vs. individual crash level approach. Journal of Safety Research 38 (2007):581-587.

[2] 陈扶崑，吴中，鲍业辉，高速公路交通事件检测算法及固定检测器布设方案，http://www.paper.edu.cn.

[3] 裴玉龙，刘博航，徐慧智. 一种交通量检测设备布设方法的研究. 公路交通科技，2007，24(9):100-104.

[4] 江龙晖，姜桂艳，张晓东，王江峰. 智能运输系统交通传感器数据的筛选与检验. 吉林大学学报(工学版)，2004，34(1):122-1126.

[5] Shou-Ren Hu, Srinivas Peeta, Chun-Hsiao Chu, Identification of vehicle sensor locations for link-based network traffic applications. Transportation Research Part B, 43 (2009):873-894.

[6] Danczyk, A., Liu, H. X. A mixed-integer linear program for optimizing sensor locations along freeway corridors. Transportation Research Part B (2010), doi:10.1016/j.trb.2010.04.002.

[7] Li, X., Ouyang, Y. Reliable sensor deployment for network traffic surveillance. Transportation Research. Part B (2010), doi:10.1016/j.trb.2010.04.005.

[8] 陈雨人，陈少军. 包含立交匝道信息的高速公路网络复杂拓扑结构. 同济大学学报(自然科学版)，2010，38(2).

隧道施工岩爆安全评价量化指标体系研究

刘学增　苏云帆

（同济大学建筑设计研究院　上海　200092）

摘　要：针对隧道施工中的岩爆风险，本文对事故的机理和分类进行了较为细致的总结，并对岩爆安全指标进行识别。本文利用以层次分析法为基础并加以改进的乘积标度法处理岩爆安全指标，确定多项目多层次各项指标的相对重要性，形成一套完整的施工岩爆安全评价量化指标体系，并应用于工程实例，得到该工程岩爆总体风险评价等级。

关键词：隧道施工　岩爆　安全评价　乘积标度法　风险评价

Research on the System of Quantitative Indexes of Rock Burst Safety Assessment in Tunnel Construction

Liu Xuezeng　Su Yunfan

(Architectural Design and Research Institute of Tongji University　Shanghai　200092)

Abstract: This paper conducts a detailed summary of the causes and classification of rock bursts in tunnel construction and identifies the safety indexes of rock bursts. Product scaling process, the method used in this article, is based upon and an improvement on the analytic hierarchy process. The paper adopts this method to deal with the safety indexes of rock bursts, to determine the relative importance of indexes on different levels in different projects, to form an integral system of quantitative indexes of rock burst safety assessment in tunnel construction, to apply the system into real cases, and finally gets the general rock burst risk evaluation levd of this project.

Keywords: Tunnel construction　Rock burst　Safety assessment　Product scaling process　Risk evaluation

0　引言

随着我国全面建设小康社会的深入开展，国家对基础设施建设的投入越来越多，特别是“十一五”规划以来，将会修建更多的铁路，而铁路隧道成为建设中的重点和难点。随着隧道项目的增加，安全问题也逐步凸显。

岩爆是一种多出现在较完整硬岩隧道施工中的地质灾害，不仅严重威胁施工人员及设备的安全、影响施工进度，而且还会造成超挖、初期支护失效，严重时还会诱发地震。

目前，我国铁路隧道施工安全评价与国际先进水平存在很大的差距，远不能适应施工建设健康、持续成长的需要。基于我国铁路隧道施工安全方面的现实灾情，非常有必要对铁路隧道施工阶段安全评价系统进行研究。本文针对施工过程中可能发生的岩爆灾害，应用模糊评价方法，形成一套安全评价量化指标体系。

1　典型岩爆安全事故调查与分析

1.1　岩爆机理

岩爆是岩体中聚积的弹性变形能在地下工程开挖中突然猛烈释放，使岩石爆裂并弹射出来的现象。

岩爆发生主要有以下几个条件。

基金项目：交通部科技项目(编号：2008 318 494 50)。

(1)岩性条件

大量岩爆记录资料显示,岩爆几乎都发生在新鲜完整、质地坚硬、强度高、干燥无水的弹脆性岩体中。对于高弹性岩石,外力的作用能有效地转化为弹性应变能积聚起来,具有良好的蓄能条件,即岩石的弹性能量指数很高,发生岩爆的可能性很大。

(2)初始应力条件

岩体中的能量来源及其大小取决于岩体初始应力的大小。岩爆通常发生在高地应力地区,特别是在三向应力不等的高地应力区更易于发生岩爆。

(3)工程施工

在具备以上两个条件的岩体中开挖洞室形成临空面,使洞壁附近岩体由原来的三向应力状态转变为二向应力状态,且局部应力高度集中,洞壁附近集中的最大切向应力达到岩爆发生的临界应力时,岩爆就会发生。工程施工是岩爆发生的触发条件。

1.2 岩爆分类

到目前为止,国内对岩爆分类尚未形成统一标准,主要根据岩爆特征、岩爆应力作用方式综合考虑岩体地质因素等进行分类。本文主要根据岩爆危害方式、危害程度分类,见表1。

表1 岩爆分类

类型	岩爆描述
爆裂松脱型	围岩呈块状、板状、鳞状,爆裂声响微弱,弹射距离很小,岩壁上形成破裂坑,破裂坑的深度主要受围岩应力和强度的控制
爆裂弹射型	岩片弹射及岩粉喷射,爆裂声如枪响,弹射岩片体积一般不超过 $1/3m^3$,直径 5~10cm。洞室开挖后,一般出现片状岩石弹射、崩落或呈笋皮状的薄片剥落
爆炸抛射型	岩爆发生使岩石抛射,其声响如同抛弹爆炸,抛射岩块的体积从数立方米到数十立方米,抛射距离几米到十几米

2 安全评价方法研究

隧道施工岩爆安全评价指标体系主要有可能造成岩爆的不良地质安全指标体系,在这个指标体系下又分别包含若干个子评价指标,而多数的评价指标一般都是易于定性描述而难于定量化,这比较符合模糊综合评判理论的适用条件。用此理论评判,必将提高评判结果的可靠性和准确性。因此,本文将运用模糊综合评判方法对隧道施工期常见的地质灾害进行评价。

岩爆成灾因素很多,且各因素之间往往还有层次之分,如果采用常用的一级评判,就难以比较系统中事物之间的优劣次序,得不出有意义的评判结果。另一方面,在评判时对于隶属函数的构造虽有很多方法,究竟选取哪种隶属函数更能切合实际,还有待进一步的研究。此外,在选取评判因子时,没能很好结合具体研究的灾害特点来选取合适的评判因子,或是遗漏了关键的评判因子,或是增加了一些与危险度关系甚微的因子等,导致评判效果欠佳。为克服以上困难和不足,本文尝试采用多级模糊评判并依据《铁路隧道风险评估指南》(试行)及其他有关文献,来对铁路隧道工程建设中常见的灾害危险度进行评价。

3 岩爆安全评价关键指标及体系

3.1 岩爆安全指标识别原则和过程

3.1.1 识别原则

准确性:哪些是岩爆产生的原因,哪些是岩爆发生的后果,必须要有准确的认识。

全面性:在辨识的过程中,不能遗漏或增添安全影响因素。遗漏会导致项目的损失和失败,增添会导致项目的成本增加。

系统性:要进行详细的归纳分类,哪些是自然因素,哪些是设计施工因素等,应一目了然,为制订规避措施提供指导。

3.1.2　识别过程

首先,根据可行性研究阶段评估结果,结合本阶段的勘察资料和设计原则,对具有岩爆风险的典型不良地质进行安全评价。

其次,施工阶段是各种风险的暴露期,由于这一阶段事故的高发性和对经济效益的影响,而成为工程风险分析研究的重点。这一阶段,对工程地层情况已有比较明确的认识,重点是解决由于设计阶段对实际地质情况的勘探不足、认识以及设计计算理论不完善而可能出现的不可预见的风险。

再者,施工阶段还应对岩爆发生的规模大小进行预测,这样就可便于对其采取相应的预防措施,防患于未然,为施工的顺利进行提供必要的支持。

3.2　岩爆评价指标体系

针对影响岩爆发生的一些主要因素,归纳得到总体评价指标体系,如图1所示。

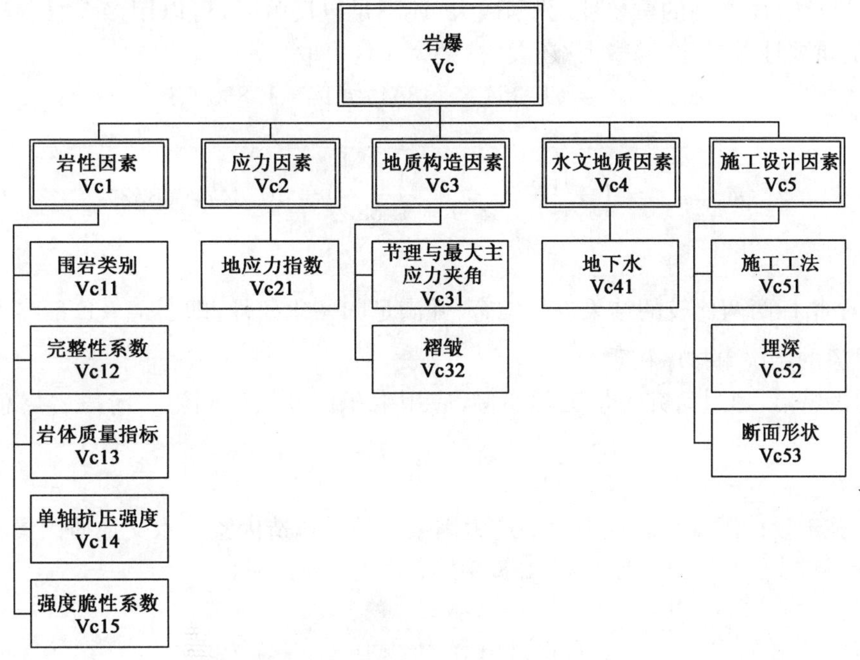

图1　岩爆总体评价指标体系

3.3　安全评价指标权重确定

铁路隧道施工阶段岩爆风险源是一个多项目、多层次的复杂系统,要对其进行综合评价,需要对各层中安全指标的评价结果进行综合。由于每层评价指标在铁路隧道施工阶段的地位、作用、贡献不同,因此,应采用适当的方法,分别确定同一层次中各指标在铁路隧道安全指标体系中相对于上层指标的"相对重要性",即权重,然后将各层指标的权重与其评价结果综合考虑,才能得出其上层指标合理的评价结果,如此逐步综合直至得到评价结果。

合理确定和适当调整因素权重,体现了系统评价中各因素轻重有度、主次分明,更能增加评价因素的可比性。根据铁路隧道安全指标体系中评价指标两两比较的具体特点,在分析层次分析法的基础上,采用一种改进的层次分析法——乘积标度法来确定指标层指标的权重。然后,根据指标层指标的权重和样本资料,采用模糊理论来确定指标的权重。

乘积标度法是以层次分析法为基础,其基本思路是:在指标重要性的两两比较时,不先划分过多的等级,而只设置两个等级,即指标 A 与指标 B 的重要性"相同"或"稍微大",然后以此作为基础进行递进乘积分析。这样可以使确定方法具有更大的灵活性。

在对指标 A 和指标 B 进行两两比较时,取乘积标度法中"相同"的标度值为:

$$\omega_A : \omega_B = 1:1 \tag{1}$$

认为“稍微大”是指指标A和指标B之间存在的差别不应大于1.5，取

$$\omega_A : \omega_B = \frac{1.286+1.500+1.277}{3} : 1 = 1.354 : 1 \tag{2}$$

根据乘积标度法中“相同”和“稍微大”的标度值以及乘积标度法的思路，确定简单二层系统指标权重的乘积标度法的基本步骤为：

(1)根据经验或实测资料，对m个指标定性地进行重要性排序。

(2)对指标进行两两对比，确定指标A与指标B之间的重要性差异属于“相同”或“稍微大”。当指标A与诊断指标B之间的重要性“相同”时，取权重为$(\omega_A,\omega_B)=0.5,0.5$。

当诊断指标A的重要性比诊断指标B的重要性“稍微大”时，取权重为：

$$(\omega_A,\omega_B) = \left(\frac{1.354}{1+1.354}, \frac{1}{1+1.354}\right) = (0.575, 0.425) \tag{3}$$

(3)当指标A与指标B之间的重要性用“稍微大”还不足以反映时，可以用多个“稍微大”来反映。如当认为A与B之间的重要性差异比“稍微大”还要“稍微大”时，可取

$$\omega_A : \omega_B = (1.354 \times 1.354) : 1 = 1.833 : 1 \tag{4}$$

则权重为：

$$(\omega_A,\omega_B) = \left(\frac{1.833}{1+1.833}, \frac{1}{1+1.833}\right) = (0.647, 0.353) \tag{5}$$

依此类推。

(4)将同层m个指标两两比较的结果进行综合，并满足归一化条件，即$\sum_i^m \omega_i = 1$，最终得到下一层各指标对相邻上层研究对象的层次单排序权重。

根据铁路隧道的特点，通过研究大量工程实例，应用乘积标度法得到施工阶段岩爆总体评价指标权重如下。

①一级指标

施工设计因素=岩性因素=应力因素>地质构造因素>水文地质因素

1.833：1.833：1.833：1.354：1

向量归一化：

0.233：0.233：0.233：0.173：0.128

②二级指标

岩性因素：

单轴抗压强度>强度脆性系数>围岩级别=完整性系数=岩体质量指标

1.833：1.354：1：1：1

向量归一化：

0.296：0.219：0.162：0.162：0.162

应力因素：

地应力指数(1)。

向量归一化(1)。

地质构造因素：

节理与最大主应力夹角>褶皱

1.354：1

向量归一化： 0.575：0.425

水文地质因素：

地下水(1)。

向量归一化(1)。

施工设计因素：

施工工法＞断面形状＞埋深

1.833∶1.354∶1

向量归一化：　0.438∶0.323∶0.239

3.4 岩爆指标量化

总体评价指标量化及等级划分见表2。

表2 岩爆总体评价指标及等级划分

评价指标		等级			
一级指标	二级指标	I	II	III	IV
岩性因素	围岩级别	VI、V	IV	III	I、II
	完整性系数 K_v	＜0.55（较破碎）	0.55～0.60（较完整）	0.60～0.75（较完整）	＞0.75（完整）
	岩体质量指标RQD	＜0.25	0.25～0.50	0.50～0.70	＞0.70
	单轴抗压强度(MPa)	＜80	80～120	120～180	＞180
	强度脆性系数 R	＜10	10～14	14～18	＞18
应力因素	地应力指数 S	＜0.15	0.15～0.20	0.20～0.25	＞0.25
地质构造因素	节理与最大主应力夹角 β(°)	30～45	45～90	20～30	0～20
	褶皱	无	背斜	两翼	向斜
水文地质因素	地下水	富水	弱富水	极少水	贫水
施工设计因素	施工工法	双侧壁导洞法	CD或CRD	台阶法	全断面
	埋深(m)	＜50	50～200	200～700	＞700
	断面形状	椭圆	半圆直墙	圆形	半圆

4 工程应用

4.1 工程概况

某铁路隧道设计为左右线分离式，洞高7.1m，洞宽10.5m。左线洞体全长13 122m，洞体最大埋深598m，位于K13＋180；右线洞体全长13 098m，洞体最大埋深589m，位于YK13＋240。隧道围岩主要有泥页岩、灰岩、泥灰岩、角砾状灰岩、白云岩。其中，灰岩和白云岩岩体属于较坚硬岩或坚硬岩，且岩体比较完整，容易发生岩爆。

4.2 模糊综合评价

该隧道大部分地层为灰岩，因此，针对此地层进行模糊综合评价。表3为该隧道的模糊综合评价指标。

表3 灰岩围岩段岩爆模糊综合评价指标

评价指标		隧道参数
一级指标	二级指标	
岩性因素(0.233)	围岩级别(0.193)	II
	完整性系数 K_v(0.193)	0.90
	单轴抗压强度(0.353)	64
	强度脆性系数 R(0.261)	11
应力因素(0.233)	地应力指数 S(1)	0.3

续上表

评价指标		隧道参数
一级指标	二级指标	
地质构造因素(0.173)	褶皱位置(1)	无
水文地质因素(0.128)	地下水(1)	贫乏
施工设计因素(0.233)	开挖工法(0.438)	全断面
	埋深(0.239)	589
	断面形状(0.323)	三心圆

注:括号内数值为相应评价指标的权重,可由两两比较,利用乘积指标法确定其量值。

4.2.1 一级评价

利用一级评价模型,灰岩段单因素评价结果如下。

岩性因素 A:

$$A=[A_i]\cdot[v_1\quad v_2\quad v_3\quad v_4]$$

$$=[0.193\quad 0.193\quad 0.353\quad 0.261]\cdot\begin{bmatrix}0&0&0&1\\0&0&0&1\\1&0&0&0\\0.5&0.5&0&0\end{bmatrix}$$

$$=[0.484,0.130,0,0.386]$$

应力因素 B:

$$B=[B_i]\cdot[v_1\quad v_2\quad v_3\quad v_4]=[1]\cdot[0\quad 0\quad 0\quad 1]$$

$$=[0,0,0,1]$$

地质构造因素 C:

$$C=[C_i]\cdot[v_1\quad v_2\quad v_3\quad v_4]=[1]\cdot[1\quad 0\quad 0\quad 0]$$

$$=[1,0,0,0]$$

水文地质因素 D:

$$D=[D_i]\cdot[v_1\quad v_2\quad v_3\quad v_4]=[1]\cdot[0\quad 0\quad 0\quad 1]$$

$$=[0,0,0,1]$$

施工设计因素 E:

$$E=[E_i]\cdot[v_1\quad v_2\quad v_3\quad v_4]$$

$$=[0.438\quad 0.239\quad 0.323]\cdot\begin{bmatrix}0&0&0&1\\0&0&0.44&0.56\\1&0&0&0\end{bmatrix}$$

$$=[0.323,0,0.105,0.572]$$

4.2.2 二级评价

将一级评价结果组成二级评价判断矩阵 R。

灰岩段总体二级评价判断矩阵:

$$R=\begin{bmatrix}A\\B\\C\\D\\E\end{bmatrix}=\begin{bmatrix}0.484&0.130&0&0.386\\0&0&0&1\\1&0&0&0\\0&0&0&1\\0.323&0&0.105&0.572\end{bmatrix}$$

综合评价：

$$F=[0.233,0.233,0.173,0.128,0.233]\times[R]$$
$$=[0.3610,0.0303,0.0245,0.5842]$$

4.2.3 评价结果分析

$$F=1\times0.3610+2\times0.0303+3\times0.0245+4\times0.5842=2.8319$$

由此值可知，隧道灰岩段岩爆总体安全评价等级为III级。

对应的风险水平见表4。

表4 岩爆风险评估水平

评价等级	评价值 F 范围	说明
I	$1\leqslant F<1.5$	安全，风险很小，基本可忽略
II	$1.5\leqslant F<2.5$	比较安全，风险中等，须引起重视，仍在可接受范围
III	$2.5\leqslant F<3.5$	不安全，风险较大，需要采取一定的控制措施方可接受
IV	$3.5\leqslant F\leqslant 4$	极不安全，风险很大，不可接受

4.3 岩爆风险控制措施

4.3.1 改善围岩物力性能

岩爆一般发生在完整硬脆性岩体中，通过注水软化法来降低围岩的硬脆性可以有效控制岩爆。该方法可以通过三方面作用来防治岩爆：一是可以释放弹性应变能，并将最大切向应力向围岩深部转移；二是高压注水的楔劈作用可以软化、降低岩体的强度；三是高压注水产生了新的张裂隙并使原有裂隙继续扩展，从而降低了岩体储存弹性应变能的能力。

4.3.2 改善围岩应力状态

岩石静力学理论认为，当应力集中接近或大于围岩强度即形成岩爆。对可能发生岩爆的部位采取卸载钻孔、松动爆破或振动爆破使岩体应力降低，能量在开挖前释放，可以有效控制岩爆。

4.3.3 优化爆破设计

优化爆破设计，减少周边孔间距，使其不大于50cm，采用小药卷间隔装药，增加起爆雷管数以减少同段起爆药量，提高光爆效果，尽量减少诱发岩爆的因素。当岩爆严重或其他途径无法遏制时，可以考虑采用预裂爆破，目前大多数硬岩隧道的钻爆法开挖采用的都是光面爆破。

4.3.4 加强监控量测

结合超前地质预报技术，用弹道地震仪对掌子面及掌子面前方15～20m的地段进行监测，用地震波速推算岩石强度，并根据岩石强度及有关经验公式判定存在岩爆的可能性。

4.3.5 强化质量管理

严格按照施工方案的要求进行减弱岩爆措施的施工，同时给施工人员佩戴钢盔、穿防弹背心，主要防止弹射型岩爆伤人。在支护区设专职安全员，随时观察围岩状态，如发现险情，及时向上汇报，做到及时支护或组织人、机暂时躲避。

5 结语

(1)根据岩爆危害方式、危害程度，分为爆裂松脱型、爆裂弹射型和爆炸抛射型，在高弹性能量指数、高地应力的岩石中开挖洞室，洞壁附近集中的最大切向应力达到岩爆发生的临界应力时，岩爆就会发生。

(2)应用乘积标度法分析对岩爆总体评价指标体系进行多级模糊评判，使得岩爆指标得以量化，形成了岩爆安全评价体系。

(3)将岩爆安全评价体系应用于工程实例，可以得到岩爆风险评估水平。根据评价结果采取相应的岩爆风险控制措施，可以有效降低隧道施工岩爆风险。

参考文献

[1] 中华人民共和国铁道部.铁路隧道风险评估与管理暂行规定[M].北京:中国铁道出版社,2007.

[2] 张少夏.隧道工程风险分析方法及工期损失风险研究[D].上海:同济大学,2006.

[3] 黄宏伟.隧道及地下工程建设中的风险管理研究进展[J].地下空间与工程学报,2005,2(1):13-20.

[4] H. H. Einstein. Risk Analysis in Rock Engineering [J]. Tunneling &Underground Space Technology,1996:141-155.

[5] R. Sturk,L. Olsson,,and J. Johansson. Risk and decision analysis for large Underground projects, as applied to the Stockholm ring road tunneling [J]. Tunneling and Underground Space Technology, 1996,11(2):157-164.

[6] 毛儒.隧道工程风险评估.隧道建设[J].2003,23(2):1-3.

[7] 徐则民,黄润秋,范柱国,吴培关.长大隧道岩爆灾害研究进展[J].自然灾害学报,2004,13(2):17-18.

[8] 杨健,武雄.岩爆综合预测评价方法[J].岩石力学与工程学报,2005,24(3):414-415.

[9] 谭以安.岩爆类型及其防治[J].现代地质,1991,5(4):450-456.

[10] 刘普寅,吴孟达.模糊理论及其应用[M].长沙:国防科技大学出版社,1998.

[11] 刘正雄.岩爆预防及防治技术研究[J].中国铁道科学,2001,24(4):74-75.

[12] 王元汉,李卧东,李启光.岩爆预测的模糊数学综合评判方法[J].岩石力学与工程学报,1998,17(5):493-501.

[13] 张志强,关宝树,翁汉民,等.岩爆发生条件的基本分析[J].铁道学报,1998,20(4):82-85.

公路桥隧工程风险评估

张喜刚 徐国平 刘 高 赵君黎 张 杰 冯 苠

(中交公路规划设计院有限公司 北京 100088)

摘 要:公路桥隧工程风险评估技术,对于提高工程的建设和运营安全水平、降低风险损失具有重要的意义。本文基于多年的相关研究,总结了桥隧工程风险评估阶段的划分、评估方法、评估流程、评估标准等方面的成果,并从公路桥隧风险评估的工程应用角度,对评估体系、评估案例进行探讨,供业内人士参考。

关键词:风险评估 评估体系 评估案例

Risk Evaluation of Highway Tunnel and Bridge Projects

Zhang Xigang Xu Guoping Liu Gao Zhao Junli Zhang Jie Feng Min

(CCCC Highway Consultants Co., Ltd Beijing 100088)

Abstract: Risk evaluation of highway tunnel and bridge projects is significant in improving the construction, the safety level of operation, and reducing losses caused by risks. Based on years of research, this paper summarizes the achievements in methods to classify and evaluate the stages of risk evaluation, in the process and the standards of risk evaluation. Moreover, this paper conducts a research into the evaluation system and the evaluation cases for the reference of insiders from the perspective of applying the risk evaluation of highway tunnels and bridges.

Keywords: Risk evaluation Evaluation system Evaluation case

0 引言

随着我国经济持续快速的发展,公路桥隧的建设力度也随之提高,一大批桥隧工程相继建成。桥隧工程所面临的安全问题也逐渐引起了社会的关注。尤其是2007年以来,各种桥隧工程倒塌事故屡见不鲜,比如广东九江桥的船撞倒塌、湖南凤凰桥施工过程中突然倒塌、超载车辆压垮桥梁、洪水冲垮桥梁等。就2007～2008年的不完全统计,我国境内因各种原因倒塌的桥梁事故就多达25起。诸多桥隧工程事故的发生,造成了严重的人员伤亡和经济损失,也给社会带来了非常恶劣的影响。

面对屡屡发生的桥隧工程损毁造成的不利安全态势,引入风险评估制度,构建完整的安全保障体系,已经迫在眉睫。自2007年年底启动公路桥隧工程风险评估技术研究以来,中交公路规划设计院有限公司、中交第一公路勘察设计研究院有限公司、同济大学等相关单位积极开展了风险评估技术的实务性研究。2009年,交通运输部在部分地区选定了具有典型代表性的桥梁与隧道工程项目开展了风险评估试点工作,2010年4月8日,交通运输部正式通过了《关于在初步设计阶段实行公路桥梁和隧道工程安全风险评估制度的通知》,公路桥隧工程风险评估工作由此得以在全国范围内逐渐展开,并选择在工程建设条件、技术复杂的公路桥梁和隧道工程的初步设计阶段率先推行。

目前,公路桥隧工程风险评估工作遵循"谁设计谁负责、谁施工谁负责、谁运营谁负责"的原则,采取"自评估为主,自评估与检查评估相互结合、互为补充"的方式展开。其目标则是确保工程建设和运营过程所涉及的各方(设计方、施工方、管养方、管理方等)具备四种能力,即安全防护能力、风险源的发现能力、应急反应能力、事故的对抗能力。

本文基于多年的相关研究及2010年3月笔者在交通运输部"交通科技大讲堂"中的相关讲座内容，从公路桥隧风险评估的工程应用角度，对评估体系、评估案例进行探讨，供业内人士参考。

1 评估体系

1.1 评估阶段的划分

公路桥隧工程风险评估工作与工程的建设运营活动相结合，客观上可以划分为不同性质的几个阶段，即：工程可行性研究阶段、设计阶段、施工阶段和运营阶段。

针对工程所处的不同阶段，开展的风险评估工作，其侧重点也有所区别。

工程可行性研究阶段：综合考虑工程技术风险、资金风险、外部协作条件风险等，避免投资决策失误。

设计阶段：从技术角度考虑设计方案中各种不确定因素对后继施工及运营造成的不利影响，避免由于"先天不足"而导致"后天堪忧"。

施工阶段：从施工安保措施角度考虑施工实施过程中可能出现的各种事故，并分析可能造成的运营养护影响，避免由于技术上的疏忽或管理上的不慎而导致工程项目的质量、安全等目标出现过大偏差。

运营阶段：从运营过程中外部环境的复杂性、变动性以及主体结构对环境的适应能力的有限性，分析运营失效的可能性及其损失，以便及时采取措施保障桥隧工程的安全。

1.2 评估方法

目前常用的风险评估方法有多种，其特点也各不相同，在应用中有着各自的优缺点和适用范围，一般可以划分为定性方法和定量方法两类。

定性评估方法是运用归纳与演绎、分析与综合以及抽象与概括等手段，认识事物本质，揭示内在规律，从而获得评估结果的方法，主要包括专家调查法、检查表法、头脑风暴法等。通过依托工程试点及其他工程实践，目前效果较好的方法为专家调查法。

定量评估方法是对评估对象的数值特征、参数关系与敏感性进行分析，从而认识事物本质，揭示内在规律，获得评估结果的方法，主要包括失效概率法、蒙特卡罗法等。通过依托工程试点及其他工程实践，目前效果较好的方法为失效概率法。

定性评估方法是绝对的，定量评估方法是相对的。也就是说评估的总体方向是定性的，而具体到某一专项风险概率或具体的风险损失，可以采用定量的方式进行计算。从另一个角度来说，也可以认为定性评估方法是一种公众所认可的方法，决策本身就属于定性判断范畴，只要存在需要通过决策来解决的问题，定性判断就不可能消失。对于风险评估的技术流程来说，定量也只是风险评估过程的关键环节——风险概率和风险损失的估测采用了量化的方式，但其风险识别和风险评价过程仍是进行定性分析和给出定性结论的过程。

当然定性评估方法也存在优缺点，需要技术人员在工程的实际评估过程中，尽可能地扬其所长，避其所短，加强过程控制，使评估结论客观准确地反映出工程的当前状态和未来发展。

1.3 评估流程

对开展一项公路桥隧工程风险评估工作而言，其重点环节表现为"辨、测、评、控"四点，见图1。

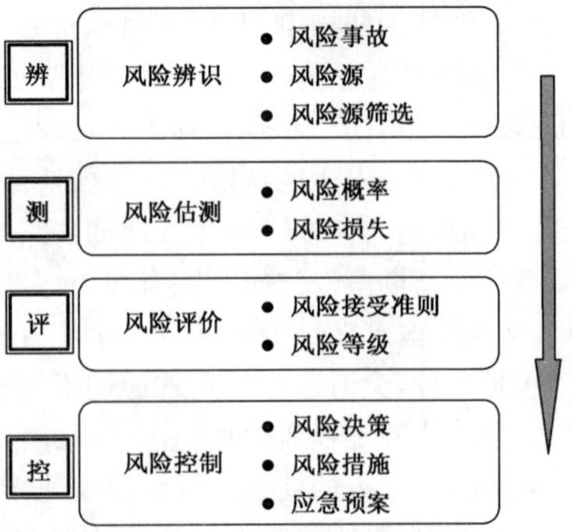

辨	风险辨识	● 风险事故 ● 风险源 ● 风险源筛选
测	风险估测	● 风险概率 ● 风险损失
评	风险评价	● 风险接受准则 ● 风险等级
控	风险控制	● 风险决策 ● 风险措施 ● 应急预案

图1　公路桥隧工程风险评估流程

1.4 评估标准

风险发生概率指工程在现有技术、管理水平下，某一风险事件发生的可能性。在实施的工程桥隧风险评估实践中，一般从已有的同类桥隧资料中近似推断出随机变量的概率分布或某些数字特征。在赋予构成风险的各个要素数值后，通过所建立的数学模型，就可计算出风险事件的发生概率。表1为我国公路桥隧工程风险评估中所采用的风险发生概率的等级标准的定性、定量描述。

表1 风险发生概率等级判断标准

等 级	定量判断标准(概率区间)	定性判断标准
1	$P_f<0.0003$	几乎不可能发生
2	$0.0003\leqslant P_f<0.003$	很少发生
3	$0.003\leqslant P_f<0.03$	偶然发生
4	$0.03\leqslant P_f<0.3$	可能发生
5	$P_f\geqslant 0.3$	频繁发生

桥隧工程风险损失的判定是一个非常复杂的问题,涉及建设管理方(业主)、建造者、使用者、社会公众等多方面利益。在具体的桥隧工程风险评估过程中,往往不可能将全部的损失都考虑进来,根据损失形态的不同,风险损失一般考虑人员伤亡、经济损失、环境破坏三个方面,风险损失等级与判断标准可参考《公路桥梁和隧道工程设计安全风险评估》。当多种损失同时产生时,应采用就高原则确定风险损失等级。

2 龙江大桥初步设计阶段风险评估

2.1 建设条件特点及工程方案

大桥位于火山熔岩台地、河谷陡坡地形区;河谷深切,腾冲岸为80m高的陡崖;沿龙江两岸存在多处大小不一的不稳定斜坡,易发生滑坡、崩塌。

桥位区地震活动频繁,地震烈度VIII度。

初步设计阶段提出的推荐方案为320m+1 196m+320m单跨钢箱梁悬索桥,比较方案为320m+1 196m+320m单跨钢桁梁悬索桥。

2.2 风险源辨识

首先对收集的典型工程案例和当前桥梁资料进行统计分析。侧重点分别为:对于同类桥隧工程历史事故,侧重于发生基本原因、事故发生时间规律、事故结构损失规律、人员伤亡规律、后继改进措施等方面;对于龙江大桥,侧重于建设条件、结构方案、施工技术、运营管理等方面的关键路径、薄弱环节。统计分析结果分别从两个大方面、九个小方面进行归类。

收集统计分析所需的资料后,进行风险源普查。针对当前评估对象,考虑设计方案的各种不确定性因素对未来建设和运营的影响,主要从施工和运营两个方面考虑:对于施工方面,侧重于工程地质勘察的准确度和可信度分析、建设期边坡稳定性影响分析、恶劣天气对桥梁施工的影响、大桥施工期工程风险(大桥施工中的技术风险,工程施工的难易度分析,实施过程中意外事故风险)、大桥对环境影响风险;对于运营方面,侧重于地震对桥梁工程的影响(分析本地区地震带的地震情况及其对工程方案的影响,考虑地震对结构本身的损毁影响和导致的次生灾害影响)、边坡稳定性对大桥运营风险的影响、运营管理维护风险(大风对本桥的影响,超载对桥梁的损坏、腐蚀对缆索系统的影响等,造成桥梁运营管理维修风险)、自然气候因素对大桥通行的影响(大风、大雾、大雨等)、交通事故引起的桥梁堵塞与桥梁损坏的风险、桥梁耐久分析(工程使用期100年)。最终共普查出与当前评估桥梁相关的风险源84项。

确认风险源在当前工程可能存在的部位和方式,判定风险事件可能对工程的影响程度后,完成风险源的筛选过程。经过筛选,本工程共筛选出主要风险源19项。

2.3 风险估测及评价

首先编制风险等级调查表,表2为该表的部分内容。该表前4项由风险评估小组填写,“风险事件”、栏根据风险源辨识结果填写,“风险源当前状态”栏应填写与对应风险源相关的建设条件和原始状态信息,例如某座处于设计阶段的桥梁,评估其地震损伤风险,该栏应根据专题研究、地质资料等,填入该工程场地条件、所在区域地震烈度以及相关不良地质情况等。后面的几栏由专家根据项目信息、风险源当前状态、设计方案,总结自身的经验进行填写。

表 2 风险等级调查表(风致灾害部分)

风险事件		风险源当前状态	设计方案	风险发生概率级别	风险损失级别			评定概率和损失级别的理由	建议进一步采取的措施
					人员伤亡	经济损失	环境影响		
风致灾害风险(风致失稳倒塌、恶劣天气施工事故、风致行车侧翻事故)	风致失稳	自塔科玛大桥风致失稳倒塌事故后,通过风洞试验和模拟计算,已经基本能够有效控制大桥风致失稳事故	进行风洞试验对风嘴等结构进行改进						
	恶劣天气对结构、人员造成影响	索塔、加劲梁、猫道的施工过程中,大跨径悬索桥由于恶劣天气条件而发生的人员伤亡、构件损伤事故发生较少	建立可靠的天气预报系统,以保证能够选在合适的天气状况下完成关键步骤施工						
	风速对行车安全造成不利影响	主桥桥面高度处的阵风风速达到50m/s(100年重现期),大于8级风(19m/s),微型客车、轻型客车和空载集装箱车就将面临通行安全问题; 目前几个风速较大的跨海桥梁,在设置了风障后,很少发生行驶车辆侧翻事故	特殊天气下限行或限速,加强运营管理,设置风障						

所选择的专家,其人数不宜太少,太少不具有代表性,一般不少于10位,也不宜太多,太多将会使实际操作变得难以忍受,效率低下。在向专家发放征询意见书和等级调查表后,开始预调查;然后汇总征询结果,并将汇总结果反馈专家组;最后收集反馈意见,并统计整理结果。如专家意见不满足收敛要求,则重新设计调查表,重复进行调查。

专家调查结果统计公式见式(1)。

$$s_{\mathrm{i}}=\frac{\sum_{i=1}^{n} B_{\mathrm{j}} N_{\mathrm{ij}}}{n} \tag{1}$$

式中:B_{j}——第 j 个专家的权值;

N_{ij}——第 j 个专家对第 i 个目标的判定结果;

n——专家总人数。

根据评估结果,钢箱加劲梁和钢桁加劲梁风险水平基本相当,为III级风险,但钢箱梁梁段吊装后连接整体化工作量少,由此导致工期延误风险较钢桁梁小。另外,桥址处温度较高,降雨量大,钢箱梁腐蚀失效风险为II级,低于钢桁梁的III级风险水平。边坡失稳风险、风致灾害风险等评估结果从略,详细内容可参考《云南保腾高速公路龙江特大桥立桥初等设计阶段安全风险评估报告》。

根据两个方案风险的综合分析,钢箱梁和钢桁梁两个悬索桥方案的风险基本相当,需根据其他技术经济比选确定推荐方案。本桥在边坡稳定性影响、地震影响、行车安全、施工期对环境影响等方面风险为III级。

2.4 风险应对措施

指定风险应对措施的目的是将风险危害降至最低限度,但并不意味着要清除一个工程中所有风险,这也是不现实的。风险应对措施包括三个方面:防范对策、防范预案、修复预案,防范对策和方案预案的制订需要考虑措施降低风险等级的有效性和采取该措施的经济性,即考虑项目法人(业主)对所需人力、物力、时间的承受能力。本项目的应对措施从略。

3 港珠澳大桥海底隧道初步设计阶段风险评估

3.1 建设条件特点及工程方案

港珠澳大桥是包括海中隧道、人工岛、桥梁于一体的集群工程，其中隧道是目前世界上技术难度最大、设计标准较高的海底隧道，其环保要求高、通航等级高、埋置深、地质条件差、地震烈度高。另外，水环境敏感度大、防洪要求高、外海风浪大、施工复杂、工期要求紧。

初步设计阶段，隧道提出两种方案(沉管、盾构)。

3.2 风险源辨识

根据工程特点及风险源普查、筛选结果，风险源普查主要从四个大的方面进行：设计风险、施工风险、运营养护和环境影响风险、人员安全风险。风险源筛选分别为28个沉管方案(包括管节存放、运输与沉放过程中遇到比预计更恶劣的天气情况、隧道结构漏水以及与其相关的结构耐久性问题、不同管节或者管段间的不均匀沉降等)、37个盾构方案(包括对盾构机掘进进度造成影响的施工事故、隧址的复杂地质情况、复合软土地质条件下所需高性能盾构机的设计与制造、横向连接通道的修建等)，具体主要风险源筛选结果可见下节风险估测相关内容。

3.3 风险估测及评价

限于篇幅，仅以沉管方案的部分施工风险为例，说明风险估测及评价结果，见表3。

表3 沉管工法施工风险估测结果

风险事件	风险源当前状态	设计方案	概率级别	损失级别	风险级别	应进一步采取的措施
干坞内的作业事故	结构失效、降水系统失效或大浪过顶导致干坞淹水	正确评估浪高，设置警报系统，备用排水系统	3	3	III	特别关注
	隧道管节浇注：出现裂缝与修补，增加工程造价	施工浇注开始前进行足尺模型浇注与冷却系统	4	3	III	混凝土配合比；浇注人员培训
	压重水箱失效	可尝试干坞注水前在压重水箱中加水	2	3	II	
隧道管节的浮运与系泊事故	管节搁浅造成损害	正确勘察浮运、系泊路线	2	2	II	
	船只碰撞损坏管节隔水板与吉娜橡胶止水带	设置浮标、交管管制、吉娜橡胶止水带保护措施	3	4	III	加强监督管理
	不利天气情况导致管节损坏、或浮运时丢失	按不利气象设计管节(按照100年重现期)；建立可靠的预报系统	2	3	II	
	……	……	……			

综合评价结果见表4。

表4 盾构方案和沉管方案风险综合评价结果

分项		沉管	盾构	描述
1	设计风险		+	盾构(III级风险) 沉管(II级风险)
2	施工风险		+	盾构(III级风险16项) 沉管(III级风险10项)

续上表

<table>
<tr><th colspan="3">分　项</th><th>沉　管</th><th>盾　构</th><th>描　述</th></tr>
<tr><td rowspan="2">3</td><td rowspan="2">运营养护和环境影响风险</td><td>运营养护</td><td>0</td><td>0</td><td>两工法运营养护风险相近，均为 II 级风险</td></tr>
<tr><td>环境影响（水利防洪）</td><td></td><td>+</td><td>盾构(III 级风险)
沉管(II 级风险)</td></tr>
<tr><td>4</td><td colspan="2">人员安全风险</td><td>0</td><td>0</td><td>人员安全风险两种工法基本相同</td></tr>
<tr><td colspan="3">结论</td><td colspan="3">沉管隧道方案风险相对较小，推荐采用</td></tr>
</table>

3.4 风险应对措施(略)

4 结语

基于评估理论的不断深入研究和实际工程的进一步验证，已经在一定程度上推广了风险评估理念，增强了设计、施工及工程业主对风险评估技术的认同感。但纵观目前已经开展的公路桥隧工程风险评估工作，尚存在不尽如人意的地方，需在提高评估质量、加强有效的过程控制方面下工夫。根据实践经验，评估的过程控制需要围绕以下几个方面谋篇布局：明确风险评估的目的、清晰界定评估的范围、严格有效的过程控制、科学规范的计算方法、重点突出的分析过程、动态持续的风险评估。

公路桥隧工程风险评估工作任重而道远，需要广大技术人员的共同努力，才能使风险评估技术早日为公路桥隧工程安全发挥应有的效用。

本文得到了“西部地区公路桥隧工程风险评估研究”(项目编号：2008 318 494 50)的大力支持，部分研究成果已经吸纳在文章中。

参 考 文 献

[1] 中交公路规划设计院有限公司. 公路桥梁工程建设安全风险评估指南(试用本)[R]. 北京：中交公路规划设计院有限公司，2008.

[2] 刘高，黄李骥，张杰，等. 云南保腾高速公路龙江特大桥主桥初步设计阶段安全风险评估报告[R]. 北京：中交公路规划设计院有限公司，2009.

公路隧道穿越断层塌方预测多级模糊综合评判

刘学增[1] 米东阳[2]

(1. 同济大学建筑设计研究院 上海 200092;

2. 同济大学地下建筑与工程系 上海 200092)

摘 要:为了预测隧道穿越断层破碎带施工的塌方事故,本文全面总结了隧道穿越断层破碎带塌方影响因素,确定影响的主要因素;根据因素的层次性、模糊性,引入多级模糊评判方法、层次分析方法(AHP)等理论,建立了断层塌方预测的二级模糊综合评判模型和方法;通过工程实例对模型进行了验证分析,结果与实际情况符合较好,说明隧道穿越断层破碎带塌方预测的多级模糊综合评判指标体系是有效的。

关键词:断层 塌方 多级模糊综合评判

Multi-level Fussy Evaluation System of the Prediction in the Earthfall Caused by Tunnel Construction

Liu Xuezeng[1] Mi Dongyang[2]

(1. Architectural Design & Research Institute, Tongji University Shanghai 200092;

2. Department of Geotechnical Engineering, Tongji University Shanghai 200092)

Abstract: In order to predict earthfall when tunnel construction goes through fault fracture zone, the paper has comprehensively summarized the factors in it and determined the major one. Then, based on the hierarchy and fuzziness of the factors, this paper employs the multi-level fuzzy evaluation system and Analytic Hierarchy Process (AHP), creating a model of second-level fuzzy and comprehensive evaluation system which predicts the earthfall in faultage. This paper has also tested this model with real cases. Its outcome conforms to the reality, demonstrating the effectiveness of such model.

Keywords: Fault Couapse Multi-level fuzzy and comprehensive evaluation system

0 引言

断层及其破碎带是隧道施工中常见的不良地质现象,多数情况下,它的强度低、透水性大、风化严重且可能夹杂或填充易变性的断层泥、断层角砾等。隧道开挖施工时,由于复杂的地质因素和施工的开挖扰动,塌方事故极易发生。因此,对存在断层及破碎带的隧道,在施工之前,对塌方事故的发生概率进行预测,不仅可以指导施工开挖,也可以对事故进行预警。

在隧道穿越断层破碎带时,导致塌方事故的因素有:断层两侧的围岩、水文状况、断层的宽度、断层的倾角、断层的性质、断层的含水性、气象、隧道的埋深、隧道开挖断面等。这些因素对隧道围岩稳定性的影响具有模糊性、层次性和影响程度的差异性,理想的塌方风险评估应反映这些特点。对于这类具有不确定性、层次性、模糊性的事件,可以采用模糊数学方法中的多级模糊综合评判。它是从多目标决策中划分出来的一种新数学方法,在影响事物的因素较多,且具有层析性和不确定性时,采用结合层次分析法的多级模糊综合评判是预测这类问题的有效方法。

基金项目:交通部科技项目(编号:2008 318 494 50)。

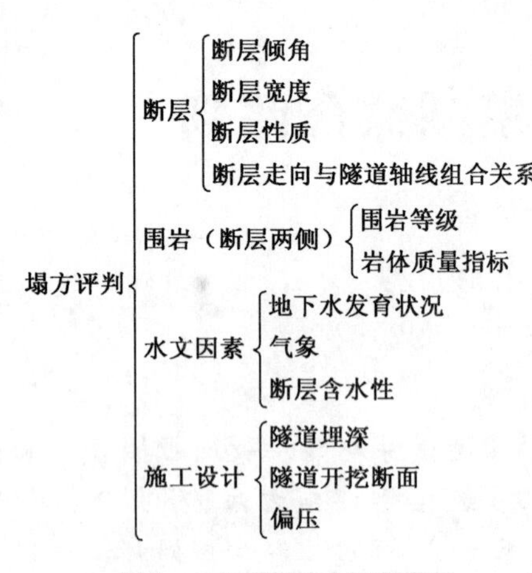

图1 二级模糊综合评判模型

1 塌方预测的二级模糊综合评判模型

引进模糊数学理论对隧道穿越断层破碎带的塌方进行预测，其关键之一就是多级评判模型的建立，它必须能够反映影响因素的层次性和模糊性。为此，本文通过总结其他学者的研究成果，以及青岭隧道、广福隧道、阿娜隧道、潭峪沟隧道等等断层破碎带导致的塌方事故实例，在全面深入总结隧道穿越断层破碎带主要影响因素的基础上，建立隧道穿越断层破碎带塌方的二级模糊综合评判模型，如图1所示。本模型分两个层次考虑：一级评价指标因素共12个，二级主控影响因素共4个。

利用上述模型对塌方事故进行评估，还必须解决塌方的概率分级问题，参考其他学者的分级，本文拟采用四级分级方法，即I、II、III、IV，风险的文字描述见表1。

表1 评价等级

评价等级	概率等级描述	备注
I	不可能	安全，风险较小
II	偶尔	比较安全，风险中等
III	可能	不安全，风险较大
IV	极有可能	极不安全，风险很大

2 塌方预测的二级模糊综合评判模型理论和体系

2.1 二级模糊综合评判原理[10]

(1)建立因素集与评价集

模糊数学综合评判要求给定两个有限论域，主控因素集U，评价集V：

$$U = \{u_1, u_2, \cdots, u_n\}$$

$$V = \{v_1, v_2, \cdots, v_m\}$$

因本文采用四级分级方法，则评价集为

$$V = \{v_1, v_2, v_3, v_4\} = \{I, II, III, IV\}$$

按图1所考虑的两个层次，则二级主控因素集 $U = \{u_1, u_2, u_3, u_4\}$ ={断层、围岩、水文因素、施工设计}，其中 u_1 为断层，包括 u_{11}：断层倾角，u_{12}：断层宽度，u_{13}：断层性质，u_{14}：断层走向与隧道轴线组合关系，u_2、u_3、u_4 与其同理，本文共有12个一级指标。

(2)建立权重集

设第2级主控因素集 $U = \{u_1, u_2, u_3, u_4\}$ 的权重集为 $A = \{a_1, a_2, a_3, a_4\}$。

设第1级指标因素集 $U_i = \{u_{i1}, u_{i2}, \ldots, u_{in}\}$ 的权重为 $A_i = \{a_{i1}, a_{i2}, \ldots, a_{in}\}$，$i = 1,2,3,4$；$n$ 是每一个主控因素集所包含的二级指标个数。

(3)一级评判

先对一级指标因素集 $U_i = \{u_{i1}, u_{i2}, \ldots, u_{in}\}$ 的 i 因素进行单因素评判，得单因素矩阵为：

$$R_i = \begin{bmatrix} r_{11} & r_{12} & r_{13} & r_{14} \\ r_{21} & r_{22} & r_{23} & r_{24} \\ \cdots & \cdots & \cdots & \cdots \\ r_{n1} & r_{n2} & r_{n3} & r_{n4} \end{bmatrix}$$

将权重集 $\mathbf{A_i}=\{a_{i1},a_{i2},...,a_{in}\}$ 结合各因素模糊矩阵 $\mathbf{R_i}$，可进行一级模糊综合评判：

$$\mathbf{B_i}=\mathbf{A_i}\cdot\mathbf{R_i}=\{b_{i1},b_{i2},\cdots,b_{in}\}$$

(4)二级综合评判

再对第2级主控因素集 $U=\{u_1,u_2,u_3,u_4\}$ 作综合评判，评判矩阵为一级 Fuzzy 综合评判矩阵

$$\boldsymbol{R}=\begin{bmatrix}\boldsymbol{B}_1\\\boldsymbol{B}_2\\\boldsymbol{B}_3\\\boldsymbol{B}_4\end{bmatrix}=\begin{bmatrix}\boldsymbol{A}_1\cdot\boldsymbol{R}_1\\\boldsymbol{A}_2\cdot\boldsymbol{R}_2\\\boldsymbol{A}_3\cdot\boldsymbol{R}_3\\\boldsymbol{A}_4\cdot\boldsymbol{R}_4\end{bmatrix}$$

将权重集 $\boldsymbol{A}=\{a_1,a_2,a_3,a_4\}$ 结合评判对象的各因素模糊矩阵 $\boldsymbol{R}$，可进行二级模糊综合评判：

$$\boldsymbol{B}=\boldsymbol{A}\cdot\boldsymbol{R}=\{b_1,b_2,b_2,b_4\}$$

按最大隶属度原则，二级模糊综合评判结果中 $b_{j\max}$ 所对应的等级即为塌方的风险等级。

2.2 确定指标权重

权重的确定采用层次分析法(AHP)[11]，这一过程可由一组专家对所调查的因素进行评判，即把同级各个因素两两相互比较(包括因素自身的比较)，参照表2。把因素比较的重要程度进行仿数量化处理，各因素数量值构成一个"构造判断矩阵"，进而用和法求矩阵的特征向量和特征根，并通过一致性检验后，具有满足一致性地判断矩阵对应的特征向量的各分量，即为各个指标所对应的权重。

表2 九标度各因素重要性大小比较仿数量化

标　度	两两因素重要性比较结果说明
1	i 因素比 j 因素完全一样重要，或 i 与 i，j 与 j 自身比较
3	i 因素比 j 因素稍微重要一点
5	i 因素比 j 因素明显重要
7	i 因素比 j 因素重要得多
9	i 因素比 j 因素极为重要
2,4,6,8	两因素重要性比较介于上述标度两值之间
倒数	上述重要性相反情况，即 j 比 i 重要的情况

通过层次分析法计算，二级指标权重与一级指标权重如下：

$$\mathrm{A}=(a_1,a_2,a_3,a_4)=(0.3,0.2,0.3,0.2)$$

$$\mathrm{A}_1=(a_{11},a_{12},a_{13},a_{14})=(0.15,0.25,0.4,0.2)$$

$$\mathrm{A}_2=(a_{21},a_{22})=(0.5,0.5)$$

$$\mathrm{A}_3=(a_{31},a_{32},a_{33})=(0.3,0.2,0.5)$$

$$\mathrm{A}_4=(a_{41},a_{42},a_{43})=(0.3,0.3,0.4)$$

2.3 隶属函数的确定

本文所选的评价因素既有定量，又有定性。对于定性的指标，通过描述的情况确定其所在的等级，假设实际情况属于指标体系第III级，则这一等级的隶属度为1，而其他等级的隶属度为0，可得其隶属向量为{0,0,1,0}。

对于定量指标，本文采用三角形分布确定隶属函数，具体方法见参考文献《模糊数学》。

因此，一级评价指标的隶属度确定可首先通过取值或描述的情况确定其所在的等级，然后查表即可得该评价指标相对应4个等级的隶属度。本文给出的一级评价指标与评价等级的关系见表3。

表 3 一级评价指标与转换等级的关系

评价指标		评价等级			
二级指标	一级指标	I	II	III	IV
断层	断层倾角	>80°	70°～80°	50°～70°	<50°
	断层宽度(m)	<2	2～5	5～10	>10
	断层性质	压性	压扭	扭性、张扭	张性
	断层走向与隧道轴线组合关系	正交或平行在影响带之外	正交或平行在影响带之外	斜交或平行在影响带之内	斜交或平行在影响带之内
围岩(断层两侧)	围岩等级	I、II、III	IV	IV	V、VI
	岩体质量指标(RQD)	>0.75(好)	0.50～0.75(一般)	0.25～0.50(差)	<0.25(非常差)
水文因素	地下水发育状况	贫水(地下水不发育)	弱富水(地下水较发育)	弱富水(地下水较发育)	富水(地下水发育)
	气象(年均降雨量)(mm)	<200	200～600	600～1 000	>1 000
	断层导水性	阻水断层	阻水断层	导水断层	导水断层
施工设计	隧道埋深(m)	>40	40～20	20～10	<10
	隧道开挖断面(m^2)	<10	10～50	50～100	>100
	偏压	无	无	有	有

注：括号中的文字为指标常见的另一种表述形式。

3 工程实例

为了验证本文指标体系的合理性，将其应用于天汕高速公路的广福隧道工程。该工程为分离式隧道，其中左线隧道全长 2 214m，平面线性采用直线和半径 6 701m 的圆曲线；右线隧道全长 2 101m，平面线性采用直线和半径 4 100m 的圆曲线，隧道建筑限界宽 10.75m，高 5.00m，内轮廓净宽 11.36m，净高 7.01m。隧道山体受喜马拉雅山期的构造影响表严重，断层发育，小断层较多，其中距离隧道较近的是 F1 挤压性断层，其走向基本与隧道走向平行，断层倾角 80°，断层宽度 2.5～3m，断层破碎带导水，其次级的小断层横贯隧道，造成围岩破碎，岩体完整性差。断层段隧道属于浅埋偏压段，最大埋深 29.3m，最小埋深为 23m，围岩以微、弱风化花岗岩为主，围岩等级 IV 级，隧道区域内年均降雨量大约 1 500mm。

2005 年 10 月 26 日凌晨 5:30，广福隧道右线 K7＋575～K7＋560 发生塌方，塌体清理后发现在隧道上方形成一个高约 12m，纵向 32m，横向宽约 16m 的空洞。

将本文方法应用于广福隧道断层破碎带影响段的塌方预测，隧道实际地质与施工与指标体系对应见表 4。

广福隧道塌方的二级模糊综合评判可按如下步骤进行：

(1)根据该工程地质情况确定一级评价指标的转换等级，并由此确定转换等级对应的塌方概率等级的隶属度取值，或直接由隶属函数计算。

(2)根据一级隶属度矩阵和一级指标权重向量，对单个二级指标逐一进行一级模糊综合评判。

(3)由一级评判的结果构成二级评判矩阵，进而对二级指标作二级评判，可得评判结果向量 $\overline{B}$＝(0.11, 0.26 0.33, 0.30)。

(4)对最终的塌方二级模糊综合评判结果向量进行最大隶属度辨认(最大值)，可得该隧道断层段的塌方概率属于 III 级。

该评判结果属于发生概率较大一类(见表 1)，与隧道施工开挖的实际情况较为符合(由于断层与气象因素，广福隧道发生了塌方事故)，因此隧道穿越断层的塌方风险二级模糊综合评判的指标体系是有效的。

表4 广福隧道塌方评价指标

评价指标		广福隧道
二级指标	一级指标	
断层(0.3)	断层倾角(0.15)	80°
	断层宽度(m)(0.25)	2.75m
	断层性质(0.4)	挤压断层
	断层走向与隧道轴线组合关系(0.2)	平行影响带之内
围岩(断层两侧)(0.2)	围岩等级(0.5)	IV
	岩体质量指标(RQD)(0.5)	差
水文因素(0.3)	地下水发育状况(0.3)	地下水较发育
	气象(年均降雨量)(mm)(0.2)	1 500mm
	断层导水性(0.5)	导水
施工设计(0.2)	隧道埋深(m)(0.3)	26m
	隧道开挖断面(m^2)(0.3)	60m^2
	偏压(0.4)	有

注:括号中的数值为指标在其因素级的权重。

4 结语(2)

本文是在全面深入分析隧道穿越断层塌方事故影响因素的基础上,根据其模糊性和层次性,引进模糊数学理论,建立了隧道穿越断层的塌方风险二级模糊综合评判模型与方法。可得如下的结论:

(1)多级模糊综合评判模型能够反映指标的层次性,使指标权重的确定更加合理和简单。

(2)应用模糊综合评判对断层塌方的各因素进行多级综合评判,能够较好地得到定量和定性的结果,实际的验证也较吻合。

(3)通过影响因素总结与分析建立的塌方预测指标体系是有效的,对工程施工有一定的指导意义。

参考文献

[1] 杨会军,胡春林,谌文武,梁收运.断层及其破碎带隧道信息化施工[J].岩石力学与工程学报,2004,23(22):3917-3922.

[2] 黄俊,罗永忠.断层破碎带对宽体公路隧道设计的影响分析[J].第九届全国岩石力学与工程学术大会论文集,689-696.

[3] 韩爱民,白玉华,孙家齐.断层透水性工程地质评价[J].南京建筑工程学院学报,2002,1,21-25.

[4] 皇甫岗,王晋南.滇西北地区断层破碎带宽度与断层错距的统计关系[J].1993,16(4),384-390.

[5] 张咸恭,王思敬,张倬元,等.中国工程地质学[M].北京:科学出版社,2000.

[6] 徐坤甲,李永丰.青岭隧道采用长大管棚处理断层破碎带塌方[J].世界隧道,2000,1,8-13.

[7] 张连成,黄俊.广福公路隧道塌方原因分析及处治[J].公路交通技术,2007,2,142-147.

[8] 唐卫华.阿娜隧道塌方原因分析及处理技术研究[J].公路与汽运,2008,5,137-139.

[9] 李连虎.潭峪沟隧道塌方原因分析与防治措施[J].岩土工程技术,1998,3,36-39.

[10] 楼世博,张爱云,李秋水,等.模糊数学[M].北京:科学出版社,1983.

[11] 王莲芬,许树柏.层次分析法引论[M].北京:中国人民大学出版社,1990.

[12] 来弘鹏,谢永利,杨晓华.地表预注浆加固隧道浅埋偏压破碎带围岩效果分析[J].岩石力学与工程学报,2008,11(2),2309-2315.

基于案例推理的区域公路网应急预案快速生成方法

赵 勇 陆 建 马永峰

（东南大学交通学院 南京 210096）

摘 要：本文将案例推理的方法引入区域公路网应急预案快速生成，提高了应急指挥中心的响应速度。基于案例推理的区域公路网应急预案快速生成方法分为案例库的构建、输入信息的确认、案例检索、案例调整和案例学习。案例的表示采用框架式，通过收集历史事件应急处理构建案例库。通过突发交通事件信息确认表的填写来确认输入信息。将突发事件分为四类，采用不同的检索策略进行案例检索，并对检索出的案例进行调整。案例学习包括案例增补、案例修改和案例删除。

关键词：案例推理 应急预案 突发事件

Case-based Reasoning Rapid Generation Method of Contingency Plan for Regional Highway Network

Zhao Yong Lu Jian Ma Yongfeng

(School of Transportation Southeast University Nanjing 210096)

Abstract: This paper adopts case-based reasoning in the rapid generation of contingency plan for regional highway network, thus quickening the response of emergency command center. The case-based reasoning rapid generation of contingency plan includes the building of case base, confirming input information, case retrieval, case adjustment and case study. The cases are demonstrated by frame style, and the case base is built from a collection of contingency treatment for past incidents. The confirmation of input information is carried out by filling out confirmation form for traffic accidents. The emergencies fall into four categories, each employing a different approach for retrieval and the retrieved cases are correspondingly adjusted. The case study includes case supplement, case correction and case cancellation.

Keywords: Case-based reasoning Contingency plan Emergency

0 引言

2009年交通运输部在总结2008年抗击低温雨雪冰冻灾害和汶川特大地震抗震救灾经验的基础上，修订实施了《公路交通突发事件应急预案》，各地公路管理部门根据自己的实际情况制订了相关的公路突发事件应急预案。调研结果表明，各地的公路交通突发事件应急预案的生成存在以下不足之处：生成的预案覆盖范围大，具体的处置对策比较笼统，导致预案实用性较差，不能有效地解决发生的突发事件；管理部门在应急预案处理突发事件后缺乏对预案进行调整和总结，缺少对历史应急预案的管理，不能有效地利用历史应急预案。

因此，通过对历史预案案例的整理，本文研究基于案例推理的区域公路网应急预案快速生成研究，提高应急的响应速度，生成高质量的应急预案，为公路应急指挥中心的建设提供技术支持。

基金项目：国家科技支撑计划课题，2009BAG13A06；教育部新世纪优秀人才支持计划(NCET-08-0115)；江苏省青蓝工程。

1 案例推理技术

基于案例推理(Case-based reasoning,简称 CBR)的思想来源于认知科学的领域。在认知科学中,当人们碰到一个新的问题时,往往会从心理上去寻找以往的经验,并通过以往的经验来解决眼前的问题。CBR 就是在这样的认知背景下诞生的。

CBR 是建立在历史案例库构建的基础上,CBR 的工作流程如图 1。一般的 CBR 系统包括问题特征描述和输入,案例的检索,案例的调整,案例的评价和案例的学习。

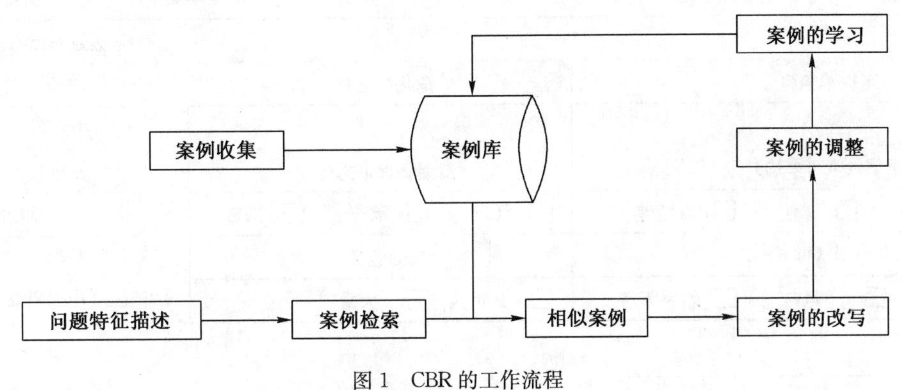

图 1 CBR 的工作流程

2 基于案例推理的应急预案快速生成方法

2.1 应急预案案例的表示方法

案例的表示就是使计算机能够获取、认识、处理和储存案例。在 CBR 系统发展的过程中,各种表示方法被开发并得到应用,从简单的"面向对象表示法",到"框架表示法",再到复杂的"神经网络"、"语义网"、"记忆网"等,其中最为常见的是框架表示法。框架表示法表达能力强、层次结构丰富,能够较好地把叙述性表示和过程性表示协调起来。应急预案内容结构清晰,比较适合用框架表示。

突发事件种类繁多,不同类型的突发事件,应急预案也不同,为了方便案例的表示以及检索,参考《道路交通信息采集事件信息集》(GB/T 20134),并结合突发事件下的应急指挥预案,将突发事件分为三类:交通事故、车辆抛锚、道路异常。在突发事件分类的基础上,设计了区域公路网突发交通事件信息确认表(表 1)。

表 1 区域公路网突发交通事件信息确认表

区域公路网突发交通事件信息确认表

事件发生地点:________ 公路等级:□ 高速 □ 一级 □ 二级 确认时间:________

天气情况:□ 晴阴 □ 雨 □ 雪 □ 雾 风向:________ 填表单位:________

事件一级确认

交通事故类	车辆抛锚类	道路异常类
①发生人员伤亡或车辆路产损毁? □ 是 □ 否 ②发生危化品泄漏? □ 是 □ 否	③发生车辆抛锚? □ 是 □ 否	④发生货物散落或偶发性交通拥堵? □ 是 □ 否 ⑤出现地质灾害或恶劣天气? □ 是 □ 否 ⑥发生群体性事件? □ 是 □ 否

注:任一句题选"是"则属于该类事件。

事件二级确认

续上表

交通事故信息

伤亡受困情况：

轻伤人数	重伤人数	死亡人数	受困人数

主要重伤类型（可多选）：

□ 严重创伤	□ 开放式骨折	□ 昏迷
□ 重度烧伤	□ 危化品侵害	□ 其他

火灾情况：

□ 无	□ 轻微	□ 重度或爆炸

翻车情况：

□ 无	□ 小型车翻车	□ 大型车翻车

危化品情况：

运输车辆牌号			危化品名称		
化学属性（可多选）			泄漏物理形态		
□ 易燃易爆	□ 毒性	□ 腐蚀性	□ 气态	□ 液态	□ 固态
波及范围（可多选）			泄漏数量		
□ 车道内	□ 下风向	□ 水系下游	□ 少量	□ 大量	

车辆路产损毁情况：

车型	数量
小型车	
大型车	
路产损毁	
□ 护栏	
□ 中央隔离带	

车辆抛锚信息

抛锚车辆车型	小型车	大型车
数量		

道路异常信息

□ 货物散落	散落货物数量	□ 少量 □ 大量
□ 偶发性交通拥堵	拥堵影响范围	□ 跨省 □ 3个以上地市 □ 2个地市 单个地市
□ 地质灾害	地质灾害类型	□ 地面塌陷 □ 滑坡 □ 泥石流 地震
□ 大雾天气 □ 沙尘天气 □ 暴雨天气	能见度（m）	□ 100~200 □ 50~100 □ 30~50 □ 30以下
□ 冰雪天气	积雪结冰程度	□ 未积雪结冰 □ 积雪尚未结冰 □ 部分路段（桥面）结冰 □ 路段全线结冰
□ 大风天气	侧风风力（级）	□ 6 □ 7~8 □ 9~10 □ 超过10
□ 群体性事件		

交通影响信息

占据行车道状况：

方向		车道数		车道位置	

车流状况：

□ 正常	□ 减速慢行	□ 拥挤	□ 堵塞
□ 正常	□ 减速慢行	□ 拥挤	□ 堵塞

应急预案案例的表示要对应突发事件信息确认表中的输入信息，便于检索生成应急预案；同时又要符合突发事件处理的一般过程。案例的表示如表2。应急预案被分为四部分：部门联动、交通管制与组织、现场处置和交通恢复。

2.2 应急预案案例的检索

2.2.1 案例的检索

CBR系统的核心是案例的检索过程，案例的检索过程分为案例的索引和检索，这两个过程是相辅相成且一体的。CBR系统的效率很大程度上决定于快速准确地从案例库中检索出合适案例的能力。案例的索引技术通常有三种：K最近邻法（KNN，K-nearest neighbor approach）、归纳推理法（Inductive approach）和知识引导法(Knowledge based indexing approach)。CBR系统的检索与案例的索引相对应,分为三种:相联检索(Associate retrieval)、层次检索(Hierarchical retrieval)、基于知识的检索(Knowledge-based retrieval)。

表2 案例信息表

序号	名称	描述	类型	说明
1	ALBH	案例编号	字符	
2	SJ	时间	日期	
3	DD	地点	字符	
4	GLDJ	公路等级	字符	1.高速公路,2.一级公路
5	SJLB1	事件类别1	字符	1.非危化品事故,2.危化品事故,3.车辆抛锚,4.货物散落,5.偶发性交通拥堵,6.地质灾害,7.大雾天气,8.暴雨天气,9.沙尘天气,10.冰雪天气,11.大风天气,12.群体性事件
6	SJLB2	事件类别2	字符	5.偶发性交通拥堵,6.地质灾害,7.大雾天气,8.暴雨天气,9.沙尘天气,10.冰雪天气,11.大风天气,12.群体性事件
7	TQ	天气	字符	1.晴阴,2.雨,3.雪,4.雾
8	SSRS	受伤人数	数值	人
9	SWRS	死亡人数	数值	人
10	SKRS	受困人数	数值	人
11	HZQK	火灾情况	字符	1.无,2.轻微,3.重度或爆炸
12	FCQK	翻车情况	字符	1.无,2.小型车翻车,3.大型车翻车
13	CLSH	车辆损坏数	数值	辆
14	LCSH	路产损坏情况	字符	1.无,2.护栏,3.中央隔离带,4.护栏和中央隔离带
15	ZYCD	占用车道数	数值	
16	DXCD	单向车道数	数值	
17	JTL	交通流状况	字符	1.正常,2.减速慢行,3.拥挤,4.堵塞
18	WHPMC	危化品名称	字符	
19	WHPSX	危化品化学属性	字符	易燃易爆、毒性、腐蚀性
20	WHPXT	危化品物理形态	字符	气态、液态、固态
21	WHPFW	危化品波及范围	字符	车道内、下风向、水系下游
22	WHPSL	危化品泄漏数量	字符	少量、大量
23	PMCS	抛锚车数	数值	辆
24	HWSLS	货物散落数	字符	1.少量,2.大量
25	JTYDQK	交通拥堵情况	字符	1.跨省域,2.跨省三个以上地市,3.跨省内两个地市,4.单个地市
26	DZZHLX	地质灾害类型	字符	1.地面塌陷,2.滑坡,3.泥石流,4.地震
27	NJD	能见度	数值	
28	JXJBCD	积雪结冰程度	字符	1.未积雪结冰,2.积雪尚未结冰,3.部分路段(桥面)结冰,4.路段全线结冰
29	CFFL	侧风风力	数值	
30	BMLD	部门联动	字符	部门联动方案
31	JTZZ	交通组织	字符	交通组织方案
32	XCCZ	现场处置	字符	现场处置方案
33	JTHF	交通恢复	字符	交通恢复方案
34	FKPJ	反馈评价	字符	
35	BY	备用字段	字符	

2.2.2 应急预案案例的检索

根据前面的分类及案例检索的要求将突发事件分为四类:交通事故,车辆抛锚,道路异常和组合突发事件。组合突发事件主要考虑道路异常情况下的交通事故,由车辆抛锚引发的交通事故算作交通事故,道路异常状况下的车辆抛锚算作道路异常。根据突发事件应急指挥预案案例的特点,对于不同事件类别的案例采用不同的检索方法,交通事故和组合事件案例采用K最近邻法,车辆抛锚事件和道路异常事件案例采用基于知识的检索。

(1)交通事故案例的检索

特征属性索引确定:案例中的描述性属性称为案例特征属性。但是,并不是所有的特征属性都能做索引,特征属性有提取和选择的过程。根据交通事故的特征和交通事故应急预案的内容,选择交通事故的特征属性索引(表3)。

表3 交通事故特征属性的索引

特征属性	属性类型	特征属性	属性类型
天气状况	字符串	路产损坏情况	字符串
轻伤人数	数值	占用车道数	数值
重伤人数	数值	单方向总车道数	数值
死亡人数	数值	交通流状况	字符串
受困人数	数值	化学属性	字符串
火灾情况	字符串	泄漏物理形态	字符串
翻车情况	字符串	波及范围	字符串
车辆损坏数	字符串	泄漏数量	字符串

特征属性权重确定:

特征属性权重是K最近邻法中的关键因素。在CBR系统中,大多数权重确定都使用专家打分法,这种方法简单易行,能够满足检索的要求。通过调查问卷,得到属性权重见表4。

表4 特征属性权重

特征属性	权重	特征属性	权重
天气状况	1	路产损坏情况	2
轻伤人数	3	占用车道数	3
重伤人数	3	单方向总车道数	2
死亡人数	3	交通流状况	3
受困人数	1	化学属性	3
火灾情况	3	泄漏物理形态	3
翻车情况	2	波及范围	3
车辆损坏数	3	泄漏数量	3

相似度确定:

相似度的确定是运用最近邻算法(K-nearest neighbor,KNN)。KNN法是通过计算两个对象在特征空间中的距离来获得两案例间的相似性。KNN最近相邻检索策略是目前在CBR领域中广泛使用的综合度量两个事件相似度的比较有效的方法。

假设案例 $X=\{X_1,X_2,\cdots,X_n\}$,$X_i(1\leqslant i\leqslant n)$ 是它的特征值,突发事件 $Y=\{Y_1,Y_2,\cdots,Y_n\}$,$Y_i(1\leqslant i\leqslant n)$ 是其对应于特征属性的输入信息,W_i 是其权重。X 与 Y 的匹配函数如下:

$$\mathrm{SIM}(X,Y)=\frac{\sum_{i=1}^{n}(w_i\cdot \mathrm{sim}(X_i,Y_i))}{\sum_{i=1}^{n}w_i} \tag{1}$$

$$\operatorname{sim}(X_i,Y_i)=\begin{cases}\dfrac{\min(X_i,Y_i)}{\max(X_i,Y_i)} & \text{如果 } X_i\text{、}Y_i\text{ 是数值类型的，且 } X_i\text{、}Y_i\text{ 不同时为 } 0\\ 0 & \text{如果 } D_i\text{ 是数值型的，且 } X_i=Y_i=0\\ 0 & \text{如果 } D_i\text{ 是字符串类型的，且 } X_i\text{ 与 } Y_i\text{ 是相同的}\\ 1 & \text{如果 } D_i\text{ 是字符串类型的，且 } X_i\text{ 与 } Y_i\text{ 是不相同的}\end{cases}\tag{2}$$

式中，$\mathrm{SIM}(X,Y)$ 表示案例 X 与突发事件 Y 的相似度，$\operatorname{sim}(X_i,Y_i)$，表示案例特征属性与突发事件输入信息的相似度，$\min(X_i,Y_i)$ 表示 X_i、Y_i 中的数值较小者，$\max(X_i,Y_i)$ 表示 X_i、Y_i 中数值较大者。

检索的过程如下：

①根据事件的类别，选取交通事故案例子库作为后面检索的案例集。

②首先，选取交通事故案例的检索特征属性，根据专家打分法确定其权重，在 M 案例集中，根据 KNN 法计算案例与发生交通事故的特征相似性 sim_i，设定一个阈值 $\alpha(0<\alpha<1)$，检索出 $\mathrm{sim}_i\geqslant\alpha$ 的案例，选取最有参考价值的案例。阈值的选取根据经验获得。

(2)车辆抛锚事件、道路异常事件案例的检索

车辆抛锚事件和道路异常事件案例的检索采用知识引导的策略，根据各应急预案的适用条件建立层次结构图，其中道路异常案例层次结构如图 2 所示，采用判断搜索进行检索。

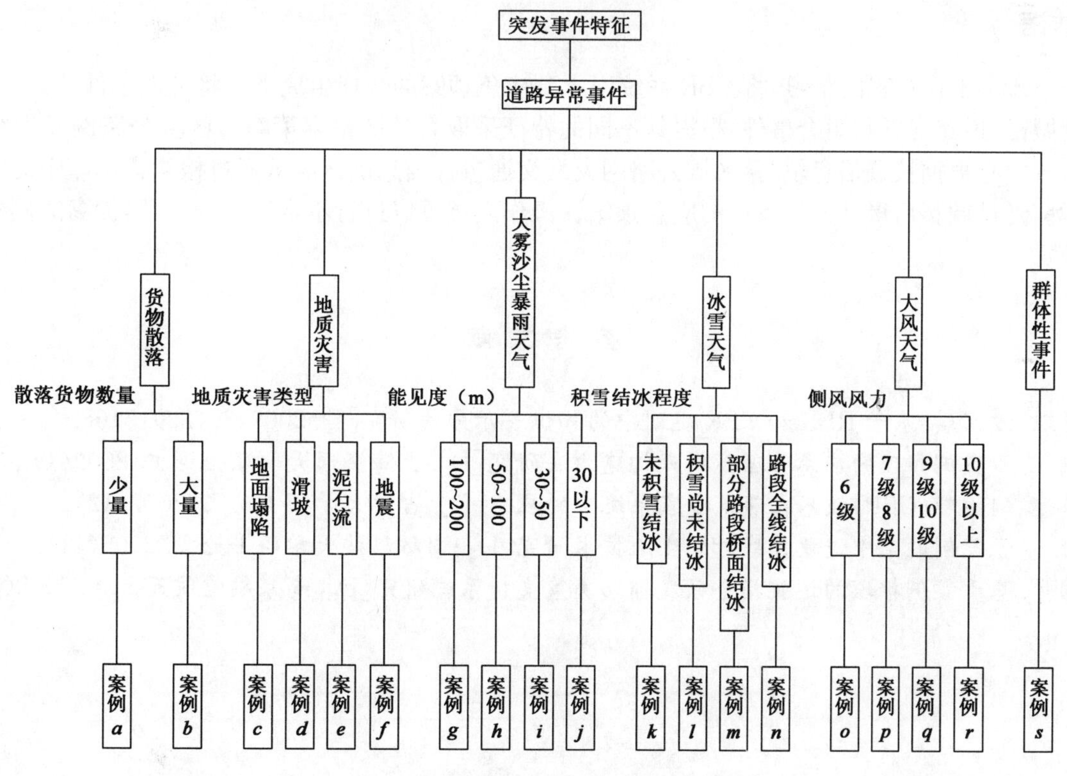

图 2 车辆抛锚案例检索的层次结构

(3)组合事件案例的检索

组合事件属于复杂情况下的交通事故，其特征属性及其权重与交通事故保持一致。相似度的计算函数如下：

$$\mathrm{SIM}(X,Y)=\frac{1}{2}+\frac{\sum_{i=1}^{n}(w_i\cdot\operatorname{sim}(X_i,Y_i))}{2\sum_{i=1}^{n}w_i}\tag{3}$$

组合事件检索过程和交通事故类似。当案例库中没有类似组合事件时，事件按交通事故检索。

2.3 案例的调整

当没有找到完全匹配的案例时，只能找到与目标事件类似的案例，这就需要进行案例调整使之能够完全解决目标事件。调整技术有几种形式：可以直接向解决方案中插入一些新内容，也可以删除一些内容，可以替换某一部分内容，也可以将一部分内容改造。

案例调整采用自适应调整策略，由系统和操作者共同完成。当用户对于系统检索出来的预案基本满意时，用户可以对该预案进行手动修改和完善；当系统无法产生用户基本满意的预案时，系统将重新生成一个预案，用户在新生成的预案的基础上，可以进一步进行完善。

2.4 案例的学习

CBR 系统能方便的学习到新的知识，这是其非常突出的优势。许多研究工作表明，如果案例库过大，系统匹配的准确性和效率都会降低，因此，必须对案例库进行增补、修改、删除等操作，即及时维护案例库。

突发事件应急指挥预案案例的学习包括案例增补、案例修改和案例删除。案例增补是指当案例推理并没有检索到合适的应急预案案例或检索到的应急预案效果不佳时，采用其他方法得到应急指挥预案，则将预案按照前面的案例表示方法增加到案例库中去。案例修改是指检索到最适合应急预案并予以实施，解决了实际问题，但在现场处置过程中发现预案存在某些不足，则根据经验总结对案例库中的案例进行修改。案例删除是指为了维持 CBR 系统的效率，删除那些无用的案例，限制案例库的大小。

3 结语

通过对 CBR 工作过程的学习，将 CBR 系统引入到应急预案的快速生成上。将突发事件分为四类：交通事故、车辆抛锚、道路异常和组合事件，根据其不同的特征采取合适的检索策略。区域公路网发生突发事件时，应急指挥中心根据接警信息填写《区域公路网突发交通事件信息确认表》，通过检索案例库中的案例得到匹配的案例，经过调整后得到处理事件的应急预案。操作人员可以进行不定期案例学习，提高案例检索的效率和有效性。

参考文献

[1] 李乾鹏，方家琪. 基于 RBR 和 CBR 规划中的知识表示方法研究[J]. 2009，30(22)：5168.
[2] 王凯. 基于案例推理的应急管理案例库构建方法研究[D]. 上海交通大学硕士论文. 2009(1).
[3] 刘鹤. 案例推理(CBR)技术在蔬菜专家系统中的应用[D]. 吉林大学硕士论文. 2007(12).
[4] 寇力. 基于案例的空中进攻作战计划生成技术研究[D]. 国防科技大学硕士论文. 2005(11).
[5] 沈嗣贤. 基于案例推理的适航指令颁发辅助决策支持系统研究[D]. 南京航空航天大学. 2008(2).

山区双车道公路运行速度特征研究

邬洪波

(交通运输部公路科学研究院 北京 100088)

摘 要: 本文主要对云、贵、川、渝山区双车道公路运行速度的整体分布特性进行了探讨,分析了山区双车道公路不同路段、不同车型的运行速度特点,并初步研究了路面宽度、平曲线半径、纵坡、平纵组合等因素对山区双车道公路运行速度的影响。

关键词: 山区 双车道公路 运行速度 影响因素

Research on Characteristics of Operating Speed on Two-Lane Highways in Mountainous Areas

Wu Hongbo

(Research Institute of Highway, Ministry of Transport Beijing 100088)

Abstract: The characteristics of overall distribution of operating speed on two-lane highways in mountainous areas of Yunnan, Guizhou, Sichuan and Chongqing Provinces are discussed in this paper. The features of operating speed for different vehicle types and road segments on two-lane highways in mountainous areas are analyzed and the influence of factors such as pavement width, radius of horizontal curve, grade, the combination of horizontal curve and vertical curve on operating speed on two-lane highways in mountainous areas are preliminarily studied.

Keywords: Mountainous areas Two-lane highways Operating speed Affecting factors

0 引言

在我国公路网构成中,双车道公路里程占全国公路总里程的77.4%,是国家公路网的主要组成部分。同时,根据近几年的道路交通事故统计资料,在各种道路交通事故次数与死亡人数中,以双车道公路为主的一般公路所占比重分别达到65.5%和78.8%。特别是近年来的重特大交通事故多发生在西部省份的山区双车道公路上,造成了不良的社会影响和重大的经济损失。为防止和减少交通事故的发生及由此造成的损失,需要对山区双车道公路的安全性进行评价,以找出安全隐患,采取有针对性的改善措施,提高山区公路的交通安全水平。运行速度作为道路几何线形、道路环境、汽车性能以及驾驶员心理行为等多方面综合作用于车辆的最终结果,在双车道公路安全性评价中应用最早,也最为广泛。本文通过对云南、贵州、四川和重庆等省份几条典型山区双车道公路的调研,对山区双车道公路典型路段(包括平直路段、弯道路段、纵坡路段和弯坡路段)自由流状态下的车速进行了采集,分析了山区公路车辆运行速度的整体特性及其影响因素,以期为山区双车道公路运行速度预测模型的建立及相关评价方法的提出奠定基础。

1 国内外研究现状

从国外的研究情况来看,对于双车道公路的运行速度研究主要集中在双车道公路的运行速度预测模型、运行速度与安全性的关系以及基于运行速度的设计一致性评价方法等方面。在运行速度预测方面,过去的几十年中,美国、德国、希腊、意大利等国家的学者建立了较多的模型用来预测车辆在双车道公路弯道路段的运行速度,主要包含的预测变量包括曲线半径、曲线长度、超高、车道宽度、路肩宽度、视距、纵坡、路面条件、交通量等，而对于直线路段、纵坡路段和弯坡路段则较少涉及。在设计一致性评价方面，美国、瑞士、澳大利亚等国家的学者提出了基于运行速度的评价指标和相应的评价标准。比较有代表性的是 Lamm 等学者提出的基于运行速度的设计一致性评价标准，如表 1 所示。其中将 v_{85} 作为评价交通安全的指标，在美国及欧洲许多国家得到了广泛的应用。

表 1 基于运行速度的设计一致性评价标准

评 价 结 果	评价标准 1	评价标准 2
设计一致性好	$v_{85}-v_D \leqslant 10$km/h	$\Delta v_{85}=\lvert v_{85i}-v_{85i+1}\rvert \leqslant 10$km/h
设计一致性较好	$10<v_{85}-v_D \leqslant 20$km/h	$10<\Delta v_{85} \leqslant 20$km/h
设计一致性不良	$v_{85}-v_D>20$km/h	$\Delta v_{85}>20$km/h

注：v_{85}——运行速度；v_D——设计速度；v_{85i}、v_{85i+1}——分别为路段 i 和 $i+1$ 的运行速度。

在国内，对于运行速度的研究起于 20 世纪 80 年代，目前取得了一定的成绩，但也存在一些问题，可以概括为以下两个方面：

一是高速公路和一级公路的运行速度预测模型已基本成形，相关研究成果引入到了《公路项目安全性评价指南》(JTG/T B05－2004)中，在工程中得到了较多应用。而对于双车道公路运行速度的研究主要围绕弯道路段和纵坡路段，但是建立的预测模型几乎都采用不同的形式，不具备普遍适用性；

二是针对高速公路运行速度、速度梯度、车速标准差等指标与事故率的关系已经有了一些初步研究成果，但由于山区公路事故数据和相关参数指标缺失，导致山区公路运行速度与安全性的关系研究较少，更多的是借用国外的结论。

2 山区双车道公路运行速度特性分析

不同的道路交通状况会对运行速度产生显著影响。在进行运行速度分析时，参考《公路项目安全性评价指南》(JTG/T B05—2004)划分山区双车道公路路段单元，主要根据平曲线半径和纵坡坡度大小将整条路线分为直线路段、弯道路段、纵坡路段和弯坡路段，其中直线路段为纵坡坡度小于 3%、平曲线半径大于 600m 的路段；弯道路段为纵坡坡度小于 3%、平曲线半径小于 600m 的路段；纵坡路段为纵坡坡度大于 3%、平曲线半径大于 600m 的路段；弯坡路段为纵坡坡度大于 3%、平曲线半径小于 600m 的路段。

通过对云南、贵州、四川和重庆等地区山区双车道公路的调研，其交通组成比例如表 2 所示。

表 2 云贵川渝山区公路交通组成比例

车 型	大货车	中货车	小货车	大客车	中客车	小客车	摩托车	农用车
比例(%)	16.46	3.22	8.18	3.92	11.54	27.44	25.10	4.14

从表 2 可以看出，山区公路车辆组成以小客车、摩托车和大货车为主，所占比例分别为 27.44%、25.10%和 16.46%。因此，主要对小客车和大货车的运行速度特性进行研究，并初步分析摩托车的运行速度特征。

2.1 运行速度整体分布情况

通过对 73 个断面运行速度的现场调查，将所有调查断面整体运行速度从小到大进行排序，并对运行速度以间隔 10km/h 分组进行统计，得到运行速度分布情况如图 1 所示。从图 1 可以看出，大部分断面整体运行速度介于 40～70km/h，分布形式近似正态分布。

2.2 不同车型的运行速度分析

根据山区公路交通组成情况，主要对小客车、大货车和摩托车的运行速度进行了统计，并与整体运行速度作了比较(图 2)。根据统计结果，小客车整体运行速度接近 80km/h，大货车整体运行速度与其相差超过 20km/h；摩托车整体运行速度超过 50km/h，现场观测到的最高车速接近 90km/h。

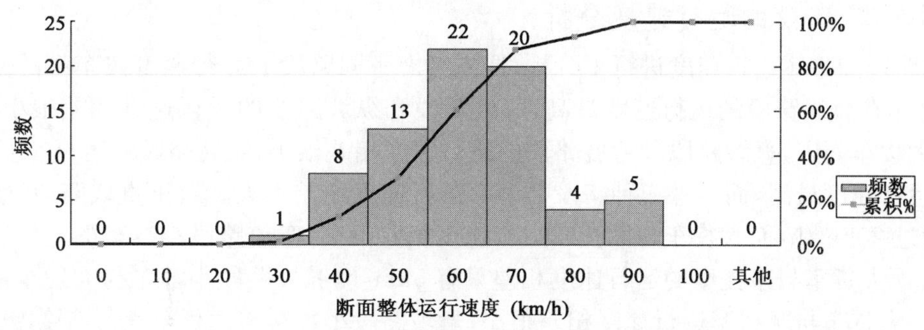

图 1 山区双车道公路断面整体运行速度分布情况

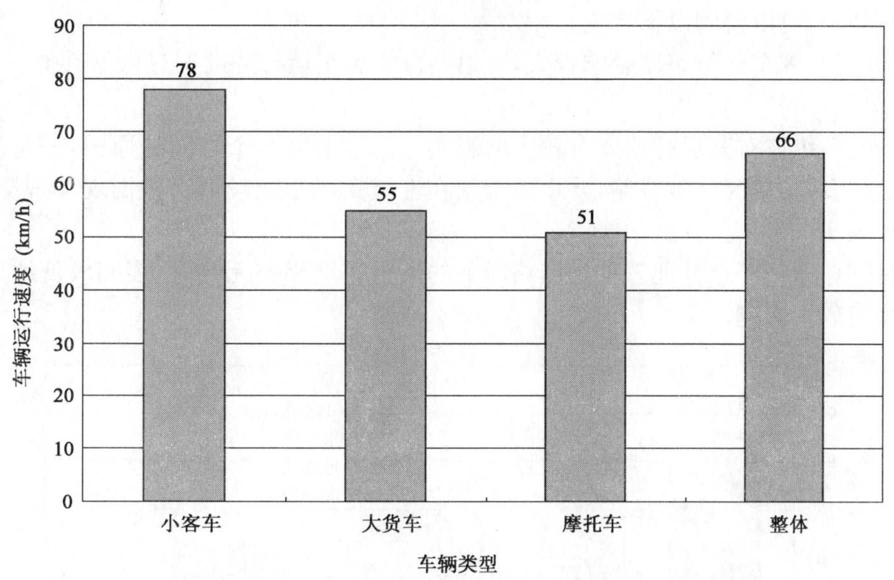

图 2 山区双车道公路不同车型运行速度统计情况

2.3 不同路段运行速度分析

前面提到了依据平曲线半径和纵坡坡度将路段划分为直线路段、弯道路段、纵坡路段和弯坡路段四种不同类型的路段,对不同类型路段的整体运行速度进行了分析,如图 3 所示。可以看出,直线路段整体运行速度最高,弯坡路段下坡方向次之,纵坡路段下坡方向最低。

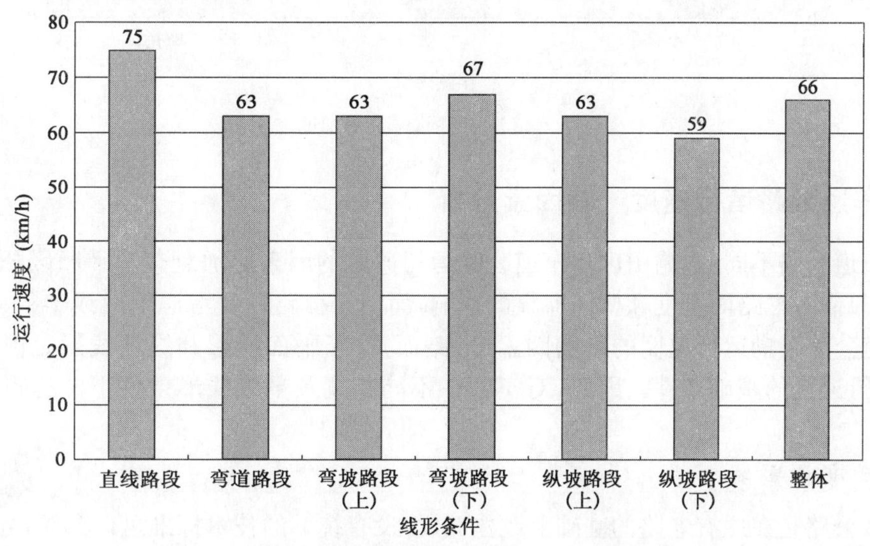

图 3 山区双车道公路不同路段整体运行速度统计情况

2.4　不同车型、路段的运行速度分析

前面对不同路段的整体运行速度进行了分析，但未考虑不同路段上运行速度按车型的分布情况。从图4可以看出，小客车在直线路段的运行速度最高，弯坡路段和纵坡路段的运行速度相差很小，弯道路段的运行速度最低；对大货车而言，直线路段和弯坡路段的运行速度相差很小，纵坡路段的运行速度最低；对于摩托车，直线路段的运行速度最高，而另外三种路段类型的运行速度相差不大。对于直线路段，小客车与大货车的运行速度差超过20km/h，而大货车与摩托车运行速度相差很小；弯道路段小客车的运行速度与大货车相差超过15km/h，而大货车与摩托车的运行速度相差只有5km/h；纵坡路段小客车与大货车运行速度差甚至超过直线路段，但大货车与摩托车运行速度相差很小；弯坡路段小客车与大货车运行速度差也超过20km/h，而大货车与摩托车运行速度相差较小。

根据上述分析结果，可以得到以下结论：

(1)平曲线半径对小客车运行速度影响较大，弯道路段小客车运行速度明显低于其他三种类型路段上的运行速度。

(2)对大货车而言，纵坡对其运行速度有较大的影响。这主要有两个方面的原因：一是我国大货车动力性能一般较差；二是超载的情况非常普遍，导致大货车在上坡路段车速较低。根据现场观测数据，上坡路段大货车最低车速仅为16km/h左右。

(3)除直线路段外，摩托车在其他三种类型路段上的运行速度相差无几，这表明较低线形指标对摩托车驾驶员车速的选择有较大影响。

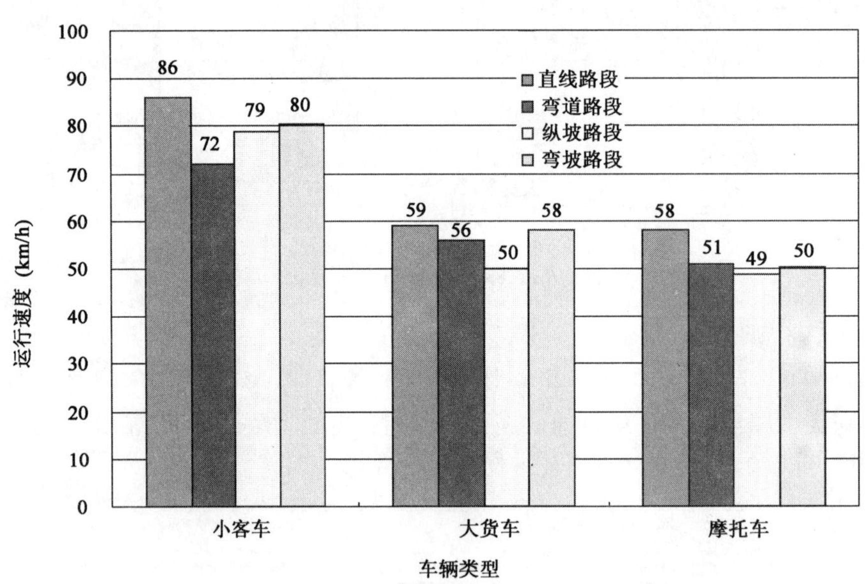

图4　山区双车道公路不同路段运行速度统计情况

3　山区双车道公路运行速度影响因素分析

与平原区双车道公路不同，影响山区双车道公路运行速度的因素更加复杂。平原区公路由于道路线形条件较好，基本上只需考虑路面宽度和横向冲突的影响，而山区公路还要考虑平曲线半径、纵坡等因素的影响。在山区双车道公路车辆运行速度的影响因素中，路面宽度、平面线形和纵面线形是由道路本身所提供的，是决定车辆运行速度的基础条件。因此，对车辆在不同路宽及平纵线形条件下的运行速度进行了重点分析。

3.1　路面宽度的影响

由于许多山区公路是在原有老路的基础上改建而成，没有统一的技术标准可以参照，导致路面宽度的地区差异性很大。通过在云南、贵州、四川和重庆等地的调研，山区双车道公路路面宽度一般在6～9m之间，

超过 9m 的很少。根据对调研路段车速的实地观测，小客车和大货车运行速度与路面宽度的关系如图 5 所示。

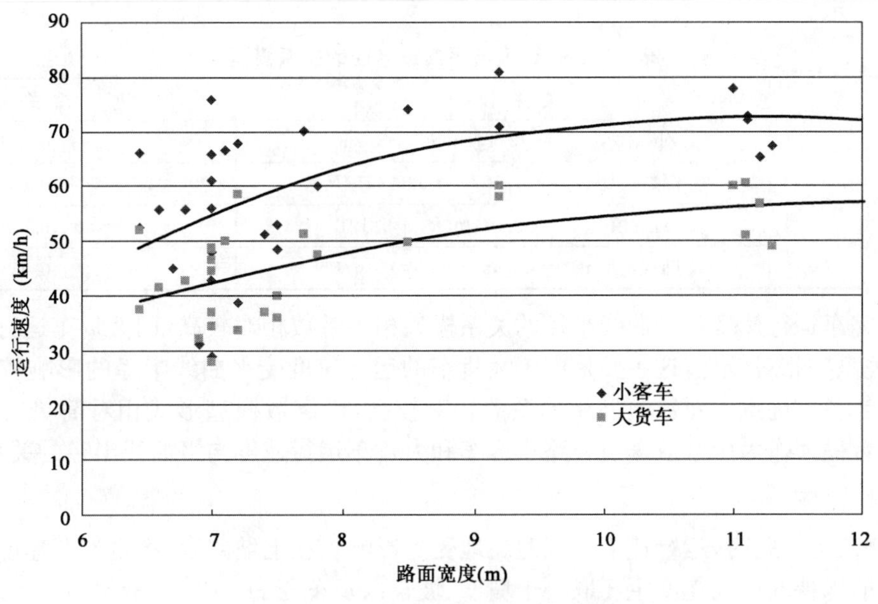

图 5 路面宽度对车辆运行速度的影响

从图 5 可以看出，小客车和大货车运行速度均随路面宽度的增加而提高，且变化趋势基本一致。尽管受样本量的限制，但仍可以看出当路面宽度超过 11m 时，运行速度的变化已不再明显，这时小客车的运行速度更多的受平面线形指标的影响，而大货车的运行速度主要取决于纵面线形指标。

3.2 平曲线半径的影响

由于地形条件受限，山区公路平曲线半径往往较小，极限最小半径甚至更小的平曲线半径也频繁出现。为了保障行车的安全性和舒适性，驾驶员进入弯道路段后都要减速。通过对弯道路段车速的观测，小客车和大货车运行速度与平曲线半径的关系如图 6 所示。

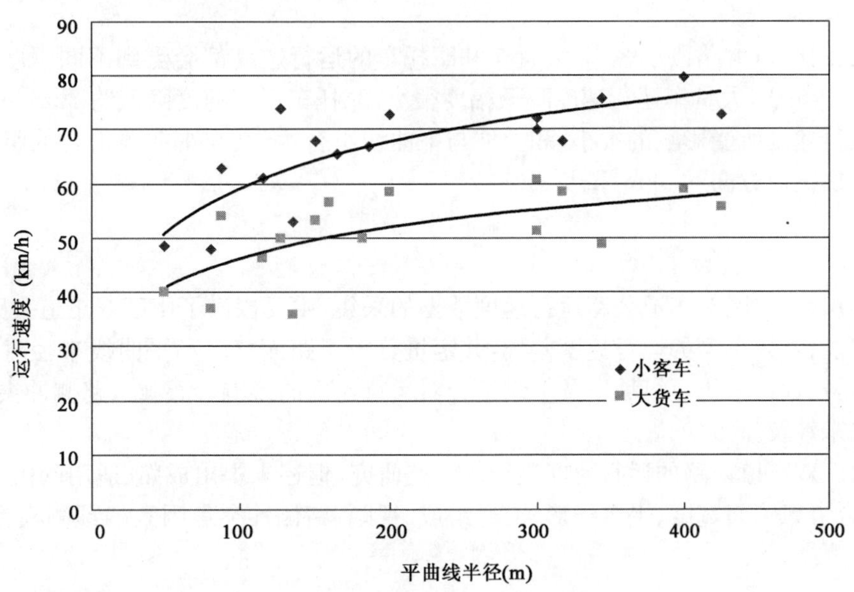

图 6 平曲线半径对运行速度的影响

从图 6 可以看出，随着平曲线半径的增加，小客车和大货车运行速度均呈现增加的趋势，且小客车运行速度增加更为明显。为了量化平曲线半径对运行速度的影响，假设驾驶员仅根据对平曲线半径的判断选择行驶速度，车辆在驶入弯道路段前完成减速，在弯道路段上保持匀速，并在平曲线末端重新加速或减速。应用SAS统计软件分别建立了小客车和大货车在弯道路段的运行速度 v_{85}(km/h)与平曲线半径 R(m)之间的关系模型，如表3所示。

表3 运行速度与平曲线半径的关系模型

车辆类型	关系模型	相关系数
小客车	对数模型 $v_{85}=12.161\ln(R)+3.260$	0.6613
	倒数模型 $v_{85}=77.167-1\,595.425/R$	0.6547
大货车	对数模型 $v_{85}=8.072\ln(R)+9.191$	0.4305
	倒数模型 $v_{85}=58.159-1\,045.616/R$	0.4155

可以看出，小客车运行速度与平曲线半径的关系模型相关系数相对较高，而大货车运行速度与平曲线半径的关系模型相关系数相对较低，这主要是由于大货车的运行速度受平曲线半径的影响较小。比较对数模型和倒数模型，两者各有优点。对数模型相关系数相对较高，而倒数模型形式相对简单，且应用更为广泛。综合而言，推荐倒数模型作为山区双车道公路小客车和大货车运行速度与平曲线半径的关系模型。

3.3 纵坡的影响

车辆在纵坡路段上行驶时，运行速度不可避免地受到影响。在上坡路段，载重汽车速度随着纵坡坡度的增加而逐渐下降，能保持的最大速度主要取决于坡度、坡长以及车辆的功率/重量比和驶入速度；而小客车在3%以下的路段上行驶时，速度只受到轻微的影响，但随着纵坡坡度的增大，小客车减速的幅度将逐步增大。在下坡路段，当纵坡坡度超过4%～5%时，车辆速度并不随着下坡坡度的增加而增大，反而开始下降，这主要由于坡度达到一定值时，过陡的下坡会使车辆速度增加过快，在坡底速度累积较高，易造成安全隐患。此外，过大的陡坡也会给驾驶员的心理造成一定的紧张情绪，迫使驾驶人进行制动而降低车速。运行车速观测结果也表明，纵坡路段下坡方向运行速度略低于上坡方向。

3.4 平纵组合的影响

由于地形条件复杂，不同形式的平纵组合所形成的弯坡路段是山区公路的重要组成部分。汽车在弯坡路段上行驶时，运行速度受平曲线与纵坡的综合作用。实测数据分析表明，弯坡路段的运行速度具有如下规律：

①与直线路段相比，弯坡路段小客车、大货车和摩托车的运行速度都会受到不同程度的影响，其中小客车运行速度降低约6km/h，大货车运行速度降低幅度很小，摩托车运行速度降低约8km/h。

②弯坡路段运行速度所受影响的大小，和上坡与平曲线组合、下坡与平曲线组合的组合方式有关，下坡方向运行速度要高出上坡方向约4km/h。

4 结语

通过对云、贵、川、渝山区双车道公路运行速度数据的采集，主要探讨了山区双车道公路运行速度整体分布特性以及不同路段、不同车型的运行速度差异，并定量分析了路面宽度和平曲线半径对运行速度的影响。受样本的限制，只是定性地分析了纵坡以及平纵组合对运行速度的影响，而视距、路侧冲突、交通组成等因素对运行速度的影响未涉及。

尽管国内对山区双车道公路的运行速度进行了一些研究，但还未提出成熟、适用的山区双车道公路运行速度预测模型，综合考虑路面宽度、平纵线形、交通组成、视距、路侧冲突等因素的预测模型是下一步研究工作的重点。

参考文献

[1] John McFadden and Lily Elefteriadou. Evaluating Horizontal Alignment Design Consistency of Two-

Lane Rural Highways. Transportation Research Record，2000，(1737)：9-17.

[2] Pedro Jose Andueza. Mathematical Models of Vehicular Speed on Mountain Roads. Transportation Research Record，2000，(1701)：104-110.

[3] Daniel B. Fambro，Kay Fitzpatrick，Charles W. Russell. Operating Speed on Crest Vertical Curves with Limited Stopping Sight Distance. Transportation Research Record，2000，(1701)：25-31.

[4] Abishai Polus，Kay Fitzpatrick，Daniel B. Fambro. Predicting Operating Speeds on Tangent Sections of Two-Lane Rural Highways. Transportation Research Record，2000，(1737)：50-57.

[5] G. M. Gibree l，S. M. Easa，I. A. EI-Dimeery. Prediction of Operating Speed on Three-Dimensional Highway Alignments，J. Transp. Engrg.，ASCE，2001，127(1)：21-30.

[6] Eric T. Donnell，Yingwei Ni，Michelle Adolini，Lily Elefteriadou. Speed Prediction Models for Trucks on Two-Lane Rural Highways. Transportation Research Record，2001，(1751)：44-55.

[7] Lamm，R.，Choueiri，E. M. Recommendations for evaluating horizontal design consistency based on investigations in the state of New York. Transportation Research Record，1987，(1122)：68-78.

[8] 叶亚丽，许金良，杨宏志，胡圣能. 双车道二级公路小半径曲线段“运行速度—半径”模型研究[J]. 公路，2009(4).

[9] 吴立新，张宝南，邓辉. 基于双车道公路线形连续性设计的运行速度预测方法[J]. 吉林建筑工程学院学报，2008，25(3)：33-38.

[10] 胡圣能，邱攀，吴勇. 基于运行车速的公路线形设计安全评价[J]. 华北水利水电学院学报，2009，30(4)：40-42.

[11] 汪双杰，方靖，韩艳. 青藏公路运行速度特性研究[J]. 中国公路学报，2010，23(1)：13-18.

[12] 宋涛，张永生，郭彩香. 山区公路平曲线运行速度预测模型研究[J]. 交通运输工程与信息学报，2007，5(1)：118-123.

[13] 许金良，叶亚丽，苏英平，杨宏志. 双车道二级公路纵坡段车辆运行速度预测模型[J]. 中国公路学报，2008，21(6)：31-36.

公路交通安全评价及研究平台研究

廖军洪[1,2] 张高强[1] 邬洪波[1]

(1. 交通运输部公路科学研究院公路交通安全技术交通行业重点实验室 北京 100088;
2. 北京交通大学城市交通复杂系统理论与技术教育部重点实验室 北京 100044)

摘 要:本文针对微观交通安全评价方法整合不够,既有信息平台信息和数据共享欠佳等问题,提出了构建公路交通安全评价及研究平台。该平台旨在为公路交通安全评价提供辅助决策支持,实现基础设施数据和运营管理数据的积累,提升安全评价工作的客观性、科学性和工作效率。本文介绍了平台的设计目标、主要功能模块设计和平台的搭建及应用情况。该平台已经应用于十余个安全评价项目,具有友好的人机交互界面,可移植性和可扩展性较强,对于提高安全评价工作效率和准确性效果显著。

关键词:公路 交通安全 安全评价 研究平台

Research on the Platform for Highway Safety Assessment & Research

Liao Junhong[1,2] Zhang Gaoqiang[1] Wu Hongbo[1]

1. Key Laboratory of Road Safety, Research Institute of Highway, Ministry of Transport Beijing 100088;
2. MOE Key Laboratory for Urban Transportation Complex Systems Theory and Technology, Beijing Jiaotong University Beijing 100044)

Abstract: Though much research on the information technology of Highway Safety Assessment (HSA) has been conducted, there are also some limitations such as insufficient share of information and data among different information systems, insufficient integration of existing micro methods of HSA, etc. So the construction of the Platform for Highway Safety Assessment & Research is put forward. This platform aims to provide decision support for HSA and improve its accuracy and working efficiency. Moreover, highway infrastructure data and operation data used in continued research can be collected and stored in the database of this platform. In this paper, the design objects, main function modules, the construction and application of this platform are expounded. This platform has been used in more than ten HSA projects. It has been proved that this platform has the advantages of friendly human-machine interface, easy to be widely used, etc. It is also of great importance to improve the accuracy and working efficiency of HSA.

Keywords: Highway Traffic safety Safety assessment Research platform

0 引言

为提升公路运营后的交通安全水平,尽可能通过优化路线设计消除交通安全隐患,公路交通安全评价已经在国内高速公路和等级公路上得到了广泛应用。国内实践表明,实施公路交通安全评价对于降低事故数量和严重程度有重要意义。近年来,随着行业的发展,信息化技术已经成为公路建设、设计和运营管理不可缺少的手段,并且广泛应用于公路交通安全管理、宏观安全评价等领域。尽管在微观交通安全评价领域也得到了一定应用,但针对各种评价方法的信息化系统相对独立,各系统间整合不够,缺乏信息和数据共享。本

基金项目:"十一五"国家科技支撑计划课题二,山区公路网安全保障技术体系研究与示范工程(2009BAG13A02)。

文立足于公路交通安全评价及交通安全相关研究工作，搭建公路交通安全评价及研究平台，为积累基础数据和整合定量评价方法提供平台支持，以进一步提升安全评价的客观性、科学性和工作效率。

1 设计目标

公路交通安全评价及研究平台依据《公路工程技术标准》、《公路路线设计规范》、《公路项目安全性评价指南》等标准规范，以基础数据平台为核心，以公路交通安全评价工作需求为出发点，旨在搭建公路交通安全评价总体框架，为公路交通安全评价提供辅助决策支持的同时，实现相关基础数据（如基础设施数据、运营管理数据、观测数据和养护维修数据等）和评价结论的积累，并通过信息化手段提升安全评价工作的客观性、科学性，加强安全评价工作的过程控制，为相关研究工作提供数据支撑。总体来说，本平台拟实现以下目标：

(1)搭建公路交通安全评价信息平台总体框架，并提供扩展接口。

(2)建立公路交通基础设施数据、营运管理数据、养护维修数据基础数据平台，为积累基础数据提供支撑。

(3)搭建整合定量评价方法的基础平台，为交通安全理论研究向生产应用转化提供桥梁。

(4)为公路交通安全评价人员实施安全评价、公路设计人员优化设计和运营管理人员日常管理提供辅助决策支持。

2 主要功能模块

根据上述总体设计目标，公路交通安全评价及研究平台主要包括数据库模块、基础数据管理模块、公路交通安全评价模块和系统维护模块。

2.1 数据库模块

基础数据是平台搭建的核心和基础支撑，该模块为交通安全研究成果的整合和安全评价方法的实施提供数据源和中间成果存储，同时也为平台的人机交互提供数据支持。数据库模块主要包括：数据字典、标准规范数据、基础设施数据、营运数据和交通安全评价数据等，如图 1 所示。

2.2 基础数据管理模块

基础数据管理模块是保障基础数据有效性、科学性以及实施安全评价工作的技术支撑和保障，平台通过该模块进行公路基础数据的导入、查询和关联分析等。该模块主要包括数据导入、数据查询、数据修改和数据删除等，如图 2 所示。

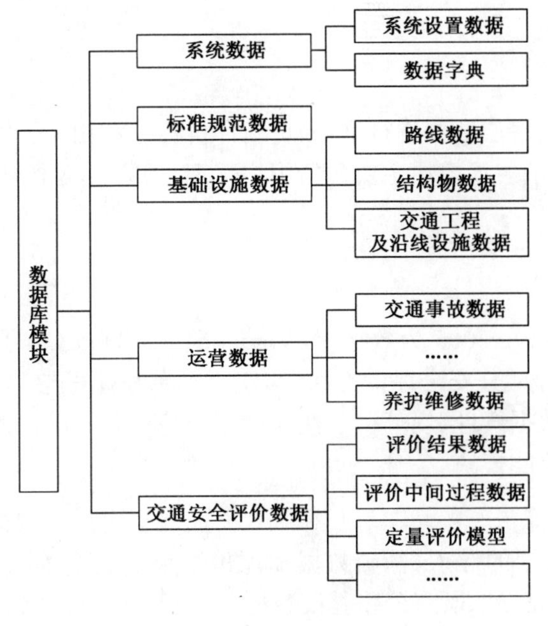

图 1 数据库模块

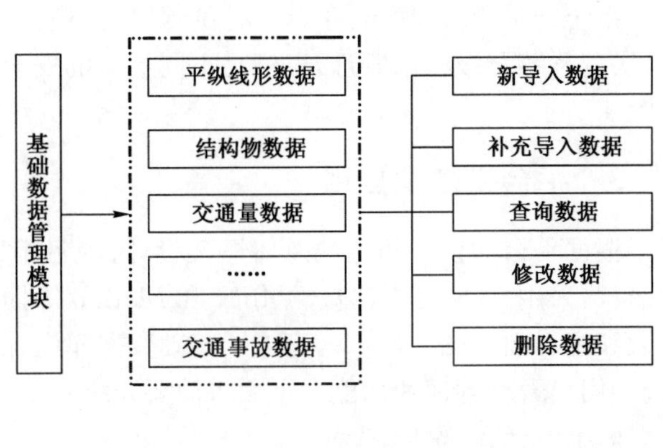

图 2 基础数据管理模块

2.3 公路交通安全评价模块

公路交通安全评价模块是平台建设的核心和关键，该模块利用数据库模块提供的平纵线形和结构物基础数据、运营管理数据等，依据标准规范相关规定，利用交通安全相关研究成果，根据用户设定的条件，选取评价模型和方法，实施安全评价工作，并输出安全评价结论，提供安全改善参考建议。该模块主要包括：交通安全评价方法、总体评价、路线评价、桥梁隧道等结构物评价、交通安全设施评价、特殊路段评价等，如图 3 所示。

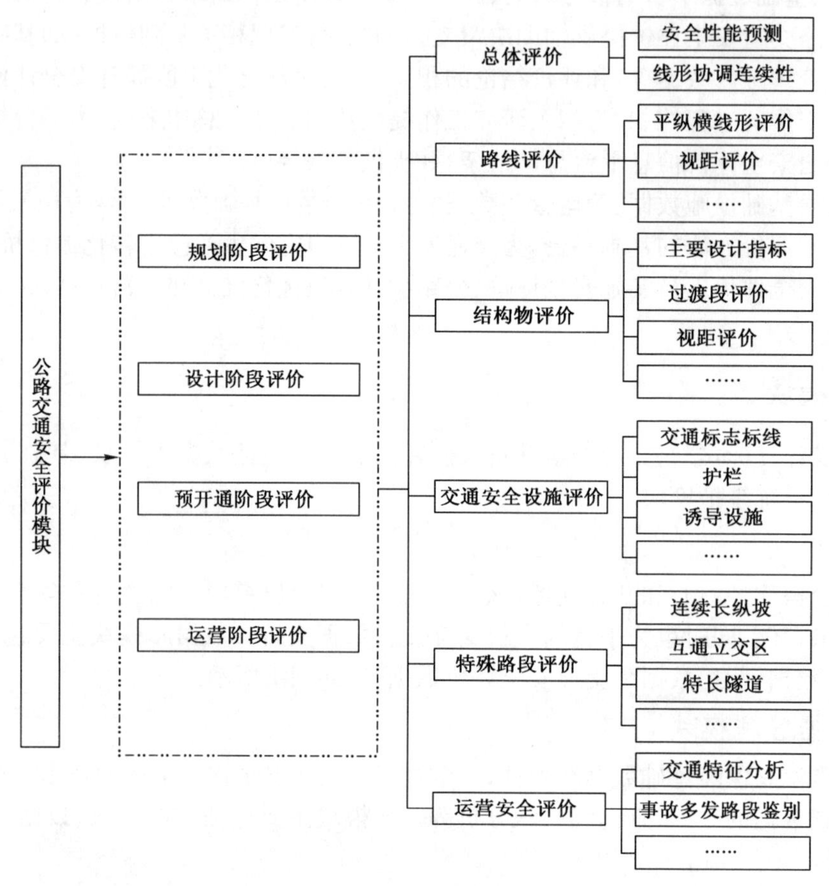

图 3 公路交通安全评价模块

2.4 系统维护模块

系统维护模块是平台正常运行的保障，该模块对平台的底层数据进行维护，更新评价标准和相关标准规范，实现系统分级权限管理，以满足不同层面的安全评价需求。该模块主要包括用户管理、系统字典维护等，如图 4 所示。

3 平台搭建及应用

根据平台的设计目标和总体框架设计，项目组以 SqlServer2005 为数据库，Visual Studio2005 C# 为编程语言，采用 C/S 模式，结合 Office 和 Matlab 等插件，整合部分安全评价方法，构建了平台总体框架（平台登录和主界面如图 5 所示），完成了基础数据库设计、基础数据管理、规范符合性分析、线形协调性分析、视距分析、用户管理等模块功能。下面将简要介绍几个主要的功能模块。

3.1 基础数据管理

基础数据管理模块主要实现了用于安全评价的基础数据的导入、基础数据和评价结果的查询等功能。数据导入分为两个部分：一是新建公路并导入数据；二是补充导入既有公路基础数据。对于新建立公路基础数据，输入公路路段名称、起讫桩号、设计速度、车道宽度、路肩宽度、结构物设置情况等概要信息后，将标准化处理后的平纵面线形数据和结构物数据 EXCEL 文件导入数据库即可。补充公路基础数据旨在向既有公路追加基础数据，当选择拟补充数据的公路后，平台会自动分析缺少的数据类型，用户将对应的 EXCEL 数据文件导入数据库即可完成操作(图 6)。

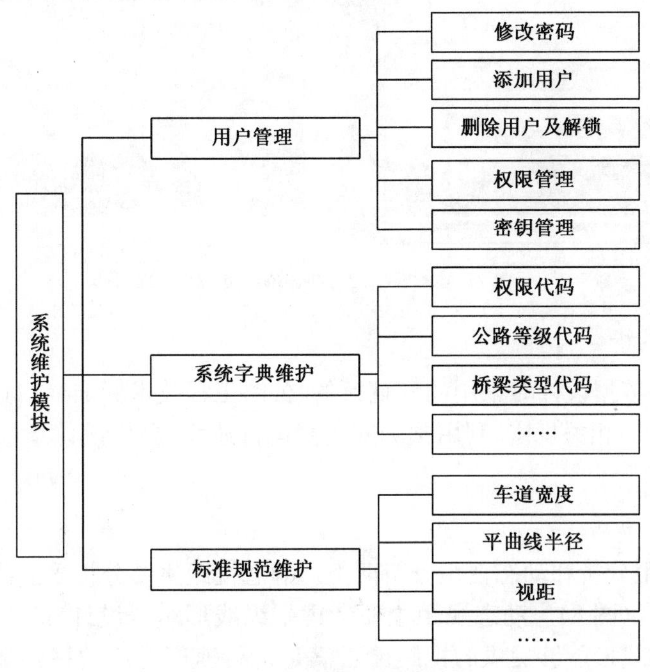

图 4　系统维护模块

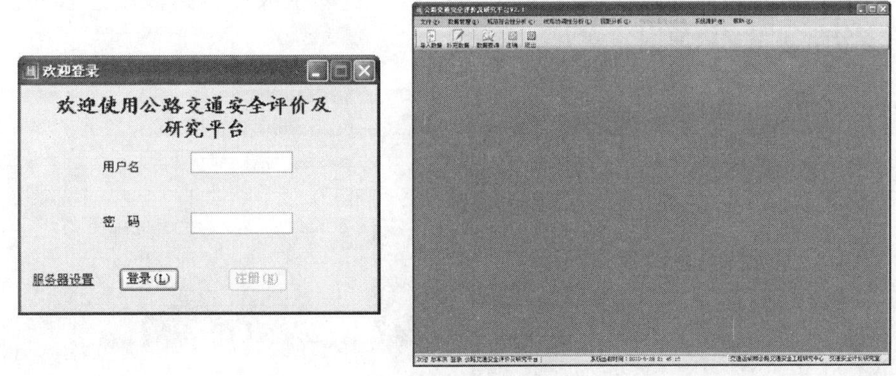

图 5　平台登录和主界面

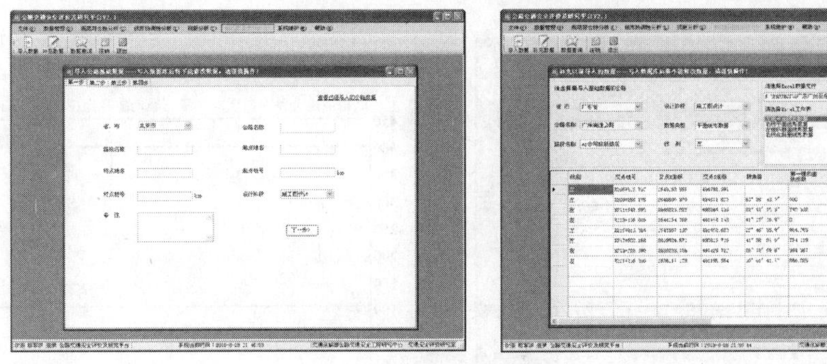

图 6　基础数据导入

数据查询可分为基础数据查询和评价结果查询两部分。基础数据查询主要是对于已存储的公路平纵横线形数据、结构物数据等进行查询，并将格式化后数据输出至 EXCEL 文件中。评价结果查询主要是对各单项评价结果的综合表述，以便于评价人员把握总体安全状况(图 7)。

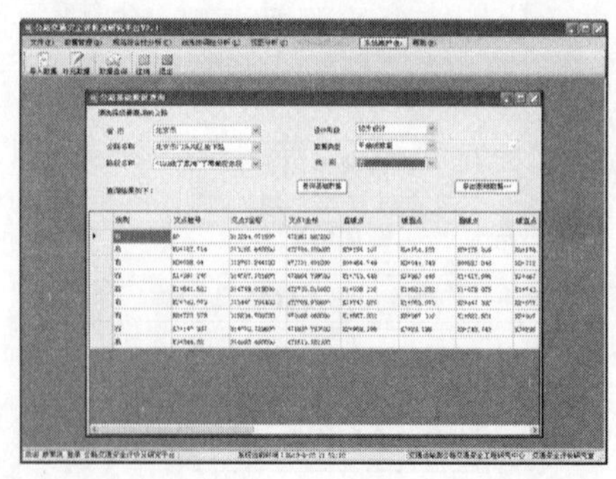
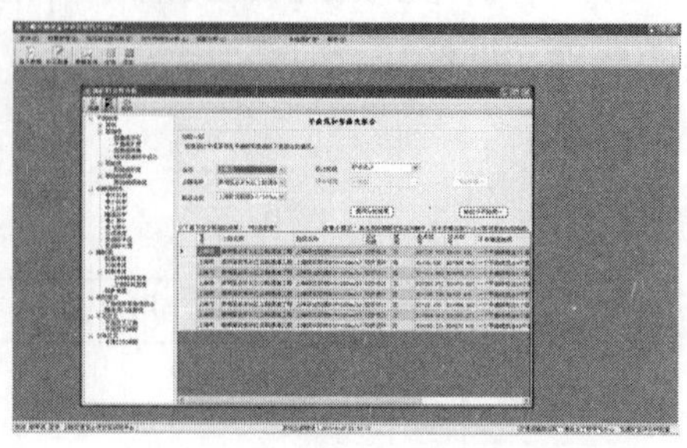

图 7 基础数据(左)和评价结果(右)查询

3.2 规范符合性分析

规范符合性分析，主要依据设计时采用的和现行的《公路工程技术标准》(JTG B01—2003)和《公路路线设计规范》(JTG D20—2006)相关规定，利用预测或实测运行速度，分析设计指标相对于运行速度的设计符合性。

3.3 视距分析

视距分析分为静态视距分析和动态视距分析两类。静态视距主要分析平曲线和竖曲线设计指标是否满足运行速度对应的视距要求(图 8)。动态视距主要考虑平纵线形组合设计和驾驶员动视野等因素，分析车辆按运行速度行驶时，三维线形能够提供的视距能否满足运行速度对应的视距要求(图 9)。动态视距分析首先选择待分析路段，确认是否存在断链(存在断链时需录入断链信息)，设定控制点坐标计算步长和视距、动态视角计算参数后，即可开始计算沿线各点的动态视距，并自动生成评价路段动态视距图，提取视距相对欠佳路段，并进一步分析视距受限原因。

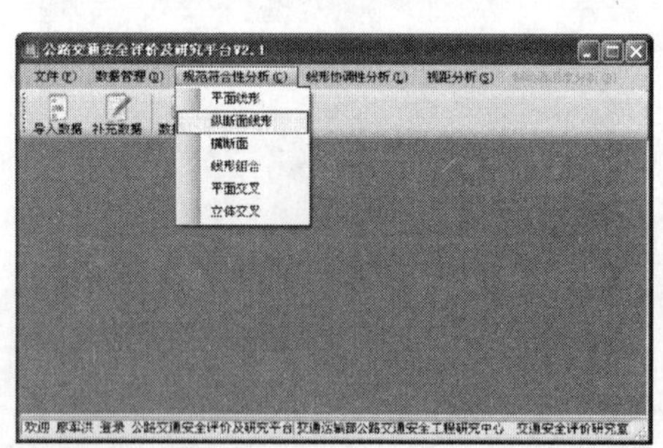

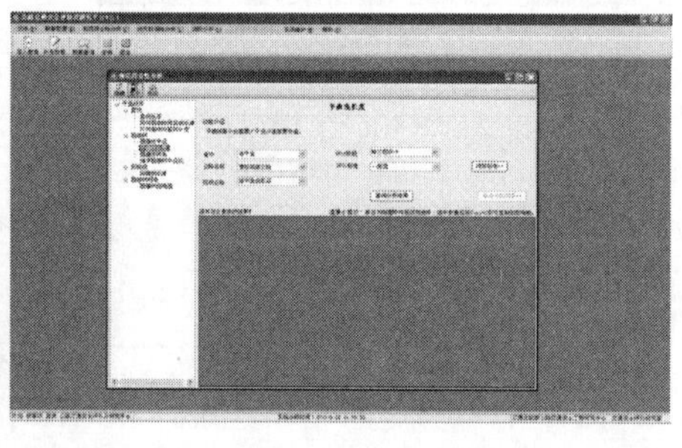

图 8 规范符合性分析

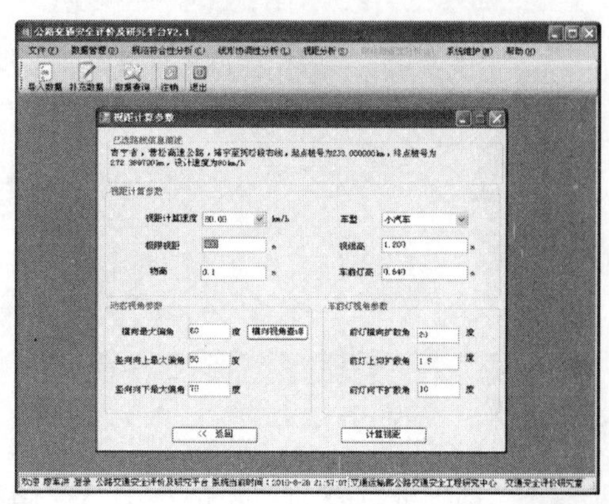
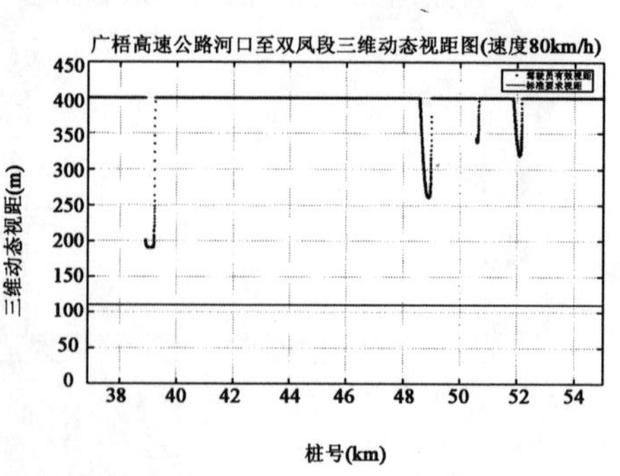

图 9 三维动态视距分析

3.4 用户管理

用户管理主要用于实施平台分级权限管理,通过用户管理模块实现对不同用户的数据操作和平台功能模块使用等权限的管理,不同权限的用户进入平台后能够使用的功能模块不同,从而增强平台的安全性和可控性。该模块主要包括修改密码、创建用户、用户审批、用户状态更改和权限管理(图 10)。

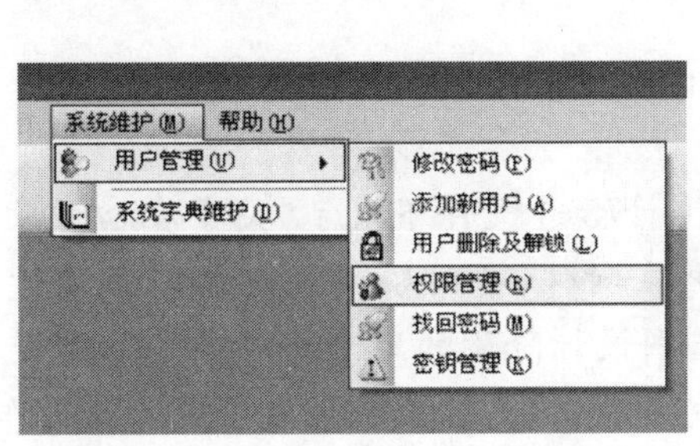

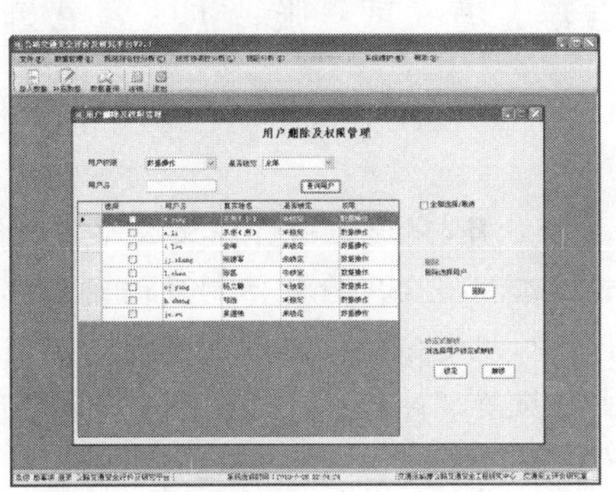

图 10 用户管理

3.5 平台应用情况

公路交通安全评价及研究平台以设计阶段和运营阶段公路交通安全评价工作,以及公路交通安全评价相关研究和基础数据积累为出发点,建立了与安全评价工作相关的公路基础数据库,搭建了整合定量安全评价方法的基础平台。该平台具有友好的人机交互界面,提供了与其他程序的接口,易于操作和发布,便于平台升级和推广应用,可移植性和可扩展性较好。

目前,该平台基础数据库和总体框架已经搭建完成,并整合了规范符合性分析、视距分析相关的定量安全评价方法。研发的软件已经在多个设计阶段和运营阶段的安全性评价项目(如广清高速公路运营阶段交通安全评价、广梧高速公路预开通阶段交通安全评价、粤赣惠河高速公路运营阶段交通安全评价、忻阜高速公路初步设计和施工图设计阶段交通安全评价等)中得到了应用。同时,在平台应用过程中,项目组也对基础数据库、软件功能模块设计等进行了完善,丰富了公路交通安全评价技术和手段,进一步提升了评价报告的科学性和客观性,大幅度提高了安全评价工作效率。

4 结语

为提高公路交通安全评价客观性、科学性和工作效率,积累安全评价实施过程中涉及的基础设施数据和运营管理数据,整合定量安全评价方法,本文详细阐述了公路交通安全评价及研究平台设计目标和主要功能模块设计。目前,该平台已经搭建了基础数据库,完成了基础数据管理、规范符合性分析、视距分析、用户管理等功能模块,并应用于十余个公路交通安全评价项目中。实践证明,该平台具有友好的人机交互界面、易于操作和发布、可移植性和可扩展性较好,在很大程度上提高了安全评价工作效率和客观性。

随着该平台应用范围的扩大、交通安全相关研究和安全评价工作实施的深入,项目组会进一步总结应用经验,从软件工程和安全评价技术角度,不断完善、扩展和丰富平台内容,为公路交通安全评价在国内大范围推广应用提供技术支持。

参 考 文 献

[1] 中华人民共和国行业标准. JTG B01—2003 公路工程技术标准[S]. 北京:人民交通出版社,2004.

[2] 中华人民共和国行业标准. JTG/T B05—2004 公路项目安全性评价指南[S]. 北京:人民交通出版社,2004.

[3] 唐琤琤,张铁军. 道路交通安全评价[M]. 北京:人民交通出版社,2008.

公路桥梁设计阶段风险评估实施指南解读

赵君黎 冯 苠 张 杰 翟慧娜 刘晓娣 李 雪 李会驰 李文杰

（中交公路规划设计院有限公司 北京 100088）

摘 要：2010年4月8日，交通运输部以交公路发[2010]175号文件下发了"关于在初步设计阶段实行公路桥梁和隧道工程安全风险评估制度的通知"，并在附件《公路桥梁和隧道工程设计安全风险评估指南》（试行）中，规定了桥梁工程初步设计和施工图设计阶段的风险评估要求。这是近年来国内频发的桥梁工程风险事件的应对之策，是三年多研究成果、试点经验的集中体现。本文作者所在的桥梁技术和标准规范研究、管理团队全过程参加了指南的起草工作，并在全国的培训宣讲活动中主讲公路桥梁设计阶段风险评估，结合通知和指南以及宣讲内容，编写成此文，为有关技术人员提供研讨的参考。

关键词：桥梁 风险评估 指南

Interpretation of Guide to Risk Assessment in Designing Roads, Bridges and Tunneling

Zhao Junli Feng Min Zhang Jie Zhai Huina Liu Xiaodi Li Xue Li Huichi Li Wenjie

（CCCC Highway Consultants Co., Ltd. Beijing 100088）

Abstract: On April 8, 2010, the Ministry of Transport of the People's Republic of China released No. 175 (2010) Document which included a notice on practicing assessment on the safety and risks of roads, bridges and tunneling construction in the preliminary stage of designing. In its annex *Guide to Risk Assessment in Designing Roads, Bridges and Tunneling* (a proposed instruction), specific requirements were laid out for risk assessment in the preliminary design and construction drawing design of bridge constructions. This Guide is a timely response to the recent frequent occurrence of risk events in constructing bridges in China, a result of more than three years of research and pioneering work. The team where the author of the paper works in specializes in researching and managing bridge technologies and standards. It has fully engaged itself in drafting this Guide, and given lectures on risk assessment in the national training and advocating programs for this Guide. It is by drawing on our first-hand experiences, and based on notices, the Document and the Guide, that this team worked out this paper, in the hope of providing useful reference to technicians in this field.

Keywords: Bridges Risk assessment The Guide

0 引言

交通运输部2009年统计数据表明，截至2009年年底，全国公路总里程达386.08万公里，比上年末增加13.07万公里。其中，国道15.85万公里，省道26.60万公里，县道51.95万公里，乡道101.96万公里，专用公路6.72万公里，村道183.00万公里，分别比上年末增加0.32万公里、0.28万公里、0.72万公里、0.84万公里、减少39公里和增加10.91万公里。其中，公路桥梁总量继续增加，截至2009年年底，全国公路桥梁达62.19万座、2 726.06万米，比上年末增加2.73万座、201.37万米。其中特大桥梁1 699座、288.66万米，大

基金项目：西部交通建设科技项目课题（编号：2008 318 494 50）资助项目。

桥42 859座、981.90万米。

2001年至2009年的统计数据表明，我国公路桥梁总数从2001年年底的28.4万座发展到2009年年底的62.2万座，仅用了9年时间，每年新增公路桥梁数量平均达3.76万座(其中包含2003年统计口径的改变，纳入了农村公路的桥梁)，扣除后，每年新建桥梁平均在2万座以上。2008年浙江在建金塘大桥被货轮撞垮(图2)。

在公路桥梁飞速发展、形势大好的同时，我们也总能听到、看到个别桥梁在施工建设期间、运营期间发生倒塌的报道，并经常伴以令人痛心的人员伤亡、经济损失、环境破坏等。比如2007年在建的湖南凤凰县沱江大桥倒塌事件(图1)、2007年广东九江大桥被船舶撞击引桥后引发的落梁事件(图3)以及2009年天津津晋高速公路港塘互通A匝道桥被三辆严重超载车辆压垮事件(图4)等，都伴随有较大的人员伤亡和财产损失。这些风险事件数量虽然不多，但影响极大，已经严重影响了行业的声誉，影响了专家和人民群众对公路桥梁安全的信赖程度。交通运输部作为行业主管部门，在桥梁风险事件有所抬头的关键时机，及时部署研究遏制重特大安全事故和桥梁风险事件的管理。经过近3年的研究、试点工作，于2010年4月8日下发了“关于在初步设计阶段实行公路桥梁和隧道工程安全风险评估制度的通知”，并在附件《公路桥梁和隧道工程设计安全风险评估指南》(试行)中，规定了桥梁工程初步设计和施工图设计阶段的风险评估要求。这是近年来国内频发的桥梁工程风险事件的应对之策。本文作者所在的桥梁技术和标准规范研究管理团队全过程参加了指南的起草工作，并在全国的培训宣讲活动中主讲公路桥梁设计阶段风险评估，结合通知和指南以及宣讲内容，编写成此文，为有关技术人员提供研讨的参考。

图1 施工中突然倒塌的凤凰县沱江大桥

图2 浙江在建金塘大桥被货轮撞垮

图3 误航船舶撞击广东九江桥引桥

图4 严重超载车辆将桥梁压垮

1 评估范围

1.1 交公路发[2010]175号文件中的规定

交公路发[2010]175号文件中规定需要在设计阶段开展风险评估的范围如下。

公路桥梁和隧道工程安全风险评估的范围，各地可根据项目工程建设条件、技术复杂程度、施工管理要求、运行使用环境等因素，结合当地工程建设经验确定。建设条件相似、技术方案相同的桥梁或隧道工程，可一并进行安全风险评估。其主要范围如下：

①多跨或跨径大于等于 40m 的石拱桥，跨径大于等于 250m 的钢筋混凝土拱桥，跨径大于等于 350m 的钢箱拱桥、钢桁架、钢管混凝土拱桥；

②跨径大于等于 200m 的梁式桥，跨径大于 400m 的斜拉桥，跨径大于 1 000m 的悬索桥；

③墩高或桥高大于 100m 的桥梁；

④桥址处地震烈度大于 7 度且跨径大于 150m 的桥梁；

⑤其他建设环境复杂、施工技术要求特殊的桥梁。

该规定既包括宏观规定，又包括具体的以跨径为分界点的规定，反映了一定的基于经验的总结。

1.2 我国对应的桥梁建设成就及需要开展桥梁风险评估的桥梁数量预估

按照上述标准检查我国已经建成的桥梁和发生垮塌等风险事件的桥梁数量或典型桥梁，有利于我们对未来的风险评估工作量进行总体掌控。

1)一条路段或一个区域内的多座类似桥梁可否合并评估

在指南宣讲过程中，很多技术人员关注这个问题，讲解时注重这些桥梁是否具有同样的风险源，相同的部分可以简化，而不同的具体风险源应分开评估，如不同的地形、地质、水文条件以及桥梁所处的运营环境等。

2)拱桥

(1)石拱桥

我国是石拱桥的故乡，历史上建造的石拱桥不胜枚举，当代仍存在的最著名的石拱桥是河北赵县赵州桥，跨径 37m，已经建成近 1 400 年。2010 年 6 月，笔者陪同茅以升科技教育基金会桥梁委员会主任张喜刚及大奖获得者周世忠等专程参观了此桥，有如下感受：一是这座桥建造结实，按照茅以升先生的计算，该桥承载力可表达为 8t 汽车荷载重，但建议按 5t 车重控制通行，1 300 多年来我国以马车运输为主，通过该桥的活荷载变化不大；二是该桥在历史上经历了地震、洪水等多次自然灾害而未倒塌，实属罕见；三是该桥已经列为保护文物，目前不再通行车辆，否则公园门口的大货车天天从赵州桥上通过，该桥必倒无疑，因为这些大货车超载后的重量可达 140～180t，将超过桥梁承载能力的 20 倍。我国石拱桥的历史悠久，解放后的建设成就更是令世界瞩目，国内建成的多跨或单跨且跨径大于 40m 的石拱桥数量非常多，其中跨径大于 40m 的达 58 座，1959 年建成的湖南黄虎港桥的跨径已达 60m，目前有记录的石拱桥的最大跨径为 2000 年建成的山西丹河大桥，跨径 146m。但我们也不能忘记修建期间垮塌的石拱桥，如湖南凤凰县沱江大桥，跨径 64m。我国石拱桥成功和失败案例见图 5。

图 5 我国石拱桥的成功和失败案例

依此建设成就类推，需要开展风险评估的拱桥数量并不会太多，一个省份一年也未必能有一座。

(2)钢筋混凝土拱桥、钢箱拱桥、钢桁拱桥和钢管混凝土拱桥

我国近几十年来建成了多座大跨径拱桥，比较典型的拱桥见表1。

表1 典型拱桥列表

名 称	建成年份(年)	跨径(m)	名 称	建成年份(年)	跨径(m)
重庆万州长江大桥	1997	420	重庆巫山长江大桥	2005	492
贵州江界河大桥	1995	330	湖北支井河大桥	2009	430
广西邕宁邕江大桥	1996	312	广西南宁永和大桥	2004	349.5
重庆朝天门大桥	2007	552	四川巫山长江大桥	2005	460
上海卢浦大桥	2003	550	广东丫髻沙大桥	2000	360
重庆菜园坝长江大桥	2007	420	湖南南县茅草街大桥	2006	368
广州新光大桥	2006	428	湘潭湘江四大桥	2006	400

(3)梁式桥、斜拉桥，悬索桥

我国近几十年来建成了多座大跨径梁式桥、斜拉桥和悬索桥，其中跨径1 088m的苏通大桥(斜拉)、跨径1 650m的舟山西堠门大桥都是位居世界前列的大跨径桥梁，比较典型的桥梁见表2、表3和表4。

表2 典型梁式桥列表

名 称	建成年份(年)	跨径(m)	名 称	建成年份(年)	跨径(m)
虎门大桥航道桥	1997	150+270+150	陕西阎禹高速徐水沟特大桥	2005	110+2×200+110
重庆黄花园大桥	1999	137+3×250+137	四川柏溪金沙江大桥	2005	140+ 249+ 140
马鞍石嘉陵江大桥		146+3×250+146	云南南盘江大桥	2006	220
黄石长江大桥	1995	162.5+3×245+162.5	杨家岭特大桥	2006	112+200+112
江津长江大桥	1997	140+240+140	四川江安长江大桥	2007	145+250+145
重庆高家花园嘉陵江大桥	1997	140+240+140	广西葫芦鼎大桥	2007	230
四川泸州长江二桥		140+240+55.5	重庆北碚东阳嘉陵江大桥		135+220+135
广西布柳河大桥	2004	145+235+145	重庆鱼洞长江大桥		145+2×260+145
杭州钱江下沙大桥	2001	127+3×232+127	苏通长江大桥专用航道桥	2008	140+268+140
海南南澳跨海大桥		122+221+122	广州新龙特大桥		110+200+100
济南黄河二桥	2000	65+160+210+160+65	广东佛山三水二桥		110+200+101
贵州六广河大桥	1993	145.1+240+145.1	云南漭街渡特大桥		116+220+116
云南金厂岭澜沧江大桥	2002	130+200+85	江西杨梅渡大桥		172+240+170
云南元江大桥	2003	58+182+265+194+70	湖北龙潭河特大桥		106+3×200+106
福建下白石大桥	2003	145+2×260+135	湖北野三河特大桥		106+200+106
珠江特大桥	2003	138+250+148	重庆长江大桥复线桥	2008	主跨330

表3 典型斜拉桥列表

名 称	跨径(m)	建成年份(年)	备 注	名 称	跨径(m)	建成年份(年)	备 注
苏通长江大桥	1 088	2008		汕头海湾二桥	518	1999	
昂船洲大桥	1 018	2009	香港	荆沙长江大桥	500	2002	
鄂东长江大桥	926	2010		湛江海湾大桥	480	2002	
荆岳长江大桥	816	2010		鄂黄长江大桥	480	2002	
上海长江大桥	730	2009		武汉军山长江大桥	460	2002	
象山港大桥	688	2012		重庆长江二桥	444	1995	

续上表

名　　称	跨径(m)	建成年份(年)	备　　注	名　　称	跨径(m)	建成年份(年)	备　　注
南京长江三桥	648	2005		铜陵长江大桥	432	1995	
南京长江二桥南汊桥	628	2001		汲水门桥	430	1997	香港
武汉长江三桥	618	2002		汀九桥	430	1997	香港
青州闽江大桥	605	2001		南浦大桥	423	1991	
杨浦大桥	602	1994		郧阳汉江大桥	414	1994	
徐浦大桥	590	1996		武汉长江二桥	400	1995	

表 4　典型悬索桥列表

名　　称	跨径(m)	名　　称	跨径(m)
西堠门大桥	1 650	阳逻长江大桥	1 280
润扬长江大桥	1 490	矮寨大桥	1 176(在建)
南京四桥	1 418(在建)	珠江黄埔大桥	1 108
江阴长江大桥	1 385	坝陵河大桥	1 088
香港青马大桥	1 377	泰州长江大桥	1 080(在建)

依建设成就类推，需要开展风险评估的梁式桥、斜拉桥、悬索桥数量也不会太多，多数省份一年也未必能有一座，而一些沿海省份、跨越大江大河的省份或许多年有一座，随着西部大开发步伐的加快，山区中的大跨径桥梁可能较多。

(4)墩高或桥高大于 100m 的桥梁

近年来，高速公路进入山区，高桥墩明显增多，典型举例见表 5。

表 5　典型高墩桥梁举例

名　　称	建成年份(年)	墩高(m)	最大跨径(m)	桥墩结构形式
龙潭河特大桥	2008	179	200	双箱形薄壁墩
元江特大桥	2003	123.3	265	双箱形薄壁墩
花土坡大桥	2001	110	104	箱形薄壁墩
关家沟特大桥	1999	102	40	双箱形薄壁墩
清水河大桥	1998	100	128	箱形薄壁墩
小关公路特大桥	2000	100	160	箱形薄壁墩

(5)桥址处地震烈度大于 7 度且跨径大于 150m 的桥梁

这类桥梁需要满足两个条件。全国地震烈度大于 7 度的区域数量比例如表 6 所示。

表 6　全国地震烈度大于 7 度的区域数量及比例

地 震 烈 度	县(市辖区)数量	所 占 比 例	我国县及城市辖区数量
8 度	328	13.2%	2 488
9 度	15	0.6%	
合计	343	13.8%	

(6)其他建设环境复杂、施工技术要求特殊的桥梁

这一条比较灵活，赋予业主各地方主管一定的权力，解决如黄河上的桥梁的建设风险问题。

1.3　我国公路近十年建成桥梁数量表

经统计，1996～2009 年我国公路桥梁数量和规模的发展如表 7 所示。

表7 1996～2009年我国公路桥梁数量和规模

年份	建成桥梁总数(万座)	长度(万延米)	新建桥梁总数(万座)	长度(万延米)
1996年	20.3	661.8	—	—
1997年	21.1	695.2	0.8	33.4
1998年	22.077 8	745.566 1	0.977 8	50.366 1
1999年	23.077 8	800.566 1	1	55
2000年	24.063	865.511 2	0.985 2	64.945 1
2001年	28.4	1 065	0.53	33.8
2002年	29.9	1 161.2	1.5	96.2
2003年	31.08	1 246.61	1.18	85.41
2004年	32.16	1 337.64	1.08	91.03
2005年	33.66	1 474.75	1.5	137.11
2006年	53.36	2 039.91	19.7	565.16
2007年	57	2 319.18	3.64	279.27
2008年	59.46	2 524.7	205.52	
2009年	62.19	2 726.06	2.73	201.36

2 初步设计阶段的评估要求

在2010年4月8日，交通运输部正式通过了《关于在初步设计阶段实行公路桥梁和隧道工程安全风险评估制度的通知》，并选择在工程建设条件、技术复杂的公路桥梁和隧道工程的初步设计阶段率先推行风险评估工作，公路桥隧工程风险评估工作由此得以在全国范围内逐渐展开。

设计阶段是整个建设过程中最为关键的环节，技术含量最高，难度最大。风险评估的任务是针对拟比选的设计方案从风险角度进行对比分析，将风险评估成果作为方案比选的重要内容，考虑桥梁在施工、运营过程中可能遇到的各种意外事件，推荐风险、技术、经济等最优的方案，避免具有重大风险的方案作为实施方案，并对重要风险源提出应对措施。

对于不同的设计方案，安全风险评估工作将基于技术角度考虑各种不确定性因素对设计质量的影响，即由于设计方案不合理、关键技术选择不确定、设计安全度不足或富余度过大、设计文件错漏等，导致工程设计质量偏低的风险，造成后继的施工阶段存在施工缺陷或建设成本增加，在运营阶段造成运营养护及经营成本增加。该阶段主要从技术角度进行评估，以避免由于“先天不足”而导致所谓的“后天堪忧”。其评估内容涉及建设条件、设计方案、施工技术和运营管理四个方面。

该阶段的风险辨识任务是总结已有工程经验和反思事故教训，理清风险因素与风险事件间的因果关系，排定风险因素的“轻重缓急”。风险辨识关注时间维度的过去和现在，以及空间维度的同类桥梁工程群体和评估对象本身。风险辨识的结果，一方面可使安全风险评估小组能够专注于最重要的安全风险；另一方面，逻辑清晰、简明扼要的主要风险源清单也可使安全风险承担者清楚地了解工程面临哪些安全风险，有选择的采取风险应对策略，最大限度地清除工程薄弱环节。

估测主要风险源的风险概率和风险损失，可以考虑采用基于知识经验的专家调查法来获取所需要的统计数据。当然，专家调查法属于一种定性评估方法，定性评估方法所具有的优点和缺点，专家调查法也均有所体现。比如说具有足够统计数据和原始资料的情况下，可以作出风险水平估测的优点，也存在易受主观影响的缺点。在工程实际的安全风险评估开展过程中，需要加强有效的过程控制，发挥该方法的优点，尽可能地避免其缺点。比如仔细设计合理且可行的调查表格、确定合适的专家人选和人数等，使调查结果趋近客观实际。

根据评估结果，需要视风险等级对初步设计方案进行修改完善。风险等级极高时，应重新论证初步设计方案。另外，针对初步设计阶段的特点，需对设计文件中同深度比选的多个设计方案同时进行安全风险评估。

3 施工图设计阶段的评估要求

施工图阶段的设计任务就是对初步设计（或技术设计）的方案、批复意见、技术决定等加以深化。本阶段的风险评估，其任务也是以初步设计阶段安全风险评估为基础，进一步对所评估内容（建设条件、设计方案、技术措施、运营管理等）的风险源、约束条件、应对措施等相关内容进行分析、评判，完成二次风险评估。

本阶段的风险源辨识，一方面延续了初步设计阶段的风险评估内容，基于技术角度考虑各种不确定性因素对设计质量的影响，即因设计方案不合理、关键技术选择不确定、设计安全度不足或富余度过大、设计文件错漏等导致工程设计质量偏低的风险，造成后继的施工阶段存在施工缺陷或建设成本增加，在运营阶段造成运营养护及经营成本增加，以避免由于“先天不足”而导致“后天堪忧”。另一方面，需要客观考虑施工图设计阶段风险源与上阶段所具有的不同性质，以及随建设条件变化，工程进展所出现的新风险源，比如设计变更带来的风险，即初步设计方案及概算批准后，再进行投资调整将非常困难，施工中设计方案改动的余地很小，往往会形成设计缺陷，将会给工期、安全、经济等方面带来不利影响。当然，在本阶段进行风险评估时，若评估内容在初步设计阶段已完成，且在本阶段没有变更或条件改变，则本阶段将不再对该部分内容进行评估。

在风险辨识的基础上，需要为主要风险源的发生概率和损失程度赋值，完成风险事件风险水平的量化。在施工图设计阶段，各种技术指标已经基本明确，风险估测的方法可以结合定性、定量方法来共同完成。对于易于采用大数定量建模描述风险变化规律的情况，也就是说能够通过建立数学模型计算失效概率，就可以采用量化的方法进行风险概率计算，否则，可以通过调查了解研究对象和有关事物的历史与现状，以及它们之间的相互关系，对研究对象的未知或未来的状态作出有效的预测。发生概率和损失程度的估测需要综合考虑两种情况：第一，根据存在不确定性的特性确定工程建设过程中普遍存在的风险事故可能性；第二，根据当前工程设计情况、已采取或拟采取的控制措施的有效性确定存在风险事故的可能性。

风险控制包括了三个方面：防范对策、防范预案、修复预案。

风险控制应考虑项目法人（业主）对所需人力、物力、时间的承受能力，即在确定风险控制措施的过程中，必须确定如何以最有效、最经济的方式解决主要风险。

风险控制内容应能够指导施工阶段的防范对策。比如，对于III级风险，应在风险应对措施的注意事项中明确标注，以提醒施工阶段中需要加强追踪和监测。

风险控制是一个连续的动态过程。评估中对风险状态的描述，并不会改进工程的安全状态。只有利用评估结果和制订的控制措施，持续地进行改进活动，实现风险有效管理，并不断地根据风险管理执行效果加以修正，才能使工程的安全状态得到改善。

4 结语

在总结我国公路桥梁风险事件时，应注意到严重超载车辆造成的桥梁破坏风险事件偏多，尤其是中小跨径组合桥梁、窄桥等的破坏明显多于大桥，形成了中国特色的桥梁破坏风险事件，这是我国的短板所在，也是科研和规范改进的重点。同期研究美国公路桥梁的风险事件时，发现超载引发的破坏事件明显偏少，所以也就有了美国的经验不能照搬到中国的说法。至于其他的撞击、地震、洪水、风、路侧地质灾害等对桥梁形成的风险事件，数量则是基本相同的。

最后，提请相关人员正确理解通知和指南的要求，要为我们的建设成就自豪，但不要自满和盲目自大；要重视桥梁全寿命过程的风险，但不能谈风险色变、畏首畏脚、不敢创新，影响建设；更要以扎实的评估工作和结论支持公路桥梁的建设和管理，降低风险水平、提高安全水平，实现我国建设桥梁大国、桥梁强国的梦想，为我们伟大民族的复兴而努力工作。

中国公路桥梁的成绩来自各位扎扎实实的工作和努力。

桥梁工程的风险事件来自不同的风险源和致险因子。

切断风险源向风险事件演变的关键路径是风险评估的目的之一。

本文得到了"西部地区公路桥隧工程风险评估研究"(项目编号:200831849450)的大力支持,部分研究成果已经吸纳在文章中。

参考文献

[1] 中交公路规划设计院有限公司.公路桥梁工程建设安全风险评估指南(试用本)[R].北京:中交公路规划设计院有限公司,2008.

[2] 徐洪涛,郭国忠,等.我国近年来桥梁事故发生的原因与教训[J].中国安全科学学报,2007,17(11).

[3] 郑皆连.我国公路桥梁安全状况及对策[J].西部交通科技,2007(5).

公路桥梁风险事件与设计规范改进建议

赵君黎 冯 苠 翟慧娜 张 杰 刘晓娣 李 雪

(中交公路规划设计院有限公司 北京 100088)

摘 要:近年来,世界各地频发混凝土桥梁垮塌、倒塌破坏风险事故,其中既有自然因素包括强地震、强台风、飓风、超大洪水等引起的破坏,也有车辆严重超载压垮桥梁、船舶误航撞垮桥梁、车辆爆炸炸毁桥梁以及正在修建中的混凝土拱桥和梁桥垮塌,甚至个别加固后的桥梁也会突然垮塌或需要拆除重修,更甚者在拆除过程中还有倒塌。在中国,政府主管部门、社会知名人士、桥梁专家和学者都在关注设计规范的安全度以及桥梁的全过程风险问题,在回答这些问题的研究过程中,作者针对国内实际情况,分析了混凝土桥梁施工和运营管理中的主要人为风险,指出了桥梁设计规范中隐含的系统风险以及影响规范总体安全水平的短板关键所在,并提出了提高桥梁规范安全度和应对实际桥梁风险事故的几点建议和措施,可供新一轮公路桥涵规范修编时参考。

关键词:桥梁 风险 规范 事故

Road and Bridge Risk Accidents and Suggestions on the Improvement of Design Regulations

Zhao Junli Feng Min Zhai Huina Zhang Jie Liu Xiaodi Li Xue

(CCCC Highway Consultants Co., Ltd. Beijing 100088)

Abstract: In recent years, concrete bridge collapse risk accidents occurred frequently as a result of a wide variety of factors such as strong earthquake, tornado, hurricane, flood and so on. Sometimes the causes also include excess overload, sailing mistakes and auto explosion. On other occasions, some concrete arch bridges and beam bridges that are under construction collapse. Some consolidated bridges can also collapse suddenly or need to be demolished and rebuilt. Some bridges even collapsed during the demolition. In China, government authorities, famous personages, bridge experts and scholars are all attaching great importance to the degree of safety in the design regulations and risk accidents in the whole process. In answering the above-mentioned questions, the author analyzed the artificial risks in the building and operation management of concrete bridges in China and pointed out some suggestions to improve the degree of safety in the design regulations and measures to deal with bridge risk accidents thus, providing reference for the next round of revision of road bridge regulations.

Keywords: Bridge Risk Regulations Accidents

0 引言

近5~10年之间,混凝土桥梁突然倒塌、垮塌等安全风险事故接连发生,造成桥梁毁坏、车辆坠落、人员伤亡、交通中断,给社会正常生活造成很大影响,给桥梁建造、管理行业带来很大压力。统计资料分析预测,这类突发风险事故如果不加以重视和有效管理,将会呈现增长态势,给社会和行业造成更大的危害。混凝土桥梁安全风险事故发生可以按照发生的阶段和诱发事故的作用(荷载)类型进行分类。

(1)按照安全事故发生的阶段分类(表1)

表 1　事故阶段与事故分类

事 故 阶 段	事 故 举 例
施工阶段	支架倒塌、挂篮翻落、预应力张拉事故、桥梁倒塌
运营阶段	基础淘空、墩台垮塌、桥梁上部落梁、整体倒塌、倾覆、局部单板破坏、支座、伸缩缝破坏、护栏破坏
拆除阶段	局部、整体倒塌

(2)按照安全风险事故发生的作用或荷载分类(表 2)

表 2　事故作用与事故分类

事故作用(荷载)	事 故 举 例
施工荷载和设备作用	支架倒塌、挂篮翻落、预应力张拉事故
基础沉降	基础陷空、冲刷淘空、承载力不足
撞击力(车、船)	墩台被撞、上部结构被撞、护栏被撞
爆炸	墩台、上部结构被炸
超强地震	墩台损坏、上部落梁、桥梁倒塌
超强大风	桥梁破坏
车辆严重超载	桥梁整体倒塌、倾覆、局部单板破坏
预应力	锚固体系失效、钢束损坏、桥梁局部或整体塌落

施工阶段近期发生的典型事故包括:2007 年 8 月 13 日湖南凤凰县沱江大桥(拱桥)发生的整体垮塌事故(图 1),60 多人死亡;2008 年 3 月 27 日浙江宁波在建金塘大桥遭货轮撞击引发桥面箱梁塌落(图 2);越南在建芹苴大桥坍塌(图 3)导致至少 60 人死亡等。

桥梁运营阶段周期很长,一般要达到 50～100 年,这其间,桥梁除了承受自然界的正常作用外,还有可能要承受多项超强作用,如超强地震、大风、洪水以及人为的偶然作用如严重超限超载、撞击、爆炸等。2008 年 5 月 12 日四川汶川大地震和 2009 年 7 月台湾莫拉克台风引发的山洪都造成了大量的桥梁垮塌(图 4～图 5),并给抢险救援工作造成了很大影响。船舶、车辆撞垮桥梁以及爆炸事件炸毁桥梁的事件虽然发生频率较小,但近期也时有发生,其中广东九江大桥被撞垮塌(图 6)导致船舶沉没、桥上近十辆车辆落水、9 人死亡的事件引起了社会和行业的广泛关注。

图 1　施工中突然倒塌的凤凰县沱江大桥

图 2　浙江在建金塘大桥被货轮撞垮

图 3　越南在建芹苴大桥坍塌

图 4　汶川地震后的百花大桥

近年来，严重超限超载车辆造成的桥梁直接倒塌、倾覆事件在中国屡有发生(图7～图8)，且事故呈现重复、反弹、上升态势，虽然国家花费了大力气来狠抓治超、安全和危桥改造工作，但超载车辆压垮桥梁的发生频率依然令社会难以接受，并引发了社会各界对桥梁设计、建造质量和行业标准的质疑，甚至引起了生产力和生产关系适应问题的讨论。

图5　高屏溪暴涨的湍急溪水将双园大桥冲断

图6　误航船舶将广东九江桥引桥撞垮

图7　重载汽车将山西的桥梁压垮

图8　重载汽车将天津的桥梁压倒

桥梁设计和建造要考虑一定的安全富余，这些安全度是在设计时按照国家颁布的桥梁设计标准和规范确定的，对于桥梁施工和运营期的考虑各不相同，按照不同的作用或荷载发生的概率以及被超越的概率和造成的损失给出不同的设计荷载标准和分项系数，对于材料，同样给出不同材料和构件的分项系数，最后设计完成的桥梁也就具有了一定的抵抗各类作用和荷载的安全能力，按照设计图纸建造的桥梁也就具有一定的安全能力。

桥梁设计的基本理论和模型等建立的基础是三个“正常”，即“正常设计、正常施工和正常使用”。其中，前面两项与从业人员的关系最大，而正常使用包含了各种正常和不正常的自然环境以及车辆的正常行驶两项，前者比如地震、大风、雨雪、冰霜、雾砂、海水和环境腐蚀等等，不属于人为管理；后者则与桥梁使用者和管理者密切相关。在正常自然环境下保证正常合法车辆正常使用桥梁是桥梁管理者的职责，而对于不正常非法使用，尤其是非法超载、超限车辆，则超出了桥梁的适应范围，是不能保证其安全通过桥梁的。非法超载超限车辆通行桥梁对于桥梁和其他合法使用桥梁的车辆和人员而言，都是安全风险源，会带来安全隐患，造成风险事件。

按照风险管理的基本理论，在桥梁规划、设计、施工、运营及拆除等各个阶段都存在风险源，存在超越规范规定的安全风险，而这些和各利益关联方的风险爱好及人为因素的关系十分密切。对于投资方、建设运营单位、施工单位、运输单位等桥梁直接利益群体，风险意味着可能的收益，风险越大或许收益越大，在一定程度上，可以说这些对象是风险爱好者；而中央政府、行业主管、地方政府、设计单位、监理单位则希望尽量降低风险，这也和他们的技术岗位和管理职责密切相关。由此分析，可以建立风险规避者、风险中立者和风险爱好者的对应关系图，见图9。

桥梁工程设计既要防范一定的风险，又要考虑社会和项目可以接受的成本，而设计标准及规范就是两者在当前乃至今后一段时间内的平衡点。设计标准应综合考虑世界范围以及各行业之间的水平衔接，不可过高、也不可过低。桥梁安全度及各分项系数则要考虑对象的发生概率、超越概率的风险和建造的成本，绝对安全的设计可能意味着难以接受的建造费用，这是社会普遍承认的公理。

以下将主要就桥梁施工过程和运营阶段的人为风险因素展开讨论。

风险规避者
风险中立者
风险爱好者

中央政府
行业主管(交通运输部)
地方政府
行业主管(厅/局)
投资方
建设运营单位
设计企业
施工企业
监理企业
社会第三方
运营企业

图 9 各利益方风险偏好分类示意图

1 桥梁施工中的主要人为风险

1.1 施工质量

施工质量是桥梁工程安全的重要保证。施工技术差、施工中偷工减料、施工方法不当等造成的桥梁事故很多(图 10)。桥梁施工层层转包、装备落后、人海战术、无节制降低造价等，最后都是以牺牲当前和未来工程质量为代价，是桥梁安全风险源所在。另外，桥梁建筑工程施工一线工人的素质较低，也是施工质量难以保证的因素之一。如何在设计阶段就按照中国的实际国情确定合理的质量因素、给出合理的桥梁材料和质量分项系数，是未来桥梁结构可靠性研究的主要任务之一。

图 10 倒塌前后的重庆綦江彩虹桥

1.2 支架施工风险

支架和模板是支架施工的主要风险源，尤其是大型支架系统，必须经过严格的设计和审查过程，才能避免发生支架或模板失效的严重事故。近年来发生了多起施工中支架失效导致的严重风险事故，如 2000 年深圳盐坝高架桥施工近完时坍塌；2001 年京福高速公路三明连接线梅列桥模板支架在加载预压时垮塌，造成 6 人死亡、20 人受伤；2004 年广清高速公路增槎路江南农贸市场路段正在施工的一段高架桥支架发生坍塌事故，造成 2 人死亡、7 人受伤；2007 年，越南南部在建的芹苴大桥坍塌，造成至少 60 人死亡、150 多人受伤，支撑桥面的临时支架不稳定很可能是芹苴大桥坍塌的主要原因(图 11)。

图 11 倒塌后的湖南凤凰沱江桥和越南芹苴大桥支架

支架问题引起的拱桥事故也很多。1966 年,广西水塘江桥 56m 跨径双曲拱桥拆架时塌下,13 人在事故中丧生;1971 年,广东彭坑 150m 跨径拱桥,在拱架上浇注混凝土时塌下,造成 60 人死亡;1996 年,主孔 100m 的广东韶关公路大桥在拆拱架时垮塌,造成 32 人死亡;2005 年,贵州务川桥贝雷梁钢拱架合龙时塌下,造成 16 人死亡;2007 年,湖南凤凰县沱江大桥发生整体垮塌,事故造成 64 人遇难,22 人受伤。

这些事故桥的垮塌都与拆除支架有关。支架是临时工程,其安全性经常被忽视,实际上,它承受的重量大大超过拱桥承受的汽车荷载。拱架拆除是拱桥完成体系转换的重要过程,是拱桥施工中最危险的工序。

支架的安全风险问题应引起桥梁建设、尤其是施工方的高度重视。当前中国桥梁安全风险评估工作已经将支架倒塌风险列入重要的风险源。

1.3 悬臂浇筑施工风险

采用悬臂浇筑施工的桥梁,其总的施工顺序是墩顶 0 号块施工、各梁段顺序挂篮浇筑施工、各跨合龙、体系转换等。挂篮是悬臂浇筑施工必需的施工设备,也是悬臂浇筑施工最大的风险源,施工过程必须注意保证挂篮在安装、浇筑、走行等整个过程中的安全。施工中发生挂篮掉落的事故很多。2007 年 5 月 8 日,广州市番禺区化龙镇在建的珠江黄埔大桥发生事故,位于 51 号桥墩处的高空挂篮突然脱落,四名正在作业的工人从 60m 高空坠江,其中三人死亡。2008 年 2 月 27 日,在建的鱼嘴长江大桥因违章操作引发安全事故,14 号桥墩重达 20 多吨的钢铁挂篮突然从 70m 高的桥墩上脱落坠下地面,造成两名在挂篮里操作的混凝土工当场死亡。2008 年 3 月 17 日,无锡市新惠路运河大桥施工工地发生挂篮掉落事故,一名施工人员当场死亡。2008 年 4 月 25 日,六武高速公路十标段白水河大桥 8 号墩挂篮突然从 20 多米高处坠落,造成 2 人死亡、1 人重伤。事实表明,挂篮的施工安全风险不容忽视,而究其事故原因,多数是工人违章操作等人为因素。

图 12 北京顺义悬索桥成桥试验时垮塌

1.4 施工车辆和试验车辆压倒桥梁

桥梁施工期一般都会有施工车辆在桥梁上行走或工作,成桥试验时更是需要布置车辆纵横排列成车队在桥梁上模拟实际车辆或设计车辆车队,在此期间也发生过桥梁垮塌、倒塌的风险事故,这都是典型的人为风险事故,如天津某在建桥梁在桥面沥青铺装期间倒塌以及北京顺义某桥在荷载试验期间当场倒塌等(图 12)。

2 桥梁运营期主要人为风险

2.1 车辆超载

近年来,受公路运输管理模式和运输业经营者追求利益最大化的影响,并应煤炭、矿产、港口货场转运等重载运输的需要,各地超载车辆大量出现,造成了部分道路桥梁的严重损坏乃至当场倒塌、倾覆,尤其是山西、河南、天津、广东等重载运输大省经常有重载车辆压垮桥梁的报道(表 3)。严重超载车辆压垮桥梁已经成为当前中小桥垮塌并引发社会广泛关注的主要问题,并由此引起了关于车辆荷载标准是否偏低、是否适合社会实际需求的大讨论,引起了生产关系和生产力适应性问题的研究。

中国目前在公路上从事煤炭等重载货物运输的主力车辆为六轴车,按国家车辆标准规定车货总重限值不得大于 49t,但实际报道的车货总重达 180 多吨,大于 100t 的货车屡见不鲜。这些超重的单车引起了一些中小桥的直接垮塌,形成车队并密集停滞在桥梁上导致了桥梁倾覆。当前,国家采取了严格的治超措施,采取了包括政府治超、源头治超、长效治超等多项政策,但由于非法超载运输能带来高额利润,严重影响了治超政策的长期有效,桥梁承受超载运输的压力始终存在。

表3 2004～2009年报道的重载车辆压垮桥梁案例

桥 名	所在地区	桥型	发生年份(年)	总重(t)	备 注
阜阳双清路小桥	安徽	拱桥	2004	—	—
年丰大桥	深圳	梁桥	2004	—	—
盘锦市田庄台大桥	辽宁	梁桥	2004	50	—
洮河大桥	甘肃	双曲拱桥	2006	46.85	限载10t
冷水河大桥	陕西	双曲拱桥	2006	—	—
农安山湾桥	吉林	梁桥	2006	—	—
溢洪大桥	湖南	梁桥	2006	—	—
七一渠公路桥	山西	梁桥	2006	—	—
新蔡县关津大桥	河南	梁桥	2006	—	—
正阳熊寨中桥	河南	梁桥	2006	—	—
省道325线公路桥	新疆	钢架桥	2007	＞100	限载5t
常州运村大桥	江苏	拱桥	2007	百余吨	—
山西长治武乡县	山西	刚架桥	2007	＞130	—
临汾河西龙寺村席坊桥	山西	梁桥	2007	约80	轴重限7t
澎河桥	河南	梁桥	2007	＞250	限载20t
走马岭大桥	河南	梁桥	2009	上百吨	—
澧河大桥	河南	梁桥	2009	260	—
铁力西大桥	黑龙江	梁桥	2009	＞60	限载30t
津晋高速港塘立交A匝道桥	天津	梁桥	2009	分别重146.72、142.28、140.22	—
S347线青莲公路桥	广东	拱桥	2009	65	限载10t

2.2 船舶、车辆撞击

船撞引起的桥梁风险有：船只与桥墩碰撞、船只与主梁碰撞、船只对主梁挤压等。船只与桥墩的碰撞主要指船只由于偏航、失控等原因，与桥梁水中墩柱发生碰撞，造成桥梁和船只的损失。2007年，九江大桥引桥因船撞断桥墩导致一联4孔50m连续梁垮塌。船只与主梁碰撞主要是指船舶没有偏航，但却由于船舶装载超高或涨水的原因，使得船舶突出物与主梁发生碰撞。2000年，青州闽江大桥在建成后，尚未通车即遭遇台风袭击，受一艘脱锚起重船漂流撞击，导致部分拉索破损，部分梁上风嘴结构绞卷撕裂，全桥支座受反复撞击损伤，桥梁尚未使用就进行部分杆件更换。2008年，浙江宁波在建金塘大桥遭货船撞击，桥面箱梁塌落。船舶对主梁的挤压事故是指船舶在通过桥梁时，由于涨水原因，卡在桥梁下面，造成对桥梁的挤压，从而对主梁造成损伤。

车辆撞击的事件多发生在城市桥梁上。2007年7月17日，一辆大货车由北向南行至北京西五环杏石口桥南侧300m处，失控撞塌一座人行过街天桥桥墩，致天桥下沉成V字形，事故导致货车内两人1死1伤。来自北京交通部门的统计数据显示，在北京的1 000多座立交桥中，有近一半都被撞过。在被损坏的各类桥梁中，20%都是因为车辆超高撞击所致。频繁的超高车辆冲击桥梁事故已让北京市立交桥不堪重负(图13)。

随着社会对水路运输环保性能理解的不断加深，大力发展水运业成为发展环境友好型交通的重要举措之一。运输船舶吨位不断加强、通行数量不断提高，以及横跨水道的桥梁数量的不断攀升，都将继续导致桥梁被撞风险事故发生的概率大大提升，如何合理设置桥梁的抗撞、防撞水平，也成为目前的研究课题之一。初步研究认为，引入桥梁倒塌概率、建立主引桥梯次设防、以抗为主、抗防结合的理念以及风险评估和风险转移等将成为未来桥梁抗撞防撞的设计指南。

图 13　苏州亭子桥被船撞垮、北京过街天桥被车撞垮

2.3　桥梁养护与维修不及时，构件损坏

桥梁在长期的运营过程中，由于车辆荷载、环境条件以及材料老化等多种因素的影响，其使用性能和安全性能都不断降低。我国桥梁从设计之初就只追求结构的安全和初始造价最低，而对桥梁的养护与维修缺少规划和要求。许多中小型钢筋混凝土桥梁往往是不养护或者是很少养护的，因此其桥梁状态的退化非常严重，大多数桥梁的服役期限在 30～40 年，远远低于设计期望的 100 年使用寿命。

桥梁的维修应该以预防性维修为主。即当病害尚未出现，或者刚刚出现时即采取维修措施，这样可以防止病害的恶化，大大节约维修资金。而我国桥梁基本上当病害很严重时才会引起重视，甚至许多桥梁由于长期无人管养，出现突然垮塌的现象(图 14～图 15)。

图 14　四川宜宾小南门拱桥吊杆锈蚀断裂

图 15　黑龙江铁力西大桥桥墩被冲刷导致桥梁倒塌

2.4　突发事件——爆炸

桥梁被爆炸等突发事件炸毁的案例偶有发生。2009 年 8 月 22 日，大广高速江西南康段一座立交桥上，一辆装载烟花的货车与一辆装载黄油的货车追尾，引发爆炸，已确认四人死亡，爆炸车辆将桥梁半边炸毁(图 16～图 17)。

图 16　散落一地的爆炸残留物

图 17　被炸毁的半边桥梁

3 桥梁设计规范中隐含的风险

3.1 可靠性研究中存在的风险

结构可靠度是指结构在规定的时间内，在规定的条件下，完成预定功能的概率。规定的时间，一般指桥梁设计使用年限，也有用结构设计基准期代替的。规定的条件，指正常设计、正常施工、正常使用条件，不考虑人为错误或过失因素。可靠性理论本身就意味着即便结构设计满足各种要求，仍有一定的失效概率，仍存在风险。另外，施工中可能存在的偷工减料，运营中可能存在的超载现象等，这些不正常的施工、不正常的使用更增加了桥梁的风险。公路桥梁结构可靠度和失效概率设置见表 4。

表 4 公路桥梁结构可靠度和失效概率设置

破坏类型	安全等级					
	一级		二级		三级	
	β	P_f	β	P_f	β	P_f
延性破坏	4.7	1.3×10^{-6}	4.2	1.3×10^{-5}	3.7	1.0×10^{-4}
脆性破坏	5.2	1.0×10^{-7}	4.7	1.3×10^{-6}	4.2	1.3×10^{-5}

3.2 荷载标准中的风险

我国目前的荷载标准是以可靠性理论为基础的，标准中规定的汽车荷载、温度、地震、风、撞击、洪水等均有一定的置信度、超越概率或失效风险率。以汽车荷载标准为例，《公路工程结构可靠度设计统一标准》(GB/T 50283—1999)规定，“汽车车队荷载的标准值可用具有一定压力强度的分布力和集中力图示表示。按该图示计算的荷载效应，应与汽车车队经统计所得的荷载效应设计基准期最大值概率分布的 0.95 分位值等效”。

随着社会经济的发展，人们对于行车安全普遍较为重视，非常厌恶桥梁安全度不足，尤其厌恶超载、船撞、大风等桥梁风险事故引发的桥上行车二次安全事故，更多地开始关注被放弃的 5% 和概率分布的尾部，提高桥梁结构的整体安全度等成为了专家和社会热议的话题，以提高桥梁寿命周期的安全度、耐久性为主的性能设计概念也被炒得沸沸扬扬。

4 现行桥梁设计规范中风险漏洞

4.1 验算荷载取消导致的风险

在 1988 年开始的车辆荷载可靠性研究的调查中，多个测点测得的 6 万多辆车辆中未发现像挂车 120t 如此大轴重和载重的车辆，包括超载车和集装箱车在内。因此，认为公路桥涵的正常设计不宜以挂车或履带车作为控制条件。《公路桥涵设计通用规范》(JTG D60—2004)中，将验算荷载的影响通过多种途径间接地反映到汽车荷载中，而不再列入验算荷载。经过近 20 年的发展后，车辆的载重能力发生了很大的变化，并且超载车辆大量出现(虽然违法、但始终难以杜绝)，有些 6 轴车车货总重甚至超过 180t。

验算荷载取消后，公路桥梁出现两大风险漏洞，一是桥梁侧倾安全度设置漏洞，二是单车道匝道(窄桥)、跨径小于 30m 的短桥承载能力问题。公路桥梁设计规范历来没有规定桥梁整体抗倾覆验算，也就没有给出倾覆稳定安全系数(铁路桥规定为 1.3)，近年来发生了两起桥梁整体倾覆事故(图 18～图 19)，都是超载造成的，已经引起了规范编制单位的注意，拟在规范修订时提出计算和验算要求，其中设置安全系数时如何考虑超载现象是一个关键问题。

现行设计规范中的车辆荷载中，只有 55t 重车模型用于桥梁局部计算，用于计算和验算整体倾覆的车辆和车队荷载都比较小，如以 20m 长匝道单车道桥梁为例，总体布置的总量分别是 55t 和 45t，即使考虑一些列分项系数，也难以和原来规定的 120t 挂车单车荷载相比，用来计算强度的车道荷载也是如此。

图 18 重车导致内蒙包头某钢桥倾覆

图 19 重车导致天津某立交匝道桥倾覆倒塌

4.2 船舶撞击力规定导致的风险

现行的《公路桥涵设计通用规范》(JTG D60—2004)中给出了内河和海轮两类船舶的桥梁设计撞击力，但具体应用时，发现内河船舶的撞击力偏小，且和海轮的撞击力之间存在较大的不连续间隔。

规范中给出的漂流物的撞击力计算模型如下：

$$P=WV/(g \cdot T) \tag{1}$$

这个公式和目前实际船撞力计算模型的计算结果相差也较大，使用中问题较多。

规范中还规定“位于通航河流或有漂流物的河流中的桥梁墩台，设计时应考虑船只或漂流物的撞击作用”，但操作很难，尤其是在河口、海湾口等建设的长桥如苏通大桥、杭州湾大桥、东海大桥等，非通航孔或引桥很长，船舶撞击桥梁的可能性到处都有，也就是常说的“撞击的概率肯定不为零”。这部分桥梁设置抗撞和防撞措施需要考虑很多因素，显然超出了规范的规定范围，完全用规范设计和管理，风险就很大。

非通航孔桥梁的抗撞防撞问题是风险问题，应该用风险决策的理论开展设计，这也是目前正在研究的课题。

图 20 关键短板理论

5 尽快提高桥梁抗风险能力的措施

随着我国经济实力的不断增强，交通运输事业迅速发展。公路是公路运输发展的基础，桥梁更是确保公路畅通的咽喉。采取一系列能够提高桥梁抗风险能力的措施，减少桥梁事故的发生，对保障人民生命财产安全有重要意义。

(1)提高规范中的较低风险水平控制因素，提高“关键短板”(图 20)。针对事故较多、风险较大的问题重新进行研究，修改或增加规范中相关条文。

(2)推动荷载研究，均衡各荷载的风险水平，扩大规范中汽车荷载、撞击作用等的适应水平。提高中小跨径桥梁的荷载水平；加强中小跨径桥梁的安全性。

(3)开展工程建设全过程风险评估与管理，推动桥梁规划、设计、建设、运营期的风险研究。

(4)开展桥梁耐久性研究和设计，推动桥梁全程健康监测。

(5)用安全、耐久、节约、和谐的理念创新桥梁。在研究的基础上应用新结构、新体系、新材料、新工艺。不要重外形、轻结构，不要盲目使用新奇、怪异、不合理的结构，不故意加大施工难度和风险，不刻意追求第一。

6 结语

桥梁规划、设计、施工、运营、拆除各个阶段都存在着风险，其中有人为的可以规避的风险，也有风、洪水、地震等自然因素引起的难以避免的风险。正确认识规范中的风险，正确规避建设、运营期的风险，提高工程技术和管理水平，就可以避免或减少桥梁风险事件的发生，增加桥梁的安全性。

另外，为风险事件建立和加强管理措施，制订应急预案等是一项非常好的举措，交通运输部正在开展这方面的工作，如公路长大桥隧建设和运营安全管理办法等。同时，对一些具有较高商业价值的桥梁工程引进保险是工程风险转移的重要措施，应大力推进。

本文得到了交通部科技项目“桥梁设计荷载与安全鉴定荷载的研究”（项目编号：200931849404）、“西部地区公路桥隧工程风险评估研究”（项目编号：200831849450）和“西部地区内河桥梁船撞设防标准与设计指南的研究”（项目编号：200731882234）的大力支持，吸纳了《公路桥梁荷载标准》、《公路桥涵设计通用规范》（JTG D60—2004）和《公路桥梁防撞抗撞设计指南》等规范项目的部分研究成果。

参 考 文 献

[1] 范立础.桥梁工程安全性与耐久性——展望设计理念进展[J].上海公路，2004(1).

[2] 郑皆连.我国公路桥梁安全状况及对策[J].西部交通科技，2007(5).

[3] 孙建平.建设工程质量安全风险管理[M].北京：中国建筑工业出版社，2006.

[4] 徐洪涛，郭国忠，等.我国近年来桥梁事故发生的原因与教训[J].北京：中国安全科学学报，2007，17(11).

[5] 中华人民共和国国家标准.GB/T 50283—1999 公路工程结构可靠度设计统一标准[S].北京：中国计划出版社，1999.

[6] 中华人民共和国行业标准.JTG D60—2004 公路桥涵设计通用规范[S].北京：人民交通出版社，2004.

[7] 阮欣.桥梁工程风险评估体系及关键问题研究[D].上海：同济大学，2006.

公路浅层隐蔽缺陷分类与检测技术研究

常成利[1,2] 刘恒柏[2] 毛利建[2]
(1. 北京工业大学 北京 100022;
2. 交通运输部公路科学研究院 北京 100088)

摘 要:公路浅层隐蔽缺陷严重威胁了公路交通安全。从道路结构承载工作区出发,为公路浅层下了定义。按照缺陷的成因、形态、属性和危害性四个方面将公路浅层缺陷划分为空洞类、变形类、松散类和含水率异常四类。结合工程经验分别从硬件条件和软件条件,对无损探地雷达技术进行了论述。以路基含水量异常为例,采用不同的数据处理技术,详细阐述了雷达数据不同分析方法的特点,为雷达无损检测技术在隐蔽缺陷检测领域的应用作了有益的探索和尝试。

关键词:公路浅层 缺陷 探地雷达 检测

Study on the Classification and Testing Technology of Concealed Defects for the Superficial Layer of Road

Chang Chengli[1,2] Liu Hengbai[2] Mao Lijian[2]
(1. Beijing University of Technology Beijing 100022;
2. Research Institute of Highway Ministry of Transport Beijing 100088)

Abstract: Concealed Defects for Superficial Layer of Roads pose great threats to road traffic safety. This paper defines superficial layer of roads from the perspective of work areas for road structure bearing and classifies the superficial layer defects into four categories of cavity, deformed, loose and abnormal moisture content according to the cause, form, properties and damage of the defects. It elaborates the lossless ground penetration technology from hardware and software conditions and in combination with project experiences. It elaborates in detail the features of different analytical ways of radar data by citing the abnormal moisture content of roadbed and adopting different data processing technologies. It has done many fruitful explorations in the application of lossless radar testing technology in the testing of concealed defects.

Keywords: Superficial layer of road Defects Ground penetration radar Testing

0 引言

随着公路通车里程的快速增加,公路养护工作量亦逐年增加。尽管全国公路路况质量显著提高,好路率超过了80%,但是公路养护管理工作仍不容乐观,依旧面临严峻的挑战。我国在公路科研方面起步较晚,公路设计、施工水平相对国外发达国家而言不高,加之我国地质条件复杂,公路建设施工质量、自然灾害、超载运输等原因,给道路本身造成许多潜在的危险,严重威胁人民生命财产的安全。近些年,公路、城市道路发生多起路面沉陷事故,不仅造成了人员伤亡,而且产生了很坏的社会影响。图1是我国公路塌陷的典型照片,可见路面塌陷不仅干扰了正常交通,而且严重威胁了公众的交通安全,收费公路也会因此降低盈利预期。由于公路浅层缺陷属于隐蔽型缺陷,很多缺陷在路表没有直观的表现,难以直接发现,因此危害性更大。

我国的土地资源紧缺,地方经济的发展对公路通行能力和服务水平提出了更高的要求。为此,公路管理部门因地制宜地对大量旧路进行升级改造,以减少公路建设和土地紧张之间的矛盾。在公路升级改造之前,设计人员通常根据常规检测结果进行设计。长期以来，对于不可见的路面基层及路基一直缺乏有效的检测手段，钻芯取样等传统检测方法由于检测样本点少，代表性差而无法预料路基的整体健康状况，直接后果是对原有路面基层以及路基的情况缺乏充分的了解和预测而造成施工阶段频繁的设计变更，既不利于工程的进展，又造成大量的浪费。

采用先进的无损检测设备快速检测公路浅层的隐蔽缺陷，降低缺陷由量变到质变的不可控性，减少缺陷对公众交通安全的影响是我国公路养护与管理工作的重要职责。

1 公路浅层隐蔽缺陷分类

1.1 公路浅层的定义

路面是行车荷载的直接承受体，而路基则是路面的支撑者。随着深度的增加，车辆轮重的影响在逐渐缩小。在路基某一深度 Z_a 处，当车轮荷载引起的垂直应力与路基自重引起的垂直应力相比所占比例很小，仅为 1/10～1/5 时，该深度范围内的路基称为路基工作区。通常，在工作区范围内的路基对于支撑路面结构和车轮荷载的影响较大，而在工作区外的路基，影响逐渐减小。

图 1 国内某高速公路路面塌陷

路基工作区深度 Z_a 的计算公式如下：

$$Z_a = \sqrt[3]{\frac{KnP}{\gamma}} \tag{1}$$

式中：Z_a——路基工作区深度，m；

P——一侧轮重荷载，kN；

K——系数，取 $K=0.5$；

γ——土容重，kN/m^3；

n——系数，$n=5\sim10$。

由上式可知，路基工作区随着车轮荷载的加大而加深，表 1 是根据不同车型计算得到的路基工作区深度。

表 1 路基工作区深度

汽 车 型 号	工作区深度 Z_a(m)	
	$1/n=1/5$	$1/n=1/10$
解放 CA10B	1.6	2.0
北京 BJ130	1.2	1.6
黄河 JN150	1.9	2.4

注：按土的容重 $\gamma=18kN/m^3$ 计算。

路基工作区深度内土基的强度和稳定性对保证路面结构的强度和稳定性极为重要，工作区内土的选择也是非常重要的。由表 1 的计算结果可见，车辆荷载对道路结构有重要影响的区域大部分在 2m 以内，根据科研人员的调查和研究结果，这一范围内的路基一旦出现问题，随着时间的推移，路面一般都会出现或重或轻的病害。因此，对于公路浅层缺陷的探测应该以工作区深度作为对象。

基于上述对路基工作区的计算和认识，公路浅层可以定义为：从路面起至路基工作区底面的垂直区域，车辆荷载主要由该区域的路基路面结构层承担，并且该区域缺陷的存在会对路面稳定形成重要影响。

1.2 隐蔽缺陷分类

由公路浅层的定义可知，公路浅层主要承担了车辆荷载对于道路结构层的作用。因此，公路浅层中存在缺陷将对路面行车构成严重的威胁。为了便于科学地检测、分析和评价浅层缺陷，我们按照缺陷的成因、形态、属性和危害性把公路浅层中的缺陷划分为以下四大类:空洞类、变形类、松散类和含水率异常类。

(1)空洞类缺陷

这是道路工程中较少出现却危害极大的缺陷类型。空洞类缺陷是指公路浅层中出现非筑路材料填充而仅由空气填充的空间体,空洞一般没有足够的承受荷载能力,在强荷载作用下会塌陷而导致上部结构变形或下陷。空洞类缺陷的危害性是随着空洞增大而增加的,较小的空洞对于行车安全没有太大的危害。空洞类缺陷产生的原因主要有两个方面:一个是土、砂、石灰等筑路材料在水的所用下产生流失,导致结构层出现空洞;另一个是道路结构层在施工过程中碾压不足,随着时间推移产生了自然沉降,造成结构层间出现脱空。严重空洞类缺陷的存在对于行车安全将造成严重威胁,必须进行合理评估并进行有效维修。

(2)变形类缺陷

这是浅层缺陷中较为常见的缺陷之一,是指结构层在外力荷载、自身荷载、水等因素作用下产生空间形态的变化,这种变化有时是长距离的,有时是局部的。这类缺陷的存在通常会导致路面局部或大范围的沉陷、拥包、路面不均匀下沉或者严重的车辙。变形类缺陷的存在往往伴随着空洞类缺陷,可以说变形类缺陷是个别空洞类缺陷形成的必要条件。变形类缺陷的形成通常需要较长的时间,因此,病害反映到路面上也是一个漫长的过程,发生突发事件的可能性较低,但是变形类缺陷的持续性发展往往给路面带来难以弥补的损伤,维修时,必须废弃原有路面。在预防性养护的检测中,适度加强变形类缺陷的检测,可以及时有效制订养护计划,大大降低养护费用。

(3)松散类缺陷

沥青路面面层及基层出现结合料失去原有功能、骨料之间无黏结性,表现出集料松散存在的状态。筑路材料没有形成稳定的整体,路表面表现出较为严重的裂缝以及路面平整度较差。松散类缺陷的存在一般不会发生路面塌陷等极端情况,有时采用传统的检测手段,却不易发现,钻芯取样能够发现却无法确定范围。目前的养护工作没有给予松散类缺陷足够的重视,在路面大中修的设计过程却会经常因为钻芯取样无法满足设计条件而增加罩面层厚度,不仅不经济,而且没有解决根本问题,产生“治标不治本”的现象。

(4)含水率异常

根据大量的实际工作经验,不难发现,很多路基路面的破坏都源于结构层含水率突然发生异常,在车辆荷载的作用下短期内就会产生变形而破损。由此可见,要保证道路结构层的稳定,尤其是路基土体的稳定,控制结构层的含水率是非常重要的环节。道路结构层含水率的异常情况指结构层材料(通常是基层和土基)含水率过高甚至于达到饱和、过饱和状态,处于这种状态的结构层在荷载作用下破坏结构层的整体性,导致结构层承载力下降,从而影响道路的正常使用。含水率异常的破坏作用非常大,例如:北方地区的道路在春融季节常会出现翻浆现象,南方道路经常出现连续的坑槽和唧泥现象。含水率的异常也会导致路基土体出现淘空等极端情况,必须给予足够的重视。

2 检测装备

2.1 检测设备概述

德国 Letmbach 和 Löwy 于 1910 年申请专利,用埋设在一组钻孔中的偶极天线探测地下相对高导电性质的区域,正式提出了探地雷达的概念。1926 年,Hulsenbeck 第一个提出了应用脉冲技术确定地下结构的思路,而直到 1960 年,Cook 才用脉冲雷达在矿井中做试验。虽然探地雷达的概念提出很久了,但是真正得到商业应用是在 20 世纪 70 年代以后。

探地雷达在公路行业中的使用以美国 SHRP 的研究最具有代表性。1992 年,为了评价公路养护质量,SHRP 成立以 GSSI 和 TTI 两家机构为主的研究项目组,致力于研发用于检测路面含水率、空洞及路面承载能力损失、路基状况等多种参数的检测设备,科研人员经过三年的研究,研制开发出了可以进行无损检测的路用 GPR 原型机,为探地雷达在公路领域的应用开辟了先河。

2.2 检测装备条件

探地雷达检测的装备条件包括硬件条件和软件条件两个方面。硬件条件包括主机条件、天线条件、外部辅助条件等，软件条件主要是采集软件的设置条件和处理软件条件。

一般路用探地雷达的仪器组成包括控制器、发射和接收天线三部分。路用探地雷达的主机是最重要的硬件条件，也是整套设备的核心部分，它在计算机的基础上配合信号发生触发器、A/D 转换器共同组成，控制了雷达波的发射和接收。

路用探地雷达的主机条件应该配合道路工程的特点进行配置。道路施工过程都是采用分层铺筑、碾压的形式完成，筑路材料包括土、石、水泥、石灰、沥青等，因此，道路工程结构基本为层状结构。公路浅层缺陷的雷达波图也是层状图像的变异。从前面对于公路浅层的定义可知，探测深度最大要求应能够探测 2m 以上，采样频率、采样速度应该尽量高以满足不同的探测需求。

浅层缺陷检测所关心的探测目标深度决定了天线的选择，高频天线仅适合用于检测路面结构（包括面层和基层），而浅层路基可以选择 900MHz 天线，2m 左右的探测深度同时保证探测精度要求，可以选择 200～500MHz 的天线。

现场采集的雷达信号有很多的干扰，既有环境的干扰，也有雷达本身的噪声。有用的信号淹没其中，很难直接识别出来，必须采用有效的处理技术，消除干扰信号，突出有用信号。此外，现场采集时天线的移动也会不均匀、跳动等，造成记录不均匀。基于此，在软件条件方面，通常需要处理软件具备归一化、水平或垂直滤波、电磁波速分析等功能。

检测之前必须对目标进行分析，包括探测对象的埋深和需要探测的深度、对象的大小、介质环境特点、地下水位、目标与环境的电导率、介电常数等电磁特性。根据实践经验和室内模型试验总结，在检测之前必须明确以下要点：

①探测目标深度；

②探测目标水平尺度；

③目标是二维体还是三维体；

④要求的分辨率（包括水平分辨率和垂直分辨率）；

⑤目标和环境电磁差异大小。

3 应用实例

2009 年夏季，在南方某高速公路隐蔽缺陷检测的过程中，我们选择了路面表现较差的路段对雷达检测结果进行了对比。图 2 和图 3 分别是开挖完成前、后的照片。

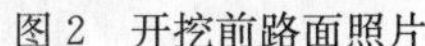

图 2 开挖前路面照片

图 3 开挖完成后照片

根据开挖过程的现场观察，裂缝已经深入路基，并且是斜向延伸的。图 3 中可以看到开挖不久坑洞渗透出来的水分，开挖过程中发现基层和底基层界面湿度明显偏大，底基层和路基界面湿度进一步增大，处于近饱和状态，可观察到裂缝及底基层和路基层间有水分渗出。图 4 是沿公路纵向方向测线的雷达 Line-Scan 图，图中虚线标记了路面上裂缝的位置，椭圆框出部分标记了裂缝位置处路基和底基层界面含水率异常区。

图 5 是裂缝附近 20cm 横向测线的雷达 Line-Scan 图，白色框出部分的强振幅连续反射同相轴代表了底基层和路基界面的含水率异常反射，将图 5 进行背景去除，底基层和路基界面含水率异常反射显得更加明显（图 6）。

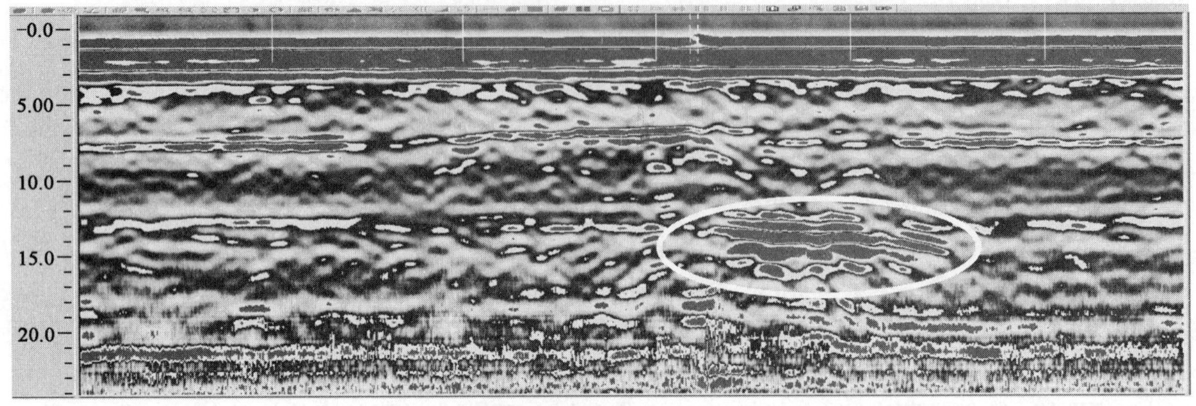

图 4 过裂缝位置纵向测线雷达 Line-Scan 图

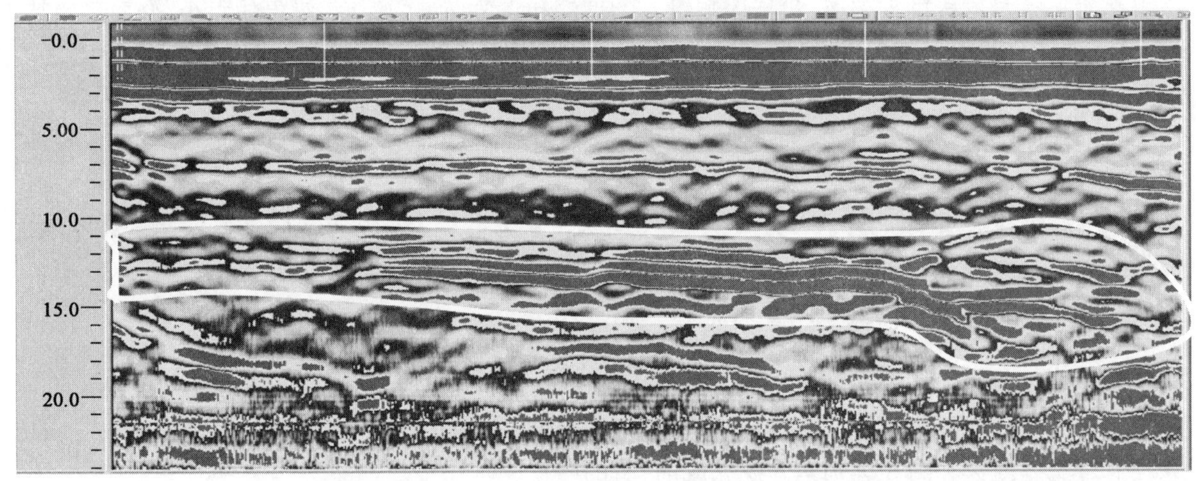

图 5 裂缝旁边 20cm 横向测线雷达 Line-Scan 图

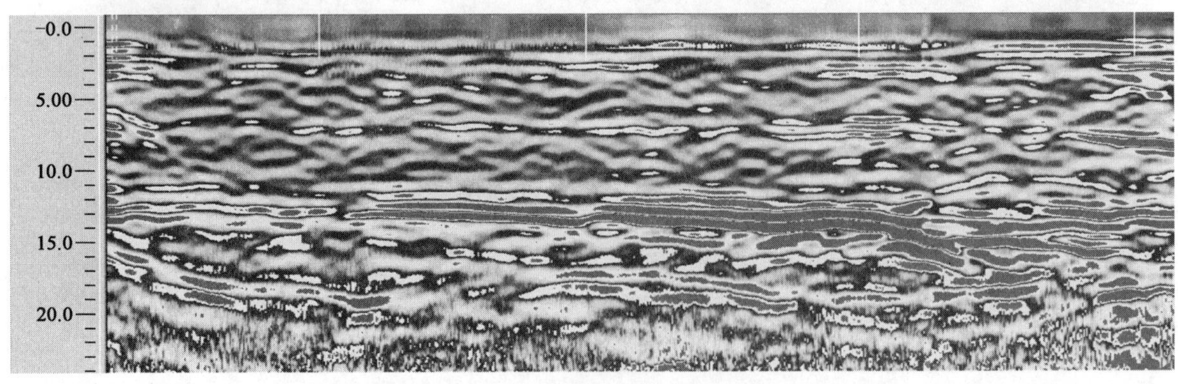

图 6 裂缝旁边 20cm 横向测线雷达背景去除 Line-Scan 图

图 7～图 9 分别是横向测线经过希尔伯特变换形成的振幅图、频谱图、相位图。综合对比分析 Line-Scan 图、背景去除图、振幅图、频谱图和相位图可以很好地分析并确定含水率异常的图像特征及其范围位置。从 Line-Scan 图可以初步识别出含水率异常区，图像经过背景去除后，含水率异常则更加突出，也更容易识别。根据雷达能量振幅图谱，可进一步定性地了解含水率异常含水率大小，从图 7 知道，虽然雷达波能

量经过了约 57cm 长路径的损耗衰减，底基层和路基界面反射振幅仍然非常大，明显较基层和底基层界面反射振幅大。根据现场开挖的观察，底基层和基层界面微湿，没有出现明显的积水现象，但湿度明显较上下基层和底基层湿度大；而底基层和路基界面则明显出现了积水现象，界面处于近饱和状态，这和雷达振幅图非常吻合。频谱图 8 很好地揭示基层底基层界面和底基层路基界面在界面上下的高频反射带状区域，相位图 9 则更好地揭示了含水率异常反射的连续性及其起伏走势。

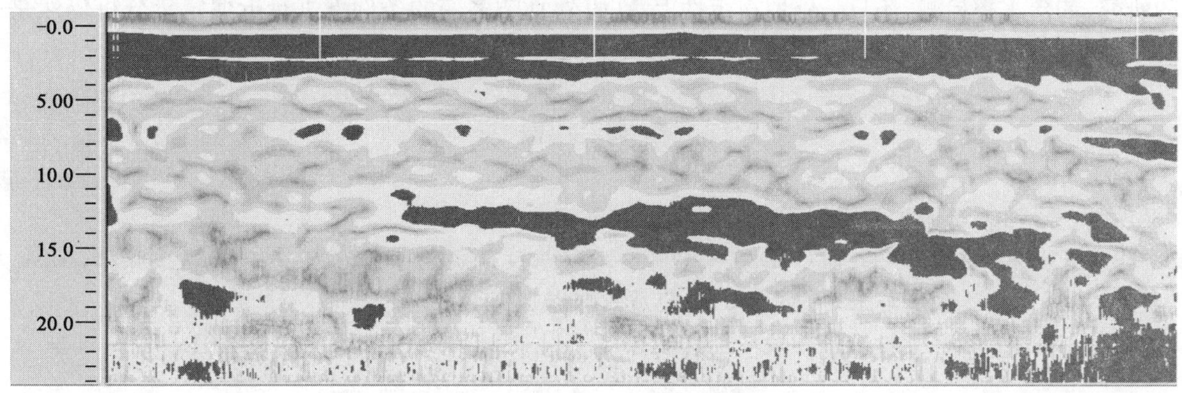

图 7 裂缝旁边 20cm 横向测线雷达振幅图

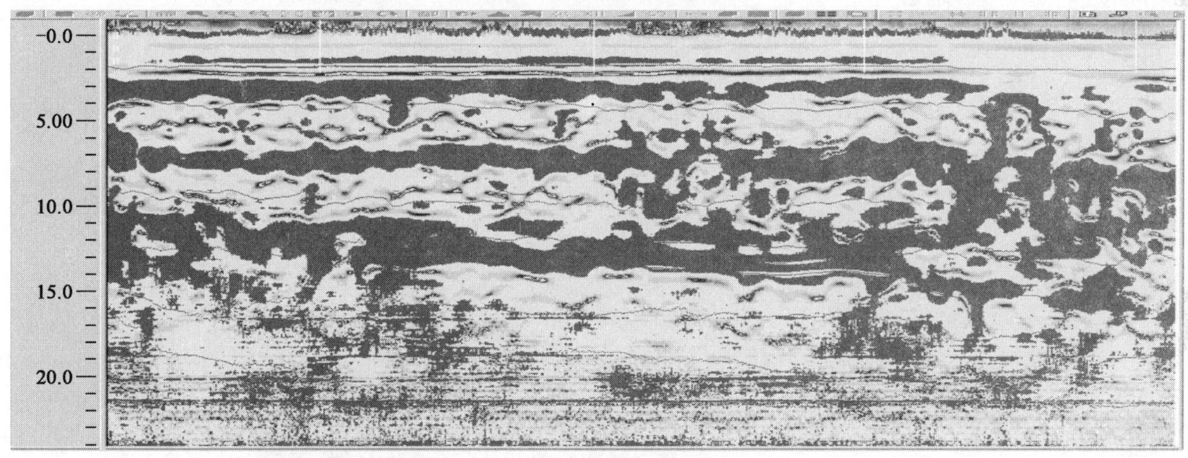

图 8 裂缝旁边 20cm 横向测线雷达频谱图(1 000MHz)

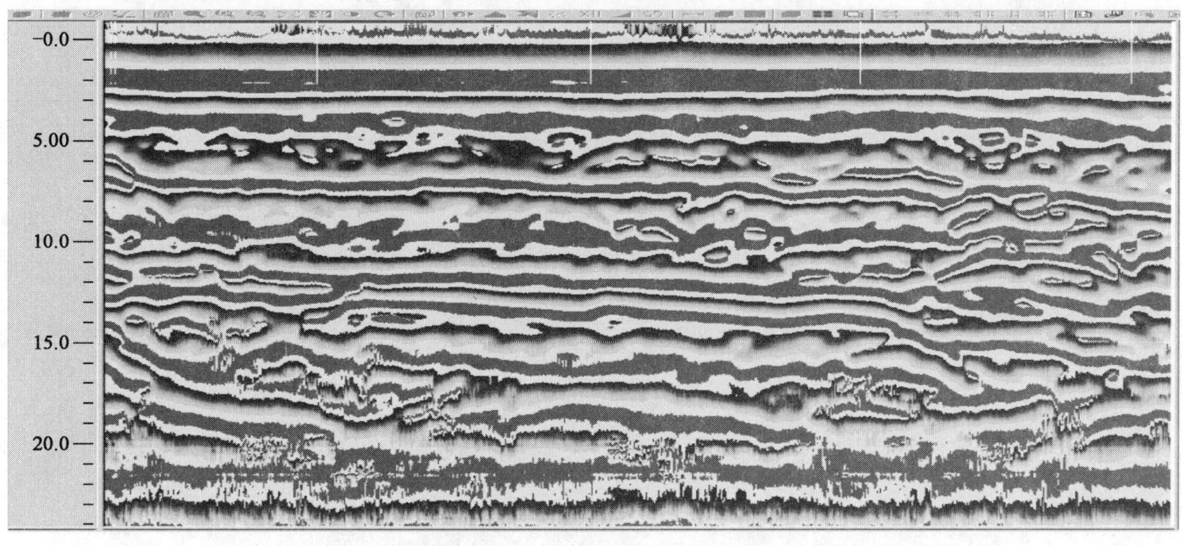

图 9 裂缝旁边 20cm 横向测线雷达相位图

4 结语

探地雷达的应用领域非常广泛，而在公路检测领域的应用范围不大，时间也不长，只有十多年的时间，很多方面的应用还没有引起足够的重视。本文从探测道路浅层缺陷角度入手，试探性地通过一些试验和工程应用，证明了该项技术在探测公路浅层缺陷领域的可行性，也取得了一些研究成果，但是仍不全面；同时一些方面的研究，如含水率检测，还只是停留在定性上，在野外复杂多变的条件下进行近似定量分析仍然是一个具有挑战性的课题。

参考文献

[1] 邓学钧，等．路基路面工程[M]．北京：人民交通出版社，2000.
[2] 中华人民共和国行业标准．JTG D30—2004 公路路基设计规范[S]．北京：人民交通出版社，2004.
[3] 李大心．探地雷达方法与应用[M]．北京：地质出版社，1994.
[4] 沙庆林．高速公路沥青路面早期破坏现象及预防[M]．北京：人民交通出版社，2001.

风暴潮极值预测的计算研究

宋炳强

（山东省诸城市公路局　诸城　262200）

摘　要：风暴潮是一种巨大的海洋灾害现象。在天文潮的高潮阶段，如果适逢强风和气压骤变，往往引起海面的异常升高现象，致使台风经过海域水位暴涨，海水浸溢内陆，酿成巨灾。每次风暴潮都对海堤、挡浪墙、挡潮闸等防护工程有不同程度的破坏，并会冲毁和破坏沿海的通信设施、公路、桥梁、涵洞、码头和房屋等。因此，及时准确地做好热带气旋预报，加强防范措施，对当地的公路、桥梁、码头等交通设施的安全使用有着非常重要的意义。

风暴潮增减水重现值是确定公路、码头海岸防护工程设计的重要参数。合理计算极端设计潮位是制订海岸防护标准的重要内容之一。它关系到工程的安全性和经济性。本文将矩法、最小二乘法、概率权重法和遗传算法应用到不同的极值模型的参数估计中，并通过比较分析，得出精确的重现值。

关键词：水工结构　统计模型　参数估计　重现值

Study on the Calculation of the Forecast for the Extreme Value of Storm Surge

Song Bingqiang

(Highway Bureau of Zhucheng in Shandong Zhucheng province　Zhucheng　262200)

Abstract: Storm surge is a large-scale ocean disaster. In the peak of astronomical tide, if coupled with strong wind and sharp change in air pressure, the sea level tends to increase in an abnormal manner and causes the dramatic rise in the water level of the sea where the typhoon passes and the sea water overflows the mainland causing great catastrophe. Every time, the storm surge would impose some kind of damage to protection works such as the seawall, wave wall and tide lock, flooding and damaging the infrastructure, road, bridge, culvert, port, and houses in the coastal regions. So we need to timely and accurately forecast the tropical cyclone, and intensify the preventive measures, significant to the safe use of such traffic facilities as roads, bridges, and ports.

The recurrence value for the rise and fall of water in a storm surge is an important variable in the design of road and port coastal protection works. To rationally calculate the extreme design sea level is important in drafting coastal region protection standard. It is closely related to the safety and economical efficiency of the project. This paper adopts method of moment, least square method, probability weight method and genetic algorithm in the parameter estimation of different extreme value models and gets an accurate recurrence value after comparative analysis.

Keywords: Hydraulic structure　Statistical model　Parameter estimation　Recurrence value

0　引言

本文针对风暴潮增减水现象的随机性这一本质特性，采用多种极值统计模型和多种参数估计方法进行拟合，从而得出精确的重现值，这对海岸防护工程的设计标准具有实用意义。

1 极值统计模型与参数估计

1.1 常用的极值统计模型

1.1.1 Pearson-III 型分布

Pearson-III 型分布的概率密度函数为：

$$f(x)=\frac{\beta^{\alpha}}{\Gamma(\alpha)}(x-a_0)^{\alpha-1}e^{-\beta(x-a_0)}\quad x\geqslant a_0\,,\quad \alpha>0 \tag{1}$$

式中：$\Gamma(\alpha)=\int_0^{\infty}x^{\alpha}e^{x}dx$；$0<a_0<x_{\min}$ 为位置参数；α 为形状参数，β 为尺度参数。

1.1.2 Gumbel 分布

Gumbel 分布又称极值 I 型分布，我国《海港水文规范》(JTJ 213—1998)建议采用此分布计算极端潮位的重现值。其分布函数为：

$$F(x)=\exp\{-\exp[-\alpha(x-\delta)]\}\quad(-\infty<x<\infty) \tag{2}$$

其密度函数为：

$$f(x)=\alpha\exp\{-\alpha(x-\delta)-\exp[-\alpha(x-\delta)]\} \tag{3}$$

式中：α、δ——待定参数。

1.1.3 Weibull 分布

Weibull 分布是瑞典物理学家 Weibull 在 1939 年提出的。它的概率密度函数为：

$$f(x)=\frac{\alpha}{\beta}(x-a_0)^{\alpha-1}\exp\left[-\frac{(x-a_0)^{\alpha}}{\beta}\right]\quad x\geqslant a_0 \tag{4}$$

分布函数为：

$$F(x)=\begin{cases}1-\exp\left[-\dfrac{(x-\gamma)^{\beta}}{\alpha}\right], & x\geqslant\gamma\\ 0\,, & x<\gamma\end{cases} \tag{5}$$

式中：γ——位置参数($\gamma>0$)；

β——形状参数($\beta>0$)；

α——尺度参数($\alpha>0$)。

1.2 参数估计

上述各分布函数均有 2 个或 3 个参数是待定的，这些参数可由样本资料进行估计。常用的参数估计方法有矩法(MOM)、最小二乘法(LSM)、及概率权重法(PWM)及遗传算法(GA)。

1.2.1 矩法

各概率模型矩法(MOM)估计参数如表 1 所示。

表 1 分布参数的矩法估计

分布模型	参数估计表达式	特征值表达式
Gumbel	$\alpha=\frac{\sigma_y}{\sigma_x}=\frac{1.28255}{s_x}$, $\delta=EX-\frac{EY}{\alpha}=\overline{x}-\frac{0.5772}{\alpha}$	$x_p=\delta-\frac{1}{\alpha}\ln(-\ln p)$
Pearson-III 型	$c_v=\frac{\sigma_x}{E_x}=\frac{s_x}{\overline{x}}, c_s=\frac{\mu_x}{\sigma_x{}^3}=\frac{\mu_x}{s_x{}^3}$	$x_p=(\Phi_p c_v+1)\overline{x}$
Log-normal	$\mu=EX=\overline{x}, \sigma=\sigma_x(x=\ln x)$	$x_p=\delta-\frac{1}{\alpha}\ln(-\ln p)$
Weibull	$\overline{x}=a^{\frac{1}{m}}\left(1+\frac{1}{m}\right)$, $\sigma^2=a^{\frac{2}{m}}\left[\Gamma\left(1+\frac{2}{m}\right)-\Gamma^2\left(1+\frac{1}{m}\right)\right]$	$x_p=\exp((\ln\ln\left(\frac{1}{1-p}\right)-\ln(\frac{1}{a}))/m)$

1.2.2 最小二乘法

各概率模型最小二乘法(LSM)估计参数如表2所示。

表2 分布参数的最小二乘法估计

分布模型	参数估计表达式	特征值表达式
Gumbel	$\alpha=\dfrac{\sum(y_i-\bar{y})^2}{\sum(x_i-\bar{x})(y_i-\bar{y})},\delta=\bar{x}-\dfrac{1}{\alpha}\bar{y}$	$x_p=\delta-\dfrac{1}{\alpha}\ln(-\ln p)$
Log-normal	$\sigma=\dfrac{\sum(X_i-\overline{X})(t_i-\bar{t})}{\sum(t_i-\bar{t})^2},\mu=\overline{X}-\sigma\bar{t}$， $X_i=\ln x_i,t_i$ 由 $P_i=\dfrac{i}{n+1}$ 查正态分布概率表	$x_p=\delta-\dfrac{1}{\alpha}\ln(-\ln p)$
Weibull	$\alpha=\dfrac{\sum(X_i-\overline{X})(y_i-\bar{y})}{\sum(y_i-\bar{y})^2},-\ln\beta=\bar{y}-\alpha X$， $X_i=\ln(x-a_0)$	$x_p=\exp((\ln\ln\left(\dfrac{1}{1-P}\right)$ $-\ln(\dfrac{1}{a}))/\beta)$

1.2.3 概率权重法

各概率模型矩法(PWM)估计参数如表3、表4所示。

表3 Gumbel和Weibull分布参数的概率权重矩估计

项　目	Gumbel分布	Weibull分布
函数	$F(x)=\exp\{-\exp[\alpha(x-\delta)]\}$	$F(x)=1-\exp\left[-\dfrac{(x-a_0)^\alpha}{\beta}\right]$
反函数	$F^{-1}(x)=\delta-\dfrac{1}{\alpha}\ln[-\ln(F)]$	$F^{-1}(x)=a_0+\beta'[-\ln(1-F)]^{1/\alpha},(\beta'=\beta^{1/\alpha})$
参数与概率权重矩	$\delta=M_{1,0,0}-\dfrac{s}{\alpha}$ $\dfrac{1}{\alpha}(M_{1,0,0}-2M_{1,0,1})/\ln2$	$a_0=4(M_{1,0,3}M_{1,0,0}-M_{1,0,1}{}^2)/(4M_{1,0,3}+M_{1,0,0}-4M_{1,0,1})$ $\beta'=(M_{1,0,3}-a_0)/\Gamma\left[\ln\left(\dfrac{M_{1,0,0}-2M_{1,0,1}}{M_{1,0,1}-2M_{1,0,3}}\right)/\ln2\right]$ $\alpha=\ln2/\ln[(M_{1,0,0}-2M_{1,0,1})/2(M_{1,0,1}-2M_{1,0,3})]$

表4 Pearson-III型分布参数的概率权重矩估计

项　目	Pearson-III型分布
函数	$F(x)=\dfrac{\beta^\alpha}{\Gamma(\alpha)}(x-a_0)^{\alpha-1}e^{-\beta(x-a_0)}$
参数与概率权重矩	$\delta=M_{1,0,0}-\dfrac{\alpha}{\beta};\beta=\dfrac{S_1(a)-\dfrac{\alpha}{2}}{M_{1,0,0}-\dfrac{M_{1,0,0}}{2}}$

1.2.4 遗传算法

遗传算法是一种借鉴生物界自然选择和进化机制发展起来的高度并行、随机、自适应搜索算法。由于其具有健壮性，特别适合于处理传统搜索算法解决不好的复杂的和非线性问题。

本文中，遗传算法就是把不同理论分布的累积频率函数与经验点累积频率通过拟合准则，建立一个目标函数。通过目标函数不断寻优，来找到未知参数的合适解。

2 几种分布和参数估计方法的实际应用及比较

各参数估计方法对每一种概率分布模型的适应程度是不同的，下面以某海区1952～1984年的最大风速资料(表5)的计算结果为例进行简要讨论说明。

表5 某海区1952～1984年最大风速(m/s)

年份(年)	1952	1953	1954	1955	1956	1957	1958	1959	1960	1961	1962
风速	27.7	32.5	35	35	40	20	26.6	15	30	35	35
年份(年)	1963	1964	1965	1966	1967	1968	1969	1970	1971	1972	1973
风速	40	20	20	20.5	40	30	25	25	55	30	40
年份(年)	1974	1975	1976	1977	1978	1979	1980	1981	1982	1983	1984
风速	20	26.6	16.3	25	43.5	28.9	25	45	45	30	45

评价参数估计方法的好坏，一般以一致性、无偏性、有效性和充分性几个方面为标准。在实际工作中，使用的估计量(方法)一般都满足一致性。对于充分性，可以证明，一个估计量如果是有效的，则必定是充分的。因此有效性(均方误差小)和无偏性为评价的关键。表6是对表5观测数据进行分布参数估计的结果。

表6 各种参数估计方法计算结果比较

分　布	MOM	LSM	PWM	GA
Gumbel	$\alpha=0.1324$	$\alpha=0.1254$	$\alpha=0.1220$	$\alpha=0.1091$
	$\delta=26.45$	$\delta=26.5103$	$\delta=25.85$	$\delta=26.6255$
	$x_{0.01}=61.2$	$x_{0.01}=63.2$	$x_{0.01}=63.6$	$x_{0.01}=68.7$
Pearson-III 型	$c_v=0.3144$	$c_v=0.3097$	$c_v=0.3173$	$c_v=0.2923$
	$c_s=0.4514$	$c_s=0.9601$	$c_s=0.5314$	$c_s=0.5910$
	$x_{0.01}=56.6$	$x_{0.01}=60.6$	$x_{0.01}=57.9$	$x_{0.01}=56.0$
Weibull	$\alpha=1.9018$	$\alpha=2.0060$	$\alpha=2.1252$	$\alpha=2.0235$
	$\beta=20.2831$	$\beta=21.5847$	$\beta=22.8987$	$\beta=22.9234$
	$a_0=12.0687$	$a_0=11.0$	$a_0=10.8624$	$a_0=11.0939$
	$x_{0.01}=56.5$	$x_{0.01}=59.5$	$x_{0.01}=57.8$	$x_{0.01}=59.8$

从计算结果和实际计算过程可以看出，矩法估计具有计算简便且计算公式与总体分布无关的优点，特别对于只包含两个参数的Gumbel分布，矩法是较好的参数估计方法。但对于Pearson-III型矩法估计则有不可忽视的缺点：(1)除EX外，一般估计量均小于待估参数，不满足不偏性。(2)有效率较低，即抽样误差较大，特别对于三阶矩 c_s 更是如此。

三参数的Weibull分布概率权重法与最小二乘估计法中的 a_0 值非常接近。遗传算法因为在参数计算过程中，不依赖于具体的分布，所以具有较好的通用性，对这几种分布都能较好的拟合，特别是对多参数的计算，更具有优势。

Pearson-III型分布：MOM估计法无论对参数 α、β、c_v、c_s 还是对设计值 x_p，无偏性与有效性均较其他估计方法要差，尤其对三阶矩抽样误差较大。PWM法和LSM法与真值比较接近，均具有无偏性。

Gumbel分布：一般来说，各估计方法均满足无偏性。样本量与母体真值的均方误差，各估计方法均随 n 的增大而减小。对参数 α，PWM优于MOM。对于 δ，各估计方法较接近，但当 n 较小时，PWM的均方误差表现为最小。

Weibull分布：LSM和PWM法避免了人为的干预，具有较高的有效性，就 a_0 值的确定而言，PWM法又较LSM简单的多。

3 结语

在我国，风暴潮灾害是发生频繁、造成经济损失最为严重的海洋灾害，特别是重大的风暴潮灾害对于社会经济的发展具有极大的危害性，是沿海地区可持续发展的主要制约因素之一。因此，为了降低风暴潮灾害的危害性，我们要准确地计算风暴潮增减水重现值。

通过多种分布，多种参数估计方法对风暴潮增减水极值进行拟合分析比较，有助于准确的计算风暴潮增减水重现值，极大的帮助了工程设计人员在海岸防护工程的设计中找到安全性和经济性的平衡点。此值对于推算海岸防护工程的极端设计水位，保证结构的安全，对海岸交通设施的正常运营和生命财产安全具有重要意义。

参考文献

[1] 董胜. 工程设计 Weibull 分布参数拟合的改进方法[J]. 青岛海洋大学学报，1999，29(1)：135-140.

[2] 董胜，李奉利，孙瑞文. 风暴增水随机分析的过阈法及其统计计算模式[J]. 青岛海洋大学学报，2000，30(3)：542-548.

[3] 董胜，刘德辅，孔令双. 极值分布参数的非线性估计及其工程应用[J]. 海洋工程，2000，18(1)：50-55.

[4] 董胜，刘德辅，舒宁. 不完整风暴增减水序列的统计分析[J]. 海洋通报，1999，18(6)：63-70.

[5] 董胜，于亚群，徐斌. 日照地区风暴潮增水重现值计算[J]. 中国海洋大学学报，2005，35(4)：655-660.

[6] 冯旭东，陈方. 遗传算法的程序设计与实现[J]. 微机发展，1997，4：4-6.

[7] 费鹤良，陆向薇. 极值分布和威布尔分布异常数据的检测方法[J]. 应用数学学报，1998，21(4)：549-561.

高速公路ETC系统运营风险管理研究

何培舟

（北京交科公路勘察设计研究院有限公司　北京　100191）

摘　要:随着ETC系统的迅速发展,现有的运维管理模式已不能满足ETC系统的要求,如何进行风险控制成为高速公路管理者面临的一个新课题。本文利用ITIL理论试图建立一个ETC系统运维管理模式,实现高速公路ETC系统运营风险管理。

关键词:ITIL　ETC　运营　风险管理

Study on the Risk Management of Expressway ETC System Operation

He Peizhou

(RIOH Transport Consultants Co. ,Ltd.　Beijing　100191)

Abstract: With the rapid development of ETC system, the existing operation and maintenance model cannot meet the demand How to control risks becomes a new subject facing expressway administrators. This paper uses ITIL theory to set up an ETC system operation and maintenance management model to realize the risk management of the ETC system on expressways.

Keywords: ITIL　ETC　Operation　Risk management

0　引言

自2004年12月广东ETC系统开通运营以来,江西、北京、上海、江苏、安徽、云南、湖南、山东、河北等省市也都先后开通了ETC服务,全国ETC系统的建设将进入一个高速发展的阶段。每条ETC车道通行能力为800～1 200辆/h,相当于5条人工半自动收费车道,保证ETC系统的正常运转显得尤为重要。ETC系统运营具有技术性强、涉及面广、工作量大、维护难度高等特点。

目前,高速公路机电维护主要有两种模式:自行维护模式和专业维护模式。自行维护模式需要运营管理单位拥有一支技术精湛的维护队伍,需要配备足够的维护机具、车辆和仪器仪表,初期投资较大;而专业维护模式则不需要配备维护技术人员,初期投资少,但每年支付给维修公司的维修金额较大。这两种模式都不能满足ETC系统运营的需要,运营中都不能很好地控制风险。因此,急需对研究一种适合ETC系统的运维模式,降低ETC系统运营中的风险。

ITIL(Information Technology Infrastructure Library,信息技术基础设施库)是一个服务管理标准库,能够帮助企业或组织降低成本、优化运维服务流程、提高服务水平,在电子政务领域有着广泛的应用。本文将借鉴ITIL理念,研究ETC系统运营风险管理的方法。

1　ETC系统运营风险发生的主要因素

造成ETC系统运营风险的因素很多,主要因素有以下四个。

(1)人为因素

人的因素包括两个方面:一方面是ETC系统的使用者(驾驶员)采用了不安全的行为,造成ETC系统无法正常运转,给运营管理带来风险;另一方面,ETC设备由人操纵、维护,维护人员的素质、责任心和警惕性决定工作的质量。人的因素是影响ETC系统安全运营的关键。

(2)设备因素

任何设备都有其固有的缺陷、寿命。ETC系统的各种设施相互配合保证了系统的正常运转,在配合之中会出现各种各样的故障,包括软件故障和硬件故障。因此,要保证设备的正常工作,需要有相应的防护措施。

(3)环境因素

包括两个方面:设备所处环境和运营人员所处环境。设备所处环境包括温度、湿度、气候、地质、雷电、霜冻、风雪、地震等,这些都会影响设备的正常运行。运营人员有可能受到粉尘、噪声、辐射、高温、低温等影响,从而影响工作质量和服务的水平。

(4)管理因素

"三分技术,七分管理",这句话体现了管理在运营中的重要性,起关键的作用。如果没有完善的规章制度、没有正确的训练、严格的执行,都会影响ETC系统的正常运转。

2 ITIL简介

ITIL是英国政府中央计算机与电信管理中心(CCTA)在20世纪90年代初期发布的一套IT服务管理最佳实践指南。目前,ITIL已在全球IT服务管理领域得到了广泛的认同和支持。ITIL将IT管理与业务紧密结合,从IT和业务两个方面来管理IT资源,被喻为"以20%的投入获得80%的收益。"

ITIL的主体框架由六个模块构成,分别为:业务管理(The Business Perspective)、服务管理(Service Management)、ICT(信息与通信技术)基础设施管理(ICT Infrastructure Management)、应用管理(Application Management)、IT服务管理实施规划(Planning to Implement Service Management)和安全管理(Security Management),如图1所示。

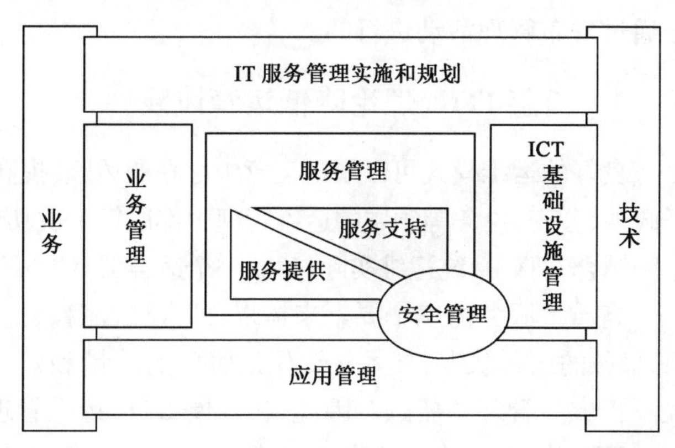

图1 ITIL主体框架

服务管理是ITIL最核心的模块,ITIL是按照流程来组织的,服务管理的10个核心流程分为服务交付和服务支持两组,IT服务提供商可能更多关注服务提供,而作为客户的IT主管部门可能更关心服务支持。其中,服务提供由服务级别管理、IT服务财务管理、IT服务持续性管理、可用性管理和能力管理五个服务流程组成。服务支持由事件管理、问题管理、配置管理、变更管理和发布管理五个服务流程组成。

服务支持主要包括以下模块。

(1)服务台

服务台在服务支持中扮演着一个极其重要的角色,是信息系统最终用户与科技主管部门的联络点和报障台,也是科技主管部门掌握系统运行情况,指挥技术人员进行故障处理等维护工作的平台。服务台的主要任务是登记报障记录、指挥维护人员执行维护流程、监督维护过程,以及综合协调解决维护出现的各种突发问题。

(2)事件管理

事件管理的主要任务是解决设备或者系统故障,并尽快恢复使之正常运行。事件管理中的事件是一个广义的概念,不是狭义的一个故障,它可能是软件、硬件,也可能是服务请求。在IT运行维护部门日常70%以上的工作会与事件管理相关。事件管理的好处就是能够监督IT,能分析出来IT服务是否能应付这么多事件,而且能够减少丢失事件的现象。所谓丢失事件,就是遇到事了却没人报警。突发事件管理包括故障管理,致力于解决突发事件,并快速恢复服务供应。

(3)问题管理

调查和分析IT基础架构和查找事故产生的根本原因是问题管理的责任。突发事件管理并不负责查找事故产生的潜在原因,其强调的是速度。问题管理的目标就是寻找错误根源和消除错误的方法,从而积累大量的解决问题的知识。所谓解决问题的知识,包含两层含义:一是明白解决的问题是什么;二是掌握解决问题的方法。问题管理与事件管理的关系可以这样表达:比如,出现一个事件后,首先要到事件数据库中查询信息,如果有应答信息,照着做就可以了;如果查不到,就把它变成一个问题并注册下来。

(4)配置管理

配置管理主要是收集和存储单位内部的所有软、硬件设备的各种信息,供其他流程使用。这些配置管理信息包括设备编码、类别、品牌、型号、配置、单位、放置位置、使用人、管理人、联系电话、供应商、保修期限、供应商维修电话等等。这些信息存放到配置管理数据库(Configure Management Database,CMDB)。

(5)变更管理

如果要对单位内部的设备、系统进行增、删、改等时,需要进行审批和控制,这就是变更管理。通过变更管理,能够对变更进行影响评估,确保变更对正在运行的系统产生最小的负面影响,同时通过变更审批流程进行沟通和协调,确保有关人员都知道这个变更以及所带来的影响,保证变更具有可追溯性。变更管理与配置管理、问题管理密切关联,应该互相协调。

(6)发布管理

发布管理的主要任务是确保首次进入一个单位的软、硬件设备运用到本单位的系统中获得成功。如新采购的打印机,要先测试它能打印成功。发布管理与配置管理、变更管理联系更密切,变更的实施,很多时候是通过发布管理活动进行的。

3 借鉴 ITIL 理论降低运营风险

良好的运维模式可以规避运营中存在的风险,提高系统的运维效率,提升系统的服务水平。ITIL 理论在电子政务、公安、税务等领域的运维管理中都取得了成功。因此,可以借鉴先进的 ITIL 理念,转变机电服务观念,紧密结合 ETC 系统运维实际,建立一个适合 ETC 系统的运维管理模式,保证 ETC 系统的正常运行。

高质量服务由三个要素来体现,即人员、流程、技术。人员——素质决定服务质量的高低;流程——规范 IT 服务的运行状况;技术——保证服务的质量和效率。据有关机构评估,三个要素当中技术只占 15%,已经不再成为管理的瓶颈。因此,在开展 ETC 运维管理工作时,侧重点应放在流程和人员上。

ITIL 框架中的服务管理包括 10 大流程和服务台管理职能,在选择实施 ITIL 的时候,应根据企业自身的复杂程度、信息化成熟度、应用水平和企业对服务管理的需求程度,进行有针对性的实施。ETC 运维管理可分成两个阶段实施:理论实施阶段和工具实施阶段。

(1)理论实施阶段

该阶段通过手工填写纸质表单将 ITIL 的管理流程应用到单位的服务管理中,让 ITIL 的理论变得"有形"、"标准化"和"可重复",同时随时根据实施中的反馈信息调整各流程及各表单。流程的建设和完善是循环往复的过程,服务管理的每个流程都应在实践中不断完善。

(2)工具实施阶段

通过一段时间的理论实施阶段,管理流程达到了一定成熟程度。但是手工操作和纸质表单实施 ITIL 的管理流程存在不足,如:不利于高层管理人员监督流程存在不足、流程实施出现拖延导致不能及时完成、不利于汇总统计等等。为解决理论实施阶段存在的不足,必须进入工具实施阶段。

工具实施阶段要有两类管理工具:监控工具和流程自动化工具。

通过监控工具监控获取服务管理需要的基础信息,如:车道监控、天线监控、网络监控、安全监控等等。这些内容的监控可由不同的监控工具来实现,但是在选择监控工具时要考虑其与流程自动化系统的兼容,以实现监控界面的统一展现、报警信息的统一入口以及统一管理功能的实现。

通过流程自动化工具,将纸质单据转化为电子单据,将手工填写纸质单据变为手工录入或系统自动创建,将各类信息按照一定的管理逻辑存储到专业的数据库软件中,并提供标准的信息接入接口和信息输出接口,以便于其他管理监控软件或设备无缝连接。

4 结语

ETC系统已成为体现高速公路服务水平的窗口，实行基于ITIL的运维管理模式，可以提高设备和系统的维护效率和平均无故障时间，大大解放了技术力量、落实了维护责任和安全责任，可以有效的对运营风险进行控制。同时，管理部门能够主动、全面地掌握所有设备的运行情况，有利于科学决策。运用好人员、流程和技术三大要素，就可以很好地控制运营中存在的风险，不断提高ETC系统运维服务水平。

参考文献

[1] 李爱民，江运志. 全国高速公路区域联网ETC建设的基本设想[J]. 中国交通信息产业，2009(10)：16-23.

[2] 赵亚辉. 关于高速公路机电系统维护模式的探讨[J]. 公路交通科技，2006(9)：170-171.

[3] 蒋昱瑜，王楠，于宏光. 基于ITIL的电子政务网络服务管理系统的探索[J]. 计算机与信息技术，2006(5)：100-103.

[4] 伍福生，郝建明，郑国勤. 基于ITIL变更管理的系统维护流程[J]. 计算机工程与应用，2006，32(10)：280-282.

[5] 刘海峰，连一峰. 基于ITIL的网络安全运营管理系统研究[J]. 计算机工程与应用，2007，43(9)：193-197.

[6] 朱文峰. ITIL管理方法在某计算机制造企业的实践研究[D]. 上海：华东师范大学，2008.

[7] 傅贵，胡少鹏，孙彦龙. 基于ITIL的IT运维服务管理的实施[J]. 广东公安科技，2008(2)：47-49.

[8] 戴文忠，温晓辉. 推进ITIL标准税务信息建设——分析深圳国税ITIL实践[J]. 每周电脑报，2008，(12)：33.

[9] 陈忠义. 基于ITIL的ITSM与IT设施监控[J]. 计算机安全，2008(1)：66-70.

[10] 孙炜刚. 浅谈ITIL管理标准的IT服务管理实践[J]. 上海标准化，2009(8)：34-39.

公路工程风险管理控制

杜亚娜　李　军

（山东省菏泽市公路管理局　菏泽　274000）

摘　要：公路工程项目在设计、施工和竣工验收等各个阶段可能遇到各种风险，根据实际情况分析了风险产生的具体原因，提出了规避和防范风险的具体对策，以期对工程项目管理提供有益的借鉴。

关键词：工程项目　风险控制

Risk Management Control for Highway Engineering

Du yana　Li Jun

(Highway Administration Bureau of Heze city in Shandong Province　Heze　274000)

Abstract: Highway engineering project might meet many risks in various stages of design, construction and completion. This paper analyzes the specific reasons for risks in line with the real situation, and puts forward the detailed countermeasures for evading and preventing risks so as to provide good reference for the engineering project management.

Keywords: Engineering project　Risk control

0　引言

公路工程风险管理，一般按照风险分析、预警、应对等过程进行，其中风险分析包括风险的识别、估计、评价过程，是风险管理中的难点和重点。公路工程项目风险，是指工程项目在设计、施工和竣工验收等各个阶段可能遭到的风险，可将其定义为：在公路工程项目目标规定的条件下，所有影响工程项目目标实现的不确定因素的集合。风险是客观存在的，但并非不可控制。在对公路工程项目风险识别、估计、评价的基础上，项目风险管理者所要做的是以项目总体目标为依据，根据具体的风险性质及潜在影响，规划并选择行之有效的风险防范措施，有效地控制纯风险并尽可能地利用投机风险，将风险所造成的负面效应降低到最低限度以减少损失，增加收益。风险管理决策是整个风险管理的核心，风险管理要达到以最小的成本获得最大的安全保障，甚至获得风险收益，必须进行科学有效的风险管理决策。

1　公路工程项目风险控制

1.1　编制公路工程项目风险应对计划

编制公路工程项目风险应对计划是制订应对风险的策略和应对措施的过程，目的是为了提升实现公路工程项目目标的机会，降低对项目目标的威胁。编制应对计划时，应充分考虑风险的严重性，应对风险所花费用的有效性，采取措施的适时性，以及与工程环境的适应性。编制应对计划的依据是风险管理计划和风险清单，风险的特征，项目主体抗风险能力，风险详细分析资料和可供选择的风险应对措施。公路工程项目风险应对计划是项目风险应对措施和项目风险控制工作的计划和安排，是风险管理的目标、任务、程序、责任和措施等内容的全面规划，其内容包括：对已识别风险的描述，风险承担人及其应分担的风险，风险分析及信息处理过程的安排，每项风险的应对措施及实施计划；采取措施后期望残留风险水平的确定，风险应对的费用预算和时间计划，处置风险的应急计划和退却计划等。

1.2 风险应对措施

(1)风险回避

风险回避是指当项目风险事件发生可能性较大和损失较严重时，主动放弃项目或变更项目计划从而消除风险或风险产生的条件，以避免产生风险损失的方法。对潜在损失大，概率大的灾难性风险，一般采取回避对策。风险回避可以在某种风险事件发生之前，完全彻底地消除其可能造成的损失，而不仅仅是减少损失的影响程度，风险回避是一种最彻底地消除风险影响的控制技术，而其他控制技术只能减少风险发生的概率和损失的严重程度。

(2)风险缓解

风险缓解，也叫风险减轻，是指采取措施降低工程项目风险事件发生的概率或减少风险损失的严重性，或同时降低风险事件发生的概率和后果。风险缓解的措施主要有以下几种：一是降低风险发生的可能性，在公路工程项目中常用的措施有工程法、程序法和教育法。二是减少或控制风险损失，是指在风险损失已发生的情况下，采取各种可能的措施以遏制损失继续扩大或限制其扩展的范围，使损失降到最低限度。如业主在确信承包商无力继续实施其委托的工程项目时，决定立即撤换该承包商；承包商在业主付款误期已超过合同规定期限的情况下，采取的停工并提出索赔的措施；施工安全事故发生后对受伤人员立即采取紧急救护措施，同时加强作业环境的安全防护；当雨天无法进行室外施工时尽量安排有关人员从事室内作业；业主严格控制内部核算，制订种种资金运作方案等都是为了达到减少风险损失的目的。三是分散风险，是指通过增加风险承担者以减轻总体风险的压力，达到共同分摊集体风险的目的。

(3)风险转移

风险转移是项目管理者设法将风险的结果连同对风险应对的权利和责任转移给其他经济单位以使自身免受风险损失。这种方式并非损人利己，因为有些风险对某些单位是风险，而对另一些单位并不构成风险，原因是各自的优劣势并不相同，对风险的承受能力也各不一样，比如常有工程承包企业将自己企业不擅长的专项工程分包给专项作业公司，在这种情况下，风险转移者和接受风险者将会取得双赢。公路工程项目风险转移是重要且广泛采用的一类对策，分保险和非保险两种方式。

2 公路工程项目风险控制方法

风险控制就是当风险事件发生时，实施应对计划。在公路工程项目的实施过程中，风险会不断发生变化，可能会出现许多未预料到的新情况，因此必须反复进行风险识别，风险分析与评估，细化风险应对措施，及时修改应对计划，实现消除或减轻风险的目标。风险造成的损失可以通过成本控制和提出索赔来减轻。成本控制就是将工程项目建设的各项费用控制在总成本计划中。这就要求在制订成本计划时，要为不可预见的风险留有风险费。承包商在编制投标计划时，应留有一定比例的不可预见费或应急费，并且加强成本管理，密切注视风险发生的征兆及风险的发展、变化，以便采取必要的措施。提出索赔就是根据合同条款向项目业主、保险公司以及项目分包商提出经济赔偿的方式。设计变更、现场施工条件的变化、标书规定的施工方法不适合、工程量的变化、增加新的施工项目、人力不可抗拒的自然条件引起的进度拖延、业主要求变更施工顺序或提出超出合同范围的要求等引起的施工费用增加，承包商均可通过监理公司向业主提出延长工期或增加额外费用。由于承包商施工组织不力、人力不足、劳动生产率低、偷工减料等引起的工程进度拖延或质量不符合要求，业主可通过监理公司向承包商提出索赔。索赔要符合合同条款，符合实际，并提供充分的证据。此外，索赔要在规定的时间期限内完成，以免因超期失去索赔的权利。

2.1 风险自留

工程项目风险自留，又称风险接受，是一种由项目主体自行承担风险后果的风险应对策略。风险自留是一种财务性技术，要求项目主体制订后备措施，一般需要准备一笔费用，作为风险发生时的损失补偿，若损失不发生则这笔费用即可节余。其主要用于处置残余风险，因为当其他的风险应对措施均无法实施或即使能实施，但成本很高且效果不佳，这样只能选择风险自留。另外，由于影响风险不确定性的因素极其复杂，人们无法完全认识和掌握风险事故发生的规律，从而不可能事先控制所有的风险损失，这些没有被认识和了解的风险损失，只能由项目主体自己承担。所以，风险自留是处理残余风险的技术措施，与其他风险管理技术是一种互补关系。

2.2 风险利用

风险按其性质可分为纯风险和投机风险，纯风险是只会造成损失而不会带来机会或收益的风险，投机风险是既可能造成损失也可能带来机会或利益的风险。风险利用就是指利用投机风险可能提供的谋利机会以获得好处。在许多情况下，风险中蕴藏着利润，即风险与利润并存，并且影响工程项目风险的因素及其后果都是在不断地发展变化之中，因此，有时冒一点小的风险可以换取高额利润或长期利润。我们要充分认识到投机风险可利用的一面，分析这种风险利用的可能性和价值，估测风险利用的代价，评估项目承载这种风险的能力，积极地变不利为有利，使风险变为盈利的来源。风险利用作为一种较高层次的风险应对措施，其应用条件也要求较高，它不仅需要风险管理者有渊博的知识、娴熟的技巧和周密的分析能力，还需要有高度的责任心和灵活的应变能力。利用风险不应只限于少数负责人的策略制订，还必须项目各有关部门、有关人员的密切配合，是一项综合决策。风险利用时应注意：决策既要慎重又要当机立断；正确评估自己的承受能力，量力而行；严密监控风险，因势利导；制订多种应对方案。

3 公路工程项目风险管理决策方法

在公路工程的实施过程中，通常会遇到多种风险，不同的风险应该选择不同的应对策略。这就要求决策者用科学的方法认真研究各种可行的管理措施，制订正确的管理决策。一般来说，公路工程项目风险管理决策的方法可分为定性决策方法和定量决策方法。

3.1 定性决策方法

为了有效地管理各种项目可能遇到的风险，决策者应该首先对其进行分类排列，然后根据具体情况采取相应的对策，以达到避免风险或减轻风险可能造成的损失，甚至利用风险扩大收益的目的。在国际工程承包实践中，政府通常明文规定若干种强制保险，通常这类保险包括：公路工程一切险（包括公路工程第三者责任险）；社会保险（包括雇主责任险，人身意外伤害险等）；机动车辆险等。通过强制性保险取得的保障是公认的必需保障，不管项目管理者认可与否，这类保障只能通过保险公司取得，项目主体无选择的自由。

3.2 定量决策方法

尽管通过定性分析可以从原则上确定风险对策，但定性分析尚不能确切肯定各种对策之间的利弊程度。因此，风险管理的研究者更倾向于辅之以定量分析方法。以期望值的最大值或最小值作为选择方案的判定标准，称为期望值决策法。期望值决策法在公路工程项目风险管理中有较广泛的应用，根据具体形式可分为决策树法、决策表法和决策矩阵法。工程实践中的情况可能比上述示例复杂得多，每种结果都有其对应的发生概率，并且可供选择的方案也不止上述三种，有时还应综合税收等因素。尽管情况可能很复杂，风险决策的工作很烦琐，但对风险事件进行决策的基本方法和原理是一样的。

公路项目的风险管理在我国还不成熟和不完善，尚需花费大量的人力、物力去研究，尤其是其中的一些决策方法更应仔细研究。提出的决策方法，也有待于在实践中进一步完善。企业应根据风险分析及评定结果，确定风险管理目标，建立相应的风险管理计划，建立工程风险应对措施，适时动态地进行有效风险管理，确保工程各项目标的顺利完成。

参考文献

[1] 友谊时骏企业管理顾问公司. 风险管理——原理与方法[M]. 上海：复旦大学出版社，2005.

[2] 郭振华，熊华，苏燕. 工程项目保险[M]. 北京：经济科学出版社，2004.

[3] 谢勇成. 建筑企业风险与防范[J]. 建筑经济，2005.

[4] 顾孟迪，雷鹏. 风险管理[M]. 北京：清华大学出版社，2009.

高速公路应急指挥预案快速生成技术研究

周成彦　陆　建

（东南大学交通学院　南京　210096）

摘　要：以高速公路交通突发事件为研究对象，针对事前编制预案存在的原则性过强、响应效率低等问题，通过分析调研资料，建立事件分类体系，构建以事件类别为主要模块的预案库，提出应急指挥预案快速生成技术。基于数据库应用及软件编程技术，开发应急指挥预案生成系统，具有预案保存、打印等功能，为高速公路网交通安全提供保障。

关键词：高速公路　交通突发事件　应急指挥预案库　快速生成技术

Study on the Rapid Generation Technology for Expressway Emergency Command Plan

Zhou Chengyan　Lu jian

(School of Transportation in Southeast University　Nanjing　210096)

Abstract: This paper takes expressway traffic accidents as its study object, targets such problems as too strong principles for budget plan before the accidents and slow speed of response, sets up accident classification system based on the investigation and research materials, constructs a plan base with the types of accidents as its major module, and comes up with the rapid generation technology for emergency command plan. Based on the database application and software programming technology, this paper explores emergency command plan generation system with the functions of plan preservation and printing to provide guarantee for expressway network security.

Keywords: Expressway　Traffic accidents　Emergency command plan base　Rapid generation technology

0　引言

高速公路交通突发事件的频发，已经引起了社会的广泛关注，雨雪冰冻灾害、汶川地震等事件严重影响了人们正常的交通秩序，暴露出我国高速公路交通突发事件应急准备不足、反应迟缓、处置不力和顾此失彼等诸多问题。

交通运输部在总结2008年抗击低温雨雪冰冻灾害和汶川特大地震抗震救灾经验的基础上，针对应急物资准备不足、跨区协调沟通不畅等问题，对《公路交通突发事件应急预案》进行了修订，对公路交通突发事件的应急处置具有宏观指导意义。此后，各省市自治区根据自身情况，相应制订了公路突发交通事件应急处置预案。然而，这些事前编制的预案在实践中仍存在以下问题：

（1）预案往往过于原则化、模式化，针对具体交通突发事件缺乏针对性。

（2）应急响应效率较低，信息共享和部门联动机制未发挥实质效果。

高速公路交通突发事件的不可控性和危害性，使得其应对相对困难，因此信息化的事件应急管理系统应运而生。区别于根据经验的现场应急指挥，信息化的事件应急管理系统核心内容是依据事件信息快速生成应急指挥预案，以利于有针对性的采取应急处置措施及实现多部门的信息共享与联动，对于有效应对高速公

基金项目：国家科技支撑计划课题（No. 2009BAG13A06）；教育部新世纪优秀人才支持计划（NCET-08-0115）；江苏省青蓝工程。

路交通突发事件具有重要意义。

1　高速公路交通突发事件分类

对高速公路交通突发事件的分类是应急指挥预案快速生成技术的基础，只有首先明确事件类别，才能更快找到处理问题的应对方案。

《道路交通信息采集事件信息集》(GB/T 20134—2006)规定了道路交通信息中关于事件信息的采集包括道路交通事故信息集、抛锚信息集和道路异常信息集。为了能与现场采集的道路交通事件信息形成标准化的对应关系，将高速公路网交通突发事件分为三类。

(1)交通事故，指车辆因过错或者意外造成的人身伤亡或者财产损失的事件。交通事故的显著特点是可能造成人员伤亡，由于高速公路出入控制，救援人员车辆往往难以在短时间内到达事故现场，容易延误伤员最佳的救治时机，酿成悲剧。

(2)车辆抛锚，指车辆发生故障而停止行驶的事件。车辆抛锚是常见的突发交通事件，虽然不造成人员伤亡及直接财产损失，但是容易在车流量大的路段上引发交通拥堵，造成间接损失。

(3)道路异常，指路面环境、交通流状况、天气环境发生异常影响正常交通秩序的事件，包括货物散落、偶发性交通拥堵、恶劣天气等。道路异常情况起因较多、种类复杂、应急救援相对困难，特别是极端恶劣天气及突发地质灾害极易造成严重的车辆滞留，并影响灾害救援工作地开展。

依托对江苏省调研成果，分析了高速公路网 54 起交通事故和 113 起车辆抛锚、道路异常资料，对高速公路网交通突发事件类别进行细化，归纳其表征信息及特征信息，见表 1。

表 1　高速公路网交通突发事件分类体系

事件类别		表征信息	特征描述
交通事故	非危化品泄漏事故	人员伤亡情况 车辆损毁情况 火灾爆炸情况 交通影响情况	①交通流受到不同程度干扰，需要采取分级交通管制措施； ②发生人员伤亡，需要解救受困人员和及时医疗救援； ③可能发生火灾爆炸，需要扑灭火灾； ④可能造成车辆损毁、路面散落杂物，需要起吊并拖走当事车辆、清理事故现场； ⑤可能造成部分路产损毁，需要进行修复
	危化品泄漏事故	人员伤亡情况 车辆损毁情况 火灾爆炸情况 交通影响情况 危化品情况	①交通流受到严重干扰，需要采取一级或特级交通管制措施； ②发生人员伤亡，同时存在更多人员伤亡的危险，需要解救受困人员和及时医疗救援，并疏散危化品污染区域的群众； ③发生危化品泄漏或火灾爆炸，需要控制事件现场，及时灭火，并切断污染源，收集泄漏的危化品； ④危化品泄漏可能造成更大面积环境污染，需要进行实时气象预测及敏感区域环境监测； ⑤可能造成车辆损毁、路面散落杂物，需要起吊并拖走当事车辆、清理事故现场； ⑥可能造成部分路产损毁，需要进行修复
车辆抛锚		抛锚车辆数量 交通影响情况	①发生爆胎等车辆故障事件，交通流受到轻微干扰，需要采取部分交通管制措施； ②事件性质相对单一，通常仅需要拖走当事车辆

续上表

事件类别		表征信息	特征描述
道路异常	货物散落	交通影响情况	根据散落货物种类及数量，交通流受到不同程度干扰，需要采取部分交通管制措施，并清理散落货物
	偶发性交通拥堵	拥堵影响范围	成因复杂，具有一定周期性和地域性，交通影响范围广，需要采取及时的交通分流与现场疏导措施
	地质灾害	地质灾害类型 交通影响情况	地质灾害成因复杂，对路面环境破坏较大，交通流受到较严重干扰，通常需要采取及时交通管制措施，并清理现场障碍物
	大雾天气 沙尘天气 暴雨天气	能见度	大雾、沙尘、暴雨等天气降低能见度，交通流受到不同程度影响，易诱发交通事故，需要根据能见度指标采取分级交通管制措施，并进行实时气象监测，一旦恶劣天气变化或停止，及时变动或解除交通管制措施
	冰雪天气	积雪结冰程度	冰雪天气致路面积雪结冰，影响道路行车安全，易诱发交通事故，需要根据路面积雪结冰程度采取分级交通管制措施，并进行实时路面监测，一旦恶劣天气变化或停止，及时变动或解除交通管制措施
	大风天气	侧风风力	大风天气致桥面行车安全受到威胁，需要根据侧风风力对大型桥梁采取分级交通管制措施，并进行实时气象监测，一旦恶劣天气变化或停止，及时变动或解除交通管制措施
	群体性事件	交通影响情况	①特定群体或不特定多数人或车辆在公路上聚集致行车受阻，交通流受到严重干扰，需要采取及时交通管制措施； ②群体性事件成因复杂，需要公安部门进行现场警戒，并劝导疏散人群

2 应急指挥预案快速生成技术

2.1 搭建信息通讯平台

高速公路网交通突发事件发生后，通过信息通信平台(图1)，完成事件检测与报警、视频监控、信息报送与录入、触发应急指挥预案库等工作。

通过电话报警、闭路电视监控、巡逻交警报告等方式将事件信息报告应急指挥中心，由专门人员填写事件信息确认表，并经过一定流程细化事件类别，明确事件各表征信息。

高速公路突发交通事件信息确认表(表2)首先明确事件地点、时间、天气等信息，然后分两级进行信息确认：一级确认即事件类别确认，通过分步骤地回答三组共6个问题判别事件主要类型；二级确认细化一级确认的内容，明确各类别下主要表征信息，以及交通影响信息。

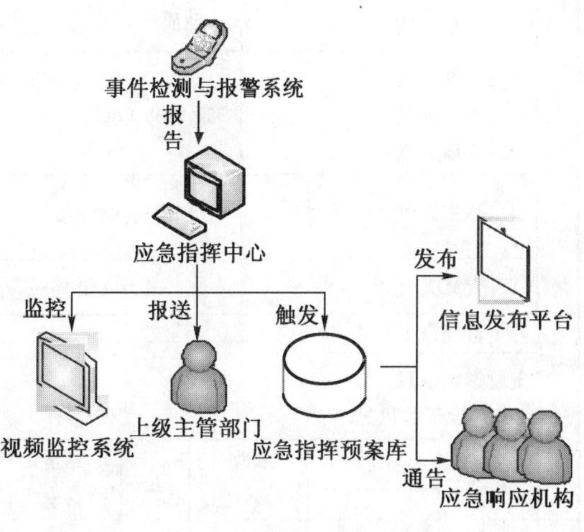

图1 高速公路网交通突发事件信息通信平台

表 2 高速公路突发交通事件信息确认表

高速公路交通突发事件信息确认表

事件发生位置：________　　　　确认时间：________

天气情况：□ 晴阴 □ 雨 □ 雪 □ 雾　　　　填表单位：________

事件一级确认

交通事故类
①发生人员伤亡或车辆路产损毁？ □ 是 □ 否
②发生危化品泄漏？ □ 是 □ 否

注：任一问题选"是"则属于该类事件

车辆抛锚类
③发生车辆抛锚？ □ 是 □ 否

道路异常类
④发生货物散落或偶发性交通拥堵？ □ 是 □ 否
⑤出现地质灾害或恶劣天气？ □ 是 □ 否
⑥发生群体性事件？ □ 是 □ 否

事件二级确认

交通事故信息

伤亡受困情况：

轻伤人数	重伤人数	死亡人数	受困人数

主要重伤类型（可多选）：

□ 严重创伤	□ 开放式骨折	□ 昏迷
□ 重度烧伤	□ 危化品侵害	□ 其他

火灾情况：

□ 无	□ 轻微	□ 重度或爆炸

车辆损毁情况：

损坏车数 / 辆	

危化品情况：

运输车辆牌号	危化品名称	波及范围（可多选）
		□ 车道内 □ 下风向 □ 水系下游
化学属性（可多选）	泄漏物理形态	
□ 易燃易爆 □ 毒性 □ 腐蚀性	□ 气态 □ 液态 □ 固态	

车辆抛锚信息

抛锚车数 / 辆	

道路异常信息

□ 货物散落		
□ 偶发性交通拥堵	拥堵影响范围	□ 单个地市 □ 2 个地市 □ 3 个以上地市 □ 跨省
□ 地质灾害	地质灾害类型	□ 地面塌陷 □ 滑波 □ 泥石流 □ 地震
□ 大雾天气 □ 沙尘天气 □ 暴雨天气	能见度（m）	□ 100～200 □ 50～100 □ 30～50 □ 30 以下
□ 冰雪天气	积雪结冰程度	□ 未积雪结冰 □ 积雪尚未结冰 □ 部分路段（桥面）结冰 □ 路段全线结冰
□ 大风天气	侧风风力（级）	□ 6 □ 7～8 □ 9～10 □ 超过 10
群体性事件		

交通影响信息

占据行车道状况：　　　　车流状况：

方向		车道数		车道位置		车流状况
						□ 正常 □ 减速慢行 □ 拥挤 □ 堵塞
						□ 正常 □ 减速慢行 □ 拥挤 □ 堵塞

应急指挥中心依据事发地点信息对现场进行实时视频监控，同时将事件类别及其他表征信息报送上级主管部门备案，并由专门人员将信息录入事件原始数据库。

2.2 构建应急指挥预案库

以细化后的事件类别为主键建立12个预案库模块，并依据高速公路网交通突发事件的处置流程，将各事件类别模块划分成5个层次模块，分为信息通告、交通管制、应急处置、交通恢复、备注，见表3。

表3 事件类别模块下的层次模块

层次模块	描述
信息通告	将事件类别及其表征信息通过信息通信网络通知相关应急响应机构
交通管制	根据事件交通影响信息，实行分级交通管制及交通组织措施，如实行交通诱导、控制驶入、主线分流等多种组织方式控制交通流，避免二次事件的发生；通过可变情报板、手机、广播等形式发布事件信息及交通管制信息，诱导车辆安全通行
应急处置	应急处置是事件管理的重要环节，通过事件类别及其表征信息，查找相关应急处置对策，如医疗救援、消防抢险、道路清障等
交通恢复	在事件现场处置完毕后，及时解除交通管制措施，逐步恢复交通，保障通行效益
备注	对应急指挥预案内容进行补充说明

2.3 触发应急指挥预案库

在“高速公路突发交通事件信息确认表”中，选取合适的数据指标进行处理，同时对事件等级进行判断，作为应急指挥预案库的启动条件，见表4。

表4 应急指挥预案库启动条件

启动条件	说明
事件类型	非危化品事故、危化品事故、车辆抛锚、货物散落、偶发性交通拥堵、地质灾害、大雾天气、暴雨天气、沙尘天气、冰雪天气、大风天气、群体性事件
事件级别	特大、重大、较大、一般
能见性	良好(6～18时，且晴阴)，恶劣(18～次日6时，或雨、雪、雾)
人员受困	无、有
火灾情况	无、轻微、重度或爆炸
车辆损坏	无、有
抛锚车数	1辆、2辆及其以上
地质灾害类型	地面塌陷、滑坡、泥石流、地震

通过信息交互网络，系统将预案库启动条件作为检索目标，触发数据库检索与提取功能，找到匹配的应急指挥预案信息。

2.4 生成应急指挥预案

将提取的预案信息以文档形式输出，设置预案保存、打印等功能，实现事件应急响应的信息共享与机构联动。

3 结语

本文针对高速公路交通突发事件应急效率低的问题，分析事前设定的预案存在的不足之处，研究应急指挥预案的快速生成技术。依托项目资源与平台，本文提出了高速公路交通突发事件的分类体系，由此建立应急指挥预案库。

参考文献

[1] 中华人民共和国交通运输部. 公路交通突发事件应急预案[R]. 2009.
[2] 保丽霞,高翔,张艳妮,陈胜,等. 世博交通走廊紧急救援系统信息化预案库研究[J]. 交通信息与安全,2009,27(3):85-88.
[3] 中华人民共和国国家标准. GB/T 20134—2006 道路交通信息采集事件信息集[S]. 北京:中国标准出版社, 2006.
[4] 王炜,过秀成. 交通工程学[M]. 南京:东南大学出版社, 2000.
[5] Federal Highway Administration Office of Travel Management. Traffic Incident Management Handbook [R]. 2000.

基于 AHP 的高速公路养护安全管理经济效益测评研究

谭金龙[1] 彭清波[2] 龙燕琳[3] 张彩江[3]
(1. 广东恒建高速公路发展有限公司 广州 510101;
2. 广东梅河高速公路有限公司 广州 514500;
3. 华南理工大学 广州 510006)

摘 要:本文研究的是高速公路养护安全管理的经济效益,立足于广东省高速公路现状,通过使用 AHP 层次分析法,设计调查问卷,调研广东省境内的梅河高速及西部沿海高速的养护管理单位。结果显示,两地的养护安全管理达到了最基本的要求,但未取得较好的经济效益。两地对技术人员和管理人员的人才培养力度欠缺,职工安全意识和素质较低。两地的养护机械设备量不能完全满足养护管理的需要,硬件设施不完善。管理企业应该增加对高新技术设备的研发和使用,吸纳更多高素质的专业人才,重视对职工的教育,合理控制养护成本。

关键词:高速公路养护 梅河高速 西部沿海高速 AHP 层次分析 综合能力 评估模型

Appraisal and Research of Economic Benefits in Expressway Maintenance and Safety Management Based on Analytic Hierarchy Process

Tan Jinglong[1] Peng Qingbo[2] Long Yanlin[3] Zhang Caijiang[4]
(1. Guangdong Heng Jian Expressway Development Co., Ltd Guangzhou 510101;
2. Guangdong Meihe Expressway Co., Ltd Guangzhou 514500;
3,4. South China University of Technology (SCUT) Guangzhou 510006)

Abstract: This paper analyzes the economic benefits in expressway maintenance and safety management. Based on the current situation of Guangdong expressways, with the Analytic Hierarchy Process, we designed questionnaires to study the maintenance units along Meihe Super Expressway and Western Coast Expressway. Results show that both expressways meet the basic standards in terms of safety management but are not quite profitable. The technicians and administrative staff are not making great efforts in personnel training so their employees have low sense of safety and their quality is relatively low. The number of maintenance machinery and equipments in both places can not meet the demand for maintenance. Moreover, the hardware is far from perfect. In order to make more profits, governments should lay great emphasis on economic development. Management enterprises should do more research in and make more use of high-tech equipments. In the meantime, these enterprises should absorb more high-quality professionals and attach more importance to employee education and more importantly, control the maintenance cost.

Keywords: Maintenance of expressway Meihe Super Expressway Western Coast Expressway AHP Integration capability Evaluation model

0 引言

本文基于两个案例:在广东梅河高速(梅州至河源)、西部沿海高速的养护施工安全管理的现状调研分析

基金项目:国家自然科学基金项目[71071058]《决策的附则系统隐喻(SM)识别喻转换:给予粤港建筑领域的比较与实证研究》;广东省安全生产监督管理局专项基金资助项目《高速公路养护施工安全事故防范与安全保障技术创新体系研究与开发》。

基础上，参照行业标杆管理，用层次分析法(AHP)对高速公路养护安全管理绩效进行了定量评价。以养护施工安全管理存在的不足和问题，给出相应的对策建议。

1 养护安全管理的特点和案例介绍

(1)养护安全管理特点

高速公路养护管理就是对公路及其附属设施进行预防保养和修补，使之经常保持完好状态，包括路基、路面、桥梁涵洞、隧道、标志标线、绿化等方面的保养和维修。其可分为日常养护、定期养护、特别养护、改善工程四大类。

由于特殊的施工条件、管理要求、专业性和技术性等限制，使其具有以下特点：①高速公路的养护对象广泛，包括道路、桥涵、附属设施、交通工程设施、通信监控设施、绿化环保设施、生活服务设施等。②养护要求快捷机动、实用高效，操作规程程序性强，实施作业时需特别设置交通安全管制区段。③养护需要具备机械化、专业化、现代化的一系列检测和作业工具。④综合养护成本高、人员素质要求高。

(2)案例：西部沿海高速的现状

西部沿海高速公路是连接珠海至阳江的主要通道，主线全长 200km，由珠海、新会、台山及阳江四段组成，分属四个业主项目公司建设，营运管理工作由四家业主项目公司委托广东西部沿海高速公路营运有限公司实行规模化经营，委托经营包括收费、养护及路政等三大项工作。高速公路实施委托经营管理，有利于营运管理规模化、有利于营运管理专业化、有利于实现业主利益最大化、有利于最大限度发挥受托方的工作能动性、有利于最大限度地体现营运管理路段的经济效益和社会效益，符合营运管理实际，是行之有效的高速公路营运管理模式。

广东西部沿海高速公路营运有限公司承担广东西部沿海高速公路养护管理工作，包括路基、路面、桥涵隧、绿化、交通安全设施的日常养护和业主项目公司另行委托的专项大、中修工程管理工作。

养护管理特点是：一是坚持以路面养护为中心，桥涵结构物养护为重点，全面养护的原则。二是养护数据采集信息化、养护机具机械化、养护施工专业化、养护质量监管规范化。

该项目特点是平原沿海高速公路，季节性台风、暴雨、软基养护困难。

(3)案例：梅河高速的现状

梅河高速是广东省连接闽、赣两省的重要通道之一，它穿越梅州市的梅县、兴宁市、五华县，河源市的龙川县、东源县等地，起点是梅县程江镇，经梅州市的梅县、兴宁市、五华县，河源市的龙川县、东源县等市县所辖 16 个镇，终点为东源县蓝口镇，与河(源)龙(川)高速公路相接。终点止于河源市东源县蓝口镇，与河龙高速公路相接，按双向四车道高速公路标准设计，路线全长 118.38km。该案例的基本特点是山区高速公路，急弯、陡坡、超长坡道、桥隧多，养护困难。

2 模型结构和指标体系的构建

运用层次分析法(AHP)的技术，本文基于对案例的调研，提出了一种评价方法，具体是：①评价高速公路养护安全管理的水平，可以从经济效益着手；②衡量经济效益的要素又可以细分为养护里程数、日均通行车数、养护收入、养护利润、养护工程技术人员所占比率、养护设备资产规模、大规模养护设备台套数、养护成本、通车年限、养护安全管理人员所占比率、技能培训人次、养护施工安全事故次数、养护施工安全事故损失、施工安全制度完备性这 14 个方面；③基于层次分析方法(AHP)，建立了一个经济效益评价模型；④并对广东省境内的两条高速公路的经济效益进行了评估，同时与行业标杆管理数据进行比较，得出定量的结果。

AHP 模型的构建涉及两个内容：①层次和结构；②结构参数确定。

(1)模型的层次和结构

第一层：目标层，即经济效益，用 A 表示；

第二层：准则层，分为三个要素：养护施工规模、养护技术水平和养护管理水平。分别用 B1、B2、B3 表示；

第三层：评价层，养护施工规模 B1 分为养护里程数、日均通行车数、养护收入、养护利润，分别用 C1、C2、C3、C4 表示，养护技术水平 B2 分为养护工程技术人员占全体职工的比率、养护设备资产规模、养护大中型设备台套数、养护每公里成本，分别用 C5、C6、C7、C8 表示，养护管理水平 B3 分为通车年限、养护安全管理人员占全体职工的比率、养护技能培训人次、养护施工安全事故次数、养护施工安全事故损失、养护施工安全制度完备性，分别用 C9、C10、C11、C12、C13、C14 表示；

第四层：方案层，罗列出了两个待评估的安全养护管理模式：梅河高速、西部沿海及一个行业标杆管理的方案。具体层次见图 1。

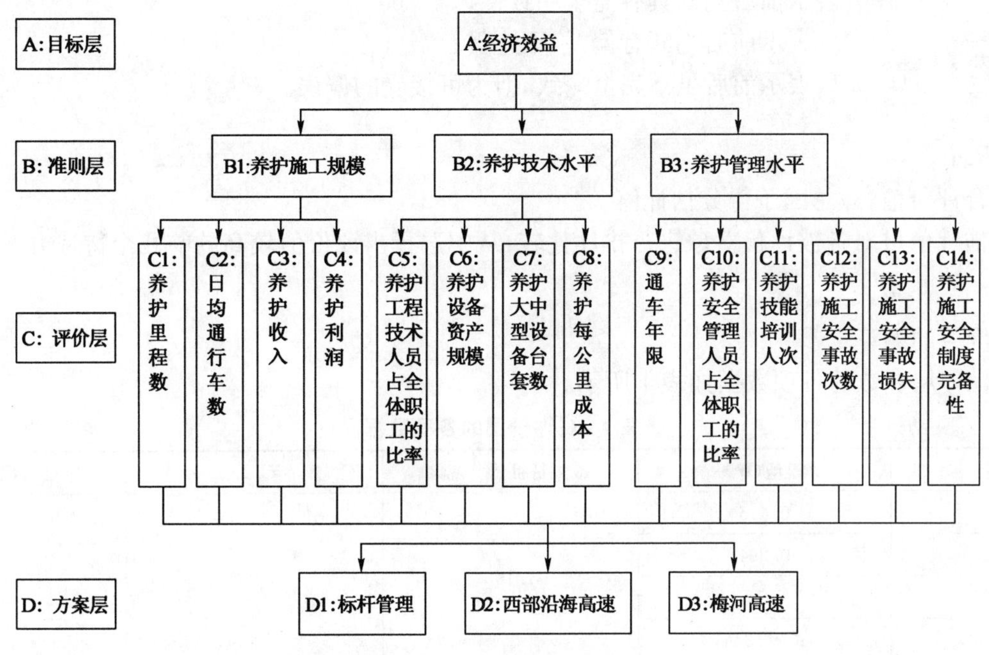

图 1　经济效益的层次构架

(2)结构参数确定

AHP 模型的逻辑结构建立好之后，关键的是要确定参数，即各层次的重要性关系，这里用权值(Weight)表示。权值的获取主要是通过专家调查，获取客观数据，基于 Satty(1982)提出的要素之间重要性比较的方法，对要素进行两两比较，这里假设不同的专家的权威性相同，则多个专家的数据可以线性相加，然后归一化处理。

(3)数据来源

通过实地走访广东省高速公路两个路段的养护处及下属的养护队，基于 AHP 的各要素的判断系数法，采用问卷调查(问卷内容包含两个部分，一部分是确定 AHP 模型结构参数；另一部分是确定衡量经济效益要素 C1～C14 的得分值)，共发放 80 份，回收 44 份，35 份有效，有效回收率为 44%。问卷调查对象包括：路政管理处各部门负责人、养护管理处各部门负责人、养护队队长等多名专家，假设不同的专家的权威性相同。

3　AHP 层次分析法实证分析

3.1　测算步骤

(1)通过调查问卷形式向专家收集数据，获取到两两比较判断矩阵。

(2)计算标准化指标的相关系数矩阵。

通过列向量几何平均值标准化(normalization of the geometric mean of the rows)：

$$\omega_i = \frac{(\prod_{j=1}^{n} a_{ij})^{1/n}}{\sum_{i=1}^{n}(\prod_{j=1}^{n} a_{ij})^{1/n}}, \forall i = 1,2,..,n$$

(3)求特征根(由大到小排序)及其相应的特征向量λ_{max}:

$$\lambda_{max}=\sum_{j=1}^{n}\frac{(AW)_i}{nW_i}$$

$(AW)_i$ 表示向量 AW 的第 i 个元素。

(4)验证一致性:

$$C.I.=\frac{\lambda_{max}-n}{n-1}\begin{cases}=0,\text{表示前后判断具有完全一致性;}\\>0.1,\text{表示前后判断有偏差,不连贯;}\\\leqslant 0.1,\text{表示前后虽不完全一致,但为可接受的偏误。}\end{cases}$$

$$C.R.=\frac{C.I.}{R.I.}$$

(5)求综合评价值,即总因子得分估计值。

(6)依据估计值可对各被评价对象进行排序比较,从中选择出评价值较高的前几个待选方案。

3.2 数据测算

(1)C评价层的测算

通过计算,C层参数的各项数据如表1所示。

表1 C评价层的各项数据

要　素	权值(W)	最大特征根 λ_{max}	C.I.	C.R.
C1	0.416	4.165	0.055	0.061
C2	0.294			
C3	0.17			
C4	0.12			
C5	0.482	4.242	0.081	0.09
C6	0.234			
C7	0.154			
C8	0.13			
C9	0.22	6.448	0.09	0.073
C10	0.235			
C11	0.209			
C12	0.148			
C13	0.096			
C14	0.092			

通过检验,C层的所有指标的C.R.和C.I.值都小于0.1,即所有的指标都通过了一致性检验。判定C指标层的指标数据都有效。

因此,我们可以继续下一个步骤的测算。

(2)B准则层的测算

通过计算,B层参数的各项数据如表2所示。

表2 B评价层的各项数据

要　素	B1	B2	B3
权值(W)	0.077	0.541	0.382
最大特征根 λ_{max}	3.120		
C.I.	0.060		
C.R.	0.10		

通过检验，B 层的所有指标的 C. R. 和 C. I. 值都小于 0.1，即所有的指标都都通过了一致性检验。判定 B 指标层的指标数据都有效。

因此，我们可以继续测算在总目标下的各项指标的权重。

(3)C 评价层指标对于总目标重要性权重的测算

通过计算，得出 C 指标层相对于 A 总目标而言的权重占比，并按指标的权重大小由高至低分别排列为如表 3 所示。

表 3　总目标下 C 评价层的权重排序

排列序号	指标名称	对于总目标所占权重
1	C5 养护工程技术人员占全体职工的比率	0.261
2	C6 养护设备资产规模	0.127
3	C10 养护安全管理人员占全体职工的比率	0.090
4	C9 通车年限	0.084
5	C7 养护大中型设备台套数	0.083
6	C11 养护技能培训人次	0.080
7	C8 养护每公里成本	0.070
8	C12 养护施工安全事故次数	0.057
9	C13 养护施工安全事故损失	0.037
10	C14 养护施工安全制度完备性	0.035
11	C1 养护里程数	0.032
12	C2 日均通行车数	0.023
13	C3 养护收入	0.013
14	C4 养护利润	0.009

通过调查问卷，课题研究组还收集到两个养护管理单位最近三年养护安全管理工作的具体数据，见表 4。

表 4　近三年养护安全管理工作数据

准　则	评价层指标	2007 年		2008 年		2009 年	
		梅河高速	西部沿海	梅河高速	西部沿海	梅河高速	西部沿海
施工规模	养护里程(km)	404 801	404 801	404 801	404 801	404 801	404 801
	日均通行车数(辆/日)	15 368	19 369	20 325	22 275	23 380	28 000
	养护收入(万元/年)	727	866	723	1 130	720	1 284
	养护利润(万元/年)	66	137	113	305	127	335
养护安全技术水平	管理处职工总数(人)	17	17	20	19	25	22
	养护队伍职工人数(人)	85	133	95	140	100	150
	工程技术人员数(人)	5	5	8	7	8	10
	养护设备资产规模(万元)	2 000	2 000	2 000	2 000	2 000	2 000
	养护大中型设备数(台套)	91	91	91	91	91	91
	每公里成本(万元/年)	3.45	12.60	3.181	2.81	3.10	3.12
养护安全管理水平	通车年限(月)	12	12	12	12	12	12
	管理人员数(人)	22	25	23	25	25	30
	技能培训人次(人次/年)	5	5	6	6	2	2
	技能培训成本(万元/年)	7 015	7 124	7 154	7 384	7 330	7 384
	养护施工安全事故次数(次)	无	无	无	无	无	无
	养护施工安全事故损失(万元/年)	无	无	无	无	无	无

3.3 要素经济效益评分

基于上面所制定的评分标准，能够得出梅河高速和西部沿海高速两种方案中评价层指标 C1～C14 的得分值，见表 5。

表 5 各项指标的得分

评价层指标	标杆管理	梅河高速	西部沿海高速
C1 养护里程数	10	8	8
C2 日均通行车数	10	5.67	7
C3 养护收入	10	4	8
C4 养护利润	10	3.5	6.33
C5 养护工程技术人员占全体职工的比率	10	4.33	3.67
C6 养护设备资产规模	10	8	8
C7 养护大中型设备台套数	10	10	10
C8 养护每公里成本	10	8	6.33
C9 通车年限	10	7.5	7.5
C10 养护安全管理人员占全体职工的比率	10	7.33	5.67
C11 养护技能培训人次	10	6.33	6.33
C12 养护施工安全事故次数	10	10	10
C13 养护施工安全事故损失	10	10	10
C14 养护施工安全制度完备性	10	10	10

为了便于比较，这里特别设定了一个作为经济效益的标杆管理，对它的标准设定是：上面 14 个指标都达到最优的状态，即各个要素都得满分。各养护方案模式中某个要素的优劣，可以通过与标杆管理对应的要素加以比较，得出评分，从而看到差距。

每一个指标对于总目标经济效益的重要性程度是不同的，为了使得测算结果更具说服力，更有现实意义，需要将各个指标相对于总目标的重要性权重加以考虑之后，换算出梅河高速和西部沿海高速两个养护模式各项指标的最后得分。具体做法就是将得分乘以各个指标的重要性权重值，具体结果见于下表 6。

表 6 基于权重的各项指标得分

评价层指标	标杆管理	梅河高速	西部沿海高速
C1 养护里程数	0.261	0.209	0.209
C2 日均通行车数	0.127	0.072	0.089
C3 养护收入	0.090	0.036	0.072
C4 养护利润	0.084	0.029	0.053
C5 养护工程技术人员占全体职工的比率	0.083	0.036	0.030
C6 养护设备资产规模	0.080	0.064	0.064
C7 养护大中型设备台套数	0.070	0.070	0.070
C8 养护每公里成本	0.057	0.046	0.036
C9 通车年限	0.037	0.028	0.028
C10 养护安全管理人员占全体职工的比率	0.035	0.026	0.020
C11 养护技能培训人次	0.032	0.020	0.020
C12 养护施工安全事故次数	0.023	0.023	0.023
C13 养护施工安全事故损失	0.013	0.013	0.013
C14 养护施工安全制度完备性	0.009	0.009	0.009

3.4 模型测评结果解读

作为广东省两条具有代表性的高速公路，梅河高速和西部沿海高速具有山区高速公路和平原高速公路的特点。针对评价层的14个指标而言，除了大规模养护设备台套数、养护施工安全和施工安全制度的指标，梅河和西部沿海高速的其他指标都低于标杆管理的标准。其中，在养护收入、养护利润、养护工程技术人员占有率这三项指标之下，梅河高速的指标还未达到标杆管理标准的一半，这说明梅河高速的养护收入没有得到很好的管理，对养护工程人才投入力度不足。对于两地的养护管理而言，都没有能很好地控制养护成本，管理人员数也没能达到要求，技能培训人次低于标准人次要求。

对于两个高速路段来说，养护施工规模、养护安全技术水平、养护安全管理水平都达到了标准要求。两个养护路段的养护管理水平差距较小。虽然梅河高速的养护施工规模刚好达标，但是与西部沿海高速相比，差距还较大。说明梅河高速没有实行有效的安全施工规模控制，没有达到能够取得经济效益的施工规模。

而对于安全技术水平而言，梅河高速更重视技术工程方面的专业人才，在该方面做得比西部沿海高速更好。在安全管理水平上，梅河高速和西部沿海都达到了良好，说明两地都足够重视管理人才。有着高素质的管理人才，养护安全工作才进行得更顺利。

对于总体经济效益来说，梅河高速与西部沿海高速都达到了经济效益的最低要求，但是相比而言，西部沿海经济效益更高。但两地的经济效益都没有达到良好，说明两地还有很大的提升和改进空间。通过实证对比研究：梅河高速在养护安全管理工作中更加重视人才的作用，安全技术和安全管理水平更高，而西部沿海在养护施工规模硬件上取得了更好的表现。

基于前面的模型测评，我们还可以得出如下的管理建议。

(1)提高专业技术人才比例

两个案例中的养护企业都要提高养护工程技术人员的比率，在增强硬件设施的基础上，提高软实力，加大对于工程技术人才的投入和培养力度，让养护安全管理工作真正实现现代化和科学化。两地的管理层人员还需要提高自身的综合素质，多引进相关的专业管理人才。

(2)加强安全意识，继续完善安全施工制度

加强管理人员、技术人员、施工人员的安全意识，加强对于养护工人的安全技术培训，定期实行安全制度考核。在现有的养护施工基础上，继续保持零事故零损失的良好局面。不断根据实际情况，完善健全现有的养护施工制度，并做好培训，让制度贯彻到每一位员工的实际工作中。

(3)增加养护机械设备数量

养护机械设备是进行养护安全管理的硬件保证。只有拥有足够的养护机械设备，才能够保证养护安全管理工作的正常运行。养护管理企业不仅要增加对于硬件设施的投入，也要大力开发和钻研各种高新技术的设备，使得养护安全管理工作中能够使用到更多的现代化设备，使得工作更加高效。

(4)加强养护成本的控制

两个案例中的养护企业的养护成本虽然不高，但和标杆管理相比，还是存在着不足。两地需要加强对于成本的控制，避免出现不必要的浪费或者不必要的损失。只有增强了成本的控制能力，才能够更好地实现经济效益。

4 结语

高速公路的养护安全管理具有复杂性，是因为高速公路其本身是一个复杂系统，而且其管理也构成一个复杂系统。传统的经济效益评估一般基于个别指标：成本、收入、利润等指标，但是针对于高速公路养护安全管理的经济效益来说，单纯用这些指标来作为判断依据是不全面的，难以对高速公路养护安全管理的经济效益做出全面准确的评估。

本文提出的AHP层次分析模型能够较好地克服这种困难，并通过实证分析，对广东省的两个具有代表性的高速公路养护路段的安全管理经济效益进行了定量评估。为总结经验，改进养护安全管理提供了依据。

参考文献

[1] 马庆国.管理统计:数据获取、统计原理、SPSS 工具与应用研究[M].北京:科学出版社,2005.

[2] 鲁慧娟.高等级公路的养护及安全管理[J].科技信息,2007,(15):486.

[3] 张翠双.高速公路养护安全管理问题探讨[J].中国公路,2005,(9):108-109.

[4] 陈坚.高速公路养护管理探析[J].企业科技与发展,2009,(8):99-100.

[5] 吉冰.浅谈我国高速公路的养护与管理现状及措施[J].中国商界,2008,(5):235.

[6] 李洪涛.广东省高速公路养护施工安全管理问题及对策研究[J].北方交通,2009,(10):71-73.

[7] 徐阳.国外公路管理和养护新技术[J].国外公路,1998,(5):4-7.

[8] 金明新,朱文津.我国高速公路养护作业安全设施使用状况与发展对策[J].交通标准化,2006,(9):23-26.

[9] 苏建明.当前高速公路养护与管理措施探讨[J].山东交通科技,2002,(01):49-51.

[10] 倪宝书.高速公路养护管理发展对策研究[J].交通标准化,2009,(04):71-72.

[11] A J Downing, C J Baguley, B L Hills. Road safety indeveloping countries: an overview [Z].

[12] A Aeron-Thomas, AJ Downing, GD Jacobs, JP Fletcher, T Selby and DT Silcock. Review of road safety management practice Final report [Z].

[13] Chun-Hung Chen . INTEGRATED MANAGEMENT OF HIGHWAY [Z]. 2003.

[14] Walter Block. Theories of Highway Safety[Z].

[15] Theodore E. Keeler. Highway Safety, Economic Behavior and Driving Environment [Z].

[16] Lung-Chuang Wang , Hsiu-Yu Tsai. Evaluation of Highway Maintenance Performance Using Data Envelopment Analysis (DEA) in Taiwan[Z].

基于灰色系统理论的高速公路养护安全管理综合能力研究

李建春[1] 谭金龙[2] 张彩江[3] 区春材[3]
(1. 广东交通实业投资公司 广州 510101;
2. 广东恒建高速公路发展有限公司 广州 510101;
3. 华南理工大学 广州 510006)

摘 要:本文首先概述国内外对高速公路养护安全管理现状的描述,分析高速公路养护安全管理综合能力研究以及其影响因素。其次,实例分析西部沿海高速公路和梅河高速两个案例。从众多指标里筛选了具有代表性的指标,通过灰色关联优势分析方法建立高速公路养护安全管理综合能力评价模型,解决了现有研究中对指标权重的确定主观性太强,要求大样本以及样本必须服从典型概率分布等问题,为高速公路养护安全管理综合能力评价提供了新的思路与方法。最后对我国高速公路养护安全管理综合能力进行评估以及建议。

关键词:高速公路养护 梅河高速 西部沿海高速 灰色关联 综合能力 评估模型

Research on the Comprehensive Capability for Expressway Maintenance and Safety Management Using the Gray Systematology

Li Jianchun[1] Tan Jinlong[2] Zhang Caijiang[3] Ou Chuncai[3]
(1. Guangdong Communication Investment Co., Ltd Guangzhou 510101;
2. Guangdong Hengjian Expressway Development Co. Ltd Guangzhou 510101;
3. South China University of Technology Guangzhou 510006)

Abstract: This paper, first of all, is aimed at rendering an overview of expressway maintenance and safety management both domestically and internationally, and then analyzes relevant factors which affect the research on this issue. Secondly, this paper presents two case studies of Western Coastal Expressway and Meihe Expressway in Guangdong province. This paper is devoted to establishing an assessment model for expressway maintenance and safety management using the gray relevance analysis with several representative indicators. This model successfully resolves the over-objectivity when giving weighted evaluation of indicators and does not require that the big samples must comply with typical probability distribution, thus providing a fresh way for the assessment. Finally, this paper gives an overall assessment about how China has been doing in this regard and some advices are followed for reference.

Keywords: Expressway maintenance Meihe Expressway Western Coastal Expressway Gray relevance Comprehensive maintenance capability Assessment model

0 引言

高速公路养护是高速公路能够安全、快捷提供物资运输、人员流动服务功能的有力保障。养护作业区的存在不仅影响主线的通行能力,而且由于车辆的分合流容易引发交通事故,存在安全隐患。与高速公路建设

基金项目:国家自然科学基金项目[71071058]《决策的附则系统隐喻(SM)识别喻转换:给予粤港建筑领域的比较与实证研究》;广东省安全生产监督管理局专项基金资助项目《高速公路养护施工安全事故防范与安全保障技术创新体系研究与开发》。

已取得的巨大成就及远景目标相比，我国高速公路的养护管理及安全管理工作却严重滞后，已不能适应我国高速公路发展的需要。因此，借鉴国外先进的管理经验，结合我国高速公路的特点，建立适应我国高速公路的养护及安全管理模式，是一个亟待解决的问题。

高速公路养护管理机构一般由管理处、养护管理站、验收小组及监理组成，在长距离的跨度上进行分工协作完成公路病害调查与养护施工等系列事务，因此必须要通过网络把各机构连接起来。高速公路养护管理信息系统主要特点是适时、高效，其主要功能是病害数据采集、养护施工与验收、评价与智能化决策。它涵盖 GIS 系统、专家系统、办公系统、档案与设备系统，是一个功能强大的专业网络。

本文将通过灰色关联优势分析方法建立高速公路养护安全管理综合能力评价模型，解决了现有研究中对指标权重确定的主观性太强，要求大样本以及样本必须服从典型概率分布等问题，为高速公路养护安全管理综合能力评价提供了新的思路与方法。最后基于研究对我国高速公路养护安全管理综合能力进行评估以及建议。

1　养护施工安全的因素分析

(1)研究的思路和测评框架

主要包括：①对高速公路养护作业区、养护管理处的数据进行实地采集，并对采集数据进行分析处理；②对作业区人、车、路、环境四项因素在养护安全管理及伤害事故中的特性进行分析，进行对比，归纳造成作业区事故危险程度增加的主要因素；③利用影响因素的相关性，确定采用灰色系统关联理论对高速公路养护作业区养护安全管理综合能力进行评价。并对评价指标、评价等级的确定方法进行了研究，最后以西部沿海、梅河高速公路养护作业区为例，进行实例分析。研究的框架见图 1。

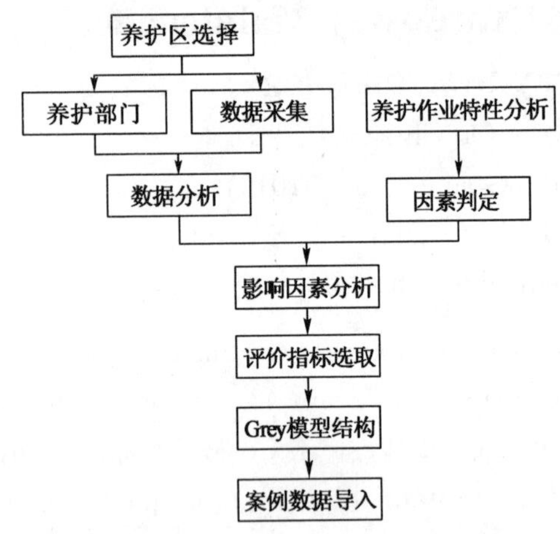

图 1　高速公路养护安全管理综合能力测评框架

(2)养护安全管理因素分类

影响高速公路养护安全作业的因素，归纳起来，可以将其分为主观环境因素和客观环境因素。主观环境因素是由管理部门营造的，是需要根据客观条件的变化不断规范和完善的，也是养护安全作业要做好的主要工作。客观环境因素是道路、交通和气候特点本身存在的，由于公路交通流和气候特点的复杂性、随机性，所以客观环境因素是难以控制的。要保证养护作业的安全，就需要在主观方面努力，并不断认识和适应客观因素。主观方面的因素包括养护作业人员和养护管理层两方面。

2　案例的选取

(1)西部沿海高速公路养护管理项目

西部沿海高速公路是国家重点公路太原至澳门公路的支线工程，也是珠江三角洲西部高速公路网的重要组成部分。其东起珠海金鼎接京珠高速公路，沿海岸线途经斗门、新会、台山、阳江，在阳江北贯与开阳高速公路相接，全长约 200km。全线设有珠海、金门、广海、海晏、阳江 5 个管理中心，共 22 个收费站。对该案例的调研涵盖西部沿海养护管理处、金门养护处、南北养护处、汶村养护处。主要针对养护管理层，养护作业人员等进行问卷调查。

(2)梅河高速公路养护管理项目

梅河高速是我省连接闽、赣两省的重要通道之一，它穿越梅州市的梅县、兴宁市、五华县，河源市的龙川县、东源县等地，起点是梅县程江镇，经梅州市的梅县、兴宁市、五华县，河源市的龙川县、东源县等市县所辖 16 个镇，终点为东源县蓝口镇，与河(源)龙(川)高速公路相接。终点止于河源市东源县蓝口镇，与河龙高速公路相接，按双向四车道高速公路标准设计，路线全长 118.38km。对该案例的调研涵盖梅河养护管理处、梅河高速养护一队、梅河高速养护二队、梅河高速养护三队。

(3)数据处理

在这两次的实地调研中,调研组于4月5～8日到梅河高速公路养护管理处进行调研;4月5日对养护队管理本部调查,实发问卷10份,9份有效;4月6～8日分别对梅河养护一、二、三队调查,一队实发问卷25份,有效21份,二队实发22份,全部有效,三队实发问卷34份,有效27份,合计对梅河高速公路养护部门共发问卷91份,有效79份。调研组于4月23日对西部沿海高速管理处进行问卷调查,实发9份,有效7份;4月24～26日分别对金门、南门、汶村养护队进行调查,金门养护队实发问卷18份,有效16份,南北养护队实发问卷18份,有效17份,汶村养护队实发问卷23份,有效21份,合计对西部沿海高速养护部门共发问卷68份,有效61份。这次调研对梅河高速与西部沿海高速一共实发问卷159份,有效140份。表1是全部数据的平均处理。

表1 调研数据整理(综合评分)

单　位	西部沿海	金门养护	南北养护	汶村养护	梅河高速	梅河一队	梅河二队	梅河三队
养护人员	6.14	7.50	6.18	5.90	7.67	8.30	7.36	7.30
交通	6.14	7.67	6.41	6.33	6.56	7.30	7.55	7.15
路面	8.33	6.88	6.47	6.24	6.56	6.20	7.55	6.85
气候	5.33	7.38	5.63	4.89	5.44	5.40	6.45	6.11
管理层	6.43	8.13	5.88	6.22	7.89	7.38	8.05	6.60

3　综合能力研究评价模型构建

(1)灰色关联

根据对现有高速公路养护安全管理综合能力的分析,并结合其他领域内使用到的评价方法,本文通过采用灰色关联方法来确定权重,利用灰色关联分析建立了高速公路养护安全管理综合能力评价模型。该方法解决了现有研究中对指标权重的确定主观性太强,评价时要求大样本及样本必须服从典型概率分布等问题。为我国高速公路养护安全综合能力评价提供了新的思路和方法。

设X_k为系统因素,其在序号i上的观测数据为X_{ki},$i=1,2\cdots$,则称$X_k=(X_{k1},X_{k2},...,X_{kn})$为因素$X_k$的行为序列;其中$k$为指标序号,$X_{ki}$为因素$X_k$关于第$k$个指标的观测数据,称$X_k=(X_{k1},X_{k2},...,X_{kn})$为因素$X_k$的行为指标序列。

这样得到灰色关联系数矩阵,设序列:

$$X_0=(X_{01},X_{02},\cdots,X_{0n}),X_1=(X_{11},X_{12},\cdots,X_{1n}),\cdots,$$
$$X_i=(X_{i1},X_{i2},\cdots,X_{in}),\cdots,X_m=(X_{m1},X_{m2},\cdots,X_{mn})。$$

对于$\zeta\in[0,1]$

$$令\ \gamma_{ki}=\frac{\min\limits_k\min\limits_i|X_{k0}-X_{ki}|+\zeta\max\limits_k\max\limits_i|X_{k0}-X_{ki}|}{|X_{k0}-X_{ki}|+\zeta\max\limits_k\max\limits_i|X_{k0}-X_{ki}|}\tag{1}$$

γ_{ki}满足以下条件:

①规范性。$0<\gamma_{ki}\leqslant1,\gamma_{ki}=1\Leftrightarrow X_k=X_i$;

②整体性。对于$X_k,X_i\in X=\{X_s|S=0,1,2,...,m;m\geqslant2\}$,有$\gamma_{ki}\neq\gamma_{ik},(k\neq i)$;

③偶对称性。对于$X_k,X_i\in X$,有$\gamma_{ki}=\gamma_{ik}\Leftrightarrow X=\{X_k,X_i\}$;

④接近性。$|X_{k0}-X_{ki}|$越小,γ_{ki}越大。

$$E=(\gamma_{ki})_{m*n}=\begin{bmatrix}\gamma_{11} & K & \gamma_{1n}\\ M & O & M\\ \gamma_{m1} & L & \gamma_{mn}\end{bmatrix}\tag{2}$$

称为序列$X_1,X_2,...,X_n$的灰色关联系数矩阵。其中ζ称为分辨系数。

本研究通过分析发现,高速公路养护安全管理综合能力评价系统是一个灰色系统。首先,因为影响高速公路养护安全管理能力的因素太多而且比较复杂,在评价时只能选取有限的主要指标来进行分析。其次,这次高速公路养护的统计数字十分有限，而且调查的数据灰色比较大，数据大而且都没有典型的概率分布。因此，该评价系统具有信息不完全，也就是说“灰色”的特性。

灰色关联分析是基于行为因子序列的微观或宏观的几何接近，以分析和确定因子间的影响程度或因子对主行为贡献度而进行的一种分析方法。

(2)灰色关联分析评价

评价的思路是：①确定一个参考 X_0 和比较数列 X_i；②计算第 i 个被评价高速公路第 K 个指标与理想高速公路养护安全影响因素第 K 个指标的关联系数 r_i，并对关联度进行排序。本研究以最理想的高速公路养护影响因素的各指标组成一个理想综合能力的养护安全管理，以理想各个指标值作为参考数列，被评价的各指标值作为比较数列，求它们之间的关联度。关联度越大，说明被评价因素与理想因素越接近，其综合能力越强。最后对各个关联度进行加权平均取值。

这样做的好处是，在统计数据十分有限的情况下，构造理想因素，利用灰色关联分析的方法对高速公路养护安全管理综合能力进行评价，解决了现有研究中要求大样本且样本必须服从典型概率分布等众多问题。

(3)标杆(理想)因素建立

V_{ki} 是表上第 i 个被评价养护部门的第 k 个指标因素的评价值($k=1,2,\cdots,m;i=1,2,\cdots,n$)。$V_i=(V_{1i},V_{2i},...,V_{mi})$ 是由第 i 个被评价养护部门的所有指标的评价者为分量的向量。

如上文中 V_{12} 就代表金门养护队的养护人员因素的数据 7.50。V_2 则表示金门养护队各个指标因素的数据为分量的向量，其他类推。

取每个指标的最佳值 $V_{k0}=\text{Optimum}(V_{ki})$ ($k=1,2,\cdots,m;i=1,2,\cdots,n$) 作为参考数列 V_0 的各个分量的取值。在本文中，正向指标最佳取值是所有部门因素数据的最大值，负向指标的最佳取值是所有部门因素数据的最小值。因此，V_0 即为理想部门因素的各个指标因素组成的向量。

$$V_0=(V_{10},V_{20},...V_{m0}) \tag{3}$$

对于一个有 n 个被评价部门，m 个因素指标构成的评价系统，可得到下列矩阵：

$$V=(V_{ki})_{m*n}=\begin{pmatrix} V_{11} & \mathrm{K} & V_{1n} \\ \mathrm{M} & \mathrm{O} & \mathrm{M} \\ V_{m1} & \cdots & V_{mn} \end{pmatrix} \tag{4}$$

(4)指标因素量纲规范化处理(见表 2)

表 2 规范化处理后分调研数据

单　位	西部沿海	金门养护	南北养护	汶村养护	梅河高速	梅河一队	梅河二队	梅河三队
养护人员	0.10	0.67	0.12	0.00	0.74	1.00	0.60	0.58
交通	0.00	1.00	0.18	0.12	0.27	0.76	0.92	0.66
路面	1.00	0.31	0.13	0.02	0.17	0.00	0.63	0.31
气候	0.18	1.00	0.30	0.00	0.22	0.20	0.63	0.49
管理层	0.24	1.00	0.00	0.15	0.15	0.67	0.96	0.32

对指标因素进行规范化处理的好处在于消除了有量纲带来的不合理影响，而且使得指标因素都具有正向指标的性质，从而便于数据的处理与分析。

在本研究中，对因素养护人员、交通、路面、气候、管理层等因素规范化处理后，这些因素的处理值都是小于 1 的值。把各个指标的理想值都看成一点，称为参考点，把各个指标因素处理值取值为比较点。那么关联系统公式就是参考点与比较点距离的一种函数。由于所有函数中，我们都希望这些比较点与参考点都是非常接近的，这就说明比较点与参考点是非常相关联的。因此在本研究中，把理想因素指标的参考值都设成 1 (所有的因素最大关联值是 9，经过规范化过程都是 1)，也就是理想指标因素参考值的向量 $X_0=(X_{10},$

$X_{20}, \cdots X_{m0}$)的值是 $X_0=(1,1,\cdots,1)$。

(5)灰色关联系数的计算

经过计算,得出个影响因素与理想因素的灰色关联度,见表3、表4:

表3 灰色关联度处理数据

单　位	西部沿海	金门养护	南北养护	汶村养护	梅河高速	梅河一队	梅河二队	梅河三队
养护人员	0.36	0.60	0.36	0.33	0.66	1.00	0.58	0.54
交通	0.33	1.00	0.38	0.60	0.41	0.68	0.86	0.60
路面	1.00	0.42	0.36	0.34	0.38	0.33	0.57	0.42
气候	0.38	1.00	0.42	0.33	0.39	0.38	0.57	0.50
管理层	0.40	1.00	0.33	0.37	0.37	0.60	0.93	0.42

表4 平均各因素灰色关联度数据

因　素	养护人员	交　通	路　面	气　候	管 理 层	综 合 能 力
灰色关联度	0.55	0.61	0.48	0.50	0.55	0.54

由灰色关联度的计算结果,我们可以看到各个影响因素灰色关联度由高到低的排序:交通(0.61)>养护人员(0.55)=管理层(0.55)>气候(0.50)>路面(0.48)。也就是说,在高速公路养护安全事故管理当中,交通影响因素跟理想交通影响因素是最具有相关性的,换句话说就是在高速公路养护过程中,交通因素对养护安全事故的触发相对于其他四个因素来说是较少的。在灰色关联度研究当中,路面因素的关联度是最小的,为0.48,在高速公路养护安全管理中,路面的状态,坡道、弯道、桥梁以及承担的交通流量情况相对触发安全事故是较多的,而养护人员与管理层因素处于中庸位置。特别说明的是天气气候因素,天气气候是自然环境的、客观的、不可改变的,南方和北方气候不同,南方气候湿润多雨,北方气候相对干燥,风沙也较多。南方气候在某些程度上影响较多,从综合能力上看,天气气候也属于一种影响因素,因此也介入综合能力研究中。

按照模型值数列对原始数列的关联度,一般要求 $\zeta>0.60$,关联度越大,表明模型的预测效果越好。而在本研究对综合能力的研究中,灰色关联度数值为0.54,小于0.60,因此从本研究看来,西部沿海高速公路与梅河高速的养护安全管理综合能力是比较低的。其中,养护人员、路面、管理层因素需要做出改变,而交通因素也要保持好原状态,从而对高速公路养护安全管理综合能力有提高作用。

4 结语

根据模型对两个案例的高速公路养护安全管理综合能力测评,西部沿海高速公路养护、梅河高速公路养护安全管理水平没能达到标准水平的底线,综合能力比较差。基于模型对五个影响因素给出的数据可知,养护管理层和养护作业层人员的整体素质的提升显得重要,另外在应对气候、交通维持管理方面也存在差距,例如养护作业区的安全需要加强防护,保障车辆对作业区的施工人员造成安全事故,例如在开口防护设施后方堆放沙袋,或在车道封闭处多加防护,从而避免车辆进入作业区。

参 考 文 献

[1] 《高速公路养护管理》编委会.高速公路养护管理[M].北京:人民交通出版社,2001.

[2] 姜福祥,朱昌海.浅谈高速公路养护管理存在的问题与对策[J].中国新技术新产品,2009,(6):1-3.

[3] 张昕.高速公路养护管理现状及发展趋势探讨[J].科技风,2009:1-2.

[4] 刘晓明,王昌衡.美国路面管理系统的问题与启示[J].中南公路工程,2000,25(1):71-73.

[5] Bartell G. Kampe Develoment of the Califomia pavement management system, Sacramento: PHWA-QA-HA-7139-78-03. 1987.

[6] 许慧.高速公路养护作业区安全分析与评价方法研究[D].西安:长安大学, 2009.
[7] 孙伟.城市道路交通安全评价指标体系研究[D].南京:南京林业大学,2007.
[8] 辛红升.高速公路路面使用性能评价、预测及养护决策的研究[D].西安:长安大学,2008.
[9] 龚莉,孔令玉.道路养护作业区工程技术经济分析[J].中国林业经济,2006(9):51-53.
[10] 许国祥.统计预测和决策[M].上海:上海财经大学出版社,1998.
[11] 温丽华.灰色系统理论以其应用[D].黑龙江:哈尔滨工程大学,2003.
[12] Deng Julong. Control Problems of Grey Systems. System&controlletters[J]. 1982, (1):79-83.

我国高速公路养护施工安全管理的现状和存在问题分析
——以广东省为例

袁煜云[1] 吴新建[2] 张彩江[3]
（1.广东恒建高速公路发展有限公司 广州 510101；
2.广东梅河高速公路有限公司 广州 514500；
3.华南理工大学 广州 510006）

摘 要：本文分析了中国高速公路建设发展的现状和趋势，在此基础上，分析了高速公路养护管理的关联性、我国高速公路养护管理存在的问题，并以广东省的两条高速公路养护管理为调研对象，进行了案例分析。本文指出，我国高速公路养护管理问题主要集中在体制缺失、机制落后、缺少养护定额与规范、养护施工企业规模小、管养能力缺乏、养护管理人员总体素质普遍低下等环节，从而制约了高速公路养护事业的健康发展。

关键词：高速公路 高速公路养护施工 养护施工企业

Analysis on Status and Problems of China's Expressway Maintenance and Construction Safety Management：The Case of Guangdong

Yuan Yuyun[1] Wu Xinjian[2] Zhang Caijiang[3]
（1. Guangdong Hengjian Expressway Development Co.，Ltd. Guangzhou 510101；
2. Guangdong Meihe Expressway Co.，Ltd. Guangzhou 514500；
3. South China University of Technology Guangzhou 510006）

Abstract：This paper analyzes the development status and trends of China's expressway construction，then explores the relevance of expressway maintenance management，in particular，the problems in this regard and conducts case studies on the maintenance of two expressways in Guangdong Province. This paper later identifies the problems as the lack of maintenance management mechanisms，scale and standards，the undersized maintenance and construction enterprises，low capacity，both on the part of companies and personnel，thus restricting the healthy development of expressway maintenance.

Keywords：Expressway Expressway maintenance and construction Maintenance and construction enterprises

0 引言

随着我国高速公路事业的飞速发展，高速公路养护施工过程中的安全管理问题越来越多，日益成为一个社会问题，对其进行科学有效的管理也显得迫切。高速公路养护安全问题首先是一个养护体制问题，但是养护施工的承担主体是企业，除了宏观层面的健全体制保障外，微观层面的操作落实也是关键。从国外的高速公路养护施工安全管理实践来看，需要从宏观、综观和微观层面三管齐下。如美国，除了国家层面立法外，各联邦州、县级政府都在政策层面制定了完备的规定和规范，公共部门还在养护管理上持续加大投入。此

基金项目：国家自然科学基金项目[71071058]《决策的附则系统隐喻(SM)识别喻转换：给予粤港建筑领域的比较与实证研究》；广东省安全生产监督管理局专项基金资助项目《高速公路养护施工安全事故防范与安全保障技术创新体系研究与开发》。

外，国外养护企业十分重视安全管理综合素质，并且将其看成是企业市场立足的主要依据，因此养护市场竞争充分市场化。养护企业必须有很高的安全管理综合素质，才能立足市场。安全管理综合素质除了养护设备、技术能力的支撑外，很重要的一点就是企业安全管理文化氛围的形成。而我国高速公路养护企业缺乏的正是后者。缺乏安全文化氛围和安全意识，既是养护过程中事故频发的深层诱发因素，又制约了企业整体安全管理综合素质的提升。本文从案例分析的角度，探讨了我国高速公路养护企业安全文化氛围和安全意识缺失的原因，分析了安全文化氛围和安全意识培养和提升的途径。

1 我国高速公路发展现状及其趋势

我国公路建设底子原本很薄弱，到1980年，尽管公路通车里程达到88.8万km，增加了10倍，但无路面里程却增到22.6万km。一级公路仅196km，更无高速公路。

1988年，沪嘉高速公路和沈大高速公路沈阳至鞍山、大连至三十里堡两段相继建成通车，在中国公路史上具有划时代的意义。时间倒推几年：1984年是一个不平凡的年份，因为这一年的6月和12月，中国内地两条高速公路相继动工，它们是沈(阳)大(连)高速公路(当时叫一级汽车专用公路)和上海至嘉定高速公路。从一开始，它们便担负着一种历史的重任，因为在此之前的20世纪70～80年代，关于中国是否需要建设高速公路的争论，持续了十年之久，一直未能达成共识，以至于沈大高速公路在1984年仍以"一级汽车专用公路"的名目立项动工。随着沪嘉高速和沈大高速部分路段的建成通车，改写了中国高速公路为零的历史，中国高速公路建设事业从此掀开崭新的一页，其发展速度连续超过同期国家GDP的增长速度。到1995年，全国高速公路已达到2 141km。"八五"期间，新增高速公路1 619km，是计划的125%；年均建成高速公路324km，增长速度已居世界前列。"九五"期间，为应对亚洲金融危机，我国实施了以投资拉动经济的积极财政政策，对九五计划(1996～2000年)做了重大调整，在交通建设领域，后三年投资增加3千亿元，使得我国的交通基础设施投资五年计划达到了史无前例的6千亿元。这其中很大比例投入到高等级公路建设中来。"十五"规划提出了五纵七横公路干线网规划，随后交通部❶又提出了"十三纵、十五横"国家重点公路建设规划，总规模约7.3万km，其中东部1.6万km，中部1.9万km，西部3.8万km。

到2002年年底，我国高速公路通车里程一举达到2.5万km，到2004年，这一数据增加到3.5万km。从2006年起，通车里程数已经位居世界第二位，仅次于美国(10万km)。据交通运输部统计，截至2009年6月，中国已建成的高速公路达到7.5万km，尤其是20世纪90年代中后期开始加快发展，每一次实现万公里跨越只用两三年时间。

我国高速公路建设事业在沿海发达经济省份的发展尤为迅速，例如，山东、江苏、浙江、广东等省，广东省2009年年底高速公路通车营运里程超过4 100km，根据广东省交通运输厅提供的信息，2012年广东高速公路通车里程将达到5 500km。

2 我国高速公路养护施工安全管理现状及其存在的问题

2.1 存在的问题

我国高速公路建设事业的飞速发展掩盖不了其养护管理方面的诸多问题，这跟国家高速公路养护管理体制，养护投入，养护企业管理装备、技术和管理能力都密切相关。整体上说，我国高等级公路养护管理目前存在的问题可表述为：我国高等级公路的建设发展迅速，但是养护机制没有创新，仍沿袭传统、长期计划经济体制下的经验型养护管理模式，这已不能适应其发展要求。就安全问题一项，数据显示，2003～2007年，全国高速公路共发生道路交通事故105 687起，死亡30 588人、受伤77 505人，直接财产损失26.2亿元。2009年11月10日，梅河高速公路发生特大交通事故致三死一伤，其中有相当一部分的事故与养护施工因素有关。

目前存在的问题集中反映在以下几个方面。

(1)养护管理体制不顺

❶现已更名为交通运输部。

目前我国高等级公路的养护管理与一般公路的养护管理一样，大多仍采用事业型的管理体制，不能反映高等级公路社会化大生产的商品属性要求；养护经费来源仍采用拨款方式，不能适应高等级公路管理企业经营性要求，这些方面已严重影响了养护技术水平的提高与管理机制的创新。

(2)养护运行机制落后，"重建轻养"思想严重

管理者对养护管理强制性要求，缺乏足够的认识及有效的法律约束，主要表现为对养护责任事故追究不力，监管不严，处罚过轻；对养护资金投入不足，对科技进步重视不够，尚未建立起现代企业制度。

(3)缺少养护定额与规范

截至目前，针对高等级公路养护管理特点的全国性或地方性统一的养护定额与技术规范尚未出台，养护工程费支出缺乏严格的考量标准，随意性较大；养护质量的考核仍沿用一般公路养护的"好路率"指标，不能满足高等级公路全方位养护的客观要求。

(4)养护施工企业规模小，管养能力缺乏

(5)养护机械配套率不足，养护科技含量低

虽然一些地方，一些高等级公路配备了从国外引进的大功率综合性养护机械，但对机械性能的开发严重不足，使用频率低，设备闲置浪费现象比较严重；大多养护作业仍采用传统的手工作坊式生产组织，对国外已有的新技术、新工艺、新材料只处在试验阶段，还没有大规模推广使用。

(6)养护管理人员总体素质普遍偏低

这就造成了我国高等级公路养护管理技术落后，已严重制约了高等级公路安全、快捷、舒适、经济等性能的充分发挥，已形成我国公路事业发展的瓶颈。

2.2 实证调研的对象选取

为对我国高速公路养护施工管理现状及其存在的问题进行实证分析，考虑到广东省高速公路建设及其养护管理现状具有代表性，为了对现状及其存在的问题进行摸底，课题组于2010年4月对不同的养护施工企业和养护现场进行了问卷调研和访谈。访谈主要分两个层面，一个层面是高速公路养护施工层面，另一个层面是高速公路养护施工现场养护处和养护队。其中养护施工企业层面主要是广东省交通集团有限公司下属的企业。

其中抽样的两个养护施工现场养护处分别是梅(州)—河(源)高速公路(简称梅河高速)养护处和广东省西部沿海高速公路养护处，二者都有代表性，都是广东省高速公路干线网组成线路。前者为典型山区高速公路，位于广东省东部，于2005年10月建成通车。该高速公路起于梅州市程江镇的湖洋唇，与梅州市西环高速、梅汕高速和拟建的南环高速公路相接，终点在蓝口镇五星村，与河龙(河源—龙川)高速公路柳城至热水段相接，路线全长为118.41km。梅河高速公路地处粤东山区，岩溶、溶蚀不良地质较多，地形、地质十分复杂。全线通过的地方90%是高山、深谷，地形陡峭，桥隧相连。不良地质段较多，桥涵、隧道多。这给高速公路的养护施工管理带来了挑战。后者是典型的平原区域高速公路，位于广东省西部，于2002年4月建成通车。该高速公路东起中山逸平与京珠高速公路广珠段相连，西至阳江东城奕垌与广湛高速公路开阳段相连，全长236.783km。全线设有珠海、金门、广海、海晏、阳江5个管理中心。西部沿海高速公路地段不良地质如软基多，且台风、洪涝频繁，这也给高速公路的养护施工管理带来了挑战。

2.3 企业层面的实证调研分析

(1)养护管理体制与机制落后

养护管理的体制、机制可以和高速公路建设的体制、机制相比。在高速公路建设领域，逐渐在体制层面探索出一条道路，例如，建设市场有形化、市场竞争招投标化，企业准入资质化，这其中，除了全国性的法律法规外，各省都制定了相应的法规、办法。仅是施工企业资质，早在2002年就修订一次并重新评审。在高速公路养护领域，虽然为规范公路养护市场的竞争，交通部于2003年颁布了《公路养护工程市场准入暂行规定》(交公路发[2003]89号)。但是，由于养护整体机制不畅的问题，自颁布之后，一直得不到有效执行，至少在广东等沿海省份都没有得到执行。

养护管理体制与机制的问题还体现在:高速公路养护产业没有真正从高速公路建设市场产业中完全剥离出来,具有依附性和依靠性。

(2)缺少养护定额与规范

目前高速公路养护,尤其是日常养护,缺乏科学的定额依据。不同的省份,同一省份不同区域,甚至不同项目公司的高速公路项目,日常养护定额差异很大。例如美和高速公路的养护水准是5万元/km·年,西部沿海约4万元/km·年,内地有些省份,有的高达10万元/km·年(如山东省),有的不到2.5万元/km·年(如辽宁省)。目前,高速公路日常养护费用的水准基本上是业主单位和养护企业之间的一种协议结果,整体上养护费用水平的偏低必然会影响到养护质量和养护能力的培育。

(3)养护施工企业规模小,管养能力缺乏

同样与高速公路施工环节的企业比较得出结论,例如高速公路养护施工企业,在广东省仅是具有公路工程施工总承包壹级资质的企业就有21家,还不包括那些拥有各种专业承包壹级资质的企业,广东省还有公路工程施工总承包特级企业一家。这些企业这些年还相互合作、合并,总体上讲规模大、技术力量和装备水平高,市场竞争力强,在高速公路建设市场的生态环境下,已经形成了良好的企业丛林。与之相比,广东省目前共有高速公路养护企业一百多家,数量的众多掩盖不了广东省高速公路养护企业发展的杂乱无章,在广东省高速公路养护企业往往不是独立的,而是分割和依附性的,往往是业主单位(项目公司)或建设施工企业的附属企业。广东省交通集团系统内部就有典型性,广东省高速公路的通车里程中,广东省交通集团占87.6%。属于高速公路建设营运管理的绝对主力,目前广东省交通集团下属施工型企业像长达公司(总承包特级)、晶通集团(总承包壹级)、冠粤集团(总承包壹级)都设有养护分/子公司,业主单位像省高公司、投资公司等也都下设养护分/子公司。往往是一条高速公路建成通车后,被人为分割成几段,交由业主下属养公司养护,或交由参与建设的施工承包商的下属养护公司养护,这些养护公司缺乏资质支撑,普遍规模小,技术力量弱、养护施工设备配置低,人员参差不齐,谈不上市场竞争力。

由于养护企业缺乏管养能力,在高速公路养护尤其是日常养护过程中日益出现各种问题,例如应急抢险能力差、养护质量难以保障、养护施工安全等问题一直得不到有效地解决。

养护企业尤其是日常养护企业的养护模式一般是:企业下设养护管理处,一般是一个养护路段设一个养护管理处,然后再分割,分设多个养护段,成立养护队,一个养护队养护一个养护段。例如梅河高速和西部沿海高速都由广东省恒建高速公路发展有限公司(简称恒建公司)养护,下设梅河高速养护处和西部沿海高速养护处,前者划分为两个养护队,后者划分为3个养护队。

2.4　现场施工养护层面的实证调研分析

为了进一步分析,课题组针对性地设计了调查问卷,调研过程中,主要采用座谈会以及问卷调查的方式。座谈会主要是与负责西部沿海高速公路以及梅河高速公路养护工作的广东恒建公司在西部沿海高速公路以及梅河高速公路的中心养护站的管理人员以及技术人员进行交流;问卷调查以问卷方式,将其发放到西部沿海高速公路以及梅河高速公路养护工作的工作人员手中,包含了在一线的养护工人以及养护技术人员、工程师、管理人员,共发放问卷160份,从回收的问卷看,实际收回有效问卷153份,有效回收率为95.63%,大部分有效,做到了大范围的调查。现在选取部分调研结果分析如下:

(1)公司管理水平现状调查

员工对养护公司管理水平的看法分别为"高、较高、一般、低",选择回答的比率分别是6%、44%、44%、6%。由表中数据可看出,做出较高评价和一般评价的人做多,都高达44%,高评价和低评价分别只占6%。由此可见,梅河高速管理水平处于中等。

(2)公司高水平管理能力的决定因素调查

员工对"有高素质人才、管理团队优秀、制度完善、其他因素"的选择回答的比率分别是23%、32%、30%、15%。养护公司高水平管理能力的决定因素中,一个优秀的管理团队和完善的制度最为重要,比重都超过30%,说明在养护施工过程中,优秀的管理团队和完善的管理制度起着关键性的作用。此外还必须注重引进高素质的人才,员工素质提升了,才能建设好优秀的管理团队。

(3)养护施工设备和技术状况调查

员工对“高水平配套、较高、不配套、未评价”选择回答的比率分别是16%、55%、28%、1%。

由于恒建母公司在2008年相继投入2 000万元用于添置养护施工机械,因此从观察数据可得知,55%的员工对养护公司作业设备配套水平比较认可,还有28%的人认为养护设备配套水平一般,这正好说明养护公司的养护设备还不甚完善,还有进一步提升的余地。

(4)养护作业模式调查

员工对“大多是机械化、大多是手工、全部手工、非常原始” 选择回答的比率分别是51%、47%、1%、1%。从调研数据我们可以得知,设备的添置应该说提升了养护机械化水平,养护公司采取的是机械化作业和人工作业相结合的方式进行养护施工。至于机械化作业和手工作业的比例如此之近,可以这样解释,那就是当展开专项养护工程作业或者大规模施工时,机械化作业程度很高。而当进行小修小补作业时,手工作业的优势比较明显,灵活、快捷,故而较少使用机械操作。

(5)养护公司养护技术水平的评价调查

员工对“高水平配套、较高、不配套、低” 选择回答的比率分别是14%、51%、30%、5%。养护公司养护技术配套率处于中等偏上水平,51%的员工对其评价较高,认为养护技术配套率高的占到了14%,不过依然有近35%的人对其评价较低,说明养护公司内部不同的部门之间存在着技术上的差别。

(6)员工教育水平的评价调查

员工中,具有“小学、初中、高中(或中技)、大学本科、研究生及其以上”教育资历的比率分别是6%、29%、33%、30%、2%。可以得知,中小学学历的人最多,达到62%,初中和大学本科的比重均在30%左右,表明养护公司员工受教育程度波动比较平稳,但是高级别的人员比较匮乏,这与高速公路施工企业相比还有较大的差距。

(7)养护作业工人工作经验情况调查

员工中,工作年限分别为“1年、2-3年、4-5年、5年以上”的比率分别为34%、29%、14%、23%,可见3年以下的生手占到63%以上。在养护经验缺乏积累的同时,也说明养护公司施工作业人员流动性比较强,每年有进有出,调查发现,施工工人多是附近村庄的村民,农闲之时就到高速公路上打工,赚点散钱,农忙时就离开了,养护公司就不得不招募新人,导致工人流动性很强,作业工人大多没有什么专业知识,可能导致作业效率降低,这是养护公司必须重视的问题。

(8)公司员工职称情况调查

员工中,专业技术职称分别是“没有,技术员、助理工程师、工程师、会计师、经济师、高级职称”的比率分别是60%、19%、5%、12%、1.5%、2.5%、0%。可见员工中没有职称的高达60%,拥有高级职称的少之又少,只是技术员数量稍微乐观一点,毕竟有过半的人从事的是具体的施工作业,多是农民,没有职称很正常。

3 结语

高速公路养护管理是高速公路事业整个生命周期中的重要一环,与高速公路建设环节相比,高速公路养护环节没有得到应有的重视,也非常薄弱。要改变这一现状,除了高速公路养护新体制的建设和养护市场化的推进以外,养护企业的成长也很重要。包括养护专门人才的培养(目前我国高校还没有设置专门的高速公路养护管理专业)、企业员工队伍的稳定和养护经验的积累、企业养护设备的添置和养护核心能力的成长等。养护企业的成长,加上市场管理机制的配套,则高速公路养护管理产业才能健康发展。

参考文献

[1] 徐俊国. 我国高速公路养护管理现状与对策研究[J]. 养护天地,2010,(2): 17-19.

[2] 李洪涛. 我省高速公路养护施工安全管理问题及对策研究[J]. 北方交通,2009,(10):71-73.

[3] 潘叶辉,张淑静. 公路改建项目实施安全保障工程体会[J]. 公路,2005,(07): 27-29.

[4] 周灵芝. 国外高速公路养护管理体制对我国的启示[J]. 交通标准化,2007,(1): 102-103.
[5] Andrews, Lynn. Highway Code . John Wiley&Sons, 2002:12-96.
[6] Minnesota Department of Transportation. Temporary Traffic Control Zone Layout Field Manual Minnesota, USA. 2001:21-22.
[7] Leicestershire County Council Highway Maintenance Policy & Strategy, 2010.
[8] http://www. leics. gov. uk/index/highways/transport-plans-policies/highway-maintenance-policy. htm.
[9] Felix K. Rioja. Filling potholes: macroeconomic effects of maintenance versus new investment in public infrastructure[J] . Journal of Public Economics, 2003:13-15.
[10] 史子然,杨云峰. 美国的高速公路管理体制[J]. 国外公路,2000,(01): 21.
[11] 交通科学数据共享网. http://tran. transdata. cn:8080/page-2/index. jsp.

公路沥青路面病害处理方法及质量控制

王耀伟　曹光辉
（山东省青州市公路局　潍坊　261000）

摘　要：根据公路沥青路面病害的性质进行了分类，并对不同的病害分类有针对性地提出了处理方法；为保证处理方法的有效性和实用性进一步提出了质量控制措施。

关键词：公路沥青路面　病害处理　控制

Countermeasures and Quality Control of Problems in Asphalt Pavement

Wang Yaowei　Cao Guanghui
（Highway Bureau of Qingzhou　Weifang　261000）

Abstract：The paper classifies problems affecting asphalt pavement and proposes countermeasures targeted at different problems. To ensure the effectiveness and feasibility of these methods，further quality control measures are proposed.

Keywords：Asphalt pavement　Problems treatment　Control

0　引言

公路沥青路面表面平整、无接缝、行车舒适、耐磨、振动小、噪声低、便于机械化施工、养护维修简便、适宜分期施工，因此获得越来越广泛的应用。随着国民经济快速、协调发展，我国公路建设事业得到了迅速的发展，通车里程急剧增多，同时，交通量也日益增大，重型超载车辆急剧增多，另外许多地方的沥青路面结构设计不甚合理，结构设计与目前的交通量发展不相匹配，从而导致现有公路路面出现许多病害。

沥青路面病害根据其外部特征可分为四大类：一、裂缝类，包括龟裂、不规则裂缝、纵向裂缝、横向裂缝；二、松散类，包括坑槽、麻面、脱皮、啃边、松散；三、变形类，包括沉陷、车辙、搓板、波浪、拥包；四、其他类，包括泛油、磨光、冻涨、翻浆。路面出现病害后，如不及时维修，或者维修措施不当，会加速路面的破坏进程，使路面的使用周期缩短，因此，应及时分析病害产生的原因，并根据路面的病害种类、设计使用年限、季节气候、气温等实际情况，采取相应的处理方法。“十一五”期间，我国中央到地方对公路养护工作的认识提高到一个新的高度，提出了“以人为本，好中求快，全面协调，科技创新，可持续发展”的原则，本着“公路建设是发展，公路养护管理也是发展”的新思路和“质量责任重于泰山，安全责任重于泰山”的宗旨采取了“365”工程、预防性养护、精细化养护等一系列行之有效的措施，取得了很大的成效。本文主要针对公路沥青路面病害分类中的严重龟裂、变形、松散、沉陷等病害而通过坑槽的形式进行修补，通过这几年在养护工程一线积累的一些经验，处理方法，谈谈看法。

公路沥青路面病害的处理主要分成了以下四大类：

①路基和路面基层基本稳定，病害主要表现在沥青面层需更换沥青混凝土面层类。

②因路基和路面基层强度不足而造成的沥青路面病害需处理基层或路基类。

③铺设土工布类。

④沥青路面铣刨类。

1　更换沥青混凝土面层

路基已经稳定，病害只存在于面层部位，例如较严重的不规则裂缝；基层局部含水率过大，使面层与基层结合不良而产生的拥包；因面层与基层有不稳定夹层而形成的车辙、搓板；严重的、较大面积的波浪或搓板；因油温过高，沥青老化失去黏性及沥青与酸性石料结合不良而造成的松散；沥青混凝土面层脱皮等病害，应将损坏部分的面层刨除，更换新沥青混凝土面层。

1.1 放样、割缝

用粉线将病害部位弹出，修补范围要比实际病害大10～15cm，并尽量将按矩形轮廓进行修补，要求矩形必须有一条平行于路面中心线，另一条垂直于中心线。然后用切割机沿粉线进行切割，切割深度与沥青混凝土面层厚度相等，割缝要顺直无弯曲。

1.2 清槽

人工或机械将病害部位沥青混凝土刨除，并将废弃料运至施工范围以外，用吹风机将槽底及四周边壁彻底清理干净，不能有泥土等其他杂物。

1.3 黏结油

将沥青均匀地涂刷于坑槽底部，油量控制在0.8～1.0kg/m^{2}左右，坑槽边缘也要用沥青涂擦，保证边缘新老沥青混凝土路面结合良好。

1.4 摊铺

沥青混凝土厚度大于3cm时，宜分两层进行摊铺，下层宜采用中粒式或粗粒式密级配沥青混凝土，上层宜采用细粒式密级配沥青混凝土。施工前，先做试验，确定合理的松铺系数，混合料摊铺时，应严格根据松铺系数进行摊铺，并用三米杆刮平。为保证沥青混凝土的施工质量，应严格控制混合料的温度：出料温度控制在145～165℃之间，摊铺温度不低于135℃，开始碾压温度不低于130℃，碾压完成后温度不低于70℃，开放交通时温度不高于50℃。

1.5 碾压

采用合理的压路机组合方式进行碾压，碾压速度应慢而均匀，在新铺沥青混凝土面层上，压路机不应突然改变碾压方向而导致混合料推移，在不产生严重推移和裂缝的前提下碾压尽可能在高温情况下进行，不得在低温状况下反复碾压，使石料棱角磨损、压碎、破坏集料嵌挤。对于坑槽边缘部位，应采用小型振动压路机或振动夯板补充碾压。压路机在碾压过程中要保持清洁，对钢轮可涂刷隔离剂或防黏结剂，但严禁刷柴油，当采用向压路机喷水的方式时，必须严格控制喷水量且成雾状，不得漫流。

1.6 接缝

路面维修接缝多，接缝的好坏，直接影响到维修的质量与整个路面的平整度。新老沥青混凝土接缝必须连接紧密、衔接平顺，因此，应将老面层边壁清理干净，并均匀涂刷黏结油，加强二者连接；同时严格控制摊铺厚度，确保新老路面高度相当，防止出现接缝跳车现象。

1.7 开放交通

新修补的路面完全冷却，表面温度低于50℃后，方可开放交通。需要提早开放交通时，可洒水冷却降低混合料温度。

2 处理基层或路基

对于因路基或基层强度不足而产生的病害，例如，严重龟裂、沉陷、坑槽、翻浆等病害，要对症下药，处理路基或基层。一般来讲，处理路基的结构形式应与原路面结构相同。目前，青州公路局管养208.4km国、省道干线公路，底基层均采用石灰土，基层采用水泥稳定碎石；在具体路面维修时，处理路基、底基层采用10%～12%石灰土。为确保行车安全，当天挖补的坑槽，必须当天完成基层的铺筑工作，并恢复交通，但过早地开放交通会影响到基层初期强度的增长，因此，在具体施工时，基层混合料采用5%水泥、4%石灰稳定碎石，以增强混合料的后期强度，尽量减少由于提前开放交通对水泥稳定碎石造成的强度影响。

2.1 石灰土施工工艺

(1)施工准备

开工前，预先联系好拌和场地、土源、石灰、水源、机械等，并提前进行各种试验，确定生石灰的有效含量、石灰土的最大干密度、最佳含水率、松铺系数等指标，并准备好各种原材料。路面维修每天石灰土用量不太大，一般在料场人工或机械集中拌和，并过筛，石灰土拌好以后，适当加水调节至最佳含水率，拥有最佳含水率的石灰土在手中能紧捏成团，落在地上能散开，应参考室内击实试验最佳含水率时石灰土的状态来掌握；石灰土拌好以后，码方进行闷料，第二天便可使用。

(2)放样、割缝、开槽

放样、割缝施工与沥青混凝土面层维修施工方法相同。目前，青州公路局管养的干线公路，路面基层大部分为水泥稳定碎石，强度较高，人工开挖效率很低，利用小型挖掘机、结合破碎锤开挖坑槽既灵活，又经济，并能加快施工进度。开槽过程中，根据现场实际情况，严格控制开挖深度，不能超挖，最好逐层开挖，遇到比较好的结构层，如果强度满足要求，不宜再挖，如果仍有病害，坚决挖除，不留隐患。开挖时，从坑槽一端的中间部位开始，逐渐向外扩展，尤其对于用破碎锤开挖的坚硬坑槽，应掌握“先中间，后两边”的原则，坑槽边缘预留 20cm 左右，最后用破碎锤沿边缘由内向外轻轻敲打，逐步打碎，确保不将边缘原有路面基层掀起。最后人工对坑槽进行修正，边壁要平顺、密实，不能有突起，更不能有倒坡、空洞，建议将坑槽做成边壁为 10：1 坡度的漏斗形状，以便于边角夯实，断面如图 1 所示。

(3)石灰土运输、摊铺

拌成的石灰土应尽快地运送到铺筑现场。如运距远且天气干燥，应该覆盖车上的石灰土，以防止水分过多蒸发。摊铺前，先将四周槽壁及槽底清理干净，并洒水湿润。石灰土压实厚度一般控制在 14～18cm 之间，然后按松铺系数及压实厚度确定松铺厚度，进行摊铺整平。

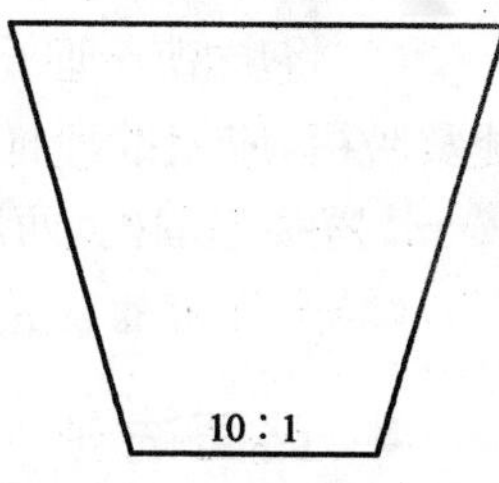

图 1　坑槽断面

(4)石灰土夯实

对于面积较大的坑槽，能采用压路机碾压的，尽量使用压路机碾压，较小且深度较大的坑槽，无法使用压路机，可采用蛙式夯并结合使用小型平板振动夯，夯实 6～7 遍，直至夯击声清脆、跳夯，然后现场检测压实度，如压实度达不到要求，应继续夯实。对于边缘不易夯实的部位，用大锤捣实。底层石灰土，可不用养生，直接作第二层。

2.2 水泥石灰稳定碎石施工工艺

(1)施工准备

开工前的准备工作与石灰土大致相同，预先联系好料场，备足石灰、碎石、水泥、机械等，碎石要分类存放，提前进行各种材料试验，确定混合料级配、最大干密度、最佳含水率、松铺系数等指标。施工前一天，按照混合料配合比先将碎石与石灰拌和，适当加水调节至混合料含水率达到最佳值，并码方进行闷料，第二天使用前再拌水泥，混合料拌和均匀后应色泽一致，没有灰条、灰团或花面。

(2)放样、割缝、开槽

该工序与石灰土施工完全相同。

(3)水泥、石灰、碎石混合料的运输及摊铺

混合料拌和水泥以后，应尽快运至工地进行摊铺，运输过程中应进行覆盖以防止水分散失。对于坑槽的边角部位，应设专人消除粗细集料离析现象；对粗(细)集料堆积部位，应重新拌匀摊铺，拣出超尺寸颗粒；对于局部过分潮湿或干燥之处要进行处理。

(4)夯实

水泥石灰稳定碎石的夯实与石灰土施工基本相同。碾压、夯实过程中，水泥石灰稳定碎石的表面应始终保持潮湿，如表层水蒸发得快，应及时补洒少量的水，但严禁洒大量水进行滚浆碾压。另外，应在规定的时间内完成从拌和水泥到碾压夯实所有的施工工序，否则会影响混合料的最终强度。

(5)养生

水泥石灰混合料基层完成以后,用石粉覆盖,厚度与油层厚度相等,并经常添加石粉,保持路面平整,确保行车安全,每天洒水2～3遍,保持湿润。养生至规定时间后,便可清除石粉,修补面层。

3 铺设土工布

在路面维修过程中,有时路面损坏较严重,路基虽也受到损坏,但不是特别严重,如更换基层不但增加施工难度,而且还会提高维修费用,造成不必要的浪费。在这种情况下,可以在破除面层之后,在基层与面层之间铺设一层土工布,一是防止地表水下渗,二是防止产生反射裂缝。

3.1 土工布技术要求

土工布技术要求包括以下方面:

(1)土工布厚度应薄,一般为2mm左右,以便于摊铺。

(2)土工布抗拉强度应大,纵向≥400N/5cm,横向≥280N/5cm ,抗变形能力强。

(3)土工布熔点≥230℃。

3.2 铺筑土工布

铺筑土工布应注意以下方面:

(1)放样、割缝、清槽等工序与更换沥青混凝土面层相同。

(2)将坑槽清理干净后,在基层均匀涂刷黏结油,油量控制在1kg/m^2左右,然后人工铺土工布,对不平整处及皱褶,应用推杆推平;若坑槽较大,土工布需要作两幅铺设时,两幅土工布之间的搭接尺寸不应小于20cm,搭接范围内,两层土工布之间涂刷沥青,加强联结。

(3)土工布铺设完毕后,再涂刷黏结油,铺筑沥青混凝土面层。

4 路面铣刨

对于连续多次出现、面积较大、路面基层仍然稳定的拥包,车道表面因车辆行驶而产生的车辙,面积较大、基层稳定的波浪或搓板等病害,可以采用铣刨机,对路面病害部位进行铣刨。经铣刨后的路面,如果平整度较好,可以不作处理;如果平整度不够理想,应在铣刨面上再做一层新沥青混凝土。工艺流程及技术要求如下:

4.1 施工准备

仔细检修铣刨机各项功能是否正常;科学确定铣刨范围、铣刨深度及铣刨后是否再做沥青混凝土面层。

4.2 路面铣刨

铣刨机要稳定缓慢的行驶,行驶方向要顺直,不得有弯曲,铣刨后底面要有良好的平整度。如果铣刨后不再做沥青混凝土面层,铣刨部位两端与原有路面要衔接平顺:开始铣刨过渡段,铣刨深度要从零缓慢调整到正常的铣刨深度;结束铣刨过渡段,铣刨机要从正常的铣刨深度缓慢降低到零,严禁突变。

4.3 清扫

采用清扫车或人工进行遗留铣刨料的清扫,并用吹风机将工作面清理干净,防止影响后续铣刨工作。

4.4 检查修补

检查铣刨后工作面,相邻两铣刨面产生大于5mm错台时,要再进行铣刨处理,直至达到施工要求;对铣刨后的缺陷,如松散部位的清除与修复,裂缝处及时灌缝等,也要及时处理;需做沥青混凝土面层的要及时修补面层。

近几年来,青州市公路局养护科工程人员认真分析、研究沥青路面各种病害的成因,采取正确的处理方法及施工工艺,严格控制工程质量,将有限的养护资金充分利用,发挥最大的作用,不断改善青州市的路况质量,为社会提供了一个“畅、安、舒、美”的良好交通环境。

浅谈沥青类路面的养护与维修

万安平

(南昌市省大(南安)公路收费管理处　南昌　330004)

摘　要:对沥青类路面常见的病害提出分析及处理措施。

关键词:沥青类路面　养护　维修

On Maintenance and Renovation of Asphalt Pavement

Wan Anping

(Nanchang Municipal Nan'an Highway Toll Agency　Nanchang　330004)

Abstract: This paper analyzes common diseases on asphalt pavement and proposes countermeasures.

Keywords: Asphalt pavement　Maintenance　Renovation

1　常见的沥青类路面的病害及维修

沥青路面由于设计、施工、养护等工作上的缺陷,常出现一些质量问题,这是产生病害的内在原因,再加一些不利条件,如水文、气候、行车等外因作用,就会产生各种病害。遇此情况应及时处治。

1.1　泛油

新建的沥青路面当气温上升到30°C以上,渣油路面当气温上升到15～20℃以上时往往开始泛油,随气温继续上升,泛油程度加剧。

泛油时路面中间部分颜色先变黑,继而出现轮迹,路面上浮起液化了的油层,泛起的油液向路面两边移动,并聚集开始软化的油包。如油层与油层黏结不良,油层会被车轮黏起,造成油层脱落、坑槽等病害。其泛油的主要原因是:油石比(也称用油量)过大:油路底层(特别石灰做底层)含水率过大,透油层上浮;使用黏度过低的油料等。

泛油可根据程度不同,选择不同规格和数量的矿料处治。处治时可使用石屑撒布机,小型压路机,按下列不同泛油情况给予适当自治。

(1)较轻泛油可撒2～5mm的石屑,通过行车碾压至不粘轮为止。

(2)泛油较重地段,根据情况可先撒5～8mm的石屑或5～10mm的矿料,待稳定后,再撒2～5mm的石屑或粗砂,引导行车碾压成型。

(3)严重泛油地段,可先撒10～15mm或更粗些的矿料,用压路机强行压入,达到基本稳定后,再分次撒5～10mm和2～5mm的矿料,引导行车碾压成型。

(4)处治泛油,必须掌握先撒粗矿料后撒细矿料和少撒勤撒的原则。如重复使用细料,结果会形成软的油石层,影响路面的稳定,对于用渣油处治的路面,尤其如此。

1.2　油包

根据油包产生原因及形成过程的不同,可分为软油包和硬油包两种。所谓软油包,就是油路面层以下的底层因含水率过大,而又无法蒸发排出,使底层与面层之间形成分离层,或在新面层处治时底层上的浮土未予清除所致。

硬油包的底层是稳定的,它是由于面层的骨料和细料不均匀,在局部细料多、含油率过大、车辆反复碾压的情况下,因强度不足所致;或是施工中不慎,油车油桶未及时清除,使局部的含油率过大所致。

目前对硬油包的自治方法是,趁天热时把油包铲掉,使之与面层相平,然后清除杂质并稍洒油,接着撒料、整平、夯实,再经过养护便可与原路面一样。至于软油包的自治,则应先将软油层挖掉,露出硬底层并晾干(如底层水份过多而发软,可挖去发软部分),填补新料至原底层整平并夯实,然后用新料铺面层(厚底不要超过原面层),再整平夯实即可。

1.3 脱皮

油层路面如出现成块或成片的剥落,称为“脱皮”。形成这种病害的主要原因有以下几个方面:

(1)采用层铺法施工时,两层之间因潮湿或浮土影响结合强度,当上层的结合料黏性大,泛油后没有及时处理,从而面层被车轮粘走。

(2)由于底层表面松软潮湿,透油层与底层结合不良,整个面层被车轮推动剥落。

脱皮的处理方法,应根据不同原因采取不同措施。对第一种原因造成的,或清除脱皮和松软部份的油层、浮土、粉料、使之露出下面的稳定土层并晾干。根据厚度不同,可用拌和油石混合料修补。对第二种原因造成的,须切除破坏部分的油层,先将底层修好,等稳定干燥后,再修补面层。

1.4 松散

路面上大小不等、形状不同的矿料产生分离松脱等结构破坏的现象叫松散。其形成的原因有:气温较低时施工,末及路面泛油即进入寒冷季节;路面材料的油石比偏小,或者油料老化,黏结力低所致;矿料质量低劣,松软易风化,且含土成分过高;施工时含水率太高,致使油料结合不良;由于土基松软,结合料洒布不均匀等。

对于大面积的松散,可将松散层粒料清除,重新铺设面层。如松软较轻时可采用罩面的办法解决。如因基层所致,应进行基层处理后,再重做油层。局部松散,或采用挖补法处理。

1.5 裂缝和龟裂

路面产生主要的裂缝有横裂、纵裂、网裂、龟裂等。

横向裂纹主要是因温度、湿度的变化,路面材料发生涨缩现象而引起;纵向裂纹主要是当路面加宽时,新旧面层因碾压的密实度不同,导致轻度下沉而引起;龟裂主要是由于底层厚度和强度不足;粒料底层含土和水分过大;稳定性差;翻浆、沉陷、油料老化等原因引起。

由于温度、湿度而引起的小裂缝,在高温季节时能自行愈合时,可采用注缝机将热沥青注入,多余的沥青可以在热状态下用胶皮刮平,并随即沿缝口铺一薄层砂并扫匀。裂缝在 4mm 以上时,采用上述措施以后,应用夯板或轻型压路机碾压。

由于基层的水稳性不良,强度不足所引起的龟裂,应先将基层工作治理好,再修复面层。

1.6 沉陷

路面面层沉陷,可以有三种不同情况,即均匀沉陷、不均匀沉陷或局部沉陷。其主要原因是:

(1)均匀沉陷

是路基路面在自然因素和行车作用下,达到进一步的密实、稳定的表现。一般不会引起路面的破坏。

(2)不均匀沉陷

多数由于路基或路面局部不密实或碾压不均匀再受到水的浸透作用所引起。

(3)局部沉陷

系路基下有坟穴、井洞、树坑、沟槽等,因回填不密实,当受到浸透时而引起。

缺陷应根据具体情况来处理。不均匀沉陷,在路基和路面的密度足够的情况下,因沉陷产生的裂缝,可参照处治裂缝的方法处治。因局部沉陷路基影响路面。

1.7 坑槽

油路产生坑槽的原因很多,除了履带拖拉机、铁轮车等通过油路将路面轧伤,又不及时处治发展成坑槽外，大多是由脱皮、松散、麻面、龟裂、沉陷、翻浆等病害所引起。从上面各种病害原因的分析可将坑槽产生的原因归纳以下三个方面：

属于面层部分：油石比掌握不当，强度不够；施工操作不当，拌和不匀，压实不够；路面排水不良或面层漏水、渗水所致使基层含水率增大而软化。

属于路基部分：主要是由于设计路线通过低湿地区，地下水位高；施工路基压得不实产生沉陷，水稳定性差，路基排水系统不良或上层路面漏水、渗水使路基含水率增多造成路基翻浆。由此可知路面上产生坑槽的原因不是孤立的，而是与以上三方面相互联系，互成因果。因此对坑槽的修理应根据产生的原因不同而采取不同的措施。属于面层的仅是处治面层，属于基层的则基层和面层都要处治。

对坑槽的处治，根据产生的原因不同，所用的修理方法、材料配制、机具设备等也各不相同。为了使养路机械化施工过程中做到连续不断地工作，可按修理坑槽的整个工艺过程划分为面层和基层（包括路面）两大工序。

（1）面层修理

面层修理是指路面的底层尚好，仅修理跨油层坑槽的作业。作业时应尽量采用机械化维修，如用风镐、风铲铲修坑槽的边缘和剥离油层；用压缩空气吹除坑槽中的矿粉和杂质；用洒布机透油层；摊铺机摊铺沥青混合料以及夯实板或压路机等压实。

（2）基层修理

基层修理是指路面底层至路基被破坏时的作业。因此它应该是先修路基和底层再修面层。但施工时应先从面层开始，即划线、开槽、清除旧油层，然后再挖已破坏的基层，最后清底挖出旧灰尘，开挖清理工作即完成。

待新灰土层养生期满后，扫去新灰土层上的松土砂保护层，即可按以上所述修面层的程序进行油层的修补。

2 结语

公路维修与养护工作应贯彻执行“全面养护、加强管理、统一规划、积极改善”的方针。公路维修与养护工作是一项长期性的工作，是公路管理工作的重要组成部分。无论从生产规模，从业人数劳动工作量，资金与用量等各方面看，在公路行业中都占有重要的比例。从一定意义上说，养好管好一条公路与建设一条公路同样重要。

高速公路灾害预警系统研究

王　炜[1]　陈恭洋[2]　靳国新[2]　白　凯[2]
(1.长江大学城市建设学院　荆州　434023;
2.长江大学计算机学院　荆州　434023)

摘　要:本课题的理论支撑是在现有安全管理和系统组织理论研究的基础上,在“使灾害损失达到最小”思想的指导下将预警和安全原理运用在高速公路安全管理中。鉴于国内尚未有面向全程全方位的高速公路灾害预警系统,基于信息技术的最新成果及防灾减灾的最新理论,提出开发高速公路灾害预警系统的理论框架。

关键词:高速公路　灾害预警系统　信息化施工

Expressway Disaster Pre-warning System Framework

Wang Wei[1]　Chen Gongyang[2]　Ji Guoxin[2]　Bai Kai[2]
(1. School of Urban Construction in Yangtze University　Jingzhou　434023;
2. School of Urban Construction in Yangtze University　Jingzhou　434023)

Abstract: Disaster prevention and relief is an issue facing an expressway from its construction to operation. To minimize disaster losses, pre-warning and safety principles should be used in expressway safety management. Since China does not have a comprehensive disaster pre-warning system applicable to the expressway, this paper draws on the latest achievements of information technology and disaster prevention and relief theories, and proposes the theoretical framework for the development of expressway early warning system.

Keywords: Expressway　Disaster　Pre-warning system

0　引言

近年来随着我国经济的发展,高速公路建设步伐不断加大,为保证高速公路建设安全,有必要采用信息化技术措施,如开发灾害预警系统以巩固加强安全保障。

高速公路灾害是指高速公路建设营运过程中可能遇到的自然灾害与人为事故。高速公路灾害预警管理系统的目标,是实现对灾害现象的早期预防与控制,并能在严重的灾害形势下实施紧急救援。

1　国内高速公路灾害防治系统研究现状

国内外现行的对高速公路灾害成因的研究分析存在很大程度的不足,主要表现为:

(1)第一类灾害是自然灾害,如强台风、地震、大雾、泥石流等

这一类灾害的形成主要是由交通系统的外部自然环境因素(即不可抗力)造成的。因此,许多国家对这一类交通灾害成因的研究较少,基本处于“头痛医头,脚痛医脚”的状态。日本阪神大地震给日本带来了巨大的损失,震后日本加强了对交通基础设施(包括高速公路)防灾的研究和建设,其开发的灾时交通控制管理系统对于在灾时进行有效的交通控制与管理起到了重要作用。

(2)第二类灾害是指重、特大事故

它的形成既有自然因素,也有复杂的社会、机械、人文因素;既有宏观规划建设因素,也有微观管理因素。如施工过程中工作人员的失误、车辆机械故障、管理措施失当等。现行对事故成因的研究分析存在

的不足主要表现为在一定程度上夸大了人为因素的影响而忽略了其他因素(如道路、车辆、环境等)的共同作用。

(3)第三类灾害是质量病害

由于施工过程中质量控制不严,材料或施工质量不达标造成表现为路基病害、路面病害、构造物病害等。路况及环境健康数据库研究与实践方面不足。

(4)第四类灾害是环境灾害,它包括环境污染和植被破坏问题

环境灾害问题不但关系到高速公路的正常运作,而且也会造成较大的社会影响。评估模型研究不够,控制实施更是弱项。

中国科学院武汉岩土力学研究所白世伟教授等提出了高速公路边坡工程的特点,建立了工程地质信息库对地勘资料进行科学管理。由离散点几何内插得到数字高程模型(DEM),通过切制剖面对滑体和由于开挖可能形成的通过坡脚的滑体进行了稳定性计算,对类似工程具有一定的指导意义。

武汉理工大学刘清博士在其毕业论文中对高速公路灾害预警系统有较系统的研究,并开发了一个模型系统。西南交通大学土木工程学院肖林萍博士等针对地下工程的开挖和支护安全超前预报以及对地质灾害开展预测的问题进行了研究,以京珠高速公路旦架哨单拱大跨隧道信息化施工为例开展研究工作。现场监控量测主要针对锚杆轴力、围岩应力及型钢内力等,同时结合地面地质调查和隧道洞内地质观测等,通过数据的采集、处理和反馈,建立了隧道信息化施工地质灾害预报流程与模型,并成功地对重大地质灾害进行了预报,使隧道工程的设计和施工运作纳入科学的动态管理中,确保了隧道施工的安全。

湖南大学陈秋南博士等针对湖南一高速公路偏压双连拱隧道进口段埋深浅、地质条件复杂以及隧道结构受力复杂等情况,对隧道典型断面的拱顶下沉量、中墙顶部位移和收敛位移进行现场监控量测,结合隧道开挖情况和工程地质条件分析其发展规律和产生原因,给设计和施工反馈围岩变形信息,指导现场施工。同时,对隧道的施工全过程进行有限元仿真模拟分析,把有限元计算结果与现场监测数据进行比较,结果表明二者反映围岩位移的变化规律是一致的,能够动态地指导偏压双连拱隧道全过程施工,确保施工安全。

智能交通系统(ITS—Intelligent Transport Systems)是指通过综合运用先进的计算机、信息、通讯传输、管理等技术,充分利用现有交通设施,提高交通效率、安全、经济性,以及环保等交通运输服务质量要素,最终建立实时、准确、高效和智能化的综合交通运输管理体系。智能交通系统不仅是当前国际交通运输研究领域的热点和前沿,更是我国发展低碳经济、提高产业竞争力、合理规划城市发展,和解决交通问题的一个主要途径。智能交通系统也是提高安全指数的一个重要发展方向。

综上所述,高速公路灾害预警问题一直被人们关注,也是高速公路工程界的难点与热点问题。目前的研究基本集中在关键路段,关键构件。多是专门化的个别化研究,在系统集成方面欠缺研究。

2 高速公路灾害预警系统设计原则

坚持以人为本,建设高速公路灾害监测预警系统,及时发布预报、警报,保障人民群众生命安全,减少灾害损失。

坚持因地制宜、突出重点的原则。根据各地高速公路灾害的特点,针对目前防御高速公路灾害监测预警工作中存在的问题,总结成功的经验,切合实际地设计和建设监测预警系统。要突出重点,兼顾一般,按轻重缓急要求,逐步完善监测预警系统。

坚持经济实用、稳定可靠、容易实施、便于操作和推广的原则。考虑各路段的特点、地形地质条件、经济状况、人员分布、交通及通信条件等实际状况,制订监测预警系统设计方案并组织实施。既要利用遥测、通信、网络和地理信息系统等先进技术,又要充分考虑各地区的实际条件,可以采用电话、手摇报警器、无线广播、敲锣打鼓等适合当地条件的监测预警方式和方法,扩大系统覆盖面,达到既能有效解决监测、通信及预警问题,又能节约投资的目的。同时要保证系统稳定可靠、经久耐用,尽可能地降低使用运行成本。

遵循相关规程、规范。系统设计要以现行的相关管理系统、通信系统组网、软件开发、数据库构建等方面的规程、规范为依据。

充分利用现有气象、水文及地质灾害监测预警网。充分利用已有资料和成果。分析确定高速公路灾害预警指标、制订监测预警方案等，要充分利用已有资料、成果及积累的经验。

3 系统的设计思路

高速公路灾害监测预警系统主要包括灾情监测系统和预警系统。系统基本架构如图1所示。

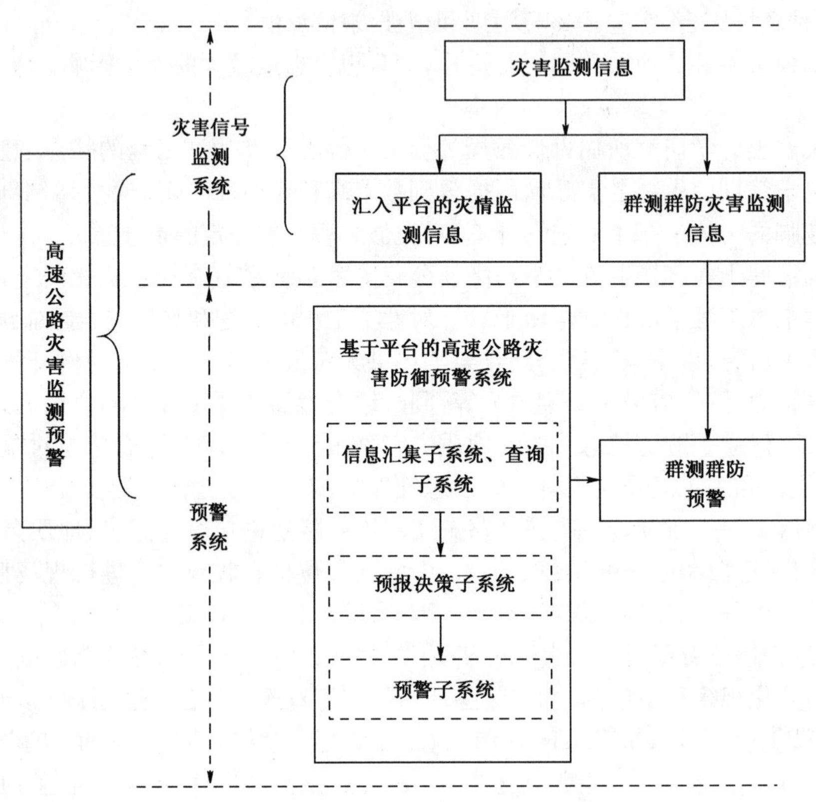

图1 高速公路灾害监测预警系统结构示意图

灾情监测系统主要包括灾情监测站网布设、信息采集、信息传输通信组网、设备设施配置等。简易与先进相结合，普通部位布置简易，关键部位如桥梁，要有一定技术含量、实用、先进、自动化程度较高的设施。

高速公路灾害预警系统由基于平台的高速公路灾害防御预警系统和高速公路灾害群测群防预警系统组成。基于平台的高速公路灾害防御预警系统中的高速公路灾害防治信息汇集及预警平台是该预警系统数据信息处理和服务的核心，主要由信息汇集子系统、信息查询子系统、计算机网络子系统和数据库子系统组成；基于平台的高速公路灾害防御预警系统主要由信息汇集子系统、信息查询子系统、预报决策子系统和预警子系统组成。

在总指挥部建立基于平台的高速公路灾害预警系统，各路段作业面收集的高速公路灾害防治相关信息汇集于系统，总指挥部防灾部门根据系统信息，及时发布预报、警报；路段级防灾部门配置信息接受终端，与总部防灾部门的高速公路灾害防治信息汇集及信息预警平台实现共享，路段以下部门执行总部防灾部门的指令。同时路段、作业组建立群测群防的组织体系，开展监测、预警工作。

将常规安全管理信息化。采用层次分析评价方法，量化评价。

解决控制性工程的灾害预警问题（如隧道），建立隧道安全指标体系如图2所示，根据某高速公路隧道的全面检测结果，借助数学中的多级模糊综合评价方法，通过建立隧道结构构件安全状况与隧道整体结果评价之间的线性代换关系，对高速公路隧道的安全性进行评价。工程应用实践表明，该评价方法以量化的形式给出评价结果，能客观反映隧道安全现状，可以对某些灾害发生作出预测。

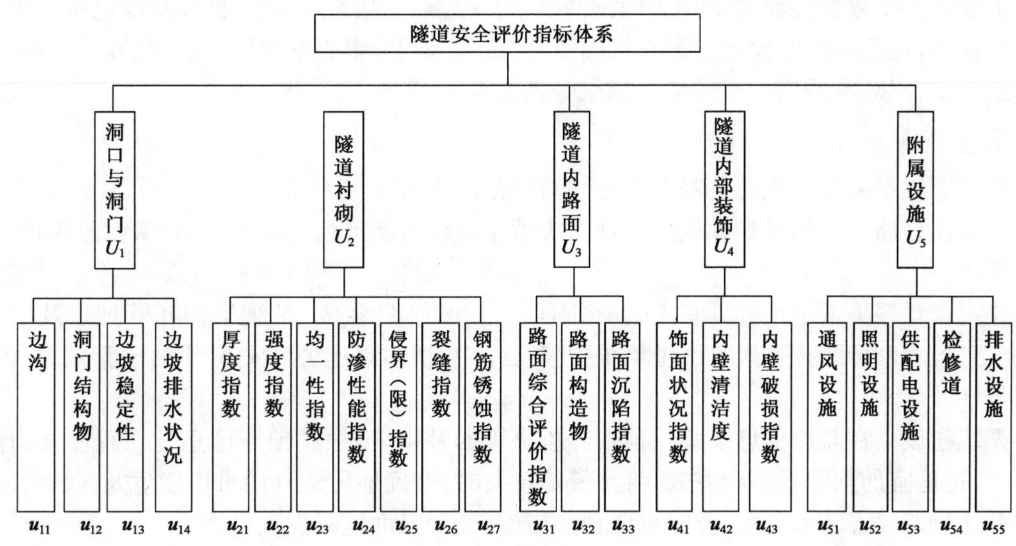

图 2　隧道安全评价指标体系

预测工后沉降是高速公路所要解决的主要问题之一。采用数学方法，如指数曲线法和双曲线法进行分析。可以较好预测沉降灾害的发生。

针对山区高速公路建设导致原生植被和动物栖息地破坏、水土流失以及局部环境恶化等一系列生态环境问题，对山区高速公路边坡防护决策与生态环境进行研究。采用综合主观赋权法和客观赋权法后的主客观赋权法进行理论分析，对分目标值构成矩阵和定性指标进行规格化处理，并对主客观赋权法数学模型进行理论求解；利用均衡度变权创建山区高速公路边坡防护方案决策的主客观赋权综合评价模型；建立边坡防护方案综合评价指标体系，采用主客观赋权综合评价法对边坡防护方案决策和保护生态环境进行评价是合理的、可行的，同时对施工诱发的灾害有较好的预警作用。

对原发性自然灾害，如山区的泥石流、滑坡灾害，可以吸收现有研究结果，将其进行可操作化和信息化，从而达到预警的目的。

4　关键子系统设计

4.1　灾害监测子系统

灾害监测系统监测项目主要包括降雨量、水位、沉降量、变形量等。根据高速公路灾害预警的需要，考虑高速公路灾害易发区地形复杂等实际情况，灾害监测站可建成简易监测站、人工监测站和自动监测站。

简易监测站要求每个人都有灾害常识，都可以知灾而报。

人工监测站要求专兼职安全员采用人工观测和管理的模式，通过语音或通话报讯进行灾害信息的采集和传输。

自动监测站采用有人看管，无人值守的管理模式，配置传感器，以及遥测终端及通信终端设备，实现灾害信息的自动采集、传输。

自动监测站以遥测终端为核心，配置各种传感器、通信终端、电源系统以及避雷系统，实现灾情信息的自动采集和自动传输。

信息传输通信网设计，主要针对系统中的自动监测站和人工监测站的数据传输通信网络进行设计。灾害数据传输常用的通信方式有卫星、GSM 短信、GPRS 等。移动通信系统正得到越来越广泛的应用，对于高速公路灾害信息和警报的传输有着十分重要的应用价值。

利用短信息平台组网，具有以下优势：①系统响应速度快，传输时效好，信号稳定可靠；②系统容量较大，可传输的数据量大。一条短信息所能容纳的数据量可达 100 字节以上；③无需中继，组网十分灵活；④设备体积小、重量轻、功耗低。维护管理简单，运行费用低。

利用短信通信实现数据传输，各地可根据需求采用点对点通信或申请特服号专线连接。用短信通信方式组成数据传输网，在测站需配置短信通信终端及天线、SIM卡，中心站则根据选用的组网方式不同配置短信通信终端及天线、SIM卡或者配置短信专用服务器及专线等。

4.2 预报决策子系统

高速公路灾害预报决策子系统是基于平台的高速公路灾害预警系统的重要组成部分，为各级灾害防御指挥部门进行高速公路灾害预警提供依据。预报决策子系统包括灾情分析预报、预警信息生成、子系统维护及管理3个模块。

高速公路灾害预报决策子系统具有灾情分析预报、预警信息生成、系统维护和管理以及信息输出等功能。将现代信息技术和传统技术融入山洪预报预警工作中，增强高速公路灾害预测预警能力，提高防灾、减灾决策的科学性。

预警子系统建设是在监测信息采集及预报分析决策的基础上，根据预警信息危急程度及山洪可能危害范围的不同，通过适宜的预警程序和方式，将预警信息及时、准确地传送到山洪可能危及区域，使接收预警区域人员根据高速公路灾害防御预案，及时采取预防措施，最大限度地减少人员伤亡。

高速公路灾害预警须群测群防，建立技术手段先进的预警系统，群测群防是现阶段高速公路灾害监测预警系统的主体。

预警子系统主要包括预警信息的获取和预警信息的发布。根据预警信息的获取渠道不同，预警信息的获取分为从各级建立的基于平台的高速公路灾害防御预警系统获取信息和群测群防获取信息两种途径。预警信息的发布主要由各级高速公路灾害防御指挥部门或者群测群防监测点的监测人员通过预警信息传输网络和其他方式完成。

预警发布方式分为通信网络畅通下的预警发布方式和无通信网络(或通信网络中断)下的预警发布方式两种情况。建立短信预警发布平台和电话传真预警发布平台，在规定的条件下自动发送高速公路灾害预警信息。

通信网络畅通时，预警信息发布单位或责任人利用Internet公网、语音电话、手机通话、手机短信、传真、有线电视、广播等及时向下发布预警信息，各级根据接收的预警信息，按照预案采取相应的措施。

在无通信网络(或通信网络中断)时，根据当地预警设备配置情况和高速公路灾害危险情况，按照预案中事先确定的报警信号，利用发送信号弹、鸣锣、启动报警器和无线广播、高音喇叭喊话等方式，向灾害可能威胁区域发送警报。

短信预警发布平台提供短信群发功能，能向列表中的各级主管领导、责任人自动发送高速公路灾害预警短信。

5 结语

灾害预警需要进行多学科、多层次相交叉的边缘性研究。多学科性表现在它将管理学、行为科学、社会学、经济学和数学等学科知识综合应用于高速公路建设安全管理实践。多层次性表现在它综合研究人、设备、路、环境以至整个系统的失误失常规律，而且在研究其规律性时必须运用各学科的知识。

参考文献

[1] 刘清.高速公路交通灾害预警管理系统研究[D].武汉:武汉理工大学,2004,11.
[2] 胡树华,张冀新,佘廉.高速公路建设灾害预警管理研究[J].统计与决策,2007,22.
[3] 刘传正,刘艳辉.地质灾害区域预警原理与显式预警系统设计研究[J].水文地质工程地质,2007,6.
[4] 田建,桂志敬,陈济丁,耿红.公路建设项目安全生产综合评价研究[J].中外公路,2010,4.
[5] 孙波,刘振奎.基于模糊综合评价法的建筑企业安全管理[J].中国安全科学学报,2006,11.

浅析施工项目重大危险源辨识与防治对策

吴风文

（广西公路桥梁工程总公司　南宁　530011）

摘　要：本文简要介绍施工项目重大危险源概念、分类以及对重大危险源的初步辨识，并提出施工工程项目重大危险源的防治对策。

关键词：施工项目　重大危险源　防治对策

Identification and Control Measures of Key Hazards in Construction Projects

Wu Fengwen

(Guangxi Road and Bridge Engineering Corporation　Nanning　530011)

Abstract: This paper introduces the concept of key hazards in construction projects, their categories and identification, and proposes hazards control measures.

Keywords: Construction project　Major hazards　Control measures

0　引言

运用现代安全管理理论，结合工程项目施工实际情况对重大危险源进行有效辨识和防治是贯彻落实国家的《安全生产法》和国务院《建设工程安全生产管理条例》，完善提高项目安全管理水平，建立和健全施工项目重大危险源预警机制，实施应急救援，确保安全管理制度以及安全保证体系落实的重要内容。现就项目建设施工的安全监督管理工作，强调"隐患险于明火，防范胜于救灾，责任重于泰山"，"安全第一、预防为主、综合治理"的安全管理方针，开展施工项目重大危险源辨识与防治进行初步的探讨。

1　重大危险源的由来

1.1　重大危险源的起源

20世纪70年代以来，预防重大工业事故引起国际社会的广泛重视。随之产生了"重大危害(major hazards)"，"重大危害设施(国内通常称为重大危险源)(major hazard installations)"等概念。

英国是最早系统地研究重大危险源控制技术的国家。英国卫生与安全委员会设立了重大危险咨询委员会(ACMH)并在1976年向英国卫生与安全监察局提交了第一份重大危险源控制技术研究报告。英国政府于1982年颁布了《关于报告处理危害物质设施的报告规程》，1984年颁布了《重大工业事故控制规程》。

1993年6月第80届国际劳工大会通过的《预防重大工业事故公约》将"重大事故" 定义为：在重大危害设施内的一项活动过程中出现意外的突发性的事故，如严重泄漏、火灾或爆炸，其中涉及一种或多种危险物质，并导致对工人、公众或环境造成即刻的或延期的严重危险。对重大危害设施定义为：不论长期地或临时地加工、生产、处理、搬运、使用或储存数量超过临界量的一种或多种危险物质，或多类危险物质的设施(不包括核设施、军事设施以及设施现场之外的非管道的运输)。

1.2　重大危险源的定义

1.2.1　《重大危险源辨识》(GB 18218—2000)的定义

长期地或临时地生产、加工、搬运、使用或储存危险物质，且危险物质的数量等于或超过临界量的单元。

单元：指一个(套)生产装置、设施或场所，或同属一个工厂的且边缘距离小于500m的几个(套)生产装置、设施或场所。

1.2.2 安全生产法的定义

“安全生产法”第九十六条：重大危险源，是指长期地或者临时地生产、搬运、使用或者储存危险物品，且危险物品的数量等于或者超过临界量的单元(包括场所和设施)。

2 重大危险源的辨识

2.1 重大危险源的分类

施工生活场所使用危险化学品及压力容器是第一类危险源，人的不安全行为、料机工艺的不安全状态和不良环境条件为第二类危险源。施工项目绝大部分危险和有害因素属第二类危险源。

施工项目重大危险源按场所的不同初步可分为：施工现场重大危险源与临建设施重大危险源两类。对危险和有害因素的辨识应从人、料、机、工艺、环境等角度入手，动态分析识别评价可能存在的危险有害因素的种类和危险程度，从而找到整改措施来加以治理。

2.2 施工现场重大危险源

2.2.1 存在于人的重大危险源

主要是人的不安全行为即“三违”：违章指挥、违章作业、违反劳动纪律，主要集中表现在那些施工现场经验不丰富、素质较低的人员当中。事故原因统计分析表明70%以上事故是由“三违”造成的，因此应严禁“三违”。

2.2.2 存在于分部、分项工艺过程，施工机械运行过程和物料的重大危险源

(1)脚手架、模板和支撑、起重塔吊、物料提升机、施工电梯安装与运行，人工挖孔桩、基坑施工等局部结构工程失稳，造成机械设备倾覆、结构坍塌、人员伤亡等意外。

(2)施工高层建筑或高度大于2m的作业面(包括高空、四口、五临边作业)，因安全防护不到位或安全兜网内积存建筑垃圾、人员未配系安全带等原因造成人员踏空、滑倒等高处坠落摔伤或坠落物体打击下方人员等意外。

(3)焊接、金属切割、冲击钻孔、凿岩等施工，临时用电漏电，遇地下室积水及各种施工电器设备的安全保护(如漏电、绝缘、接地保护、一机一闸一箱一漏)不符合要求，造成人员触电、局部火灾等意外。

(4)工程材料、构件及设备的堆放与频繁吊运、搬运等过程中因各种原因易发生堆放散落、高空坠落、撞击人员等意外。

2.2.3 存在于施工自然环境中的重大危险源

(1)人工挖孔桩、隧道掘进、地下市政工程接口、室内装修、挖掘机作业时损坏地下燃气管道等因通风排气不畅造成人员窒息或中毒意外。

(2)深基坑、隧道、地铁、竖井、大型管沟的施工，因为支护、支撑等设施失稳、坍塌，不但造成施工场所破坏、人员伤亡，往往还引起地面、周边建筑设施的倾斜、塌陷、坍塌、爆炸与火灾等意外。基坑开挖、人工挖孔桩等施工降水，造成周围建筑物因地基不均匀沉降而倾斜、开裂、倒塌等意外。

(3)海(河、江)上施工作业由于受自然气象条件如台风、汛、雷电、风暴潮等侵袭易发生翻船人亡且群死群伤意外。

2.3 临建设施重大危险源

(1)厨房与临建宿舍安全间距不符合要求，施工用易燃易爆危险化学品临时存放或使用不符合要求、防护不到位，造成火灾或人员窒息中毒意外；工地饮食因卫生不符合卫生标准，造成集体中毒或疾病意外。

(2)临时简易帐篷搭设不符合安全间距要求，易发生火烧连营的意外。

(3)电线私拉乱接，直接与金属结构或钢管接触，易发生触电及火灾等意外。

(4)临建设施撤除时房顶发生整体坍塌，作业人员踏空、踩虚造成伤亡意外。

3 重大危险源的主要危害

施工项目重大危险源，可能造成的事故危害主要有：高处坠落、坍塌、物体打击、起重伤害、触电、机械伤害、中毒窒息、火灾、爆炸和其他伤害等类型。2006年上半年建设系统事故类型死亡人数所占总数比例分别是：高处坠落占39.5%，施工坍塌占22.6%，物体打击占14.3%，起重伤害占8.1%，触电占5.9%，机械伤害占5%，其余类型占4.6%。

4 重大危险源防治对策

(1)建立项目施工重大危险源的公示和跟踪整改制度。加强现场巡视，对可能影响安全生产的重大危险源进行辨识，并进行登记，掌握重大危险源的数量和分布状况，经常性地公示重大危险源名录、整改措施及治理情况。重大危险源登记的主要内容应包括：工程名称、危险源类别、地段部位、联系人、联系方式、重大危险源可能造成的危害、施工安全主要措施和应急预案。

(2)对人的不安全行为，要严禁“三违”，加强教育，搞好传、帮、带，加强现场巡视，严格检查处罚。

(3)淘汰落后的技术、工艺，适度提高工程施工安全设防标准，从而提升施工安全技术与管理水平，降低施工安全风险。如过街人行通道、大型地下管沟可采用顶管技术，亲水性亚黏土区开挖使用梯级支撑工艺，地道桥工程采用连续墙施工新技术等。

(4)制订和实行施工现场大型施工机械安装、运行、拆卸和外架工程安装的检验检测、维护保养、验收制度。

(5)对不良自然环境条件中的危险源要制定有针对性的应急预案，并选定适当时机进行演练，做到人人心中有数，遇到情况不慌不乱，从容应对。

(6)制订和实施项目施工安全承诺和现场安全管理绩效考评制度，确保安全投入，形成施工安全长效机制。

参 考 文 献

[1] 徐永宁.关于重大危险源的管理[J].矿业快报，2007.

[2] 孙云，庞奇志.浅谈对重大危险源的有效控制[J].中国学术期刊(光盘版)电子杂志社，2004.

浅谈公路收费站风险管理

郭江峰

(日东高速公路日照管理处　日照　276826)

摘　要:对于各级公路的收费站来说,如何保证收费安全与公路畅通,如何保护职工生命财产和国家财产安全,如何营造收费站欢乐、祥和的气氛,要求我们从讲政治的高度来重视收费站安全管理问题。收费站的安全工作,责任重于泰山,一定要警钟长鸣。要通过加强收费站安全管理,确保车辆安全、快捷地通过收费站,确保维持良好的交通秩序和站容站貌,构建和谐公路环境。

关键词:收费站　责任　安全和环境管理　安全措施

Risk management in highway toll station

Guo Jiangfeng

(sunshine on East Highway Management Office　Rizhao　276826)

Abstract: For toll stations of highways at all levels, to ensure safety, smooth traffic flow, protect toll station worker's lives and property as well as state property, and create a joyful and peaceful atmosphere, we should attach great importance to toll safety management. The toll station safety is crucial and stronger safety management should be in place to guarantee the safety of vehicles, fast passing through the toll station, good traffic order and nice toll stations and build a harmonious highway environment.

Keywords: Toll stations　Liability　Safety and environmental management　Safety measures

0　引言

对于各级公路的收费站来说,如何保证收费安全与公路畅通,如何保护职工生命财产和国家财产安全,如何营造收费站欢乐、祥和的气氛,都要求我们从讲政治的高度来重视收费站安全管理问题,将科学发展观和"安全生产、预防为主"的安全管理方针,切实落实到收费管理各项工作中去。收费站的安全工作,责任重于泰山,一定要警钟长鸣。下面从收费站安全管理目标、安全管理办法、安全管理措施等几个方面进行探讨。

1　目标

通过对收费站安全和环境实施管理,确保收费站财产和工作人员的人身安全,确保车辆安全、快捷地通过收费站,维持良好的交通秩序和站容站貌。

2　确定安全管理办法

2.1　确定安全管理思想

确定"全员抓,抓全员"的思想。收费站远离市区,且过往人员情况复杂,所以不是一两个人去做或一两个人的工作就能做好的,它需要从站长到中层干部,从班长到收费员,从票证室、监控室到收费班广泛参与,密切配合,齐心协力,只有这样才能从根本上做好此项工作。

确定"反复抓,抓反复"的思想。收费站安全工作具有长期性、隐蔽性、复杂性、突发性等诸多特点,不能幻想抓一下就能永保平安,就可万事大吉,高枕无忧了,我们必须经常抓、反复抓、重点抓,做到常抓不懈。

确定“系统抓，抓系统”的思想。任何安全事故的发生，看似简单，其实很复杂，它牵涉方方面面，是一个相当复杂的系统工程，分析起来，既有主观原因，又有客观原因。主要是制度不完善，制度不落实，管理不到位等，所以我们一定要从安全教育、安全制度、安全管理入手，做到会上常说，会后常抓，坚持综合抓、系统抓、抓系统、多方位、多角度、多层面上去抓，才能有效预防收费站安全事故。

2.2 构建安全管理机制

构建预警机制。凡事预则立，不预则废。作为收费站管理者，不仅要经常分析收费站的安全形势，把可能出现的问题想在前，而且要坚持定期、不定期组织有关人员做好安全自查工作，认真研究发现的问题，采取措施，防患于未然，做到未雨绸缪，有备无患。

建立快速反应机制。要保证信息渠道畅通，有问题及时上报有关部门；要有适合本单位，具有可操作性的应急预案，安全事故发生时，及时启动应急预案，使事故损失降到最低程度。

构建教育培训机制。对收费站全体员工定期做好安全教育和培训，坚持把安全教育作为上岗下岗讲评内容之一，积极创造条件，逐步提高安全管理人员的安全专业知识水平。

3 强化安全管理措施

3.1 加强收费人员安全工作

“身居交通要道，面对大千世界”，收费站是公路交通的主要窗口，每位收费员的工作态度、工作效率，甚至一言一行、一举一动都直接影响到公路部门乃至交通部门的形象，这就要求我们加强政治思想和职业道路德教育，增强“窗口”意识，做到爱岗敬业无私奉献。

(1)加大对收费标准的宣传力度，告知交通参与者的权利和义务，避免发生误会和纠纷。

(2)加强与所属地公安机关的联系，及时与高速交警、驻站民警沟通，建立联勤联动机制，切实做好站区安全工作。

(3)召开收费安全专题会议，加强对职工自身安全教育，树立安全意识、防范意识，懂得如何保护自己。

(4)每周班务会开设安全教育专题，针对安全防护常识、安全自救常识等知识对收费员开展培训，并组织演练。

(5)遇有闯口、不缴费、对收费有争议等情况时，要求收费员充分利用收费广场三脚架等设施进行拦截，同时严禁收费员站立于问题车辆旁边，做好自我保护工作。

(6)穿越收费车道时，要求工作人员等待确认车道内车辆停稳之后再穿越。

(7)车辆进入车道内，严禁收费员在车道内逗留，如有其他作业一律等待车辆离开后进行。

3.2 加强收费站安全工作

(1)安全管理工作实行“管生产必须管安全，谁主管谁负责”的责任制，实行收费站长为现场安全第一责任人，对收费站现场安全工作负领导责任，并坚持“安全第一，预防为主”的管理原则，具体工作由各收费班组负责实施，班长为现场安全工作的直接责任人。

收费站：负责对现场安全和环境要求做出具体规定，并定期对现场安全和环境管理实施检查评审。

每月组织召开站务会时要对员工进行安全生产教育，并做好记录。

各班组：贯彻落实收费站安全管理制度和环境卫生管理制度，确保收费现场的安全和环境卫生符合要求。

监控室：负责收费现场的监督和录像工作。

安全员：负责收费现场安全工作。

收费人员必须达到“三懂”，“三会”才能上岗工作，即懂本岗位火灾的危险性，懂预防火灾措施，懂扑救初起火灾的方法；“三会”即会报警(火警 119、盗警 110、急救 120)、会使用消防器材、会扑救初起火灾。

基于以上工作职责，根据其所在的等级逐级进行负责，其工作流程如图 1 所示。

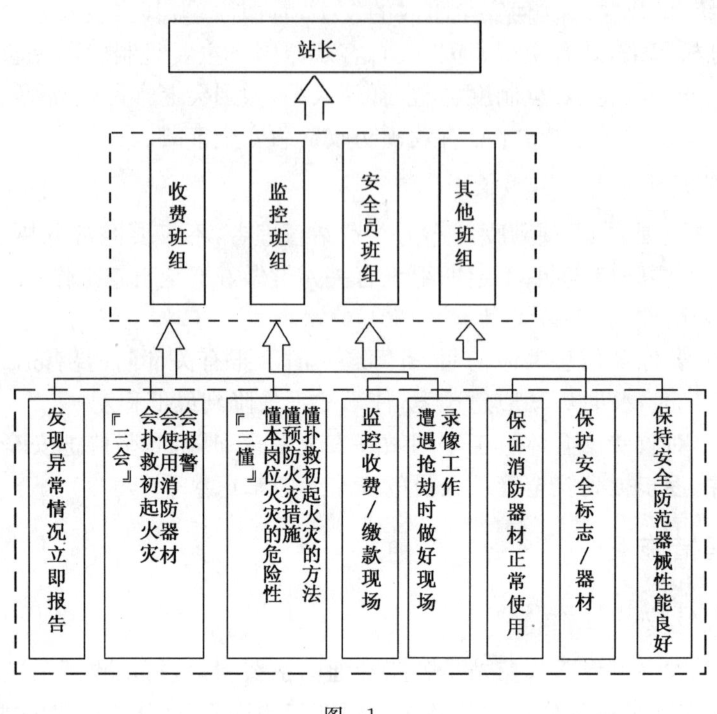

图 1

(2)安全管理措施：

收费岛(亭)安全标志明显。

收费站应配备有效的灭火器。

收费现场应配备安全防范器械，岗亭内手动(脚踏)报警器应保持性能良好。

安全员要制止闲杂人员靠近、进入收费岛。

收费亭、监控室门必须锁上。

收费人员过往车道时需注意车辆的来往，遵循“一停、二看、三通过”的规定，以保证工作人员的人身安全。

雨雾天气条件下，当班工作人员需打开雾灯，并在收费岛明显位置摆放提示车辆减速行驶标志牌。

收费人员发现异常情况和可疑人员，要立即报告班长和监控人员。

在交接班及往返缴款室的过程中，现场人员必须保持高度警惕，防止不法分子抢劫作案。

在缴款的过程中安全员要监控整个缴款现场，制止闲杂人员进入缴款室。

监控室应安装防盗设施，未经单位主管领导批准，其他人员不得进入监控室。

收费站的各种电源线路和插座保持完好，不得将任何火源、高温或者易燃易爆物体带入收费站工作现场。

收费站应有防雨、防潮、防虫、防鼠措施。

(3)安全应急措施

收费站发生抢劫应急措施：

①收费亭遭遇抢劫

收费员立即脚踩报警器向监控室报警，简明扼要向监控员报告事件性质、发案位置及原因，并实施自卫，尽量确保人身及票款安全，无法自卫时则设法拖延作案分子现场作案时间(如将现金撒乱于地等)以待救援。

监控员接报后立即通过对讲机或电话，报告值班领导，并打“110”报警，请求支援，同时坚守岗位，及时判明情况，调整现场录像系统做好对作案分子特征、作案车辆全貌、号牌及其工具等现场录像工作。

收费岛其他未受作案分子控制的人员发现案情时，出口收费员要以保护好人身及票款为主要任务，其他收费员则要采取适当措施求援，同时判明作案人数及凶器，持械合力控制作案分子，不能控制时要见机行事，拖延作案分子逃离时间，注意保护自身安全，牢记作案分子特征、作案车型、号牌及其凶器。

本单位其他人员闻讯后，立即持械赶赴现场支援。

②途中遭遇抢劫

收费班组人员向收费岛、办公区、生活区人员发出求援呼叫；收费员携款退往收费岛或没有作案分子控制的方向，同班安全员、班长进行掩护。

收费岛人员发现案情后，立即向监控员报告并向办公区、生活区人员大声呼叫求援。收费岛人员（出口收费员要以保护好自身的票款为主）闻警后及时判明作案人员及凶器，持械支援遭劫班组、合力控制作案分子，不能控制时要见机行事拖延作案分子逃离时间，注意保护自身安全，牢记作案分子特征、作案车车型、号牌、及其凶器特征。

监控员接报后立即向值班领导和公安"110"报警，尽可能地调整现场录像系统做好对作案分子特征、作案车辆全貌、号牌及其工具等现场录像工作。

本单位其他人员闻警后应立即持械赶赴现场支援。

③收费员缴款时遭遇抢劫

收费员向缴款室外发出求援信号，向监控员及办公区、生活区人员报警。

安全员见机行事设法（如把住缴款室、收款室出入口等）拖延作案分子逃离缴款现场的时间。

收费员寻找自卫机会实施自卫措施，保护自身及款票安全，无法自卫则设法拖延作案分子逃离现场的时间（如将款、票撒乱于地等）以待救援，牢记作案分子特征及其作案工具。

监控员接报后立即向值班领导及公安"110"报警，尽可能地调整现场录像系统做好对作案分子特征、作案车辆全貌、号牌及其工具等现场录像工作。

单位其他人员闻警后应立即持械赶赴现场支援。

另外，如果收费现场发生火灾，火灾现场人员或火情发现者立即将火警情况向监控室报告，尽可能把现金、票据，以及其他重要物资转移到安全地带，同时用灭火器扑火。

对于如何搞好公路收费站安全管理这个话题，是"仁者见仁、智者见智"，所采取的管理方法也因管理者和各收费站的实际情况不同而异，然而不论采取什么样的方法，我们的管理目标却是一致的，那就是：看好自己的门，管好自己的人，确保收费站的一方平安。

我国公路应急和风险管理

刘一新 牛 广

（河南省开封市交通运输局 开封 475004）

摘 要：近几年，随着公路的迅猛发展以及我国车辆总数的增加，在道路上如何更好地预防公路紧急事故和存在的各种风险的管理，是一个越来越重要的课题。

关键词：道路 应急 风险 管理

Highway Emergency and Risk Management in China

Liu Yixin Niu Guang

(Kaifeng Municipal Transport Administration in Henan Province Kaifeng 475004)

Abstract: In recent years, with the rapid development of highways and the increase in the total number of vehicles, prevention of highway accidents and risk management is an increasingly important issue.

Keywords: Highway Emergency Risk Management

0 引言

改革开放以来，我国公路交通走过了一条跨越式发展之路。这期间不论是在发展的规模上、发展的速度上，还是发展的质量上都取得了令人引以为自豪的巨大成就。到 2009 年年底，我国的公路总里程已达 386 万 km，是 1978 年的 4.3 倍；高速公路里程从无到有，已达 6.5 万 km，与美国的差距在迅速缩小；二级以上公路里程已达 42.4 万 km，是 1978 年的 35.3 倍；全国公路高级、次高级路面铺装率达 58.3%，而 1978 年仅为 18%；全国农村公路达 333.6 万 km，比 1978 年增长了 4.3 倍；全国通公路的乡镇、建制村比例由 90.5%和 65.8%，分别增加到 99.4%和 96.3%；全国乡镇建制村通班车率分别达到 98%和 87.8%。公路交通的快速发展为促进经济社会发展、国土资源开发、产业优化布局、推动城乡一体化及提高人民生活水平等均作出了重要的贡献。但是道路的飞速发展同时也带来了一定的风险，每次交通事故的发生都会带来或多或少的经济损失和人员伤亡。如何在公路的发展过程当中，及早探索公路的应急和风险管理，减少经济和人员的损失和伤亡，这是一个迫切需要解决的问题。

1 极端不良气象条件下公路交通管理对策

在公路上行车，雨、雪、雾、台风、沙尘等气象对交通安全的影响特别大，尤其是冰雪、大雾、暴风雨、强台风，不仅引起交通事故多发，而且一旦发生事故，极易引发“二次事故”和“连环事故”，导致人民群众生命财产遭受严重损失。此类气象，我们称之为“恶劣气象”。

1.1 恶劣气象对公路的影响及危害

影响我国公路交通安全的主要恶劣气象有大雾、暴风雨、强台风。恶劣气象的主要影响及危害如下。

1.1.1 路面能见度明显下降，驾驶人的观察和判断能力受到影响

几乎所有的恶劣气象都能直接导致公路能见度下降。一旦路面能见度下降，驾驶人的观察和判断能力就会受到严重影响，危及行驶安全。

1.1.2 路面摩擦系数下降,驾驶人对车辆的控制能力减弱

冰雪、雨水等气象会使路面变得湿滑,摩擦系数明显下降,车轮附着力变小,车辆行驶易引起打滑的"水漂"现象,最终使驾驶人对车辆的控制能力减弱。另外,强台风、暴风雨等也可能引起车辆左右晃动,驾驶人无法控制,严重时使车辆倾覆。

1.1.3 导致泥石流、洪涝、塌方、山体滑坡等情况的发生

有时,暴风雨、强台风会导致泥石流、洪涝、塌方、山体滑坡等情况的发生,从而在路面上形成障碍物,阻断车辆的正常行驶,甚至损毁过往车辆,造成人员伤亡。

1.1.4 路面交通受阻,行车秩序混乱

恶劣气象条件下,车辆无法正常行进,驾驶人有的将车辆停在车道上或紧急停车带,有的低速行驶,有的干脆熄火等候等,都会进一步加重交通受阻程度,引起行车秩序混乱。

1.1.5 导致交通事故多发,引发"二次事故"和"连环事故"

上述影响因素都可能导致交通事故多发,极易引发"二次事故"和"连环事故"。

1.2 当前恶劣气象条件下公路管理存在的问题

在恶劣气象条件下,我们看到公路管理方面还存在诸多不足与问题,认真吸取教训,总结经验,以免重蹈覆辙。总结近年来发生在国内外因恶劣气象导致的公路交通事故,个人认为,主要存在以下问题。

(1)缺乏与气象、广电、医院、客运、路政等单位的联动。

(2)缺乏必要的实战演练。针对恶劣气象条件,制订公路交通管理应急预案,进行必要的应急演练,可以提高我们与医院、消防、路政等单位的协作能力,提高我们应急处理的能力。

(3)思想重视不够,认识没有到位。由于各职能部门思想重视不够,认识不到位,分工不明确,必然导致措施不到位,管理不及时,势必造成严重后果。

(4)布控不规范,信息发布不及时。恶劣气象条件下,警戒布控工作要比平常来得严格,必须不打折扣地按照规范执行;同时,对公路管制的信息要提前发布,解除管制也要及时发布。

(5)驾驶人缺乏相关交通安全教育。

结合公路运行实际,在恶劣气象条件下,认为应做好以下工作。

1.3 恶劣气象条件下应做的工作

1.3.1 做好恶劣气象来临前的各项准备工作

(1)加大交通安全宣传教育工作。组织民警到村、企、学校、社区,与地方交警联手,结合驾驶员培训等方式,深入开展"五进"交通安全宣传活动,充分利用电视、报纸、网络、广播等媒介,大力宣传公路行车知识,提高驾驶人的守法意识和安全意识,提高群众在恶劣气象条件下行车的应急能力。

(2)加强对天气的预报、预警和监测提示工作,防患于未然。加强与气象、公路部门、广播电视等部门之间的协调和沟通,互通信息,建立健全恶劣天气预警机制,及时了解天气变化情况,准确发布引导、提示和警示信息。

(3)制订相应的应急预案,组织必要的实战演练。制订《公路恶劣气象条件下交通管理预案》,组织交警、消防、路政、医院、抢修等部门,联合进行全面必要的实战演练,能够有效地提高恶劣气象条件下公路管理水平,形成"招之即来、来之能战、战之必胜"的效果。

(4)商请公路部门对部分多雾多雨、易结冰积雪路段设置警示标志及警示闪光灯。

(5)对路面施工、改道现场的提前管控。由于恶劣气象条件,路面标志不清,如果存在施工、改道,极易导致车辆发生交通事故。需提前对路面施工、改道现场进行摸底排查,坚决要求施工方迅速恢复路面正常通行条件。

(6)做好相应的物资准备。要在装备保障方面周密计划和精心准备,如反光锥筒、雨衣、荧光指挥棒等。有些地方还要备好除雪、防滑、破冰等设备和工具,以备应急之用。

1.3.2 做好恶劣气象到来时的各项处置措施

(1)提高思想认识,建立高效的应急处置领导小组。做好参战民警的思想动员,提高认识,全力以赴。同

时，迅速成立恶劣气象条件公路管理应急处置领导小组，由交警、路政等部门组成，负责决策和实施。决策权由交警行使，执行路面布控以路政为主。

(2)与公路监控中心、广播电视、通信网络等部门联系，及时通过广播、手机短信、新闻、路面可变信息板等方式，发布恶劣气象的影响及路面管控情况，提醒广大驾乘人员及道路运输企业及时掌握天气和路况情况。负责在进入恶劣气象路段前，设置预告、限速、禁超等标志的组合。

(3)做好易发生泥石流、山体滑坡等路段的监控，及时发现并排除障碍。

(4)主动加强巡逻，做到"警灯常亮、警报常鸣、话筒常用"，对异常情况做到"早发现、早报告、早处置"。

(5)根据恶劣气象情况，及时转变管控方式方法。在恶劣气象非常严重，能见度接近为零的路段，要及时转变管控方式方法，不适宜在该路段内设置警示标志、反光锥筒等，以及派警车、警员上路，以免人为地设置障碍，造成不必要的损害。

(6)加强民警自身安全防护工作。对于参战民警，倡导"先防护后救人"和"自我保护安全"原则，配备必要的防护装备，如警示标志牌、强光手电、反光背心、反光锥筒等，严格按照相关规范进行巡逻布控，必要时坚决撤出浓雾区，在雾区前方进行逐个出口、分段管制分流，以确保安全。同时，对于长时间的恶劣气象，领导要做到心中有数，科学合理地安排警力，做到既要保障道路安全，又要使参战民警及时休整，有利于保持持久的战斗力。

1.3.3 做好恶劣气象消除后的完善工作

(1)对处置情况进行总结，查找漏洞，完善方案。

(2)再次对路面进行巡逻排查，及时发现塌方、积水、滑坡等异常情况，迅速恢复路面畅通。

(3)及时通过各种信息渠道发布解除管制通告，尽快恢复公路交通。

1.3.4 保障恶劣气象条件下公路交通安全的意义

保障恶劣气象条件下公路交通安全，对于维护正常的行车秩序，遏制群死群伤的重特大交通事故发生，建设安全、畅通、便捷、文明的公路交通，最大限度地保障人民群众生命财产安全，构建和谐社会，促进社会主义市场经济的发展具有重要的意义。

结论：综上所述，对恶劣气象条件下公路交通管理要未雨绸缪，提前介入，积极主动，多措并举，协同作战，形成合力，以最大限度地减少恶劣气象带来的负面影响及危害，维护好公路的安全、畅通，遏制重特大交通事故的发生，全力保障好人民群众的生命财产安全。

2 道路交通事故紧急救援现状

自20世纪90年代以来，全世界每年死于道路交通事故的人数基本保持在50万人左右。交通事故死亡人数占非自然死亡人数的1/4左右，已成为世界最大的公害。我国自2000年以来，每年死于交通事故的人数都在10万人左右，平均每天有将近300人死于道路交通事故，致死率达17%左右，这与发达国家2%的交通事故致死率相比高出近9倍。

造成我国道路交通事故上述状况的原因固然有很多，但交通事故紧急救援不力是我国交通事故死亡人数居高不下和致死率高的一个主要原因。我国每年死于交通事故的人员中，有相当一部分是由于救援不及时和救援措施不当造成的，据我国卫生部的资料表明，在1 000例交通事故伤者中，只有14.3%乘救护车到达医院。法国的实践表明，对于交通事故重伤者，在30min内获救，其生存率为80%，在90min内获救，其生存率仅为10%以下，而我国交通事故死亡者中大约40%为当场死亡，60%死于送往医院途中或在医院中死亡。由此可见，加强我国道路交通事故的紧急救援工作，是十分迫切的。

2.1 国外事故救援现状

西方发达国家在交通事故紧急救援方面有许多先进经验和成功做法，在道路交通事故紧急救援法规建设、机构设置、救援队伍、急救方案决策和支持保障体系等方面，形成了比较完善的紧急救援体系，为减少交通事故人员伤亡和财产损失发挥了重要作用。

美国在全国范围内建立了完善的"紧急救援医疗服务系统(Emergency Medical Service System，缩写为

EMS)”，虽然该系统用于对交通事故中的受伤者提供紧急医疗救援，但更侧重医疗资源的配置和紧急预案的制定。德国则不同，它在现有的医疗资源和应急手段的基础上，单独形成了一套专门的交通事故快速反应与紧急救援机制。

2.2 国内事故救援现状

2002年1月10日公安部、卫生部联合下发了《关于建立交通事故快速抢救机制的通知》，明确要求各地建立交通事故快速抢救机制，实现“110”、“120”和“122”急救信息联动和反馈制度，切实提高交通事故现场急救能力。部分省、直辖市也设立了道路交通救援委员会，并且在县市成立了相应的委员会，指导其交通事故紧急救援工作。

上述形式的交通事故救援对控制我国交通事故损害有一定的积极意义，但从总体来说，我国交通事故救援工作还只是处于起步阶段，救援工作还存在很多问题。

2.2.1 救援力量分散，救援职能交叉

道路交通事故紧急救援工作，涉及诸多的业务部门，如交通警察部门、医务部门、消防部门、特殊物品处置部门等，这些救援力量往往缺乏协调和统一的工作机制，造成资源的分散，在临时组织救援力量时，存在责任不明、机制不顺等问题，影响了救援力量作为统一整体作用的发挥。

2.2.2 重伤员抢救，轻交通管制

我国道路交通事故的救援工作，大多数只注重伤员的医护救援工作，而轻视交通基础设施的维护、现场交通秩序的疏导和事故前方路段的交通诱导等工作，加剧甚至产生由交通事故造成的交通拥堵问题，有时还导致二次事故的发生。

2.2.3 反应迟缓，装备落后

在我国交通事故救援工作中，由于救援信息网络化建设的落后和部分参与救援的人员对事故现场的不熟悉，导致救援车辆不能及时出发和选择最佳的救援路径，延误了事故的救援时间，以致救援效率不高。

另外，由于救援力量的分散和救援经费的缺乏，我国道路交通事故紧急救援装备不及、数量不足，而且技术上也较为落后，尤其是在广大的农村地区，相当一部分的乡镇卫生院没有救护车，部分县级医院的救护车也已超期服役。一旦发生重大交通事故，这些地区只好从其他地方调集救援设备(如车辆拆破器)，严重延误了宝贵的救援时间。

2.2.4 救援预案分级不实际

目前，我国各大中城市的交警支队和交警大队，均对一般交通事故和重特大交通事故编制了相应的紧急救援预案，预案中对交通事故救援指挥机构、救援人员分工均作了明确要求。

事故救援预案按死亡人数和财产损失作为预案的启动条件，有些不切实际。因为死亡人数和财产损失的统计是在紧急救援后或是在救援过程中完成的，而在交通事故发生后，是无法预知人员伤亡情况和财产损失的，尤其是我国道路交通事故死亡者中大约60%是死于送往医院途中，或是在医院中死亡。

3 关于我国道路交通事故紧急救援工作的对策

为推进我国道路交通事故紧急救援的发展，减少道路交通事故造成的人员伤亡和财产损失，应根据我国国情，在充分利用现有救助资源的基础上，参考发达国家的发展经验与历程，从以下几个方面进行考虑。

3.1 道路交通救援工作应依托于城市紧急救助系统

城市紧急救助系统的任务是在重大意外突发事件中，承担城市的紧急医疗救援指挥任务。目前全国各大、中、小城市均已成立了城市急救中心及所属的急救网络，其系统建设和急救网络相对已比较成熟，并且在全国已初步形成了北京、广州、上海和重庆四种模式。

城市紧急救助系统将各种信息与通信资源进行了完整的系统集成，将110报警服务台、119火警、120急救、122交通事故报警台纳入统一的指挥调度系统，不仅使各部门、各警区和各警种形成了统一的调度平台，还可以将资金集中使用。

将道路交通紧急救援工作依托于城市紧急救助系统，可以充分利用城市紧急救助系统的资源和急救网络，避免各种“急救中心”的重复建设，解决现行道路救援工作中的力量分散、机制不顺和装备落后等状况，提高道路交通事故的快速反应、救援能力和科学决策水平，使我国的交通急救事业更快的走向完善和成熟。

3.2 加强事故现场的交通管制

加强对事故现场的交通管制，为现场的抢救工作提供良好的秩序，并在事故影响范围内，为途经现场的车辆和行人提供信息服务，必要时可以提供车辆绕行方案，确保道路交通安全、畅通，避免二次事故的发生。事故处理结束后，撤销对事故的交通管制并提供交通恢复信息服务。

3.3 强化黄金一小时救护制

根据医学界的抢救“黄金一小时”法则，对受伤人员的抢救越及时，一些病危伤员越有可能保住生命。但交通事故发生后第一到达现场的往往是过往的车辆驾驶人、乘车人非专业救助人员，这些非专业的救助人员才是最有条件在“黄金一小时”内采取措施抢救受伤人员的人。

因此，建议对每个申请考取机动车驾驶执照的人，都必须让其接受医疗组织的必要的急救知识培训，掌握在交通事故现场对受伤人员的初步救护技能，并且出台相应的交通法规，从法律上规定对途经事故现场车辆驾驶员都有责任和义务对事故伤害者进行救助并发送呼救信号。

3.4 对交通事故救援预案重新分级

道路交通事故紧急救援预案以死亡人数和财产损失作为预案启动条件是不实际的，应该以事故发生时交通受害者的人数作为启动条件。

当交通事故发生时，求救人员是无法确定当时人员伤亡状况和财产损失的，因此救援预案的启动条件也就无法确定，从而导致将重特大事故当成“一般”交通事故进行处理。而以事故发生时的交通受害者人数作为救援预案的启动条件，则可以避免这种状况的发生，极大地挽救交通事故受伤人员。

4 结语

我国道路交通事故紧急救援工作，目前还只是处于起步阶段，但机遇与挑战同在，希望与困难并存，随着社会经济的发展和社会保障体系的完善及公安、卫生、消防、市政和保险等部门的进一步协调，我国的道路交通事故紧急救援工作一定会朝着快捷、高效的方向不断前进，届时定能更好地保证交通安全、降低事故损失，更好地保护人民的生命财产安全，为构建和谐社会作出贡献。

总之，做好公路的应急与防范，需要我们在大量的实际工作当中用心摸索，加强公路的风险管理更需要我们站在提前预防的高度，及早预防，及时管理，使我们的公路交通平安运行，在方便我们出行的同时，更要保证我们的安全到达出行的目的。

浅谈公路工程项目风险管理

虞 婧

(中咨(武汉)桥隧设计院有限公司 武汉 430000)

摘 要:近年来,我国的基础设施建设得到了快速发展,拉动了相关产业的快速增长,对国民经济起到了重要的推动作用。为确保国民经济持续、快速、健康发展,中央作出了加快包括公路在内的基础设施建设投资规模的决定。要合理安排这些投资,使其充分发挥投资效益,避免重复建设、盲目建设,就需要对公路工程项目从立项、设计、施工、运营全过程进行严格的质量管理。但是,当前在实施全过程的质量管理中,有一个环节往往被忽视或不被重视,这就是风险管理。公路工程项目从立项到运营都存在着风险,对项目全过程实行风险管理,可为项目创造平静、稳定的工作环境。

关键词:风险管理 高速公路

Risk Management of Highway Projects

Yu Jing

(Zhongzi(Wuhan) Bridge and Tunnel Design Academy Co., Ltd. Wuhan 430000)

Abstract: In recent years, China′s infrastructure construction has undergone a rapid development, boosting related industries and the national economy. To ensure the sustainable, rapid and healthy development of the national economy, the central committee of the Communist Party of China decided to increase infrastructure investment, including highways. To properly allocate these investments and avoid redundant and haphazard construction, quality control should be in place from highway projects plan, design, and construction all the way to its operation. However, there is one aspect that has been repeatedly overlooked or belittled in the whole process of quality control, which is risk management. Risks exist at every link of the project, so a whole range of risk management can create a peaceful and stable working environment for the projects.

Keywords: Risk Management Expressway

1 风险管理的提出项目管理者联盟

近年来,我国的基础设施建设得到了快速发展,拉动了相关产业的快速增长,对国民经济起到了重要的推动作用。为确保国民经济持续、快速、健康发展,中央作出了加快包括公路在内的基础设施建设投资规模的决定。要合理安排这些投资,使其充分发挥投资效益,避免重复建设、盲目建设,就需要对公路工程项目从立项、设计、施工、运营全过程进行严格的质量管理。但是,当前在实施全过程的质量管理中,有一个环节往往被忽视或不被重视,这就是风险管理。目前公路项目风险管理还只侧重于项目后期,在项目前期之所以没有进行风险管理,一方面是由于国家项目管理程序中没有风险分析这部分,另一方面就是业主不重视,没有意识到风险分析能使科研更深入,克服片面性,有利于项目科学决策。公路工程项目从立项到运营都存在着风险,对项目全过程实行风险管理,可为项目创造平静、稳定的工作环境。

2 风险管理的内涵

风险管理力求把风险导致的各种不利后果减少到最低限度,使之正好符合有关方在时间和质量方面的要求。一方面，风险管理能促进决策的科学化、合理化，减少决策的风险性；另一方面，风险管理的实施可以使生产活动中面临的风险损失降至最低，以最低成本实现最大的安全保障。

从表层上分析，风险管理就是对生产活动或行为中的风险进行管理，从深层上研究，风险管理是指主体通过风险识别、风险量化、风险评价等风险分析活动，对风险进行规划、控制、监督，从而增大应对威胁的机会，以成功地完成并实现总目标。风险管理的主体是管理人员，客体是生产活动中的风险或不确定性，大型、复杂的生产活动过程应设置专门的风险管理机构和相应的风险负责人。

风险管理是一个过程，由风险的识别、量化、评价、控制、监督等过程组成，通过计划、组织、指挥、控制等职能，综合运用各种科学方法来保证生产活动顺利完成；风险管理技术的选择要符合经济性原则，充分体现风险成本效益关系，不是技术越高越好，而是合理优化达到最佳，制定风险管理策略，科学规避风险；风险管理具有生命周期性，在实施过程的每一阶段，均应进行风险管理，应根据风险变化状况，及时调整风险应对策略，实现全生命周期的动态风险管理。

3 风险管理过程及方法

风险管理过程包括风险规划、风险识别、风险评价、风险处理和风险监控几个阶段。

3.1 风险规划

风险规划指确定一套完整、全面、有机配合、协调一致的策略和方法并将风险形成文件的过程，这套策略和方法用于识别和跟踪风险区，拟定风险缓解方案，进行持续的风险评估，从而确定风险变化情况并配置充足的资源。在进行风险规划时，主要考虑的因素有：风险管理策略、预定义角色和职责、各项风险容忍度、工作分解结构、风险管理指标体系。

规划开始时，要制定风险管理策略并形成文件。早期的工作是：确定目的和目标；明确具体区域的职责；明确需要补充的技术专业，规定评估过程和需要考虑的区域；规定选择处理方案的程序；规定评级图；确定报告和文档需求，规定报告要求和监控衡量标准。如有可能，还要明确如何评价潜在资源的能力。

风险规划过程的运行机制是为风险管理过程提供方法、技巧、工具或其他手段、定量的目标、应对策略、选择标准和风险数据库。其中，定量的目标表示了量化的目标；应对策略有助于确定应对风险的可选择方式；选择标准指在风险规划过程中制定策略；风险数据库包含历史风险信息和风险行动计划等。

风险管理计划在风险规划中起控制作用。风险管理计划要说明如何把风险分析和管理步骤应用到项目之中。该文件详细地说明风险识别、风险评估、风险处理和风险监控的所有方面。风险管理计划还要说明项目整体评价风险的基准是什么，应当使用什么样的方法以及如何参照这些风险评价基准对项目整体进行评价。

3.2 风险识别

风险识别是管理风险的第一步，即识别整个项目过程中可能存在的风险。一般是根据项目的性质，从潜在的事件及其产生的后果和潜在的后果及其产生的原因来检查风险。收集、整理项目可能的风险并充分征求各方意见就形成项目的风险列表。

风险识别的目的是减少结构的不确定性。亦即发现引起风险的主要因素，并对其影响后果做出定性的估计。该步骤需要明确两个问题：明确风险来自何方（确定风险源），并对风险事项进行分类；对风险源进行初步量化。

风险的识别是风险管理的基础，应是一项持续性、反复作业的过程和工作。因为风险具有可变性、不确定性，任何条件和环境的变化都可能会改变原有风险的性质并产生新的风险。对风险的识别不仅要通过感性认识和经验进行判断，更重要的是必须依靠对各种客观统计资料和风险记录进行分析、归纳和整理，从而发现各种风险的特征及规律。常用的风险识别方法有：专家调查法（头脑风暴法、德尔菲法、访谈法、问卷调查法）、情景分析法、故障树分析法等。

3.3 风险分析和评价

在公路项目中，仅仅利用风险估测的三个参数来为风险管理提供依据是远远不够的，还需要结合公路项目的特点进行进一步的分析，即风险分析。风险分析就是以风险估测的三个参数为基础，对具体的公路项目评价模式进行适当的数学处理，使之能反映风险因素的过程。公路项目前期工作，即公路项目可行性研究中，评价模式为计算项目净现值、内部收益率、投资回收期等评价指标。风险分析也就是在这些评价指标中加入风险因素。

公路工程可行性研究报告中包括不确定性分析，不确定性分析不等于风险分析。不确定性是指人们在事先只知道所采取行动的所有可能后果，而不知道它们出现的可能性，或者两者均不知道，只能对两者做些粗略的估计。不确定性是难以计量的。风险是指给行为主体带来失败，损失后果的可能性以及每种后果出现可能性的大小。风险是有概率可以计量的。通常在可行性报告中只对投资及效益进行敏感性分析。敏感性分析只能告诉某种因素变动对经济指标的影响，并不能告知这种影响的可能性有多大，如果对各种因素发生某种变动的概率，事先能够客观地或主观地给出，就可以借助风险分析帮助决策。

风险分析和评价的目的是将各种数据转化成可为决策者提供决策支持的信息，进而对各风险事件后果进行评价，并确定其严重程度排序。在确定风险评价准则和风险决策准则后，可从决策角度评定风险的影响，计算出风险对决策准则影响的度量，由此确定可否接受风险，或者选择控制风险的方法，降低或转移风险。在分析和评价风险损失的严重性时，应注意风险损失的相对性，即在分析和评估风险损失时，不仅要正确估计损失的绝对量，而且要估计组织对可能发生损失的承受力。在确定损失严重性的过程中，必须考虑每一风险事件和所有风险事件可能产生的所有类型的损失及其对主体的综合影响，既要考虑直接损失、有形损失，也要考虑间接损失、无形损失。风险影响与损失发生的时间、持续时间、频度密切相关，这些因素对安全生产的影响至关重要。

风险分析和评价的方法主要有：专家打分法、蒙特卡罗模拟法、概率分布的叠加模型（CIMM 模型）、随机网络法、风险影响图分析法、风险当量法等。

3.4 风险处理

完成了风险分析后，就已经确定了项目中存在的风险以及它们发生的可能性和对项目的风险冲击，并可排出风险的优先级。此后就可以根据风险性质和项目对风险的承受能力制订相应的防范计划，即风险应对。确定风险的应对策略后，就可编制风险应对计划，它主要包括：已识别的风险及其描述、风险发生的概率、风险应对的责任人、风险对应策略及行动计划、应急计划等。制订风险应对策略主要考虑以下四个方面的因素：可规避性、可转移性、可缓解性、可接受性。风险的应对策略在某种程度上决定了采用什么样的项目开发方案。对于应“规避”或“转移”的风险在项目策略与计划时必须加以考虑。

风险处理就是对风险提出处置意见和办法。通过对风险识别、估计和评价，把风险发生的概率、损失严重程度以及其他因素综合起来考虑，就可得出发生各种风险的可能性及其危害程度，再与公认的安全指标相比较，就可确定危险等级，从而决定采取什么样的措施以及控制措施，应采取到什么程度。有效处理风险，可以从改变风险后果的性质、风险发生的概率或风险后果大小三个方面提出多种策略。

3.5 风险监控

制订了风险防范计划后，风险并非不存在，在项目推进过程中还可能会增大或者衰退。因此，在项目执行过程中，需要时刻监督风险的发展与变化情况，并确定随着某些风险的消失而带来的新的风险。

风险监控就是通过对风险识别、估计、评价、处理全过程的监视和控制，从而保证风险管理能达到预期的目标。监控风险实际上是监控生产活动的进展和环境，即情况的变化，其目的是：核对风险管理策略和措施的实际效果是否与预见的相同；寻找机会改善和细化风险控制计划，获取反馈信息，以便将来的决策更符合实际。在风险监控过程中，及时发现那些新出现的以及预先制订的策略或措施不见效或性质随着时间的推延而发生变化的风险，然后及时反馈，并根据对生产活动的影响程度，重新进行风险识别、估计、评价和处理，同时还应对每一风险事件制订成败标准和判据。

风险监控包括两个层面的工作：其一是跟踪已识别风险的发展变化情况，包括在整个项目周期内，风险产生的条件和导致的后果变化，衡量风险减缓计划需求。其二是根据风险的变化情况及时调整风险应对计划，并对已发生的风险及其产生的遗留风险和新增风险及时识别、分析，并采取适当的应对措施。对于已发生过和已解决的风险也应及时从风险监控列表调整出去。

最有效的风险监控工具之一就是“前 10 个风险列表”，它是一种简便易行的风险监控活动，是按“风险值”大小将项目的前 10 个风险作为控制对象，密切监控项目的前 10 个风险。每次风险检查后，形成新的“前 10 个风险列表”。

风险监控应是一个连续的过程，它的任务是根据整个(风险)管理过程规定的衡量标准，全面跟踪并评价风险处理活动的执行情况。有效的风险监控工作可以指出风险处理活动有无不正常之处，哪些风险正在成为实际问题，掌握了这些情况，管理部门就有充裕的时间采取纠正措施。同时，建立一套管理指标体系，使之能以明确易懂的形式提供准确、及时而关系密切的风险信息，是进行风险监控的关键所在。

风险监控的主要方法有：审核检查法、监视单、风险报告等。

4 风险管理方案的制订原则

4.1 可行、适用、有效性原则

管理方案首先应针对已识别的风险源，制订具有可操作的管理措施，适用、有效的管理措施能大大提高管理的效率和效果。

4.2 经济、合理、先进性原则

管理方案涉及的多项工作和措施应力求管理成本的节约，管理信息流畅、方式简捷、手段先进，才能显示出高超的风险管理水平。

4.3 主动、及时、全过程原则

项目的全过程建设期分为前期准备阶段(可行性研究阶段、勘察设计阶段、招标投标阶段)、施工及保修阶段、生产运营期。对于风险管理，仍应遵循主动控制、事先控制的管理思想，根据不断发展变化的环境条件和不断出现的新情况、新问题，及时采取应对措施，调整管理方案，并将这一原则贯彻项目全过程，才能充分体现风险管理的特点和优势。

4.4 综合、系统、全方位原则

风险管理是一项系统性、综合性极强的工作，不仅其产生的原因复杂，而且后果影响面广，所需处理措施综合性强，例如项目的多目标特征(投资、进度、质量、安全、合同变更和索赔、生产成本、利税等目标)；因此，要全面彻底地降低乃至消除风险因素的影响，必须采取综合治理原则，动员各方力量，科学分配风险责任，建立风险利益的共同体和项目全方位风险管理体系，才能将风险管理的工作落到实处。

5 实施风险管理时应注意的几个问题

5.1 风险管理过程的成本

与风险管理过程相关的成本会出现在资金或时间方面，但是机会成本可能更重要，而且机会成本在进行长期决策时发挥着重要作用。我们需要在固定的资源约束范围内工作，关键人员的时间会变得极其宝贵。用经济学术语来讲，风险管理过程涉及的所有人员(而不仅仅是风险管理过程的专业人员)每增加一个小时的边际成本，应该用花费这些时间完成其他工作所实现的最大价值来衡量。在项目运行的某一关键点上，所涉及人员的时间非常宝贵，可能是他们工资总成本的 2 倍、3 倍甚至 10 倍，因此对这些人和时间的有效利用至关重要。风险管理过程本身即是一个高风险的项目。如果在基本执行过程中已经出现危机，此时试图增加风险管理过程的资源(包括对人员的更多支持，不只限于风险管理过程的专业人员)并非上策。

5.2 风险管理的正式程度

正式性不仅是指要编制许多正式文件，它的关键内涵是结构，理解这一点有助于我们有效利用时间。风险管理过程的效果很大程度上取决于它提出正确问题的能力，而正式性、规范化正是为了解决这个问题而提出来的。

5.3 风险管理的组织

高级管理层的支持，对于发挥风险管理过程的作用非常重要。风险管理过程应该反映高级管理层的需求和关注。所有相关经理人员，尤其是项目经理，需要在早期阶段介入，保证相关的风险管理过程纳入到项目管理过程中去。理想的情况是在这个阶段任命项目经理，让他能够积极参与到这些任务中，在更加详细的设计与计划阶段之前，确立风险管理过程的概念并阐明其作用。更多人员参与到任务中很有好处，这些人员包括组织职能部门中的个人、主要客户、主要承包人或分包人、潜在的合作伙伴以及设计和引入风险管理过程的顾问。

6 结语

风险贯穿于项目的整个生命周期中，因而风险管理是个持续的过程，建立良好的风险管理机制以及基于风险的决策机制是项目成功的重要保证。风险管理是项目管理流程与规范中的重要组成部分，制订风险管理规则、明确风险管理岗位与职责是做好风险管理的基本保障。同时，不断丰富风险数据库、更新风险识别检查列表、注重项目风险管理经验的积累和总结更是风险管理水平提高的重要动力源泉。在全面分析评估风险因素的基础上，制订有效的管理方案是风险管理工作的成败之关键，它直接决定管理的效率和效果。因此，翔实、全面、有效成为方案的基本要求，其内容应包括：风险管理方案的制订原则和框架、风险管理的措施、风险管理的工作程序等。

参考文献

[1] 符志明.航天风险管理[M].北京：机械工业出版社，2005.

[2] 符志民.研发项目开发风险种类和风险事件[J].管理与改革，2002.

[3] 严武.风险统计与决策分析[M].北京：经济管理出版社，1996.

[4] 宾国强.实际利率、金融深化与中国经济增长[J].经济科学，1999(2).

[5] 范学俊.金融体系与经济增长：来自中国的实证检验[J].金融研究，2006(3).

浅析全面风险管理在高速公路运营管理中的应用

虞 婧

（中咨（武汉）桥隧设计院有限公司 武汉 430000）

摘 要：随着经济社会的不断发展、人口的增长、汽车保有量的增加和道路系统的日趋复杂化，道路交通安全状况十分严峻，道路交通的安全风险越来越高，成为严重威胁社会发展和人民生命财产安全的重要风险源。因此研究道路交通安全风险，对满足现代道路交通安全管理的需求有着重要的意义。我国公路工程建设项目前期工作中，风险管理是一个比较薄弱的环节，针对此情况，就公路工程风险管理的理论和实践问题做了初步探讨，希望通过对公路项目的风险管理，为项目科学决策提供一些依据。

关键词：风险管理 高速公路

Application of Comprehensive Risk Management in Expressway Operation and Management

Yu Jing

(Zhongzi(Wuhan) Bridge and Tunnel Design Academy Co., Ltd. Wuhan 430000)

Abstract: With the continuous economic and social development, population growth, the increase in car ownership and more complex road systems, road safety is now a daunting issue with increasing security risks. Road accidents have become a serious threat to social development and people's lives and property. Therefore, studies on road traffic hazards are badly needed in road safety management. In terms of the previous stage of highway projects in China, risk management is a relatively weak link. Therefore, this paper explores the risk management theories and practices in the hope of proriding some reference for scientific decision-making of the projects.

Keywords: Risk Management Expressway

0 引言

随着我国高速公路的飞速发展，伴随着长期以来一路一公司的管理模式，我国经营管理高速公路的企业也如雨后春笋般地涌现，这也就对高速公路的经营管理水平有了更高的要求。一般而言，高速公路经营管理企业的业务范围包括高速公路建设和维护管理、按章对通过车辆收费、油品零售、广告发布、汽车维修、住宿餐饮、商品销售等。

公路建设工程中出现的事先不确定的内部或外部的干扰因素，谓之风险。任何公路建设工程都存在风险，如工期延长、成本增加、计划修改等，这些都会造成经济效益的降低，甚至公路建设工程的失败。正是由于风险会造成很大的损害，风险管理已成为公路建设工程管理中不可或缺的一环。良好的风险管理能获取巨大的经济效益，同时也有助于提高企业竞争能力和管理水平。

1 公路建设工程的风险管理内容

1.1 公路建设工程中各个过程的风险管理

从项目的立项到项目结束的各个过程，都必须进行风险研究与预测、过程控制以及风险评价，以求全过程的有效控制以及积累经验和教训。

1.2 公路建设工程全面风险管理

多年来，人们在风险管理实践中逐渐认识到，在公路建设工程的各个部门都存在着风险，有的风险相互叠加放大，有的风险相互抵消而减少。因此，公路建设工程不能只从某个环节、某个部门的角度来考虑风险，必须根据风险组合的观点，从贯穿整个公路建设工程的角度看风险，实行全面风险管理，如工期、费用、质量、设计能力、市场、信誉等。

1.3 公路建设工程风险的全方位管理

全面风险管理的框架有三个维度。第一个维度是企业的目标，即公路建设工程中业主、承包人、监理的目标，包括战略目标、经营目标、报告目标和合规目标 4 个目标。第二个维度是全面风险要素，即内部环境、目标设定、事件识别、风险评估、风险对策、控制活动、信息和交流、监控 8 个要素。第三个维度是企业的各个层次，即整个企业、各职能部门、各条业务线及下属各分公司面临的共同风险，包括政治风险、经济风险、法律风险、环境和移民风险、经营管理风险。如在 BOT 项目中，政治风险的主要构成为政局的稳定程度、政策变动因素、项目所在国与东道国的双边贸易关系等。

1.4 公路建设工程的全面组织实施

全面风险管理 8 个要素都是为企业的 4 个目标服务的，企业各个层级都要坚持同样的 4 个目标，每个层级都必须从以上 8 个方面进行风险管理。

2 公路建设工程的主要风险构成

2.1 工期风险

表现为造成局部的(工程活动、分项工程)或整个工程的工期延长，不能及时投入使用。如业主在公路建设工程合同签发前或实施中，未按合同规定时间解决征地移民问题，未提供“三通一平”，未按公路建设工程合同规定及时供应电、水，未按公路建设工程合同规定及时提供各种合格的主材等。

2.2 费用风险

包括财务风险、成本超支、投资追加、报价风险、收入减少等。费用风险主要受以下 4 个方面影响：①经济发展规划，包括银行利率、信贷管理制度、货币兑换比率等；②市场情况，包括价格风险、竞争风险和公路建设市场的需求风险等；③电力输送情况，包括自发电、国内输送电、省内输送电等；④承包人的施工能力，包括承包人队伍素质、能力，建设成本以及经营情况。

2.3 质量风险

包括材料、工艺、工程等不能通过验收，工程验收不合格，经过评价工程质量未达到标准和要求等。

2.4 设计能力风险

主要表现为公路建设工程完成后未能达到施工设计要求。设计量的大小是设计质量高低的必然反映，所以把好设计关，是有效控制变更量的首要途径。如在时间过于紧迫，勘察成果质量不高的条件下，设计人员若依据这些质量不高的勘察成果来设计，其设计的质量也必然不会高。设计时间过紧，设计工作难以做到周密，各专业协调不够，会出现漏项、错误，其结果欲速则不达，反而使设计修改多，增加了投资，延长了工期，索赔率会增长。

2.5 市场风险

公路建设工程完工后达不到预期的市场份额，没有竞争力。如北京市五环路投资人民币 20 亿元，计划 20 年收回投资，但实际上每天车流量未达设计要求的 1/5。

2.6 信誉风险

可能对企业的形象、信誉造成损害是信誉风险。如业主未按公路建设工程合同规定及时对承包人支付工程价款而应承担的违约责任；承包人未按公路建设工程合同的技术要求施工，造成工程质量有缺陷，包括工程验收时发现不合格的情况；虽经返工但仍达不到技术指标要求，但结构稳定，不影响其基本功能。

2.7 人身伤亡以及工程或设备毁损的风险

一般来讲,施工设备由承包人自备,但由于有的公路建设工程量巨大,工期紧,坚持大型专用施工设备由承包人自备确有困难时,业主购买后可有偿、无偿提供给承包人使用以确保工期,减轻承包人的压力,同时在一定程度上降低合同总价。施工设备风险包括未按合同的规定时间进场、使用过程中出现机械故障及配件供应不及时等。

2.8 法律责任风险

法律责任风险是指法律的完善程度和变动情况给公路建设工程带来的风险,包括专门设计和规范公路建设工程的法律文本内容的变更等;也包括出现金融、工期和费用索赔等纠纷时,能得到及时仲裁或处理,保障业主的建设和经营权、投资受益和抵押权。法律责任风险的主要构成是法律完善程度、项目违约法律条款。

2.9 环境风险

环境包括自然环境和社会环境。自然环境中包括气候条件、气象变化情况,公路建设工程所在地区的温度、湿度、降雨雪量、风力、晴雨天数、日照指数,特别是自然灾害情况,如地震、洪水、风暴及海啸。2003 年的"非典"、2004 年的高致病禽流感等也应视为自然灾害情况。

3 公路建设工程的风险控制

3.1 从公路建设工程整体利益角度出发,最大限度地发挥各方积极性

公路建设工程的风险是时刻存在的,如果公路建设工程的项目参加者都不需承担风险,相对来说也就不存在责任,没有责任就没有工作的积极性。如果取成本加酬金合同,承包人则没有任何风险责任,那么他会千方百计地提高成本以获取工程利润,最终将损害工程整体效益;如果承包人承担全部风险,为防范风险,他必然会提高报价,加大预算,此时业主无须承担风险,最终仍将损害整体利益。

3.2 公路建设工程责、权、利均衡

一是公路建设工程的风险责任和权力应是平衡的。承担责任也应该享有权力,同样,如果已有某种权力,也要承担相应的责任。

二是风险与收益要对价。对于风险的承担者,应享受风险控制获得的收益和机会收益。

三是风险承担可行性,风险的承担应当拥有预测、计划、控制的条件和可能,有迅速采取控制风险措施的时间、信息等,只有这样,公路建设工程的参与者才能理性地承担风险。

3.3 公路建设工程应回避大的风险,选择相对小的或适当的风险

对于那些可能明显导致亏损的项目就应该放弃,而对于某些风险超过其承受能力,并且成功把握不大的公路建设工程应当尽量回避。

3.4 公路建设工程应采取先进的技术措施和完善的组织措施

为减少风险产生的可能性,应选择有弹性的、抗风险能力强的技术方案,进行预先的技术模拟试验,采用可靠的保护和安全措施。对公路建设工程项目管理应选择优秀的技术和管理人员,采取有效的管理组织形式,并在实施的过程中进行严密控制。

科学规范计划变更。为了调动设计人员的积极性,在给予一定时间、空间的前提下,给予其一定的压力,业主与勘察设计单位签订限额设计协议、供图协议,优化设计管理办法,制定合理化建议奖励办法,对工程质量、工期投资控制有功人员给予奖励,充分发挥其聪明才智。要通过建立设计指标,选择方案优秀、报价合理、信誉好、素质高、技术服务周到的设计单位,与其签订设计委托合同。

编好招标文件。招标文件应由业主自身编制或委托有资质的中介机构、设计院编制。招标文件指招标设计、投标须知、合同格式、商务条款(一般合同条款、专用合同条款)、招标书格式、工程量报价单以及投标报价所需的辅导资料、技术资料及该合同的标段划分说明等。招标文件是合同文件的重要组成部分,是业主对

投标者就该合同工程发出的要约，也是对投标者对其响应和承诺的依据，是选择中标者的条件要求。因此，业主要给招标文件编制一个合理的工作周期，合同条款尽量引用合同范本的条款，合同文件应请专家会审，标段划分应科学，各标段基本是独立的，避免施工干扰。

3.5 公路建设工程的业主应要求对方担保并购买保险

对于合作伙伴在公路建设工程中可能产生的资信风险，可要求对方出具担保，如由银行出具投标保函，合资项目政府出具的保证，履约保函以及预付款保函等。

提出合理的风险保证金。在报价中增加一笔不可预见的风险保证金，以抵消或降低风险发生时的损失。

对于一些无法排除的风险，可以通过购买保险的方法解决。因为公路建设工程合同中虽然规定了业主和承包人的权利、义务，也明确各自承担的风险，但在公路建设工程合同实施过程中，预先无法避免并且不能克服的不可抗力等造成的损失是可能发生的。因此，可以根据公路建设工程合同的规定，购买工程保险、财产保险等保险，以转嫁风险，减少损失。

3.6 公路建设工程应加强风险的预警工作

在公路建设工程的实施过程中，要不断地收集和分析各种信息和动态，捕捉风险的前期信号，以便更好地准备和采取有效的风险对策，对抗可能发生的风险。

3.7 公路建设工程在风险状态下应实施危机管理

在公路建设工程风险发生时，及时采取措施以控制风险的影响，是降低损失、防范风险最为有效的方法。

在公路建设工程的风险状态中，必须保证工程的顺利实施，如迅速恢复生产，按原计划保证实现预定的目标，防止公路建设工程中断和成本超支。争取获得风险的赔偿，尽可能地减少损失，如向保险公司、风险责任者索赔。

4 结语

风险贯穿于项目的整个生命周期中，因而风险管理是个持续的过程，建立良好的风险管理机制以及基于风险的决策机制是项目成功的重要保证。风险管理是项目管理流程与规范中的重要组成部分，制订风险管理规则、明确风险管理岗位与职责，是做好风险管理的基本保障。同时，不断丰富风险数据库、更新风险识别检查列表、注重项目风险管理经验的积累和总结，更是风险管理水平提高的重要动力源泉。在全面分析评估风险因素的基础上，制订有效的管理方案，是风险管理工作成败之关键，它直接决定管理的效率和效果。因此，翔实、全面、有效成为方案的基本要求，其内容应包括：风险管理方案的制订原则和框架，风险管理的措施，风险管理的工作程序等。

参考文献

[1] 符志明. 航天风险管理[M]. 北京：机械工业出版社，2005.

[2] 符志民. 研发项目开发风险种类和风险事件[J]. 管理与改革，2002.

[3] 严武. 风险统计与决策分析[M]. 北京：经济管理出版社，1996.

[4] 宾国强. 实际利率、金融深化与中国经济增长[J]. 经济科学，1999(2).

[5] 范学俊. 金融体系与经济增长：来自中国的实证检验[J]. 金融研究，2006(3).

公路运营风险识别

马延锁　何宪登

（山东省枣庄市公路管理局　枣庄　277800）

摘　要：公路运营的风险性受到诸如收费设施（一级以上公路）、运营管理机制、日常维护养护及环境、是否已有足够的生产资金、不可抗力和市场价格等多种因素的影响。通过对公路运营风险进行识别和分析，构建市场与政策风险、财务风险、对外投资、技术风险、自然风险、超限风险六个方面的指标体系。

关键词：公路运营　风险识别　风险分析

Highway Operational Risks Identification

Ma Yansuo　He Xiandeng

(Highway Administration Bureau of Zaozhuang in ShanDong Province　Zaozhuang　277800)

Abstract: The risks of highway operation are affected by a number of factors, such as toll station facilities (level 1 highways and above), operation management, maintenance, the environment, whether there is sufficient production funds, force majeure and market price. Through the identification and analysis of highway operational risks, this paper proposes an index system covering market and policy risks, financial risks, foreign investment, technological risks, natural risks and overrun risks.

Keywords: Highway operation　Risk identification　Risk analysis

0　引言

风险源于过程中存在的不确定性。可通过积极的管理手段对已识别的风险进行管理，但是却无法对未知风险进行积极管理。公路运营单位可以通过风险分析，识别出运营过程中存在的各种风险，并对它们进行政策度量与评价，做出决策，同时确定对潜在威胁高于一定水平的风险进行管理。这样，公路运营单位不但可以避免由于风险过大造成的巨额损失，而且能以最低的风险成本来管理风险，获得最大的风险收益，实现风险效益。

公路运营单位可以根据实际承担风险的能力，来选择不同的风险管理手段。另外风险分析过程是系统的风险识别和合理的风险管理之间必需的联系。因此，通过风险分析，有利于公路运营单位抓住机会，利用机会。根据风险分析的结果，公路运营单位可选择最佳风险管理技术组合，对高于单位风险水平的风险进行管理，以最少的风险成本实现最大安全保障。这样可以使决策更有把握，更符合项目的目标，从总体上减少风险，保证运营目标的实现。

1　对运营风险的认识

为了认识公路运营风险，首先必须了解什么是风险。

风险的客观性和存在的普遍性，以及风险对人们的威胁，引起了许多专家学者对其进行深入研究的兴趣，并对风险进行了描述，概括为以下两个方面：

(1)风险是活动或事件发生的潜在可能性。

(2)风险是一种消极的不良后果。

作为公路部门，更要加强对公路运营风险的认识。现在，我国公路部门绝大部分是事业单位，而且是行业特点突出的事业单位。按事业单位分类，公路事业单位是经济建设类，同时也是生产建设型事业单位，其任务是公路的建设、管理、养护以及为公路建养成立的附属生产单位和贷款还贷的收费和管理单位。公路事业单位的责任不仅要维护公路的简单再生产，而且要负责筹划公路的扩大再生产，以适应国防和经济建设以及人民生活的需要。其经济活动是以非经营性和公益性为主，在某种程度上存在着市场与政策的风险，客观上存在着一定的财务风险。

2 风险识别的方法

风险识别是风险指标选取，对风险评价的前提。风险识别就是对存在于项目中的各种风险根源或不确定性因素按其产生的背景原因、表现特点和预期后果进行定义、识别，对所有的风险因素进行科学的分类。风险识别的方法有以下几种：专家经验法、核查表法、图解法等。

(1)专家经验法

它是基于专家对风险的认识水平高于一般人的基础之上的一种方法，它不仅用于风险识别，而且用于风险评价。

(2)核查表法

核查表法就是将以前的、同本项目类似的项目的风险事件以其来源罗列一张表。项目管理人员在使用时容易开阔思路，想到本项目会有哪些潜在的风险，哪些风险未考虑到。

(3)图解法

图解法一般包括因果分析图、系统或作业流程图、影响图等。在风险分析中，最常用的还是因果分析图(鱼刺图)。

3 公路运营单位风险分类

风险分类有多种方法，按照后果的不同可划分为纯粹风险和投机风险，按风险来源或损失产生的原因可将风险划分为自然风险和人为风险，按影响范围来分有局部风险和总体风险，按后果的承担来分则有业主风险、政府风险、使用者风险等。

立足于公路运营单位，综合内外因，将公路运营单位风险划分为市场与政策风险、财务风险、对外投资风险、技术风险、自然风险和超限风险六类。

(1)市场与政策风险

政策的重大调整，显示出公路运营的风险加大。随着中央费税改革和撤销普通公路收费站的政策的实施，公路部门归还银行借款本息的风险已逐步呈现出来。一方面，公路部门的债务大部分已到了急需归还的时候；另一方面，中央财政却是分年陆续拿出专款偿还这些债务。这样一来，财政的专项资金无法满足地方公路部门近期的还贷需求，导致一些地方公路部门的养路与养人资金一到银行就被强行抵扣用作归还借款本息，公路部门的正常运转也就出现资金困难。对于一级以上公路的收费标准，主要由交通管理部门会同计委等有关部门综合各种因素后确定，不是随着市场的变化想调整就能调整的，还贷公路的收入来源于通行费，而收费标准由政府制定。此外，一些相关法律法规不健全，交通执法部门力度不够，也可能会影响到公路运营单位的公路正常通行，造成损失。

(2)财务风险

产生财务风险的外部原因，从公路部门目前所处的外部环境来看，主要表现在以下两个方面：

一是政策的重大调整。费税改革后，资金渠道由自收自用的方式改变为财政计划拨款，在某种程度上，资金拨付不到位，直接影响了公路运营单位的正常运转。

二是会计核算制度不配套。随着经济发展，我国的会计制度已经历了 1993 年、2001 年、2004 年及 2006 年的多次重大改革，而公路部门还是沿用着 1989 年的《公路养护会计制度》，该制度与目前的经济法律环境不甚和谐，极大制约了财务人员对内与对外经济活动的正确处理，加之财务人员自身素质的影响，在接受新知识、掌握新政策、更新知识结构、提高核算水平等方面落后于制度更新的步伐。财务人员在如何运用新的会计政策，采用新的会计处理方法上统统显得力不从心，无法有效地发挥管理职能，一些风险也就无法在财务管理层面进行规避。

产生财务风险的内部原因，从公路部门自身来看，主要有以下三个方面：

一是财务运行机制不合理。公路部门所沿用的计划经济时期的财务管理机制已适应不了公路经济发展，这种机制下，管理部门往往重视目标制定与分解，而轻视财务计划执行过程中监督和控制；计划人为调整普遍，缺乏严肃性；业绩评价乏力，激励约束不足，导致业绩考核机制功能弱化。这些情况都会加大内部协调成本和制度执行成本，降低财务运行的效率，造成财务风险。

二是内部财务控制体系不严密。随着控制环境的日趋复杂和多样化，公路部门内控制度建设已严重滞后。随着费税改革与交通系统公路改革的实施，公路部门将作为财政拨款单位，实行预算管理，其财务是消耗性的纯支出型财务，财务管理要求对支出实施严格控制。由于我国目前仅有《预算法》对财务支出进行了原则性规定，其他适用新体制的相应制度尚未建立，造成财务支出有章难循、无章可依、缺乏有效的制度规范。在日常管理上，单位财务支出管理方法落后，经费不足与损耗浪费并存，预算控制缺乏刚性，从而给财政资金运作带来了潜在预算失控的危险。

三是内部财务关系不明。这是产生财务风险的又一重要原因，内部各部门之间与上级之间，在资金管理及使用、利益分配等方面存在权责不明、管理不力、奖罚措施不明、执行不严的现象，造成资金使用效率低下、流失严重，资金的安全性、完整性无法得到保证。

(3)对外投资风险

公路运营单位，对外项目的投资是指除了建立服务区外，利用沿线的土地和其他资源，投资于旅游、技术、商贸以及其他能为公路运营单位带来经济效益的经营项目和活动。这些项目本身会受到技术、资金、建设条件及市场需求等方面的限制，因此对外项目投资之初，应对各方面情况进行充分了解，否则会产生对外投资风险。

(4)技术风险

我国公路管理技术在硬件方面发展较快，但在软件方面严重不足，由于二级以下收费站点的撤除，使得现有收费站点布局不合理。目前公路日常管理费、日常养护费测定没有科学的依据，没有完整成套的公路养护定额，维护工程的经费预算和控制不是根据对公路性能和质量状况进行系统测定后，根据技术标准确定的，因而存在着技术风险。

(5)自然风险

公路项目完成后，完全暴露在大自然中，它将受到系统风险的影响，如地震、洪水、台风、海啸、雷击、火山爆发及意外事故等引起的风险。导致公路设施丧失功能而带来直接或间接的损失，为此，维护将耗出巨额的支出。在实际中要加以规避，开始在设计上要考虑自然因素，项目完成后提前预防，以达到规避风险的目的。

(6)超限风险

随着我国国民经济的快速发展和对外开放的需要，在公路上行驶的重型载货汽车、大型平板车、汽车列车、集装箱运输车以及其他载货汽车超限运输的数量和比重逐年大幅增加，而公路的设计和修建，是严格按照国家标准进行的，这就给公路带来超限运输的风险。要适应车辆重型化的需求，需耗费巨额养护资金并对已有公路进行改建和桥梁的加固改造。超限运输导致的风险，对公路危害主要有以下几个方面：一是严重破坏公路，影响公路使用寿命；二是对公路桥梁的安全构成严重威胁；三是引发道路交通事故；四是造成国家规费大量流失，影响了公路建设资金的筹措。要想规避超限风险，就要加大违规执法的惩治力度，加强治超的治理力度，使超限运输的风险，降到最低限度。

4 结语

公路运营风险分析，为公路运营风险管理提供了准确依据，为公路运营风险评价奠定了基础。根据本文罗列的方面，对于发生概率大、影响大、造成损失大的经济风险因素要重点跟踪；对于发生概率较小、影响较小、造成损失不很大的经济风险因素做一般跟踪；对于发生概率很小或几乎不可能发生的经济风险因素只是稍加关注。对于公路运营风险分析，存在的缺陷有待进一步改进。

参考文献

[1] 朱辉.浅谈高速公路运营企业的风险因素及对策[J].交通科技，2005(1)：112-113.
[2] 韦海斌.简析高速公路企业的风险及对策[J].公路，2006(6)：25-27.

桥梁监控与风险管理

杨东升

(山东省东营市公路管理局　东营　257091)

摘　要:在安全管理岗位上干了16年,多年的工作养成了一些职业习惯,对安全生产事故特别关注,每当全国某地发生桥毁人亡的恶性事故,就思索能否避免此类事故再次发生,是否有现成的经验、模式供我们借鉴。现阶段桥梁的安全管理主要依靠路政巡查,治理超载车,减少对桥梁的破坏,重点监控危桥。这些措施不能做到24h随时监测,在此探讨桥梁监控管理的新模式。

关键词:动态监测　自动报警　信号感应　先期功能　后期功能

Bridge Control and Risk Management

Yang Dongsheng

(Highway Administration Bureau of Dongying in Shangdong Province　Dongying　257091)

Abstract: With 16 years of safety management experience under the belt, I pay special attention to deadly accidents involving bridge collapses. Whenever such tragedies happen, I often ponder how to prevent such incidents, and wonders whether there are ready-made experiences that we can learn from. The current safety management of bridges mainly relies on patrolling to keep overloaded vehicles away from highway to reduce damage to the bridge and focus on monitoring dangerous bridge. Since these measures can not be done 24/7, so this paper explores new model of bridge monitoring and management.

Keywords: Call on motion　Autoalarm　Reaction　In advance function　Later period function

0　引言

随着全国高速路网的建设发展,交通量迅速增长,车辆大型化、重型化趋势加强,超载车辆不断增多,严重影响了现有公路桥梁结构的使用寿命周期和结构安全。在日常桥梁巡查中经常发现昨天是小病害而今天变成了大病害,有时甚至是刚修建3～5年的桥。

1　当前桥梁安全保护措施

1.1　加强路政巡查,保障路桥畅通

一是落实巡查制度,严格推行工作责任制。对辖区车辆途经的重要路段、桥梁,落实专人负责,加大重点桥梁的巡查力度,充分发挥人员车辆的最大效能,及时发现、制止、查处各种侵害路产路权的违法行为,处理路政事案,依法维护路产路权。针对隔离栅、标志牌等设施被盗现象,积极联合公安部门,采取蹲守、加强巡查、桥面桥底安装带红外夜视功能的监控装置等措施。二是强化安全意识,积极消除安全隐患。加强封闭施工桥梁的交通组织,规范设置警示标志,合理设定分流方案,及早确定绕行路线。积极配合公安交警等部门,着重从建立协调机制、提高案件处理及完善应急保障等方面做好工作,保障公路完好畅通。三是加强对沿线标志的管理,对模糊不清的标线要及时补画,对损坏、丢失的标志牌及时维修补设,对已生锈的设施及时除锈粉刷反光漆,做到标志标线齐全、规范、醒目;及时清理违法非公路标志,拆除违章建筑,确保桥两侧视线无遮挡。

1.2 加强“双超”治理,保障路桥安全

一是完善治理公路“三乱”快速反应机制建设,做到人员到位、车辆到位、督查手段到位,确保快速反应机制有效运行。严格落实24h值班制度,举报电话随时有人接听,接到群众举报投诉,执法人员在规定时间内快速赶赴现场,及时进行调查处理。

二是积极开展“双超”源头治理和联合执法工作,推行责令卸载政策。对于“双超”车辆,责令违法人自行一次性卸载到位,执法部门不得收取装卸费;对卸载不到位的,不放行车辆。对治超停车场的管理,实行“谁使用,谁管理”的办法,实行责任倒查制度。同时,重点加强对危桥、特大桥的巡查和监控,坚决制止非法超限超载或超过桥梁限载标准的运输车辆上桥行驶,严防车辆压垮桥梁事故的发生。

1.3 加强危旧桥监控管理

对发现的危桥不能满足通行条件时,及时封闭交通,进行专门检查,抓紧制订维修、加固技术方案并按程序报批后尽快组织实施。对暂时能够满足通行的危桥要在桥头两侧设置“危桥”和限载标志,严格控制超载超限车辆通行;安排专人每天对该危桥进行针对性的跟踪观测,发现问题及时上报。实行有奖报告制度,对及时发现并报告险情的社会群众予以适当物质奖励。

严格落实桥梁“四个一”制度,每一座管养桥梁落实四个责任人:一名行政领导、一名工程技术人员、一名养护工人和一名路政员。对检查中发现的危桥每天进行观测,要求负责危桥的养护工人每天填写《桥梁经常检查记录表》,对存在的桥面铺装裂缝,板梁裂缝的数量、宽度、长度用条、mm、cm单位等进行记录,对病害缺损面积用cm^2进行记录,使养护工人对病害认识从以前的感性认识上升为现在的量化认识,真正使其对病害的发展趋势进行监控,这样如发现有较大发展或发展速度较快,向上级桥梁工程师及时汇报,根据具体情况采取相应措施,防止桥梁安全事故的发生。

2 探索桥梁监控管理新模式

加强技术投入、装备投入,实现对现有桥梁的安全性能评判、实时监控分析和结构病害诊断等,这些手段对营运中的桥梁结构安全保证非常重要,也非常值得研究。从20世纪50年代以来,人们就逐渐意识到它的重要性,进行了大胆和有益的尝试。近年来,随着大跨度桥梁建设的飞速发展,以及监测分析技术的提高,桥梁结构的安全监测已成为国内外学术界、工程界的研究热点。

桥梁的动态监测感应器采集信号的方式不同对数据的分析就不同,同时还受季节性气温变化、昼夜温差变化、桥板的长度及厚度、桥梁的使用时间、桥梁的累积通行情况等因素影响。对数据分析的复杂性,数据分析结果的准确性就产生很大的影响。这就影响着该项技术的普及应用。

采用简便易行的方法既能对桥梁垮塌后实施远距离报警,又能自动发出禁止通行的指令,还能自动收集分析数据,为将来根据数据分析自动发出预警,防患事故于未然。

作者初步设想了一套系统完成此功能,包括如下内容。

2.1 信号感应

在桥板下设一钢丝,钢丝一端固定在桥板离河中心最近的一端,钢丝另一端连接一合适的滑动变阻器后,固定在桥板的近桥头端。要求钢丝紧贴桥板固定,要求滑动变阻器有足够的拉力回复,要求钢丝与滑动变阻器采取导电状态连接。

2.2 信号传递

滑动变阻器近桥头端引出一导线,钢丝近河心端引出一导线,两导线引入信号处理器。通过钢丝、滑动变阻器的材料和固定工艺,实现如遇桥板断裂或桥梁整体垮塌,则信号采集处于短路状态,这很容易实现。

2.3 信号处理

先期功能实现,当遇到桥板断裂或桥梁整体垮塌后,通过导线实施两侧桥头警示led灯示警,显示“桥板断裂 禁止通行”,再通过内置手机自动实施远距离报警,传至市局96660值班室,及时启动应急预案,让上级

组织救援力量迅速赶赴现场。后期功能实现，将桥梁通过汽车时桥板受压变形引起的电信号变化及时间、气温数据收集到信号处理器。根据桥板疲劳断裂的原理，标定小型轿车、中型客或货车、大型载重汽车，分别做实验得出上述3类车经过桥板（选有代表性桥板做实验）时桥板断裂的次数，记录现实中上述3类车综合通过桥板情况，通过综合数据分析，预判断桥板断裂数据，实施桥板断裂预报警。

2.4 电源

采用太阳能电源辅助与之匹配的蓄电池，光线充足时蓄电，光线不足时用蓄电池电能，单纯蓄电池供电要满足10天以上。太阳能电池桥两侧各一个，与警示led灯示警安装在同一线杆上。

这一系统（先期功能）非常容易实现，而且非常适合原有桥梁加装，建议各地应尽快组织实施。如果采用钢筋本身做信号感应器或桥板两端和中间利用挠度变化加装光电信号感应器，还有其他形式，如对新建桥梁安装内置感应器，还比较方便，但是维修检查不方便。

这一系统（后期功能）现阶段都是在研究探索阶段，不具有精确的使用指导功能。但是通过先期功能系统的安装使用，必将有更多的桥梁安装，这就为后期功能系统的数据采集预留接口，采集的桥梁数据越多，通过大量分析后，能使预警更准确、更具有实用意义。

这样看来，先期系统的安装使用就非常有现实意义，非常值得我们桥梁安全管理的决策者下决心，尽快使用此系统。

参考文献

[1] 上海城建(集团)公司，上海城市建设设计研究院. 城市高架桥梁施工风险评估和风险管理：常州高架桥梁工程施工风险[M]. 北京：人民交通出版社，2009.

[2] 秦晓军，杨开放. 装备应急采购风险管理研究. 中国知网 www. cnki. con. cn cnki：sun：xyzh. 0. 2008-03-08.

[3] 沈元军，王剑琳. 高速公路安全生产预案. 中国知网 www. cnki. con. cn.

[4] 汤柏江，贾群. 浅析京津塘高速公路桥梁检查和预防性养护. 中国知网 www. cnki. con. cn.

[5] 田小明，杨玉石，孙全胜，李军. 浅谈如何加强高等级公路的预防性养护. 中国知网 www. cnki. con. cn.

[6] 连启滨. 现有桥梁结构的安全监测与评估技术. 中国知网 www. cnki. con. cn.

与自然灾害、人为灾难及气候变化有关的公路风险管理实践

大跨连续刚构桥施工期间地震风险分析

乔美丽[1] 杜进生[2]

(1. 中国公路工程咨询集团有限公司 北京 100086;
2. 北京交通大学土建学院 北京 100086)

摘 要: 大跨连续刚构桥跨度大,施工期相对较长,虽然在桥梁施工期内发生地震的概率较小,但一旦发生,可能造成较严重的损失。本文根据以往地震后桥梁震害调查情况及连续刚构桥的施工特点,给出了施工期间不同等级地震作用下可能发生的风险事件。依据桥梁的抗震设防要求、施工特点以及结构性能,推断出地震发生的概率及其等级。针对施工期地震发生时可能造成的损失,从经济损失、人员伤亡、工期延误、环境影响四个方面进行了考虑。然后根据风险发生概率及其对应的损失确定风险级别,作出相应的决策。最后,应用所建立的方法对北山连续刚构桥进行了施工期间地震风险的分析和评价。

关键词: 桥梁施工 地震 风险分析

Seismic Risk Analysis of Long-span Continuous Rigid Frame Bridge under Construction

Qiao Meili[1] Du Jinsheng[2]

(1. China Highway Engineering Consulting Group Co., Ltd. Beijing 100086;
2. School of Civil Engineering Beijing Jiaotong University Bijing 100086)

Abstract: Large-span continuous rigid frame bridge has a relatively long construction period. Although the chance of en earthquake occurs during the bridge construction is low, serious damage will be inflicted once an earthquake happens. This paper considers the bridge damage after the earthquake and the construction characteristics of rigid frame bridges and points out the damage that may be caused by earthquake of different magnitudes during the bridge construction. According to bridges' quake-resistance requirements, construction characteristics and structure, this paper lays out the possibility and magnitude of an earthquake. In view of the damage that may be inflicted by earthquake, this paper takes four perspectives, namely economic losses, casualties, construction schedule delays and environmental impact, categorizes the risks based on their possibility and potential losses and proposes countermeasures. Finally, this paper uses Beishan continuous rigid frame bridge as an example to analyze and evaluate the seismic risks during the construction.

Keywords: Bridge construction Earthquake Risk analysis

0 引言

桥梁在施工期间碰巧发生地震的概率虽然不高,但一旦发生引起的后果较为严重。1995 年 1 月神户地震,使得建设中的日本明石海峡大桥两塔基础之间的距离增加了 80cm,桥塔顶倾斜了 10cm。2008 年 5 月 12 日的汶川地震,使得正在建设中的位于巴东县的四渡河特大桥施工主缆漂移达 1m。因此,进行施工期间地震的风险分析是很有必要的。

本文主要针对大跨连续刚构桥在施工期间的地震进行风险分析，此类桥一般采用悬臂浇筑或者悬臂拼装法施工，在施工过程中结构属于悬臂结构，相对成桥状态的稳定性及抗震能力较弱，施工过程中如果遭遇较大的地震荷载作用将有可能造成严重损失。

1 大跨连续刚构桥施工期地震引起的风险事件识别

对于施工期地震引起的风险事件，主要识别特定级别地震引起的处于施工期桥梁可能产生的风险事件及造成的损失。本文将地震引起的风险事件以结构的破坏程度来识别，分别是轻微破坏、严重破坏、毁坏。另外，选定两个关键工况来进行分析：单墩状态、最大悬臂状态。

1.1 单墩状态风险事件识别

根据以往的震害调查分析，结合刚构桥的施工特点分析出的施工期间单墩状态地震风险事件的识别结果见表1所列。

表1 单墩状态地震风险事件

风险源	破坏程度	概率	风险事件		风险损失类别、等级			
					经济损失	人员伤亡	工期延误	环境影响
地震	轻微破坏		1	因地基变形导致基础沉陷、滑移，桥墩偏位，桥台偏位	√		√	
			2	地震作用导致墩柱开裂、压溃、剪断等病害	√		√	
			3	墩柱遭受落石撞击而破损、开裂、弯曲等	√		√	√
			4	桥台前墙、侧墙、背墙等墙身开裂、外鼓、错动等	√		√	
			5	桥台锥坡开裂、坍塌	√		√	
			6	施工脚手架移位、损坏	√		√	
			7	滑动模板开裂、移动	√		√	
	严重破坏		1	部分地基失效引起墩、台倒塌	√	√	√	√
			2	施工脚手架部分倒塌	√	√	√	
			3	滑动模板部分损毁	√	√	√	
	毁坏		1	强烈地震作用、场地地基破坏、水毁等导致全部已建结构倒塌	√	√	√	√
			2	滑坡、崩塌、泥石流等掩埋整座在建桥梁	√	√	√	√
			3	堰塞湖等淹没在建桥梁	√	√	√	√
			4	桥墩、基础等关键性构件不可修复性损毁	√	√	√	
			5	施工脚手架全部坍塌	√	√	√	
			6	滑动模板坠落，破坏	√	√	√	

1.2 最大悬臂状态风险事件识别

当桥梁施工到最大悬臂阶段时，此时结构的不确定性更大，地震发生时可能导致的风险事件更多。根据结构的特点及已有的震害统计得到如表2的风险事件识别结果。

表 2 最大悬臂状态地震风险事件

风险源	破坏程度	概率	风险事件		风险损失类别、等级			
					经济损失	人员伤亡	工期延误	环境影响
地震	轻微破坏		1	已建主梁纵向、横向、转动等少量移位	√		√	
			2	已建梁体开裂	√		√	
			3	已建梁体之间以及与桥台之间相互撞击而破损	√		√	
			4	已建梁体顶板、翼缘、腹板等部位遭受落石撞击而破损	√		√	√
			5	因地基变形导致基础沉陷、滑移，桥墩偏位，桥台偏位	√		√	
			6	地震作用导致墩柱开裂、压溃、剪断等病害	√		√	
			7	墩柱遭受落石撞击而破损、开裂、弯曲等	√		√	√
			8	桥台前墙、侧墙、背墙等墙身开裂、外鼓、错动等	√		√	
			9	桥台台后沉陷、坍塌，搭板下沉、断裂	√		√	
			10	系梁、盖梁、台帽等开裂	√		√	
			11	桥台锥坡开裂、坍塌	√		√	
			12	支座移位脱空、支座破坏	√		√	
			13	伸缩缝错位、破坏	√		√	
			14	临时支架移位、损坏	√		√	
			15	挂篮移动	√		√	
	严重破坏		1	基础部分失效导致部分墩、台及已建梁倒塌	√	√	√	√
			2	部分孔跨落梁	√	√	√	
			3	临时支架部分倒塌	√	√	√	
			4	挂篮部分坠落	√	√	√	
	毁坏		1	强烈地震作用、场地地基破坏、水毁等导致全部已建结构倒塌	√	√	√	√
			2	滑坡、崩塌、泥石流等掩埋整座在建桥梁	√	√	√	√
			3	堰塞湖等淹没在建桥梁	√	√	√	√
			4	主梁、桥墩、基础关键构件不可修复性损毁	√	√	√	
			5	临时支架全部坍塌	√	√	√	
			6	挂篮坠落，破坏	√	√	√	

2 大跨连续刚构桥施工期地震发生概率分析

2.1 确定可致风险的地震等级

《公路桥梁抗震设计细则》(JTG/T B02-01—2008)规定的设计基本烈度是按照重现期为 475 年取值，也即是 50 年内超越概率为 10%的烈度值。本文将轻微破坏、严重破坏、毁坏对应的地震烈度分别取为 50 年内超越概率为 10%的常遇地震、100 年内超越概率为 5%的偶遇地震、100 年内超越概率为 2%的罕遇地震。

2.2 施工期地震发生概率的确定

施工期地震发生概率的确定采用重现期法，地震重现期 T_k 与设计基准期 T_0 内超越概率 P 之间的换算关系为：

$$T_k = -T_0/\ln(1-P) \tag{1}$$

对于重现期为 T_k 的作用，若是施工阶段安全风险评估，工期安排为 T 年，则施工期间，地震作用出现的概率为 T/T_k 。

3　大跨连续刚构桥地震风险损失估计

地震风险损失估计主要考虑四个方面:经济损失、人员伤亡、工期延误、环境影响。工期的延误一般通过经济指标来体现,可以将工期延误的损失折算成货币形式作为间接经济损失与直接经济损失合并,形成总的经济损失进行评估。这样,风险损失包括经济损失、人员伤亡、环境影响三个方面。

3.1　经济损失估计

对于风险的经济损失一般采用定量的方式,或者定量与定性相结合的方式进行。

结合工程概预算资料可对桥梁风险经济损失进行量化。工程遭到破坏带来的经济损失值可以分为两部分:

$$D = D_Z + D_J \tag{2}$$

式中:D_Z——直接经济损失;

D_J——工期延误产生的间接经济损失。

直接经济损失定义为:

$$D_Z = C + C_1 = C + \beta C \tag{3}$$

式中:C——结构造价预估值;

C_1——破坏结构所需的维修加固费用;

β——换算系数,见表3。

直接经济损失的费用可以通过查工程概预算表得到,然后根据破坏的程度进行适当的折减,确定合理的经济损失数值。

工期延误造成的经济损失一般很难作直接的定量核算,假定施工期风险事故所造成的间接经济损失与直接经济损失成一定的比例关系。即:

$$D_J = \delta D_Z \tag{4}$$

式中:δ——间接损失系数,见表3。

表3　换算系数β、间接损失系数δ

项　目		构件重要性等级			
		一般构件	一般重要构件	重要构件	非常重要构件
β		0.00	0.30	0.90	1.00
δ	一般工程	0.50	1.00	1.50	3.00
	重要工程	0.50～1.00	1.00～2.00	2.00～4.00	6.00～10.00

3.2　人员伤亡估计

目前,专注于桥梁工程事故引起的人员伤亡损失的研究几乎没有,这方面可以利用的基础研究成果非常匮乏。只能从已有的桥梁事故研究结果,根据桥梁风险事故造成的人员伤亡幅度与桥梁损伤程度的相关性,来近似确定人员伤亡等级或者数量。

3.3　环境影响估计

由地震引起的地质次生灾害,如洪水、山洪、泥石流、山崩等都会造成周围环境的影响,对于环境的影响,一般也是采用专家调查法来定性地确定其风险等级。

3.4　地震风险评价准则

本文按照交通部颁布的《公路桥梁和隧道工程设计安全风险评估指南》(以下简称《评估指南》)推荐的方法来进行施工期间地震风险的评价。也即分别将地震发生概率以及各种风险损失按照准则进行分级,并根据表4的风险等级表格来确定地震风险的等级。最后,根据风险评价的结果对风险事态进行事前处理及过程管理,选定合适的风险管理方案。

表 4 风险等级表

风险发生概率	风险损失				
	1	2	3	4	5
1	I	I	II	II	III
2	I	II	II	III	III
3	II	II	III	III	IV
4	II	III	III	IV	IV
5	III	III	IV	IV	IV

4 工程应用实例

4.1 工程概况

北山特大桥位于浙江省青田县，属于庆景青公路复建工程上范村至张坪段的一座大桥。大桥走向由东向西，主桥为 93m＋3×170m＋93m 五跨连续刚构结构，最大墩高 116m，两侧的引桥均为 4×30m 预应力混凝土 T 形梁桥，桥梁全长 944m。

4.2 北山特大桥致险地震发生概率及等级

多数桥梁工程的施工工期为 2～3 年，本文考虑一定的安全富余，取 $T=5$ 年按式(1)进行计算，并根据《评估指南》中的评级准则得到地震在施工期内发生的概率及等级，见表 5。

表 5 北山特大桥致险地震发生概率及等级

项　目	常遇地震	偶遇地震	罕遇地震
超越概率	50 年超越概率 10%	100 年超越概率 5%	100 年超越概率 2%
重现期(年)	475	2 000	4 949
施工期内发生概率	0.010 5	0.002 5	0.001 0
地震概率的等级	4 级	2 级	2 级

4.3 单墩状态地震风险损失估计

(1)经济损失

确定经济损失大小，本文取轻微破坏时 C 为结构总预算的 5%，严重破坏时 C 为结构总预算的 40%，毁坏时 C 为结构总预算的 100%。由工程概预算资料可以得到北山特大桥下部结构直接费用总预算为 3 920 万元，不同破坏程度下的 C 值计算结果见表 6。

表 6 结构造价预估值 C

破坏程度	轻微破坏	严重破坏	毁　坏
C(万元)	196	1 568	3 920

根据式(3)、式(4)计算直接经济损失与间接经济损失并累加得出经济损失及其等级，见表 7。

表 7 北山特大桥单墩状态地震风险经济损失

地震等级	C	β	C_1	D_Z	δ	D_J	D	风险等级
常遇地震(E1)	196	0	0	196	0.5	98	294	1 级
偶遇地震(E2)	1 568	0.3	470	2 038	1	2 038	4 076	3 级
罕遇地震	3 920	0.9	3 528	7 448	2	14 896	22 344	5 级

(2)人员伤亡估计

对于施工期间的桥梁，人员伤亡主要来自于施工人员，根据施工人员数量来估计人员伤亡范围及其等级,见表8。

表8 北山特大桥单墩状态地震风险人员伤亡

项　目	常遇地震(E1)	偶遇地震(E2)	罕遇地震
人员伤亡估计	重伤≤5人	人员死亡(含失踪)人数≤3人或5人<重伤人数≤10人	3人<人员死亡(含失踪)人数≤10人或10人<重伤人数≤50人
等级	1级	2级	3级

(3)环境影响估计

北山特大桥所处位置位于浙东南低山丘陵区,穿插少量侵蚀沟谷,地势陡峻,切割强烈,坍塌,滑坡经常可见。所以在该场地发生地震时的环境影响将会比较严重,但是周边人员居住相对稀疏,对人类生活的影响级别较小,根据以上了解定性地对该场地地环境影响加以评价,根据《评估指南》中的规定来判定等级,结果见表9。

表9 北山特大桥单墩状态地震风险的环境影响

项　目	常用地震(E1)	偶遇地震(E2)	罕遇地震
环境影响	涉及范围较小,无群体性影响,需紧急转移安置人数≤50人	涉及范围大,区域正常经济、社会活动受影响,100人<需紧急转移安置人数≤500人	涉及范围大,区域正常经济、社会活动受影响,100人<需紧急转移安置人数≤500人
等级	1级	3级	3级

综合以上三种损失因素的等级,采用就高原则,确定北山特大桥单墩状态下地震风险总损失等级见表10。

表10 北山特大桥单墩状态地震风险总损失等级

项　目	常遇地震(E1)	偶遇地震(E2)	罕遇地震
风险损失等级	1级	3级	5级

根据以上分析得到的各级地震风险发生的概率等级和损失等级,按表4确定的风险等级见表11。

表11 北山特大桥单墩状态地震风险等级 表11

项　目	常遇地震(E1)	偶遇地震(E2)	罕遇地震
地震风险等级	II	II	III

本桥在单墩状态的总体风险为中度风险和高度风险之间,根据风险管理的要求应该实施削减风险的应对措施,选择合适的对策处置风险,对潜在风险事态进行检测,适时启动有关风险控制措施。并需要准备应急计划。

最大悬臂状态时地震风险损失估计过程与单墩状态相似,此处从略。

5 结论

本文建立了大跨度连续刚构桥在施工期间的地震风险分析的理论框架和分析流程,并以北山特大桥为依托工程,进行了具体应用。本文在进行在该桥施工期间的地震风险分析时,仅将连续刚构桥的单墩状态和最大悬臂状态作为最不利状态。对于高墩连续刚构桥,还应分析桥墩施工到不同高度时,结构的动力反应情况,以对比和确定结构的最不利状态。这部分工作有待今后进一步补充和完善。

参考文献

[1] 叶爱君.桥梁抗震[M].北京:人民交通出版社,2002:14-26.

[2] 重庆交通科研设计院.JTG/T B02-01—2008 公路桥梁抗震设计细则[S].北京:人民交通出版社,2008.

[3] 赵君黎,王诗青,张杰,朱劲松.公路桥梁风险评估理论//探讨混凝土桥梁技术国际研讨会论文集,2009:121-125.

[4] 周克森.地震危险性分析发展与工程应用[J].华南地震,1998;18(1):27-34.

[5] 张杰.大跨度桥梁施工期风险分析方法研究[D].上海:同济大学,2007:72-73.

[6] 中交公路规划设计院有限公司,中交第一公路勘察设计研究院有限公司.公路桥梁和隧道工程设计安全风险评估指南[M].北京:人民交通出版社,2010.

公路交通应对地震灾害应急管理与处置对策建议

廖文洲

（交通运输部公路科学研究院　北京　100088）

摘　要：本文以青海玉树地震为例，总结公路交通运输部门应对地震灾害应急管理方法，并提出应对地震灾害的处置技术与对策建议，为各地交通运输部门应对地震灾害提供有效的应急处置对策参考。

关键词：地震　应急　处置

Emergency Management of Road Traffic against Earthquake Disaster and Treatment Countermeasures

Liao Wenzhou

(Research Institute of Highway, Ministry of Transport　Beijing　100088)

Abstract: Taking Yushu earthquake for example, this paper summarizes emergency management of road transportation departments in an earthquake disaster as well as corresponding countermeasures and technologies, which provide effective reference of earthquake emergency measures for transportation departments.

Keywords: Earthquake　Emergency　Treatment

0　引言

近年来，我国地震灾害频繁发生，我国先后经历了 2008 年“5·12”汶川特大地震和 2010 年“4·14”青海玉树地震两次大的地震灾害。在总结公路交通运输抗击 2008 年初雨雪冰冻灾害、“5·12”四川汶川地震抗震救灾应急处置经验的基础上，交通运输部门在应对今年“4·14”青海玉树地震突发事件时，及时启动应急预案，统一协调指挥，迅速反应、积极应对，为抗震救灾道路保通保畅发挥了极大的作用，在最短时间内打通了通往玉树灾区的“生命线”，有效保障了以 G214、S308、S309 和玉树机场路等主要救援通道的安全畅通，为抗震救灾物资运输和人员救助提供了强有力的保障。

1　青海玉树地震基本情况

1.1　灾害特点

(1)震级高、余震次数多

2010 年 4 月 14 日 7 时 49 分，青海省玉树藏族自治州玉树县发生 7.1 级地震(图 1)，震源深度 33km，截至 5 月 29 日，共记录到余震总数 1 964 次，其中 6.0～6.9 级地震 1 次，5.0～5.9 级地震 1 次，4.0～4.9 级地震 5 次，3.0～3.9 级地震 14 次。据统计，地震造成 2 698 人遇难。

(2)地处高原，救援难度大

玉树位于青藏高原腹地，平均海拔 4 000m 以上。地貌以高山峡谷和山原地带为主，地形复杂，地势高耸，间有许多小盆地和湖盆。由于受灾地点集中、空间有限，一些大型救援设备无法使用，严重影响救援工作的全面展开。

(3)运输救援物资通道有限

航空运输方面，由于青海玉树地处高原地带，海拔高，因此机场对机型要求非常严。承担空路救援的唯一通道——玉树机场，负责从全国各地运送救援物资和重伤员转运工作，从机场到重灾区结古镇仍需要通过公路运输；铁路运输方面，最近的青藏铁路距离玉树有 362km，救灾物资也只能运抵西宁，再经由 214 国道运抵玉树灾区。因此，以 214 国道和玉树机场路为主的公路便成了至关重要的“生命线”，承担了几乎所有救灾物资的运输工作。

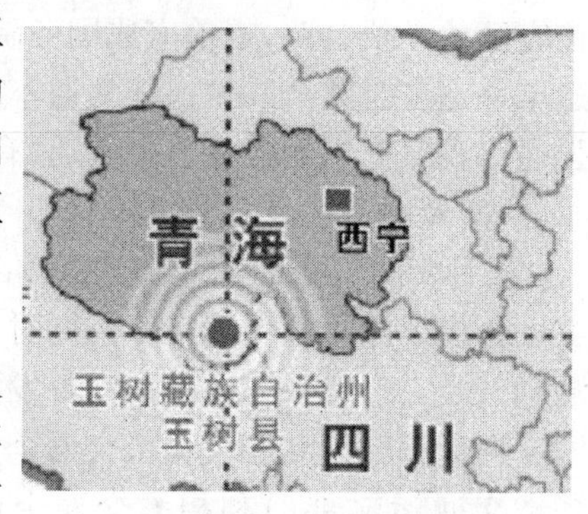

图 1　青海玉树地震示意图

(4)灾区公路坍塌方较多，部分桥梁受损严重

玉树地区公路网由 214 国道、308 省道、309 省道、玉树机场路以及通往乡、村的农村公路组成，公路网密度低、路况差，保通难度大。主要运输通道是 214 国道和 308 省道，公路沿线塌方较多，214 国道沿线花石峡大桥、玛多黄河大桥和通天河大桥受损严重。

(5)余震和雨雪天气频繁，公路保通压力大

受余震影响，公路沿线不时出现零星塌方，而且玉树灾区频繁出现雨雪天气，加之高原地区昼夜温差大，部分路段出现积雪结冰，公路保通压力大。

1.2　灾害影响

“4·14”地震造成玉树结古镇及周边乡村建筑损毁严重，公路交通基础设施也遭受一定程度破坏，灾区主要受损公路为 214 国道、308 省道以及多条农村公路。地震灾害对公路交通基础设施的破坏主要表现为路基路面沉陷、裂缝、变形，挡墙和防护工程损毁，多座桥梁裂缝、错位、破损。国省干线公路灾损情况见表 1。

表 1　玉树灾区国省干线公路受损情况汇总表

路线名称	路线方向	主要灾损路段受损情况
214 国道	北线(通西宁)	雁口山至结古镇段 70km 范围出现滑坡、崩塌 3 万余立方米的 30 余处，挡墙垮塌 3 万余立方米；多处路基变形沉陷，几乎所有涵洞和小桥受损，防护及排水设施损毁较为严重
	南线(通昌都)	结古镇环城路段出现大面积滑坡、沉陷、路面裂缝；结古镇至玉树机场 20km 范围内出现大的山体滑坡、崩塌 5 万余立方米的 3 处，最大的一处滑坡裂缝长 6 000m；防护及排水设施严重受损；结古镇附近 6 座大、中桥梁不同程度发生位移，最大位移 60～70cm，部分桥梁已成危桥，桥梁梁柱、系梁出现环状裂缝
308 省道	西线(通治多、格尔木)	结古镇至隆宝镇(红土山)段 90km 范围出现崩塌、滑塌 3 万余立方米；路基下沉变形，路面产生裂缝，防护工程严重受损；部分桥涵损毁；曲麻莱至治多段局部路段路基变形

据震后初步统计，玉树地震共造成青海省公路损毁 71 条/2 976km，其中干线公路 4 条/875km，农村公路 67 条/2 101km，桥梁损毁 172 座/4 980 延米、涵洞 200 道，公路交通基础设施遭受巨大损失。

1.3　抗震救灾应急管理

地震发生后，交通运输部按照党中央、国务院的统一部署，按照《公路交通突发事件应急预案》规定，迅速反应、统一部署，全面组织交通运输行业开展抗震抢险救灾工作。主要的措施有：

(1)及时启动突发事件应急响应，全面部署抗震救灾工作

地震发生后，交通运输部第一时间启动抗震救灾一级响应，紧急部署抗震救灾工作，成立了青海玉树抗震救灾工作领导小组及三个工作小组，全力支持青海交通厅作好公路抢险保通和运输保障工作。交通运输部领导第一时间深入玉树灾区一线指导抗震救灾工作，组织并指导青海交通运输系统干部职工，调集抢通机械和技术人员，全力开展受损公路的抢通保通工作。同时，派出公路桥梁技术专家组赶赴玉树灾区，指导灾区开展公路抢通保通工作，同步开展灾情评估及灾损调查，为灾后恢复重建工作提供技术支撑。

(2)快速抢通阻断公路，重点保障救灾物资运输主通道

青海玉树地震发生于 4 月 14 日 7 时 49 分，经交通运输系统职工全力抢通，于当日 14 时抢通了所有通

往灾区的干线公路，提前完成国务院提出的 24h 实现公路抢通的目标；20 日上午 10 时，受灾最严重的直门达至仲达乡公路全线抢通恢复通车，至此，所有县乡公路基本恢复通行。此后，甘肃、四川、西藏、陕西等省加强通往青海灾区的公路养护保通，有效保障了救灾车辆和物资运输车辆的安全通行。

(3)及时下拨专项资金，组织开展捐资活动

4 月 15 日，交通运输部商财政部同意，向青海省交通部门紧急拨付 1 000 万元专项资金，支持青海玉树灾区开展公路抢通保通工作。同时，针对灾区一线公路抢通保通机械设备紧缺，以及为保障灾后重建工作的顺利开展，交通运输部 4 月 23 日发出《关于开展向青海灾区捐资公路抢通保通机械设备活动的通知》，在全国交通运输系统和相关大型交通企业中开展向青海灾区捐赠公路抢通机械设备的专项活动。通知发出后，各省交通运输部门和相关交通企业迅速行动，积极响应。截至 6 月底，已经有 100 台(套)累计总价值 2 176.32万元的捐赠机械设备在一线投入使用。这些机械设备极大地加强了灾区公路抢通保通力量，为抗震救灾和灾后恢复重建发挥了重要作用。此外，公路交通运输系统的干部职工还积极主动开展献爱心捐款活动，交通运输部机关和直属单位向灾区捐款 180 多万元。

(4)开通“绿色通道”，确保救灾人员和物资的运输保障

地震发生后，青海、甘肃、四川等省份开通了“绿色通道”，为抗震救灾车辆提供专用通道，确保救灾车辆快速、优先通行。交通运输部还要求青海及其周边省份的交通运输主管部门和道路运输管理机构加强运输调度指挥，落实应急运力，调集足够的客车和货车，全力抢运各类救灾物资和人员。

(5)做好沟通与信息报送工作，保证信息渠道通畅

地震发生后，交通运输部相关工作小组实行 24h 值班，加强与青海交通厅的沟通与联系，及时了解掌握公路抢通保通等最新进展情况和灾区公路路况信息及恢复重建工作进展，每天印发两期简报，及时报送国务院及有关部门，为抗震救灾工作决策提供重要参考。截至 7 月底，共编印《交通运输部抗震救灾快报》32 期，并通过政府网站、电视、广播等及时向社会公布。

(6)及时制定和实施灾后重建工作保通工作方案

按照国务院统一部署，根据灾后重建需要，交通运输部会同青海省交通厅制订具体的公路抢通保通工作方案。以北线 G214 和西线 S308 为重点，在不影响车辆正常通行的情况下，采取局部的工程措施与有效的管理措施，实现“一主一辅”两条公路运输主通道全年畅通且基本具备两车道通行的目标，以满足灾后恢复重建的运输需求。此外，针对玉树实际特点，提出用三年时间，全面恢复重建灾区交通基础设施，构建“一纵一横两联”生命线公路通道(见图 2)，结建设通县二级公路，提高西宁至玉树公路建设等级和保通能力，全面修复农村公路灾损路段，恢复建设便民桥梁，努力提高通达、通畅水平。

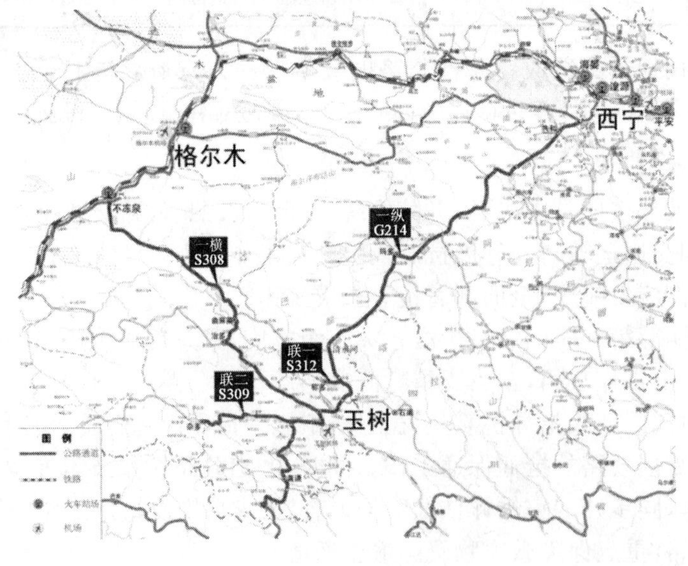

图 2 交通通道示意图

1.4 抗震救灾应急处置对策建议

(1)建立完善的抗震减灾体制是降低灾害损失的重要环节

从国外抗震救灾机制上来看,美国成立的联邦紧急事务管理局负责联邦政府对地震灾害的预防、监测、响应、救援和恢复重建工作,涵盖了灾害发生的各个阶段,集成了从中央到地方的救灾体系,建立了集军、警、消防、医疗、民间救济救难组织等单位为一体的指挥、调度体系,遇有地震等灾害即可迅速动员一切资源(人、财、物、信息),最大限度地减轻地震灾害损失。美国的主要抗震思路是"防",并不断完善以工程抗震—防震救灾科学研究—地震监测—提高社会防震减灾意识四位一体的防震减灾体系。

而我国,一是没有建立起比较完善的抗震救灾应急体系,例如,没有建立完善的防震抗灾和灾后重建的责任体制,没有相应的避难场所、避难道路、消防设施等公共应急设施;其次,我国缺乏应对地震灾害的应急演练,社会的防震减灾意识不强,迫切需要建立完善的抗震救灾体制,从小培养人们的抗震意识,进行地震知识教育,提高自我保护能力,注重应急疏散演练等。

(2)基础设施建设抗震能力有待进一步提高

一是房屋。从"5·12"汶川地震来看,无抗震措施的砌体结构建筑,由于承重墙剪切裂缝的扩大造成房屋破坏、倒塌;在青海玉树地震灾害中,倒塌的大部分房屋都是土木结构,抗震能力不足,这类建筑物破坏严重。其次是桥梁,轻者道路下陷、桥柱龟裂,中者桥墩倾斜、大梁位移,重者桥墩断裂、桥梁崩塌。三是高架公路。现在很多大城市都有双层高架公路,一旦地震发生在这些地区,高架公路就会像多米诺骨牌一样,一段一段相继下沉,在公路上下层行驶的车辆将会遭受摧毁性的破坏,这种高架公路破坏的主要原因是支撑柱的剪力破坏,桥台连接铰错断,以至桥台塌落。

(3)保障交通生命线是提高抗震救灾能力的重要内容

公路、桥梁、隧道等基础设施的严重破坏,一是很难在短时间内快速修复,其次对后续救援与疏散工作也起到很大的制约作用,给抗震救灾和灾后重建带来极大困难。因此,公路抗震设计规范必须不断继续补充和修订,以提高抗震设防水准,在延性设计和抗震设计方法等方面不断进行补充并相互借鉴。

2 结语

此次青海玉树地震抗震救灾在总结"5·12"汶川地震的经验基础上,针对青海地区特有的地域条件、路线状况采取了相应的措施,这些措施可应用到以后的地震灾害应急处置和救援中,但绝不仅仅止于上述几项应急处置措施。在防震减灾以及灾后重建技术上,公路交通部门还可以根据各地实际情况,采取行之有效的技术方法和手段,例如将武警交通部队纳入应急救援队伍建设,建立区域化应急物资储备资源库,建立区域路网中心,加强应急队伍建设和突发事件应急演练,以及增加政府财政投入、吸引社会资金、争取社会捐赠和国际援助等多渠道来筹措抗震救灾和灾后恢复重建的资金支持。

参考文献

[1] 交通运输部综合规划司.玉树地震灾后公路恢复重建规划.2010.5.
[2] 交通运输部政法司.关于对青海玉树全国抗震救灾英雄集体和抗震救灾模范候选名单和事迹的公示.2010.5.
[3] 国务院.国务院关于印发玉树地震灾害恢复重建总体规划的通知.2010.6.
[4] 中国建筑设计研究院,亚太建设科技信息研究院.国内外地震灾害和灾后重建经验与对策研究.2009.3.

云南山区桥梁、隧道地震灾害风险分析及管理探讨

李志中[1]　刘庆华[1]　陈　跃[2]

（1. 云南省交通科学研究所　昆明　650011；
2. 云南省交通运输厅高等级公路管理处　昆明　650011）

摘　要：地震灾害对于公路系统主要构造物（桥梁、隧道）会造成交通系统的阻断，也对震后区域生产生活的恢复和应急救援响应产生不利的影响，这些影响不仅仅取决于构造物的抗震性能，也取决于它所处的位置以及公路地位等，桥梁、隧道地震灾害风险分析和管理模型建立的目标是：交通系统穿越地震带的震害风险以及系统中每一个构造物的损害级别（风险因子），为震前、震后提供决策工具。

关键词：公路桥梁　隧道　地震风险分析和管理　损害风险因子

Earthquake Risk Analysis and Management of Bridges and Tunnels in Mountainous Areas of Yunnan Province

Li Zhizhong[1]　Liu Qinghua[1]　Chen Yue[2]

(1. Transportation Research Institute of Yunnan Province　Kunming　650011;
2. Highway Management Office, Yunnan Province Transport Department　Kunming　650011)

Abstract: Earthquake could damage the main components of highway system, such as bridges and tunnels, thus severing the transport system and negatively affecting emergency response and post-earthquake recovery. The impact not only depends on the building's seismic resistance but also its location and the highway status. The goal of setting earthquake risk analysis and management model of bridges and tunnels is to identify the seismic risks in the earthquake-prone zone and the damage's seriousness level (risk factor) to provide reference for decision-making.

Keywords: Highway　Bridges and Tunnels　Earthquake risks analysis and management　Damage risk factors

0　引言

云南省地处西南边陲，位于北纬21°08′32″～29°15′08″和东经97°31′39″～106°11′47″之间，北回归线横贯本省南部，地理上东部与广西、贵州为邻，北部同四川相连，西北隅紧倚西藏，西部同缅甸接壤，南部和老挝、越南两国毗邻。全省东西最大横距864.9km，南北最大纵距990km，面积39.4万km^2，占全国陆地面积4.1%，在全国各省（市）中居第八位。云南省是一个高原山区省份，盆地面积仅占全省总面积的6%，地理上属青藏高原南延部分，地势从滇西向滇东倾斜；地质上处于印度洋板块和欧亚板块碰撞（俯冲）带东侧，地质构造复杂，新构造运动和现代构造活动十分强烈，地震活动频繁，以4.1%的国土面积释放着全国地震释放总能量20%的能量。

省内历史上发生的最大地震为8级，近百年来共发生5级以上破坏性地震383次，其中7级以上地震10组13次，就频度而言，5～5.9级地震平均每年发生3次，6.0～6.9级地震平均每2年发生1次，7.0～7.9级地震平均每8年发生1次，地震工作者经过几十年的深入研究，揭示云南省强震在时空分布上具有以下特征：

(1)强震在地域分布上具有不均匀性，受第四纪以来活动断裂特别是晚更新世以来的活动断裂控制明显，成条带分布（图1），同时具有“免疫性”特征，有时伴有群体转移的特点。

(2)强震在时域分布上具有非平稳性，强震活动具有明显的地震活跃期与平静期交替出现的特征，甚至在一个活跃期内还存在延时长短不等的活跃时段与平静时段。

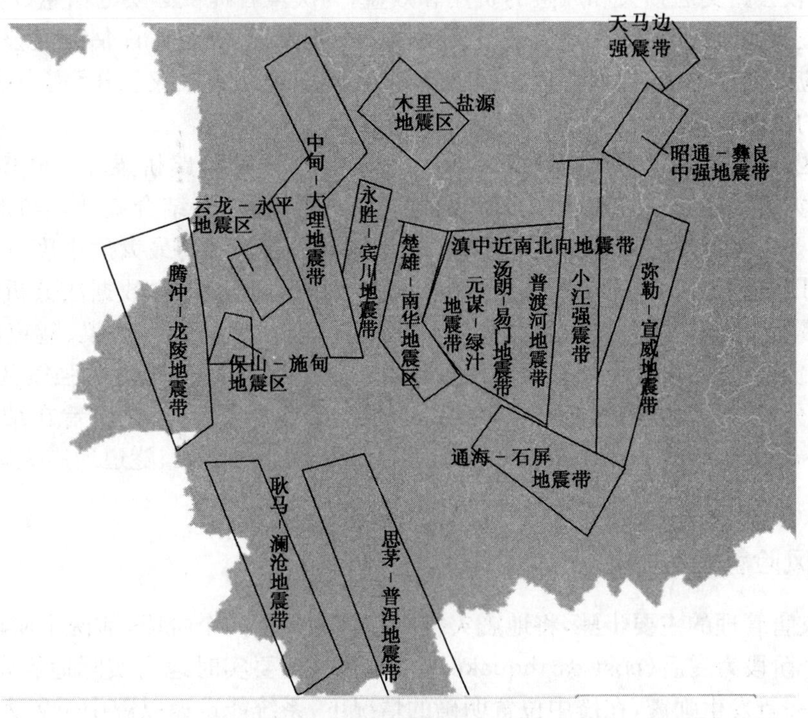

图1 云南省强震带区划示意图

经过20多年的发展，云南公路建设突飞猛进，不同级别的公路四通八达，高等级公路初具规模。截至2007年年底，全省公路通车里程近20万km；高等级公路达到7 263km，其中高速公路达到2 508km，居全国第七位，西部地区第一位。各种桥梁结构物达15 000多座，隧道达300多公里，路网结构进一步完善，出省通边大通道雏形基本形成。不仅带动了云南的经济发展，同时也将强震活动对云南公路桥梁、隧道的影响这个严峻的新问题摆在了我们面前。

云南省90%的面积地震基本烈度在7度以上，其中15个县市位于9度以上地区，37个县市位于8度地区，57个县市位于7度地区。因此，有相当多的公路桥梁、隧道通过了7度以上地震烈度区，以320国道为例(表1)，沿途穿过小江地震带、普渡河地震带、楚雄地震带、大理地震带、龙陵地震带5个主要的地震带，有585km的地段穿过8度以上地震区，占52.7%，强烈地震对公路桥梁、隧道的破坏时有发生，1976年龙陵地震时，320国道在龙陵县境内230km范围内有185km遭不同程度的破坏，其中黄草坝到勐兴138km内发生崩塌、滑坡、泥石流360处，总塌方量78万m^3，造成较大直接经济损失，同时导致交通中断，救灾人员和物资不能及时运抵灾区，严重影响抗震救灾，产生巨大的间接损失和社会影响。1988年澜沧—耿马地震诱发的滑坡仅在耿马县小黑江就造成11km长的路段全部冲毁，直接经济损失达5 082万元，公路修复费达1.27亿元。

表1 320国道云南境内地段的地震背景情况

穿越地震带				穿越烈度区			
地震带	起	止	长度(km)	烈度	起	止	长度(km)
小江	马过河	杨林	36	>9度	马过河	杨林	36
普渡河	昆明	安宁	40	8度	清华洞	平坡	79
楚雄	大旧庄	云南驿	144		马龙	安宁	120
大理	清华洞	平坡	79		南华西	漾濞	120
龙陵	怒江	芒市	88		永平 施甸	瓦窑 畹町	30 200
合计			387 (34.8%)			585 (52.7%)	

因此，需尽量减少地震灾害对公路主要构造物(桥梁、隧道等)的影响，震前，建立不同地震等级和范围对公路交通的影响，比较公路交通损失和风险的费用和效益，为决策者提供必要的信息以指导公路交通维护养护管理；震后，采用震害实时应急响应工具，映证公路构造物实际损坏信息，评估相关公路修复保通项目，同时建立震后应急响应的交通组织，规划管理，对云南省的震前日常防灾减灾工作，震中地震应急决策和震后恢复重建具有迫切的现实意义。

云南是个多山区的省份，且又是地震频发区域，大小 15 000 多座公路桥梁和 100 多座公路隧道(300 多公里)直接受到地震灾害的威胁。目前，国内外地震危害度分析方法，乃结合统计学与地震工程理论所发展出来的评估模式，主要以可靠度分析某一地点于某一年限内，所能承受的最大危害度，此类方法又可分为历史数据法 (historical) 与震源法 (seismic source method) 两种。采用历史数据法分析时，不需要确知震源的位置与震源的地震特性，而使用公路构造物所在地区的地震记录等包括：桥梁、隧道的基础信息(结构形式、长度、维护情况、责任单位、设计抗震等级)、所处地域的地震地质信息(所处的强震区划地震带、地震基本烈度等)来作危害度分析，而震源法必须确认震源后，才能进行分析。因此，论文旨在结合历史数据法 (historical) 与震源法 (seismic source method) 两种方法，探讨云南山区桥梁、隧道地震灾害风险管理系统的建立理论。

1 地震灾害风险管理程序

参照目前一般灾害管理的主要步骤，将地震灾害风险管理分为四个阶段，前两个阶段为震前(pre-earthquake)规划。后两个阶段为震后(post-earthquake)应急响应，主要实时地为实际地震发生后的应急响应活动提供协助信息，如一旦发生强震，在震中位置明确的情况下，系统能迅速以震中位置为圆心，计算形成理论等震线，通过经验辨识出在理论等震线范围内存在哪些桥梁、隧道及桥梁、隧道可能遭到的破坏程度，形成风险因子值(在实地检测构造物实际损害前)，以指导实地损害调查和帮助评估应急响应级别和预分析地震灾害后果，如哪些桥梁、隧道可以和首先被修复、应急交通路线绕行方案等。

1.1 减灾防灾阶段

本阶段指在非灾害时期，其震前历史资料的收集和现状评估，包括桥梁、隧道的基础信息(结构形式、长度、维护情况、责任单位、设计抗震等级)、所处地域的地震地质信息、公路构造物所在地区的地震记录等，其工作有：震害趋势分析、震害危险度分析等。

1.2 规划阶段

本阶段是利用现有环境、资源状况，规划震前可能的改善、维护、保养措施和面临灾害时可采取的相关措施，期望透过有效的措施以减少震害威胁或使危险与损失降到最低，其工作包括：震害模拟(对震源和理论等震害模拟计算)，震害应急响应计划研究，震害应急预案演练和交通运输资源规划布置等。

1.3 响应阶段

本阶段为实际震害发生时期，快速而有效地掌握实时信息，记录和传递震源图和地动数据，辨识出在理论等震线范围内存在哪些桥梁、隧道及桥梁、隧道可能遭到的破坏程度，计算风险因子，形成震害影响区域交通系统主要构造物(桥梁、隧道)损害风险地图和损害“黑点”。

1.4 恢复阶段

本阶段指实际震害发生后，如何有效规划对交通系统内主要构造物的复建或临时措施，规划可行交通路线绕行方案，使其能在最短的时间内恢复原有运作机能，并防止灾后交通系统可能引发的负面影响。

2 桥梁、隧道地震灾害风险分析管理系统

2.1 桥梁、隧道地震灾害风险管理方法

桥梁、隧道地震灾害风险管理系统的应用，可以依托于目前交通行业地理信息系统，利用其作业平台，一

方面作为桥梁、隧道地理位置信息和其他基础信息的输入平台，为地震损害分析提供基础数据，另一方面可以输出交通系统桥梁、隧道损害风险因子在位置上的分布，为后续的应急响应、交通规划提供依据。

造成道路交通受阻的因素，主要来自于桥梁或隧道因地震的损害，而损害风险与该构造物所处地震强度及所可能造成的危害度与该设施之耐震能力有关。因此，可分别建立地震强度及所可能造成的危害度模型和设施之耐震能力模型来分析桥梁和隧道损害风险因子。图 2 为桥梁、隧道地震灾害风险分析管理方法。

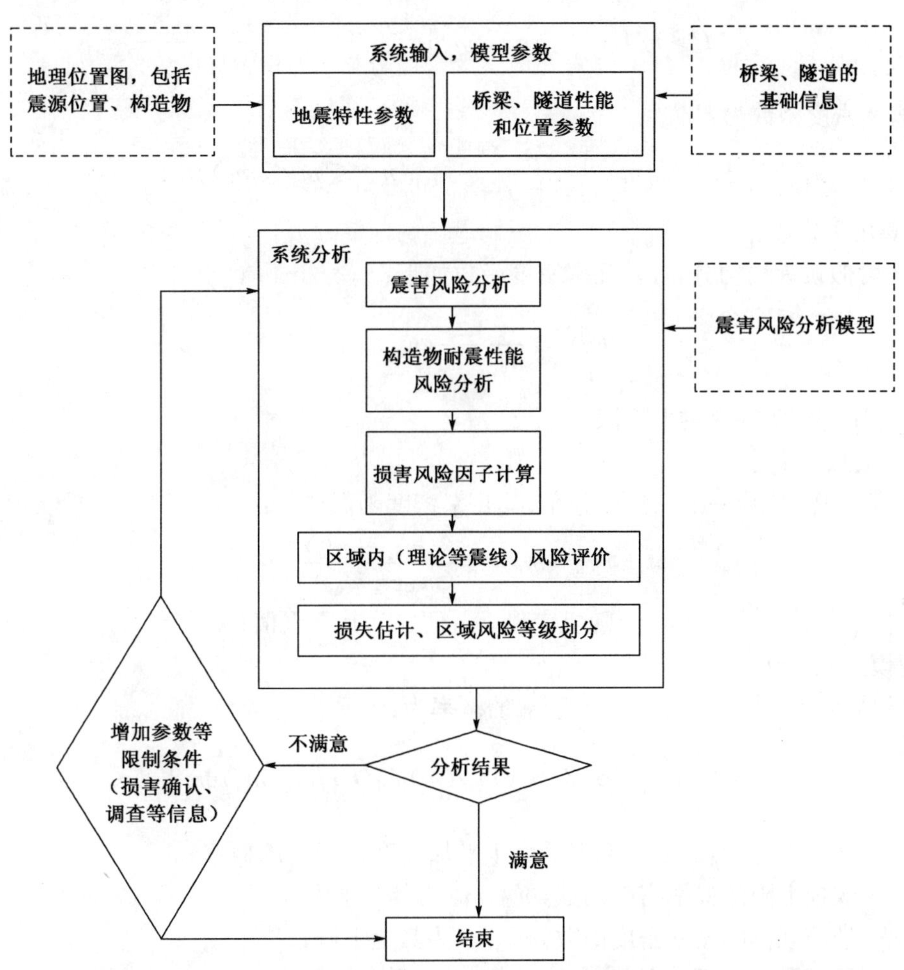

图 2 桥梁、隧道地震灾害风险分析管理方法

2.2 桥梁、隧道地震灾害风险分析模型的探讨

由地震灾害相关文献及大地震经验得知造成构造物破坏的因子主要有：

(1)基地动加速度危害(ground-motion)；

(2)液化(liquefaction)灾害；

(3)地表位移(surface fault rupture)。

本文主要讨论第一项基地动加速度对构造物的损害，其他两项可于未来采用相同的方法讨论，继续扩充模式而得。本桥梁、隧道地震灾害风险分析模型由地震危害度分析与结构耐震设计原理两大部分构成，共分为以下几个步骤。

(1)地震特性基本方程式；

(2)推估构造物地表崩塌加速度；

(3)透过地震衰减方程式计算构造物抗震规模；

(4)分析及估计构造物破坏概率。

以下分别加以探讨。

2.2.1 地震特性基本方程式

考虑到地震发生的主要因素，即地震规模、震源深度、震中距离，地震规模可由里氏地震规模来取得。而震源深度和震中距离可由地震资料来计算，只考虑地震规模为大于或等于某一下限值 m_0 ($m \geqslant m_0$) 和小于等于某一上限值 m_u ($m \leqslant m_u$)。

根据里氏地震规模即当地震规模 M 大于某已知值 m 时，其概率为：

$$p[M > m \mid m_0 \leqslant m \leqslant m_u] = \frac{\exp[\alpha - \beta(m - m_u)]}{\exp(\alpha)} \tag{1}$$

此时 m 的概率密度函数为：

$$f_m(m) = \frac{\beta e^{-\beta(m-m_0)}}{1 - e^{-\beta(m_u - m_0)}} (m_0 \leqslant m \leqslant m_u) \tag{2}$$

(1)震源深度几率分布

震源深度 H 可假设为均匀分布，其几率密度函数如下：

$$f_H(h) = \frac{1}{h_u - h_0} (h_0 \leqslant h \leqslant h_u) \tag{3}$$

式中：h_u、h_0——分别为震源深度的上下限。

(2)地震规模上限几率分布

假设地震规模上限 M_u 为一下三角形分布，其几率密度函数如下：

$$f_{m_u}(m_u) = \frac{2(m_{u2} - m_u)}{(m_{u2} - m_{u1})^2} \tag{4}$$

式中：m_{u1}——规模上限估计值，因 m_u 为随机变量，m_{u1} 便成为其下限值；

m_{u2}——规模上限估计值。

另，构造物处地表最大水平加速度 Y 大于 y 的概率为：

$$p_y = \int_{m_u}^{m_u}\int_{h_0}^{h_u}\int_{m_0}^{m_u} p(Y > y) f_M(m) f_H(h) fm_u(m_u) \mathrm{d}m\mathrm{d}h\mathrm{d}m_u \tag{5}$$

式中：$p(Y>y)$——地震发生后，工址处地表最大水平加速度大于 y 的概率；

$fm_u(m_u)$——规模上限的概率密度函数，m_{u2}、m_{u1} 为其上下限；

$f_M(m)$——地震规模的概率密度函数，m_u、m_0 为其上下限；

$f_H(h)$——震源深度的概率密度函数，h_u 和 h_0 为其上下限。

将式(2)～式(4)代入式(5)，可得到构造物处地表最大水平加速度 Y 大于 y 的概率为：

$$p_y = \begin{cases} 1 & (m < m_0) \\ 1 - \dfrac{1 - e^{-\beta(m-m_0)}}{1 - e^{-\beta(m_u - m_0)}} & (m_0 \leqslant m \leqslant m_u) \\ 0 & (m > m_0) \end{cases} \tag{6}$$

2.2.2 地表运动衰减模式

表示地点地震荷载强度最常用的参数为地表加速度峰值 PGA (peak ground acceleration)，一般的 PGA 衰减公式仅考虑两个参数，即地震规模 M 与地点距离震源的最短距离 R，其衰减公式可表示为 $y = f(M, R)$。常用的地震衰减方程式包括：Kanai 形式、Campbell 形式、Joyner and Boore 形式及 Japan Rock Site 形式等。

本文采用 Kanai 形式的地震衰减方程式，其主要优点为所需参数少、计算简单，其反函数为

$$m = g(y, r) = \frac{\ln\left[\dfrac{y(r + b_4)^{b_3}}{b_1}\right]}{b_2} \tag{7}$$

式中：y——地表最大水平加速度；
r——距离震源最短距离；
m——地震规模；
b_1、b_2、b_3、b_4——参数。

2.2.3 推估构造物破坏风险因子计算

透过地表运动衰减公式（PGA）计算该地表加速度所对应的地震规模 m，此地震规模代表该构造物的抗震能力，将此地震规模 m 代入式(6)中便可求得该路段构造物破坏的概率值 P_{bi}，公路桥梁、隧道所能承受的地表崩塌加速度的计算方法，参照建筑物可以以简易耐震公式来描述所能承受之地表崩塌加速度 y_c。

$$y_c = 1.4\alpha_y F_u F_t y_0 \tag{8}$$

式中：α_y——起始降服地震力放大倍数；
F_u——结构系统地震力折减系数；
F_t——构造物使用年限地震力折减系数；
y_0——设计地震加速度。

将式(8)代入式(7)可以得到该处最大地震规模，即构造物耐震规模 m，再将 m 值代入式(6)中，即可求得该构造物破坏的概率。

3 结语

本文希望采用现代科学方法，综合考虑公路（对救灾、生产、生活、对外贸易等的）重要程度和区域强震频发及可能发生强烈地震灾害的区域分布规律、养护部门现有管养资料、地形地质及水文气象资料，建立地区桥梁、隧道地震灾害风险管理系统，特别是对于云南省山区公路桥梁的管养是很有意义的，其为云南省山区公路桥梁、隧道养护管理、防灾减灾管理、灾后应急的决策和恢复重建，提供支撑管理平台，为政府监管部门在发生重大地震地质灾害后的有效决策、及时采取应急救援措施提供技术依据和支撑。

(1)采用震前(pre-earthquake)、震后(post-earthquake)风险管理程序，对于桥梁、隧道可能遭到的破坏程度，形成风险因子值(在实地检测构造物实际损害前)，以指导实地损害调查和帮助评估应急响应级别和预分析地震灾害后果(如哪些桥梁、隧道可以和首先被修复、应急交通路线绕行方案)十分必要。

(2)结合地点地震危害度分析模式与结构耐震设计分析，推导出构造物的破坏概率，对构建路段阻断风险评估模式，用以评估震灾发生时道路的阻断风险具有实用价值。

(3)本文对于公路桥梁、隧道抗震耐震没有作进一步讨论，对于地震等级和状态下重要桥梁和隧道的受损状态需进一步研究，可利用有限元模拟仿真软件(CAE 软件)，针对重要桥梁和隧道，建立起有限元模型，对各种等级和类型地震进行地震响应预分析。

(4)云南山区桥梁、隧道地震灾害风险管理系统的应用，可结合云南公路地理信息系统，利用云南省现有公路网和地震烈度分布图和基础资料数据分析结果，利用云南省现有山区公路桥梁、隧道震害地段分布图和强震发生后地震部门提供的精确震中位置及烈度分布图，为灾害条件下的云南省山区交通系统应急预案、灾害调查、运输组织和紧急救援提供技术支持。

参考文献

[1] 鲍福星.地震危害度分析之不确定性研究[D].台湾：台湾大学土木工程学研究所硕士论文，1992.

[2] 李景亮，梁英文.结构抗震设计.1999.

[3] 地震灾害与交通系统应急规划. 中国交通技术网，2008-6-4.

[4] 帅向华，吕红山，刘爱文.基于 GIS 的地震灾害中的城市交通道路网络的研究//中国地震学会第七次学术大会论文摘要集.中国地震局地球物理研究所.

[5] Oktay Ergunay. 土耳其东部的地震减灾工作和灾害管理对策联合国国际减轻自然灾害十年论文精选本论文集,2004.

[6] 何萍,李志强. 中国地震:城市群震后交通快速评估研究——以珠江三角洲为例. 中国地震局地质研究所,2005.

[7] 柳春光,杜玮,翟桐. 城市交通系统抗震可靠性研究[J]. 地震工程与工程振动,1999(02).

[8] 王海超,解国仁,冯玉岩. 城市公路网络震害预测方法探讨[J]. 燕山大学学报,1997(02).

[9] 曾松,杨晓光. 日本的灾时交通管理系统[J]. 国外公路,1999(05).

[10] 章熙海,吴洪,安琪伟. 基于GIS的江苏省地震应急指挥系统[J]. 地震学刊,2002(03).

基于模糊评价方法的隧道岩溶突水地质灾害综合预警方法

匡　星　白明洲　王成亮

（北京交通大学　北京　100044）

摘　要：在岩溶地区的铁路、公路、水电等行业隧道工程建设中，突发性岩溶突水地质灾害对工程安全造成了重大影响。本文分析了岩溶区隧道施工期岩溶突水地质灾害系统，包括预测、预报和预警三个部分，分析了各个系统的各级指标，并选取典型指标建立评价体系。针对宜万铁路典型的风险隧道的岩溶突水地质灾害情况，采用了模糊综合评价模型，尝试建立一种隧道岩溶突水地质灾害的综合评估方法。最后文章结合宜万铁路齐岳山隧道施工实例进行评价，对评价结果与实际施工揭示的结果进行了比较。

关键词：隧道工程　岩溶　地质灾害　灾害预警　危险区段

Blurred Evaluation-based Pre-warming of Tunnel Water Burst in Karst Areas

Kuang Xing　Bai Mingzhou　Wang Chengliang

(Beijing Jiaotong University　Beijing　100044)

Abstract: During the tunnel construction of railway, highway, water and electricity facilities in the karst areas, sudden inrush of water can jeopardize the project safety. This paper analyzes the warming system, including prediction, forecasting and early warning of the water burst during tunnel construction in karst areas, looks into each part's index, and chooses typical index to establish the evaluation system. Given the water burst risks in tunnels of Yichang-Wanzhou Railway, this paper uses a blurred comprehensive evaluation model, in a bid to establish a comprehensive assessment method of water burst risks in tunnels of karst areas. Finally, this paper evaluates the construction of Qiyueshan tunnel of the Yichang-Wanzhou Railway and compares the evaluation results with the construction results.

Keywords: Tunnel projects　Karst　Geographical hazards　Pre-warning　Dangerous zone

0　引言

在岩溶地区的铁路、公路、水电等行业隧道工程建设中，突发性岩溶突水地质灾害是影响工程安全的重要因素。建立隧道施工地质灾害预警是减少和避免因地质灾害造成财产损失、人员伤亡的有效办法。岩溶突水地质灾害的产生和发展受多种复杂因素的控制和影响；同时，产生地质灾害的地质体往往具有随机性、不确定性和复杂性。因此，地质灾害预测评价技术方法一直是难点，长期以来，经过国内外相关学者的努力，研究开发了大量的预测评价模型，从经验模型、统计模型、灰色模型，到人工智能模型、非线性模型、图像识别技术、GIS技术等，但是，至今没有一种模型得到大家的公认。

1　岩溶隧道地质灾害系统分析

本文对相应的铁路岩溶隧道地质灾害系统进行了整体分析，分为如下三大部分。

1.1　隧道岩溶预测

岩溶管道预测是解决岩溶灾害的第一步。首先从工程地质情况，确定区域岩溶管道的发育深度；第二，确定岩溶管道平面分布与隧道线路的空间关系；第三，根据空间关系，岩溶管道中雨季最大输水量等进行危险性评价。通过上述的三个步骤基本上完成岩溶管道的区域性预测。

1.2 隧道岩溶灾害超前预报

鉴于岩溶灾害预测发生灾害位置分布范围大,不能直接用于灾害的防范。在预测基础上,需要在施工掌子面上进行超前地质预报。针对区域性岩溶灾害预测存在的弱点,将超前地质预报划分为一般性超前预报和重点地段超前地质预报。当前超前地质预报常使用TSP和地质雷达等物探方法。

1.3 岩溶灾害预警

预警工作是在区域岩溶地质灾害预测和隧道内物探岩溶灾害超前预报的基础上进行的。其目的是确定岩溶灾害发生的具体位置、突水及涌水量、突泥沙量、水压力等灾害参数。

在目前情况下,岩溶灾害预警可包含超前钻探、施工地质和施工监测等工作。

超前水平钻探最直接地揭示了掌子面前方的地质特征,准确率很高,效果很好。钻孔深度以100m最佳。

配合施工而进行的地质工作,目的在于查明岩溶灾害发生的前兆和修正地表完成的工程地质图和修正预测岩溶灾害里程,最后根据物探、钻探和岩溶灾害发生的前兆等,作出掌子面前方发生岩溶灾害定位预警。

另外,结合施工的进行开展施工监测、岩溶管道测量、施工揭露岩溶管道时的突—涌水预测量、水中泥砂含量和碎屑物质粒径、地下水位监测、地下水与降雨关系等预测,为隧道施工防灾与安全提供科学数据。

2 模糊综合评判方法

本文通过对常用的预测模型进行比较认为,采用以信息科学和地理信息科学作为地质灾害预测预报的理论基础更为科学。本文采用常用的模糊综合评判方法进行岩溶隧道地质灾害评价模型的建立。

模糊综合评判就是应用模糊变换原理和最大隶属度原则,考虑与被评价事物相关的各个因素,对其所做的综合评价。基本步骤如下。

2.1 评价指标因素的选取

首先选取评价因素,而后建立评价因素集,即:单一岩层方面、地质构造方面、地形和地貌方面、地表水系统方面、地下水方面、岩溶发育深度与隧道设计方面、监测资料。

设评价因素集为:

$U=\{u_1,u_2,\cdots,u_8\}=${单一岩层方面,地质构造方面,地形和地貌方面,地表水系统方面,地下水方面,岩溶发育深度与隧道设计方面,监测资料}$=\{u_1,u_2,\cdots,u_{21}\}=${岩石性质,岩层厚度,层组合特征,褶皱性质,断层性质,节理裂隙,地表夷平面特征,补给区斜坡特征,补给区植被特征,地表水系属性,地表水系空间分布特征,地表河流数量特征,蓄水构造,地下水类型,隧道涌水量,地下水压力,岩溶发育深度与隧道设计,水压力,水质,围岩压力,位移监测},具体见表1。

2.2 灾害结果等级划分

确定预测评判集,根据岩溶灾害产生条件、发生灾害的类型,如涌—突水物质成分、水量和压力大小,涌—突水方式等,最后用灾害发生酿成后果的严重程度划分为预测评判集:(严重危险地段、较严重危险地段、中等危险地段、较轻度危险地段、轻度危险地段)。

评价结果集为:

$V=\{v_1,v_2,\cdots,v_5\}=$(严重危险地段,较严重危险地段,中等危险地段,较轻度危险地段,轻度危险地段)

2.3 权向量的给定

目前确定权值常用的方法有专家咨询法、层次分析法、二项系数法、物元评价法,等。本文采用专家咨询法。本文采用选取10个专家进行打分后,取各单因素权向量的平均值,给出单因素 u_i 在评价中所起作用大小模糊集(权向量)。

$$\underset{\sim}{A}=(a_1,a_2,\cdots,a_n) \qquad (\sum_{i=1}^{m}a_i=1)$$

如表1权重列所示。

表1　齐岳山隧道 PDK365 +313 危险地段评价因子

指标类型	权重因子	危险地段隶属度				
		严重	较严重	中等	较轻度	轻度
岩石性质	0.08	0.2	0.3	0.5	0	0
岩层厚度	0.02	0	0.2	0.3	0.5	0
层组合特征	0.03	0.2	0.3	0.5	0	0
褶皱性质	0.07	0	0.4	0.3	0.1	0.2
断层性质	0.04	0.6	0.3	0.1	0	0
节理裂隙	0.06	0.7	0.3	0	0	0
地表夷平面特征	0.03	0.7	0.3	0	0	0
补给区斜坡特征	0.02	0	0.6	0.3	0.1	0
补给区植被特征	0.02	0.1	0.2	0.3	0.4	0
地表水系属性	0.04	0	0	0.2	0.3	0.5
地表水系空间分布特征	0.02	0.2	0.3	0.4	0.1	0
地表河流数量特征	0.02	0.7	0.3	0	0	0
蓄水构造	0.01	0.6	0.3	0.1	0	0
地下水类型	0.05	0	0.2	0.3	0.4	0.1
隧道涌水量	0.03	0.8	0.1	0.1	0	0
地下水压力	0.08	0	0.6	0.3	0.1	0
岩溶发育深度与隧道设计	0.08	0.6	0.3	0.1	0	0
水压力	0.06	0.9	0.1	0	0	0
水质	0.08	0.9	0.1	0	0	0
围岩压力	0.08	0.9	0.1	0	0	0
位移监测	0.08	0.9	0.1	0	0	0

2.4　隶属度的确定

先对评价因素集 U 中的单因素 u_i 作单因素评判，得出第 i 个因素 u_i 的单因素评判集：$r_i=(r_{i1},r_{i2},\cdots,r_{ij})$，进一步构造出一个总的评价矩阵得到 $\underset{\sim}{R}$。

根据工程地质类比的方法，对于定性描述的预测因子，直接给出隶属度经验值，存入数据表中(参见表1)。

2.5　模糊运算

由权向量与模糊矩阵进行“合成”，求出评价集：

$$\underset{\sim}{B}=\underset{\sim}{A}\cdot\underset{\sim}{R}=(b_1,b_2,\cdots,b_n) \qquad (0\leqslant b_j\leqslant 1)$$

其中：$b_j=\sum_{i=1}^{m}a_i r_{ij}$，$j=1,2,\cdots,n$。($M(\cdot,+)$合成形成)

根据最大单元隶属度原则，$b_{i0}=\max\{b_j\}$所对应的值，即为地质灾害危险性区划等级。

3　齐岳山隧道岩溶地质实例分析

3.1　齐岳山隧道概况

齐岳山隧道全长10 528m(DK361+255～DK371+783)，隧道最大埋深670m。隧道进口高程1 126m，自进口至出口为单面下坡，坡度依次为－13‰(345m)、－15.3‰、－6‰。为保证隧道施工工期，设置贯通平行导坑(隧道左侧30m处)和斜井各一座。

齐岳山隧道穿越中、下侏罗统上、下沙溪庙组、新田沟组、自流井组、珍珠冲组和三叠系须家河组、巴东组、嘉陵江组、大冶组，以及二叠系长兴组、吴家坪组、茅口组等地层，其中可溶岩长4.7km，占全隧总长度的45%，可溶岩均处在隧道进口端。

齐岳山隧道穿越区段可分为中山区、中山谷地和低中山区，分别对应齐岳山构造溶蚀地貌、中部得胜场溶蚀槽谷地貌、西部碎屑岩剥蚀地貌。

3.2 齐岳山隧道典型地段超前预报和监测

选取齐岳山隧道出口平导 PDK365＋313 处为例。

齐岳山隧道出口平导 PDK365＋313 岩溶地段位于得胜场槽谷的 F11 断层与隧道相交处，根据掌子面施工揭示主要由泥质灰岩、碎块石状的断层角砾岩等组成，成分复杂，岩性不均一，岩体破碎，节理发育，胶结物以钙泥质为主，易被溶蚀。实测压达 2.6MPa，水单孔涌水量最高达 790m^3/h，根据预测 F11 断层段正常涌水量为 1.1 万 m^3/d，围岩分级 V～VI 级。

3.3 岩溶突水灾害风险评价

结合前述齐岳山工程区地质条件，可得出 PDK365＋313 处岩溶突水灾害的基本条件为：

(1)隧道穿越中等岩溶化岩层与非可溶性岩层交界面；

(2)F11 断层为纵断层，处于背斜一翼，裂隙发育；

(3)隧道区域根据夷平面上的汇水洼地、槽谷与落水洞、漏斗组合数划分为数量大于 3 个/km；

(4)水系为支流，根据在该区发育河流的数量划分为数量为 1～2 条，10%＜植被覆盖率＜30%为易产流；

(5)背斜中地下水分流向两翼，地下水类型为层间水，一部分会有压力，出水量约大于 10 000m^3/d，水压力大小约为 1～3MPa；

(6)斜坡坡度为(45°＞坡度＞30°)；

(7)隧道设计高程低于槽谷中的伏流口高程，低于夷平面高程；

(8)隧道进出口高程低于线路对应的干流河水面高程；

通过资料分析和现场实际调查，根据评价因子分级表，得到各评价因子的作用指数，见表 1。

齐岳山 PDK365 ＋313 区段分析：

$$\underset{\sim}{B}=\underset{\sim}{A}\cdot\underset{\sim}{R}=(b_1,b_2,\cdots,b_n)=(0.477,0.25,0.165,0.69,0.039)(0\leqslant b_j\leqslant 1)$$

根据最大单元隶属度原则，$b_{i0}=\max\{b_j\}$所对应的值，即野三关地质灾害危险性区划等级为严重危险段。

3.4 结果比较

在里程 PDK365＋313 附近钻探期间，钻孔多次出现涌水、喷砂现象，并伴有轰鸣的声音，掌子面出现开裂、移动，局部出现坍塌。2009 年 3 月 1 日 7 时掌子面发生坍塌，并出现涌水、涌泥，最大瞬时涌水量约 1 万 m^3/h，持续 5min，最近流量稳定在 200～300m^3/h，残留洞内石方量约 1 000m^3，淤积平导 54m(图 1、图 2)。将计算结果和实际调查情况对比分析发现，计算结果和实际施工遇到的情况基本一致，说明该方法用于隧道工程岩溶突水地质灾害风险评价是可行的。

图 1 PDK365＋313 处掌子面开裂、局部坍塌

图 2 突出泥石淤塞至 PDK365＋367

4 结语

基于地质预报、地质超前预测和地质灾害监测资料的调查研究工作，本文首先对铁路岩溶隧道地质灾害系统进行整体分析，分为预测、预报和预警三大部分。依据地质工作分析，选取了典型指标，采用模糊综合评价方法建立一种用于综合的评价模型。并选取典型工程段对该模型进行了应用和验证工作。该工作的优点主要体现在将长期地质预报、中期超前预测和短期监测进行了整合，以及定量化计算和分析。该工作还仅仅是我们课题组工作的一个开始，更具挑战性的工作，例如基于地理信息系统的预报工作和更科学地以信息科学作为理论基础，对隧道岩溶地质灾害的综合预警系统研究工作还将进一步进行。

5 致谢

感谢教育部高等学校科技创新工程培育资金项目(708010)课题组，特别感谢文章两位合作者。除此还要感谢文献作者以及北京交通大学地质工程实验室和生态环境研究中心。

参 考 文 献

[1] 戴行信.预警的数学理论研究[J].武汉理工大学学报，2002，26(2)：195-198.

[2] 吴树仁，石菊松，王涛.突发地质灾害预测评价概论.地质通报，2008，27(11)：1753-1763.

[3] 朱超.宜万铁路隧道施工期岩溶灾害预警及防治对策研究.北京交通大学，2008.6.

[4] 李术才，薛翊国，张庆松，等.高风险岩溶地区隧道施工地质灾害综合预报预警关键技术研究[J].岩石力学与工程学报，2008，27(7)：1297-1307.

[5] 刘浩杰.宜万铁路隧道工程岩溶超前预报的地质分析方法研究[D].北京：北京交通大学，2007.6.

[6] 王成亮.岩溶区隧道施工地质灾害风险评价方法研究[D].北京：北京交通大学，2010.6.

高速公路隧道灾害事件检测新方法及应用研究

孙庆翔[1]　秦　刚[1]　丁国锋[2]

（1. 陕西交通集团秦岭终南山公路隧道分公司　西安　710105；
2. 北京英特威视科技有限公司　北京　100006）

摘　要：高速公路隧道的灾害问题比较复杂，存在着耦合发生特征，这就要求防灾、救灾系统必须早期侦测、早期处理、简洁、有效和可靠。本文介绍一套三合一的公路隧道灾害事件检测技术，并就其应用作了实体试验研究，结果表明该系统是目前较为理想的一种灾害事件检测系统，可以大大提高系统的早期报警能力和综合信息分析能力。

关键词：高速公路　灾害　检测　研究

New Detection Methods of Expressway Tunnel Incidents and Application Research

Sun Qingxiang[1]　Qin Gang[1]　Ding Guofeng[2]

(1. Qinling Zhongnanshan Highway Tunnel subsidiary of Shanxi Transport Group　Xi′an　710105;
2. Bejing Yingteweishi Science and Technology Co., Ltd.　Beijing　100006)

Abstract: Expressway tunnel accidents are complex with coupling features, which requires that the disaster prevention and relief system must have early detection, early treatment, and be simple, efficient and reliable. This paper introduces a three-in-one tunnel disaster detection system and looks into its application, which shows that the system is ideal and it can greatly improve the early warning and integrated information analysis.

Keywords: Expressway　Disaster　Detection　Research

0　引言

高速公路隧道是世界上大部分运输系统的重要环节之一，而隧道内交通事故、火灾事故等灾难性后果不仅会导致生命和财产的严重损失，而且使人们对使用这类传统的技术丧失信心。例如，1999 年相继在法国—意大利勃朗峰(Mont Blanc)隧道和奥地利托恩(Tauern)隧道发生的火灾分别导致 51 人死亡和 79 人受伤，隧道分别停运了 24 个月和 12 个月；2000 年在圣哥达隧道又发生严重人员伤亡的特大火灾事故，给当地的经济造成了很大的影响。

隧道的交通和消防安全问题是一个复杂的问题，但无论如何，针对隧道内出现的可能导致火灾和二次事故的异常事件进行及时快速的侦测是绝对必要的，这将影响到隧道内人员的安全和隧道运行管理人员应急预案的采用。有两类事件会很容易演变为对影响隧道内人员安全的巨大威胁：火灾（烟雾、火焰）；任何可能导致车辆停止损坏的事件，包括撞车、车辆故障、逆向行驶、车辆遗落物品等，这些事件可能导致灾难性的二次事故，甚至转变为火灾。

在隧道中每分钟的延迟都会造成事故的延迟处理，或者导致其他后发灾害。大量的试验表明，一旦发生火灾，4～5min 后人员就很难再逃生了，而人员的逃生最佳时间是 1～2min。可以高效侦测火灾和灾害事件的系统，每加快 1min 的探测时间，将为救护更多生命、财产提供机会。

根据国际尤其是欧洲隧道安全事件的研究，交通事件探测和确认时间的长与短会对卷入其中的车辆数量，人员和车辆的疏散，救援和交通拥挤程度有很大的影响。从图1的研究结果看出，有快速火灾和事件检测系统可以提前至少14min确认和处理事故，减少4倍卷入事故的车辆，并可以减少4倍发生二次事故的风险。

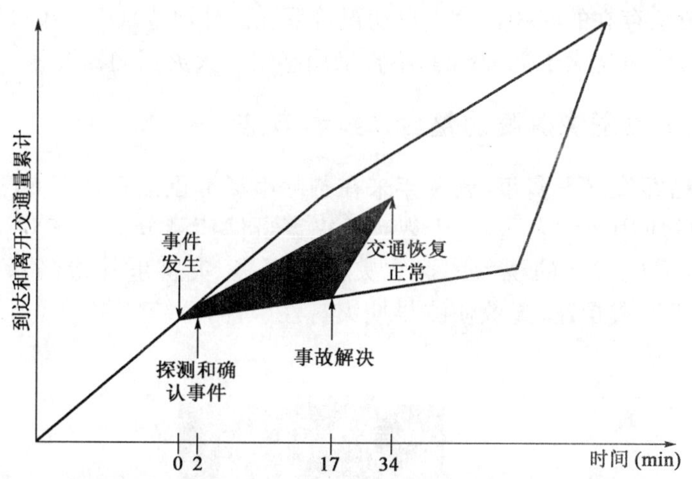

图1 有和没有快速事件侦测和确认系统情况下的事故处理时间对比

目前，全球范围内交通隧道中抵御自然或人为灾害的安全设备和设施仍然很不完善。在铁路和公路隧道中，消防、安全问题极具挑战性，因为其特有的隧道环境特征、日益增加的交通流量和尚待发展的安全规范，例如隧道狭长烟气排放困难、不便于救援等。随着社会的发展，交通拥挤程度的不断提高，车辆的类型复杂化，新的交通工具不断产生，已建隧道和新建隧道在消防安全系统的设计上均需要创新的方法和技术手段。这就要求创新的技术达到以下的基本性能：

①系统应具有同时侦测隧道各类灾害事件，并进行信息集成综合判断的能力。

②系统的灾害事件侦测报警时间应大大缩短，以便为人员逃生、灾害事故处理、防灾预案的启动等提供充足的时间。

③系统应在高风速、污染、遮挡等复杂环境条件下有效探测火灾。

1 传统的公路隧道灾害事件检测方法及存在的问题

传统的用于公路隧道灾害事件检测的方法主要是：第一，针对火灾，主要采用基于燃烧产物（温度、红外光）辐射、对流而进行探测报警的方法，例如分布式光纤感温火灾探测器、准分布式光纤光栅感温探测器、180°视场角双波长红外火焰探测器；第二，针对隧道内的交通事件，主要采用单通道视频图像分析系统。另外，隧道内往往还要设置一套CCTV系统。由于隧道内环境的特殊性，以往的系统存在较大的问题。

(1)针对不同的检测目标，在隧道内共采用了三套不同的系统进行处理，灾害事件信息没有进行汇总和综合分析，造成的结果常常是要么不报警、要么误报警，很多时候还需要人工调阅摄像机图像来确认事件，耗时、耗力，且会造成事故处理的大大延迟。

(2)由于隧道内风速和环境的作用，以往基于感温火灾探测的方法存在较多的问题：第一，仅可对隧道内的明火进行报警，无法针对火灾早期的烟雾进行有效侦测；第二，隧道内的活塞风速会造成火灾不能及时触发报警，即火灾报警时间过长；第三，活塞风会造成报警位置发生很大的偏移，无法用于确定火灾位置；第四，随季节变化，环境温度也发生较大变化，使得火灾探测阀值参数随季节而调整，使用很不方便；第五，仅具备阀值报警功能，工作在1 330波长的光纤光栅传感器的制作工艺目前不很成熟，尤其是用于交通隧道时，更难适应，光栅受应力和环境作用会发生致命的问题。

(3)基于双波长红外火焰探测器的火灾探测方法在公路隧道使用，也存在一些问题：第一，对阴燃的火灾烟雾不能进行响应，无法做到早期探测，而烟雾会造成探测器性能的降低；第二，探测器不能对乙醇的燃烧进行有效的报警；第三，探测器在遮挡条件下响应能力十分有限；第四，探测器用于隧道洞口附近时，由于太阳光被调制，而易于发生误报警，或者由于调低灵敏度而不报警。

(4)实际应用的结果也表明，以往的火灾探测方法，往往还不如视频事件检测系统的响应快。

(5)另外三套不同的系统，整合性非常差，安装、使用、维护均较麻烦。

鉴于以往火灾探测方法存在的问题，《火灾自动报警系统设计规范》(GB 50116—1998)报批稿也作了更清晰的规定，指出“隧道日常风速大于 3m/s 的，不宜采用感温型火灾探测器”。

2　基于分布智能视频图像探测的整合系统新方法

图像火灾探测技术已经发展十多年，近两年来在国际市场上逐渐形成了成熟、可靠的系统，并通过了国际 UL 等认证。大量的应用实践表明，基于视频的灾害事件侦测分析系统对于公路隧道而言是最有效的方法。鉴于此，即可以形成如下的视频图像火灾探测报警、灾害事件检测、CCTV 三合一整合解决方案，如图 2 所示，目的在于形成快速、高效侦测早期灾害性事件，系统性跟踪监控事件发展，最简捷的应用系统。

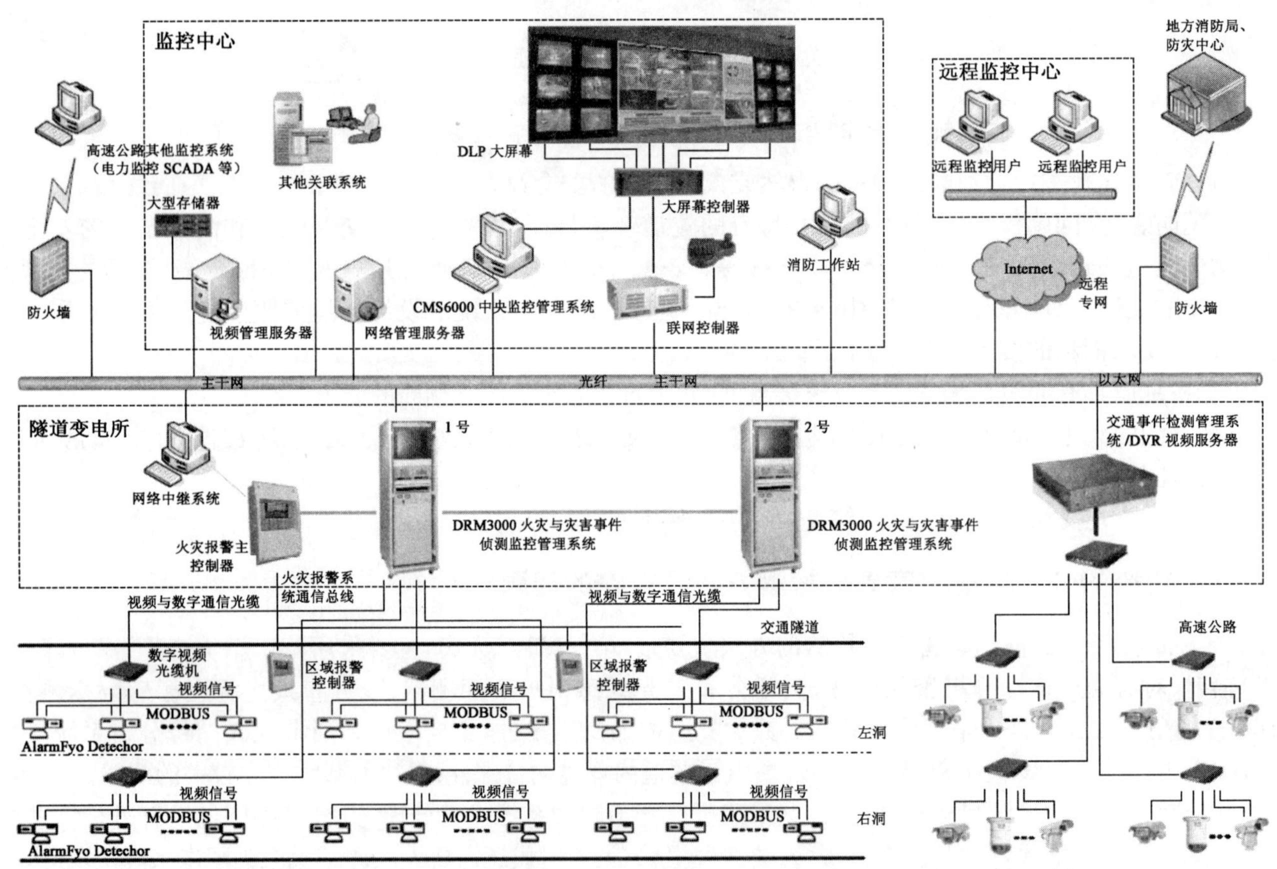

图 2　三合一整合系统示意图

(1)采用分布智能视频图像火灾探测系统(图像探测器为独立探测器)替代传统基于燃烧产物(温度、火焰辐射等)探测的火灾探测系统。

(2)采用分布智能图像火灾探测器配合后端监控管理系统完成交通事件检测和交通参数侦测，以及管理功能。

(3)采用分布智能图像火灾探测器的输出图像取代传统 CCTV 系统的视频图像。

(4)形成现场监控探测、区域监控管理、中心远程监控管理的系统架构，实现灾害事件信息的有机整合，大大提高系统的能力。

系统的灾害事件检测效果如图 3 所示。

图 3 灾害事件检测效果图

a)烟雾探测;b)火焰探测;c)火焰探测;d)火焰和烟雾;e)隧道内遗落物及车辆停滞;f)隧道内车辆故障停滞;g)错误方向行驶;h)隧道内出现行人

3 应用试验研究

这样的三合一整合系统在上海模拟长江隧道实体隧道中做了大量试验,试验结果证明了系统的有效性。并被用于重庆外环高速玉峰山隧道,进一步验证了系统检测事件的能力。

大量的实体火灾试验均在上海模拟长江隧道 1∶1 全尺寸的试验隧道中进行,其中的建筑、结构、设备布置等与上海建设的长江隧道完全一致,试验隧道还包括地铁隧道和车站的地下试验部分。试验隧道总高度 7.8m,净空高度 6.7m,烟道高度 1.0m,全长 123.5m,火灾试验段长度 100m,风道长度 140m。隧道采用两台 90kW 轴流风机,用以产生高达 5m/s 的风速,轴流风机的不均匀风流通过一侧的整流罩整流形成相对均匀的风速。火灾试验隧道上部设计有排烟风道,通过端头的轴流风机排除烟气。

试验主要依据 NFPA 公路隧道火灾探测研究项目和正在制定的国家标准《公路隧道火灾自动报警系统设备技术条件》而进行。火灾场景包括敞开的油盘火,车辆下方、背后和其中的油盘火,并且评估了系统在高污染和遮挡率条件下的探测能力,以及车灯的影响等。火灾场景简要描述如下:

(1)小型敞开油盘火。在 60～110m 试验隧道范围内不同的位置进行一系列试验。

(2)遮挡火。模拟三种火灾情况:第一,车辆下部油盘火,主要模拟车辆发生火灾且主要在车辆下部燃烧的火灾事故,探测器距离火灾位置 60～90m;第二,车辆后方的遮挡火,主要模拟车辆后方的火灾事故,火焰被部分或全部遮挡,探测器距火灾位置 75m;第三,车辆内部的油盘火,主要模拟车辆内部的火灾事故,火焰被部分或全部遮挡,探测器距火灾位置 75m。

(3)乘客机舱内火灾。通过采用木屑、泡沫塑料模拟机舱内部火灾,探测器距火灾位置 60m。

(4)移动车辆火。通过人力拖动一个模拟移动车辆的火灾,移动速度 10km/h 以上,燃烧功率约为 125kW。

(5)车灯防误报试验。分别采用警灯、车辆前大灯进行试验,光源位于探测器前方 15～20m。

(6)探测器窗口污染试验。分别采用 50%透过率金属网遮挡,和采用油、粉尘混合物污染窗口,0.5m×0.5m 汽油盘火放置于探测器前方 100m 处进行测试。

试验数据与结果如表 1 所示。

表1 试验数据表

火灾场景	试验编码	火灾源(m)	燃料类型	热释放率(kw)	气流速度(m/s)	测试距离(m)	响应时间(s)
敞开火	T-1	0.3×0.3	汽油	100~125	0	110	火焰 8
	T-2	0.3×0.3		100~125	5	110	火焰 26
	T-3	0.3×0.3		100~125	0	90	火焰 14
	T-4	0.3×0.3		100~125	5	90	火焰 8
	T-5	0.6×0.6		550~650	5	90	火焰 8
	T-6	0.3×0.3		100~125	1.5	60	火焰 7
	T-7	0.3×0.3		100~125	5	60	火焰 8
	T-8	0.6×0.6		550~650	5	60	火焰 8
干扰	T-9	应急车灯				20	无误报
	T-10	移动车大灯				15	无误报
车辆内油盘火	T-11	0.6×0.6	汽油	550~650	0	50	火焰 25 烟雾 55
	T-12	0.6×0.6		550~650	0	50	火焰 6 烟雾 1∶11
车辆下油盘火	T-13	0.6×0.6	汽油	550~650	1.5	60	烟雾 1∶10
	T-14	0.6×0.6		550~650	3.0	60	烟雾 1∶35
	T-15	1.0×1.0		1 500~1 700	5.0	90	火焰 18
车辆后方油盘火	T-16	0.6×0.6	汽油	550~650	5	50	烟雾 1∶40
	T-17	1.0×1.0		1 500~1 700	5	50	火焰 17 烟雾 1∶15
	T-18	1.0×1.0		1 500 ~ 1 700	3.0	50	火焰 13 烟雾 1∶15
车辆机舱火	T-22	乘客机舱	木屑与泡沫	1 700	0	50	火焰 1∶50 烟雾 2∶20
	T-23	乘客机舱		1 700	3	50	火焰 1∶20 烟雾 2∶50
移动火	T-24	0.3×0.3	汽油	125	0	5	火焰 27 (移动速度小于10km/h)
	T-25	0.3×0.3		125	0	50	无报警
油污、粉尘镜头污染	T-26	0.5×0.5	汽油	500	1.5	100	火焰 10
50%透过率金属网遮挡	T-27	0.5×0.5	汽油	500	1.5	100	火焰 9

4 结语

(1)基于分布智能视频图像的三合一整合系统具有早期、高效的灾害事件探测能力,火灾的侦测时间可以提前1min或更长的时间,为之后的安全疏散、救灾提供更多的时间。

(2)系统具有自学习能力,可以有效适应隧道环境,防误报能力强。

(3)系统具有很强的抗污染能力，在接近80%模拟油污和灰尘的减光率条件下，依然能够有效探测火焰。

(4)系统具有综合防灾决策判断能力，可以自动监控灾害事件后的整个过程，为救灾指挥提供充分的信息。

(5)一套系统设备替代以往三套系统的设备，系统简洁，维护工作量仅相当于一套CCTV的维护工作量，为客户提供很好的使用条件。

(6)三合一系统具有很好的兼容性，可以与高速路段CCTV系统、传统的火灾探侧报警系统有机结合。

综上所述，公路隧道需要更快的灾害事件侦测、处置，更简洁有效的应用系统，而三合一系统完全具备这一特性，将在今后公路隧道中得到广泛应用。

参考文献

[1] E Chung, N Rosalion. Effective incident detection and management on Freeways. ARRB Transport Research Ltd., Research Report, 1999, (327): 49.

[2] Liu Z G, Kashef A H, Lougheed G D, Crampton G P, Gottuk D T. Summary report, international road tunnel fire detection research project-phase II, Report B4179. 2. National Research Council, Fire Protection Research Foundation, 2008.

长大公路隧道火灾安全疏散研究

王华牢[1] 刘学增[2] 马小君[2]

(1. 北京交科公路勘察设计研究院有限公司 北京 100191;
2. 同济大学 上海 200092)

摘 要:长大公路隧道发生火灾后,扑救困难,易造成严重损失。本文首先对隧道火灾发生的原因、特点以及评价安全疏散的主要因素进行分析探讨,其次利用 CFD 软件对某特长公路隧道进行火灾的数值模拟,研究了隧道内火灾的烟雾、温度场的扩散规律,并在此基础上进行了安全疏散模拟。评估结果表明,防灾系统满足人员疏散的要求。结论可为研究隧道内的温度、烟气的流动情况和制定疏散救援方案提供重要参考依据。

关键词:长大公路隧道 火灾 安全疏散 数值模拟

Safe Evacuation in the Case of Long Road Tunnel Fire

Wang Hualao[1] Liu Xuezeng[2] Ma Xiaojun[2]

(1. RIOH Transport Consultants Co. ,Ltd. Beijing 100191;
2. Tongji University Shanghai 200092)

Abstract: Fire in a long highway tunnel is difficult to put out and often causes serious damage, which is a key factor affecting tunnel safe. This paper explores the reasons behind a tunnel fire, its characteristics and evaluation of the main factors in ensuring safe evacuation, then uses CFD software to simulate such fire, studies the fire smoke in the tunnel, the temperature diffusion pattern and on this basis conducts the safe evacuation simulation. The evaluation results show that the disaster prevention system can meet the evacuation requirements. The conclusion can provide important reference for studying the movement of the temperature and smoke inside the tunnel and developing evacuation and rescue programs.

Keywords: Long highway tunnel Fire Safe evacuation Numerical simulation

0 引言

近年来,随着交通运输业的高速发展,隧道交通也在快速发展。目前我国已成为世界上隧道最多、最复杂、发展最快的国家。据交通部公布的数据,我国现有公路隧道 6 139 座,总长度 394.2 万 m,其中特长隧道 190 座,总长度超过 82 万 m(2009 年统计数据)。隧道公里数不断增加,行车速度和行车密度日益加大,从而公路隧道内发生火灾的危险性也呈上升趋势。尤其对于长大隧道,隧道内一旦发生火灾将对人员的生命安全造成极大威胁,并且给疏散救援工作带来极大困难。

本文根据长大公路隧道火灾原因及特点,对安全疏散的基本判据进行分析并寻找影响安全疏散过程的主要影响因素。结合某特长公路隧道,以发生火灾时确保所有人能够安全疏散为目标,对其火灾危险性进行定量评价,并根据基本判据对防灾系统进行安全评估。

基金项目:交通部科技项目(编号:2008 318 494 50)。

1 隧道火灾原因及安全疏散因素分析

1.1 长大公路隧道火灾原因及特点

隧道火灾本质上是一种伴随发热、发光的剧烈燃烧过程，其发生需同时具备三个条件：可燃物、助燃物和火源。隧道内火灾事故的危险性与隧道的长度和交通量成正比。引发隧道火灾的原因是多种多样的，但概括起来主要有以下几种：隧道电气线路或电器设备故障起火；汽车化油器燃烧起火；紧急制动时制动器起火；汽车交通事故起火和车上装载的易燃物品爆炸起火等几个方面。

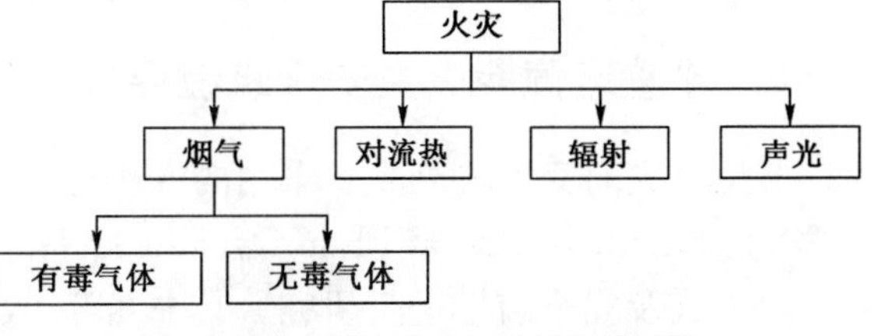

图1 火灾中对人生命造成危险的因素

隧道发生火灾后，洞内烟雾大、温度高、疏散和扑救困难。众多火灾案例表明，火灾烟气毒性、缺氧使人窒息、悬浮微粒以及高温和辐射热是致人伤亡的主要因素，如图1所示。

隧道火灾的特点主要表现在：失火爆发成灾的速度快，一般为2～10min；火灾的持续时间较长，它与隧道外的环境有关，一般在30min至几个小时之间。隧道火灾温度高，产生烟雾浓度大，毒性强。隧道内一旦起火，顺风下侧的空气温度可高达1 000℃以上；隧道火灾将极大的影响隧道内空气压力的分布，而隧道空气压力的变化又可导致通风气流流动状态发生紊乱。如果风速不够大，上层的热气流将逆通风方向产生"回流现象"，阻碍救火工作的进行；隧道火灾使衬砌混凝土强度降低，衬砌结构的整体性受到破坏，影响隧道的安全使用。安全疏散困难，极易发生次生灾害隧道中发生火灾时，人们情绪紧张，由于拥挤等导致发生意外伤亡。

1.2 火灾安全疏散判定准则及影响因素分析

疏散就是在发生紧急情况下人员通过意识到最后行动的一个连续的过程。在工程中可以把上面的连续过程分为三个阶段：察觉阶段、确认与反应阶段和行动阶段。本文主要研究疏散行动阶段的影响因素。

1.2.1 火灾危险临界条件

在隧道火灾中，烟气是威胁人员安全的主要因素。当烟气层中某些参数增大到一定值时，便会对人员构成危害。因此可以根据影响人员疏散安全的参数，如：烟气层温度、CO浓度、可视度等确定隧道内火灾对人员构成危险的条件。综合前人研究资料，隧道内火灾危险临界条件可按以下情况分别确定：

(1)上部烟气层的热辐射强度能对人体构成危险，一般取辐射强度达到2.5kW/m^2；

(2)当烟气温度超过80℃，烟气可直灼伤人体呼吸道和表皮；

(3)有毒燃烧产物的浓度达到对人体构成伤害的危险浓度，典型的是CO的浓度达到0.25%；

(4)能见度达到影响人员行动的极限值，典型判据取隧道内最低能见度为10 m。

1.2.2 人员疏散的安全性基本判据

隧道发生火灾后，人员能否安全疏散主要取决于两个时间，一是火灾发展到对人构成危险所需的时间T_{fire}，另一个是人员疏散到安全场所需要的时间T_{evac}。如果人员能在火灾达到危险状态之前全部疏散到安全区域，便可认为该隧道对于火灾中人员疏散是安全的。

从火灾发生到人员疏散结束，一般来讲要经过三个时间段：探测时间T_{dct}、反应时间T_{resp}和行动时间T_{trav}。所以，从火灾发生到人员全部疏散为止，总的疏散时间为：

$$T_{evac}=T_{dct}+T_{resp}+T_{trav} \tag{1}$$

人员疏散的安全性基本判据为：

$$T_{fire}>T_{evac} \tag{2}$$

在隧道中每个可能受到火灾威胁的区域都应尽可能满足以上两式。

1.2.3 安全疏散行动过程的影响因素

火灾发生时，对疏散行动的影响因素很多，比如建筑物的特性，火灾的特性，人员的特性等，综合起来主要有以下几方面因素：

(1)隧道设计参数：隧道空间尺寸，人员可用疏散通道数量、宽度、通风系统以及设计交通量等。

(2)火源位置、类型参数：火源位置，火灾规模、功率等。

(3)火灾现场人员、车辆参数：着火车辆类型，所载人员数量等。

(4)火灾初期状态参数：探测报警时间，人员反应时间等。

2 隧道运营期火灾安全疏散评估

隧道火灾研究国内外主要采用的方法有三种：模型试验法、通过废弃隧道模拟实际火灾和采用计算流体力学 CFD(Computational Fluid Dynamics)进行数值模拟，以获得隧道内烟雾和温度场分布规律，从而对隧道通风方式及安全疏散进行研究。其中 CFD 数值模拟技术具有减少地面实验工作量、缩短研制周期、节省实验费用等方面的优点，其正确性可以与模型试验结果相比较，是目前隧道火灾通风研究中应用广泛的一门技术。本文以某特长公路隧道为工程实例，利用 Smartfire 软件(CFD 火灾模拟软件)对隧道内的火灾蔓延和烟气扩散进行模拟计算，并利用 building EXODUS 软件分析火灾发生的位置、火灾规模、人员分布情况以及隧道通风防灾系统四个因素对隧道正常运营期火灾工况下人员疏散的影响。计算模型图 2 所示。

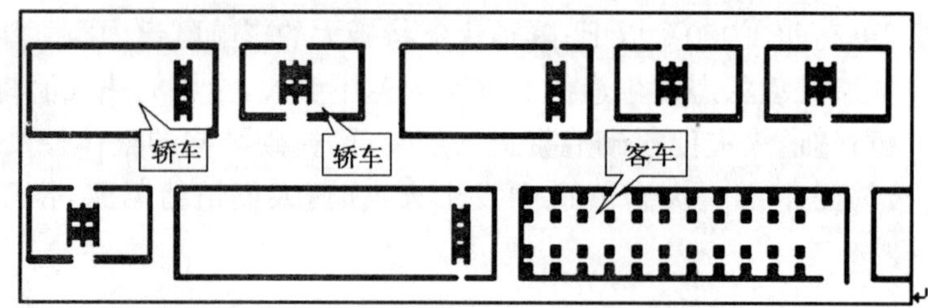

图 2 隧道基本段简化模型

2.1 工程概况

某特长隧道推荐线全长约 13.8km，分离式双向四车道隧道，设计人行横通道与车行横通道间距均为 650m。隧道及横通道宽度如表 1 所示。

表 1 隧道及横通道宽度

隧道车道(右洞)		车行横通道		人行横通道		横通道间距
长度	宽度	净宽	净高	净宽	净高	人行:650m
13 764m	10.25m	4.5m	5m	2	2.5m	车行:650m

隧道通风系统采用射流风机诱导型纵向通风结合重点排烟的通风方式。射流风机提供 3m/s 的最小纵向风速，排烟量 $150m^3/s$。其通风方案如图 3 所示。

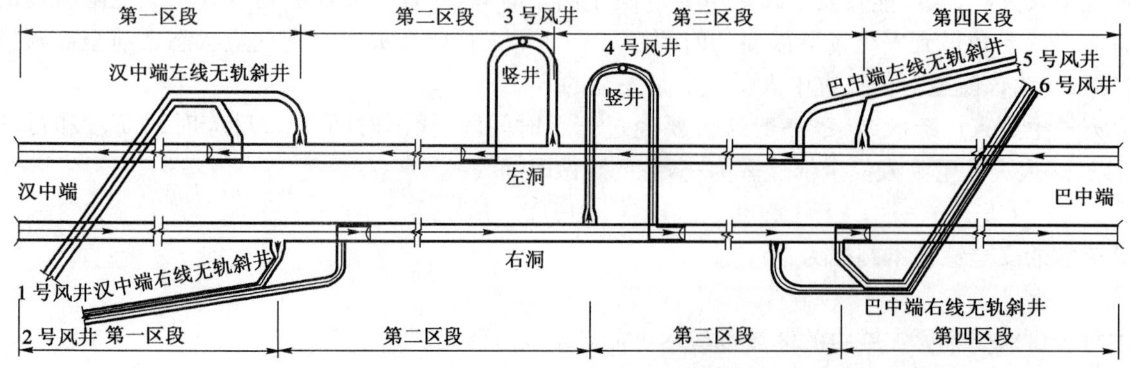

图 3 隧道设计通风系统方案图

2.2 火灾场景设计

根据设计要求，取最大火灾规模为 25MW，火灾按快速增长火发展，火源尺寸为 6m×2.5m×3.75m；射流风机提供 3m/s 的纵向风速，设计排烟量 150m³/s，设置最不利火源位于车行横通道路口处；取隧道模型长度为 650m，宽 10.25m，车间距 1m，根据隧道设计交通量可换算得 650m 长的隧道内共有 1 040 人（含人员性别及年龄的差异性）。

2.3 某隧道正常运营期防灾风险评估

火灾发生在隧道内某个车行横通道处，该车道不能用于人员和车辆疏散，火灾上游相邻车行横通道之间的车辆通过车行横通道进入安全区域，人员下车通过人行横通道和车行横通道的人行道到达安全区域；火灾下游车辆继续前行。在计算疏散时，只需考虑两人行横通道之间的人员疏散即可，如图 4 所示。

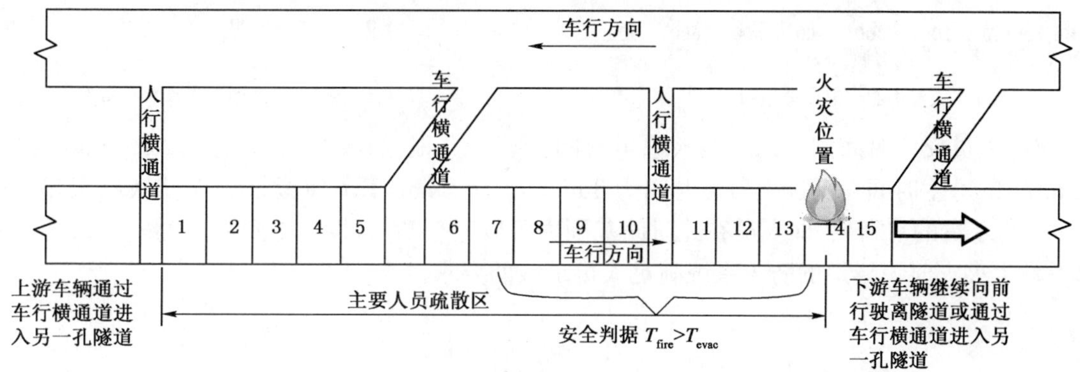

图 4 隧道单向交通时人员疏散示意图

注：图中 1～15 为疏散模型设置的分析区间

将上述隧道火灾场景相关设计参数输入计算软件中，得出隧道内的火灾蔓延和烟气扩散规律，如图 5 所示。由图可知，在 3.0m/s 的纵向风速时，热烟气的逆流得到了很好的抑制，在 600s 内几乎没有热烟气向上游扩散，这为上游人员的疏散逃生提供了很好的条件。

图 6、图 7 为在纵向通风 3m/s 时，0～600s 纵断面上火源中心温度及烟雾扩散过程。

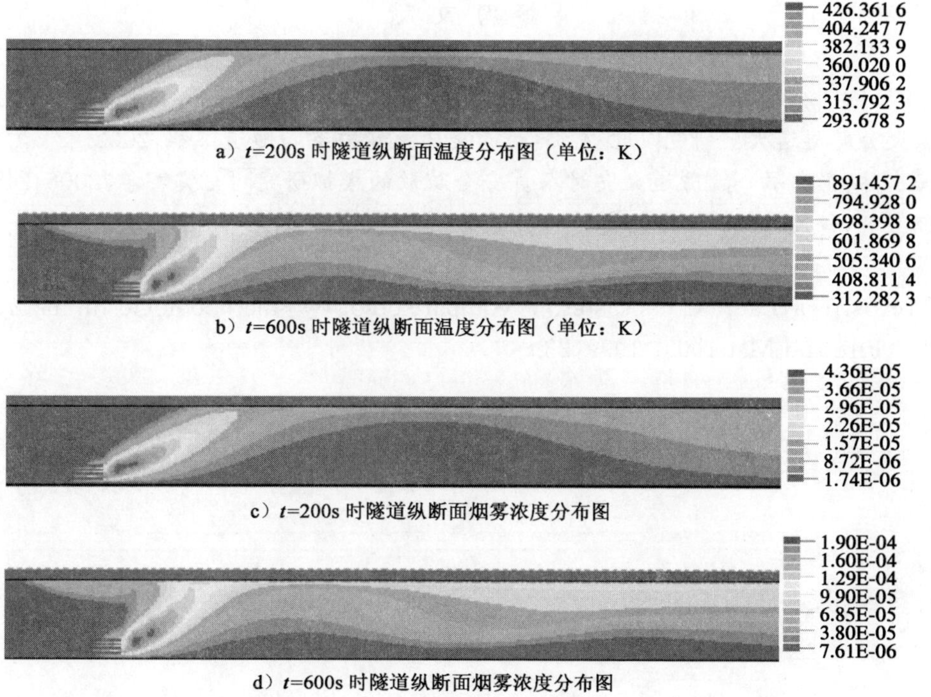

图 5 隧道纵断面温度及烟雾随时间分布图

最终通过计算得出,1 040 人全部通过上下游人行通道安全疏散,所用的时间为 367.27s,即 6min7s。虽然疏散时间较长,超过了 6min,但由于隧道内的通风排烟系统很好地抑制了烟气的回流,从而为火源上游人员的逃生提供了一个比较有利的环境。

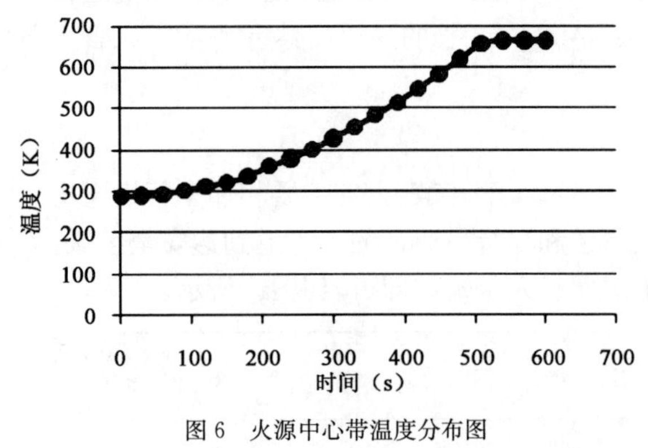

图 6 火源中心带温度分布图

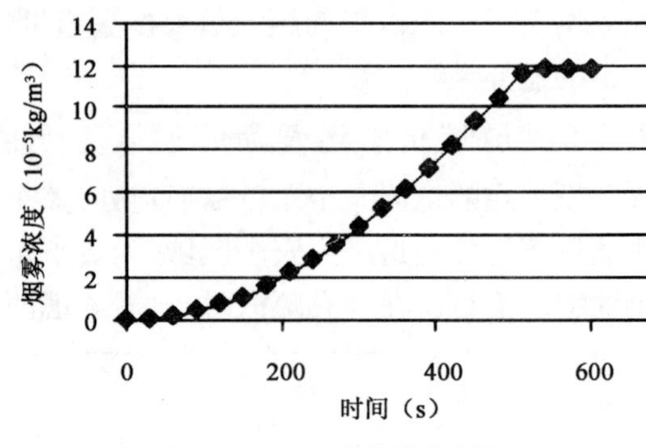

图 7 火源中心带烟雾分布图

此外,应将人员反应时间这个因素纳入逃生时间计算中。根据相关数据显示,选取 2min 为反应时间,再加上 6min7s 的逃生时间总共逃生所需时间为 8min7s。而 Smart fire 模拟 25MW 火灾结果显示 10min 时能维持 1.8m 高左右的清晰层,即人员在此时间范围内可以安全的、理性的走到最近的安全通道。所以正常运营工况下发生火灾时该隧道的防灾系统满足人员疏散的要求。

3 结论

(1)本文在前人研究的基础上分析了长大隧道发生火灾的主要原因及特点,给出了火灾时人员逃生的判别条件以及影响安全疏散的主要因素,为长大公路隧道火灾中人员逃生研究提供帮助。

(2)本文以某特长公路隧道为例,采用 CFD 软件对隧道运营期的防灾系统进行数值模拟,研究了隧道内火灾的烟雾场、温度场的分布扩散规律,并以此进行人员疏散模拟。评估结果表明,在最不利火灾工况下,原设计防灾系统满足人员疏散的要求。

参考文献

[1] 刘伟,袁学勘.欧洲公路隧道营运安全技术的启示[J].现代隧道技术,2001,38(1):5-10.

[2] 闫治国.长大公路隧道火灾研究[D].成都:西南交通大学桥梁与隧道工程,2002.

[3] 杨高尚,安永林,彭立敏,等.隧道火灾时人员安全疏散的模拟研究[J].灾害学,2006,21(4):8-13.

[4] 阎卫东,陈宝智,钟茂华.建筑物火灾时人员疏散时间模型研究[J].中国安全生产科学技术,2006,2(2):19-23.

[5] Michael M Kostreva, Laura C Lancaster. A comparison of two methodologies in hazard fire egress A-nalysis [J]. Fire and Materials, 1999,23.

惠河高速公路节假日大交通流量需求分析及控制对策

刘兴旺[1]　罗胜坚[2]　李超亮[3]

（1.交通运输部公路科学研究院　北京　100088；2.广东省高速公路有限公司　广州　510050；
3.广东省交通集团有限公司　广州　510405）

摘　要：本文利用现有的设施使用性能评价和预测模型，结合经济学的资产评估方法，建立了适用于城市道路基础设施的资产价值评估法，同时，进行了多设施综合优化管理方法的初步探讨，并以上海市城市道路基础设施为例，进行了实例分析。

关键词：道路基础设施　资产管理　资产评估

Large Traffic Demand Analysis and Control Strategy of Huihe Expresswa in Holidays

Liu Xingwang[1]　Luo Shenjian[2]　Li Chaoliang[3]

(1. Research Institute of Highway Ministry of Transport　Beijing　100088;
2. Guangdong Provincial Expressway Co. ,Ltd　Guangzhou　510050;
3. Transport Group Co. ,of Guangdong　Province　Guangzhou　510405)

Abstract: Using current evaluation and forecast model of facilities and combined with capital assessment method, this paper establishes a capital value assessment method suitable for urban road facilities 、Meanwhile, taking urban road facilities in shanghai for example, this paper discusses on the optimized management method for multi-facilities.

Keywords: Road facilities　capital management　capital assessment

0　前言

交通需求管理对于改变交通流量时空发生特征，平衡路网及时间交通流量分布，减少局部路段拥堵事件发生，作用明显。目前交通需求管理更多地应用在解决城市交通拥堵问题上，公路上应用较少，这是因为城市道路交通拥堵随着车流量的增加越来越明显，而公路这方面的矛盾相对要少。惠河高速公路属沿海地区，在节假日期间交通需求的不平衡性及分布的差异性特征明显，主要表现为：节假日期间高速公路交通流量急剧增多，交通需求方向分布不均匀，造成高速公路出现时段及方向性交通拥堵及交通事故多发特征。因此需要对惠河高速公路节假日交通流量特征进行分析，在此基础上，将交通需求管理引用到高速公路交通需求管理中，提出适合交通需求管理的措施，解决交通拥堵等问题。

1　交通需求管理定义

从广义上讲交通需求管理 TDM(Travel Demand Management)是指运用经济和法规等手段对交通需求量进行科学地控制与调节，削减不合理的交通需求，分解、转移相对集中的交通需求，从而使供需达到相对平衡，以保证交通系统的有效运行，缓解交通拥挤，改善道路生态环境和生活环境质量。就高速公路而言，交通需求管理可以解释为：运用增加或减免高速公路通行费、交通通行管制、交通诱导等手段，消减、转移相对集中的交通需求，保障交通系统有效运行，缓解交通拥挤。

2 惠河高速公路节假日交通需求分析

通过对惠河高速公路所在的城市格局和相关联的路网进行分析，按照交通需求管理的目的，确定惠河高速公路的交通需求产生范围及形成的交通流量产生的 OD 区间。与惠河高速公路相关联的路网及产生的交通需求的区域见图 1。

以 2009 年 10 月 1 日和 2010 年 2 月 11 日交通需求数据为依据，分析广州地区、东莞增城地区、惠州地区、深圳地区、汕尾地区交通需求产生情况见表 1。以 2010 年 2 月 11 日至 2 月 12 日交通需求数据为依据，分析江西省地区、梅州地区和河源地区交通需求产生情况，见表 2。

2.1 节假日交通需求空间分布分析

为了进一步分析交通需求的空间分布特征，以 2009 年 10 月 1 日和 2010 年 2 月 11 日广州地区、东莞增城地区、汕尾地区、深圳地区、惠州地区产生交通需求 OD 数据，北行方向作为分析样本，及以 2010 年 2 月 20 日和 21 日南行方向江西省区域、河源地区、梅州地区交通需求产生区域作为分析样本，对比分析结果如下所述。

表 1 惠河高速公路小金口收费站以北北行瓶颈路段交通需求产生来源

日 期	交通需求产生地区	惠河高速公路小金口收费站以北北行瓶颈路段(辆/d)				
		1 型车	2 型车	3 型车	4 型车	5 型车
2009 年 10 月 1 日	广州地区	7 724	575	1 756	251	1 632
	东莞增城地区	4 903	191	571	53	180
	汕尾地区	330	6	223	90	113
	深圳地区	14 845	409	903	70	375
	惠州地区	11 007	286	771	80	268
2010 年 2 月 11 日	广州地区	9 832	419	1438	277	690
	东莞增城地区	5 145	319	507	46	114
	汕尾地区	340	28	178	95	108
	深圳地区	10 036	438	994	49	199
	惠州地区	8580	527	1030	87	149

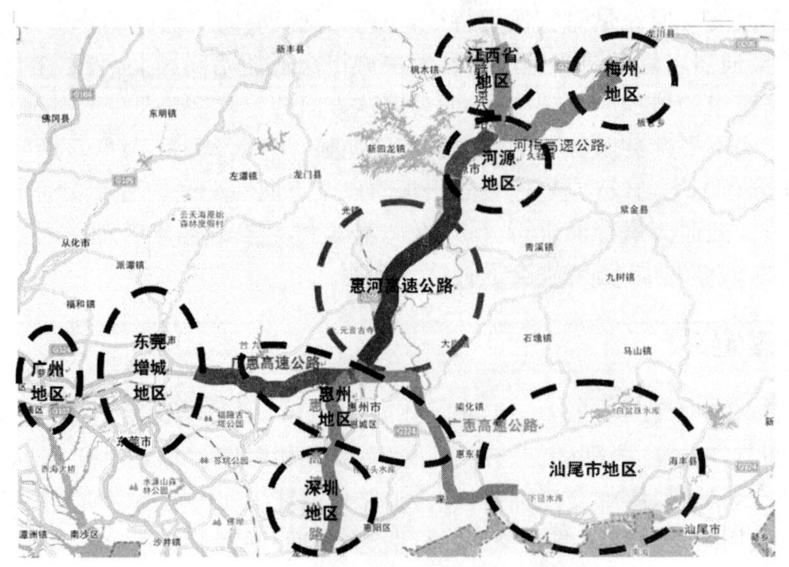

图 1 交通需求产生地区分布示意图

表 2　惠河高速公路路段南行交通流量统计表

日　期	交通需求产生地区	惠河高速公路路段南行交通流量(辆/h)				
		1 型车	2 型车	3 型车	4 型车	5 型车
2010 年 2 月 20 日	江西省地区	13 239	441	1 057	154	590
	河源地区	3 235	183	260	11	36
	梅州地区	4 303	590	671	3	14
2010 年 2 月 21 日	江西省地区	11 944	446	1 204	124	804
	河源地区	3 142	246	383	16	29
	梅州地区	3 620	598	776	7	21

对交通需求产生区域的总车辆数进行分析，可以看出，深圳地区在交通需求产生上最大，为 33%左右，其次是惠州地区为 27%左右，再次是广州地区为 26%左右。东莞增城为 12%左右。汕尾地区最少为 1.60%。从上述分析可以看出，交通需求产生区域主要在深圳区域、广州区域及惠州区域，在交通流量产生的数量上，相差不是很大，基本一致(见图 2)。

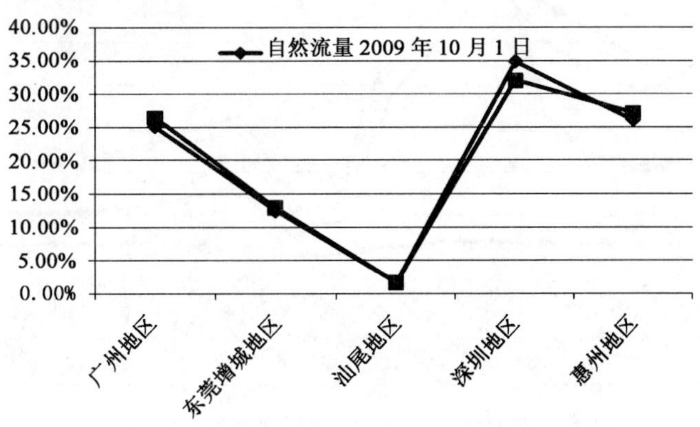

图 2　各车型车交通需求地区间比例图

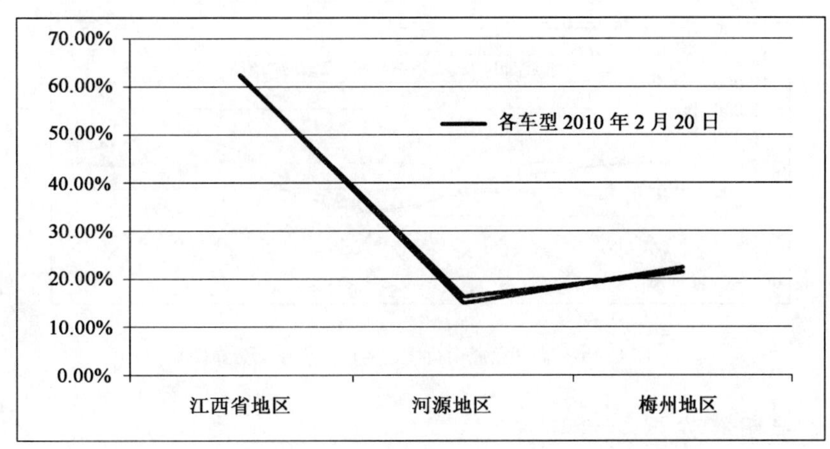

图 3　各车型交通需求产生地区间比例分布图

从图 3 可以看出江西省地区交通需求最多，为 62%左右，其次是梅州地区为 22%左右，再次是河源地区为 16%左右。

2.2 节假日交通需求时间分布分析

下面以2009年10月1日1型车的惠河OD数据24h分布数据来分析各个时段交通发生数量和不同比率。从原始统计表分析可以看出小金口高峰时间段交通流量为1 256辆,发生在8点至9点。平南发生在8点至10点间。从高峰小时交通流量比率来看,最高比率为24.1%发生的泰美,时间段为12点至13点,小金口的比例也比较高,发生在8点至9点,比率值为14.7%。以2010年2月6日至2月21日惠河粤赣北行和南行交通需求为例,分析交通需求产生按照天分布见图4和图5。

从图4中可以看出,各个交通需求产生具有相似的时间分布特征,在2月9日起交通需求开始猛增,到2月11日达到高峰,2月14日为最低点,2月15日后开始逐渐增多。节前交通需求高峰时段是节后时段的需求流量在1.5至3倍。

从图5中可以看出,各个交通需求产生具有相似的时间分布特征,在春节后2月15日逐渐增多,到2月19日至2月20日达到了高峰,然后开始逐渐降低,节后交通需求高峰时段是节前时段的1.5至3倍。

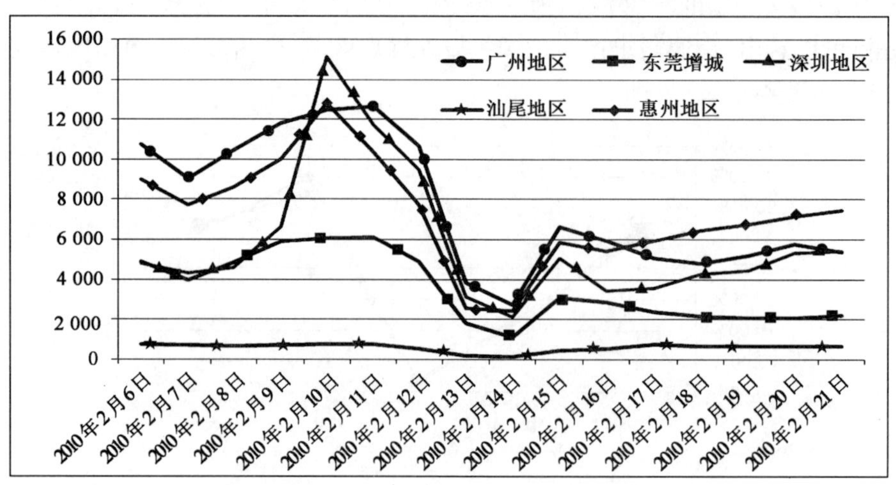

图4 惠河高速公路北行交通需求产生按天分布图

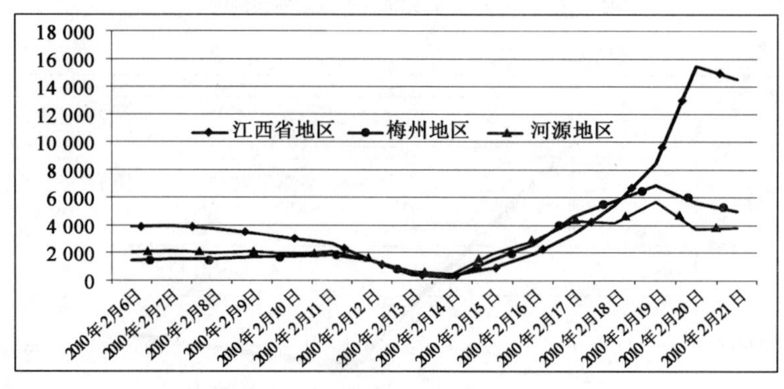

图5 惠河高速公路南行交通需求产生按天分布图

2.3 节假日交通需求车型分布分析

为了进一步分析交通需求的车型分布特征,以2009年10月1日和2010年2月11日广州地区、东莞增城地区、汕尾地区、深圳地区、惠州地区产生交通需求OD数据作为分析样本,对比分析结果见表3。

表 3 交通产生地区交通需求车型分布

需求产生区域	日 期	统 计 量	小轿车 吉普车 的士 货车	面包车 小型人货车 小型客车 轻型货车	中型客车 中型货车 大型客车	大型豪华客车 双层大客车 大型货车 大型拖(挂)车 20英尺集装箱车	重型货车 重型拖(挂)车 40英尺集装箱车 (1英尺=0.304 8m)
广州地区	2009.10.1	自然量	7 724	575	1 756	251	1 632
		比值	64.70%	4.82%	14.71%	2.10%	13.67%
	2010.2.11	自然量	9 832	419	1 438	277	690
		比值	77.69%	3.31%	11.36%	2.19%	5.45%
东莞 增城地区	2009.10.1	自然量	4 903	191	571	53	180
		比值	83.13%	3.24%	9.68%	0.90%	3.05%
	2010.2.11	自然量	5 145	319	507	46	114
		比值	83.92%	5.20%	8.27%	0.75%	1.86%
汕尾地区	2009.10.1	自然量	330	6	223	90	113
		比值	43.31%	0.79%	29.27%	11.81%	14.83%
	2010.2.11	自然量	340	28	178	95	108
		比值	45.39%	3.74%	23.77%	12.68%	14.42%
深圳地区	2009.10.1	自然量	14 845	409	903	70	375
		比值	89.42%	2.46%	5.44%	0.42%	2.26%
	2010.2.11	自然量	10 036	438	994	49	199
		比值	85.66%	3.74%	8.48%	0.42%	1.70%
惠州地区	2009.10.1	自然量	11 007	286	771	80	268
		比值	88.68%	2.30%	6.21%	0.64%	2.16%
	2010.2.11	自然量	8 580	527	1 030	87	149
		比值	82.71%	5.08%	9.93%	0.84%	1.44%

对于节后南行方向交通需求的产生进行分析，见表 4。

表 4 节后南行方向交通需求产生车型分布

日 期	交 通 需 求	统 计 指 标	惠河高速公路南行路段				
			1 型车	2 型车	3 型车	4 型车	5 型车
2010 年 2 月 20 日	江西省地区	自然量	13 239	441	1 057	154	590
		比值	85.52%	2.85%	6.83%	0.99%	3.81%
	河源地区	自然量	3 235	183	260	11	36
		比值	86.85%	4.91%	6.98%	0.30%	0.97%
	梅州地区	自然量	4 303	590	671	3	14
		比值	77.10%	10.57%	12.02%	0.05%	0.25%
2010 年 2 月 21 日	江西省地区	自然量	11 944	446	1 204	124	804
		比值	82.25%	3.07%	8.29%	0.85%	5.54%
	河源地区	自然量	3 142	246	383	16	29
		比值	82.34%	6.45%	10.04%	0.42%	0.76%
	梅州地区	自然量	3 620	598	776	7	21
		比值	72.08%	11.91%	15.45%	0.14%	0.42%

3 惠河交通需求控制方案

3.1 分析总结

从上述惠河高速公路时间、空间、车型分析可以看出：在空间上交通需求产生的主要区域是广州区域、深圳区域和惠州区域，这些区域构成交通需求管理的重点区域；在时间上，以天计算高峰时间发生在节假日的第一天，以时段计算，高峰小时发生在上午的9点至10点之间范围；在车型上主要是以小客车车型为主，但大型车辆尤其是货车占有一定的比例。

3.2 交通需求控制措施

按照交通需求管理的定义及借鉴城市道路中所采取的交通管理措施，结合惠河高速公路交通需求时间、空间及车型分布特征，确定惠河高速公路交通需求管理的交通需求管理措施为：

(1)诱导措施

通过交通需求OD分布特征分析可发现：广州地区、深圳地区、惠州地区、东莞增城地区是交通需求主要发生地。因此在节假日前10天时间范围内，通过互联网、手机短信、广播等媒介方式，在深圳、惠州地区、东莞增城地区，告知驾驶员错开高峰期(节假日前一天，节假日第一至二天)出行，并根据预测告知可能的高峰时间段，如在高峰期出行，也需要错开高峰时间段，或选择国省道或其他可以绕行的高等级公路，错开小金口至四角楼瓶颈路段。也需要告知在节假日期间出行，可以采用其他如飞机、火车等可替代的交通出行方式。

(2)增加、减免通行费用措施

通过交通需求OD发生高峰时间段特征分析发现：高峰时间段交通流量比较大，因此可以采取相关措施，调解、平缓高峰时段峰流量。建议采用经济刺激措施，在节假日期间白天增加车辆通行费用，增收道路拥挤费，尤其是针对大型货车，夜间或节假日的前两天和节假日的后两天减少或免除货车的通行费用。通过经济手段，调解交通需求的时空分布。

(3)交通管制措施

通过车型分布特征可发现：货车(2型至5型车)在交通组成中的比例约15%至20%范围。节假日期间，由于货车车辆行驶速度较慢，在大交通流量通行条件下，极易引起路段拥堵。因此，可采取在节假日期间限制货车在高速公路上通行的强制措施，避免货车对交通运行的影响，这样可以大幅提高高速公路的通行效率。

4 结语

通过定义高速公路交通需求管理概念，确定交通需求管理可采用的措施，在分析惠河高速公路交通需求时间、空间及车型分布特征的基础上，制订了惠河高速公路交通需求管理对策。这些对策应用后，对后期进行了追踪评价，整体上在转移惠河高速公路交通需求上起到了重要作用，明显改善了节假日期间惠河高速公路交通拥堵状况。

参考文献

[1] 朱顺应，杨涛. 城市交通需求管理理论研究初探[J]. 重庆：重庆交通学院学报，1997，16(1)：107-113.

[2] 石飞，等. 我国交通需求管理(TDM)对策研究[J]. 武汉：武汉理工大学学报，2007，30(5)：777-779.

[3] 王丰远. 交通需求管理及其在中国的应用[J]. 西安：交通运输工程学报，2002，6.

节假日高速公路交通出行特征及管理措施分析

李 琳[1] 罗胜坚[2] 朱海鹰[2] 王 琰[1]

(1.交通运输部公路科学研究院 北京 100088;

2.广东省高速公路有限公司 广州 510100)

摘 要: 随着社会经济的发展,高速公路车流量呈现了快速增长的趋势,特别在春运、小长假、“黄金周”等节假日期间,交通流量激增。本文基于节假日高速公路大量的交通流调研数据,对节假日高速公路交通出行时间分布特征、空间分布特征和周边道路交通通行特征进行了详细描述,对常发性和偶发性交通拥堵原因进行了深入分析,并提出了对路网临时增容、对交通流进行动态调控以及对突发事件预防和应急处置等节假日高速公路运营管理的相关措施。

关键词: 交通流 出行特征 拥堵 运营管理

The Transportation Characteristics and the Analysis of Management Measures of Highway during the Holidays

Li Lin[1] Luo Shengjian[2] Zhu Haiying[2] Wang Yan[1]

(1. Research Institute of Highway, Ministry of Transport Beijing 100088;

2. Guangdong Provincial Freeway Co. ,Ltd Guangzhou 510100)

Abstract: with the economic development of society, the traffic flow of highway shows the trend of fast growth, especially during the holidays such as the Spring Festival, minor vocations, the seven-day holidays when the traffic flow increases sharply. Based on a large amount of research data about the traffic flow of highways during the holidays, the characteristics of time distribution, space distribution and the traffic surrounded of highway transportation during the holidays are described in detail. A thorough analysis about the reasons of usual and accidental traffic jams is made in this paper. Also the associated measures of highway operation management during the holidays, such as the ticap of road network, the dynamic control of traffic flow, the prevention and emergency response of incidents, are proposed.

Keywords: Traffic flow Transportation characteristics Traffic jam Operations management

0 引言

随着社会经济的发展,高速公路车流量呈现了快速增长的趋势,特别在春运、小长假、“黄金周”等节假日期间,交通流量激增。如果管理措施不利,往往产生严重的道路拥堵,降低高速公路的运营效率,并造成一定的安全隐患。保障节假日大交通流量条件下高速公路的畅通高效运营是管理者面临的严峻挑战。把握节假日交通出行和路网运行特征,明确运营管理技术和措施需求,能够及时、合理地为规划交通基础设施建设与交通组织提供依据,是解决节假日交通问题,创建顺畅交通环境的基础和关键。

1 节假日高速公路交通出行特征

1.1 节假日高速公路交通出行时间分布特征

据调研,节假日高速公路交通出行一般具有以下特点:在黄金周和春运节假日前期和后期分别出现返乡和回城的交通流高峰。在小长假中，大交通流量的状况有可能会在整个假期中持续。以惠河、粤赣高速公路为例，其节假日期间的日交通流量调查统计结果充分体现了上述特点。

(1)春运期间日交通量一般从农历 12 月 20 日开始增大，至农历 12 月 26 日左右达到春节前最大交通量，约为平时日交通量的 2 倍，随后交通量开始下降，除夕和春节日交通量最小，约为平时交通量的 1/3。春节过后，交通量开始增大，在正月初六达到春节后最大交通量，约为平时日交通量的 3 倍，随后交通量开始下降，至正月初十降至平时水平(图 1)。

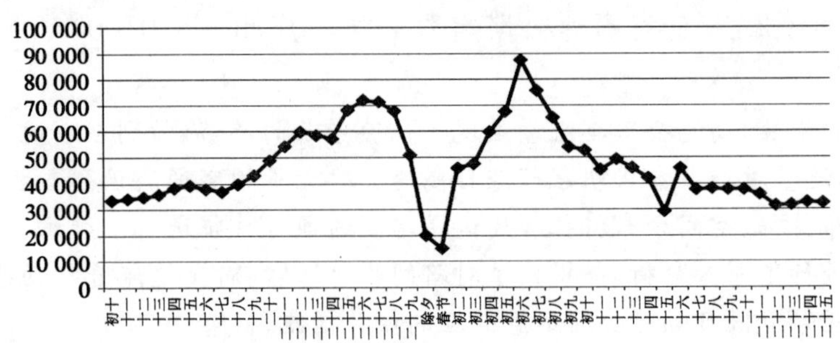

图 1　惠河高速公路 2009 年春运期间日交通量统计图

(2)五一节期间日交通量从 4 月 30 日开始突然增多，5 月 1 日达到五一期间最大交通量，约为平时日交通量的 1.5 倍左右。大交通流量从 4 月 30 日到 5 月 3 日共持续 4 天，5 月 4 日交通量恢复到平时水平(图 2)。

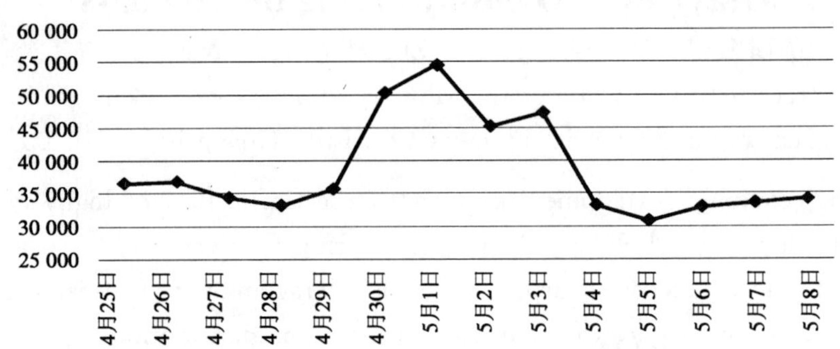

图 2　惠河高速公路 2008 年五一节期间日交通量统计图

(3)国庆节期间日交通量从 9 月 28 日开始逐渐增加，在国庆节的前一天 9 月 30 日达到峰值，约为平时的 1.8 倍。整个国庆节期间的日交通量约为平时的 1.3～1.8 倍。从 10 月 6 日开始恢复到平时水平(图 3)。

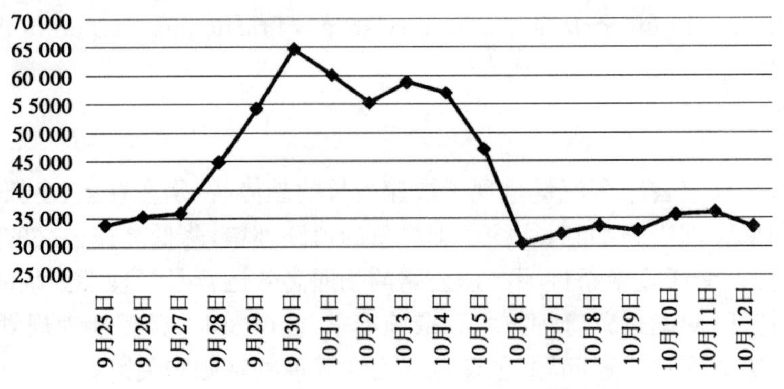

图 3　惠河高速公路 2008 年国庆期间日交通量统计图

1.2　节假日交通出行空间分布特征

节假日期间，高速公路车流量具有明显的方向性，节假日前期出城方向的车流量大，节假日后期回城方向的车流量大。参见节假日惠河高速公路各路段双向流量统计图,双向交通流量最大相差 2.5 倍(图 4)。

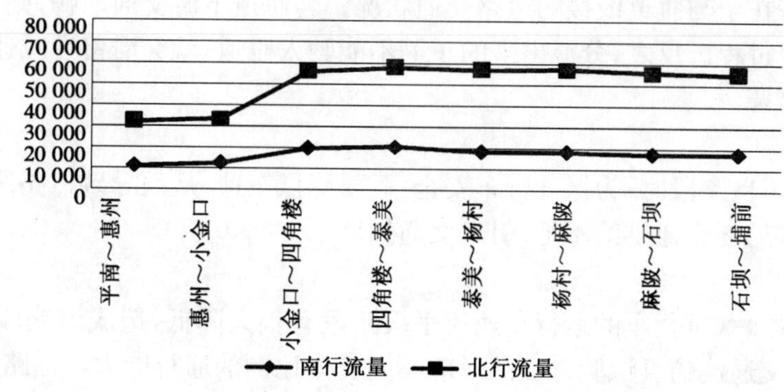

图 4 惠河高速公路某节假日双向交通量统计图

1.3 节假日高速公路周边道路交通出行特征

以惠河、粤赣高速公路为例,分析节假日期间高速公路周边路网的交通出行特征。惠河、粤赣周边各条高速公路节假日的交通量都很大,能够承担的分流量有限。惠河、粤赣高速公路周边国道的全年平均交通量较大,接近饱和,但节假日的交通量并不是很大,具有一定的承担分流的能力。省道的拥挤度较低,能承担较大的分流量。

2 节假日高速公路交通拥堵原因分析

交通拥堵形成的原因多种多样,但究其根本原因是交通供求关系的不平衡。也就是说,当交通区域的车辆到达率超过了交通容量,形成交通需求过剩,或者拥堵区域的出口容量受到了潜在容量的限制时,造成交通供给恶化,都会发生拥堵。节假日高速公路发生的交通拥堵既有由于路网固有瓶颈路段的存在引发的常发性拥堵,也有由于异常事件的发生引发的偶发性拥堵。

2.1 常发性拥堵原因分析

常发性交通拥堵是指在路网固有的瓶颈路段,其通行能力低于相邻路段的通行能力,当瓶颈上游的交通需求超过瓶颈路段的通行能力时,就产生交通拥堵并在上游车道形成排队。这种拥堵的发生具有规律性和可重现性。高速公路常见的路网瓶颈路段包括收费站、服务区、入口合流、出口分流、视线不良和上坡等路段。

(1)收费站

车辆通过收费站时速度很低,而且需要一定的收费时间,因此,收费站的通行能力往往低于路段的通行能力。当遇到车流高峰期或特殊情况时,即使开启全部车道,也不可避免地出现交通拥堵现象。收费站是节假日大交通流量时发生拥堵的主要地点。

(2)服务区

当节假日高速公路交通量过大时,进入服务区的车辆超过服务区的服务水平,将导致车辆排队等候,而当排队过久、队伍过长时,还会影响高速公路主线的通行,造成主线拥堵。

(3)入口合流路段

在入口合流路段,一方面汇入的车流增大了交通需求,另一方面,车辆的汇入形成车辆间的干扰,降低了通行能力。两方面的因素导致入口合流路段容易发生拥挤。在两条或多条高速公路交汇处表现的最为突出。如惠河高速公路两车道的交通流和广惠高速公路三车道的交通流在小金口互通立交汇合成两车道,在节假日大交通流量条件下合流路段的通行能力显然是远远不足的,造成拥堵是必然的。

(4)出口分流路段

在分流影响区,驶出车辆必须先从交通流中分离出来,进入路肩车道,以便驶离主线。在这个过程中,驶出的车辆需进行加减速操作以寻找其右侧车道上的间隙,完成变换车道,从而影响其他车辆的正常行驶,引起交通流的紊乱，导致分流路段的通行能力低于分流前的路段，在节假日大交通流量条件下容易引发拥堵。此外，分流匝道发生拥挤在于与匝道衔接的道路交通状况。若匝道下游交通顺畅，则分流车辆可以顺利进行换车道和减速，完成分流过程。反之，分流出来的车辆不能驶入匝道，就会滞留在减速车道上，影响车辆正常运行，严重时导致交通堵塞。

(5)视线不良路段

驾驶员行驶在视线不良路段时，为保证行车安全，需要降低车速，从而导致该路段通行能力降低，在大交通流量条件下，容易造成局部交通供给不足，引发交通拥堵。

(6)上坡路段

在高速公路上坡路段，载重货车的运行车速比平缓路段有很大降低，造成该路段的通行能力临时下降，形成局部拥堵。图5是交通流仿真试验得出的对应不同货车比例的通行能力与道路坡度的相关关系。

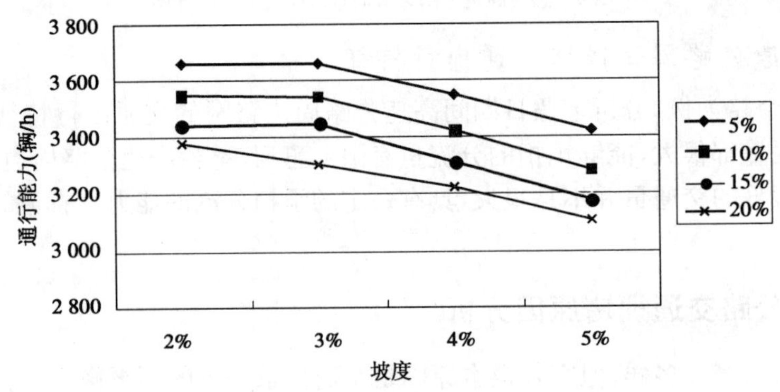

图5 不同货车比例条件下高速公路通行能力与坡度的相关关系

上图可以看出随着坡度的增大，实际通行能力逐渐降低，坡度从2%变化到3%，通行能力下降并不明显，当坡度继续增大时，通行能力基本上为线性减少。坡度每增加1%，通行能力下降3%～3.5%。

此外，在上坡路段货车车速降低，而其他车型的运行车速则几乎不受影响。此时，货车与其他车型之间的运行车速差进一步增大，容易引发追尾等交通事故，偶发性拥挤发生的几率大大增加。

2.2 偶发性拥堵原因分析

偶发性交通拥堵主要指由于突发事件等异常情况，造成道路实际通行能力下降而引起的拥堵现象。这种由于某些随机因素造成的道路供给能力临时下降而造成的拥挤，具有不确定性和不可重现性。

(1)突发事件

高速公路上发生突发事件时，往往导致路肩、部分车道或者全部车道封闭，不同程度地降低路段的通行能力。在节假日大交通流量条件下，往往引起严重的拥堵。收费站遇到各类突发事件，比如车辆故意堵塞道口、收费系统发生故障、发生重特大交通事故等情况时，也会降低收费站服务水平，导致车辆拥堵，严重时甚至影响主线交通运行。

(2)大货车超车、违规占道等行为

货车与客车相比，车速较慢，加减速性能较差，货车的混入将降低交通流的均衡性，降低道路的实际通行能力，图6为不同货车比例对应的通行能力仿真分析结果。特别是货车超车时，长时间占用超车道，或者货车违章占用超车道，往往造成“压车”现象，道路的通行效率大大降低。在平时交通量较小的情况下，对高速公路通行的影响不甚明显，在节假日大交通流量条件下容易形成拥堵，造成显著的影响。

3 节假日高速公路运营管理措施分析

根据前述节假日交通出行特征、突发事件特征以及拥堵原因的分析，可以得到节假日高速公路运营管理措施主要在于以下四个方面。

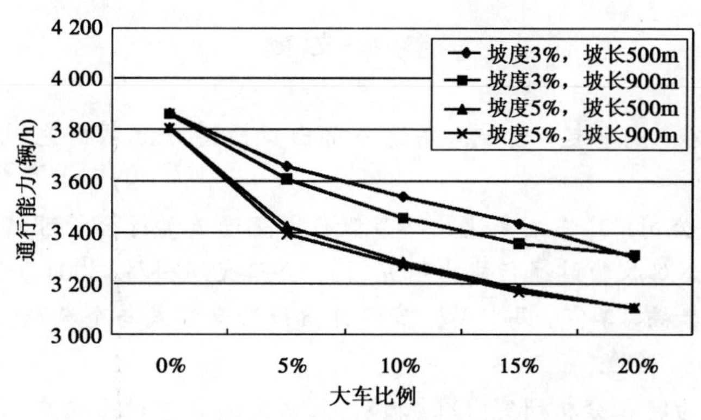

图 6　不同货车比例对应的通行能力仿真分析结果

3.1　节假日路网临时增容措施

节假日交通需求激增，满足节假日交通需求的路网临时增容措施是必要的。在节假日期间，应采取措施保证现有路网容量的最大化，如路网中收费车道全部开放，道路养护施工暂停，并采取必要措施保证具有最大通行能力。针对节假日交通出行的单向性特征，在交通需求特别大、同时对向车流不大的路段可适时采取借用对向车道扩充道路容量的管理措施。

3.2　节假日交通需求管理措施

节假日期间，路网容量最大化之后，往往还是难以满足交通需求，那么进行有效地交通需求管理是非常必要的。节假日是一种可预知的事件，因此节假日交通需求的可预知性也很强，这为交通需求管理提供了优势条件。针对节假日高速公路交通需求的时空分布特征，通过行政管理手段来调节交通需求，使其与交通供给趋于均衡。借鉴国内外交通需求管理的经验和技术措施，针对高速公路节假日期间的交通需求管理可采取的措施主要有货车限行、收费费率调节和鼓励公共交通。

3.3　节假日路网交通流动态调控措施

交通需求管理往往是采取非强制性的诱导措施，对于调控路网交通流分布具有一定的效果，但并不能彻底解决节假日路网拥堵问题。随着路网交通流的动态变化，对路网交通流进行动态的调控是非常必要的。动态调度措施是针对节假日高速公路交通流的时空动态分布情况，通过管理手段来实时调节交通流的时空分布，使其与交通供给趋于均衡。

3.4　节假日突发事件预防和应急处置措施

节假日增长的交通需求容易形成拥堵，但造成拥堵更重要的原因是由于各种突发事件的发生。节假日期间突发事件发生频率很高，对交通流造成了不同程度的干扰，降低了道路的通行能力。因此，突发事件的预防和应急处置是节假日大交通流量条件下运营管理的重要措施。根据事态发展的先后顺序，突发事件应急处置措施主要包括以下三个层次：①突发事件预防；②突发事件发生之后快速到达现场：通过检测、巡逻等手段快速发现突发事件，获取并确认事件类型、位置等信息，并采取措施快速到达突发事件现场；③突发事件现场快速处理：依据事件类型，快速制定并实施应急处置方案；根据事件处理进度，适时调整交通管控方案；利用信息发布系统或传媒为公众提供相关信息服务。

4　结语

节假日期间高速公路交通出行量与平时相比有大幅度增长，且空间分布不均衡。由于交通流量的大幅增长，首先是发生常发性拥堵，同时，大交通流量条件下发生突发事件引起偶发性交通拥堵的几率也大大增加。节假日期间往往是常发性拥堵和偶发性拥堵相互影响，共同存在的。为有效保障节假日高速公路安全畅通，应从临时增容、需求管理、动态调度和事件管理四个方面采取措施。

参考文献

[1] 王鹏英，陆键，项乔君，高梦起，俞斌．高速公路出口匝道分流区研究现状及展望[J]．现代交通技术，2008,5(6).

[2] 广东省交通集团有限公司．广东省高速公路节假日大交通流量综合管理技术研究 [R]．2009.

[3] 周刚，常成利．高速公路收费站通行能力研究[J]．公路交通科技，2001,(6).

[4] 姚广铮，孙壮志，邵春福，李霞，马壮林．节假日出行活动模式与个人属性相关性分析[J]．交通运输系统工程与信息，2008,8(6).

[5] 李婧．节假日出行行为特征分析研究[D]．北京：北京交通大学硕士论文，2007.

节假日高速公路突发事件特性分析

钟连德[1] 曾洪岸[2] 李文贵[2] 李爱民[1]

(1. 交通运输部公路科学研究院 北京 100088;
2. 广东省交通集团有限公司 广州 510101)

摘 要:收集和整理节假日期间高速公路突发事件记录,对车辆抛锚和交通事故两类突发事件的频率、严重程度、事故类型和原因等特性进行了分析,并阐明了节假日期间高速公路交通量和交通事故之间的指数关系,结果表明节假日突发事件呈现出与平时不同的特征。对交通事故持续时间的分布进行了统计,结论表明其分布形状是向左侧偏斜的钟形分布,P-P 概率图表明事故持续时间分布服从对数正态分布。

关键词:高速公路 节假日大交通流量 交通事故 事故持续时间

Traffic Incident Characteristic Analysis of Freeway during the Holidays

Zhong Liande[1] Zeng Hongan[2] Li Wengui[2] Li Aimin[1]

(1. Research Institute of Highway, Ministry of Transport Beijing 100088;
2. Guangdong Transport Group Co., Ltd. Guangzhou 510101)

Abstract: Traffic incident characteristics are analyzed with the incident records collected from the freeway during the holidays, and the accident frequency, severity, accident type and cause of such characteristics show different patterns from the ordinary time. Traffic volume and accidents have exponential relationship in the heavy volume during the holidays. The distribution of the incident duration is left skewed bell-shape, and P-P probability chart shows that the incident duration distribution follows the lognormal distribution.

Keywords: Freeway Heavy volume during the holidays Incident Accident duration time

随着我国高速公路建设里程的增加和节假日交通流量的增大,突发事件也随之增多,往往导致高速公路长时间的拥堵,严重干扰了交通流的正常运行,降低了道路的通行能力。节假日突发事件呈现出与平时不同的特征,通过突发事件的深入分析,便于掌握其发生、发展的规律,为制定有效的应急处置措施提供前提和依据。

交通事件是指导致道路通行能力下降或交通需求不正常升高的非周期性发生的情况,事件主要分为可预测交通事件和不可预测交通事件两种:可预测的交通事件,包括道路养护、道路修筑、大型活动(体育比赛、音乐会等);不可预测的交通事件,包括交通事故、车辆抛锚、恶劣天气(雨、雪、冰、雾)、桥梁或道路的坍塌、货物的散落等。通常把第 2 类事件叫做突发事件。本研究主要对车辆抛锚和交通事故两种突发事件特性进行了统计分析,数据来源于惠河和粤赣高速公路 2008 年、2009 年和 2010 年五一、国庆以及春运等长假期间的突发事件记录。惠河高速公路全长 80.809km,粤赣高速公路长度为 136.103km,两条高速公路设计车速均为 100km/h,双向 4 车道。惠河、粤赣高速公路是广东省内连接广州、深圳、东莞、惠州、河源、梅州最便捷的通道,也是广东省通往江西、福建、安徽、山东等北部省份的重要通道,平时货运交通量比重大,节假日以回家探亲的小客车为主。节假日交通量比平时有大幅度的增长,部分路段节假日高峰小时流量瞬时接近甚至超过

基金项目:广东省交通厅科技项目(合同编号:2009—03—008)和国家自然科学基金资助(项目批准号:50908106)。

了高速公路的通行能力。

1 节假日突发事件数及与交通量的关系

根据惠河、粤赣高速公路监控中心的突发事件记录，2009 年国庆黄金周、2009 年五一和 2008 年国庆黄金周突发事件发生情况统计如表 1 所示。

表 1 突发事件发生情况统计

节 假 日	突发事件总数	日均发生率	节假日突发事件数	节假日事件发生率	节假日事件比例
2009 年国庆	150 起(9 天)	16.67	121 起	1.25 起/h	80.67%
2009 年五一	28 起(4 天)	7.00	23 起	—	82.14%
2008 年国庆	49 起(8 天)	6.13	39 起	0.54 起/h	79.59%

2009 年国庆黄金周期间，惠河、粤赣高速公路共发生车辆故障、交通事故等突发事件 150 件，突发事件的总数是 2008 年国庆黄金周突发事件总数的 3 倍。其中，发生在大交通流量条件下(流量大于 2000 辆/h)的突发事件共 121 件，大交通流量条件下突发事件发生的比例为 80.67%，与 2009 年五一黄金周和 2008 年国庆黄金周的比例相当。大交通流量条件下突发事件发生率达到 1.25 起/h，为 2008 年国庆黄金周的 2.3 倍。车流量的大幅增长是导致突发事件发生率增长的主要原因，2009 年国庆期间的最大日交通量为 9 万辆，与 2008 年国庆节期间的 6.5 万辆相比，增长幅度为 38%。

交通量对事故发生有绝对影响，一般认为两者之间为正相关关系。惠河、粤赣高速节假日日均事故数均超过全年日平均事故数(全年日平均事故数为 1.86 起/日)。其中十一长假和春节期间的事故数最多，以惠河高速公路为例，如图 1 所示，2009 年春运和 2008 年国庆节发生事故数将近为全年日平均事故数的 5 倍。

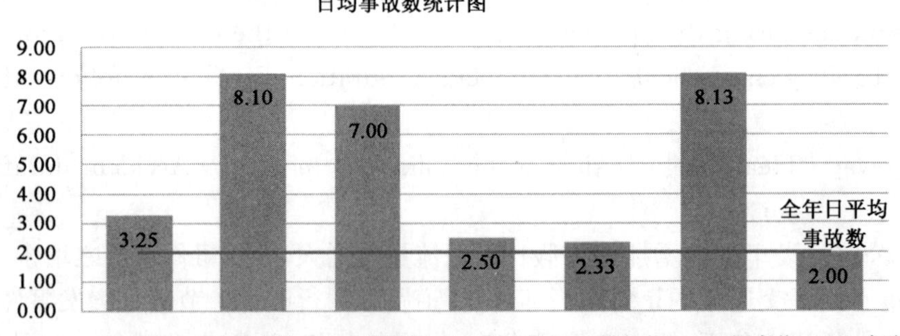

图 1 惠河高速公路节假日日平均事故分布图

惠河高速公路小金口互通立交至粤赣高速公路的热水互通立交一段，是两条高速公路流量比较大的一段，全长约 87km，该路段节假日大交通流量条件下事故率与全年全路段事故发生率相比显著增大，前者约为后者的 18 倍。对节假日期间不同交通量条件下事故发生率进行统计分析，如图 2 所示。很明显，随着交通量的增大，事故发生率呈现快速增长的趋势，两者之间为指数关系，说明随着交通量的增大，交通事故这种偶然事件向必然事件的转化趋势明显。

2 节假日突发事件严重程度

粤赣高速公路 2006～2008 年有严重程度记录的事故数据中，轻微事故占 62.8%、一般事故占 27.5%、重大事故占 8%、特大事故占 1.7%。相比而言节假日大交通流量条件下事故严重程度则要轻的多。2009 年国庆黄金周、2009 年五一黄金周和 2008 年国庆黄金周突发事件严重程度统计如表 2 所示。

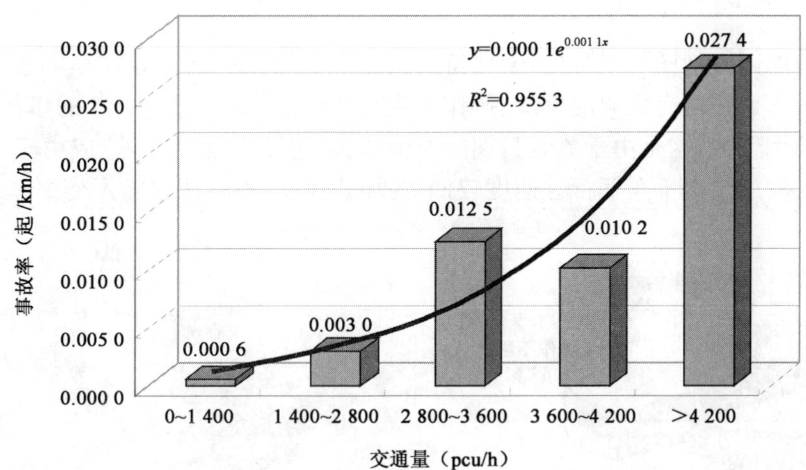

图 2 惠河、粤赣高速节假日交通流量与事故率关系

表 2 突发事件严重程度统计

节　假　日	车辆故障	轻微事故	一般事故	重大事故	特大事故
2009 年国庆	16	133	0	1	0
2009 年五一	3	23	1	1	0
2008 年国庆	4	45	0	0	0

2009 年国庆黄金周期间，惠河、粤赣高速公路发生的突发事件中只有一件重大事故，导致 3 人重伤，6 人轻伤，占突发事件总量的 1%，其他均为无人员伤亡的轻微事故和车辆故障等轻微突发事件，占突发事件总量的 99%。与 2009 年五一黄金周和 2008 年国庆黄金周突发事件严重程度基本相当。可见，节假日期间的突发事件主要是车辆故障和轻微事故，一般以上事故很少，甚至没有，这主要是因为节假日期间交通流量大，速度较低，而且货车比例较低，交通流的均衡性较高。但在车流增大的过程中，速度较快，而且密度也较高，此时容易发生多车连环追尾事故，2009 年 10 月 4 日发生的 17 车追尾事故就是例证，因此，应重点加强车流增大过程中的监督管理，预防和避免重、特大事故发生。

3 节假日交通事故形态

对比图 3 和图 4 可以看出，节假日期间由于车流量大，相互干扰严重，追尾事故比例比平时明显增大。其次是撞护栏等固定物的事故比例较大，主要原因在于车流量大时，很多车辆选择在路肩上违章行驶，容易引发撞护栏的事故。除追尾事故外，其他类型的事故均明显减少。

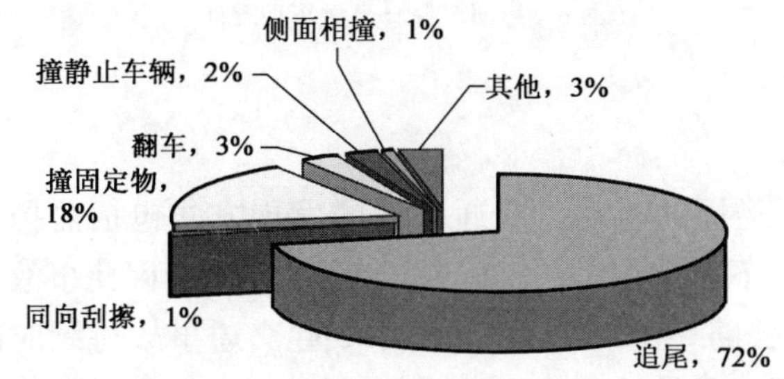

图 3 惠河全年事故形态统计

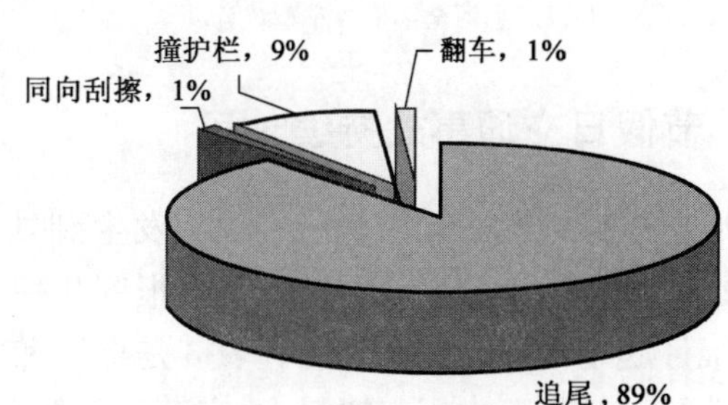

图 4 惠河节假日事故形态统计

4 节假日交通事故原因

从图 5 和图 6 事故原因统计图可以看出,未保持安全距离和操作不当是导致车辆事故的主要成因。节假日期间追尾事故发生率比平时有大幅度增加,操作不当仍然位居第二,超速引起的事故几乎没有,而随意变更车道造成的事故比例较大,这是由于节假日期间车流量大,道路密度增大,造成由于未能保持安全距离而频繁追尾的事故大大增加。由于车辆行驶速度较低,为加快速度,车辆往往随意变更车道,极易酿成事故。

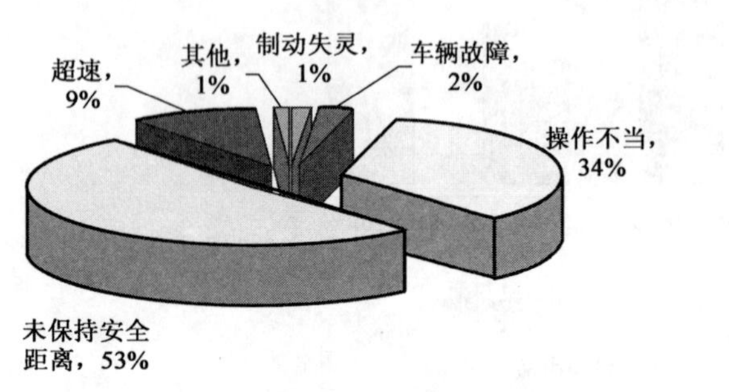

图 5 全年事故原因统计

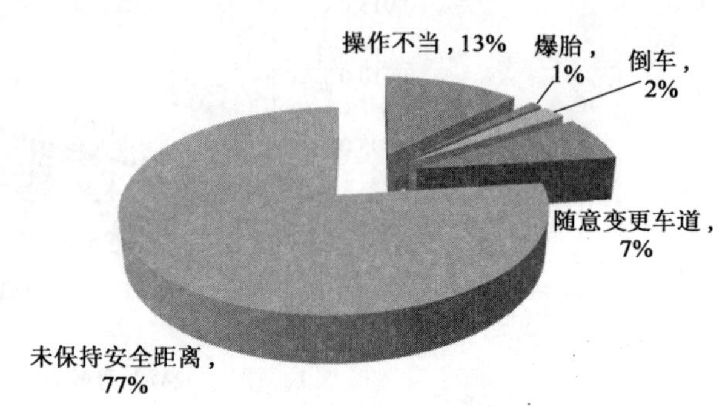

图 6 节假日事故原因统计

5 节假日交通事故车型

交通事故车型的比例和交通组成中对应车型的比例基本相当,限于目前我国大货车的机械性能、超载现状,以及驾驶员素质和疲劳驾驶等综合因素影响,相对而言,日常交通状态下货车的比例要大些。从图 7 和图 8 可以看出,惠河高速公路全年货运交通量大,货车事故与小客车事故比例相当,而节假日期间小客车交通量增大,货车交通量减少,小客车事故比例明显增大,货车事故比例减少。不论全年还是节假日,大客车事故比例均很小,但节假日期间大客车事故比例略有上升。

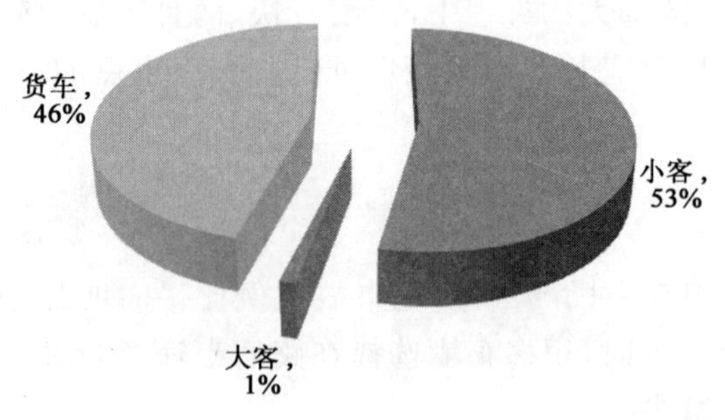

图 7 惠河全年事故车型统计

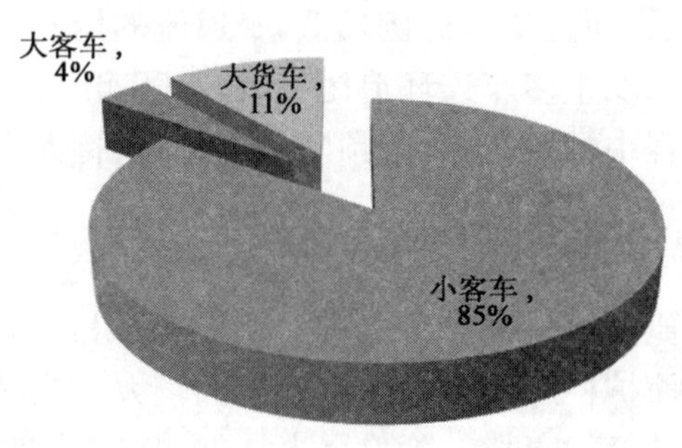

图 8 惠河节假日事故车型统计

6 节假日交通事故持续时间

交通事故持续时间是指交通事故从发生到处理完毕所经历的时间。交通事故的发现方式包括监控录像、路政上报、交警上报以及司乘人员上报等几种方式,由于不一定在第一时间知道事故的发生,因此事故持续时间统计起来不可能完全精确。表 3 是惠河和粤赣高速公路 2010 年春运期间 332 起交通事故持续时间的描述性统计结果。由于交通量大,交警和救援车辆到达现场通常需要比平常更长时间,因此节假日期间事故持续的时间均比较长,可以看出,事故的平均持续时间是 1.57h,事故持续时间最短的只有 2min,持续时间最长的一起事故将近 23h,该起事故发生在夜间,是一辆拉石料的大货车与另一辆大货发生侧向刮擦,导致侧翻,造成了 2 人受伤。

表 3 事故持续时间描述性统计

平均值	中位数	众数	标准差	最小值	最大值	观测数
1.57	0.91	0.33	2.12	0.03	22.95	332

有很多因素会影响事故的持续时间，如光线条件、碰撞的方式、道路条件、伤员数量、事故涉及的车辆数、事故的严重程度、是否需要拖车，以及相关的应急预案和应急反应机制等，所以事故持续时间的分布比较离散，图 9 是事故持续时间的分布图。

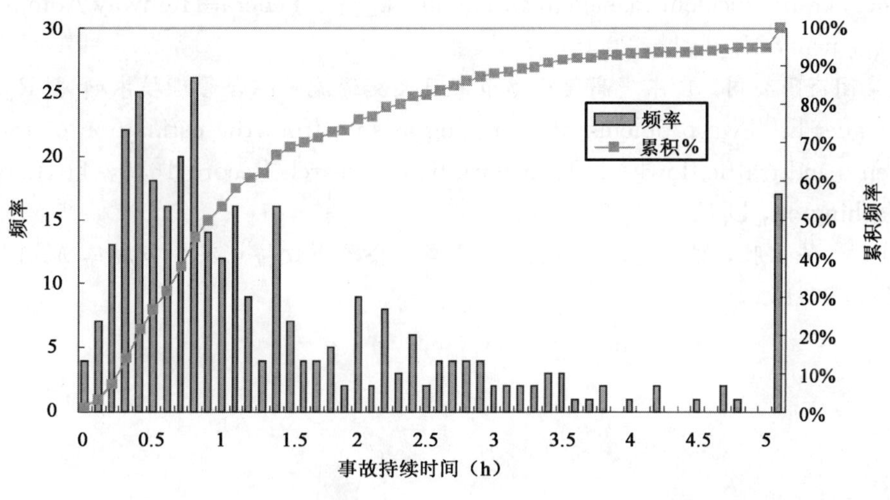

图 9 事故持续时间分布

从该图可以看出，事故持续时间并不服从正态分布，其分布形状是向左侧偏斜的钟形分布，经过对数变换的正态分布 P-P 概率图和无趋势的 P-P 概率图均表明事故持续时间分布服从对数正态分布，如图 10 和图 11 所示。

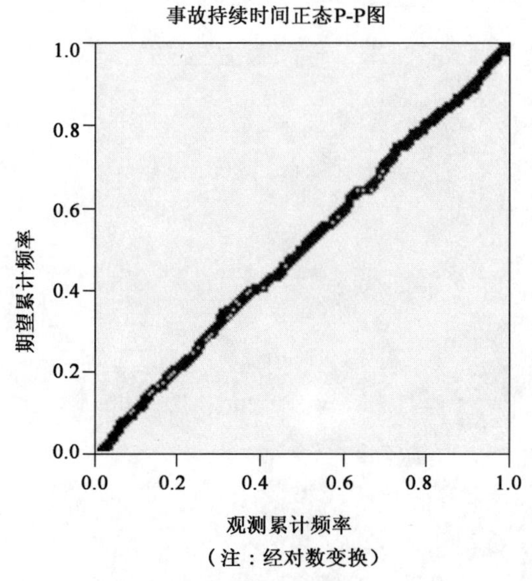

图 10 持续时间对数变换正态分布 P-P 几率图

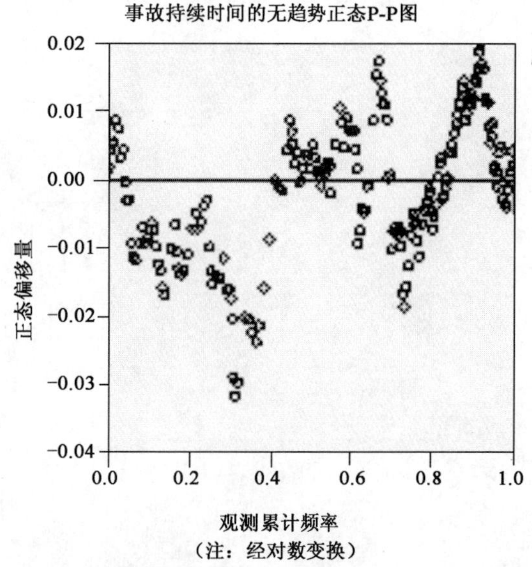

图 11 持续时间对数变换无趋势正态分布 P-P 几率图

7 结语

事实上，突发事件是不可避免的，建立一个完善的突发事件应急管理系统，尽早地发现事件、确认事件的性质并及时采取救援措施和为其他驾驶员提供相关信息，从而对事件实现快速、高效和恰当地处理是非常必要的。节假日突发事件呈现出与平时不同的特征，在节假日大交通量条件下一旦发生将严重干扰交通流的正常运行，降低道路的通行能力，甚至导致二次事件的发生。本文深入分析了节假日高速公路突发事件的特性，研究结论可以为节假日期间高速公路的交通安全管理与控制，以及交通事故的预测和预防提供良好的参考和借鉴。

参考文献

[1] Freeway incident management handbook[M]. Report No. FHWA-SA-91-056.

[2] PB Farradyne. Traffic incident management handbook[M]. Federal Highway Administration Office of Travel Management, November 2000.

[3] 广东省交通集团有限公司. 广东省高速公路节假日大交通流量综合管理技术研究[R]. 2009.

[4] Mensah A, Hauer E. Two problems of averaging arising from the estimation of the relationship between accidents and traffic flow[J]. Transportation Research Record 1635, TRB, National Research Council, Washington, D. C., 1998: 37-43.

[5] 钟连德，孙小端，陈永胜，贺玉龙，刘小明. 中国高速公路事故特点及分布规律研究[J]. 道路交通与安全，2007, 7(4): 11-15.

高速公路节假日大交通流量分流方案对比分析

王　琰[1]　许泽亮[2]　李超亮[3]　刘小峰[4]

（1.交通运输部公路科学研究院　北京　100088；
2.广东省高速公路有限公司河源分公司　河源　517000；
3.广东省交通集团有限公司　广州　510101；
4.广东省高速公路有限公司　广州　510100）

摘　要：本文基于高速公路节假日实地调研数据，针对高速公路发生拥堵时常用的四种分流方案，从经济性、高效性和安全性三个方面进行了对比分析。根据各种分流方案的特点，从高速公路节假日大交通流量条件下保障畅通和安全的实际需求出发，提出了不同分流方案的选用原则，以期为高速公路节假日运营管理工作提供有益的参考。

关键词：高速公路　节假日大交通流量　分流　运营管理

Comparison of Freeway Diversion Measures during High-volume Period

Wang Yan[1]　Xu Zeliang[2]　Li Chaoliang[3]　Liu Xiaofeng[4]

(1. Research Institute of Highway, Ministry of Transport　Beijing　100088;
2. Heyuan Filiale, Guangdong Provincial Freeway Co., Ltd　Heyuan　517000;
3. Guangdong Provincial Communication Group Co., Ltd　Guangzhou　510101;
4. Guangdong Provincial Freeway Co., Ltd　Guangzhou　510100)

Abstract: Based on the investigation data of freeway during holidays, the four common diversion measures are analyzed from economy, efficiency and safety aspects. According to the characteristics of each measure, the suggestion of adopting different diversion measure under different conditions during high-volume period has been put forward.

Keywords: Freeway　High-volume　Diversion　Operation management

0　引言

随着经济的飞速发展，我国公路网交通流量迅速增长，特别是节假日期间，很多高速公路车流量较平时有大幅度的增长，甚至超过道路通行能力，达到过饱和状态。交通流的大幅增长导致车辆间冲突频繁，突发事件发生率大幅上升。交通流量的增长和突发事件频发必然导致道路频繁的拥堵。适时合理的采用分流方案是缓解高速公路拥堵的有效手段。

1　高速公路节假日拥堵问题

根据实地调查，我国广东省惠河、粤赣高速公路节假日高峰时段单向断面车流量最大约 3 250 辆/h，达到双向四车道高速公路实际通行能力水平（3 600pcu/h）。节假日高峰时段车流到达率达到 4 000 辆/h 以上，即使不发生突发事件，1h 排队车辆也达到 800 辆以上。据统计，该路段节假日高峰时段突发事件发生率约为平时的 18 倍。在此车流到达率（4 000 辆/h）条件下发生突发事件时，路肩受阻 1h 车流排队达 3km 以上，

基金项目：广东省交通运输厅科技项目（合同编号：2009-03-008）。

一车道受阻 1h 车流排队达 7km 以上，交通中断 1h 车流排队达 10km 以上。因此，节假日期间，根据道路运营实际情况，选择合理的高速公路分流方案快速有效处理突发事件，保障道路安全畅通运营、减少拥堵延误和经济损失是非常必要的。

2 高速公路常用分流方案

我国高速公路运营管理人员在实际管理工作中常用的分流方案主要有以下四种。

(1)收费站分流方案

在拥堵路段上游的某个收费站(一般选取最近的收费站)，将过往车辆引导出高速公路，改行周边地方道路。

(2)双向间断性放行分流方案

打开中央分隔带开口利用拥堵路段对向行车道，交替放行双向车辆的分流方式。

(3)单向封闭改道分流方案

将拥堵路段对向行车道的车辆清空(分流至周边地方道路)，利用对向行车道对拥堵车辆进行疏散的分流方式。

(4)单向双行分流方案

通过摆放交通警示设施将拥堵路段的对向行车道一分为二，打开中央分隔带开口，利用对向部分行车道疏导堵塞车辆。

图 1～图 4 分别为四种分流方案的示意图。

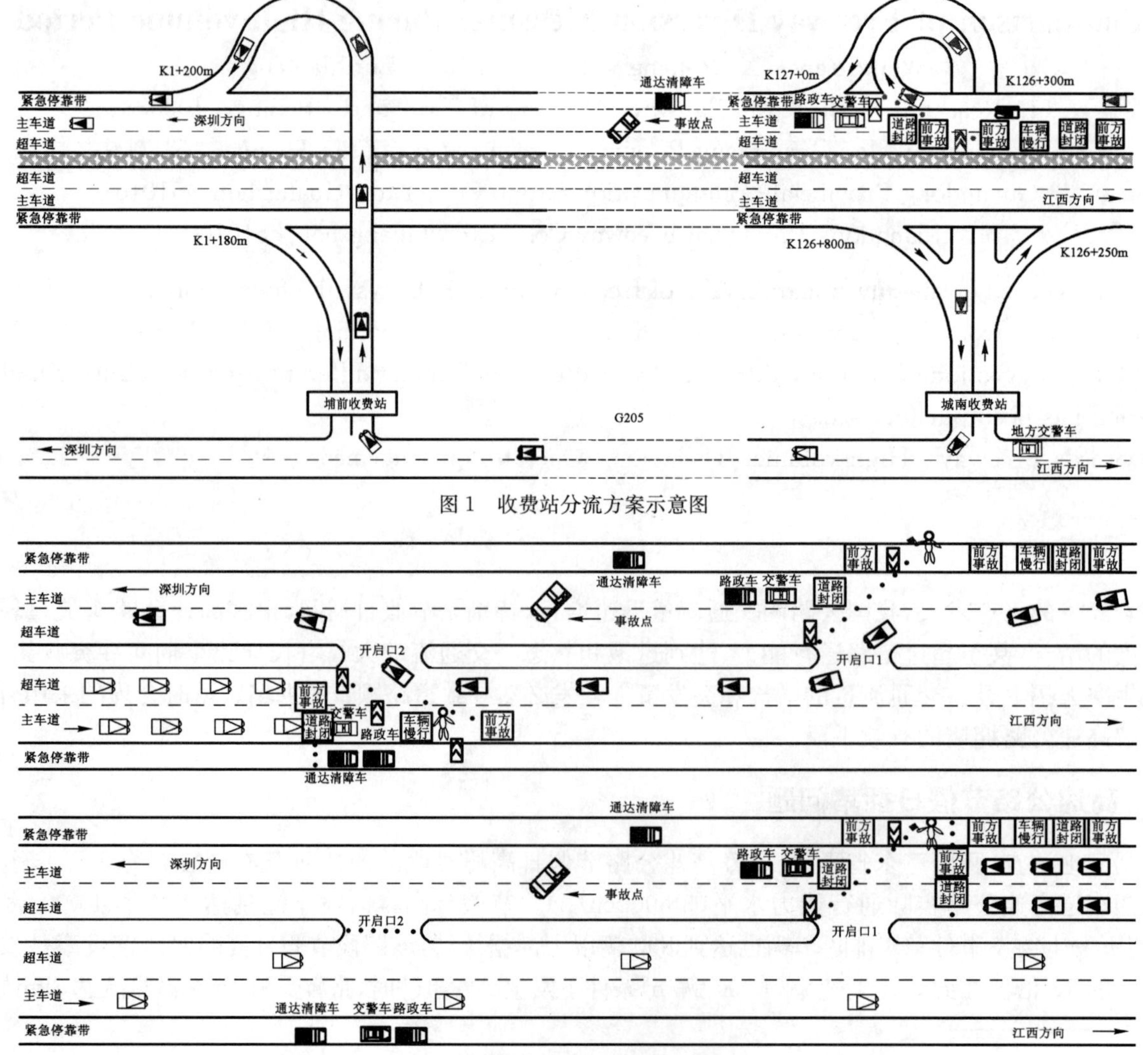

图 1 收费站分流方案示意图

图 2 双向间断性放行分流方案示意图

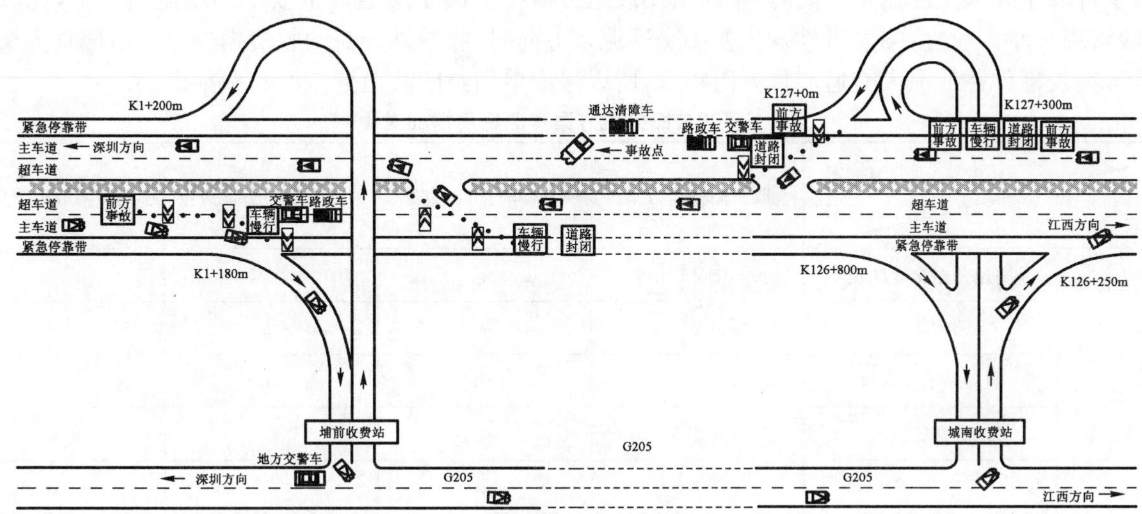

图 3 单向封闭改道分流方案示意图

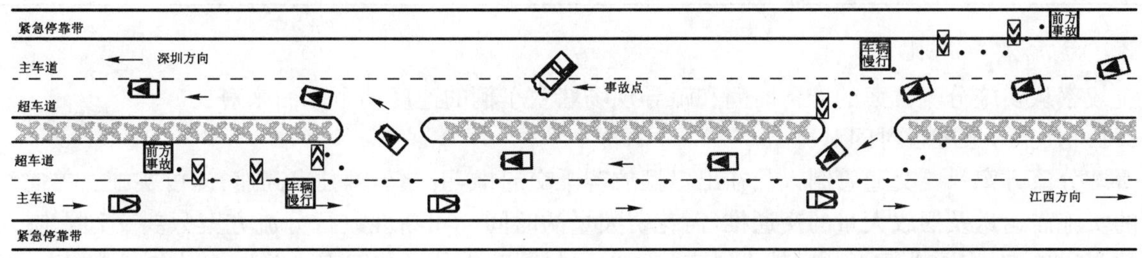

图 4 单向双行分流方案示意图

3 节假日大交通流量条件下高速公路分流方案对比

上述四种分流方案在实施过程中各有优缺点，下文从经济性、高效性、安全性等角度对上述四种常用的分流方案进行对比分析，为制订适用于节假日大交通流量条件下的高速公路分流方案提供依据。

3.1 分流方案经济性对比

3.1.1 资源使用方面

高速公路分流方案的实施需要相关部门的人力和物力支持。其中，高速公路交警队员负责指挥交通、管制中央分隔带开启口及押送车辆；路政队员负责摆放交通安全警示设施及协助交警队员指挥交通；收费站工作人员负责收费及发卡；地方交警队员负责指挥高速公路与地方道路相连接道口的交通，避免在道口处发生意外阻断分流方案；标志牌及交通锥用于管制、引导交通；车辆用于运送人员及设备。表 1 为四种分流方案所需要的人力物力对比。

3.1.2 收费损失对比

该项对比主要是指分流方案所引起的收费额损失，是高速公路运营管理者关注的指标，也是决定采取何种分流方案的重要因素。显然，间断性放行分流方案与单向双行分流方案实施时，车辆只是在高速公路不同行车方向上进行分流，没有收费损失。而收费站分流方案和单向封闭改道分流方案实施时，车辆需从承担分流的收费站驶出高速公路改行地方道路，再由另一个收费站进入高速公路，自然会造成收费额的流失。

关于收费站分流和单向封闭改道分流两种方案的收费损失对比，需根据实际的高速公路双向交通流量来确定。当高速公路双向交通量相当时，两种分流方案的收费损失也相当。当高速公路双向交通量差别悬殊，突发事件发生在大交通流量方向时，单向封闭改道分流损失的是交通流量较小的车流通行费，比收费站分流的收费损失小。反之，突发事件发生在小交通流量方向时，收费站分流的收费损失小。节假日大交通流量条件下，突发事件往往在大交通流量方向频发，所以采取单向封闭改道分流的收费损失小。

表 1 高速公路分流方案资源使用情况对比

对比项目 \ 分流方案		收费站分流方案	单向双行分流方案	间断性放行分流方案	单向封闭改道分流方案
人力（人）	高速公路交警队员	2	4	4	6
	路政队员	2	2	2	4
	收费站工作人员	5	0	0	5
	地方交警队员	2	0	0	2
物力	标志牌（套）	1	2	2	3
	交通锥（个）	50	400	20	150
	车辆（辆）	3	5	5	7

3.2 分流效率对比

分流效率从实施分流方案的准备时间和疏导现场堵塞车辆的速度两个方面来对比。

3.2.1 分流方案准备时间对比

收费站分流方案只要交通管制人员在出口摆放若干交通椎，引导车辆驶出高速，即可实施。单向双行分流方案的实施需运送及摆放大量的交通椎，需花费大量的时间。间断性放行分流方案只要交通管制人员到达选定的开启口，对交通进行管制后就可以实施。单项封闭改道分流方案需要首先把对向车道的车辆清空，再在开启口进行疏导。因此，收费站分流和间断性放行分流的准备时间最短，单项封闭改道分流方案准备时间较长，单向双行分流方案准备时间最长。

3.2.2 疏导车辆速度对比

收费站分流方案的疏散效率由出口匝道的通行能力、收费站出口的通行能力、出口匝道与地方道路的连接道路的通行能力、地方道路的通行能力、入口匝道与地方道路的连接道路的通行能力、收费站入口的通行能力、入口匝道的通行能力 7 个部分中最小的通行能力决定。收费站分流方案运行后只能疏导未到达承担分流收费站的车辆，堵塞在突发事件现场的车辆一般等突发事件处理完后才能离开。

单向封闭改道分流方案的疏散效率主要由车辆穿越中央分隔带护栏开口的速度和车辆在对向车道行驶的速度两个因素决定。经实地调研，对于一、二、三类车穿越中央分隔带护栏开口是很容易的，一般穿越时间平均约为 1s，对于四、五类车，穿越中央分隔带护栏开口较为困难，一般穿越时间平均约为 7s。当大货车和小车混合排队疏散时，受大货车的影响，小车穿越中央分隔带护栏开口的时间明显延长。各类车型在对向行驶的速度大于其穿越中央分隔带护栏开口的时间，因此单向封闭改道分流方案的疏散效率主要是由车辆穿越中央分隔带护栏开口的速度决定的。根据现场疏散情况统计，当排队车辆中四、五类车占到 80%以上时，车辆疏散效率基本由四、五类车穿越中央分隔带护栏开口的速度决定，约为 1 500pcu/h。当排队车辆中四、五类车占到 10%以下时，车辆疏散效率基本由一、二、三类车穿越中央分隔带护栏开口的速度决定，约为 2 800pcu/h。因此，单向封闭改道分流方案的疏散效率约为 1 500～2 800pcu/h。

双向间断性放行分流方案的疏散效率与单向封闭改道分流分析原理相同，但由于是双向交替放行，因此，双向间断性放行分流方案的疏散效率约为单向封闭改道分流方案疏散效率的一半，即 750～1 400pcu/h（由于两个中间分隔带开口还有一定的距离，而只有一个方向的车辆在管制路段全部通行完毕，另一个方向的车辆才能开始放行，因此实际上的通行效率要小于这个数）。

单向双行分流方案的疏散效率也主要由车辆穿越中央分隔带护栏开口的速度和车辆在对向车道行驶的

速度两个因素决定。但由于只借用对向一条车道，车辆穿越中央分隔带护栏开口时受到对向行驶车辆的影响，穿越速度会比单向封闭改道分流时的穿越速度减慢，而且在对向行驶时受到对向行驶车辆的影响，速度也会减慢。虽然用于分流的道路资源为单向封闭改道分流的一半，但实际上其疏散效率达不到单向封闭改道分流疏散效率的一半，即其疏散效率小于750～1 400pcu/h。

3.3 安全性对比

四种分流方案中，只有单向双行分流方案有对向冲突，其安全性最差。其他分流方案没有对向冲突，安全性较好。其中，双向间断性放行分流方案安全性最高。单向封闭改道分流方案和收费站分流方案的安全性与地方道路交通条件密切相关，有的地方道路双向没有分隔，而且是平面交叉，机动车与非机动车混行，其安全性居中。

4 高速公路节假日大交通流量分流方案启用原则

在节假日大交通流量条件下，各种分流方案的选用遵循安全第一、快速高效和最大限度利用高速公路资源为先的原则，并考虑分流方案的疏散效率、道路用户出行路线选择倾向、周边国省道交通管理压力与协调难度、高速公路管理公司营运效益等多方面因素。在保证安全的前提下，选择分流效率最高的方案，并且优先利用高速公路资源，其次利用周边路网资源进行分流。

对于过饱和交通流状态的拥堵，高速公路资源已充分利用，应采用收费站分流方案。

对于突发事件引起的拥堵，当突发事件有险情时，应采用间断性放行分流方案，迅速将现场人员撤离。

当突发事件仅影响路肩和部分行车道行驶时，有两种分流方案备选：①选择开启中央分隔带开口借用对向车道分流，能够更充分的利用高速公路资源，但开启口处存在交通流分流和合流的冲突，不利于行车安全；②选择收费站分流方案不存在冲突，行车安全性高，但高速公路资源没有得到充分利用。按照安全第一的原则，采用收费站分流方案较为适宜。

当突发事件影响全部行车道通行，即单向封闭的情况下，如果对向车流量较小，则从最大限度的利用高速公路资源的角度出发，借用小交通量方向的车道供大交通量方向的车道行驶，使小交通量方向的车流从周边国省道绕行，以优化高速公路资源的利用。如果对向车流量较大，则采取双向间断性放行分流方案较为适宜。

各项分流方案的启动条件一般以排队长度达到3km为标准。

综上所述，制订高速公路节假日大交通流量条件下各种分流方案的选用原则如图5所示。

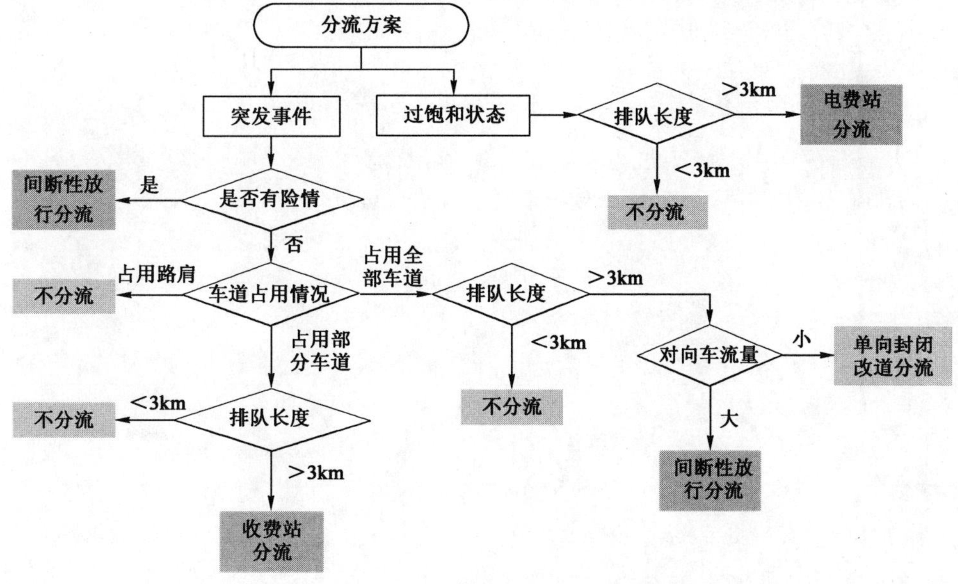

图5 高速公路节假日大交通流量条件下各种分流方案选用原则

此外,分流方案的选择还应该考虑道路地理环境及过往车辆规格的限制。如收费站分流方案和单向封闭改道分流方案的实施须考虑分流收费站有多少出口,哪些出口可以启用,能否承担分流车流量的压力;该收费站的出口是否与国道相连,超重车是否可以通过;引出线是否有危桥等。单向双行分流方案要求承担分流的路段地势平坦,承担分流的另一边公路两个开启口之间无妨碍通行的设施,道路的宽度足够宽等。双向间断性放行分流方案的运行需要考虑的因素较少,运行较方便灵活。

5 结语

高速公路分流方案是进行有效交通疏导的关键措施。本文针对节假日大交通流量条件下高速公路快速保畅的需求,通过四种常用分流方案的对比,提出了在节假日大交通流量条件下高速公路分流方案的选取原则,以期对高速公路运营管理工作提供有益的参考。

参考文献

[1] 广东省交通集团有限公司,广东省高速公路有限公司,交通运输部公路科学研究院. 广东省高速公路节假日大交通流量综合管理技术研究[R]. 2009.

[2] 广东省高速公路有限公司河源分公司. 惠河、粤赣高速公路交通安全管理报告[R]. 2009.

[3] 广东省交通集团有限公司,广东省高速公路有限公司,交通运输部公路科学研究院. 广东省高速公路节假日大交通流量运营现状调研报告[R]. 2009.

[4] 宋学文,张培林,刘铁鑫. 高速公路扩建期交通分流方法研究[J]. 公路与汽运,2008,3:45-47.

[5] Farradyne P B. Traffic incident management handbook[M]. Federal Highway Administration Office of Travel Management,2000.

我国公路桥梁工程施工重大危险源管理清单

娄 峰 何 勇

（交通运输部公路科学研究院 北京 100088）

摘 要：本文通过广泛的问卷调查及施工现场实地调研，结合多年来我国桥梁施工安全事故特点，首次系统性地分析了目前各种桥型施工过程中所采用的各种施工工艺的危险性，对各种桥梁施工工艺的危险程度进行量化处理，并界定出适用于我国桥梁工程施工技术水平的重大危险源清单。

关键词：桥梁施工 重大危险源 清单

The Serious Hazard Checklist for Bridge Construction in China

Lou Feng He Yong

(Research Institute of Highway, Ministry of Transport Beijing 100088)

Abstract: Based on the accident characteristics of the bridge construction in china, questionnaire and field investigations are tilized to analyze and qualify the danger level of the construction process for various types of bridges. In the meantime, the serious hazard checklist suitable for theconstructiontechnology in China is established.

Keywords: Bridge construction Serious hazard Checklist

0 引言

近年来，为提升工程施工安全风险管理的水平，引导工程施工安全风险防控工作的深入，逐步引入了“重大危险源”概念作为工程施工安全风险控制标靶，然而由于相关基础性研究工程的欠缺致使相关安全风险控制工作不能深入。

制定行业重大危险源管理清单是提升行业风险控制与管理水平的基础性工作，由于工程建设行业对于危险源内涵的理解目前还没形成统一的认识，制订相应的重大危险源管理清单存在的差异很大。国务院2004年颁布实施的《建筑工程安全生产管理条例》（以下简称《条例》）中未曾明确重大危险源的概念，而是将达到一定规模的危险性较大的分部分项工程作为安全监督管理的对象。《条例》中规定的危险性较大分部分项工程主要包括：①基坑支护与降水工程；②土方开挖工程；③模板工程；④起重吊装工程；⑤脚手架工程；⑥拆除、爆破工程；⑦建设行政主管部门或者其他有关部门规定的危险性较大工程。

与建筑工程相比，公路交通建设工程施工越加复杂，施工风险更高，施工的方法及工艺差异较大，仅参照《条例》所列危险性较大工程进行有针对性的工程风险防控远远不足，须结合本行业的施工特点，制订符合自身实际状况的风险控制标靶，才能有的放矢地深入开展相关风险控制工作。

1 危险源定义

与其他行业（诸如化工、核能、石化等行业）相比，公路工程建设领域的危险源在本质上与其他行业危险源是一致的，都是具有释放超过阈值能量且可造成财产及人员伤亡的“物质”。然而，公路工程建设危险源在外出表现形式上与其他行业危险源相比，存在较大差异，工程施工中的危险源伴随施工的动态变化而变化，且其耦合于施工的各个工序作业中，因此笔者在对公路桥梁施工危险源进行定义并明确其涵义时，紧密抓住危险源本质属性，广义上将公路桥梁工程危险源定义为：在公路桥梁工程施工过程中可能造成人员伤亡、财产损失、环境破坏的施工作业、危险物质、设备设施等。

桥梁施工作业一般由多种不同施工工序交叉作业构成，同一施工工序根据实际条件可采用不同的施工工艺，例如基坑开挖作业，可采用机械开挖法和人工开挖法；人工挖孔桩可采用人工挖土和爆破法。特定的施工工艺采用特定的施工设备设施，施工过程中的瓦斯、爆破用炸药，施工用电等危险物质都耦合在特定施工工艺中，因此狭义上，公路桥梁施工危险源可特指为：公路桥梁施工过程可能造成人员伤亡、财产损失、环境破坏的特定的施工作业活动或其对应的施工工艺单元。

2 危险源特征分析

公路桥梁危险源作为一种固有属性，客观存在于桥梁施工整个动态过程中，其危险程度是依据其所处的特定状态进行判定，危险源只是诱发施工事故的客观基础，施工事故的发生是物的不安全状态和人的不安全行为耦合的结果。

与其他工程危险源不同，桥梁工程危险源具有自身的特点，一般不存在或很少存在诸如化学能、电离辐射、热能等能量转移致因，大都为具有高势能的第一类危险源。

从近几年我国发生的各种桥梁施工事故统计来看，桥梁施工过程中发生的各类事故形态主要为：结构物垮塌、高空坠落、物体打击、起重事故，其占总事故总量的85%以上；从事故致因角度分析来看，桥梁施工事故90%以上为机械能量转移所致，引发人员移位、撕裂、破裂和压榨，造成人员伤亡及财产损失。

3 危险源辨识

目前，安全风险控制领域对于危险源的辨识一般采用两种方法：

(1)事故经验法

主要包括安全检查表法、安全检查表法、专家调查法(德尔菲法)、头脑风暴法

(2)系统安全分析方法

其主要包括预先危害分析、事故后果分析、故障类型和影响分析、危险性和可操作性研究分析、事故树分析、故障树分析、管理疏忽和危险树分析。

由于桥梁施工系统中可能导致事故的各种因素的相互关联性不强，事故致因大多相互独立，因此，运用系统安全分析法开展桥梁施工危险源辨识可靠性较低，本文采用改进型专家调查法，应用“专家信心指数法”对调查问卷进行加权统计分析，显著提高了危险源辨识的科学性和可靠性。以往各种问卷调查中，对于专家的判断都认为是完全真实可靠的，但实际上这是不可能做到的，即使是院士级别的专家也不能对非专长的领域信心十足地作出判断，因此，笔者在研究过程中对问卷形式和问卷结果统计方法进行改进，将反映专家判断的信息指数引入问卷调查中，通过加权频率统计法有效地提高问卷客观可靠程度。

本文系统性分析调查了公路各种桥型近70多个施工的工序(工艺)，选取了31个较为典型施工作业(工艺)活动，将危险源按照“安全、有危险、较危险、很危险、特危险”进行分类统计，如表1所示。为统计量化计算方便，对应各个级别分别确定了相应的分值区间，采用“专家信心指数”和加权计算，形成如图1～图6所示的各危险源危险性概率图表。按照公式(1)分别计算了31个典型危险源的安全度 H。

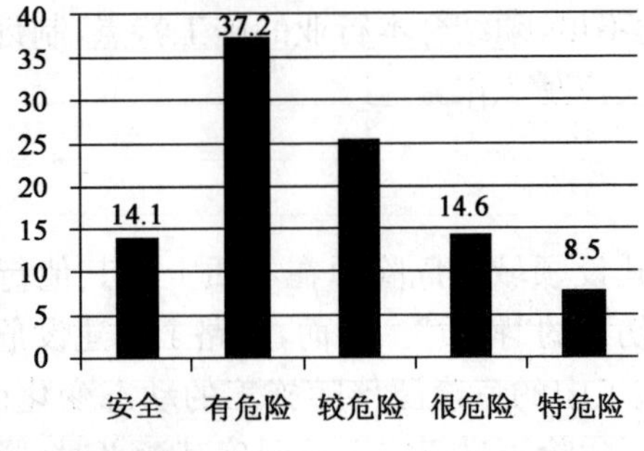

图1 人工挖孔灌注桩施工危险性分析图

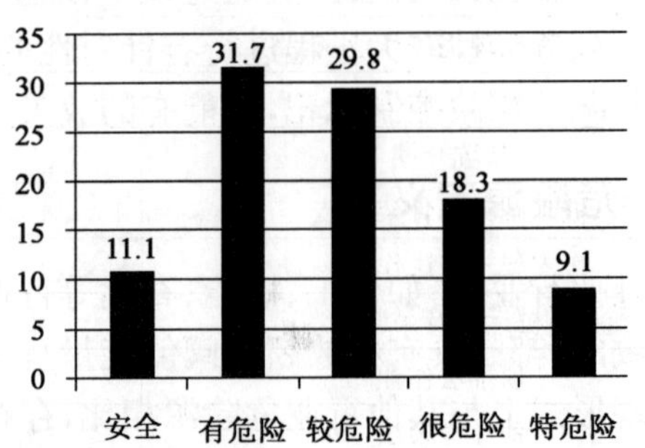

图2 脚手架安装与拆除危险性分析图

$$H=A\cdot\xi \tag{1}$$

式中：H——调查统计意义上的危险源安全度；

A——危险源危险性的概率分布；

ξ——对应的危险等级的安全均值。

表 1 桥梁工程危险源危险性等级划分表

安全级别	安全	有危险	较危险	很危险	特危险
分数	90～100 分	80～90 分	70～80 分	60～70 分	60 分以下
平均值 ξ	95	85	75	65	30

按问卷统计结果，对 31 个典型施工作业活动的危险性分析计算，量化出其相应的危险度，如表 2 所示。

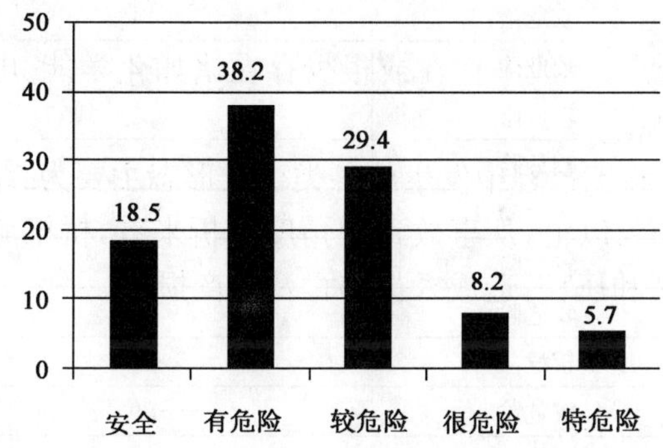

图 3 顶推法作业危险性分析概率图

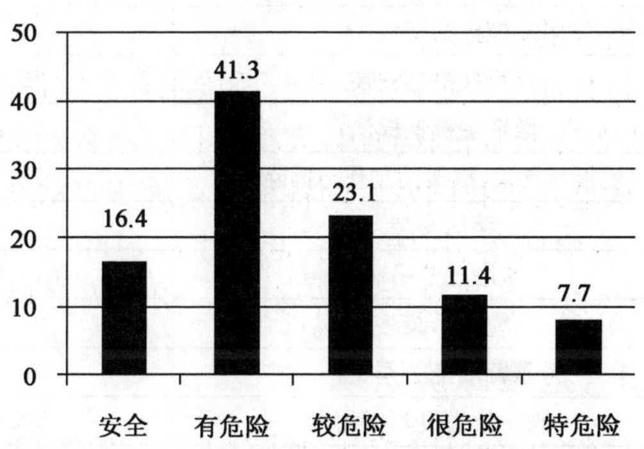

图 4 支架现浇法作业危险性分析概率图

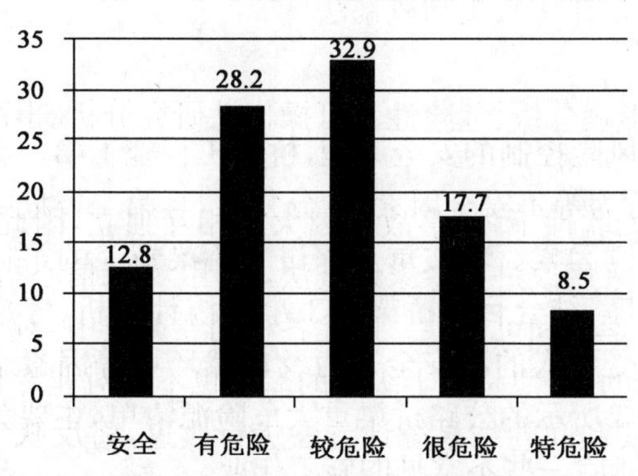

图 5 悬臂现浇法作业危险性分析概率图

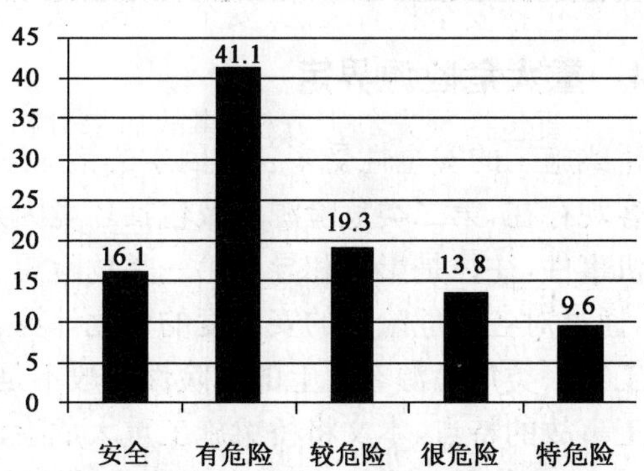

图 6 架桥机安装危险性分析概率图

表 2 桥梁典型施工作业安全度

典型作业活动	安全度 H	安全级别	安全度排序（从高到低）
打桩作业	80.51	有危险	1
灌注桩钻孔作业	80.29	有危险	2
逐孔现浇法作业	80.18	有危险	3
土牛拱胎法	79.81	较危险	4
基坑开挖	79.48	较危险	5
桩基础钢筋骨架吊装	79.22	较危险	6
支架现浇法作业	79.15	较危险	7
桩运输及吊装	78.36	较危险	8
顶推法作业	77.78	较危险	9
劲性骨架法	77.67	较危险	10
地下连续墙施工	77.35	较危险	11
满堂拱架法作业	77.08	较危险	12

续上表

典型作业活动	安全度 H	安全级别	安全度排序(从高到低)
沉井基础施工	76.98	较危险	13
架桥机安装法	76.63	较危险	14
墩塔滑升翻模法	76.42	较危险	15
人工挖孔作业	76.24	较危险	16
跨墩龙门架安装	75.90	较危险	17
扒杆安装	75.88	较危险	18
墩塔提升模板法	75.59	较危险	19
墩塔爬升模板法	75.58	较危险	20
拖拉法安装	75.57	较危险	21
自行式吊车安装	75.52	较危险	22
墩塔翻板钢模法	75.42	较危险	23
模板与支架、拱架的制作与拆除	75.21	较危险	24
浮吊安装	74.98	较危险	25
墩塔逐节吊装	74.85	较危险	26
缆索吊装法	74.81	较危险	27
悬臂现浇法作业	74.79	较危险	28
脚手架搭设与拆除	74.44	较危险	29
转体安装	73.78	较危险	30
悬臂拼装法作业	72.19	较危险	31

4 重大危险源界定

桥梁施工的安全性受多各种因素的错综影响，按照工程风险控制的安全原理，桥梁工程施工第一类危险源为客观存在，第二类危险源涉及包括环境因素、人的各种行为等不安全因素，十分复杂，且第二类危险源作为随机事件，往往是影响和导致第一类危险源引发事故的关键因素。本文重点探讨了桥梁施工的第一类危险源，通过对各类危险源的安全度的量化计算进行危险性排序，结合目前桥梁施工事故统计分析，考虑到桥梁施工第一类危险源客观上的危险性一般不是很高，往往是受到人的不安全行为及自然环境等因素影响导致施工事故的特点，本文将桥梁施工重大危险源的界定为表3所示的公路桥梁重大危险源清单，主要为安全度 $H \leqslant 80$ 的各类危险源，同时考虑公路桥梁施工现状情况，删除一些不常见的施工作业。

5 重大危险源清单

在充分考虑我国目前桥梁工程施工安全现状特点和水平的基础上，笔者通过大量的专家问卷统计分析及工程现场调研，总结并提出如表3所示的公路桥梁重大危险源清单，共13个重大危险源。

表3 公路桥梁施工重大危险源清单

序　号	重大危险源	序　号	重大危险源
1	深基坑开挖施工	8	满堂脚手架法梁板现浇
2	水上群桩施工	9	悬臂拼装法施工
3	人工挖孔桩施工	10	悬臂现浇法施工
4	脚手架搭设与拆除	11	缆索吊装法施工
5	模板、拱架的安装与拆除	12	转体安装法施工
6	高墩施工(含爬升、翻板、提升等)施工	13	架桥机安装法施工
7	顶推法施工		

6 结语

重大危险源的客观属性在于其具有高能量，通过能量传递或转移可造成重大的人员、财产、环境等损失，公路桥梁施工过程中存在的重大危险源与施工作业活动息息相关，要掌握和辨识出这些重大危险源，通过问卷调查开展辨识是唯一可行的方式。项目组通过大量的问卷调查，并结合施工事故统计结论及目前我国桥梁施工水平现状等，综合分析与考虑，确定了共计 13 个大型公路桥梁重大危险源，形成现阶段桥梁施工重大危险源清单。

此清单为大型公路桥梁施工重大危险源基本清单，可作为桥梁施工安全管理各方单位作为桥梁施工安全防控重点考虑；同时对于桥梁施工中的新方法新工艺应做好重大危险源辨识工作，及时补充，并列入相应的重大危险源清单。

参考文献

[1] 隋鹏程，陈宝智，隋旭. 安全原理[M]. 北京：化学工业出版社，2005.

[2] 丁峰，赵健. 风险分析在特大型桥梁工程中的应用[J]. 桥梁建设，2005，(3)：73-76.

[3] 刘英富，桥梁施工风险评估方法研究[D]. 西安：长安大学，2005.

[4] 中华人民共和国行业标准. JTJ 041—2000 公路桥涵施工技术规范[S]. 北京：人民交通出版社，2000.

基于灰色聚类和层次分析法的汛期公路交通气象灾害后评估方法

汤筠筠　李长城

（交通运输部公路科学研究院公路交通安全技术交通行业重点实验室　北京　100088）

摘　要：本文将层次分析法和灰色聚类分析法相结合，创建汛期公路交通气象灾害后评估方法，用以确定汛期公路交通受恶劣气候影响省份受灾的严重程度，有助于汛期公路交通气象灾害后评估工作。本文主要应用灰色聚类分析法，在确定评估指标权重时采用层次分析法，实现定量与定性的结合，极大地发挥了两种方法的优越性。由此建立的汛期公路交通气象灾害后评估方法能够对受灾省份进行归类和排序，为交通运输部划拨公路损毁抢修补助资金提供正确性的辅助决策。

关键词：灰色聚类分析法　层次分析法　公路交通气象灾害　后评估　汛期

Post-evaluation Method of Highway Meteorological Disaster in Flood Seasons Based on Grey Clustering and AHP

Tang Junjun　Li Changcheng

(Key Laboratory of Road Safety, Research Institute of Highway, Ministry of Transport　Beijing　100088)

Abstract: In order to determine the severity of the affected highway by the adverse weather in the affected provinces, this paper combines Grey Clustering and AHP to create the post-evaluation method of highway meteorological disaster in flood seasons, which can work for post-evaluation of highway meteorological disaster in flood seasons. This paper mainly applies gray cluster analysis, and adopts AHP to determine the weights of evaluation indicators, in order to achieve a combination of quantitative and qualitative, and maximize the potential advantages of the two methods. It can be concluded that the post-evaluation method can classify and sort the affected provinces, so as to provide correct decision for the Ministry of Transport to set aside subsidies for road damage.

Keywords: Gray cluster analysis　Analytic hierarchy process　Highway meteorological disaster　Post-evaluation　Flood seasons

0　引言

目前，国内外在公路交通气象灾害后评估领域的研究尚处于初级阶段，研究甚少或几乎没有。现有的方法多为定性，定义有时界限模糊，应用时难以把握尺度，公路交通气象灾害后评估决策在很大程度上仍取决于专职人员的经验判断，而每个人的知识、经验各不相同，将会导致难于决策或决策偏差。

有鉴于此，亟待建立一种全新的汛期公路交通气象灾害后评估方法。本文中提出将层次分析法和灰色系统理论中的灰色聚类方法引入到公路交通气象灾害后评估方法中，从而实现定量与定性的结合、整合成熟研究成果与专家知识经验，使该评估方法通过一定的指标体系或指数来科学、客观地描述汛期公路交通气象灾害影响程度。

1 汛期公路交通气象灾害后评估方法

1.1 应用流程(图1)

经研究表明,层次分析法和灰色聚类分析法所得的评估结果完全一致。层次分析法用矩阵法来计算,从理论上讲较为合理,而且有数学推导证明;其次如果要调整评估指标权重,只需调整相关的系数矩阵即可,同时相关矩阵还可作为受灾评估定量分析的依据;再次能将矩阵转换成曲线或图表格式,使考核结果一目了然。层次分析法可以得到受灾评估的排序,但无法做到分类,灰色聚类分析法恰好弥补其不足。因此,本文在借鉴国内外相关已有成果的基础上,将灰色聚类分析法与层次分析法结合,主要应用灰色聚类分析法,在确定评估指标权重时采用层次分析法,极大地发挥了两种方法的优越性。

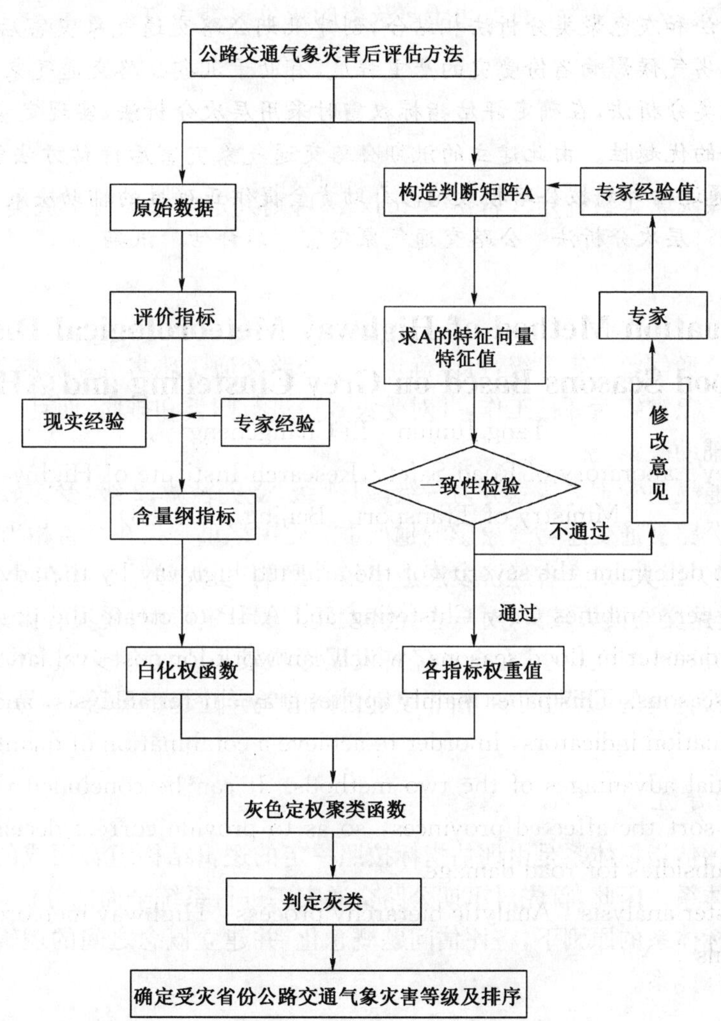

图1 汛期公路交通气象灾害后评估方法应用流程

我国汛期公路交通气象灾害后评估可按如下步骤进行:

(1)确定汛期公路交通气象灾害后评估各项指标,收集相关指标的样本数值,分别筛选出对指标函数定限有用的数值,方便划分汛期公路交通气象灾害评估等级。

(2)利用灰色定权聚类和层次分析法确定各省汛期公路交通气象灾害等级及排序。

定义 $i=1,2,\cdots,n$—受灾省份;$j=1,2,\cdots,m$—评价指标;$k=1,2,\cdots,s$—所划分的灰类,即汛期公路交通气象灾害等级。

按如下步骤进行计算评定:

①指标值处理。对第一步收集到的数据，参考研究不利气象条件对交通影响以及气象方面的专家经验，根据不同的汛期公路交通气象灾害等级状况给各类型指标函数选择相应的取值范围。对于无法定量的指标因素，可以从指标因素的内部特性出发，用一定数学模型对定性指标定量化处理，最后得到的指标值的转折点值。

②确定白化权函数。定义 f_j^k 为 j 指标 k 子类的白化权函数，反映出不同指标变量的不同取值对应灰度的函数关系。

③确定权重值。定义 η_j 为 j 指标的权重值，采用层次分析法(AHP)来确定。根据事实的严重程度进行确定，咨询有关方面的多位专家，让专家评分给出权重，通过汇总、抽取专家意见，确定最终权重值，构造判断矩阵。

④计算灰色聚类系数。σ_i^k 定义为 i 对象属于 k 灰类的灰色聚类系数：

$$\sigma_i^k=\sum_{j=1}^{m}f_j^k(P_{ij})\cdot\eta_j$$

⑤汛期公路交通气象灾害等级评定。若：$\sigma_i^k=\max\limits_{1\leqslant k\leqslant s}\{\sigma_i^k\}$，则判定对象 i 属于灰类 k^*，即汛期公路交通气象灾害等级处于 k^* 类。

1.2 等级划分

通过划分汛期公路交通气象灾害等级，可以确定汛期公路交通受恶劣气象影响省份受灾的严重程度，不仅有助于汛期公路交通气象灾害后评估工作，并对受灾省份进行归类和排序，而且可以作为交通运输部拨公路损毁抢修补助资金的辅助决策。

本文将汛期公路交通气象灾害等级划分为三级，即：1 级，受灾轻微；2 级，受灾较重；3 级，受灾严重。级别越高表示该省的汛期公路交通受恶劣气象影响越严重。受灾严重是指在全省相当大范围内遭受严重的恶劣天气灾害，公路交通损失巨大，对全省经济发展造成较大影响；受灾较重是指在全省较大范围内遭受比较严重的恶劣天气灾害，公路交通损失较大，对全省经济发展造成一定影响；受灾轻微是指受灾范围不大，公路交通遭受一般程度的损失和或损失较小，对全省经济发展影响较小或没有多少。本文认为公路交通气象灾害等级划分为三级是比较合理的：级别过多，相邻级别之间的差异性越不显著，不易于操作，等级评估后的结果缺乏指导性。

1.3 指标体系的建立

汛期公路交通灾害评估指标体系是由评估指标按照一定的逻辑结构组合而成的具有科学结构、能够描述汛期公路交通灾害的体系。因此，首先对汛期公路交通灾害进行系统全面的分析，然后在此基础上建立评估指标体系。在建立指标体系的原则下，将评估问题概念化，并建立概念之间的逻辑关系，图 2 即构成了汛期公路交通灾害评估指标体系。

1.4 评估方法

1.4.1 指标权重的确定

各层次的评估指标类型庞杂，重要性各不相同，因此需要计算出各指标的重要程度权值，为标准化综合定量评价提供一级数量基础。本文采用层次分析法确定各指标的权重，由于指标权重的确定是基于灰色聚类的汛期公路交通气象灾害等级方法中的关键步骤，直接关系着评价的可靠性和准确性，即通过专家问卷进行评判、构造判断矩阵(构造各层次指标的比较矩阵)、层次排序和一致性检验，如果一致性检验未通过，需要对层次分析法输入的比较判断矩阵进行人为调整等步骤确定出各因子的权重，继而获得汛期公路交通气象灾害评估指标的权值分配体系。在本文中仅给出最终的判断矩阵整合结果。

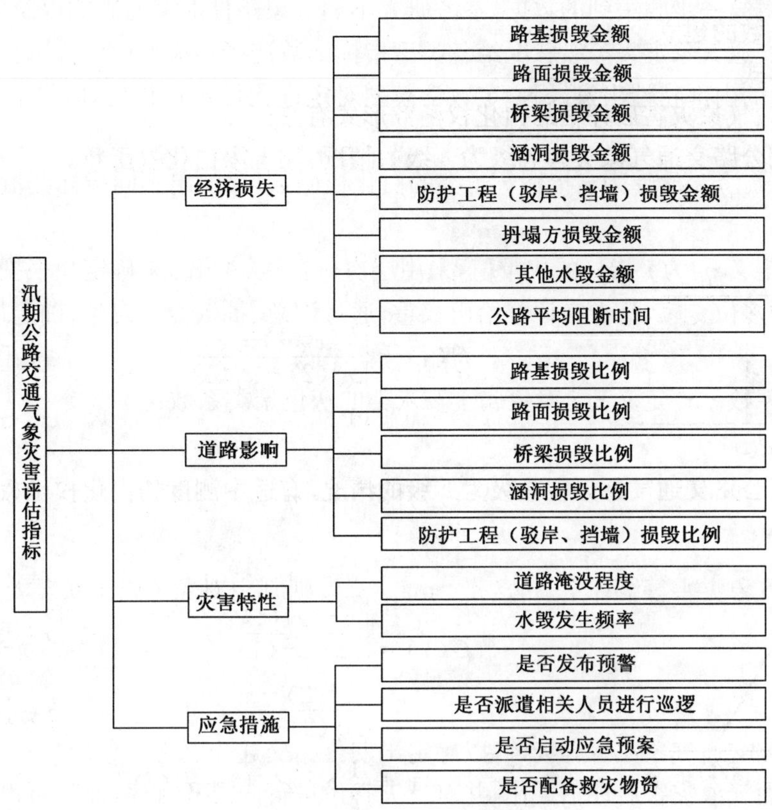

图 2　汛期公路交通气象灾害后评估指标体系

表 1　汛期公路交通灾害评估指标层次总排序值

η_j	层次单排序				层次总排序
	经济损失	道路影响	灾害特性	应急措施	
	0.46	0.25	0.09	0.2	
路基损毁金额 η_1	0.14				0.064 4
路面损毁金额 η_2	0.14				0.064 4
桥梁损毁金额 η_3	0.17				0.078 2
涵洞损毁金额 η_4	0.08				0.036 8
防护工程损毁金额 η_5	0.08				0.036 8
坍塌方损毁金额 η_6	0.08				0.036 8
其他水毁金额 η_7	0.04				0.018 4
公路平均阻断时间 η_8	0.27				0.124 2
路基损毁比例 η_9		0.4			0.1
路面损毁比例 η_{10}		0.1			0.025
桥梁损毁比例 η_{11}		0.26			0.065
涵洞损毁比例 η_{12}		0.16			0.04
防护工程损毁比例 η_{13}		0.08			0.02
道路淹没程度 η_{14}			0.3		0.027
水毁发生频率 η_{15}			0.7		0.063
是否发布预警 η_{16}				0.46	0.092
是否派遣相关人员进行巡逻 η_{17}				0.13	0.026
是否启动应急预案 η_{18}				0.22	0.044
是否配备救灾物资 η_{19}				0.19	0.038
$\sum$	1	1	1	1	1

1.4.2　白化权函数的建立

(1)白化权函数形式

用于汛期公路交通气象灾害后评估的白化权函数形式有三种。

第一种:对于汛期公路交通气象灾害等级为3级的情况,用上限白化权函数。

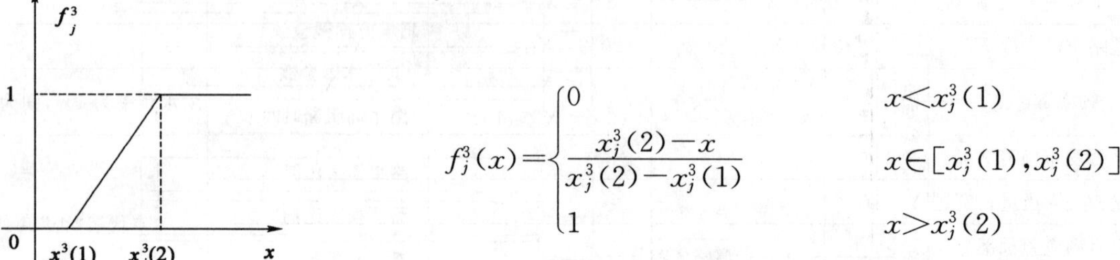

$$f_j^3(x)=\begin{cases}0 & x<x_j^3(1)\\ \dfrac{x_j^3(2)-x}{x_j^3(2)-x_j^3(1)} & x\in[x_j^3(1),x_j^3(2)]\\ 1 & x>x_j^3(2)\end{cases}$$

第二种:对于汛期公路交通气象灾害等级为2级的情况,有适中测度的白化权函数。

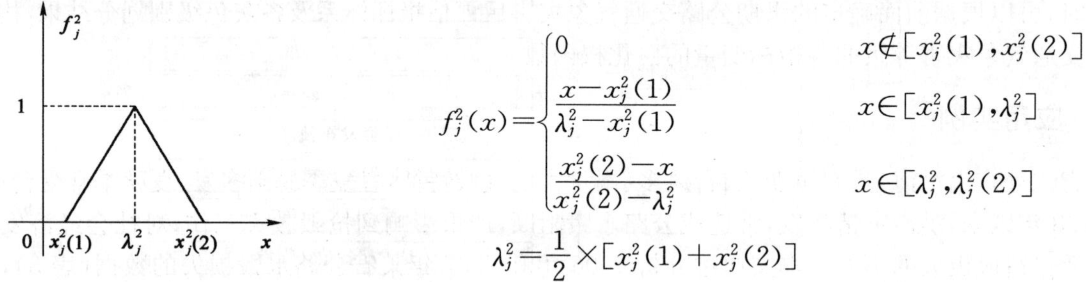

$$f_j^2(x)=\begin{cases}0 & x\notin[x_j^2(1),x_j^2(2)]\\ \dfrac{x-x_j^2(1)}{\lambda_j^2-x_j^2(1)} & x\in[x_j^2(1),\lambda_j^2]\\ \dfrac{x_j^2(2)-x}{x_j^2(2)-\lambda_j^2} & x\in[\lambda_j^2,\lambda_j^2(2)]\end{cases}$$

$$\lambda_j^2=\frac{1}{2}\times[x_j^2(1)+x_j^2(2)]$$

第三种:对于汛期公路交通气象灾害等级为1的情况,用下限白化权函数。

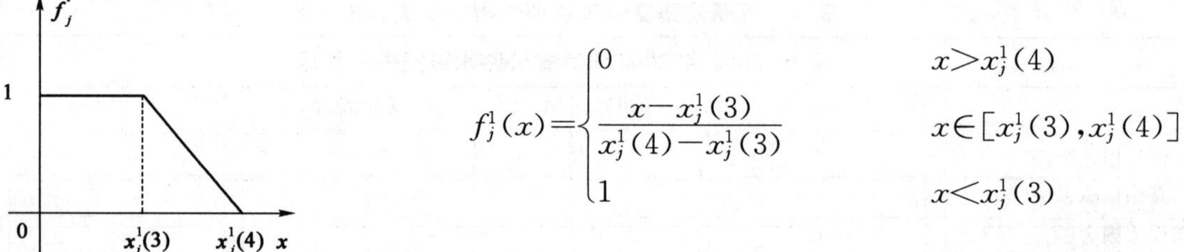

$$f_j^1(x)=\begin{cases}0 & x>x_j^1(4)\\ \dfrac{x-x_j^1(3)}{x_j^1(4)-x_j^1(3)} & x\in[x_j^1(3),x_j^1(4)]\\ 1 & x<x_j^1(3)\end{cases}$$

(2)指标变量的各灰色级别取值

通过灰色方法进行汛期公路交通气象灾害评估时有些数据无法在现实中得到,需要交通安全和相关领域的专家以及实践经验丰富的工程技术人员依据经验给出一定的权值,把定性的问题转化为定量的理论计算。根据专家和工程技术人员实践积累建立的每个白化权函数转折点的值,都是汛期公路交通气象灾害等级的评定标准(表2)。

表2　各指标的等级值

指　标	1级(受灾轻微)	2级(受灾较重)	3级(受灾严重)	备　注
路基损毁金额 X_1	$0<X_1<3\,500$	$3\,500\leqslant X_1<35\,000$	$X_1\geqslant 35\,000$	单位:万元
路面损毁金额 X_2	$0<X_2<2\,000$	$2\,000\leqslant X_2<20\,000$	$X_2\geqslant 20\,000$	
桥梁损毁金额 X_3	$0<X_3<1\,900$	$1\,900\leqslant X_3<19\,000$	$X_3\geqslant 19\,000$	
涵洞损毁金额 X_4	$0<X_4<600$	$600\leqslant X_4<6\,000$	$X_4\geqslant 6\,000$	
防护工程损毁金额 X_5	$0<X_5<1\,500$	$1\,500\leqslant X_5<15\,000$	$X_5\geqslant 15\,000$	
坍塌方损毁金额 X_6	$0<X_6<500$	$500\leqslant X_6<5\,000$	$X_6\geqslant 5\,000$	
其他损毁金额 X_7	$0<X_7<100$	$100\leqslant X_7<1\,000$	$X_7\geqslant 1\,000$	包括设施、设备、交通工具
公路平均阻断时间 X_8	$0<X_8<6$	$6\leqslant X_8<72$	$X_8\geqslant 72$	单位:h
路基损毁比例 X_9	$0\%<X_9<5\%$	$5\%\leqslant X_9<20\%$	$X_9\geqslant 20\%$	

续上表

指　　标	1级(受灾轻微)	2级(受灾较重)	3级(受灾严重)	备　　注
路面损毁比例 X_{10}	$0\%<X_{10}<10\%$	$10\%\leqslant X_{10}<40\%$	$X_{10}\geqslant 40\%$	
桥梁损毁比例 X_{11}	$0\%<X_{11}<5\%$	$5\%\leqslant X_{11}<20\%$	$X_{11}\geqslant 20\%$	
涵洞损毁比例 X_{12}	$0\%<X_{12}<6\%$	$6\%\leqslant X_{12}<15\%$	$X_{12}\geqslant 15\%$	
防护工程损毁比例 X_{13}	$0\%<X_{13}<5\%$	$5\%\leqslant X_{13}<25\%$	$X_{13}\geqslant 25\%$	
道路淹没程度 X_{14}	$0\%<X_{14}\leqslant 20\%$	$20\%<X_{14}\leqslant 60\%$	$X_{14}>60\%$	
水毁发生频率 $X_{15}^{*}(X_{15}^{*}=\frac{1}{X_{15}})$	$0<X_{15}^{*}<10$ $(X_{15}>10\%)$	$10\leqslant X_{15}^{*}<20$ $(5\%<X_{15}\leqslant 10\%)$	$20\leqslant X_{15}^{*}\leqslant 200$ $(0.5\%\leqslant X_{15}\leqslant 5\%)$	洪水频率为1%,则为百年一遇洪水
是否发布预警 X_{16}	0	1	1	0代表"否";1代表"是"
是否派遣相关人员进行巡逻 X_{17}	0	1	1	
是否启动应急预案 X_{18}	0	1	1	
是否配备救灾物资 X_{19}	0	1	1	

此时,可以根据前面确定的汛期公路交通气象灾害后评估指标体系及各灰色级别划分结果,构建影响汛期公路交通气象灾害等级的各指标变量的白化权函数。

2 应用实例

某省位处东南沿海,具有汛期长、台风多、雨量大的气候特征,春夏季暴雨多发,夏秋季常受台风影响,特别是1998年以来,洪涝灾情频发,常造成公路水毁阻断,严重影响到抢毁救灾工作,对社会经济发展和人民生产生活也造成极大的不便。本文通过分析2006年和2007年某省公路水毁损失的数据(表3),分别对这两年该省的公路水毁损失进行灾害后评估分析。

2.1 数据情况

表3 2006和2007年某省公路水毁损失的数据

名　　称	单　　位	2006年	2007年
路基损毁金额	万元	35 729	9 214
路面损毁金额	万元	73 172	17 404
桥梁损毁金额	万元	10 499	3 539
涵洞损毁金额	万元	30 517	4 165
防护工程损毁金额	万元	14 076	6 132
坍塌方损毁金额	万元	56 313	9 429
其他水毁金额	万元	0	2 517
公路平均阻断时间	h	50	18
公路里程(国道)	km	3 129	
公路里程(省道)	km	5 836	
冲毁路基	km	1 928	269
冲毁路面	km	4 181	1 239
公路桥梁里程(国道)	延米	225 393	
公路桥梁里程(省道)	延米	69 149	
桥梁损毁	延米	19 951	6 725
涵洞总数(国道)	道	5 921	
涵洞总数(省道)	道	17 933	
涵洞损毁	道	14 075	1 921

续上表

名　　称	单　　位	2006 年	2007 年
防护工程总数(国道)	处	5 829	
防护工程总数(省道)	处	9 888	
防护工程损毁	处	13 444	912
道路淹没程度	—	71%	23%
水毁发生频率	—	平均 30 年一遇	平均 50 年一遇
是否发布预警	—	是	
是否派遣相关人员进行巡逻	—		
是否启动应急预案	—		
是否配备救灾物资	—		

2.2 计算过程

某省汛期公路交通灾害各评估指标计算如表 4、表 5。

表 4　汛期公路交通灾害评估指标计算表

主 因 素	指　　标	2006 年	2007 年
经济损失	路基损毁金额 X_1	35 729(万元)	9 214(万元)
	路面损毁金额 X_2	73 172(万元)	17 404(万元)
	桥梁损毁金额 X_3	10 499(万元)	3 539(万元)
	涵洞损毁金额 X_4	30 517(万元)	4 165(万元)
	防护工程损毁金额 X_5	14 076(万元)	6 132(万元)
	坍塌方损毁金额 X_6	56 313(万元)	9 429(万元)
	其他水毁金额 X_7	0(万元)	2 517(万元)
	公路平均阻断时间 X_8	50(h)	18(h)
道路影响	路基损毁比例 X_9	1 928/(3 129+5 836)=21.5%	269/(3 129+5 836)=3%
	路面损毁比例 X_{10}	4 181/(3 129+5 836)=46.6%	1 239/(3 129+5 836)=13.8%
	桥梁损毁比例 X_{11}	19 951/(225 393+69 149)=6.77%	6 725/(225 393+69 149)=2.28%
	涵洞损毁比例 X_{12}	14 075/(5 921+17 933)=59%	1 921/(5 921+17 933)=8.05%
	防护工程损毁比例 X_{13}	13 444/(5 829+9 888)=85.54%	912/(5 829+9 888)=5.8%
灾害特性	道路淹没程度 X_{14}	71%	23%
	水毁发生频率 X_{15}	$1/X_{15}=\frac{1}{1/30}=30$	$1/X_{15}=\frac{1}{1/50}=50$
应急措施	是否发布预警 X_{16}	1	1
	是否派遣相关人员进行巡逻 X_{17}	1	1
	是否启动应急预案 X_{18}	1	1
	是否配备救灾物资 X_{19}	1	1

表 5　2006 年指标因素值以及灰类函数计算表

序　号	指标变量 x_j	权重 η_j	取值	$f_j^1(x_j)$	$f_j^1(x_j)\cdot\eta_j$	$f_j^2(x_j)$	$f_j^2(x_j)\cdot\eta_j$	$f_j^3(x_j)_j$	$f_j^3(x_j)\cdot\eta_j$
1	X_1	0.064 4	35 729	0	0	0	0	1	0.064 4
2	X_2	0.064 4	73 172	0	0	0	0	1	0.064 4
3	X_3	0.078 2	10 499	0	0	0.894 8	0.07	0.502 9	0.039 3
4	X_4	0.036 8	30 517	0	0	0	0	1	0.036 8

续上表

序　号	指标变量 x_j	权重 η_j	取值	$f_j^1(x_j)$	$f_j^1(x_j)\cdot\eta_j$	$f_j^2(x_j)$	$f_j^2(x_j)\cdot\eta_j$	$f_j^3(x_j)_j$	$f_j^3(x_j)\cdot\eta_j$
5	X_5	0.036 8	14 076	0	0	0.123 2	0.004 5	0.931 6	0.034 3
6	X_6	0.036 8	56 313	0	0	0	0	1	0.036 8
7	X_7	0.018 4	0	1	0.018 4	0	0	0	0
8	X_8	0.124 2	50	0	0	0.611 1	0.075 9	0.666 7	0.082 8
9	X_9	0.1	21.5%	0	0	0	0	1	0.1
10	X_{10}	0.025	46.6%	0	0	0	0	1	0.025
11	X_{11}	0.065	6.77%	0	0	0.677	0.044	0.118	0.007 7
12	X_{12}	0.04	59%	0	0	0	0	1	0.04
13	X_{13}	0.02	85.54%	0	0	0	0	1	0.02
14	X_{14}	0.027	71%	0	0	0	0	1	0.027
15	X_{15}	0.063	30	0	0	0	0	0.105 3	0.006 6
16	X_{16}	0.092	1	1	0.092	1	0.092	1	0.092
17	X_{17}	0.026	1	1	0.026	1	0.026	1	0.026
18	X_{18}	0.044	1	1	0.044	1	0.044	1	0.044
19	X_{19}	0.038	1	1	0.038	1	0.038	1	0.038
m	$\sigma_j^k=\sum_{j=1}^{m}f_j^k\eta_j$	1			0.218 4		0.394 4		0.785 1

经过计算得到 $\sigma_i^{k'}=\max\limits_{1\leqslant k\leqslant s}\{\sigma_i^k\}=\max\limits_{1\leqslant k\leqslant 4}\{0.218\,4,0.394\,4,0.785\,1\}=0.785\,1$，因此 2006 年汛期公路交通气象灾害等级为 3。

同理，经过计算得到 $\sigma_i^{k'}=\max\limits_{1\leqslant k\leqslant s}\{\sigma_i^k\}=\max\limits_{1\leqslant k\leqslant 4}\{0.275\,4,0.523\,6,0.417\,4\}=0.523\,6$，因此 2007 年汛期公路交通气象灾害等级为 2。

2.3　结果分析

通过对 2006 年和 2007 年数据的分析，我们可以看出，2006 年汛期某省公路受灾严重，2007 年汛期某省公路受灾较重。分析结果与这两年某省汛期实际的受灾情况相符。

3　结语

由于目前交通和气象部门尚无关于公路交通气象灾害后评估等级的任何规定，从服务的角度出发，本文尝试进行了汛期公路交通气象灾害等级划分，后评估指标体系建立和后评估方法的研究。这只是一个开始，还存在着许多不完善和亟待解决的问题，因此这是一项需要长期深化探讨研究的工作。

在指标权重的计算方面，将层次分析法和灰色聚类方法相结合来描述汛期公路交通气象灾害影响程度，是否十分合理，有待于进一步的验证。

随着公路运营期的不断延长，资料也将会逐步增加和完善。在此基础上，将把雾、雪等影响公路交通的重要气象要素作为重要指标结合到整个评估体系中，进行逐步完善。

参 考 文 献

[1] 施狄峰. 层次分析法和灰色聚类分析法在绩效评估中的应用[EB/OL]. http://www.ChinaHRD.net.

[2] 南京航空航天大学经济与管理学院精品课程建设组. 第五章灰色聚类评估[EB/OL]. http://218.2.113.107:8080/nhhsxt/jxzy/pdf/5.pdf.

高速公路在自然灾害下的风险防范与救援

李东涛　王书平　尉泽辉

（陕西高速集团　西安　710054）

摘　要：频繁的自然和地质灾害造成在建高速公路和已正常运营路段损毁严重，严重影响项目建设正常进展和运营公路的行车安全。本文针对陕西省目前在建和已投入运营的高速公路的管理模式，对高速公路在自然灾害下的风险防范和救援进行了相关探讨。

关键词：自然灾害　风险　防范　救援

Risk Prevention and Rescue on Expressways in Cases of Natural Disasters

Li Dongtao　Wang Shuping　Wei Zehui

(Shanxi Expressway Group　Xi'an　710054)

Abstract: Frequent natural and geological disasters can severely damage the expressways both under construction and in operation, thus jeopardizing the project construction and highway safety. This paper takes the management model of expressways, both under construction and in operation, in Shanxi Province as examples to look into the risk prevention and rescue on expressways in cases of natural disasters.

Keywords: Natural disasters　Risks　Prevention　Rescue

0　引言

当前，全国高速公路进入快速发展时期，且公路建设多已进入山岭重丘区，有的甚至要穿越数个不同类型的自然条件区，山区气候条件复杂，局部地区气候特征明显，降雨历时短，强度大，易导致高速公路两侧山体落石、塌方，山体洪水、泥石流、滑坡等灾害现象时有发生，频繁的自然和地质灾害造成在建高速公路和已正常运营路段损毁严重，严重影响项目建设正常进展和运营公路的行车安全。针对陕西省目前在建和已投入运营的高速公路的管理模式，我们对高速公路在自然灾害下的风险防范和救援进行了相关探讨。

图 1　泥石流灾害

1　高速公路沿线易受灾害点位调查及分析

下面主要对陕西省境内多条高速公路线路易受灾害的点位进行调查，并分析其灾害发生的原因。

1.1　京昆高速(G5)西安至汉中公路(简称西汉公路)泥石流灾害

(1)灾害基本特征

2009 年 8 月，西汉公路宁陕县梅子乡境内的熊家梁 2 号隧道与黑虎垭隧道之间，因特大暴雨造成西汉公路发生 6 处泥石流灾害，计 3 万余方，泥石流共淹没高速公路 300 余米。其中，熊家梁 2 号隧道汉中方向淤积泥水深约1.5m，长度约 600m(图 1)。该灾害造成西汉公路汉中方向交通中断 36h，西安方向交通中断 16h。

(2)灾害发生原因

一是特殊气候。发生泥石流的路段，主要处于陕西省宁陕县梅子乡境内。气象资料显示，灾害发生当日 21 时至次日 8 时，梅子乡降水量达 121mm，强降水集中在当日 23 时至 24 时，降雨量达到 51mm，为百年一遇。二是特殊地质条件。发生泥石流的路段均处于山谷之中，汇水面积较大(图 2)，隧道出入口之间山谷坡体不稳定，沟内存有大量堆积物，最近频发的降水造成部分山体岩质疏松，土体严重饱和。在突如其来的大暴雨的作用下，松动的土石顺流而下，形成泥石流和多处地质隐患。三是构造物的缺陷。香炉石隧道出口与田坝隧道入口之间路基长度为 110m，田坝隧道出口与熊家梁隧道入口之间路基道路长度为 114m，而路基道路下的通道，断面尺寸为 4m×4m，长度为 80m，涵底坡度为 2%，当发生地质灾害时容易发生堵塞现象，无法正常发挥泄洪的作用，进而使大量的泥石堆积在路基上造成交通中断。

1.2 包茂高速(G65)铜川至黄陵公路(简称铜黄公路)边坡滑塌灾害

(1)灾害基本特征

铜黄公路宜君至黄陵路段，2003 年 8 月因特大暴雨造成该段高速公路发生 10 余处高边坡滑坡，宜君路段长约 180m 的半幅路面(西安方向)沉陷达 0.5～1.5m。蒿庄梁隧道黄陵方向入口因边坡滑塌致使隧道洞口 80m 路堑段路面被挤成麻花状(图 3)。

图 2 大量泥石堆积在路基上

图 3 边坡滑塌

(2)灾害发生原因

一是特殊地质因素。蒿庄梁隧道路段地质多为泥质页岩，夏季丰富的降水造成部分山体岩质疏松，土体严重饱和，其后的水毁抢险中地质详勘验证了这一切。二是湿润气候。陕西省宜君县被当地人称为陕北的小江南，这里四季雨量充沛，尤其在夏季更是一年中降雨的多发期。三是构造物的缺陷。铜黄公路是陕西省第一条修建的由平原区进入山岭重丘区的高速公路，设计经验较为欠缺，过水通道或涵洞断面尺寸较小，而山体汇水面积较大，造成当发生洪水时容易发生堵塞现象。

1.3 十堰至天水联络线(G7011)陕西境安康至汉中高速公路(简称十天线安康至汉中公路)滑坡隐患

(1)灾害基本特征

在建的十天线安康至汉中公路陕西省西乡县沙河段滑坡位于在建高速公路南约 200m，滑坡边界明显，后缘陡坎高约 1m，滑坡体坡度较陡，坡度约 60°。滑坡由碎块土石组成，下伏基岩为黑云角闪花岗岩，受构造作用，岩体中节理较发育。滑坡主滑动方向西南，滑体面积约 56m^2，滑体体积约 240m^3，属中小型残坡积物滑坡。该滑坡为新近滑动，坡体较陡，现状稳定性较差，威胁其下 6 间房 3 口人的安全，由于村民住房尚有 4m 缓冲距离，因此存在一定危险性。

(2)灾害形成条件

斜坡前缘坡脚因村民建房进行了削坡，造成坡体临空面增大；上部松散的残坡积层和下伏的坚硬基岩构成上软下硬的双层结构，在降雨时，雨水由后缘张拉裂缝进入坡体，致使坡体产生滑动。此处经设计优化后，采取锚索框架梁加支撑渗沟等工程防护措施予以处理，安全隐患消除。

1.4 十天线陕西境汉中至略阳高速公路滑坡灾害

(1)灾害基本特征

在建的十天线汉中至略阳公路勉县路段属陕南秦巴山地，场内地貌形态属低山区河谷地貌，地势起伏较大，地表植被较为发育。区内雨量充沛，大部分地区年平均降雨量在700～1 500mm，陕西省勉县北部至略阳路段为暴雨中心地。该段场地在勘探深度范围内地层主要为第四系松散堆积层，岩质以全风化炭质千枚岩为主。该滑坡位于勉县茶镇段，设计路线为缓和曲线，且以半填半挖路堑形式通过，该段已滑塌边坡(图4)沿路线总长约120m，垂直路线方向长约40m，该滑坡体厚度最大深度为9m，体积约$2\times10^4m^3$，属浅层中型滑坡，该滑坡对在建的高速公路安全及建成后的运营将造成严重隐患。

图4　滑塌边坡

(2)灾害形成条件

在降雨条件下，加大了坡体物质的重度，坡体地表水下渗软化全风化千枚岩，降低了该层的黏结力，加上坡脚被挖导致临空面加大，坡体物质比较破碎等多重原因，诱发坡体失稳，路基发生滑塌。目前经动态设计优化后，通过片石混凝土挡墙、锚索框架梁及设置支撑渗沟等一系列工程防护措施，该滑坡病害得到彻底治理。

1.5　十天线陕西境白河至安康高速公路泥石流灾害

(1)灾害基本特征

在建的十天线白河至安康公路位于秦巴腹地，山大沟深。2010年7月遭遇50年一遇特大暴雨，强降雨来势猛，强度大，汉江支流水位爆涨，干流水位持续抬高，在建高速公路沿线多处爆发山洪、泥石流。暴雨引发特大山洪，在建高速公路路基、地方道路、施工便道多处损毁塌方，交通中断。

(2)灾害形成原因

一是该路段所跨越的汉江支流旬河、坝河发生了百年一遇的洪水，导致汉江干流水位持续抬高，因此，该区域山体引起的山洪、泥石流导致目前在建高速公路严重水毁是由短时强降雨造成的。二是特殊地质条件。该段地质主要为松散堆积层，岩质以全风化炭质千枚岩为主。夏季频繁的降水造成部分山体岩质疏松，土体严重饱和。在大暴雨的作用下，松动的土石极易形成泥石流，造成高速公路路基严重水毁。

2　汛期高速公路主要灾害的成因

由以上高速公路易受灾害点位调查，我们得出影响高速公路行车和运营的重要因素，主要包括地质、气候、线路和人为因素等几个方面。

2.1　地质因素

高速公路沿线洪水、山体滑坡、泥石流等灾害的活动频率、规模强度都与公路沿线地质环境及其动态变化有极大的关系。高速公路沿线自然灾害形成的地质条件，首要的是地质构造环境和沉积环境。沿线地质构造环境决定了地层所处的应力状态，沉积环境决定了岩石类别的分布，它们是地质灾害产生最主要的内在原因。如果说降雨(短时强降雨或连绵阴雨)是洪水、山体滑坡、泥石流等自然灾害的激发条件，那么，不稳定的坡体、大量的碎石泥沙等松散堆积物是自然灾害发生的必要条件。

2.2　气候因素

山岭重丘区高速公路在“汛期”时间段，短时段强降雨或连续降雨容易激发滑坡、泥石流灾害的发生，极易导致驾乘人员被滑坡、泥石流掩埋，山体塌方、落石砸断桥梁梁板现象，造成正常运营的高速公路交通中断。非常活跃的气象因素主要包括降雨、雪、结冰、雾、风、空气温度和湿度、日照、大气压等天气情况，这些因素直接影响驾乘人员行车的能见度和道路条件。

2.3　线路因素

灾害的发生除了跟高速公路沿线的环境因素——地质、气象有关以外，线路本身的条件也起到了推动作用。山岭重丘区高速公路交通灾害有其自身的特点：高速公路交通流量大，车辆在公路上行驶速度较高，且山区高速公路桥隧比例较大，弯道平曲线半径较小，长大纵坡较多，公路线形组合比平原区高速公路相差较多，尤其是夜间和雨天行车视线不好，极易发生交通事故，而在平原微丘区，高速公路线路顺直、视距良好、边坡稳定的路段对降雨可能造成的视线不良有很大缓解。

2.4 人为因素

人类是自然界的一部分，人与自然界相互作用、相互影响，两者关系处理得当时，双方都能和谐发展，否则就可能转化成灾害。人类在利用环境、开发资源等活动中，受到政治、文化、科技水平的制约。当盲目地采用科技含量低、无节制方法，不合理地运用自然发展规律去开发自然、保护自然，必然导致自然环境恶化，灾害频发。

3 自然灾害下高速公路的风险防范

通过以上高速公路沿线易受灾害点位的调查及灾害发生原因的分析，可以发现，高速公路最主要的灾害风险有两种：一种是高速公路沿线直接由降雨引发的洪水、落石或与降雨关系密切的滑坡、崩塌、泥石流等灾害；另一种是由降雨激化的高速公路线形不良引起的交通事故发生。

3.1 在建高速公路对自然灾害的防范

3.1.1 人工边坡的防治措施

人工边坡重点是对千枚岩、片岩、板岩、安山岩、花岗岩等易风化岩体等组成的基岩边坡的防治。该类型基岩组成的边坡，由于岩层本身完整性差，且为层状结构，使得顺层方向强度较差，如若为顺坡向结构，易引发基岩滑坡，逆坡向结构易崩塌，可根据灾害种类不同选择下列适宜措施：明显的小型或零星危石、孤石应清除，范围较大可采用锚索加固；受威胁地段设钢丝网、挡墙拦截或合理引导至安全区域；对于隧道口边坡可采用延长明洞的措施防范；后缘两侧修拦、排水沟，前缘修建挡土墙。

3.1.2 弃渣引发泥石流的防治措施

目前，陕西南部地区修建山岭重丘区高速公路的弃渣场多设置于线路附近沟谷之中，该区域内 7～9 月降雨充沛，多暴雨，陕西南部的旬阳、茶镇、白勉峡、略阳等地为区域暴雨中心，若弃渣堆放不当可能引起泥石流致灾。对渣场堆放量进行控制，避免巨量堆放，对弃渣排量达百万方以上的渣场另择址分别堆放。堆渣场不应过多压占河道，宜留足够的行洪道。弃渣场应视沟谷汇水面积大小设置多级拦渣坝。该场地应结合当地水文参数设置排水设施，应尽量避开有人居住的沟道，并注意沟口也不应有较大村庄或重要设施。

3.1.3 泥石流的防治措施

陕西南部地区多以山岭重丘区为主，高速公路路线跨越多以桥隧工程为主，跨越较多的泥石流流通区，这种灾害主要对桥梁的墩台构成威胁，可采取以下的防治措施：设计桥面高程足够安全，桥下预留足够净空，不至于受泥石流淤埋；沟谷内尽可能增大桥梁跨径，降低对行洪通道的影响；增强墩台的抗冲撞强度，防止泥石流冲毁桥台；沟道内视汇水面积大小修筑多级拦渣坝或拦石栅栏。

3.2 自然灾害条件下的运营安全管理

参照同济大学郭忠印教授的研究成果，运用车辆动力学理论，建立了不同降雨强度、路面积雪或结冰、不同能见度（表 1～表 4）等不同类型灾害性天气条件下的高速公路车速车距控制标准，以满足行车安全可靠度的要求。

表 1 雨天高速公路运营安全管理及应急对策

能见度(m)	控制方式	限速(km/h)	车距限制(m)	照明控制	超车限制	其他应急措施
＞300	行车限制	60	70	开启雾灯	正常	
300＞L＞150	行车限制	40	50	开启雾灯和车道灯	禁止	出动交警
＜150	封闭公路	10	20	开启雾灯和车道灯	禁止	出动交警

表2 雪天高速公路运营安全管理及应急对策

能见度(m)	积雪深度(cm)	控制方式	限速(km/h)	车距限制(m)	照明控制	紧急制动限制	除雪
>300	10～15	行车限制	40	50	开启雾灯	禁止	除雪剂
300>L>150	5～10	行车限制	30	40	开启雾灯和车道灯	禁止	除雪剂
<150	5～10	封闭公路	10	15	开启雾灯和车道灯	禁止	除雪剂

表3 结冰环境高速公路运营安全管理及应急对策

能见度(m)	结冰面积率(%)	控制方式	限速(km/h)	车距限制(m)	照明控制	紧急制动限制	超车限制
>300	<30	行车限制	40	90	开启雾灯	禁止	禁止
300>L>150	<30	行车限制	30	70	开启雾灯和车道灯	禁止	禁止
<150	<30	封闭公路	10	40	开启雾灯和车道灯	禁止	禁止

表4 雾天环境高速公路运营安全管理及应急对策

能见度(m)	交通流密度(pcu/km)	控制方式	限速(km/h)	车距限制(m)	照明控制	超车限制	其他应急措施
>200	30～40	行车限制	80	110	开启雾灯	正常	交警巡逻
200>L>100	30～40	行车限制	60	75	开启雾灯和车道灯	禁止	出动交警
100>L>50	30～40<30	封闭公路	40	50	开启雾灯和车道灯	禁止	出动交警
<50		封闭公路					

4 高速公路在灾害条件下的救援与不足

4.1 运营高速公路在自然灾害下的应急救援管理

加强运营高速公路的应急救援管理，建立健全高速公路突发事件应急机制，可以最大限度地预防和减少高速公路突发事件及其造成的损害，保障公路使用人的生命财产安全，维护国家和社会稳定。

一是高速公路管理单位建立应急救援机构。明确职责和工作流程，建立职责、培训、业务检查和总结等一系列规章制度。二是制订可操作性强的应急救援预案和各类专项应急预案。目前，陕西省交通行业制订了运营高速公路的应急救援预案标准，各个运营公司根据管辖路段的特点不定期安排实地预案演练。三是以各运营公司为单位组建由多名路政、工程养护以及服务区专职人员组成的应急救援骨干队伍。四是建立出行信息服务系统(陕西交通广播 91.6MHz 及路况信息 24h 热线服务电话 029－87832173)，为应急救援提供信息保障。五是开展隧道、消防等应急救援的联合演练，提高实战能力，培养一批业务骨干。在公司内部专门针对运营公路自身的特点，开展一系列的运营高速公路的隧道内着火、房地产开发公司的消防、高速公路服务区的食物中毒、公路管理所的车辆自燃、在建项目的河道内施工期间人员落水等应急救援演练。六是加大资金投入，配备拖车、救援车辆和各种救援服务设备，极大地提高应急救援能力。七是加强与地方相关单位的联合，与运营公路沿线当地的公安、医疗、消防、安全监督等相关单位建立良好的合作关系。目前，包茂高速(G65)陕西境内西安至安康公路穿越秦岭的终南山隧道，有全国当前最完备的隧道消防管理设施和管理体制，设定军事管理区，由武警执勤，统一进行消防应急安全管理。八是加强对外宣传，提高公众对高速公路自然灾害事件的预防和自救能力。

4.2 应急救援管理中存在的不足

在高速公路应急救援工作取得一些成绩的同时，也应清醒地认识到还存在一些不足，如应急救援人员的素质有待提高；应急救援跨省际运行机制尚未形成；特殊气象条件下封闭交通给公众带来的不便。这些不足，目前还没有好的解决方法，但是我们可以通过进一步改善救援装备和救援条件，建立通畅灵敏的信息报告网络，向社会及时公布高速公路路况信息，方便人们出行。

4.3 下一步应急救援的工作思路

一是建议完善省内救援体制，发挥社会救援职能作用。由政府成立高速公路应急救援指挥机构，协调公安、消防、医疗、气象及地方政府，发挥区域救援服务联动机制。二是抓好应急救援服务的制度建设，完善突发事件信息报送制度，提高信息报送的时效性、准确性。三是进一步完善高速公路应急救援预案和各类专项应急预案，适时开展消防、隧道、食物中毒以及其他突发事件的演练活动，提高高速公路应急救援的实战能力。四是进一步开展应急救援宣传工作，利用网络、宣传栏、传单等多种形式，普及高速公路事故避险、预防、自救、互救，报警等知识强化安全意识。五是适时对高速公路在自然灾害下的风险防范及应急救援进行创新，采用新的管理模式完善高速公路应急救援体系，最大限度降低安全事故发生，确保高速公路畅通。

5 结语

频繁的自然和地质灾害造成山岭重丘区在建项目或正常运营的高速公路严重损毁，影响建设项目的进展或运营公路的行车安全。一方面给受害当事人及家人造成身心创伤，另一方面，也会造成一段时间内道路的拥堵、甚至交通瘫痪，并由此还有可能增加公众对政府相关部门的不满情绪。对高速公路突发事件进行有效的应急救援，可以减轻交通事故受伤者的肉体和精神痛苦，降低伤残人数和伤残等级，减少 2 次事故的发生，降低交通事故的间接经济损失。只有不断提高认识，加大投入，增强技术保障，并不断完善高速公路应急救援体系，才能确保高速公路的安全与畅通。

参考文献

[1] 陈爽.山区高速公路汛期运营安全警戒系统研究[D].成都：西南交通大学硕士研究生学位论文，2008.
[2] 唐川.基于GIS的山洪灾害风险区划[J].地理学报，2005，(1).
[3] 国务院新闻办公室.《中国的减灾行动》白皮书. 2009.

基于公路冰雪灾害防抗的环境友好型融雪材料应急储备技术研究

陈宗伟[1]　赫恩龙[2]　刘　涛[1]
(1. 交通运输部科学研究院　北京　100029;
2. 内蒙古神恒环保技术有限责任公司　北京　100029)

摘　要:极端冰雪灾害事件严重危害公路交通运输安全运营,化学融雪剂以其低成本、操作简便和效率高的优点在冰雪灾害应急处置中得到了广泛的应用。但由于缺乏相应的融雪材料应急储备机制,冰雪灾害发生后常因为融雪材料储备不完善、道路中断而无法实现有效补给。另外,融雪材料的大量使用也带来严重的负面影响。本研究针对普通氯盐型融雪剂易对公路基础设施和路域生态环境造成不良影响以及现有环保型融雪剂产品成本过高难以推广应用等问题,研发出三个系列七个品种的环境友好型融雪剂产品,实现了化学融雪经济与环保的统一。同时,基于地理信息技术(GIS)平台进行环境友好型融雪材料应急储备辅助决策系统及关键技术研究,为建立科学的环境友好型融雪材料应急储备机制提供技术支撑,有效提高我国公路交通系统应对冰雪灾害极端事件的应急处置能力。

关键词:冰雪灾害　环境友好　融雪材料　应急储备

On Emergency Reserve Technologies of Environment-friendly Deicing Products

Chen Zongwei[1]　He Enlong[2]　Liu Tao[1]
(1. Research Institute of Highway Ministry of Transport　Beijing　100029;
2. Inner Mongolia Shenheng Environmental Technology Co., Ltd.　Beijing　100029)

Abstract: Snow and ice can seriously endanger road safety. Chemical snowmelt, with its low cost, easy operation and high efficiency advantages, has been widely used in emergency response. However, due to the lack of melting materials reserve, the chemicals supply is often severed because of inadequate material reserves and cut-off roads. In addition, the extensive use of snow melting materials has a serious negative impact. This paper takes into consideration the adverse effects of chloride-based deicing salt on road infrastructure and the environment, as well as the difficulties in promoting existing environment-friendly deicing products due to their high costs, and develops seven kinds of three varieties of environment-friendly deicing products to strike a balance between economic and environmental aspects. Meanwhile, this paper studies the GIS-based emergency reserve system and its key technology of environment-friendly deicing products, to provide technical support for the scientific contingency reserve system and improve emergency response capabilities.

Keywords: Severe snow　Environment-friendly　Melting materials　Contingency reserve

0　前言

随着全球气候变化,冰雪灾害作为极端天气气候事件,发生的频率越来越高,强度越来越大,已成为影响我国公路交通正常运营最为严重的多发性气象灾害之一。为了尽快清除道路冰雪,融雪剂以其简单的操作方式、低廉的价格及优良的融雪效果而被公路养护部门广泛采用,但是大量研究和实践表明,使用普通氯盐型融雪剂虽然达到了融雪除冰的目的,却会对公路基础设施及路域生态环境带来严重不良影响,而现有的环保型融雪剂产品又因为成本过高,无法进行大面积推广应用。同时,我国尚未建立合理的融雪材料应急储备机制,冰雪灾害发生后常因为融雪材料储备不合理、道路中断而无法实现有效补给,取而代之的是急购工业盐代替融雪剂,甚至干脆关闭公路,对国民经济正常运行造成严重影响。

因此,研发满足公路除雪大规模应用而又能最大限度地减少对环境污染的环境友好型融雪材料,建立科学系统的环境友好型融雪材料应急储备机制,不仅能够有效地提高我国公路交通系统应对冰雪灾害极端事件的应急处置能力,同时对实现国家生态安全和社会经济可持续发展都具有非常重要的意义。

1 环境友好型融雪材料研发

鉴于以上,我们根据氯盐类融雪剂对路面基础设施和生态环境的危害机理,综合考虑经济成本、应用领域和温度条件等因素,研发出道路用R系列氯盐型融雪剂、桥梁用B系列低氯盐型融雪剂和敏感区域用SA系列无氯型融雪剂,既有效地解决了当前普通氯盐型融雪剂对公路基础设施和路域生态环境的破坏问题,又将成本严格控制在可接受范围内,为公路融雪提供了一种新型适用材料。

1.1 主料筛选

融雪剂主料应能够有效降低冰点,且成本不能太高,本研究测试了目前通常使用的融雪剂主料在不同浓度下的冰点,数据见表1。

表1 几种融雪剂主料在不同浓度下的冰点

主　料	5%浓度	10%浓度	15%浓度	20%浓度	25%浓度
氯化钠	−2	−6	−9.5	−16	−20
二水氯化钙	−1.5	−3.5	−7	−11.5	−17
无水氯化钙	−2	−5	−9.5	−16.5	−27
六水氯化镁	−1	−1.5	−4.5	−6.5	−7.5
尿素	−1	−2.5	−4	−6	−7
亚硝酸钠	−2.5	−6	−9.5	−12	−16
硝酸钠	−1	−3	−5	−7	−9
硝酸钙	−1.5	−2.5	−4	−5.5	−7.5
醋酸钙	−0.5	−2.5	−4	−6.5	−8
醋酸镁	−0.5	−1	−3	−5	−6.5
乙二醇	−2	−3.5	−7	−8	−11

注:以上溶液浓度以质量百分比表示。

考虑到融雪剂使用区域的差别和成本因素,道路用R系列融雪剂和桥梁用B系列融雪剂主料基本考虑在含氯无机物和无氯无机物中选择,敏感区域用SA系列无氯型融雪剂主料在无氯无机物和有机物中选择。

1.2 添加剂筛选及配比优化

考虑融雪剂性能要求及成本因素,针对氯盐型融雪剂存在的对金属碳钢、混凝土的腐蚀性问题和对植物、土壤的盐害问题,选择几种有代表性的金属缓蚀剂、混凝土缓蚀剂、植物保护剂和土壤改良剂等添加剂,进行正交设计实验,综合评价对金属碳钢、混凝土的腐蚀性以及对土壤、植物的盐害影响,最终遴选出最优添加剂种类及配比。

1.3 配方确定

对选择的融雪剂主料及添加剂配方进行全面性能测试,完成配方优化,确定三系列七个品种环境友好型融雪剂产品配方。其中,道路用R系列融雪剂选用氯盐作为主料,添加对金属缓蚀、混凝土缓蚀、植物保护和土壤改良起促进作用的助剂;桥梁用B系列融雪剂选用氯盐和非氯盐作为主料,添加对金属和混凝土有突出保护作用的助剂;敏感区域用SA系列融雪剂选用有机物和非氯盐作为主料,添加对植物保护和土壤改良起促进作用的助剂。

1.4 样品检测

将所研发的三系列七个品种环境友好型融雪剂按照融雪剂北京市地方标准DB11/T 161—2002在北京市环境卫生监测站进行检测,检测结果见表2。

表2 融雪剂检测结果

项目		R-1	R-2	R-3	B-1	B-2	SA-1	SA-2
气味		无不快气味	无不快气味	无不快气味	无不快气味	无不快气味	无不快气味	无不快气味
性状(粒径<10mm)		100%	100%	100%	100%	100%	液体	液体
颜色		白色	白色	白色	白色	白色	无色透明	无色透明
pH		8.30	6.66	8.25	6.76	7.47	7.25	7.10
水不溶物(%)		1	2	1	2	2	0	0
含水率(%)		3.1	2.9	1.2	3.0	1.3	—	—
溶解速度(≥氯化钠溶解速度)		≥	≥	≥	≥	≥	—	—
融雪能力试验(%)		104	91.4	95.8	196	148	98.5	102
金属碳钢腐蚀试验(%)		0	0	0	0	0	0	0
植物种子相对受害率(%)		13	6	6	11	4	2	2
抗滑性能	湿基(%)	4	5	9	5	5	4	6
	干基(%)	13	10	12	11	9	12	13
重金属含量	汞(mg/kg)	0.002 2	0.002 7	0.028 9	0.002 1	0.003 5	0.001 8	0.001 2
	镉(mg/kg)	1.42	0.930	1.22	1.30	1.13	1.08	1.02
	铬(mg/kg)	0.728	0.775	0.986	0.679	0.935	0.735	0.807
	铅(mg/kg)	5.38	4.22	5.01	5.25	4.77	3.28	2.59
	砷(mg/kg)	0.009	0.013	<0.007	<0.007	<0.007	<0.007	<0.007
毒理试验		无刺激性	无刺激性	无刺激性	无刺激性	无刺激性	无刺激性	无刺激性

检测结果表明:本研究所研发的三类七种环境友好型融雪剂产品能够完全满足现行的融雪剂北京市地方标准DB 11/T 161—2002;通过金属缓蚀剂的筛选及配比优化,三类七种环境友好型融雪剂产品金属碳钢腐蚀试验腐蚀率均为0,缓蚀效果非常明显;通过添加植物保护剂,植物种子相对受害率均低于指标30,有效降低了融雪剂对植物种子的危害。

2 环境友好型融雪材料应急储备辅助决策系统

环境友好型融雪材料应急储备辅助决策系统是为公路交通冰雪灾害应急处置中环境友好型融雪材料应急储备提供决策参考的重要依据,通过对气象及道路数据进行处理,基于地理信息技术(GIS)的叠加分析功能进行数据分析,建立分析模型,解决决策方法的数学化和模型化问题,为各级交通部门环境友好型融雪材料应急储备决策提供理论支持。

2.1 系统体系结构

系统采用客户端/数据库方式的两层结构建设(图1)。数据库端支持Oracle,MS SQL数据库,也可以采用微软Access MDB文件方式存储,主要包括基础数据处理和分析模型建立两部分内容。

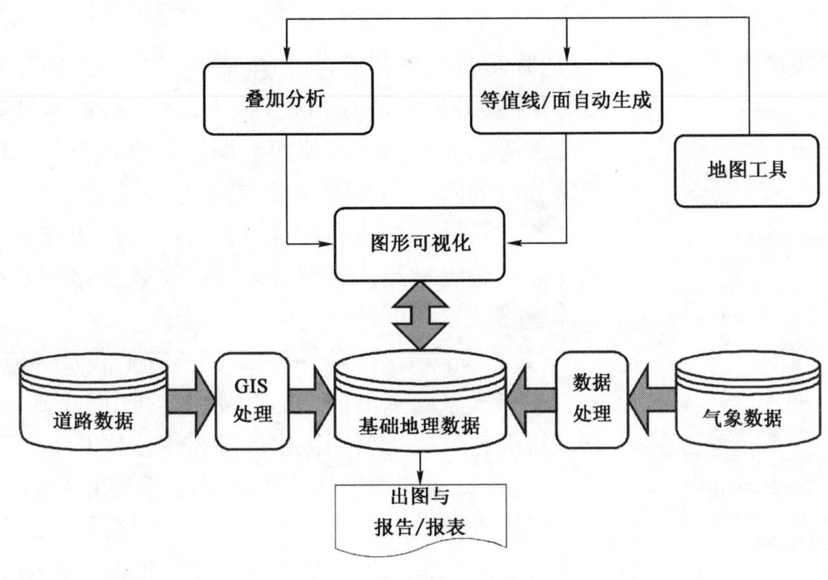

图 1　系统结构图

2.2　基础数据处理

2.2.1　气象数据处理

由于我国国土面积辽阔,东西南北的跨度很大,降雪冻雨量时空分布存在着显著的不均衡性。收集近十年中央气象台全国气象站点逐日气象观测数据,提取降雪等基本分析要素,利用 Grads 气象专业绘图分析软件,将提取出的气象数据插值到 0.5°×0.5°格点上(插值精度约 50km×50km),通过数据校正、降雪时空及类型分析,最终得出全国降雪区划结果。以 1996～2009 年的多年降雪数据为例,区划结果见图 2。

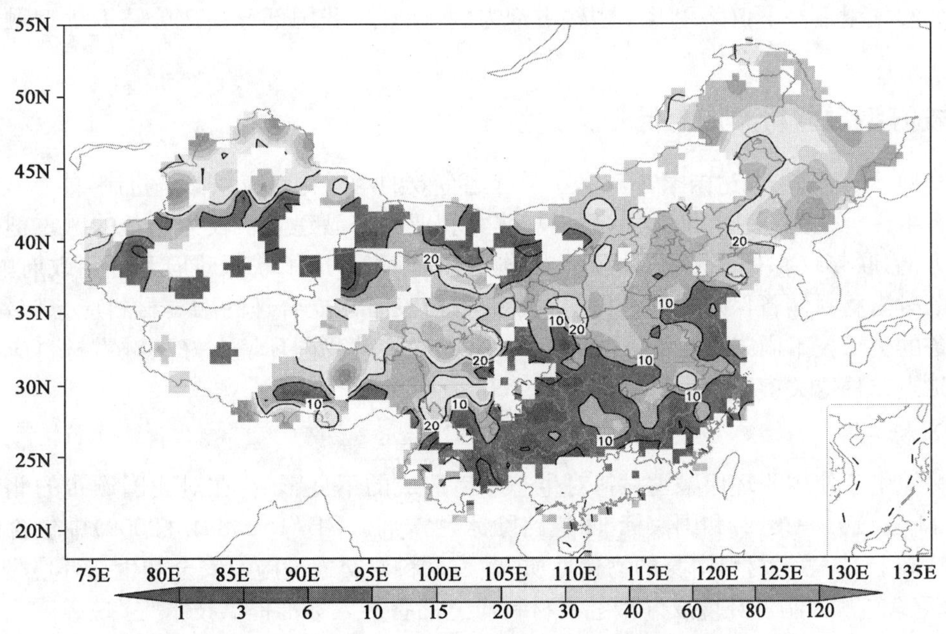

图 2　1996～2009 年 4 月平均降雪量区划结果(cm)

2.2.2　道路数据处理

不同区域及不同道路情况,冰雪恶劣天气对公路交通的影响有很大的不同。收集我国公路交通高速公路、国省道及城市道路分布的基础地理信息数据,针对其所处地域的环境敏感程度及自然地理要素,利用 GIS 分析工具,进行公路交通道路结构及生态环境区划。

2.3　模型建立

根据全国各个气象监测站点年度记录的降雪及温度数据，插值生成全国范围的降雪等值线、等值面及温度等值线、等值面，利用GIS技术，将道路数据处理结果分别与生成的降雪等值面及温度等值面数据进行叠加分析，建立分析模型，计算道路分段的降雪和气温数据，参考环境友好型融雪材料的适用范围、温度条件及融雪性能，得出针对不同气温、道路情况及敏感程度的环境友好型融雪材料应急储备种类、数量及储备站点布局情况。模型具体运算流程如下：

(1)根据降雪数据插值生成降雪等值线及等值面图

提取气象站点的降雪气象数据，利用Grads气象专业绘图分析软件将降雪气象数据插值生成降雪等值线及等值面图。

(2)根据温度数据插值生成温度等值线及等值面图

提取气象站点的温度气象数据，利用Grads气象专业绘图分析软件将温度气象数据插值生成温度等值线及等值面图。

(3)生成道路分段气温降雪数据

利用GIS中的叠加分析功能，把道路数据处理结果与降雪覆盖范围和温度进行叠加分析，生成道路分段气温降雪数据。

(4)计算道路分段融雪剂用量

根据道路分段气温降雪数据，结合不同种类融雪剂的使用范围，推算得出道路分段融雪剂种类、用量及储备站点布局。

高速公路	R-1型
锦阜高速公路	54955.2805138268
京哈高速公路	556840346.975013
得大高速公路	165854709.544523
京沈高速公路	267075115.142802
京承高速公路	302894373.48775
锦阜高速公路	456083088.898521
沈丹高速公路	2353637909.41776
盘海营高速公路	355862366.32687
盘海高速公路	197183852.477832
锦朝高速公路	341882511.17666
沈哈高速公路	1408553889.61535
丹大高速公路	335161877.89284
沈山高速公路	1348794401.17141
沈抚高速公路	147399515.959173
盘营高速公路	191234562.917661
榆靖高速公路	382019351.978639
京大高速公路	155713443.260309
朔州支线	141542962.275738
大运高速公路	533376776.698516
包东高速公路	216217883.930064
呼包高速公路	1194455571.53864
机场高速公路	22974367.2912153

图3　高速公路融雪剂年预计需求量

2.4　结果演示

以低于−15℃气温条件下道路用R-1型融雪剂为例，计算出我国部分高速公路R-1型融雪剂年预计需求量，见图3。

3　环境友好型融雪材料应急储备关键技术

应对公路交通冰雪灾害，发达国家普遍建立了行之有效的融雪材料应急储备机制，能够较好地应对突发性极端冰雪灾害事件。比如：美国、加拿大、德国和澳大利亚等都已建立了较为完备的融雪剂国家应急储备系统。以美国为例，联邦政府和各州政府均建立了国家储备库，形成了联邦政府和各州政府财政采购、公路养护部门储备的融雪材料储备保障体系。我国大多数省市没有建立合理的融雪材料应急储备机制，有关融雪材料应急储备的关键技术尚未进行深入研究。为此，本文将就我国环境友好型融雪材料应急储备准入标准、储备数量、站点布局等关键技术进行初步探讨。

3.1　准入标准

为了有效减缓由于使用非环保融雪材料对生态环境造成的不良影响，在对我国颁布的北京市地方标准《融雪剂》(DB 11/T 161—2002)和国家标准《道路除冰融雪剂》(GB/T 23851—2009)中包含的检测指标进行比较分析的基础上，从融雪材料本身的物化性质、融雪材料对交通设施及安全和生态环境带来的影响等方面提出技术指标(表3)，为制定环境友好型融雪材料应急储备准入标准提供技术支撑。

表3　环境友好型融雪材料技术指标

项　目	技术指标
物理性质	气味、性状、溶液色度、溶液颜色、水不溶物、含水率
化学性质	pH值、氯离子含量、重金属含量(汞、镉、铅、铬、砷)
动力学指标	融雪能力、溶解速度、抗滑能力
环境指标	金属碳钢腐蚀性、混凝土腐蚀性、植物种子相对受害率、植物耐盐、土壤理化性质、毒理

3.2 储备种类及数量

环境友好型融雪材料的应急储备种类及数量与道路情况结构、周边环境及温度条件等有很大关系。对于不同道路结构变化条件，如道路、桥梁面积、自然保护区和风景保护区道路面积，在不同气温变化条件，即－15℃、－25℃、－35℃气温变化范围内选择使用不同的环境友好型融雪剂型号：R-1 型（道路用，≥－15℃）、R-2 型（道路用，－15～－25℃）、R-3 型（道路用，－25～－35℃）、B-1 型（桥梁用，≥－15℃）、B-2 型（桥梁用，－15～－35℃）、SA-1 型（敏感区域用，≥－15℃）和 SA-2 型（敏感区域用，－15～－35℃）。结合环境友好型融雪材料应急储备辅助决策系统模拟结果，综合考虑需求等级、相邻区域调运量及灾后保全率等因素，确定我国不同地区、不同气候条件下环境友好型融雪材料应急储备种类及数量。

3.3 储备站点布局规划

环境友好型融雪材料应急储备站点布局规划所涉及的因素较为复杂。结合我国多年气象资料及路网分布情况，在确保环境友好型融雪材料调运的时效性和覆盖区域的合理性的基础上，参考环境友好型融雪材料应急储备辅助决策系统的模拟结果，拟在东北、华北、西北、西南、华东和中南区分别建设环境友好型融雪材料国家一级储备库，在各高速公路和省国道布设环境友好型融雪材料二级储备库，同时根据需求在公路养护站点布设环境友好型融雪材料三级储备库。

4 结语

冰雪灾害作为极端天气气候事件，已成为影响我国公路交通正常运营最为严重的多发性气象灾害之一，给人民生命财产安全带来极大危害。研发与我国国民经济发展阶段相适应且经济环保的融雪剂产品是建立我国融雪材料应急储备机制的首要条件。

本研究在综合考虑经济成本、应用领域和温度条件等因素的基础上，研发出道路用 R 系列氯盐型融雪剂、桥梁用 B 系列低氯盐型融雪剂和敏感区域用 SA 系列无氯型融雪剂，通过添加剂筛选及配比优化，既有效地解决了当前普通氯盐型融雪剂对公路基础设施和路域生态环境的破坏问题，又将成本严格控制在可接受范围内，为公路融雪提供了一种新型适用材料。

本研究基于地理信息技术（GIS）平台，在分析公路交通冰雪天气气象数据的基础上，开展环境友好型融雪材料应急储备辅助决策系统和应急储备关键技术研究。研究成果有助于科学指导环境友好型融雪材料的应急储备机制建设，显著提高我国公路交通系统应对冰雪灾害极端事件的应急处置能力。

参考文献

[1] Annika Lundmark & Bo Olofsson. Chloride deposition and distribution in soils along a deiced highway-assessment using different methods of measurement. Water Air Soil Pollution, 2007, 182: 173-185.

[2] Amrhein C, Mosher P A, Strong J E, Pacheo P G. Heavy metals in the environment. T race metal solubility in soils and waters receiving deicing salts. J Environ Qual 1994,23:219-227.

[3] Mike Seymour,Simon Moore. Effective crisis management. Worldwide Principles and Practice,Cassell, 2000.

[4] Sydney C K. Chu Lisa Chu. A modeling framework for hospital location andservice allocation[J]. International Transactions in Operational Research,2000,7:539-568.

[5] Shi, X. The use of road salts for highway winter maintenance:an asset management perspective. 2005 ITE District 6 Annual Meeting,Kalispell,Montana,July 10-13,2005.

[6] 陈宗伟，赫恩龙，张立塔. 公路交通双向环保融雪技术[J]. 交通建设与管理，2010，(5)：143-149.

[7] 陈宗伟，赫恩龙，张立塔. 环境友好型公路冰雪灾害预防及应急处置技术[C]//公路、水路防抗极端天气

应急管理与处置技术研讨会论文集,2010:53-70.
[8] 冯乃谦,刑锋,刘崇熙,等.混凝土与混凝土结构的耐久性[M].北京:机械工业出版社,2009.
[9] 洪定海.混凝土中钢筋的腐蚀与保护[M].北京:中国铁道出版社,1998.
[10] 许英梅,张秋民,张伟,等.一种低成本环保型融雪剂的制备与性能研究[J].辽宁化工,2007,36(1):10-15.
[11] 王小光,章亚东.融雪剂的研究进展及发展方向[J].无机盐工业,2007,39(3):8-14.
[12] 国家气候中心.2008 年初我国南方低温雨雪冰冻灾害及气候分析[M].北京:气象出版社,2008.
[13] 郝璐,高景民,杨春燕.草地畜牧业雪灾灾害系统及减灾对策研究[J].草地科学,2006,23(6):45-54.
[14] 刘沛林,刘春腊,等.南方特大冰雪灾害应急预案研究[J].湖南社会科学,2009(2):77-83.
[15] 沈永平,王国亚,魏文寿,等.冰雪灾害[M].北京:气象出版社,2009.
[16] 王铁宁,徐宗昌,曹珏.应急物资保障计划辅助模型决策研究[J].物流技术,2004(4):83-86.
[17] 方磊.城市应急系统选址的模型与算法研究[D].南京:东南大学博士论文,2000.
[18] 汪定伟,张国祥.突发性灾害救援中心选址优化的模型与算法[J].沈阳:东北大学学报,2005,26(10):953-956.
[19] 张清,黄朝迎.我国交通运输气候灾害的初步研究[J].灾害学,1998,15(5):45-46.
[20] 杨亚新,范德新.建设高速公路气象灾害实时监测与决策服务系统的设想[J].公路,2003(7):90-92.

恶劣天气对高速公路安全运营的影响及应急处置对策

车春江

（交通运输部公路科学研究院　北京　100088）

摘　要：我国气象灾害多发，不利气象条件对公路交通影响很大。本文分析了几种常见的恶劣天气对高速公路安全运营的危害性，并结合不利气象条件下的交通特性，阐明了不同恶劣天气条件下应急处置的方法与对策，为不同气象灾害条件下交通控制与应急处置提供了参考意见。

关键词：恶劣天气　高速公路　交通安全　应对策略

Impact and Strategy of Emergency Response for Expressway Traffic Safety Under the Disastrous Weather

Che Chunjiang

(Research Institute of Highway, Ministry of Transport　Beijing　100088)

Abstract: Meteorological disasters and bad weather which usually occurred in our country have a great impact on highway, this paper analyzes the danger of some bad weather on highway and combined with the traffic characteristics under adverse weather conditions, explains the emergency response methods and measures under different weather conditions and provides several strategies.

Keywords: Bad weather　Highway　Traffic safety　Dealing strategies

0　引言

高速公路特别是国家高速公路网作为支撑国民经济和社会发展的大动脉，具有全国范围的受益性和公共服务职能。高速公路有流量大、快速、安全、舒适等经济特性，为我国经济发展做出了巨大贡献。但正由于其流量大、速度快，一旦出现不利气象灾害，往往造成车、物的严重损失以及人员的重大伤亡，极易造成交通中断，严重阻碍了高速公路交通的正常运营。气象灾害条件下多部门协作的应急救援对策成为了迫切的研究方向。

1　常见的不利气象条件对高速公路行车的影响

1.1　冰雪

冰雪天气是冬季影响北方地区最为常见的不利气象条件，其影响如下：

(1)车辆行驶在冰雪和结冰路面，车轮与路面间的摩擦系数减小，车轮与路面的附着力随之减小，制动能力降低，车辆转向所受影响更大，其危险性也更大。路面的附着系数降低，车轮转速的突然变化会破坏车轮与路面的附着状态，从而使轮胎失去抗侧向力的能力，致使车辆产生侧滑、甩尾等，从而引发交通事故。

(2)低温天气行车时，驾驶员因寒冷手脚僵硬麻木，反应迟钝，动作灵活性降低。另外雪花会阻碍驾驶员的视线，雪花的强烈反射作用又会使驾驶员产生眩目的“雪盲”现象，驾驶员视线不清，影响对前方道路状况和人、车、物的正确判断，易导致判断上的失误而造成交通事故。

(3)低温对机动车性能也会产生影响，车辆的技术状况下降，如机械性能下降，车闸失灵，故障增多等。

低温使汽车燃油不易雾化，在气缸内难以点燃，润滑剂也不易渗透到各个部位，使部位工作的可靠性下降。

1.2　雾

从气象学上讲，悬浮于近地面层中的大量水滴或冰晶，使水平能见距离在 1 000m 以下的现象，就称为雾。

(1) 大雾能见度差，驾驶员视野不清，不利于对前方道路状况和交通环境的正确观察、掌握和判断，车辆在行驶中容易发生追尾碰撞或正面碰撞事故。特别是在高速公路上行驶时，容易引发车辆连环相撞。

(2)在雾天条件下驾驶是高强度的劳动，驾驶员易出现生理疲劳，容易引发交通事故。

(3)由于雾的流动性和分布的不均匀性，对驾驶员的驾驶技术要求提高，要求驾驶员根据不同的能见度来调整车速和车间距，否则极易发生交通事故。

1.3　降雨

降雨天气是影响公路路况最频繁的气象因素。降雨天气的影响主要表现为以下几个方面：

(1)路面湿滑，车辆易侧滑和控制失灵。微量降雨对交通安全的影响并不比大量降雨低。我国许多公路路面浮土较多，微量降雨时路面上会覆盖一层湿土，此时的路面摩擦系数是最低的，这也是降水初期交通事故偏多的主要原因。由于路面积水，机动车行驶时，轮胎与路面之间的积水无法排除，水的压力会使车轮上浮从而形成车辆在路面上产生高速水膜滑行的现象。机动车在这种状态下，轮胎和路面间附着力很小，摩擦力下降，制动、转向容易失效，车辆在制动时轮胎容易抱死，增加发生测滑和甩尾的可能性，到使车辆失控而导致交通事故的发生。

(2)水平能见度低，驾驶员视野不开阔。尤其是强降水天气，刮雨器常常不能及时刮尽挡风玻璃上的雨水，从而造成驾驶员视线模糊。

(3)由强降水类自然灾害引发的公路基础设施受损以及由暴雨引发的山体滑坡、泥石流等地质灾害，往往给公路及其基础设施造成重创，不仅造成公路交通中断，而且给公路带来严重水毁损失。

1.4　大风

一般情况下，风力为 4 级或以下时对城市交通和车辆正常行驶基本上没有影响，6 级以上大风对车辆行驶会产生一定的影响。高速行驶车辆侧面受到横风作用，若风力较强时，会使车辆偏离行车路线而诱发交通事故，且车辆所受的影响随车速提高而加剧，大风天气对高速行驶的高架货车和大型客车的影响更为显著，严重时甚至发生车辆侧翻事件，所以横风对高速公路上行驶车辆较对一般公路上行驶车辆的影响更明显，危害性也更大。此外，在某些地区，大风易引发扬沙天气，严重时形成沙尘暴，从而使能见度大大降低，也是产生安全隐患的重要因素。

2　应急处置对策

2.1　冰雪天气公路应急处置方案

(1)加强和气象部门信息共享，及时发布预警、警示信息。养护部门在冰雪路段设置警示牌，高速公路监控分中心在路上的电子信息板、广播电台和高速信息网站发布警示信息，让出行者了解路面情况。建立针对不同灾害等级的道路交通管理控制策略，尤其是加强出行者信息服务系统的建设，预防或减轻不同冰雪灾害等级下的道路交通拥堵现象。

(2)严格控制危险品运输车辆以及“超宽、超长、超高”车辆进入高速公路行驶。必要时采取临时交通管制、间段放行的方式，放行大型车辆进入高速公路并严禁超车，这种方式不仅能控制车流量、车速保证车辆行驶的安全畅通，而且能利用大型车辆的车轮挤压冰雪，利用车辆排出的高温尾气融化冰雪，减少路面结冰风险。

(3)尽快清除路面冰雪。除新雪尽可能采用机械除雪，在机械除雪不能操作的地方可辅之以人工除雪；路面压实雪和结冰的处理，可采用在积雪结冰路面上满幅铺设 50m 以上普通麻袋，既快捷、经济，又能警示过往驾驶员，并为车辆制动、转向提供所需的附着力；还可以使用物理化学除雪，如使用融雪剂要根据不同雪量、时间和气温确定处治方法，明确规定相应量级的融雪剂，以“环保、高效、经济”为原则，规范融雪剂、除雪机械的配备策略、使用范围、管理方法等，达到既经济，又方便、快捷的除冰除雪效果。

(4)建立除冰雪应急处理系统运行机制，实现区域路网内除冰雪资源的协调配合和优化调动。根据除冰雪技术的特点和适用范围，依据道路所处地理位置、降雪量、气温及经济条件等，科学地优化组合现有除冰雪技术和设备，对除雪过程中的机械配合进行明确要求，如保证前后除雪机械铲迹的搭接长度、机械间的安全车距、机械作业车速的控制等。

2.2 大雾天气公路应急处置方案

雾天能见度低，是影响高速公路行车安全的主要气象因素，一般多发于秋冬季节。在遇有大雾天气时，公路管理部门应配合公安交通管理部门，在“尽量不封闭高速公路、少封闭高速公路”的前提下，根据能见度情况实行分级管制(见表1)。

表1 大雾天气能见度与交通管制措施

管制级别	能见度	措施
一级交通管制	30m以上50m以下	禁止车辆进入管制路段(执行警卫、救援等特殊任务的车辆除外)，关闭管制路段沿线所有收费站，在关闭路段两端具备分流条件的收费站下道口实施主线分流，暂停施工等
二级交通管制	50m以上100m以下	加强路面巡逻管控，间断放行、限速放行、限车型放行，暂停施工等
三级交通管制	100m以上200m以下	加强路面巡逻管控，间断放行、限速放行，暂停施工等

由于雾的随机性和突发性很强，当高速公路上突发大雾，且路政和公安交管部门没有及时采取措施之前，高速公路上很容易发生交通事故，因此，大雾天气条件下，重点要做好大雾的监测、预报预警和信息的发布。

(1)遇有大雾天气时时，在多雾路段设置安全防护设备，并在收费公路入口进行限速，或者利用公路沿线可变信息板等设施予以公告，及时发布交通管制信息、公路气象信息和路况信息。高速路政和高速公安交通管理部门应尽量联合采取执法车辆带行、间断、限速或限车型等方式，让部分车辆通过管制路段。

(2)加强省际沟通与协调处置，努力提高邻省、相邻路段管理单位的协作配合能力。采取分流、封路等交通管制措施时，及时通知邻省以便配合分流及管制措施。

(3)当公安交通管理部门封闭高速公路后，高速公路运营管理单位要及时通过媒体、网站、收费站入口及沿线可变信息板等发布信息，告知高速公路关闭后滞留在高速公路上的车辆从最近的出口尽快驶离高速公路，或到服务区停车。

(4)当因大雾能见度低导致的交通事故，凡交通事故处理预计超过两小时或堵车三公里以上的，路政部门要立即打开中央护栏，协助公安交通管理部门实行单幅双向通行或单幅间断放行等措施疏通车流，防止长时间堵塞。

2.3 降雨天气公路应急处置方案

水毁，主要是汛期的强降雨引发的洪水，与暴雨时空关系密切，以重复发生、夜间多发为特征。其危害的方式包括冲刷、侵蚀、冲击、淤积、淹没、漫流改道为主，具有突发、集中、历程短、成灾快的特点。对于强降雨天气造成的公路水毁可采取以下应对措施：

(1)汛期密切关注当地天气的变化，主动与气象部门联系，及时掌握预警、预报信息，针对可能出现的险情，提前部署，确保反应及时、应对得当。

(2)各地公路管理部门及时部署，协调路政、养护、高管局等部门，共同关注暴雨天气公路路况。一旦发生塌方、水毁、泥石流等阻断、毁损公路，影响道路交通安全的情况，在立即采取封闭道路、组织绕行等必要交通管制措施的同时，要及时组织进行排险抢修，尽快恢复道路的畅通。

(3)主动协调公安交通管理部门、卫生、民政、消防等部门，一旦发生因暴雨导致公路塌方、泥石流造成车辆、人员被埋、被困等险情，立即按照应急预案的要求组织开展救援，最大限度地抢救遇险群众，确保人民群众的生命财产安全。

(4)建立预警机制，畅通信息发布渠道。对已经发生因水毁造成交通中断的路段，及时通过广播、电视、报刊、互联网、手机短信等各种方式向广大交通参与者发布相关信息，提醒社会公众合理选择出行时间、路线。

2.4 大风天气公路应急处置方案

(1)及时预警，据地理特点建立不同类型短时风速预测模式，收集公路沿线气象监测站点风向、风速等影响行车安全的要素，结合公路沿线气象站资料，分析各监测站点风速资料时间演变规律相结合，经过气象模式算法计算出瞬时风速、预测风速与倾覆翻车临近风速，做出公路沿线大风天气条件下的风速预测预警。

(2)重点关注易受横风影响的路段，如特大桥梁、垭口、峡谷、山区的风口路段，必要时联合公安交通管理部门对易受影响路段采取临时交通管制，防止大风造成车辆侧翻，发生交通事故。

(3)如果发生车辆侧翻以及由于能见度低造成的交通事故，应该根据情况实行交通管制，根据应急预案协调各部门，迅速处理现场，恢复正常交通。

3 结论

高速公路运营安全管理经验表明，公安交警、路政机构及高速公路运营管理单位既是独立的个体，更是不可分割的整体，公路和交警部门要切实从自身职责出发，遵循“分工协作、快速联动，资源共享，防治结合”的原则，做好恶劣气象条件下高速公路运营安全与应急处置。综上所述，为了最大程度上降低恶劣天气对公路运营的影响，提出以下几点建议：

3.1 建立分工协作的快速联动机制

为做好恶劣天气条件下高速公路运营安全管理和应急处置工作，必须建立一套管理体制相对完善、责权利统一、分工协作的快速联动机制，确保一旦出现险情，能及时沟通，快速决策，各负其责，积极处置。高速公路公安交警部门作为交通安全管理的职能机构，负责与路政机构和高速公路运营管理单位协调制定交通管制方案，负责与事故所在地人民政府、公安、消防、救护等部门协调，必要时向其请示支援，认真做好管制现场的管理、分流点的指挥和管理路段的巡逻等工作；路政机构应加强恶劣气象条件下高速公路巡查力度，积极配合交警实施交通管制和现场救援等工作，并做好管制现场的信息动态报告；高速公路经营管理单位应建立恶劣气象养护管理制度，加大高速公路路况调查和安全隐患整治力度，及时准确地收集、发布和报告恶劣气象、路况及交通管制信息，协助公安交警、路政机构实施交通管制措施，做好必要抢险物资储备。

3.2 建立共享高效的信息网络机制

完善健全的信息收集、发布和报告网络机制，是保证高速公路及时获取预警信息并适时向社会提供行车路况的重要保障。公安交警、路政机构及高速公路经营管理单位应高速重视恶劣天气的信息工作，在健全完善自身的信息收集、发布和报告机制基础上，充分利用高速公路经营管理单位先进设备资源优势，以高速公路经营管理单位信息监控中心为信息收集、发布和报告的平台，统一协调调度，发挥信息资源共享作用。

3.3 建立切实可行的交通管制应急预案

公安交警、路政机构及高速公路经营管理单位要结合自身管理职责，制定恶劣气象条件下高速公路预警应急预案，其中交通管制方案应由三方共同研究制定。即三方共同分析管养路段资源，建立各路段主要控制点(如主要桥梁、隧道、互通立交、服务区、收费站等)、易发大雾区段、重要事故隐患点、段(如高边坡、长下坡、长上坡、急弯、临崖高架等)及相关国省道、地方道路路网数据库，科学编制各路段封闭、疏导、分流等交通管制方案，明确分工，达成默契，一旦出现险情，三方能快速协商，公安交警决策，迅速出动。交通管制方案要遵循“预防为主、灵活处置、快速联动、及时诱导、必要管制、堵疏结合”的原则，尽最大努力保障交通安全，尽最大努力提供通行便利，尽最大努力提高服务和管理水平。

参考文献

[1] 段广云.高速公路交通安全管理实务[M].北京:人民交通出版社,2006.
[2] 王清方.高速公路中交通安全道路因素分析[J].交通世界,2007(6).
[3] 石从宴.恶劣天气条件下高速公路交通事故预防对策与实践初探[J].广东公安科技,2004,(03).
[4] 李万新.恶劣天气条件下高速公路的交通管制[J].汽车与安全,2002,(03).
[5] 朱晓龙,沈振宇.冰雪天高速公路管制方式及措施[J].交通企业管理,2006,(04).
[6] 王喆.高速公路灾害性天气研究[J].交通标准化,2007,(01).

恶劣天气条件下高速公路交通事故预防与应对措施

王文德

（河南省交通运输厅高速公路管理局路政管理处　郑州　450000）

摘　要：恶劣天气下的高速公路交通事故频繁发生。如何加强恶劣天气条件下交通管理工作，是高速公路管理部门面临的一个难题。本文在实践管理的基础上，阐述了恶劣天气交通管理的理念，提出了一些建议和对策。

关键词：恶劣天气　高速公路　交通安全　预防与应对措施

Expressway Traffic Accidents Prevention and Response in Bad Weather

Wang Wende

(Highway Administration of Henan Province Transport Department　Zhengzhou　450000)

Abstract: Expressway traffic accidents occur frequently in bad weather. To strengthen traffic management in adverse weather is a headache facing expressway management department. This paper, based on the real-time management, expounds on the concept of traffic management in bad weather and proposes some recommendations and countermeasures.

Keywords: Severe weather　Expressway　Road safety　Prevention and response measures

0　引言

随着交通需求的不断增加，我国的高速公路建设取得了突飞猛进的发展。然而，高速公路在发挥巨大的社会经济效益的同时，安全管理问题已经引起了人们的广泛关注，尤其是阴天、大雨、大雪、浓雾等恶劣天气对高速公路安全行车和不间断运营造成了极大的威胁。资料显示，我国高速公路上发生的交通事故有40%发生在恶劣天气里，71%的重特大交通事故和65%的直接经济损失与恶劣的气候环境有关。加强恶劣天气条件下高速公路的交通管理，是高速公路交通管理者所面临的一件刻不容缓的重要任务。

1　恶劣天气条件下高速公路交通事故的预防措施

1.1　明确交通管理原则，要处理好局部与全局的关系

恶劣天气管理要从大局出发，要在确保不发生恶性交通事故的前提下，保证高速公路主线不封道、无车辆滞留。牢固树立一心一意保畅通、全力以赴促安全的理念。无论交通环境和通行条件多么艰难复杂，都不能以封道来为自己“减压”，而是想尽一切办法引导过往车辆缓慢通行，以确保道路的持续畅通；在事故现场处置时要快，清障施救速度要快，尽量减少交通事故与故障抛锚车辆对通行的影响。高速公路点多、线长，一条路往往横跨几个省、市、区（县），所处的地理位置受环境、气候的影响，决定了局部天气差别较大，同时高速公路的整体连贯性又决定了交通安全管理应具备全局意识。目前我国绝大部分省的高速公路交通管理实行了直管的体制，使之具备了驾驭全局管理的能力和先天条件。

1.2　落实交通管理工作预案，完善信息通报制度

切实、有效的工作预案对实际工作能起到正确的指导作用，因此在制定工作预案时，要从工作目标、组织

领导、实施程序、安全措施和具体要求等多方面严格做出规定。同时要明确三个制度，即领导包片负责制、路政岗位责任制、责任追究倒查制，从而达到目标明确、指挥得力、程序适当、制度完善、责任落实的目的。在具体实施中，还要不断改进和完善工作预案，使之最适用于指导具体工作，成为对付恶劣天气的行动指南。

一旦出现恶劣天气，要迅速掌握路面情况，包括大雾、冰雪路段的起止地点、变化趋势、能见度、路面摩擦系数、交通流量、事故等情况，及时采取措施加以防范和协调调度。同时，向上级领导汇报路面秩序和事故情况以及已采取或拟采取的交管措施，并与相邻部门互通信息，做到协作配合、共同防范。要不断完善信息通报制度，随时接受上级的指令，做到上下信息畅通，绝不允许发生行动迟缓、推诿扯皮、不听从上级指挥调度，甚至以封代管等不负责任的现象。

1.3 实行高速公路的等级化管理，有预见性地实施管制

目前，我国实施这种管理做法的核心原理是：在不同能见度下放行不同类型的车辆，即对进入高速公路的车辆进行分类控制，使车流构成形成合理的比例。在能见度低于50m，路面积雪、结冰摩擦系数不断降低，无法保证车辆安全行驶或发生事故造成严重堵塞时，就应果断采取有效措施限制车种甚至封闭高速公路；在天气恶劣但采取警车前导压速领驶、在路口发放警示卡、巡逻过程中喊话、间隔放行等管理措施能保障车辆通行的情况下，可以不封闭高速公路，以加强交通管控来保障交通安全。冰雪天气持续的时间一般较雾天长，而雾天具有一定的突发性，两者所采用的管理方法应是不同的，前者以“通为上、封为下”为原则，后者以“该封就封、不封就痛”为原则。而且，一旦出现恶劣天气，高速公路管理部门应立即加强对主要危险源（包括货车、大客车与危险品运输车辆）的监管，提前对这些车辆采取管制措施，将车流构成为以小型车辆为主。

1.4 结合实际情况，采取四个加强、实施四个到位

(1)加强领导、指挥到位

在恶劣天气下实行交通安全管理，首先各级领导要高度重视，明确目标，落实责任，切实加强组织领导。其次要深入一线，靠前指挥，及时掌握路面第一手情况，适时发布正确的决策和指令，组织采取有效的各项交通管理措施，确保道路交通安全畅通。

(2)加强管控、措施到位

一是实施全体动员、全员上路，确保有足够的人力投入到恶劣天气下的交通安全管理中。二是实施24小时机动巡逻与定点执勤相结合的执勤方式，在恶劣天气下加强对重要路段、重点路口、危险区域的巡逻和控制。三是根据天气对道路影响程度，依照有关规定适时采取间断放行、警车前导、控制车速、分流车辆和封闭高速公路的交通管制措施。四是实施快速清障和分流，在恶劣天气下应加强清障施救工作，要认识到一个路障就是一次事故隐患。对道路上发生故障的车辆要采取果断措施，尽快拖离高速公路，消除障碍。实行交通管制后，对已驶入高速公路的车辆，应采取分流措施，让其就近驶离高速公路或进入服务区休息。此外，在加强交通管控的同时，路政人员还要注意自身安全，配备必要的安全防护器材、反光背心、头盔等，并加强安全教育，增强自我保护意识和安全防范意识，养成注重安全的自觉性。

(3)加强协作、配合到位

在恶劣天气下，高速公路交通安全管理涉及方方面面的工作，需要群策群力、齐抓共管，才能达到安全、畅通的目的，因此要加强与各方面协作。一是要结合本地区、单位实际建立省际协作机制。省界运营管理单位、高速路政大队要积极协调公安交警部门，并主动加强与相邻外省管理部门的协调联系，建立省际协作机制，达成开关协议，原则上不采取封闭省界的管制措施。二是要建立省界关闭提前通报机制，及时互通信息，共同疏导省界堵塞车辆，遇有需要关闭省界收费站的情况，关闭省界一方提前1h告知对方。三是加强与高速公路经营部门的协作，建立联动机制。在恶劣天气下对可能或已经结冰的路段，特别是桥梁、涵洞、坡道、弯道，要提请高速公路经营部门及时设置警告标志，并采取撒盐、溶雪剂等融雪、防滑措施，组织力量及时清扫路面积雪和碎冰；特别要进行事故多发路段的排查工作，对高速公路上的路面存在的隐患和缺陷，要积极整改。四是加强与气象部门的协作，建立预警机制。天气的变化在冬、春季期间的影响极为明显，因此管理部门必须与气象部门建立气象信息定期预报制度及时通报恶劣天气气象信息，依据得到的气象预报，可提前

做好主线排队相关人员、车辆、物资准备工作，并及时对公众发布路况预警。四是加强与医疗、消防等部门的协作，建立快速救援机制。针对恶劣天气下易发生群死群伤和连续追尾等严重交通事故的情况，要积极与医疗、消防部门等救援机构建立“绿色通道”，通过各负其职，层层备战，做到出动及时、调度有序、救援快捷、处置规范，最大限度的减少人员伤亡和财产损失。

(4)加强服务、解释到位

在恶劣天气条件下实施交通管制，对过往驾乘人员带来诸多不便，在这种情况下，要积极为人民群众排忧解难，并通过加强宣传，取得人民群众的理解和支持。一是方便群众，特事特办。在交通管制过程中，对装载牲畜、蔬菜及其他鲜活物资的车辆以及接送省级重要领导、外宾的车辆采取灵活措施，视情放行并派出专车开道。同时，密切关注路面和天气变化情况，能放行的及时放行，尽量减少行车延误，方便群众。二是充分利用广播、电视、电台、新闻媒体和高速公路可变信息显示屏等手段，及时、准确发布对高速公路交通流的诱导信息，特别是交通管制信息和分流信息，指挥和疏导车辆安全行驶。三是采取在路口发放警示卡的手段，向驶入高速公路的驾乘人员宣传特殊天气条件下的安全行车常识。

2 事故发生后的紧急应对措施

2.1 果断采取措施切断事故源头，全力阻止事态恶化

如同灭火的原理一样，恶劣天气一旦发生交通事故，必须果断采取措施切断事故源头，全力阻止事态进一步恶化。现阶段，我国高速公路交通管理部门常采取的做法是让路政(交巡警)的巡逻车在路侧紧急停车带不间断地闪警灯、鸣警笛和广播喊话提示，并随着车流缓慢后退，使事故地点后方车辆的驾驶员产生警觉，提前降低车速，尽最大可能避免追尾事故，此种做法简称“车随流退”。为确保安全，应为巡逻车配备在恶劣天气条件下标志异常醒目、光线穿透力特强的灯光提示设备及车载小型可变信息板，在各分流点互通立交前3～5km处设置固定黄色闪光警示灯，增加互通立交处照明灯的数量。高速公路管理部门应配合在距离事故地点最近的可变信息板、可变限速标志上发布事故信息及管制指令，要求过往车辆就近驶离高速。

2.2 就近实施道路双向封闭的交通管制

采取“车随流退”的应急性措施仅能在短时间内起到一定效果。要彻底切断事故源头，确保施救人员能及时赶至现场展开救援工作，必须果断实施双向管制。具体操作过程中应遵循就近分流的原则。还必须在雾区以外分流条件较好的互通立交设立主要分流点，分流大规模的车流。在条件允许的情况下，积极协调高速交警采取打开中央护栏，实行“单幅双向通行”或“单幅间断放行”等措施疏通车流，并采取“分段负责的疏导”方法；提醒车辆及时前行，最大限度提高通行能力。

2.3 路警联动，联合指挥小组及时运转

事故发生后，应尽早组建事故救援联合指挥小组，警方人员负责与交通部门协调并决策制定交通管制方案。高速公路经营管理单位及路政的有关人员主要负责配合警方实施交通管制，就近调度清障救援力量实施清障作业。

2.4 抢险救援中的注意事项

一是预防火灾，隔离现场。施救人员赶到事故现场时，一般都是立即着手抢救伤员，往往却忽视了维持事故现场的秩序。应当注意的是，多车连环追尾事故发生后，势必引起交通堵塞，部分滞留驾乘人员及沿线村民往往会上前围观。此时事故车间距短，破损的车辆难免会出现汽油泄漏等情况，一旦遇有火花或是有人乱扔烟头引发火灾，将引起连锁反应，后果不堪设想。所以当施救人员赶至事故现场时，务必要特别注意立即隔离现场，并做好防火工作。二是超前考虑，预留部分救援人员、设备待命。事故现场的情况往往是瞬息万变，很可能正准备对某辆事故车进行清障时才发现车中还有伤员急需抢救。此时，若再向救援、医疗部门求救，往往为时已晚。因此，事故现场必须有一定数量的消防、救援、清障等机动人员待命，随时准备应对难以预料的突发性事件。三是先拖后清，有控制地逐步恢复交通。在事故车辆较多，无法短时间内完成清障作业的情况下，施救人员进行清障作业时，应遵循“先拖后清”的原则，即先将占据超车道、行车道的事故车就近

拖至路侧紧急停车带,使道路恢复通行条件,然后再逐一进行清障作业。

3 结论

实践表明,恶劣天气高速公路交通事故的主要原因是超速行驶与疲劳驾驶,可控性很强。因此,制定一定的政策,通过经济杠杆,使驾驶员逐渐养成恶劣天气严格遵守限速管理规定的习惯。如高速公路公安交管部门定期把有超速行驶、疲劳驾驶、占用紧急停车道行驶等严重违章行为的车辆列出详细违章记录,通报车辆所在地交管部门,依法追究当事人责任,予以严厉处罚,迫使其从“要我安全”向“我要安全”转变,才能从根本上减少交通事故发生的频率。

参考文献

[1] 朱嘉. 恶劣天气条件下高速公路车辆主线排队之管理构想[J]. 公安学刊, 2007,(2):89.
[2] 张艳红,欧博,孙晓光. 大雾天气高速公路交通事故成因分析及解决措施[J]. 中国科技信息,2008,(19):294.
[3] 石从宴. 恶劣天气条件下高速公路交通事故预防对策与实践[J]. 湖北警官学院学报,2004,9(5):51-52.

恶劣气象条件下对高速公路运营安全的影响与防治对策研究

姚光南[1] 徐晓霞[1] 谈 勇[2]
(1. 江西省高速公路投资集团有限责任公司 南昌 330025;
2. 江西省交通运输厅 南昌 330003)

摘 要:恶劣气象条件引发高速公路交通事故率增高且后果严重,开展恶劣气象条件对高速公路运营安全防治工作,要从了解恶劣气象规律、特点,掌握恶劣气象条件对高速公路运营的影响入手,积极探索警民联动,齐抓共管,做好恶劣气象条件下高速公路运营安全防治措施。

关键词:高速公路 安全 对策 恶劣气象条件

Effects of Bad Weather on the Expressway Safety and Control Measures

Yao Guangnan[1] Xu Xiaoxia[1] Tan Yong[2]
(1. Jiangxi Expressway Investment Group Co., Ltd. Nanchang 330025;
2. Department of Transportation of Jiangxi Province Nanchang 330003)

Abstract: The expressway accidents incidence caused by bad weather is high and often with dire consequences. To tackle this problem, efforts should be made to understand the weather pattern, characteristics, and the impact of adverse weather on expressway traffic, and both the police and the people should be motivated to adopt freeway safety control measures.

Keywords: Expressway Safety Measures Bad weather

0 引言

在当前"唱响安全发展,建设和谐社会"的主旋律中,时有发生的高速公路交通安全事故成为极不协调的音符。由于江西的地理、气候条件原因,雨、雾、冰雪等恶劣气象条件导致高速公路交通事故率高,而且其造成的后果往往比其他原因引发的高速公路交通事故严重得多。2009年12月28日杭瑞高速公路鄱阳湖大桥发生的浓雾导致百车连环相撞,造成10人死亡,多人受伤。突发性的交通事故给人民生命财产造成了灾难性的损失,同时也给营救工作带来了极大的困难。在当前高速公路公安交警、路政机构和高速公路经营管理单位一路三方管理模式下,如何做好恶劣气象条件下高速公路运营安全管理成为十分迫切的问题。

1 恶劣气象条件对高速公路运营安全的影响及交通事故特征

雨、雾、冰雪等恶劣气象条件对道路安全行车十分不利,高速公路营运管理者只有了解恶劣气象规律、特点,掌握恶劣气象条件对高速公路运营的影响及导致交通事故的特征,才可能主动采取防范措施,化解一些不利因素,提高车辆运行安全度,减少或减轻事故的发生。

1.1 恶劣气象条件下对高速公路运营安全的影响

(1)雨天对高速公路运营安全的影响

雨天,车辆在高速公路上行驶时,因轮胎与路面间的积水不能排除,水的压力使车轮上浮,形成车辆在路面上滑行的现象,即"水滑"现象。在这种状态下,轮胎和路面间附着力很小,制动、转向容易失效,发生侧滑和甩尾的可能性增加,致使车辆失去控制,从而导致交通事故的发生。雨天行车驾驶员的视线障碍较大,同时,受水湿路面的光线反射作用的影响,驾驶员容易产生视觉疲劳,加之难以看清前车的行车趋向,无法提前采取措施,也是导致交通事故发生原因之一。江西每年的4~7月为雨季汛期,特大的、长时间雨水冲刷对高速公路设施损坏严重,有时造成重大的路基路面损害、桥梁结构物损害,尽管发生的机会较少,可是一旦发生会使高速公路运营工作陷入瘫痪。

(2)雾天对高速公路运营安全的影响

雾天,能见度高低是影响高速公路行车安全的重要因素。雾是空气中接近地面的水蒸汽遇冷凝结后飘浮在大气中的大量粒状水或冰晶,它弥漫在大气中使道路能见度降低,尤其是浓雾的时候,能见度极低,严重影响驾驶员的视线和判断力,同时,雾团多具有流动性与不均匀性,造成公路沿线各段能见度不同,驾驶员通常按习惯驾驶,很少根据不同的能见度及时调整行车速度与间距,一旦出现前车紧急制动或路边违章停车等突发状况,避让不及就会出现一系列连锁反应,在极短的时间里造成多车追尾、相撞的重特大事故。雾的产生有一定的规律,它有地区性、季节性和时限性。它多在大河、山区、盆地等空气不易流通处出现,通常是在昼夜温差较大的春、秋季节里,早晚特别容易出现。江西浓雾一般发生在头年11月份至次年3、4月份之间,雾情高峰期多集中于"国庆"、"春运"这些交通量的峰值时段,给高速公路运营安全带来了隐患。

(3)雪天和路面结冰对高速公路行车安全的影响

单纯性的降雪对高速公路运营安全不会造成太大的威胁。但在浓雾条件下,部分水蒸汽凝结在路面上造成路面潮湿,冬季在其上形成一层薄冰,使路面的摩擦系数降低,对高速公路行车造成潜存危险。尤其在桥梁通道上下凌空处,路面薄冰多,也是事故多发的地方,往往造成车辆追尾和侧向滑移,甚至翻倒,这也是冬季雪、雾天防范的重点部位。

2 恶劣气象条件下高速公路运营安全防治对策

总结江西高速公路十多年的运营安全管理经验表明,在当前一路三方管理模式下,公安交警、路政机构及高速公路运营管理单位即是独立的个体,更是不可分割的整体,任一方都不可能独立完成好高速公路运营安全管理工作,因此,三方要统一思想,提高认识,树立全局意识、大局观念,要切实从自身职责出发,遵循"分工协作、快速联动,资源共享,防治结合"的原则,积极探索警民联动,齐抓共管,做好恶劣气象条件下高速公路运营安全防治措施。

2.1 建立分工协作的快速联动机制

为做好恶劣气候条件下高速公路运营安全管理工作,必须建立一套管理体制相对完善、责权利统一、分工协作的快速联动机制,确保一旦出现险情,三方能及时沟通,快速决策,各负其责,积极处置。高速公路公安交警部门作为交通安全管理的职能机构,负责与路政机构和高速公路运营管理单位协调并决策制订交通管制方案,负责与事故所在地人民政府、公安、消防、救护等部门协调,必要时向其请示支援,认真做好管制现场的管理、分流点指挥和管理路段的巡逻等工作;路政机构应加强恶劣气象条件下高速公路巡查力度,积极配合交警实施交通管制和现场救援等工作,并做好管制现场的信息动态报告;高速公路经营管理单位应建立恶劣气象养护管理制度,加大高速公路路况调查和安全隐患整治力度,及时准确地收集、发布和报告恶劣气象、路况及交通管制信息,协助公安交警、路政机构实施交通管制措施,做好必要抢险物资储备。

2.2 建立共享高效的信息网络机制

完善健全的信息收集、发布和报告网络机制,是保证高速公路及时获取预警信息并适时向社会提供指南,向上级报告采取快速处置措施的重要保障。公安交警、路政机构及高速公路经营管理单位应高速重视恶劣天气的情报信息工作,在健全完善自身的信息收集、发布和报告机制基础上,充分利用高速公路经营管理单位先进设备资源优势,以高速公路经营管理单位信息监控中心为信息收集、发布和报告的平台,统一协调调度,发挥信息资源共享作用。发生多车连环追尾等突发事件的,应统一口径对外发布信息。

2.3 建立切实可行的交通管制应急预案

公安交警、路政机构及高速公路经营管理单位要结合自身管理职责,制订恶劣气象条件下高速公路防灾预警应急预案,其中交通管制方案应由三方共同研究制订。即三方共同分析管养路段资源,建立各路段主要控制点(如主要桥梁、隧道、互通立交、服务区、收费站等)、易发大雾、团雾区段、重要事故隐患点(如高边坡、长下坡、长上坡、急弯、临崖高架等)及相关国省道、地方道路路网数据库,科学编制各路段封闭、疏导、分流等交通管制方案,明确分工,达成默契,一旦出现险情,三方能快速协商,公安交警决策,迅速出动。交通管制方案要遵循"预防为主、灵活处置、快速联动、及时诱导、必要管制、堵疏结合"的原则,尽最大努力保障交通安全,尽最大努力提供通行便利,尽最大努力提高服务和管理水平,不能"一堵了之"。

3 当前恶劣气象条件下高速公路运营安全管理现状和建议

3.1 建立全省统一的高速公路交通安全调度机构

江西高速公路建设从1993年开始,至今已进入高速公路大发展时期,截至2009年年底,全省建成2 433km高速公路,高速公路路网初步形成。但长期以来,全省没有统一的高速公路交通安全调度机构,尽管从2009年开始整合高速公路资源,但仍存在厅属、地方高速公路并存,仍存在以路段为单位,各自为政,管理方式远远不能满足高速公路路网高效、规范、协调和统一的要求。亟待统筹融合不同隶属关系、不同性质的公路经营管理单位,共同组成全省高速公路路网交通调度网络和指挥、执行系统,及时发现问题、迅速、准确地发出处置问题的指令,协调好公安交警、路政机构及消防、救护等各方面力量,快速地实施整体行动计划,完成救援和清障任务,确保高速公路安全畅通。

3.2 一路三方联动不足

当前,虽然有许多路段建立了三方联动机制,但总体效果不尽理想。应定期召开路政支队、高速公路经营管理单位并邀请高速公路公安交警大队等参加的交通调度例会,通过交通例会这种警民定期交流沟通的形式,融洽警民关系,使交通调度工作中存在的问题及时得到解决,进一步增强应急施救系统的快速处置能力,提高综合战斗力。

3.3 预警信息监控缺乏手段

恶劣气象信息监控缺乏手段,如浓雾能见度的判断只能凭经验估计,无准确度可言。总的来说,全省高速公路监控系统整体落后,尚未建立一套完善齐备的集交通监控、交通信息和气象信息采集及交通疏导为一体的监控系统,应学习外省先进经验,建立完善监控系统,加强管理手段,提高服务水平。

随着高速公路路网的逐步完善,如何做好恶劣气象条件下高速公路运营安全管理工作显得越发重要,有待高速公路运营安全管理者们结合工作实际,不断实践,总结提高,确保高速公路的安全畅通。

参 考 文 献

[1] 《高速公路养护管理手册》编委会. 高速公路养护管理手册[M]. 北京:人民交通出版社,2002.
[2] 段广云. 高速公路交通安全管理实务[M]. 北京:人民交通出版社,2005.

公路网气象灾害信息管理系统

吴 兵 杨金顺 李林波

（同济大学道路与交通工程教育部重点实验室 上海 201804）

摘 要：频发的气象灾害对公路交通的影响越来越大，进行公路网气象灾害信息管理是提高公路网应对气象灾害能力最为有效的技术手段。本文首先总结梳理了国内外公路网气象灾害信息管理的研究应用现状，从公路管理者和使用者的角度对信息需求进行了分析，并在此基础上构建了公路网气象灾害信息管理系统平台，研究建立了公路网气象灾害仿真子系统和公路网气象信息手机发布子系统。

关键词：公路网 气象灾害 灾害仿真系统 手机发布系统

Meteorological Disaster Information Management System of Highway Network

Wu Bing Yang Jinshun Li Linbo

(Key Laboratory of Road and Traffic Engineering of the Ministry of Education, Tongji University Shanghai 201804)

Abstract: Frequent meteorological disasters have an increasing impact on highway traffic. Meteorological disaster information management of the highway network is the most effective technique to improve highway's resistance to meteorological disasters. This paper summarizes the studies and application of highway network meteorological disaster information management both at home and abroad. Then it analyzes the information demand of both highway managers and users and on this basis, builds a platform of meteorological disaster information management system, as well as a simulation subsystem of highway network meteorological disasters and information release subsystem via cell phones.

Keywords: Highway networks Meteorological disasters Disaster simulation system Phone distribution system

0 引言

近年来，频繁发生的气象灾害对公路设施破坏严重，如今年7月8日长江中下游地区出现的一轮强降雨就造成四川、浙江、江西等9个省市共计2条高速、16条国道、77条省道局部路段受水毁影响交通中断，公路交通已经面临越来越严峻的自然灾害挑战。如何在公路交通快速发展的同时，积极应对气象灾害对公路交通的影响，保证公路交通"全天候"的运行，减少气象灾害带来的损失，保障公路交通的运输安全和保护人民的生命财产安全，是公路管理部门及交通工程师们面临的重要课题。国内外的经验证明，采用先进的信息技术，建立应对公路自然灾害的信息管理系统，是进行公路灾害管理最为有效的手段和必然选择。

1 研究回顾

公路气象灾害的问题，特别是公路气象灾害与交通安全有关的问题，已经引起了世界各国人民和政府的关注。1984年在荷兰Delft举行的国际道路天气会议上，来自13个国家的专家们就已经明确提出了开展道路气象技术研究的紧迫性和国际合作的必要性。1985年2月，第一个国际性交通气象组织——欧洲交通气象委员会(SERWEC)在哥本哈根建立，1992年更名为国际交通气象委员会(SIRWEC)，每两年举办一次全球公路气象大会。目前，发达国家都在陆续建立不同形式的公路气象服务系统，如道路气象信息系统(RWIS)，一些国家的交通机构把RWIS与他们自己的智能交通系统(ITS)进行整合，通过获取更多的气象信息来提高自己的交通管理水平。美国已形成一个可供出行者和运营管理部门随时获取道路气象信息的系统，并在《国家ITS计划：十年远望》指出"气象是影响所有的交通运输的最常见因素……如果能获得特制的诸如有关气象对交通系统影响的信息以及应对工具和方法之类的气象产品的话，其带来的效益是巨大的"。ITS标准计划组已经推出了许多与气象信息相关的标准，气象已逐渐成为ITS体系的主要组成部分。加拿大于2001年开展了道路气象信息系统建设与应用的总体规划。瑞士在国道网络安装了冰检测系统，系统约有610个道面传感器，平均每6km布设一处。德国的道路气象信息系统始于1991年，450座气象站组成了道路气象检测网络，德国气象局的7个区域预报中心制作不同的道路天气预报报告。"AURORA"计划是1996年发起的国际合作研究开发公路气象信息系统的计划，美国、加拿大和欧洲多个机构参与其中，于2000年发布了《道路与天气状况发布设施与数据格式》报告。

我国在公路气象灾害研究方面也开展了大量工作。2005年7月27日，交通部与中国气象局共同签署了《共同开展公路交通气象监测预报预警工作备忘录》，这是迄今为止指导公路交通气象服务及相关研究工作的标志性文件。同期，两部局制定了《公路交通气象预报格式》、《公路交通气象预警标准》等技术标准。2004年，交通部公路科学研究院开展了《不利气象条件对公路安全影响机理及对策研究》，又在2007年进行了《公路气象监测预警技术与应用研究》。中国气象局在"'十一五'科技规划"中提出了交通气象综合监测、气候系统与交通相互作用的模拟和预测、交通气候评估、人工影响局部交通环境、信息资源共享等研究重点。

综上所述，国内外在公路气象气候灾害方面作出了很大的努力，来应对气象灾害对公路交通带来的挑战。但是，我国在这方面的研究和应用刚刚开始，没有形成完善的公路气象灾害研究体系，在公路气象灾害管理方面也比较薄弱。国外的相关研究和应用，特别是在气象灾害信息管理方面的经验，为我国的公路气象灾害管理提供了有益借鉴。建立适合我国公路交通发展的公路网应对气象灾害信息管理系统是开展公路气象灾害工作的重点。

2 公路网气象灾害信息需求分析

公路网气象灾害信息需求主要包括公路管理者需求和公路使用者需求。

从公路管理者角度来说，公路网气象灾害信息应该在公路灾害管理的全过程中得到全面充分利用，例如在预警阶段能够准确获知气象灾害的发生时间、影响区域、强度等关键信息；在应急阶段能够实时掌握气象灾害对公路及公路交通的破坏情况，以便采取相应的应急措施；对历史灾害数据进行分析，把握气象灾害对公路交通的影响规律，制订相应的政策措施。公路交通的发展对公路网气象灾害信息的准确性、及时性提出了更高的要求。

从公路使用者角度来说，最重要的是获取公路气象灾害信息以为其出行行为选择服务，例如，出发前需要知道路经地区的公路有无气象灾害，遇到公路气象灾害该如何应对，怎样选择合适路径尽快离开有气象灾害的区域等。这对公路气象灾害信息的实时性以及相应的灾后服务提出了更高的要求。

3 公路网气象灾害信息管理系统

根据气象灾害信息需求分析，需要建立相应的公路网气象灾害信息管理系统，系统主要包括系统平台、公路网气象灾害仿真子系统和公路网气象灾害信息手机发布子系统。

3.1 系统平台

公路网气象灾害信息管理系统平台依托于公路网信息平台，为公路网抗灾管理服务。系统框架如图1所示，包括数据采集、数据处理和存储、数据分析应用三个方面。通过各种方式采集的数据统一进入公路网应对气象灾害信息系统数据库，决策者在此平台上发布预警信息，对灾情的进展进行跟踪，借助平台对应急救援工作进行指挥。

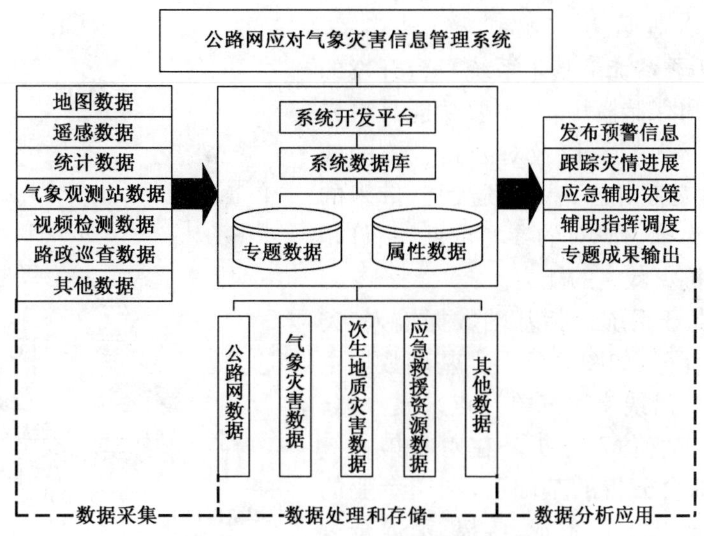

图1　公路网应对气象灾害信息管理系统框架

(1)数据采集

数据采集包括公路交通数据采集和气象数据采集，采集方式分为仪器采集和人工采集。公路交通数据采集主要借助于现有的公路基础信息数据库，气象数据采集主要借助于公路沿线布设的气象监测站。

气象卫星主要提供区域性的气象数据资料，公路沿线气象监测站则采集具体的地点气象数据，综合起来可以满足各种影响公路通行的气象要素监测的需要。公路网上布设的气象数据监测站包括多要素气象监测站、道面监测站、视频监测站及能见度站。考虑到建站成本，各种监测站点需逐渐覆盖全网各级各类公路，并首先设置在高速公路、国省道沿线。一般认为多大雾、降水及大风的山区、河网和城市周边地区，气象监测站应间距5km左右；其他地区应以间距10～15km为宜。监测站点的选择还应综合站点代表性、方便施工接电、便于管理维护等因素，宜设在高速公路出入口和服务区、国道省道养护站、大型桥梁和隧道及主要路段节点处。

由于气象监测站不能覆盖全路网，高速公路、国省道也是按各类灾害的易发程度来考虑布设的，路网中就会存在潜在的盲点路段。同时，目前对于滑坡、泥石流等地质灾害的监测还不成熟，一旦发生，就需要靠路政巡查以及社会力量来发现灾情。因此，路政巡查人员及出行者等就相当于移动的气象监测点，可以反馈最新的道路气象交通实况，监测就能更加细密。路政巡查及公路出行者的信息上报对公路气象灾害信息管理系统中数据采集起着重要的补充作用。

(2)数据处理和存储

由各类气象监测设备采集的气象数据经由气象中心专业人员分析处理后，将公路沿线影响公路通行的天气情况及各类气象要素提供给公路局信息中心，同时，路政巡查人员和社会力量通过一定的通信方式(移动电话、路政服务电话等)将发现的险情上报信息中心。信息中心将公路沿途气象信息和路政信息融合，并利用地理信息系统对危险点和危险路段进行定位，对公路网气象灾害信息进行分析处理。

(3)数据分析应用

公路网气象灾害信息的用户由两部分组成：固定用户如各级抢险中心成员、公路管理部门成员及相关部门成员，非固定用户如公路出行者。

对于固定用户，系统主要为其提供灾害预警信息发布、灾情进展跟踪、应急辅助决策、应急指挥调度、专题成果输出等应用服务。

对于非固定用户，系统主要为其提供灾害预警信息发布服务。将该类用户分为三类：第一类为有出行意向，还没有出发的，可以通过因特网、电视媒体、无线电广播接收到公路气象预警信息，然后作出出行决策；第二类为已经出发，但还没有进入公路网的，可以通过无线电广播、公路入口处的电子显示屏的预警信息提示，对接下来的出行行为作出决策；第三类为已经进入公路网的，可以通过无线电广播、手机短信、公路沿线的电子显示屏的预警信息提示，选择合适的路径尽快离开灾害区域。各类用户预警信息的发布方式如图2所示。

3.2 公路网气象灾害仿真子系统

公路网气象灾害仿真子系统是基于系统平台开发的子系统，隶属于数据处理和存储模块，其主要功能是事先模拟自然灾害的发生、传播、消退，以及对公路设施的破坏作用，来预先得知自然灾害对公路网交通运营带来的影响和破坏情况，以此作为抗灾应对的参考依据，制订相应的应对措施，提高公路抗灾救灾的能力。

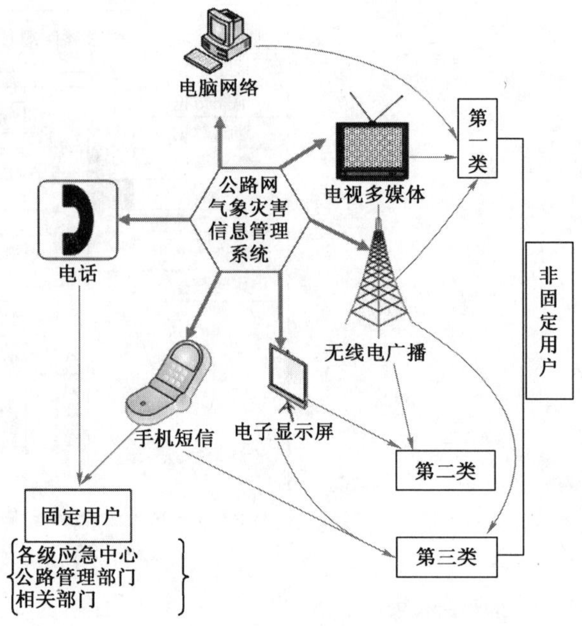

图2 公路网气象灾害预警信息发布网络示意图

公路网自然灾害仿真子系统包括基础数据输入、灾害仿真分析、结果输出三部分，如图3所示。基础数据主要包括公路基本设施数据、沿线交通气象站点采集数据、水文数据、地质数据等。灾害仿真分析是在对收集的气象、地质、水文数据进行综合分析的基础上，利用专业的灾害仿真软件，对公路自然灾害的形成、传播、消退全过程进行模拟。结果输出是对公路灾害仿真得出的结果进行整理，得到公路灾害的强度、影响范围、持续时间、灾害后果等重要结论，最终得到自然灾害对公路设施灾害破坏情况和对交通运营影响情况，为公路管理部门和公路使用者提供灾害预防和应急措施的依据。

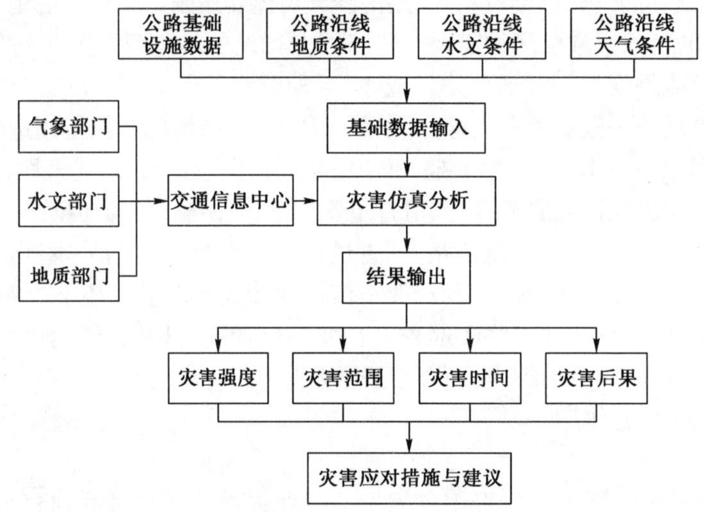

图3 公路网气象灾害仿真子系统

灾害仿真分析是该系统的技术核心，需要专门机构针对不同灾害类型特点进行专业的仿真分析。大雾、洪涝和冰雪等气象灾害需要气象部门根据区域气象资料和公路沿线的气象站点采集资料进行仿真分析；由气象灾害产生的次生地质水文灾害同样需要较为详细的基础资料作为支撑，需要相关专业部门给予数据、技术支持。因此，公路网气象灾害仿真分析子系统是一个开放的综合系统，需由公路信息中心，依托气象灾害信息系统平台，通过不同的专业接口，对各相关专业数据进行整合，然后进行仿真分析。

3.3 公路网气象信息手机发布子系统

公路网气象信息手机发布子系统是基于系统平台开发的子系统，隶属于数据分析应用模块，其主要功能是及时向公路管理部门和公路使用者发布公路气象灾害预警信息。

现阶段，应用手机通信在公路管理部门内部发布公路气象灾害预警已经实现，但是面向更为重要的公路使用者本身的预警信息手机发布功能并未实现，这除了经济成本因素外，更为重要的是需要公路管理者转变管理理念，提供服务于公路使用者的主动性避灾信息支撑，为其提供更好的出行服务。

根据服务对象的不同,公路气象信息手机发布的原理和方式也有较大的差异。对于公路管理者,可以建立固定通讯录,采取短信群发的方式进行气象预警信息发布。对于公路使用者,则需要对其人群类型、所在位置、移动方向等予以识别,提供不同的气象预警信息。

子系统由数据处理平台、计算机与通信网络、数据库、移动通信接口以及附属设备(探测器、移动通信基站)等组成。

面向公路使用者的信息处理流程如下:

①用户车辆进入某区域,该区域服务基站通过手机定位技术检测到用户手机信号,将采集的信息(包括信号的位置,用户运动的方向,手机号码信息等)反馈到公路信息中心的平台数据库中。

②平台通过应用软件对采集的信息进行分析处理,对于采集的手机号码进行筛选。

③平台将气象部门采集的实时气象信息存储到数据库中,分析判断是否存在灾害,如果存在灾害,将受灾区域的灾害信息与手机号码匹配;未出现灾害,将相同区域的天气信息与手机号码所匹配。

④通过运营商提供的短信 SP 通道将气象信息(包括天气信息或者灾害信息)群发给匹配的手机号码,完成手机短信息的发布。

子系统的短信发布语句力求简练、清楚,描述特征有位置、行车方向、灾害类型及程度、限制信息或者出行路径建议。短信发布以短信点播和定制的形式为主,以短信群发为辅,若遇到较大气象灾害,信息中心采取短信群发的方式,对行驶在公路上的所有驾驶员免费发送短信。

4 结语

公路网气象灾害信息管理是提高公路网应对气象灾害能力最为有效的技术手段,现有的信息技术为构建先进的公路网气象灾害信息管理系统提供了可能,但是作为社会服务性系统,在具体实践应用中除了考虑社会服务效益外,还要充分考虑运营成本等经济因素,以实现信息系统投资成本和效益的平衡,建议先开展相关的试点应用,然后逐渐予以推广。

参考文献

[1] John Manfredi, Thomas Walters, Gregory Wilke, et al. Road weather information system environmental sensor station guidelines, FHWA-HOP-05-026. Federal Highway Administration, 2005.

[2] The Intelligent Transportation Society of America in Cooperation with the United States Department of Transportation. Ten-Year National Program Plan and Research Agenda for Intelligent Transportation Systems the United States, U S DOT & ITS America, Washington D C, Oct 10, 2001.

[3] 美国联邦气象协调办公室.美国交通气象信息国家需求评估报告[M].黎健,等,译.北京:气象出版社,2008,4.

[4] Road Weather Information System for Canada (DRAFT01 08 26). Transport Canada and Environment Canada, 2001.

[5] Ulrich Schlup. Road weather information in switzerland. Swiss Federal Roads Authority, 2004.

[6] Wolfgang E Raatz. Germany's road weather information system,2004.

[7] 冯民学.高速公路交通气象智能化监测预警系统研究[M].北京:气象出版社,2007.

[8] 包左军,汤筠筠,李长城.公路交通安全与气象影响[M].北京:人民交通出版社,2008.

[9] 同济大学交通运输学院,杭州市公路管理局,等.杭州市公路网抗击自然灾害能力评估及应对机制研究[R],2010.

浅谈山岭重丘区高速公路冬季冰冻灾害防治对策

袁兆雄　王焕斌

（云南省公路开发投资有限责任公司大理管理处　大理　671000）

摘　要：本文简要介绍了2009年冬季，云南省大理白族自治州辖内高速公路冰冻灾害的概况，分析了云南省大理白族自治州辖内山岭重丘区高速公路气候环境特点和交通特点，结合2009年高速公路冰冻灾害防滑除冰保畅通的经验，从除冰、抑制冰冻和安全管理等方面提出了山岭重丘区高速公路冬季防滑除冰防治对策。

关键词：山岭重丘区　高速公路　冰冻灾害　防滑除冰　安全

On the Measures for the Prevention and Treatment of Expressway Ice Disaster in Winter in the Mountainous Areas

Yuan Zhaoxiong　Wang Huanbin

(Dali Administration Office of Yunnan Highway Development and Investment Co., Ltd.　Dali　671000)

Abstract: Since december 2009, due to a marked drop in temperature and significant temperature variation between day and night in Dali Bai Ethnic Autonomous Prefecture, the ice prone sections on Chuxiong-Dali expressway and Dali-Baoshan expressway had undergone more serious ice disaster than previous years, from december 24 to 27 in 2009 alone, 37 traffic accidents occurred on these sections, which posed great threat to the passengers and drivers. This paper gives a brief introduction to the expressway ice disaster in Dali Bai Ethnic Autonomous Prefecture in the winter of 2009, and analyzes the environmental and traffic features of the expressways in the mountainous areas of Dali Bai Ethnic Autonomous Prefecture in Yunnan Province, and by taking into account the experience of expressway ice disaster-relief in 2009, this paper proposes measures for the prevention and treatment of expressway ice disaster in winter in the mountainous areas from the perspective of deicing, ice prevention and safety management.

Keywords: Mountainous Area　Expressway　Ice disaster　Deicing　Safety

0　引言

云南是青藏高原南延部分，是一个多山省份，鉴于云南的地形地貌的特点，大多数高速公路修建于山岭重丘区。虽然，在修建高速公路选线选址和相关的设计指标中，已经作出了相关的安全考虑，或者对一些自然灾害已采取了绕避工程等措施，但由于重丘山岭高速公路自身的特点，在冬季冰冻季节，如何防滑除冰、抑制冰冻，如何减少冰冻路段车辆事故，确保道路畅通，是我们必须关注和解决的问题。

1　山岭重丘区气候特征和地理环境的特殊性

楚大、大保高速公路地形呈起伏不平的垄岗状，山区河谷支流垂直于山脊呈羽状或放射状，河谷多发育成“V”型浅谷，以侵蚀作用为主，水系及山脊延伸方向与构造线方向基本一致，受构造影响，有些地段形成不同程度的错落地台，古滑坡台地和崩塌堆积地貌。

路线所经区域的地层有白垩系地层（主要岩性有紫红色、紫灰色、灰黄色长石石英砂岩、泥质粉砂质局部夹泥岩）和侏罗系地层（主要岩性有灰绿、紫红色泥岩、泥质粉砂岩、局部夹石英砂岩）。

沿线白垩系、侏罗系地层之上为第四系残坡积层，岩性由紫红色碎石土，块石土组成，局部夹亚黏土。

大理气候属中亚热带季风气候，由于地势高差悬殊，气候垂直变化明显，以冬无严寒、夏无酷暑为特点，夏季受西南风影响，降水量充沛，冬季干燥，年平均气温 16.1℃，最热月平均气温 21.4℃，最冷月平均气温 8.6℃，日照时数 2 217h，年平均降水量 1 080mm，雨季（5～10 月）降水量占全年降水量的 90%，无霜期 245d。

1.1 云南大理山区冬季的气候特征

大理属低纬度高原型季风气候，季节变化不明显，年温差小，年平均气温为 15℃，没有明显的严冬酷暑，寒暑适中，四季如春；每当夏秋之交的雨后，气温下降很快，当地故有“四季无寒暑，有雨便成冬”之说，由于海拔不同，具体的又有南亚热带、中亚热带、北亚热带、暖湿带、中温带、寒湿带等 6 个气候带。气温随海拔升高而降低，具有河谷热、坝区暖、山区凉、高山寒等特点。

山岭重丘区冬季高速公路冰冻灾害的特征

(1)由于地理环境和气候的特殊性以及大气的影响，近几年来，大理州辖区的气候出现一些异常，山岭重丘区冬季昼夜温度相差很大，夜间温度下降速度快，路面结冰速度快，附着力强，冰层十分坚硬，厚度一般为 5～40mm。

(2)道路结冰点段多（楚大高速公路结冰点为五个点段，大保高速公路结冰点为三个点段），范围较小（下坡路段十多米至几百米不等），不具连续性；隐蔽性强，无明显的征兆和特征，不易被人察觉；一般发生在隧道两端长下坡、坡陡弯急、常年无日照背阴路段处。

(3)结冰天气一般为冬季月朗星稀、无风、无雨、无雾气候，结冰时段为凌晨 4:00～6:00 车流较小时段；到上午 10:00 左右，经过阳光的照射，周围的温度逐渐升高，冰冻自然融化。

(4)结冰水源主要来源于大货车制动淋水。因云南山岭高速公路的特殊性（坡陡弯急、长下坡路段较多），车辆长时间下坡频繁使用制动，致使制动盘发热、发红，导致制动失灵。为确保车辆的制动，过往的车辆都安装有制动淋水装置。

1.2 冬季高速公路冰冻灾害交通事故诱因和事故特点

由于山岭重丘区的复杂地形使得山区高速公路大多依山伴水修建，路线布设于河流两岸、沟谷及坡麓等处，道路的一侧大多是河流、山涧或悬崖。道路线行蜿蜒曲折，桥梁、隧道众多，桥隧相连、坡陡弯急，长大纵坡长连续弯道多，道路视距条件差，在恶劣天气，导致其抗滑性能显著下降，安全系数显著减低。

山岭重丘区冬季高速公路受水文气候环境影响，冬季大雾、阴雨、霜冻时间长（下雪时间较少，但近几年来有霜冻时间逐年提前和持续时间增长的趋势），路面霜冻结冰，长下坡路段由于汽车制动淋水结冰，严重的影响路面的抗滑力。

一般路面易结冰时段在每年冬季 12 月至次年的 3 月之间，结冰时间一般为凌晨 4:00～6:00，此时车流较少时段。驾驶员疲劳、警惕性差，车速快；高山峡谷气压低、温度低、空气密度小，车辆动力性能下降，严重影响了行车安全。

由于山岭重丘区高速公路冬季特殊的交通环境，所诱发的交通事故具有一定的特点，主要体现在以下几个方面：

(1)事故形态多为车辆侧翻打滚、侧滑碰撞、连续追尾等。因为结冰点多在长下坡、陡坡、急弯等危险路段，驾驶员麻痹大意，超速、超载、制动操作不当，或者不按现场的提示、警示标志执行等原因，造成事故。

(2)多为重特大事故，损失较大。由于结冰路段交通环境的特殊性和驾驶员的麻痹思想及不当操作，极易造成群死群伤损失惨重的重特大交通事故。

(3)事故死亡率高，施救困难。由于事故多为重大甚至特大，部分驾乘人员（特别是客运车辆的驾乘人员）当场死亡，受伤人员限于现场的医疗条件、救援人员到达现场救治的时间间隙，以及山区现场气候、气温等原因，致使救援不及时，施救难度大，导致部分受伤人员得不到及时有效救治而死亡，进一步的增加了交通事故的死亡率。发生事故后，道路拥堵，难以疏导，施救和清障难度大。

可见，在冬季恶劣天气情况下，山岭重丘区高速公路结冰路段一旦发生交通事故，将会造成严重的后果。因此，在冬季恶劣天气路面结冰情况下，如何防滑、除冰，改善路面抗滑能力，如何提高驾驶员安全行车意识和现场安全管理措施是十分必要的。

2 山岭重丘区冬季高速公路防滑除冰措施

2.1 除冰措施概述

目前国内外常用的融雪化冰方法包括化学方法和物理方法。

(1)化学方法

化学方法是通过在路面上撒布化学药剂使冰雪融化，目前世界各国主要通过撒盐($NaCl$，$CaCl_2$)来融雪化冰。这一方法是利用盐降低冰雪的融点，使积雪融化，通常适合路面积雪积冰厚度较小，环境温度较高的地域。该法具有材料来源广泛、价格便宜、化冰雪效果好等特点，因而得到了普遍应用。但是，盐融化冰雪的能力与温度有关，在低温环境下盐的融雪化冰效果也不是很理想。

(2)物理方法

①人工清除法：即通过人工的方法清除积雪。该法对积雪清除较彻底，但效率低、费用高、影响通行及行车安全，且不能长时间作业，主要适用于小雪及重难点路段的积雪清除。

②机械设备清除法：采用机械设备铲雪设备效率高，适合于大面积机械化清除作业。这种情况虽然铲除了路面上的大量积雪，但当气温较低时，由于冰与路面之间的黏结力较大，单独使用机械除雪效果并不好，对冰面清除不彻底，汽车在其上面行驶，与路面的附着力仍然很低，不能从根本上解决路面的抗滑能力。

2.2 楚大、大保高速公路防滑除冰的具体做法和成效

2.2.1 具体措施

根据云南大理辖区山岭重丘区楚大、大保高速公路路面冰冻灾害的特点，上述所述的方法都不适用于楚大、大保高速公路路面冰冻灾害的清除工作，因此，针对楚大、大保高速公路路面结冰的实际情况，采取了以下措施：

(1)在各易结冰点段准备一定数量的工业盐、融雪剂、细砂、煤渣、草席等防滑、除冰物质。在每个结冰点选择安全地段搭设帐篷，夜间安排4人进行蹲点值守，每20min用温度计测试路面的温度，结冰厚度，并做好数据统计工作。

(2)根据路段的结冰时间，现场蹲守人员在结冰1h前(凌晨3:00)对易结冰点段进行预防性的撒布工业盐或融雪剂，可大大的降低结冰的几率，但由于工业盐或融雪剂撒布不均匀的地方和温度猝然下降的情况下，局部地方仍然会出现结冰的现象。当现场蹲守人员发现路面结冰时，及时在结冰点段撒布工业盐或融雪剂进行融冰，并针对不同路段的实际情况，撒布细砂、煤渣、锯末和铺垫草席，以增大路面的摩擦系数，增加路面的抗滑能力。

(3)在结冰点段前方摆放提示、限速等警示标志牌，并用标志标牌和锥桶封闭行车道，使车辆始终在超车道行驶，增大通行车道的车流量，经车流不断对路面进行碾压，提高冰冻破碎的概率，从而破除路面积雪结冰，降低路面结冰的几率。

(4)在结冰路段旁焚烧潮湿的树枝、树叶，使其产生浓烟，阻断和缓解上空的霜降。

(5)当现场蹲守人员通过温度计监测，结冰点路面温度为-5℃以下，路面结冰厚度超过40mm时，以上办法已无法满足防滑、消融冰，路面冰冻严重、已严重危及交通安全，现场蹲守人员立即向抗冰应急工作领导小组领导汇报，抗冰应急工作领导小组根据实际情况，采取措施，封闭结冰路段。现场蹲守人员在结冰路段封闭的情况下，在结冰路段上撒布工业盐或融冰剂，并用草席进行铺盖，阻隔霜降，防止结冰情况进一步加剧。待冰冻溶解后，可恢复交通。

2.2.2 取得的成效

通过不断的比对、分析、总结楚大、大保高速公路近几年发生的特殊路段冬季结冰现象，以及针对不同路

段、不同情况所采取的不同的方式方法，逐步完善了对策措施，特别是在2009年12月发生比往年更为严重的结冰灾害时，积极应对突如其来的道路冰冻灾害，采取科学合理的防滑除冰措施，有效地遏制了结冰路段交通事故频发的势态，取得了较好的成效，得到了当地政府的充分肯定，树立了交通人的良好形象，确保了楚大、大保高速公路安全有序畅通，为构建和谐交通作出了积极的贡献。

2.3 安全保通管理措施

(1)召开楚大、大保高速公路冬季易结冰路段安全保通专题会议，成立抗冰应急工作领导小组，制定完善并落实各项应急预案，做好预警、预防及应急救援准备工作。

(2)做好特殊路段的防雾、防滑、防冻措施，对易结冰路段采取封闭行车道和紧急停车带、加强夜间巡查、积极采取各项防滑、除冰措施；并及时将有关情况向当地人民政府和相关部门汇报和通报。

(3)做好相关结冰路段的提示工作，制定“路况信息发布的内容和级别”，根据不同的情况，利用收费站和隧道管理站及公路沿线的可变信息板及时发布路面结冰信息；在所有易结冰路段前设置“前方道路结冰，请谨慎驾驶”字样的提示标志牌和限速标志牌；在已封闭交通的路段两端设立“冰冻封路，请绕道行驶”的指示牌。

(4)对路面冰冻严重、已严重危及交通安全的路段，及时报告当地政府并协助交警封闭交通；积极配合交警部门做好中断交通和路段恢复通行后的车辆疏导工作，收费站开启足够数量收费道口，缓解车辆滞留，保证正常的交通运行秩序。

(5)严格执行应急预案中的防火、防雾、防冰雪处置程序，提高应急反应能力；建立值班制度，严格值班纪律，确保信息畅通。发生各类突发事件时，及时、妥善地处理好险情和事故，按突发事件信息报告程序上报相关职能部门。

3 结语

因为云南大理地区地理环境、气候的原因，使得楚大、大保高速公路所发生的冬季道路冰冻灾害具有一定的特殊性，它不同于其他地区的道路冰雪灾害(比如2008年南方的冰冻灾害)，因此，道路交通事故有着突发性、易发性、严重性的特点。所以，在冬季要特别注意山岭重丘区高速公路易结冰路段的防滑、除冰的工作和安全防范措施，确保易结冰路段的安全畅通。

进入冬季，针对易结冰路段要提前准备好相应的物资储备，做好防范措施，并要加强道路巡查工作，及时发现新的结冰点。

一旦发现路面有结冰的迹象，要立即采取预防性的防滑防冰措施，不能等结冰情况严重才来处理。具体的处理要根据现场情况来决定使用的方法，有时一种方法可以解决，有时必须几种方法综合使用才会收到较好效果。

对于山岭重丘区高速公路要重点做好易结冰点段的排查统计工作，做到情况清、底子明，心中有数，从容应对。

在冬季冰雪季节，抗冰应急工作领导小组应做好各单位、部门的沟通协调工作，确保信息互通。在抗冰应急工作领导小组的统一协调指挥下，各单位、部门互相配合，各负其责开展抗冰冻灾害的各项工作。

山区公路防抗雨雪冰冻天气灾害的对策探讨

张成富 商 磊

(河南省济源市交通运输局 济源 454650)

摘 要:公路是国民经济发展的重要基础设施,是人民群众生产、生活的重要生命线,也是一个地区现代文明发展的标志。因此,保证公路的安全畅通,特别是在雨雪冰冻等恶劣天气状态下的畅通,成为各级交通运输行业主管部门公路应急管理的一项重要课题。针对公路具有点多、线长、面广,极易受雨雪等恶劣天气影响造成运输中断的特点,结合济源市公路大多地处山区,更易受到恶劣天气影响的实际,济源市交通运输局积极进行防抗雨雪等恶劣天气对公路运输影响的对策研究,在公路硬件上注重"防",软件上注重"抗",以最小的成本,最大限度地减轻危害,保证了公路运输的安全畅通,保障了社会各行业和居民正常生产生活的要求,树立了交通运输行业科学管理公路的良好社会形象。

关键词:山区公路 雨雪冰冻 应急保障

Explorations on the Countermeasures against Rain, Snow and Ice Disaster on the Highways in the Mountainous Areas

Zhang Chengfu Shang Lei

(Traffic and Transportation Bureau of Jiyuan in Henan Province Jiyuan 454650)

Abstract: As important infrastructure for economic development, highways are lifeblood for people's work and lives and a symbol for civilization and development level of a region. Therefore, it is an important topic for traffic and transportation regulators of all levels to guarantee the smooth running of highways, especially under adverse weather conditions like rain, snow and ice. Highways usually wind through long distance and cover large areas, and they are susceptible to disruption caused by adverse weather conditions like rain, snow and ice. By considering the fact that most highways in Jiyuan travel through mountainous areas and are more vulnerable to bad weather, Traffic and Transportation Bureau of Jiyuan actively conducts research on the countermeasures against the impact of rainy and snowy weather, stresses prevention with regard to hardware, emphasizes disaster-relief with regard to software and has reduced the impact to the minimum level with minimum cost, guaranteeing the smooth running of transportation, which contributes to the maintenance of people's normal lives and work and a good social image of scientific management for the transport and traffic regulators.

Keywords: Highways in the mountainous areas Rain Snow and ice Emergency guarantee

0 引言

济源市地处豫西北太行、王屋山区,全市总面积 1 931km^2,其中,88%为山区重丘区。截至 2009 年年底,全市公路通车总里程达 3 168km,其中,高速公路 100km,国省干线公路 279km,农村公路 2 789km。80%以上的公路分布在山区。山区公路深挖高填路段多,弯道多,桥梁隧道多,坡度大,一旦遇到强雨雪天气,极易冲垮公路或形成结冰路面,造成道路中断,甚至引发安全事故,给人民群众生产生活带来不便。为此,济源市交通运输局高度重视公路防抗雨雪冰冻灾害应急保通工作,组织专门机构、人员进行防抗保通对策实践,取得了一定成效。

1 主要做法

最大限度地减轻强雨雪等灾害天气对公路安全畅通的影响，满足广大群众的出行需求，是我们交通运输部门的职责和任务，是体现我们交通运输服务水平的一个重要方面。济源市交通运输局多年来坚持在“防”上下工夫，在“抗”上有新招，不断完善公路保通各项机制，提高了公路在雨雪冰冻灾害天气状态下快速恢复通行的能力。

1.1 在公路硬件设施建设上突出“防”字，提高路网抗灾能力

一是在公路规划上统筹路网衔接，对高速公路、国省干线公路、县道、重要乡道按照互联互通的要求，做好公路的连接规划，打通断头路，提高路网的机动能力和分流能力。近年来，济源市交通运输局不断加大公路建设力度，2007 年实现了市区至镇区、镇区至镇区通二级公路，镇区至行政村通硬化路，2008 年实现了全市镇镇通高速公路，2009 年年底实现了行政村居民组组组通硬化路，在境内形成了十字形高速公路网、“一环二纵三横”干线公路网、新农村公路网网网相连的大交通格局。四通八达的公路网提高了交通保障能力，为雨雪冰冻天气期间车辆绕行、分流创造了条件。二是在公路建设上提高技术标准。根据山区汛期易发生山洪、泥石流、塌方，冬季易形成路面结冰的特点，为提高公路自身的抗灾减灾能力，我们根据路段地理特征，合理设计公路线形，有针对性地提高公路技术标准，对背阴坡道、弯道，适当降低坡度标准，增大转弯半径；对深挖高填方路段，适当增加路基宽度，根据地质条件，适当降低山区立面坡度，增高挡墙或护坡高度；对跨沟过河路段，尽量架设桥梁，增加涵洞，增大过水量；注重公路排水系统建设，提高公路过水能力，降低洪水对路面冲击力。三是在公路管理养护上实行特殊制度，汛期对易塌方路段、桥梁、排水设施，冬季对坡道、急弯、背阴等路段实行台账管理，定人员、定职责、定期巡查，保证设施时刻处于完好状态。四是对公路两侧，大规模实施公路通道绿化、美化，固土护坡，防止山体滑坡、塌方中断公路。

1.2 在公路日常管理上突出“抗”字，提高队伍应急能力

一是针对特定时期建立防灾、减灾应急预案，先后出台了公路沿线地质灾害防治预案，汛期、冬季管护预案等，从指挥机构到一线人员，明确职责、任务，及时排除隐患，保证安全。二是加强对雨雪冰冻天气的监测预警。从 2008 年起在一线公路管理机构建立了气象信息员队伍，通过网络，提前一周、三天查知气象信息，通过手机告知一线管理人员；同时，与市气象局合作建立了气象灾害应急联系人制度，通过手机短信的方式，及时将市气象局在全市各个检测点的气象灾害预警信息发送给联系人和一线公路养护人员，为及时采取防范措施争取时间。三是加强应急抢险物资储备管理，根据灾害分布和灾害类型，配置保通机械设备和储备应急抢险物资，建立和完善应急保通物资储备管理制度，及时调整和补充应急物资储备类型和数量，确保应急需要；加强保通机械、物资的日常管理工作，确保保通机械、物资适用于养护保通工作。四是组建应急抢险队伍。按照“人员精干、技术精湛、关键时刻发挥关键作用”的要求，在公路管理、运输等部门组建应急抢险队伍，认真组织队伍应急演练，着力提高应急队伍的技能和素质，增强队伍的快速反应和攻坚克难能力。

1.3 在突发事件处置上突出“联”字，提高公路保通能力

一是建立了信息报送机制。明确了全系统各单位应急信息报送部门和信息员，制订了信息报送制度，为及时决策和灾情统计搭建了平台。同时，加强应急平台和信息化建设，通过交通网站、96520 热线等，加大即时路况信息的报送和发布。二是建立了领导指挥机制。坚持“统一领导、综合协调、条块结合、以块为主”的原则，构建了交通运输局、干线（农村）公路管理部门、公路道班（工区）三级处置指挥系统和组织体系。根据灾情大小和影响范围分别组织应急救援，其中，重特大灾情由局领导全面负责突发事件的应急处置和指挥工作，采取增援方式；其他部门按“分级管理、分级响应”的原则，落实具体应急响应岗位责任制，确保应急抢险工作正常运转。三是建立了联动机制。一旦发生强降雪天气后，公路管理部门作为干线公路保通的主力军，及时组织养护工对分包路段积雪进行清除，确保主要道路在第一时间恢复畅通；对无法及时清除积雪的急弯险段或陡坡处，实行定岗定人提示过往车辆注意安全；交警部门在对车辆进行适当分流的情况下，保证重型、中型货车的低速不间断通行，以防止路面积雪结冰，同时限制大、小客车及危化品运输通行。对货车流量偏

小的公路，组织货车集中在某一车道行驶，保证畅通；气象部门持续播报气象信息；新闻单位及时向社会发布天气信息和路况信息，防止因信息不畅引起道路拥堵。四是建立了辖区责任机制。由于山区公路分布广，强雪天气后仅依靠交通管理部门的力量难以在短时间内恢复通行。为此，从2007年起，济源市在全市建立了以各镇政府为责任主体的道路保通责任机制，各镇政府又通过自身优势充分动员了村、组力量，为道路保通提供了最有力的支撑。2008年年初、2009年11月中旬，济源市普降大雪，但经过全市11个镇政府的共同奋战，联点成线，仅一天就保证了公路的全线畅通。

2 存在的问题

虽然济源市在公路防抗雨雪冰冻灾害、保障安全畅通能力建设上取得了一定成效，但随着公路养护里程的逐年增长、养护要求的逐步提高和公众服务需求期望的不断提高，保障公路在雨雪冰冻等灾害天气状态下的安全畅通能力依然无法满足各方要求，主要存在以下几个问题。

2.1 应急保障能力不足

遇到大雪、冰冻天气，仅能依靠融雪剂、人力以及有限的日常养护工程设备清扫积雪，效率低、速度慢、安全系数小，缺少大型、专用的清雪设备，尤其是适合山区作业的大型设备，且没有专门的应急抢险资金，应急物资储备明显不足，难以应对大范围、长时间灾害性雨雪天气发生。

2.2 应急队伍缺乏系统演练

济源市交通运输局虽然已组建应急救援队伍，但由于上级没有专门的培训机制，加之受资金、场地等因素制约，缺乏系统演练，能力和技能都不足以应对急难险重复杂局面。

2.3 协调联动机制不够健全

雨雪冰冻天气会引发多种情况发生，各级各部门启动了各自的应急预案，疲于应对各自职责范围的抗冻防雪，社会抢险资源孤立分散化，无法形成集中的、有力的抢险救援力量。

3 思考和建议

3.1 提升公路应急保通工作层面，提高应对能力

建议由上级业务部门牵头制订恶劣天气下的道路应急保通预案，明确气象、交警、新闻等单位职责，协调有序地共同开展应急救援工作。进一步增强现有应急预案的完备性、可操作性和操作流程的合理性，并建立预案定期尤其是启动应用后的审定、评估和修正、完善机制。加强对灾害隐患历史资料的分析，加强监测预警机制，保证突发自然灾害的准确分级、及时响应和有效沟通，为做好应对和处理工作提供可靠基础。

3.2 全面整合资源，加强应急保障

建议增加应急管理的经费支出，专项列支应急救援经费，将公路应急保障队伍建设纳入政府常规应急队伍序列统筹培训和演练，依据灾害类型和规模合理调整布置应急保通机械设备和储备物资，进一步提高灾后保通能力。

3.3 确保信息流通，提高应对指挥能力

建议整合现有的信息平台，增加应急管理功能，确保公路受灾信息准确、传送及时，以便上级主管部门据实部署应急措施和调度应急资源；继续通过各种信息发布渠道向社会各界公布，方便公路使用者及时调整出行计划，同时也能达到防讹止谣目的，有利于进一步提高公路行业形象和公信力。

干线公路恶劣天气情况下的风险防范

张继刚　杨振玲

（山东省青州市公路局　潍坊　262500）

摘　要：随着全国干线公路网构建日趋合理，公路建设质量、标准不断提高，如何搞好已建成的干线公路养护管理与风险防范，成为摆在我们公路养护人员面前的重要研究工作。而具有前瞻性的恶劣天气情况下公路风险防范无疑是对公路本身和社会公众都具有现实意义的重要工作。

关键词：公路　风险　防范

Risk Prevention on the Artery Highways under Adverse Weather

Zhang Jigang　Yang Zhenling

(Highway Bureau of Qingzhou Weifangin in Shandong Province　262500)

Abstract: The national artery highway network is increasingly reasonable with higher quality and standard of highway construction. Thus, it is an important research topic for highway maintenance professionals to reflect on the maintenance and risk prevention of existing artery highways, and highway risk prevention under bad weather conditions is undoubtedly a visionary topic, which is of great significance to the highway themselves and to the general public.

Keywords: Highways　Risk　Prevention

0　引言

青州市公路局养护着潍坊市西南地区207.8km的国省道干线公路，养护路段内平原、山岭重丘地形条件复杂，天气、地质灾害隐患较多，多年来，青州市公路局对做好干线公路在恶劣天气情况下的风险防范积累了大量的实践经验，有力地保证了干线公路的养护管理和道路安全畅通工作。对于恶劣天气情况下的风险防范，我们采取的主要措施有。

1　目标明确，机构健全

1.1　制订了“安全第一、保障畅通”的风险防范工作目标

制订了“安全第一、保障畅通”的风险防范工作目标并明确了恶劣天气情况下风险防范工作职责：

1)贯彻执行省、市局《2010年风险防范工作预案》及上级有关恶劣天气风险防范抢险工作的指示精神，向上级报送、反馈风险防范、排险抢险工作情况。

2)制订本辖区排险抢险工作预案，对各科室及相关人员风险防范工作进行监督、检查、考核、奖惩。

3)具体负责恶劣天气风险防范工作的组织实施。

(1)及时掌握天气情况，提前做好风险防范队伍、物资、机械的组织、准备工作，提前联系好医疗、救助单位。

(2)组织本单位抢、排险队伍或协助其他抢险队伍，用最短的时间完成辖区路段的抢险工作任务，尽快恢复公路畅通。

(3)服从上级的统一指挥和调度。

(4)因公路中断、桥梁坍塌等重大险情造成的人员滞留、交通事故等特殊情况，与交警等相关部门配合，

做好医疗、救助工作。

1.2 根据工作目标，建立健全了分工负责的风险防范机构

成立了风险防范领导小组，主要领导任组长，分管领导任副组长，各职能科室负责人为成员。

恶劣天气风险防范领导小组职责：

(1)认真贯彻执行上级风险防范工作指示精神。

(2)及时掌握雨情和道路通阻情况。

(3)统一指挥调度青州境内国、省道的风险防范工作。

风险防范工作办公室职责：

制订风险防范工作预案，负责贯彻落实恶劣天气风险防范领导小组的指示，做好组织协调工作，及时向局领导和上级主管部门汇报工作情况，组织风险防范工作检查和督导工作。

各职能科室主要任务：

养护科：负责制订风险防范工作预案；负责组织对风险防范工作的落实、监督、检查、考核；负责对恶劣天气情况下道路通阻情况、水毁、雨雪及水毁、防滑抢修情况资料的收集、汇总、上报，并将水毁、防滑工程汇总上报市公路局，申请水毁、除雪防滑工程计划资金。

路政科：负责向省局、上级有关部门汇报道路受阻情况，办理道路封闭交通手续；负责道路中断情况下的道路封闭、交通疏导及危险路段的交通疏通。

工程科：负责改建工程工地的风险防范工作。

安保科：负责风险防范巡查车辆安排。

机务科：负责风险防范工作所需机械设备的指挥调度。

材料科：负责风险防范所需材料、物品的采购、供应。

办公室：负责重大急办事项的督查，恶劣天气风险防范值班情况考核。

政工科：负责发布道路通行信息及宣传报道工作。

2 搞好排查，防患未然

2.1 汛期、冬季提前搞好隐患排查

加大公路巡查力度，把所有养护里程进行全面的检查，特别是对重点路段的路面病害进行及时有效的处理，能挖补的挖补，不能挖补的用粒料进行修补，做到随坏随补，全天候保证行人行车安全。入冬后，在重点山区路段、急弯、陡坡、背阴等特殊路段全部备上防滑料，提前做好了扫雪防滑工作。

对全市所有的桥梁、涵洞、防护工程的主跨、结构进行全面的调查、统计、分类，对存在的问题应及时安排维修，对于问题严重无力修复的立即上报，并在危险地点设立明显的限载、危险标志，以保证过往车辆的行车安全。落实好桥梁养护“四个一”制度。

夏季高温季节，注意高温作业施工、养护保洁人员的防暑降温工作，必要时调整作息时间，早出晚归，避开正午高温时段。

对所属公路站点、厂处车间的电线线路进行检查，线路杂乱、老化的全部进行更换，消除雷电安全隐患。

2.2 搞好公路养护机械、车辆的安全保养，落实应急机械物资

对公路工程、养护机械、车辆进行全面检查，该维修的维修，该保养的保养；特别是对刹车、液压部件要重点检查。确保遇到险情拉得出，用得上。

由于气温高会加快车辆线路和橡胶产品的老化，容易发生自燃和轮胎爆裂。也有可能发生制动突然失效的危险情况。发动机温度持续较高，会造成蓄电瓶发生爆炸，或者因为燃油泄漏挥发造成车辆自燃等，一定要做好防范工作。

没有重要任务时，对于为保证安全畅通物资的及时运送准备的抢险车辆、装载机、平地机、吊车、铁锹等安保物资，要全部进行封存，对违规私自动用抢险车的要追究责任。

2.3 加强横向联系,搞好天气的预测预报

由局办公室与气象局、水利局、地质局加强联系,以便及时、准确得到降雪、降温以及水情等信息,并及时采取行动,赢得主动。

3 做好预案,抓好落实

3.1 制订恶劣天气风险防范预案

为切实做好今年的恶劣天气风险防范工作,确保国省干线公路安全畅通,最大限度地减少人员伤亡及财产损失,树立良好的公路服务形象,根据《中华人民共和国公路法》,交通部《公路交通突发事件应急预案》,潍坊市局《应对雨雪雾等恶劣天气工作应急预案》、《预防和处置公路桥梁事故突发事件应急预案》等相关规定,制订本预案。

(1)坚持领导带班、工作人员值班的昼夜24h值班制度。配备恶劣天气风险防范专用车辆和专用电话,保证24h有人值班。恶劣天气风险防范办公室负责人安排无线电话,确保与市局联络畅通。各公路站实行恶劣天气24h值班制度,及时发现和上报险情。

(2)值班人员要认真负责,及时了解掌握雨情及道路通阻情况,并及时向带班领导和本单位恶劣天气风险防范办公室进行汇报。带班领导要果断处理各科室上报的情况。

(3)坚持恶劣天气巡查制度,及时掌握险情及水毁、除雪防滑情况。对重点路段、重要桥梁安排专人看管;对三、四类桥梁及重要桥梁建立每日巡查制度,加强恶劣天气期间的观测;对不能及时修复的路段、桥梁、涵洞按国标设立明显的警告或绕行标志,该封闭交通的封闭交通。

(4)坚持重大险情及时汇报制度。遇有公路中断、桥梁坍塌、严重影响行车安全的大型险情或发生突发事件时,迅速报告市局风险防范办公室及当地政府。风险防范办公室要迅速向恶劣天气风险防范工作领导小组汇报。对恶劣天气风险防范工作的文电事宜,要随到随办,及时处理。

(5)坚持旬报制度。为及时准确掌握险情及抢险救灾情况,安排专人负责。必要时实行日报制度。

(6)各相关科室,要加强与气象部门的沟通,通过多种方式及时了解雨情、汛情。

(7)认真做好恶劣天气风险防范前瞻性检查工作。

组织精干人员,成立检查小组,迅速对所管养的公路和桥涵,进行一次全面细致的技术检查,存在安全隐患的桥涵,立即上报市局恶劣天气风险防范办公室并尽快加固维修。对影响排水、行洪的路段、桥涵及早清除障碍,达到行洪排放标准要求。同时,尽快修复坑槽等影响交通安全的病害。

工程科、机务科、材料科、拌和场要加强对材料、施工机械、房屋、油库及施工便道等的管理,搞好雨季施工组织安排,确保各项工程保质按期完成。

宿舍、厂房、仓库、油库、配电室、供电线路等,在恶劣天气来临之前进行认真检查,对危墙、危房尽快加固维修,把一切不安全因素消除在恶劣天气来临之前。

(8)切实做好恶劣天气风险防范人员、物资、机械设备准备。

根据养护里程,按照宁多误少的原则,尽快落实恶劣天气风险防范抢险用水泥、砂石材料、木材、草袋等排险抢险物资,运输车辆、装载机、挖掘机、铁锨、铁镐等风险防范机械和工具,组建不低于140人的风险防范抢险队伍,适当加强山区公路防汛工作的部署安排。真正做到发生险情,排险抢险队伍能反应迅速、组织有力,防汛物资、机械、车辆、工具供应充足,满足需要。

切实抓好公铁立交的防汛排水工作。对排水泵房、排水设备和排水渠道进行全面检查维修,安排专人24h值班,及时排除桥下积水,确保道路畅通。

(9)提前联系好救助点和救助队伍。

3.2 桥梁突发事件应急预案

为了进一步切实加强青州市国省干线公路桥梁养护管理,提高规范化、科学化管理水平,确保桥梁运营安全,根据山东省交通运输厅公路局和潍坊市公路管理局有关通知精神和潍坊市公路管理局安全生产的有

关规定，结合本单位实际情况，我们制订了桥梁突发事件应急预案。

(1)为了认真贯彻“安全第一，预防为主”的方针，进一步加强桥梁安全管理，落实安全责任制，成立桥梁突发事件应急预案领导小组，完善领导体系。为进一步明确责任，实行领导包靠路线，分工负责制度。各包靠人及责任科室，要以桥梁突发事件为令，一旦出现险情，全力以赴，用最短的时间，恢复交通，确保国省干线公路安全畅通。桥梁突发事件办公室设在养护科。

(2)充分认识当前交通运输形势下部分桥梁技术状况急剧恶化的现状，认真抓好桥梁检查工作。设立专项资金，配组专门人员、仪器、设备，有计划的做好桥梁巡视、经常检查、定期检查和特殊检查工作，确保准确掌握每一座桥梁的技术状况。

(3)根据省局及市局的要求坚决落实桥梁养护“四个一”制度，对管养的每一座桥梁明确、落实、上报四个责任人：一名行政领导、一名工程技术人员、一名路政管理人员、一名养护工人。根据“早防治，确保安全”的原则，认真制订相关工作制度，切实做好桥梁巡视、桥梁经常检查、桥梁小修保养工作。要通过建立健全制度明确相关责任人的工作职责、工作内容、工作方法及工作标准。做到及时发现问题，及时采取措施。确保道路桥梁安全畅通。

(4)强化措施，进一步加大危旧桥梁管理力度。对危旧桥梁根据实际情况设立“危桥”标志，设立限载标志，严格控制超载车辆通行，必要时采取临时加固、限制通行或封闭交通的措施。一旦发生险情，及时采取切实有效的措施处理。另外，针对每座桥梁制订了专门桥梁巡视检查方案，明确了重点巡视检查的桥梁部件，检查内容和检查方法，详细记录病害发展状况。还要加大桥梁巡视及桥梁检查的频率，对于三类桥梁每月进行三次检查；对于四、五类桥梁每月进行四次检查。

(5)进一步规范、完善桥梁标志，认真核查宽路窄桥及危桥标志的设置是否齐全规范，加强桥梁日常养护管理，及时维修各种桥梁病害。

3.3　根据风险防范预案，抓好预案落实

(1)一旦发生险情，要按照先急后缓的原则及时进行抢修。

(2)发生道路被冲断、桥涵被冲垮等严重影响行车安全的重大险情时，在及时上报损失情况的同时，集中人、财、物力，不惜一切代价进行抢修，应急需要时，可就近采伐行道树，以尽快抢通道路。路桥恢复畅通后，逐级上报采伐行道树情况。

(3)发生重大险情时，风险防范领导小组要做好协调调度工作，对全局的抢排险队伍、物资、机械进行统一调配，确保关键时刻及时有效组织好人员、机械以及抢排险物资。同时，领导小组主要领导要亲赴一线，坐镇指挥，认真做好车辆疏导、滞留人员生活安排，确保人员和车辆安全。

(4)重大险情发生后，及时向当地政府汇报，争取政府支持，发动公路沿线群众或当地驻军进行抢排险工作。

(5)发生重大险情后，尽快通过电台、电视台、网络、报纸等新闻媒体向社会发布道路通阻信息，在明显位置设置绕行标志、禁行标志，并安排专人疏导交通。

(6)上路作业人员进行安全培训，穿着有反光标志的橘红色工作服，严禁酒后上岗。

(7)加强路政巡查，做好阻车路段的交通疏导，对受阻车辆司乘人员进行救助。

4　落实队伍，常备不懈

4.1　抓好恶劣天气情况下风险防范、抢险队伍建设

各工地、厂处、养护工区、站队应做好人员的组织工作，落实好抢险、排险队伍，特别是山区的养路员工恶劣天气情况下随时做好进行抢险、排险准备。进入现场工作时需着带有安全标志的工作服，辖段内临时出现险情要设立警告标志，并积极采取措施，各工地、厂处、站队要排好值班表，逐级落实好责任人。保证落实效果。

4.2 完善通信、照明等应急设备，备足备好防滑物资

坚持"宁可备而不用，不可用而不备"的原则，尽快落实恶劣天气风险防范抢险用水泥、砂石材料、木材、草袋等排险抢险物资，在山岭重丘路段以及连续弯道、背阴、急弯、陡坡等重点路段，要特别准备。运输车辆、装载机、挖掘机、铁锹、铁镐等风险防范机械和工具要按照宁多勿少的原则准备。要求冬季雨雪天气防滑期间各工地、科室、站队主要负责人24h昼夜开机，公路站值班电话做到一旦有紧急情况，能够及时通报。出现恶劣天气能够保证过往车辆顺利畅通。

参考文献

王松根.山东公路养护技术应用与研究[M].北京:人民交通出版社,2005.

自然灾害下公路交通风险防范与救援

张世明

（湖北省随州市公路管理处　随州　441300）

摘　要：自然灾害对人类的威胁随着人类社会的发展而越来越大，公路交通防范自然灾害的管理显得十分重要和迫切。目前，交通公路部门所倡导的“三个服务”，归根结底是要做好公路交通安全畅通，方便广大人民群众安全便捷出行。但由于公路交通对自然灾害的风险防范能力相对薄弱，公路应急能力和水平还有待加强，本文通过公路应急工作实践，总结出从五个方面来加强公路风险防范及应急救援工作。

关键词：自然灾害　公路交通风险　防范　救援

Highway Traffic Risk Prevention and Rescue during Natural Disasters

Zhang Shiming

（Highway Administration Bureau of Suizhou　Suizhou　441300）

Abstract：Natural disasters are posing greater threats to mankind along with social development，which makes the management of highway traffic risk prevention especially important and urgent. Nowadays，the “three service” advocated by the highway authorities boil down to the smooth running and safety of highway transportation so as to make people's travel safer and more convenient. But as highways are relatively vulnerable to natural disasters，the emergence response capability is yet to be strengthened. By drawing on highway emergency response experience，this paper makes five points to strengthen highway risk prevention and emergency rescue work.

Keywords：Natural disasters　Highway traffic risks　Prevention　Rescue

0　引言

进入21世纪以来，科学技术迅猛发展，世界经济进入一个大发展时期，但对全球气候环境的影响也是越来越大。近十年来，突发性的灾害事件也频频发生，疫情、火灾、旱灾、地质灾害、地震、火山爆发及高温、雨雪冰冻、洪水等气象灾害等等聚集了多种风险。例如，2003年SARS的全球性蔓延，2005年美国的卡特里娜飓风，2008年我国南方冰雪灾害以及“5·12”四川汶川特大地震灾难，2009年的甲型H1N1流感流行，2010年的干旱、洪水等这些突发性灾难使得人类强烈地意识到目前的生存环境“危机四伏”。这固然反映出人类承受突发性灾害打击的能力十分脆弱，灾害对人类所造成的破坏越来越大，但也反映出公路交通应对能力欠缺，通过2008年雪灾事件及2010年高温及洪涝灾害事件，暴露出公路交通应对自然灾害上还存在诸多薄弱环节。面对突发的重大自然灾害，面对广大人民群众的生命财产安全受到的威胁，面对紧急救援通道严重受阻或中断，如何消除或减轻灾难所造成的损害，应当成为当前公路交通部门重点关注的问题。

1　公路发展现状及存在的问题

长期以来，公路交通部门应对突发自然灾害，保障公路交通安全畅通方面表现十分出色，也得到社会好评。近年来，尽管我们在实践中锻炼和形成了一套行之有效的公路应急机制，也成功应对并处置了多次有影响的洪水、暴雪等恶劣天气等自然灾害，公路交通应急管理工作取得了一定成效，但实事求是地讲，公路养护管理水平并不高，应急管理体系还不完善，公路风险防范和救援能力有待提高，特别是基层公路应急管理体制、机制还存在诸多问题，主要表现在如下几方面。

1.1 公路交通总体发展水平还不高

当前，制约公路发展的“瓶颈”现象还没有消除，公路的发展与社会需求之间还存在着较大的差距，发展任务还相当艰巨。而如何更好地满足人民群众日益增长的多层次、多样性的公路服务需求与公路养护生产落后仍然是公路部门面临的主要矛盾。主要表现在：一是路网技术等级较低，通行保障能力不足；例如，截止到2009年年底，湖北省公路网等级公路里程达到165 551km，占普通公路总里程的比例高达85.37%，但普通二级以上公路只有17 986km，只占普通公路总里程的9.3%，低于全国平均水平，特别是一级公路仅有1 725km，仅占普通公路总里程的8.9%，普通公路技术等级低，通行能力有限。二是公路网络服务水平不高，应急能力不强。以人为本、以车为本的服务理念尚未深入人心，尚未较好地落实在规划、计划、设计、施工、养护、管理各个环节。现有路网平整度不高，2005年全国公路养护大检查数据显示，我省平整度指数近5.0，而全国平均是2.9。出行信息服务项目功能不健全，制度化的出行信息服务体系尚未建立，服务项目不齐全。三是大部分县乡道路桥涵等基础设施不配套，警告标志、指路标志缺乏。四是县乡公路管养困难，点多，线长，项目小，数量多，路况差，维修保养，效果很差，无法彻底处置。五是公路建设资金不足，自身发展能力不足和支持保障力度不足。

1.2 公路行业管理的基础、效能、水平不适应新形势的需求

一是公路养护管理水平和公路综合服务水平亟待提高。养护管理理念有待更新，“两型”公路、“预防性养护”、“全寿命周期费用最省”、“更好地为公众服务”等理念没有被充分理解和接受，各级管理层不同程度存在追求节省表面、眼前的费用，而没有更多地顾及实质性不利后果和长远不良影响的现象，表面的节省往往导致实质上的浪费，前期的节省经常导致后期付出巨大的代价；二是公路行业特别是基层人才匮乏，人才进入的选择、吸纳缺乏制度保证，高层次、复合型技术人才和管理人才尤其缺乏，公路职工文化素质偏低，接受新工艺、新技术、新材料的能力较弱；三是养护机械化水平还不高，大部分日常养护采用手工作业，养护成本高、效率低、质量差，全省日常养护设备原值仅3 000余万元，养护机械设备、保通机械严重不足，职工劳动强度很大，很难适应发展新形势；四是公路管理站等基础设施还十分落后，升级改造跟不上，已有公路管理站站房大部分设施陈旧、面积狭小、分布过散，道班工人工作生活环境的全面、彻底改善仍然任重而道远；五是养护资金匮乏，“养路难养人，养人难养路”局面普遍存在。根据湖北省公路养护定额测算，普通公路列养干支线每年小修保养费用约9.15亿元，但“十一五”期间每年预算基数仅为4.7亿元，仅此一项缺口就达4亿多元，小修保养资金不足，导致路面养护不到位，各项预防性养护措施难以正常开展，同时大中修数量不足，路况急剧恶化，部分支线路面退化成砂石路，GBM工程难以全面配套实施。

2 公路应急工作现状及存在的问题

2.1 公路应急救援机构建设和人员配备不到位

自2008年以后，虽然各级公路交通部门才开始自上而下地按照“统一领导、分级负责、条块结合、属地为主”的原则，组建“指挥统一、反应灵敏、协调有序、运转高效”的应急管理机构，但应急管理长效机制还未形成，实际上许多地方尚未组建公路交通应急管理机构或者组建没有真正落实，当然也就没有配备专职人员，日常应急事务、信息汇总、培训指导、综合协调等职能全都挂靠有关科室；由于缺乏资金支持，各项应急救援物资储备和防护器材的日常维护管理工作也没有很好地落实，应急抢险设备种类不全、数量不足，应急抢险物资储备不充分，应急抢险演练未形成常态，应急抢险经验普遍不足，各种隐患排查、预防性安全检查等工作也是走过场，造声势，公路应急管理工作实际上远没有真正落实。

2.2 应急救援管理评估和统计分析工作有待加强

这项工作根本没有做或做得很少，有的是年底做一些工作总结之类，平时每起较大事故都做认真评估的寥寥无几，应急管理统计分析工作就更有待完善或加强了。

2.3 应急管理资金投入力度不够

有些地方政府因资金困难,未把应急救援经费纳入预算,影响救援工作及其相关工作。

2.4 公路应急反应不快

有很多公路水毁损失是由于部分地区应急反应迟缓、应急措施不得力造成的。一是没有建立完善的应急报告机制;二是掉以轻心,应急措施不力;三是对应急处置后续工作不重视。

2.5 政府之间协作不够

有的地区和部门没有加强沟通协调,不能正确理顺关系、明确具体职责、搞好条块之间的衔接和配合;有的地区和部门没有建立和完善应对突发公共事件部际联席会议制度,没有定期研究解决有关问题;有的地区和部门领导干部缺乏处置突发公共事件的能力。

2.6 社会参与程度不高

自然灾害也属于公共危机,克服公共危机,没有社会力量的参与是不可想象的,而事实上社会力量参与度明显不高,其原因主要有二:一是社会对自然灾害危机意识淡薄;二是对自然灾害等公共危机的基本特征认识不够。

3 公路交通自然灾害风险防范及救援策略

如何解决上述问题和困难,加强或改进自然灾害下公路交通风险防范和救援,我认为,应着重从以下几个方面来进行考虑和解决。

3.1 大力提高公路综合服务水平,完善交通发展各项规划

科学发展观最重要的就是要用科学、发展的眼光来看问题,所以,我们在路网规划、线路的改建扩建中及其他灾害防治工程项目实施过程中,同样要眼光长远,要坚持科学评估和规划先行的原则,要确立“更好地为公众服务”的新价值观,坚持“以人为本,以车为本”的服务理念,树立“环境友好,资源节约”的两型公路理念,在公路选线、路基的防护工程等方面下工夫,在设计的深度上下工夫,应充分考虑公路抗御自然灾害的能力,尽量对不良地质、水文地段能避的避,能让的让,对需要补强设计的做补强设计,需要做防护设计的做防护设计,同时应重点考虑养护与管理、工程设施配套、公路环境保护等方面的工作,不能再无休止地破坏环境了。虽然前期的改建费用增大了,但对后期的运行、养护管理、使用寿命奠定了基础,不仅节省财力物力,更重要的是统筹考虑会更为科学和合理。因此,将公路配套设施与养护、公路用地、料场选址、安全环保等后继工作考虑进去,融入设计之中,我觉得是今后公路自然灾害风险防范的一个必然方向。

3.2 建立健全公路应急保通管理体系

一是要加强应急保通工作领导,建立路网管理与应急处置中心,提高应急处置能力,成立各级公路应急保通领导机构和常设办事机构,配备专职工作人员,履行值守应急、信息汇总和综合协调职责,积极做好各项自然灾害应对工作。将公路应急保通领导机构固定下来,以便在自然灾害发生后,能够及时明确任务,落实责任,周密组织,科学安排。二是完善路况信息上报制度。及时、准确地向各新闻媒体发布路况信息,认真做好收集、统计、汇总灾情信息,通过电视、广播、网络等多种渠道,在第一时间将重要灾情信息向社会公告,为广大出行群众和运输企业提供准确、及时路况信息。三是完善应急防范应对工作,进一步深化安全隐患排查治理,加强对重点水域、河流、渡口渡船、危化品运输、重点路段、桥梁、重点交通建设工程安全检查,建立风险数据库,实行分类分级动态监控,并落实综合治理措施。四是推进公路政务信息公开,完善新闻发布和信息公布制度。

3.3 建立公路风险防范应急保通长效机制

部门之间良性的沟通协调和联动机制,形成高度集中的应急指挥调度合力,是确保公路应急保通各项工作贯彻落实的基本要求。公路应急保通工作任务重,关系复杂,需要各部门有高度的协调和配合意识,建立长效机制的目的就是要在发生影响交通的突发性事件后能在最短的时间以最快的速度调配人力、物力,尽快恢复交通,尽快打通紧急救援通道。

3.3.1 加强与地方政府的协调配合力度

交通基础设施是国民经济的大动脉，一旦出现重大自然灾害和冰冻雨雪天气，造成交通中断后，就目前公路安全畅通保障方面的技术力量、物资储备等方面条件来看，仅仅靠公路部门的全力投入尚不能够有效保障公路安全畅通，需要各级政府动员全社会的力量，才能迅速而广泛地恢复交通。政府有巨大的权力，有巨大的资源调配能力，而且政府在许多场合下，都是各种活动和运作制度和规则的制订者，所以搞好与地方政府的密切配合是切实做好公路安全畅通工作的一个重要方面。

3.3.2 建立健全高效统一的应急预案

公路风险防范应急长效机制应当是一个立足现实、针对性强的机制，因此在建立公路应急预案的过程中，首先应充分考虑到公路交通的重要作用，考虑公路应急工作应当具备的机械设备、人力、物料等因素，同时还应充分考虑到社会发展等因素，切实使公路应急工作有章可循。第二，加大投入力度，完善保障应急保通工作中所需要的一切抢险机械设备，充实必要的技术和物资储备，以便在自然灾害发生后，公路交通部门能够立即组织抢修或修筑临时便道、便桥，尽一切可能确保公路运输安全畅通。三是建立一支专业化的应急保通队伍，定期或不定期抽查应急保障人员、机械、物资、保障资金、险山危桥路段，加强公路救援、应急处治的业务培训和模拟演练，提高公路安全救援与应急反应能力，在公路安全和自然灾害面前做到反应迅速、处治高效、保障有力。四是进一步提高公路安全畅通应急反应和服务水平。依靠先进科学的技术手段，建立和健全覆盖所辖高速、国道干线公路的灾害防治、应急机构和应急事件的预警、处置机制，公路水毁实行现场拍摄存档，网络实行专递信息，小型水毁即时抢通，大型水毁公告绕道，突出抓好恶劣天气下公路安全通行保障和服务工作，尽可能减少突发事件、公路灾害对社会经济、人民生命财产安全造成的损失。

3.3.3 提高公路职工应急保通责任意识

公路应急保通是新时代下公路人的一项重要使命，要树立养护是服务和保通，管理也是服务和保通的思想。在工作中根据不同的路段、不同路段的不同病害划分责任路段，真正做到措施到位、责任到人。在公路抗灾面前要身先士卒，奋勇争先，领导要靠前指挥，恪尽职守，不怕困难，顽强拼搏，用艰辛和真情进一步弘扬养护职工“铺路石”精神。

3.4 完善和加强养护机械设备的配套

目前，公路养护存在的一个普遍而突出的问题就是养护设备陈旧落后，养护机械不配套，抵御自然灾害、抗灾保通能力弱，在发生突发事件、地质灾害等导致交通中断的情况下，难以及时疏通道路。

3.5 组建专业化公路应急保障队伍

目前，公路养护人员素质偏低，一线养护人员数量偏少，已远不能适应公路和养护科学化、机械化、专业化发展的要求，在很大程度上影响着公路养护事业的发展。因此，全面提升职工的业务技能和工作水平，组建一支专业化应急保通队伍刻不容缓。

一是建立完善全方位的教育培训体系，重点抓好当前急需的应用型、复合型员工的培养，分批、分阶段地对技术人员、管理人员、专业机械操作人员、维修人员等进行培训，从而使各类岗位上的人员素质进一步提高，尽快适应需求。

二是建立与高等院校、科研机构、优势企业协作机制，运用“走出去”、“请进来”的办法，实现优势互补，逐步提高员工队伍整体素质。

三是加大应急演练工作力度。潜心研究演练方案，并在演练内容、方法、规模和效果上下工夫，不搞形式，不走过场，真正把应急演练当成安全事故来对待。

参考文献

[1] 刘燕华，葛全胜，等. 风险管理——新世纪的挑战[M]. 北京：气象出版社，2005.

[2] 王绍玉，冯百侠. 城市灾害应急与管理[M]. 重庆：重庆出版社，2005.

[3] 孙国庆. 我国公路交通科技发展的战略思考[J]. 综合评述，2004，4(4).

公路应急与自然灾害浅议

耿振云　尤荣军

（山东省枣庄市公路管理局　枣庄　277800）

摘　要： 公路交通应急是当前社会的热点问题，特别是在自然灾害应急处置当中具有重要地位和作用，党和国家的重视程度也越来越高。交通运输部2009年4月出台了《公路交通突发事件应急预案》，各项工作做了部署，结合本人在基层单位工作实际，对公路应急与减少自然灾害损失，完善应急管理提些浅见。

关键词： 应急管理　自然灾害

Discussion on Road Emergency and Natural Disasters

Geng Zhenyun　You Rongjun

（Highway Administration Bureau of Zaozhuang in Shandong province　Zaozhuang　277800）

Abstract: Highway traffic emergency response is a hotspot issue, and it is of special significance in the emergency response of natural disasters, which attracts more and more attention from the Party and the Government. The Ministry of Transport issued the Plan on the Emergency Response of Highway Traffic, and made plans for all kinds of work concerned. By taking into account the author's work experience at the local level, this paper made some proposals on highway emergency response, reducing the loss caused by natural disasters and improving emergency management.

Keywords: Emergency management　Natural disasters

0　引言

自然灾害是指给人类生存带来危害或损害人类生活环境的自然现象，自然灾害的成因是自然的变化，但人类的活动可能诱发许多自然灾害的发生或者加重自然灾害的程度，也能减少甚至避免自然灾害的发生及其造成的损失。我国是世界上自然灾害发生最为严重的国家之一，灾害种类多，发生频率高，分布区域广，造成损失大，如何减少损失完善公路应急管理是我们当前的重要工作。

1　自然灾害概况

2008年5月12日我国汶川发生里氏8.0级特大地震，重灾面积超过10万km^2，涉及6个市、州，88个县市区，1 204个乡镇，遇难69 227人，受伤374 643人，失踪17 923人，直接经济损失超过1万亿。因为公路遭到严重破坏，道路不通，很大程度上延迟了救援人员与物资的到达时间，从而间接地增加了人员伤亡、财产损失程度。

2008年我国南方发生了严重雪灾，公路交通受阻，电力中断，房屋倒塌，给人民群众生命、财产造成重大损失，因灾死亡129人，失踪4人，直接经济损失1 516.5亿，其中湖南、湖北、贵州、广西、江西、安徽、四川7个省受灾严重、道路结冰、积雪严重，不能通行，此时正逢春运期间，大量旅客滞留站场港埠，不少地区供电中断，通信、供水、取暖均受到不同程度影响，由于救灾物资、救援人员不能及时到达，抢险困难，加重了自然灾害的严重性。

上述自然灾害的发生，有关部门启动了应急抢险预案，能够及时组织和引导当地群众、民警参加到救灾的活动中来，利用现代通信技术，建立有效的应急指挥系统和资源共享网络，在自然灾害应急管理方面发挥了重要作用，使灾情得到很好的救援，损失降低到了最小程度。显然在抢险救援过程中公路交通起着关键作用，直接、间接地影响自然灾害的破坏程度。面对自然灾害，如何保证公路畅通，一旦受到破坏能及时最快恢复通行、最大限度地减少自然灾害带来的损失，是我们公路应急管理中的重中之重。下面从基层角度就公路应急管理提些浅见。

2 建立预防制度

尽管我们建立了公路应急预案，在自然灾害面前发挥了重要作用。如果我们建立了预防制度，对各种自然灾害造成的后果有所准备，层层提防、预测评估，制订预防规范化措施，加强现代化自然灾害监测建设，建立预测预警网络，在交通枢纽、重要国道、高速公路等关键路段增加监测，特别是路面温度、积雪、结冰、破坏、堵塞等重要因素的监测，为防灾、减灾提供准确信息，制订正确预防措施，就能提高基层单位抵御各种自然灾害的能力。

3 建立检查制度

公路应急管理应建立检查制度。检查制度的建立能发现地方基层单位公路应急落实是否到位、落实到何种程度，措施是否到位、合理、有效，物资是否配齐，责任、权利、义务是否明确，应急机制是否健全，在面对突发自然灾害之时，能否最大限度地发挥公路部门救灾力量，迅速的形成保障公路通行的能力，有效地降低灾害所带来的损失。

定期检查与据情检查相结合，管理制度检查与实际路况检查同时进行，既提高了基层公路应急管理能力，又能及时发现各路段存在的隐患，提前除险，提升公路抵御自然灾害的能力，保证公路免受破坏。

4 公路应急管理的落实与保障

一项公路应急任务可能涉及物资、人员、机具、设备、运输等方面，各方面落实要得到保障，就必须加强宣传公路应急在战胜自然灾害中发挥的作用，了解自然灾害的严重性、破坏性、危害性，强化危机意识，建立广泛有效的全员机制，提高全员认识高度，充分发挥全员力量是提高应急保障能力的重要手段。面对自然灾害的公路应急管理，基层单位普遍缺乏危机管理意识，缺乏正确处置灾害的态度，缺乏物资准备、办公设备、交通工具等，一旦发生自然灾害就不知所措，不能很好的应对，造成人、财、物损失的扩大，因此在提高全员应急意识的同时，还必须配齐实施应急管理的一切设施，才能保证公路应急落实到位，提高基层公路应急能力，完善公路应急管理。

5 建立应急组织体系

公路应急在自然灾害及其他重大事件救援中的重要性，使得公路应急管理必须靠完善的组织体系来实现其持续、高效运转。我国目前尽管设立了公路交通应急组织，但组织体系并不完善，基层单位尚未设置应急人员，管理体系缺乏网点，在建立公路应急预案落实措施时存在盲点，一旦突发自然灾害，公路应急就缺乏早期应急处置方案，导致自然灾害破坏扩大，此时就必须花更大的精力、人力、物力去抢险方可完成，因此组织体系必须涉及各基层、各角落、各网点，形成一套自上而下统一指挥的完善的组织体系，在面对自然灾害时，就能及早制订应急措施，限制灾害破坏程度的扩大，甚至避免灾害破坏的发生。

6 加强公路应急管理的法律、法规建设

自然灾害管理立法规定了政府在自然灾害管理中的行为、权力及责任，那么公路应急也应建立法律、法规，明确其在自然灾害应急管理中的行为、权力及责任，并用一定的强制手段约束其行为，促使其履行自然灾

害应急管理的各项职责，通过一套完备的法律、法规，有效地保障公路部门治理危机时的合法性，切实维护人民的利益免受损坏；避免应急管理中的随意性、盲目性，发生违法、违规行为时能依法追究其罪责；提高全员战胜自然灾害的责任心、责任感，保证公路畅通，使救灾物资、抢险人员及时到达受灾地，保证受灾的人民群众得到及时救援。

总之，要提高公路应急能力，在面对未知的各种自然灾害中充分发挥公路交通生命线的作用，我们就必须认真研究，结合我国国情，充分考虑我国复杂的地理条件以及本地区、基层单位的环境、特点，制订出完善的公路应急管理工作，并做好相关的组织与保障工作，就必能战胜各种自然灾害，突显公路应急管理的力量。

我国公路工程建设安全生产管理现状与控制措施

周 伟 赵 峰

（山东省枣庄市公路管理局 枣庄 277800）

摘 要：在公路建设中，安全生产已成为公路建设永恒的主题。公路建设沿线地质条件复杂多变，施工工艺繁杂，施工周期长，受自然和人为因素影响大，诸多因素都严重威胁施工人员的身体健康与人身安全，本文通过分析公路工程建设安全生产管理现状及各项控制措施的实现，保障公路工程施工过程安全生产，保障人民生命财产安全。

关键词：公路工程建设 安全生产现状 控制措施

On the Current Situation of Safety Management and Control Measures in China's Highway Construction Projects

Zhou Wei Zhao Feng

（Highway Administration Bureau of Zaozhuang in ShanDong Province Zaozhuang 277800）

Abstract：Safety in the construction site is a permanent topic in highway construction. Due to complex and precarious geological conditions along the highways, complex construction procedures and long duration, many natural and man-made factors are all affecting the construction, which poses grave threat to the health and safety of highway builders. By analyzing the current situation of safety management, this paper makes the point that by realizing all the control measures, we can guarantee safety in the highway construction site and the safety of people's lives and property

Keywords：Highway project construction Current situation of workplace safety Control measures.

0 引言

安全生产是公路工程建设永恒的主题，是保证企业稳定和发展的基础。我国的公路工程建设安全生产管理水平比以前有了大幅度的提高，安全状况得到了很大程度的改善，然而由于政治、经济、文化等发展水平所限，目前我国公路工程建设在安全生产管理工作方面还存在不少问题。笔者现在从公路工程建设安全生产管理现状作一探讨。

1 公路工程建设安全生产管理现状

1.1 法律法规方面

公路工程建设相关的安全生产法律法规还有待于进一步完善。1997 年实施的《中华人民共和国建筑法》、2004 年施行的《建设工程安全生产管理条例》、2007 年 3 月 1 日起施行的《公路水运工程安全生产监督管理办法》(2007 年交通部第 1 号令)，无疑将对规范我国建筑市场，加强我国公路工程建设安全生产起到积极作用。但必须承认的是，随着社会的发展，这些法律法规已暴露出不少缺陷和问题。与工业发达国家相比存在的差距是：建设工程法律法规的可操作性差；法律法规体系不健全，部分法律法规还存在着重复和交叉等问题。

1.2 政府监管方面

公路工程建设的安全生产监督管理基本上还停留在突击性的安全生产大检查上，缺少日常的监督管理制度和措施。监管体系不够缜密、完善;安全专用资金,不能真正落实到安全生产上;安全监管队伍薄弱,监管力度不够;管理手段落后,不能适应市场经济发展的要求。

1.3 企业安全管理方面

随着改革的深入和经济的快速发展,公路工程建设进入市场化运作,参与公路工程建设生产经营单位的经济成分及投资主体日趋多元化。以至于大部分企业安全生产管理水平良莠不齐。一些施工企业安全生产投入不足,基础薄弱,企业违背客观规律,一味强调施工进度,轻视安全生产,蛮干、乱干,抢工期,在侥幸中求安全的现象相当普遍;有些施工企业过分注意经济效益,忽视安全监管,加之当前各级机构改革使安全监督管理队伍发生较大变化,有些生产经营单位甚至取消合并了安全管理机构和专业安全管理人员,致使安全生产监督力量更加薄弱。

1.4 安全教育方面

目前,大量的农村劳动力成为公路工程建设行业施工一线的主力军。当然,农民工参与公路工程建设不仅是完成大规模施工任务和促进行业发展的需要,也是增加农民收入,促进城乡统筹发展,改变城乡二元经济结构的重要途径。然而,在这 3 000 多万从业人员中,农民工比例占到近 58%,有的施工现场甚至 90%都是农民工,其安全防护意识和操作技能低下,而职业技能的培训却远远不够。据有关方面统计,农民工经过培训取得职业技能岗位证书的只有 74 万人。其次,全行业技术、管理人员偏少。技术人员仅占 5.3%,管理人员仅占 4.9%。最后,服务于安全生产管理的专职安全管理人员更少,远远达不到工程建设安全生产管理的需要。

近年来,科学技术含量高、施工难度大和施工危险性大的工程增多,给公路工程建设安全生产管理提出了新课题、新挑战。一大批高、大、精、尖工程的出现,都使施工难度、危险性增大。高等教育中与公路工程建设安全相关的技术教育和安全系统工程专业学科很少;开展工程安全研究的科研机构较少,人才、科技支撑不足。

1.5 危险度评价、危险源预测和评估

预防,是实现公路建设工程安全生产的基本保障。通过开展危险度评价、危险源的预测和安全现状评估,企业可以掌握危险源的数量、状况和分布情况,提高对重大危险源监控、预警能力。经过查实的问题,可以督促企业制订整改计划,落实整改措施;对构成重大安全隐患的,依法责令整改或停产整顿。可以更加充分有力地督促企业加大安全投入,建立和完善实时监控设备设施,增强预防能力,完善应急救援预案和组织体系,提高突发事故处理能力。

1.6 “诚信制度”和“意外伤害保险制度”建设

按照市场经济客观规律,运用市场信誉杠杆,建立发育的保险市场,是市场经济安全生产管理的重要手段。目前我国公路建设的“诚信制度”和“意外伤害保险制度”的发展与发达国家差距很大,企业安全生产信誉与市场准入、清出脱节,意外伤害保险开展缓慢,已纳入保险的工程项目比较少,不适应建立市场经济的客观要求。

2 公路工程施工安全生产的主要控制措施

近年来,在党中央、国务院的正确领导下,在各地区、各部门的共同努力下,全国安全生产形势趋于好转。在中国共产党第十七次全国代表大会的报告中,胡锦涛总书记强调:安全生产关系群众切身利益,要站在推进改善民生为重点的社会建设的高度,坚持安全发展,强化安全生产管理制度和监督,有效遏制重特大安全事故,保障人民生命财产安全。作为公路工程建设施工企业,不仅要高标准、高质量地完成建设任务,同时必须落实好对工程施工过程安全生产的全方位控制。

2.1 建立健全安全管理规章制度体系

建立健全安全管理规章制度是生产经营单位的法定责任。安全规章制度是生产经营单位有效防范安全风险,保障从业人员安全和健康,加强安全生产管理的重要措施。

在长期的生产活动中，施工单位积累了安全风险防范对策和措施，这些措施只有形成安全规章制度，才能有效地继承和发扬。只要每个施工企业依据的自身特点，认真策划，建立严密、完整、有效地安全管理规章制度体系，并按照体系的运行，管理生产经营过程中的安全工作，生产经营单位的安全生产工作就有了基本保障。因此，只有通过安全规章制度的约束才能防止施工单位安全管理的随意性，才能使从业人员明确自己的权利和义务，为从业人员在生产经营过程中遵章守纪提供明确的标准和依据。

2.2 建立完善的安全生产责任制

安全生产责任制是生产单位岗位责任制和经济责任制的重要组成部分，是生产经营单位最基本的安全制度，是各项安全生产规章制度的核心。安全生产责任制的实质是“安全生产，人人有责”。安全生产责任制的核心是切实加强安全生产的领导，建立起以政府、部门、企业主要领导为第一责任人的责任制。安全生产责任制要贯彻“预防为主”的原则。安全生产责任制要求企业各级生产领导在安全生产方面要“对上级负责，对职工负责，对自己负责”。

建立一个完善的安全生产责任制的总要求是：横向到边、纵向到底，并由生产经营单位的主要负责人组织建立。把安全生产的责任落实到每个环节、每个岗位、每个人，从而增强各级管理人员的责任心，使安全管理工作既做到责任明确，又相互协调配合，共同努力把安全生产工作真正落到实处。

2.3 建立健全公路工程施工安全管理组织保障体系

安全生产管理必须有组织上的保障，否则安全生产管理工作就无从谈起。组织保障主要包括两方面：一是安全生产管理机构的保障；二是安全生产管理人员的保障。

建立并完善公路施工企业的安全管理组织机构和安全生产管理人员配置，保证各类安全生产管理制度能认真贯彻执行，组织生产经营单位内部各种安全检查活动，负责日常安全检查，及时整改各种事故隐患，监督各项安全生产责任制的落实。坚持管生产必须管安全的责任制原则，明确各级部门主要负责人为安全生产第一责任人。在落实安全生产管理机构和人员配置后，还需建立各级机构和人员安全生产责任制。

2.4 安全生产投入与安全安全生产风险抵押金

保证必要的安全生产投入是实现安全生产的重要基础。公路工程施工企业必须安排适当的资金，用于改善安全设施，进行安全培训，更新安全技术装备、器材、仪器、仪表及其他安全生产设备设施，以达到规定的安全生产条件。公路工程施工企业要建立健全安全生产投入的长效保障机制，制订安全生产费用提取和使用计划，并纳入企业全面预算，从资金和设施装备等物质方面保障安全生产工作正常进行，也是安全管理措施的一项内容。

为强化安全生产意识，落实安全生产责任，还需要建立风险抵押机制，存储一定数额的安全生产风险抵押金，专项用于兑现安全生产责任奖惩，以强化全员安全生产责任意识。

2.5 编制安全技术措施计划

生产经营单位为了保证安全资金的有效投入，应当编制安全技术措施计划。安全技术措施计划是财务计划的一个组成部分，是改善生产经营单位生产条件，有效防止事故和职业病的重要保证制度。

安全技术措施计划的核心是安全技术措施。防止事故发生的安全技术措施有消除危险源、隔离、限制能量或危险物质等；减少事故损失的安全技术措施有隔离、设置薄弱环节、个体防护、避难与救援等；安装安全监控系统也是防止事故发生和减少事故损失的安全技术措施，是发现系统故障和异常的重要手段。

2.6 教育与培训

安全教育培训工作是贯彻“安全第一、预防为主、综合治理”安全生产方针，实现安全生产和文明生产，提高员工安全意识和安全素质，防止产生不安全行为，减少人为失误的重要途径。进行安全生产教育，首先要提高生产经营单位管理者及员工的安全生产责任感和自觉性，认真学习有关安全生产的法律、法规和安全生产基本知识；其次是普及和提高员工的安全技术知识，增强安全操作技能，强化安全意识，从而保护自己和他人的安全与健康。公路施工单位的主要负责人、项目负责人、安全生产管理人员和施工现场的一线操作人员，都必须接受相应的安全生产教育和培训，保证他们具备必要的安全生产知识，熟悉有关的安全生产规章制度和安全操作规程，掌握本岗位的安全操作技能。从事特种作业的人员必须取得《特种作业人员操作证》后方可上岗。未经安全生产教育和培训合格的人员，不得上岗作业。

2.7 实施建设项目“三同时”制度

建设项目“三同时”是生产经营单位安全生产的重要保障措施，是一种事前保障措施。它对贯彻落实“安全第一、预防为主、综合治理”方针，改善劳动者的劳动条件，防止发生工伤事故，促进经济发展，具有重要的意义。“三同时”是安全生产监管机构实施安全卫生监督管理的主要内容，是一项根本性的基础工作，也是有效消除和控制建设项目中危险、有害因素的根本措施。

2.8 安全生产监督与日常检查

安全管理要坚持动态管理的原则，安全管理措施的动态表现就是监督与检查。通过安全生产监督检查，确定其存在状态以及转化为事故的条件，以便制订整改措施，消除隐患和危险有害因素，保证各层面的安全教育和培训能正常有效地进行，保证本单位安全生产投入的有效实施，保证本单位安全设施、安全技术装备能正常发挥作用。同时，还应经常进行安全分析，对发生过的事故或未遂事件、故障、异常工艺条件和操作失误等，应做详细记录和原因分析，并找出改进措施。

2.9 加大科技投入，推进科学施工安全技术

要解决影响安全生产的重大科技问题，就必须增加科技投入，提高安全防范能力。从源头抓起，从基础管理抓起，创立全过程信息沟通。建立企业的科学施工技术标准、操作工法，建立施工过程结构安全的监控手段与方法。加大安全科技教育力度，建立健全相关制度，认真落实安全技术交底制度，有针对性地提出各个施工阶段的安全要求，保证安全教育普及到施工现场的每位员工，尤其是一线操作工人，增强安全及自我防范意识。对专职安全人员进行上岗培训，实行注册上岗。

2.10 加强安全文化建设，强化安全意识实现安全观念规范化

提高全员安全素质，建立并完善安全管理的思想意识体系。欲求同心，先求同识。现代化安全管理理念认为，生产事故的发生虽然有其突发性和偶然性，但事故是可以预测、预防和控制的。预防为主是现代化安全管理的基本原则。提高认识，完善安全管理措施，采取科学的施工技术，我们相信，除人力不可抗拒的自然灾害外，通过我们的努力，所有事故都应当可以预防；任何隐患都应当可以控制。

3 结语

公路工程施工的安全管理是一项系统工程，涉及企业的方方面面，需要全体员工的共同努力，创造性地开展工作，才能切实履行好职责，只要我们思想重视、措施得力、评价科学、严格管理，就一定能做好安全生产工作。

参 考 文 献

[1] 赵之仲.公路水运工程安全生产项目管理[M].北京:中国矿业大学出版社,2008.
[2] 山东省交通厅公路局安委会.安全管理工作手册.2004.
[3] 姜竹生.进一步加强全省公路水运工程安全监管工作.2009.

城市道路铲冰除雪的实践与思考

——以北京市2010年元旦期间降雪应对工作为例

李海义　季学伟

（北京市交通委员会　北京　100053）

摘　要：本文以北京市2010年元旦期间降雪应对工作为例，阐述了城市道路铲冰除雪的实践经验与思考。在应急体系上，总结出了“分片包干”的做法、“专项指挥部”的体制、“预案融合”的思想等创新理念。在信息沟通上，强调了信息发布和信息沟通的重要性。在运行保畅上，介绍了统筹道路通畅保障、统筹运输服务保障、做好重点地区保障等具体做法。在具体措施落实上，提出了“政府主导”与“社会参与”、“堵”与“疏”、“机械除雪”与“融雪剂除雪”的三结合思想。

关键词：铲冰除雪　应急体系　信息沟通　运行保畅

Practices and Reflection on Icebreaking and Snow Sweeping on Urban Highways

——Take Beijing's Snow Response during the New Year of 2010 as an Example

Li Haiyi　Ji Xuewei

(Beijing Municipal Commission of Transport　Beijing　100053)

Abstract: By taking Beijing's response to snow during the New Year of 2010 as an example, this paper illustrates the practice and the reflection on icebreaking and snow sweeping on urban roads. With regard to emergency response mechanism, this essay sums up some innovative ideas, including "dividing up responsibilities among individuals or small groups", the special commander department mechanism, and the integration of preplans. With regard to communication, this paper stresses the importance of information disclosure and communication. In guaranteeing the smooth running of urban roads, this paper introduces some concrete measures including guaranteeing the smooth running of the roads and transportation through overall planning, giving special focus to key regions and so on. As for the implementation, this paper proposes the idea of combing government effort and public participation, combing "plugging" with "channeling" and combing machines with snow melting agent for deicing.

Keywords: Icebreaking and Deicing　Emergency response mechanism　Communication　Smooth running

0　引言

2010年新年伊始，一场暴雪突袭北京。北京市交通行业在市委、市政府的坚强领导下，迅速启动应急机制，积极应对，科学决策，果断处置，交通运行和应急保障能力经受住了考验，获得了宝贵经验，得到了国内外媒体和广大市民的充分肯定和一致好评。

1　基本情况

2010年1月2～3日，本市普降暴雪，全市平均降雪量10.6mm，城区平均降雪量12.9mm，最大降雪量27.3mm，降雪量创1951年以来同期最大日降雪量历史记录。雪后出现大风降温天气，最低气温达－16℃，突破历史同期极值。此次降雪恰逢元旦假期，持续时间长，降雪量大，雪后气温低，次生衍生灾害多，给首都交通保障工作带来了巨大压力。1月3日，首都机场航班延误91.1%，公交运营企业共有34条公交线路采取了停驶、绕行、发区间车等措施，占全部运营线路的5.1%，省际客运共有199条线路、594个班次停运，八达岭高速、110国道因强降雪造成拥堵，部分车辆滞留。1月4日，天然气日用气量再创新高，出现供应危机。

针对此次罕见的强降雪降温天气，全市交通系统积极响应，连续奋战，妥善处置了八达岭高速路拥堵、110国道拥堵、首都机场与延庆S2线乘客滞留、延庆县天然气供应紧张等突发情况，最大限度地确保了全市道路运行畅通、市民出行正常有序、物资供应充足平稳。

2 在应急体系上"寻突破"

以完善应急体系为"突破口"，强调领导靠前指挥的引领作用，强化落实"一案三制"的核心地位，稳步推进交通应急管理从单纯的应急管理向应急管理与保障城市交通安全运行相结合转变。

2.1 "分片包干"的做法保证了处突快速有效

应急决策是一种非常态决策，能够直接体现各级领导的执政能力。在本次降雪的交通保卫战中，市政府黄卫副市长、周正宇副秘书长，市交通委刘小明主任等领导高度重视，深入研究，迅速实时掌握天气变化情况，做出科学的分析与判断，及时确定有效的决策方案，并迅速部署，亲临一线指挥。为了保障责任能够落实到岗、落实到人，交通行业还采取了将责任范围分区划片，由各级领导"分片包干"的做法，从根本上保证了交通行业应对工作的圆满成功。

2.2 "专项指挥部"的体制保证了打破条块分割

顺畅协调的体制和科学运转的机制是有效预防和高效处置突发事件的有力保障。经过几年努力，北京市交通应急管理体制、机制日趋完善，建立了由41家成员单位组成的北京市交通安全应急指挥部，统筹协调各类交通突发事件的应急处置。指挥部体制打破了传统的条块分割，确保了多部门高效联动，在此次雪灾应对与城市交通运行保障工作中发挥了突出作用。例如，指挥部办公室联系气象部门实时获取天气信息，会同宣传部门及时发布雪天出行信息，联合交管部门做好高速公路封闭、道路交通管制，协调当地驻京部队协助解决八达岭高速拥堵等。

2.3 "预案融合"的思想保证了增强应变能力

一方面，努力实现应急预案编制的日常化、社会化、实效化，2007年编制发布了《北京市雪天道路交通保障应急预案》，并结合客流、货流、车流的变化情况进行逐年修订。另一方面，针对传统预案不能很好的适应容易出现衍生、次生等链式效应的"复合性突发事件"和不可预料的"偶发性事件"问题，提出"预案融合"的思想，就是编制预案时预留可拓展的"接口"，确保可以因时因事而进行延伸。例如，为建立应对八达岭高速拥堵问题的长效机制，仅用一周时间就在原有预案的基础上衍生出《八达岭高速公路、110国道雪天应急抢险工作实施方案》。

3 在信息沟通上"两手抓"

及时透明的向公众发布信息是稳定人心的基石，实时共享部门间的信息是统筹应对危机的保障。因此，在信息工作上，强化"丢信息就是丢饭碗"的思想，一手抓信息发布，一手抓信息互联互通。

3.1 抓信息发布，保证及时透明

在指挥部体制的统筹下，做到各部门协调一致，形成了权威、统一的信息出口，及时精确地向公众传递雪天交通运行信息，让公众有效配合政府，使应急工作收到事半功倍之效。协调公安交管部门发布各类交通诱导信息3 000余条、直播路况信息90次，安排长途汽车场站随时向滞留乘客通报客车开行情况，要求公交、地铁运营企业提前将调整的行车计划向公众公布，并联系媒体采用网站、电台、电视台、报纸等多种手段辅助信息的传播，从而最大限度地保障了公众对出行信息的知情权，确保了信息的双向对称。

3.2 抓信息共享,实现互联共享

建立了与其他部门之间互联互通、实时充分共享的信息交换机制,实行24小时应急值守,并借助政务专网、800M手台等多种方式确保信息时时畅通、处处畅通。市气象台于降雪前48小时和12小时两次提前发出了北京市将有明显降雪和雪后强降温天气的重要天气预报,市应急办也对此向有关部门作了专门部署。交通部门随即以市交通安全应急指挥部办公室的名义分别于12月31日和1月2日中午向成员单位下发通知,通报天气情况,提前部署好了有关道路铲冰除雪保畅工作。

4 在运行保畅上,构建"三保障"

在确保交通运行平稳上,处理好"整体"与"局部"的关系,按照"统筹兼顾保重点"的原则,着力做好"两个统筹、一个重点"。

4.1 统筹道路通畅保障

遵循"即时除雪"的原则,按照"先出京、后进京"、"先打开一条路,再向两边扩展"的顺序进行道路除雪作业。交通、环卫等专业处置力量打破常规,连续奋战,科学优化道路除雪,周密部署积雪消纳,在雪停30个小时内,实现了长安街、二环路、三环路、四环路、五环路、五环路以内的各城市道路、放射线路段全部畅通;机场、京通等8条高速公路全线畅通,其余8条高速公路均至少有两条车道保持畅通;主要公路均保持畅通。

4.2 统筹运输服务保障

遵循"公交优先"的原则,按照"优先保障公交、地铁线路畅通"、"乘车安全第一"的要求确保运输服务安全有序。公交运营企业采取了严格执行雪天行车计划,加强行车检查,强化驾乘人员雪天安全服务意识,成立保驾分队等措施,保障公交车准点、安全运营。地铁运营企业采取了通宵送电、发轧道车、安排专人清扫道岔、撒布融雪剂、铺设防滑垫、设施防滑指示牌等措施防止地面线路雪水冰冻和乘客乘车滑倒。1月4日全天全市共投入公交车2.2万辆,2日晚至5日16时加开地铁临客134列,有力保障了市民出行。

4.3 做好重点地区保障

遵循"四站两场是核心"的原则,按照"出租保点"、"物资供应不能断"的部署疏散重点区域乘客和重要物资运输。针对机场班机延误造成大量乘客滞留的情况,迅速协调出租汽车公司和旅游公司调配车辆赶赴机场,安排地铁机场线延长营运时间1小时。要求出租汽车企业做好"四站两场"等重点地区的保点,确保出车率达到80%。针对雪天可能造成能源供应紧张的问题,提前谋划,下好先手棋,打好主动仗,重点确保重要物资通道的畅通,配合昌平区政府、延庆县政府协调解决了天然气运输保障问题。

5 在工作思路上探索"三结合"

5.1 "政府主导"与"社会参与"相结合

在冰雪灾害面前,政府再强大的力量也有鞭长莫及之处,交通运行和应急保障工作,离不开市民的支持配合,更需要全社会的共同参与。例如,在昌平区政府的协助下组织当地居民群众以及交通企业员工上八达岭高速公路为受困驾驶员送水、送饭及其他生活必需品,并协助清除道路积雪。中小学停课、部分单位错峰上下班等社会力量的理解和配合为清除路面积雪、减少交通压力赢得了时间。全市各机关干部、社区群众、志愿者积极响应,共同参加扫雪铲冰工作,各单位各司其职,严格落实"门前三包"要求。

5.2 "堵"与"疏"相结合

摒弃原来习惯于简单的"关"和"堵",但却缺乏"防"和"疏"的思想。在高速公路关闭问题上,与公安交管部门建立联动协调机制,只有在确实影响行车安全的极端恶劣条件下,才直接关闭高速公路,在一般条件下,倡"疏"控"堵",采取在引导车的带领下,低速行驶,保持运动,以借助车辆的碾压和低速通过产生的热气加速冰雪的融化。应对滞留的旅客,以"疏"为主,在长途汽车站采取安排站务人员为滞留旅客送热水、耐心疏导等体现人文关怀的措施。

5.3　“机械除雪”与“融雪剂除雪”相结合

针对融雪剂除雪存在受积雪厚度、温度等条件限制，容易导致环境污染，危害道路设施，造成经济损失等劣势，克服传统的以融雪剂为主的单一除雪方式，总结出以机械化“即时除雪”为主，融雪剂除雪为辅的复合型除雪方式，即在降雪过程中实施除雪，边下雪，边清除，几台除雪车拉开一定距离成梯形队伍排列循环清理，过往车辆可在除雪车之间穿梭绕行而不影响交通，做到“雪中路畅、雪过路清、雪后不滑”。

6　对道路铲冰除雪工作的进一步思考

雪天交通应急是一项长期而艰巨的工作，越是在赞誉声中越要保持清醒头脑，越是在成绩面前越要注重查找问题，本次应对工作也暴露出了如下一些不足：

(1)持续降雪和低温情况下，机械设备、作业方式等铲冰除雪基础能力不足。此次除雪作业中，各除雪作业单位人员、车辆倾尽全力，超负荷、超极限连续运转，但凸显了在应对低温严寒和持续大到暴雪时，专业作业单位机械除雪能力不足、除雪模式和组合作业工艺方式单一等问题，急需进一步改进和加强。

(2)社会动员机制有待完善。面对暴雪，在更大范围组织发动社会单位和群众直接参与扫雪铲冰工作需进一步加强；调集社会单位提供除雪作业实用的推、装、铲、运等工程机械车辆共同参与除雪作业，以及提供拆迁用地等残雪残冰储存消纳场所等方面的应对预案有待完善；有些社会单位“门前三包”责任制落实不到位，扫雪铲冰工作不够及时。

2009年年底大暴雪造成的石家庄整个城市近乎瘫痪以及新疆近1m深积雪处置的教训和经验告诉我们，在未来的道路铲冰除雪作业中必须日益突出机械除雪的主导作用，必须坚持“机械除雪为主，融雪剂除雪为辅”的工作原则，需进一步加强铲冰除雪基础设施设备的建设。为此，建议交通运输部尽快出台强化机械除雪的指导意见，为地方政府加快完善机械除雪设备研发和配备奠定基础。

江西高速公路应对雨雪冰冻恶劣天气防治对策研究

胡　琳[1]　熊华武[1]　徐晓霞[2]　刘　晔[1]　陈大久[2]

（1.江西省交通运输厅　南昌　330003；
2.江西省高速公路投资集团有限责任公司　南昌　330025）

摘　要：2008年年初的一场冰雪灾害暴露了南方各省自然灾害应急机制存在的诸多问题。对灾害预警、灾害信息公布、灾害自救、应对突发事件的组织体制和有关应急预案、法律法规的落实等方面都提出了新的更高的要求。近几年极端天气出现的频率有所提高，为了保障高速公路经济大动脉的平安畅通，必须做好应对各种突发自然灾害的防范措施。本文结合江西省的独特气候环境和高速公路特点，主要阐述如何应对高速公路雨雪冰冻灾害。

关键词：高速公路　雨雪冰冻　防治措施

Research on the Prevention Measures against Rain，Snow and Ice on Expressways in Jiangxi Province

Hu Lin[1]　Xiong Huawu[1]　Xu Xiaoxia[2]　Liu Ye[1]　Chen Dajiu[2]

（1. Department of Transportation of Jiangxi Province　Nanchang　330003；
2. Jiangxi Expressway Investment Group CO.，Ltd.，Nanchang　330025）

Abstract：The snow storm in early 2008 exposed many problems in natural disaster emergency response mechanism in southern provinces，and it has raised higher requirement for natural disaster early warning，disaster information disclosure，disaster relief and the organizational mechanism for emergency response as well as the implementation of laws and regulations. In recent years，extreme weather has occurred in higher frequency，and in order to guarantee the safety and smooth running of expressways，which are economic arteries，we must do a good job in the prevention measures against all kinds of natural disasters. By considering the unique features of climate，environment and expressways in Jiangxi Province，this paper illustrates how to respond to rain，snow and ice on expressways.

Keywords：Expressways　Rain　Snow and Ice　Prevention measures

0　前言

2008年年初一场历史罕见的低温雨雪冰冻灾害，造成了多种灾害并发，给人民群众生命财产和工农业生产造成重大损失，正常生产生活秩序受到极大影响。灾后，通过对江西省乃至全国应对冰雪灾害的大量调研与探索，提出应对江西省低温雨雪冰冻恶劣天气下高速公路保畅通的几点措施，并在2010年年初冰冻雨雪灾害中得到应用和检验，取得良好效果。

1　江西气候特征

江西地处亚热带季风湿润气候区，雨量丰沛，春季阴冷多雨，冬季湿冷，多偏北大风。境内东、西、南三面环山，中间丘陵起伏，北部为鄱阳湖及其平原。复杂的地形、地貌分布，使得江西气候资源分布复杂多样。冬季受大陆季风影响，不断有冷空气侵入，特别是鄱阳湖区域为向北开口的盆地，冷空气长驱直入，使北部平原气温显著下降，时有雨雪或冰冻，赣南海拔偏高，属江南丘陵和南岭山地，高速公路桥隧比较高。由于特殊的地理条件和高速公路特点,加之大气环境异常,为冰雪灾害的形成提供了自然因素。

2 高速公路路面积雪结冰机理及危害

高速公路路面结冰是指降水,如雨、雪、冻雨或雾滴,碰到温度低于0℃的地面而出现的积雪或结冰现象。通常包括冻结的残雪、凹凸的冰辙、雪融水或其他原因的道路积水在寒冷季节形成的坚硬冰层。

2.1 路面积雪结冰的机理

江西降雪一般为"湿雪",往往属于0~4℃的混合态水,落地便成冰水浆糊状,一到夜间气温下降,就会凝固成大片冰块,只要当地冬季最低温度低于0℃,就有可能出现道路结冰现象,只要温度不回升到足以使冰层解冻,水层就将一直坚如磐石。一般来说,寒冬腊月,当出现大范围强冷空气活动引起气温下降的天气时,如果伴有雨雪,最容易发生道路结冰现象,而桥面由于没有地热以及桥下空气对流的原因而更易结冰。

2.2 道路积雪结冰的危害

(1)对交通安全行车的危害。由于道路积雪结冰,车轮与路面摩擦作用大大减弱,导致车轮打滑,刹不住车,造成交通事故,给人民生命财产造成重大损失。严重时导致交通瘫痪,直接影响社会经济和人民生活。

(2)对路面结构的危害。在自然界中,大多数物质从液体凝结成固体时,体积都要缩小,但液态水凝固为冰时,体积却要膨胀9%左右。这种膨胀的力量巨大,会对路面造成严重的破坏。如果路面下土层含水量大,冬天结冰膨胀就会把路面掀起,气温升高时冰消雪融后会下陷,使沥青路面破碎开裂,比普通的水破坏危害更大。

3 高速公路应对冰雪灾害主要防治措施

应对高速公路冰雪灾害应遵循"防治结合,重在防范"的原则。积极主动防范路面结冰、科学高效消除路面冰雪的主要措施是:突出防范重点、把握除雪时机、合理配备设备、熟练使用技巧。实践总结江西高速公路应对冰雪灾害"三十二字"经验:桥坡重点、巧用设备、力保通行、撒盐防冰、铲雪除冰、间隔破冰、履带破冰、车轮消冰。

(1)桥坡重点

桥梁、长下坡、纵坡、少部分急弯道为防抗冰雪灾害、防止公路堵塞重点部位(桥梁路面较其他公路路面湿度大、温度低,更易于结冰;长下坡、桥梁纵坡更易造成车辆尤其是重型货车打滑、"趴窝"),必要时要成立专门应急小组,定人定岗定职责,严防死守。全省高速公路重点部位是九江长江大桥、湖口鄱阳湖大桥、昌樟药湖大桥、温厚张家铁路跨线桥、新建县赣江大桥、昌九通远长下坡等。

(2)巧用设备

除专业除雪设备,可巧用现有的养护施工设备,如:两头忙、挖掘机、推土机、平地机等,或者是积极创新,在货车前加装铲雪板改装为铲雪车等进行除雪,实践证明完全可以达到专用设备的效用。

(3)力保通行

在冰雪灾害中,要力保车辆通行,尽可能减少封道或不封道。以往经验表明,有车在路上走,通过车轮的摩擦、碾压,路面就不易结冰。

(4)撒盐防冰

在冰冻灾害的初期,此刻要不停的撒盐,加上过往汽车的碾压,可以有效的防止雨雪结冰。尤其是在1:00~3:00车流量小的时段,要做到人歇车不歇,使雪不能结冰。同时要根据需要巧设贮盐点,可以在第一时间及时破袋撒盐防冰,节省用盐途中的搬运时间。

(5)铲雪除冰

此举适用于雨雪结冰程度不深阶段。此刻就要充分利用机械设备进行来回不间断的铲除积雪,除去路面上冰雪层基本露出路面后,再撒盐融冰。

(6)履带破冰

此措施主要用于冰雪层过厚，人力、两头忙、铲雪车、平地机等设备不能有效发挥作用时，可以出动携带履带的重型机械，如：挖掘机等，在冰雪路面上来回碾压，压碎冰层，再组织其他机械清雪除冰。

(7)间隔破冰

在缺乏除冰设备的情况下，可用人力在桥面上根据需要间隔地选择多个破冰点，用铁锹砸破冰层，再抛铲掉冰块见路面，增加摩擦系数。采取这种方法，不需铲除桥面全部冰层，车辆可以不打滑地行驶，且通过汽车的反复碾压后，可使冰层逐渐解体，而达到节省大量体力和时间的目的。也可用人工破冰铲出与车辆两轮同等宽度的辙道，引导车辆前行，能有效消除车辆因桥面结冰打滑而导致的交通堵塞。

(8)车轮消冰

对于打滑“趴窝”的重型货车，先用几锹盐浇在车辆驱动轴轮胎前后，然后指挥驾驶员倒车约 50cm，再挂一挡加大油门，“趴窝”车辆便能起步前行。此法操作非常简单管用，立竿见影。

4 体会和建议

科学应对雨、雾、冰雪等恶劣天气是个复杂地系统工程，需要在实践中不断总结经验。笔者认为，各高速公路安全管理部门应重点从五个体系建设方面入手，健全完善多部门各系统紧密协作、综合治理的应急管理长效机制，从而增强高速公路应急防范处置能力，切实保障高速公路安全畅通。

(1)健全完善应急预案体系，确保应对及时

不断根据实际情况的变化修订完善应急预案，建立组织机构，明确任务，落实责任，加强预案演练，做好充分的应急技术、物资及机械设备修整和储备的各项工作，一旦有突发事件发生，按规定及时启动应急预案，有针对性地采取应对措施，确保应急处置工作快速反应和运转高效。

(2)健全完善信息管理体系，确保信息畅通

加强应急平台技术建设，建立全省应急指挥中心，各级单位建立 24 小时值班制度，各路段信息监控中心 24 小时监控，要加强预警信息预测、预警、预防，充分整合气象、路政、交警等多部门信息资源，确保做到全面掌握各路段路况信息，对重大突发事件、恶劣气候状况等及时报告，以便第一时间采取措施，确保安全畅通。

(3)健全完善多方联动体系，确保协调有力

进一步完善高速公路与路政、交警、地方公安、消防、急救医疗部门及施救队联动机制。如出现恶劣天气等因素影响车辆行驶，公路、路政、交警部门配合开展施救、分流、限速等工作，全力维持交通秩序、道路秩序。同时，与高速公路所在地方公安、消防、急救医疗部门加强联系，遇有突发交通事件，联勤联动，保证应急处置措施得到有效实施。

(4)健全完善服务保障体系，确保服务到位

充分发挥收费站、服务区一线基层作用，如出现滞留车辆、人员时，将变收费站为服务站，变收费员为服务员，免费提供食品、水、药品等，保证受阻驾乘人员不饿、不渴、不冻；服务区做好快餐等食品、油料的储备，随时保证对滞留车辆和人员的物资供应。

(5)健全完善宣传教育体系，确保驾驶安全

高速公路安全管理各相关部门，要结合各自实际，建立健全本部门的安全宣传教育体系，充分利用电视、报纸、网络、广播、高速公路可变情报板、宣传栏等媒介，大力宣传高速公路安全行车和安全作业知识，提高驾驶人员、作业人员的守法意识和安全意识，提高广大人民群众在恶劣气象条件下高速公路上行车的应急能力。

路桥工程施工项目风险分析方法与控制措施

江志超

（武汉公路桥梁建设集团有限公司　武汉　430051）

摘　要：本文结合武汉路桥集团公司项目风险管理实践，对风险的来源与定义、分类与构成、估测与分析、防范与控制等，进行了简要阐述，以实现路桥工程施工项目经济效益和社会效益的最大化。

关键词：风险　构成　分析　控制

Risk Assessment Methods and Control Measures of Highway and Bridge Building Projects

Jiang Zhichao

(Wuhan Highway and Road Building Company　430051)

Abstract: By taking into account the project risk management practices of Wuhan Highway and Road Building Company, this paper gives a brief introduction to the origin, definition, classification, components, assessment, analysis, prevention and control of risks, so as to maximize the economic and social benefits of these highway and road building projects.

Keywords: Risk　Components　Analysis　Control

0　引言

路桥工程施工项目由于受原材料、施工方法、组织管理、人员组成、工程投资、施工环境以及工期等因素的影响，使得投资者和工程承包方等在保护施工现场和人员安全方面往往要承受很大的风险，本文结合武汉路桥集团汉孝高速机场北连接线项目实施风险管理的实践，对路桥工程施工项目风险管理的理论和实践进行了初步探讨，提出了分析和控制风险的基本原理与方法，希望为项目科学决策提供一些依据。

1　风险的来源与定义

在远古时期，以打鱼捕捞为生的渔民们在长期的捕捞实践中，深深地体会到“风”给他们带来的无法预测无法确定的危险，认为“风”即意味着“险”，因此有了“风险”一词的由来。

现代意义上的风险一词，已经大大超越了“遇到危险”的狭义含义，而是“遇到破坏或损失的机会或危险”，其基本的核心含义是“未来结果的不确定性或损失”，也有人进一步定义为“个人和群体在未来遇到伤害的可能性以及对这种可能性的判断与认知”。

从项目管理的角度来说，风险可以理解为在项目实施过程中所产生的实际缺陷，其结果与预期结果不符所出现的损失或责任。施工项目的风险既具有多样性、相对性、长期性，又存在着可变性和整体性等特征，其变数很大。因此企业要生存与发展就不可避免地面对风险，风险与效益并存，不冒风险就能取得成功的项目是不存在的。目前的问题不在于是否要承担风险，而是怎样合理地承担风险。我们的任务不是完全消除风险，而是要认识、评估和处理风险。

2　风险的分类与构成

工程风险的分类主要基于风险防范和风险处理，是定性的、相对的。从性质上分析，可计量风险属于技术性风险，是常规性的不可避免的风险，包括地质地基条件、材料供应、设备供应、工程变更、技术规范、设计与施工等造成的风险；非计量风险属于非技术性风险，发生的概率较小，是非常规性风险，包括经济风险、政治风险、不可抗力风险、组织协调风险等。在此特别提出工程合同包含着多种难以界定的变量因素，这些因素都能构成项目的风险。从性质上分析，合同风险属于非技术性风险，但工程合同中包含了大量的技术性条款。因此，对工程合同的风险分析既有定量分析又有定性分析。

路桥工程施工项目的风险主要由以下几个方面构成：

2.1 工期风险

表现为造成局部的(工程活动、分项工程)或整个工程的工期延长，不能及时投入使用。如业主在工程合同签发前或实施中，未按合同规定时间解决征地移民问题、提供"三通一平"，未按工程合同规定及时供应电、水，未按工程合同规定及时提供各种合格的主材等。

2.2 费用风险

包括财务风险、成本超支、投资追加、报价风险、收入减少等。费用风险主要受以下4个方面影响：①经济发展规划。其中包括银行利率、信贷管理制度、货币兑换比率等。②市场情况。其中包括价格风险、竞争风险和市场的需求风险等。③电力输送情况。其中包括自发电、国内输送电、省内输送电等。④承包人的施工能力。其中包括承包人队伍素质、能力，建设成本以及经营情况。

2.3 质量风险

包括材料、工艺、工程等不能通过验收，工程验收不合格，经评价工程质量未达到标准和要求等。

2.4 设计能力风险

主要表现为工程完成后未能达到施工设计要求。设计量的大小是设计质量高低的必然反映，所以把好设计关，是有效控制变更量的首要途径。如在时间过于紧迫，勘察成果质量不高的条件下，设计人员若依据这些质量不高的勘察成果来设计，其设计的质量也必然不会高。设计时间过紧，设计工作难以做到周密，各专业协调不够，会出现漏项、错误，其结果欲速而不达，反使设计修改多，增加了投资，延长了工期，索赔率会增长。

2.5 市场风险

工程完工后达不到预期的市场份额，没有竞争力。如2003年12月8日，耗资1.3亿元的汉阳客运中心正式启用，计划日客运量1.5万人。但事实是，汉阳客运中心一开始就面临客源问题。到现在，这么大一个现代化的汽车站，平时每日仅发送旅客三四百人次，还不到市内大客运站运量的1/10。

2.6 信誉风险

可能对企业的形象、信誉造成损害是信誉风险。如业主未按工程合同规定及时对承包商支付工程价款而应承担的违约责任；承包商未按工程合同的技术要求，造成工程质量有缺陷，包括工程验收时发现不合格的情况；虽经返工仍达不到技术指标要求，但结构稳定，不影响其基本功能。

2.7 安全事故风险

由于路桥工程施工项目人员、设备较多，作业面广，技术要求较多，存在方方面面的安全隐患。当事故发生，导致人员伤亡和财产损失时，工程成本必然增加，同时也影响了企业信誉。

2.8 法律责任风险

法律责任风险是指法律的完善程度和变动情况给工程带来的风险，包括专门设计和规范路桥工程的法律文本内容的变更等。也包括出现金融、工期和费用索赔等纠纷时，能得到及时仲裁或处理，保障业主的建设和经营权、投资收益和抵押权。法律责任风险的主要构成是法律完善程度、项目违约法律条款。

2.9 环境风险

环境包括自然环境和社会环境。自然环境中包括气候条件、气象变化情况。工程所在地区的温度、湿度、降雨雪量、风力、晴雨天数、日照指数，特别是自然灾害情况，如地震、洪水、风暴及海啸等，对工程都有极大影响。

3 风险的估测与分析

对投资项目进行风险分析的方法很多，结合公路项目的特点，本文重点讨论概率法、调整折现率法这两种方法。我们把风险定义为不利事件发生的可能性，可见风险的大小与出现不利结果的概率大小成反比。但仅以实际结果的概率大小来衡量决策风险大小是不够科学的，实际上风险大小，还与它的可能结果的概率分布密集程度有很大关系。一般可以用标准离差和变异系数来描述概率分布的密集程度，公路项目风险估测也就是先计算出某一指标的期望值，然后再计算其标准离差和变异系数，具体计算过程本文就不再赘述。

在路桥工程施工项目中，仅仅利用风险估测的3个参数来为风险管理提供依据是远远不够的，还需要结合项目的特点进行进一步的分析，即风险分析。风险分析就是以风险估测的3个参数为基础，对具体的项目评价模式进行适当的数学处理，使之能反映风险因素的过程。路桥工程施工项目前期工作，即项目可行性研究中，评价模式为计算项目净现值、内部收益率、投资回收期等评价指标。风险分析也就是在这些评价指标中加入风险因素。

公路工程可行性研究报告中包括不确定性分析，不确定性分析不等于风险分析。不确定性是指人们在事先只知道所采取行动的所有可能后果，而不知道它们出现的可能性，或者两者均不知道，只能对两者做些粗略的估计。不确定性是难以计量的。风险是指给行为主体带来失败、损失后果的可能性以及每种后果出现可能性的大小。风险是有概率可以计量的。通常在可行报告中只对投资及效益进行敏感性分析，敏感性分析只能告知某种因素变动对经济指标的影响，并不能告知这种影响的可能性有多大，如果对各因素发生某种变动的概率，事先能够客观地或主观地给出，就可以借助风险分析帮助决策。

4 风险的防范与控制

对于风险的识别、估测即使再仔细、再全面，也不可能把所有的风险都认识清楚，因此必须反复多次地进行，然后对各种可能发生的风险采取适当防范与控制措施。风险防范与控制的目的，一是降低损失发生的频率，二是减少损失的严重程度。

具体的措施有：

4.1 回避

适用于损失大、概率大的风险。它是风险防范的一种消极技术。由于项目风险属于投机风险，不做项目就不会有风险。因此当风险估测表明某个风险的威胁过大时，就应当主动放弃项目。这种措施往往在决定是否投标报价阶段采用。例如在投标过程中，根据业主的评标办法复核出的标价比承包人的预算成本还要低，如果按此复核标价中标，承包人就是此项目没上场就已亏损，像这样的工程项目承包人最好的办法就是采取回避的措施，应主动放弃此项目的投标。

4.2 减轻

适用于损失小、概率大的风险。是指在风险损失发生前，为了消除或减少可能引发损失的各种因素而采取的处理风险的具体措施。其目的在于降低损失发生的频率。一般情况下，是在摸清了风险来源和风险引发因素之后，设法消除风险事件引发因素，减少风险事件发生的可能性。例如：做海外项目投标报价时外汇的风险是不得不面对的，但可以通过汇率预测，在业主允许的情况下选择稳定币种、设计多种货币组合，如果招标文件中明确了报价币种，可以采取在投标时适当提高风险性较大币种的兑换比率等措施来减轻外汇汇率风险造成的损失。

4.3 转移

适用于损失大、概率小的风险。就是把风险转移到项目以外的某些实体身上。向保险公司投保是一种常用的风险转移方法。例如，项目工程一切险、第三方责任险、人身安全、财产安全等险种，就是把施工过程中的风险转移到保险公司身上。再比如，对于通货膨胀风险，可以争取在承包合同中写上调价条款，把风险转移到业主身上等。

4.4 自留

适用于损失小、概率小的风险。是指对风险损失后果的自我承担或自愿承担。在风险评估阶段已确定了项目有关各方的风险承受能力及哪些风险是可以接受的。消除风险是要付出代价的，其代价有可能高于或相当于风险事件造成的损失。在这种情况下，风险承担者就应该将此等风险视作项目的必要成本，自愿接受它。例如，对于工程费用超支风险，在工程费用估算时就应考虑留有不可预见费，一旦工程真的超支就动用这笔预留的不可预见费。不可预见费的大小可根据风险的大小由造价专家给出一个百分数。无力承担不良后果的风险不能自留，应设法回避、减轻、转移或分散。

4.5 分散

是指设法让项目各有关单位共同承担风险。例如，组织联合体共同投标，就是一种分散风险的方法。但是联合投标也可能会带来诸多组织和协调风险，因此有必要事先制订出公平、合理、详细、完整的合作协议，避免或减少组织和协调风险。

在路桥工程施工项目的风险状态中，必须保证工程的顺利实施，如迅速恢复生产，按原计划保证完成预定的目标，防止路桥工程施工项目中断和成本超支。争取获得风险的赔偿，尽可能地减少损失，如向保险公司、风险责任者索赔。

总之，我们在工程中应对各种可能发生的风险进行充分研究和估测，但过多地关注风险的消极方面可能导致过于谨慎和不理智的决策。我们应该认识到风险会带来灾难，风险并不可怕，可怕的是对风险一无所知或拒不承认。在工程项目风险分析中，其核心是能正视风险，分析风险，防范风险，适当的时候还要善于利用风险和管理风险，要采取各种可能的手段和方法达到置风险于意料之中，于运筹计划之内，做风险的驾驭者，而不是做风险的牺牲品。

5 结语

随着我国改革开放的不断深化，国民经济高速发展，新建工程项目的数量越来越多，其规模也越来越庞大、结构功能日趋复杂，导致项目的投资迅猛增加、建设周期不断拉长、工程项目实施失控的危害日趋严重，工程项目风险越来越大。为此，只有对工程项目风险进行深入研究，采用系统的、动态的方法对工程项目风险进行全面管理，方能获取得项目的成功，发挥工程项目最大的经济效益和社会效益。

应急预案与紧急救援
和风险防范与紧急处置的实践

山区农村公路低成本安全保障技术研究

张高强[1,2] 张建军[1,2] 康云霞[3] 李春水[3]

(1.交通运输部公路科学研究院 北京 100088;
2.公路交通安全技术交通行业重点实验室 北京 100088;
3.北京市交通委员会路政局门头沟公路分局 北京 102300)

摘 要:自2004年起,交通部在国省干线公路上实施了以"消除隐患、珍视生命"为主题的公路安全保障工程,积累了许多干线公路安保工程处置经验。但由于在建设投资、交通环境、交通参与者、交通工具、后期养护和交通管理等方面与干线公路有明显差别,所以农村公路安保工程处治方案不能照搬干线公路,必须开发适用于农村公路的低成本安保工程处治技术。

本文介绍了通过创新处治技术形式、材料选择以及结构形式创新来降低安保工程处治技术成本的方法,列举了在农村公路安保工程实施过程中使用的多种低成本安全保障技术,介绍并分析了各种技术措施的类型、设置原则、设置方法、优点及缺点。

关键词:低成本 农村公路 安全保障工程 技术措施 安全

Low-cost Technical Measures for Rural Roads in Mountain Areas

Zhang Gaoqiang[1,2] Zhang Jianjun[1,2] Kang Yunxia[3] Li Chunshui[3]

(1. Research Institute of Highway Ministry of Transport Beijing 100088;
2. Key Laboratory of Road Safety Research Ministry of Transport Beijing 100088;
3. Mentougou Highway Sub-bureau, Road Administration of
Beijing Municipal Commission of Transport Beijing 102300)

Abstract: In early 2004, the Ministry of Transport of China decided to launch "Highway Safety Enhancement Project" (HSEP) themed at "Eliminate Potential Danger, and Cherish Life" for national and provincial highways. Since 2004, a large number of the technical experiences for national and provincial highways have been accumulated during the HSEP. However, due to the specificity of rural roads, the existing technical measures cannot be directly applied to the HSEP for rural roads. These specificities include investment, road environment, road users, vehicles, maintenance responsibility, and traffic management. New low-cost technical measures must be adopted or invented to fit the limit of the budget and the safety requirements.

The technologies to reduce the cost of the safety enhancement for rural roads are describes in this paper. The technologies include: innovate the treatment technology, choose new materials and innovate the structure of the traffic signs. A variety of low-cost technical measures which are used for the safety enhancement of rural roads are listed. Most of the low-cost technical measures are used on the rural roads in China for the first time. The types, principles, methods, specifications, advantages, shortcomings, outcomes and evaluation of the various measures and facilities are introduced and analyzed in this paper.

Keywords: Low-cost rural road Highway Safety Enhancement Project (HSEP) Technical measures Safety

基金项目:国家科技支撑计划资助项目(2009BAG13A02);北京市交通委员会路政局科技计划资助项目。

0 引言

2004年年初，交通部决定在全国实施以“消除隐患、珍视生命”为主题的公路安全保障工程(简称“安保工程”)。计划用3年时间，采取以交通工程措施为主的综合措施完成全国国省干线公路上的急弯、陡坡、视距不良、路侧险要等路段的综合整治工作，最大限度地减小公路交通事故伤害，降低死亡率，为人民群众的生命财产安全提供保障。

与国省干线公路不同，农村公路主要为农村居民出行和生产、生活服务，具有分布广、里程长的特点，与国省干线公路一起组成了庞大的公路网。截至2009年年底，我国农村公路里程为336.91万公里，占全国公路总里程的87.26%，是我国公路网的主体。虽然农村公路就其对国民经济发展的重要性来说不及国省干线公路，但是如果没有处于主体地位的农村公路安全，就不会有整个公路网的安全。随着农村公路建设的深入推进，其通行条件大幅改善，交通量显著增加，车辆运行速度明显提高，以前在路况相对较差情况下没有出现的安全问题，在现在路况较好情况下集中暴露出来，亟需通过安保工程提升农村公路行车安全性。

就道路交通事故伤亡人员行业类型而言，当前农民已成为是道路交通事故伤亡的最大受害群体。根据公安部门的统计资料，2009年有29 685位农民死于道路交通事故，占道路交通事故死亡总数的43.81%。因此，需要通过农村公路安保工程来保障农民群众的生产、生活和出行安全。

但是，由于农村公路建设投资额较小、交通环境复杂、交通参与者安全意识相对较弱、交通工具安全性能相对较差、养护主体缺乏养护经验、交通安全管理警力不足等原因，农村公路安保工程处治技术不能照搬国省干线公路。应开发适用于农村公路特点的安保工程技术措施，使农村公路安保工程在较低的投入水平下能够达到较高的安全水平。

1 研究现状

国际上对于农村公路并无统一的、且被广泛接受的定义，各国对农村公路有不同的界定。国际经济合作组织(OECD,2005)给出的定义是“城市之外的非高速公路和非铺装公路”为农村公路。英国公路与运输研究所(IHT,1999)给出的定义是农村公路包括非城区道路以及那些穿越人口少于3 000人的定居点的公路。

虽然各国对农村公路的界定不同，但针对这些公路的安全保障工程都面临着同样一个问题——预算的限制。因此，采取低成本的安保技术措施是改善农村公路安全的首选。美国联邦公路局(FHWA,1999)发布27种安保技术措施的效益成本比，这些措施包括：照明、交通标志、新型交通信号、视距改善、加宽路肩等，其中照明是各种技术措施中效益成本比最高的，效益成本比达到21.0。美国联邦公路局(FHWA)还发布了可应用于事故多发路段改造的低成本技术措施，这些技术措施有43种之多。

美国交通安全服务协会(ATSSA,2006)总结了16种低成本安保技术措施，这些措施包括：改进标志和标线、曲线段设置轮廓标和诱导标、设置速度反馈标志、加宽标线、设置突起路标、设置路肩和路中震动带等。这些措施既能有效地防止事故的发生，有具有较高的效益成本比。

国外低成本安保技术措施可为我国公路安保工程提供很好的借鉴。在我国国省干线公路安保工程中，也研究开发并应用了很多低成本技术措施。但是，由于我国农村公路的特殊性，除了应用其中适用于我国农村公路的低成本安保技术措施之外，为了进一步降低安保工程的投资，仍然需要进一步开发适用于我国农村公路特点的低成本安保技术措施。

2 低成本安全保障技术

2.1 通过创新形式的处治技术降低投资

2.1.1 路面标记

将原有设置于标志上的各类标志内容施划于路面上成为路面标记，适合施划于上坡方向路面上。优点：节省标志立柱和版面，设置费用低；寿命高，5～6年内无需维护，养护费用低；施划于上坡方向，且位于驾驶员视线正前方，识别率可达100%。缺点：为保障驾驶员对路面标记的识别率，一般仅适合施划于交通量较小的农村公路上坡方向路面上。

(1)标志路面化

标志路面化是将标志版面内容施划于路面上成为路面标记。如将限速标志、向左急弯标志施划于路面上成为路面标记，见图1和图2。

图1 “限速40”路面标记

图2 “向左急弯”路面标记

(2)标志文字化

标志文字化是将标志版面内容转化为文字施划于路面上成为路面标记，更便于未受过交通安全培训的道路使用者理解。如将“鸣笛”标志、“慢”标志转化为文字施划于路面上(如图3和图4)。

图3 “鸣笛”路面标记

图4 “慢”路面标记

(3)警告性路面标记

警告性路面标记是将前方道路情况以路面文字标记型式施划于路面上，便于道路使用者及时了解前方道路危险信息。如在路面上施划“慢　坡陡弯急”标记(如图5)。

(4)宣传性路面标记

宣传性标记是将宣传性文字施划于村口等村民出入必经的路面上，起交通安全宣传作用。优点是投资少，见效快，效果好。如在村口路面上施划“坐农用车危险”路面标记(如图6)。

图5 “坡陡弯急”路面标记

图6 “坐农用车危险”路面标记

(5)建议性路面标记

经验表明,道路使用者主要根据道路环境来选择车辆运行速度,而不是依据道路的限速。因此,除给定路段限速之外,仍有必要在特殊路段向驾驶员推荐安全的行驶速度。建议性路面标记就是向驾驶员推荐安全的行驶速度(如图7),一般设置在进入弯道之前或进入路侧险要路段之前,与相关标志和路面标记配合使用。

2.1.2 新型路面标线

弯路车道箭头标线。相当一部分农村公路路面宽度较窄,车辆通过弯路时经常占据对向车道,如果此时对向车道碰巧有车辆通过,极易引发道路交通事故。弯路车道箭头标线就是在弯道曲线中点两侧沿弯道双向设置车道箭头标线(图8)。驾驶员一方面可以沿着车道箭头指引的方向通过弯道,起引导作用,另一方面,对向车道箭头也提示驾驶员不要占据对向车道,起警示作用。

图7 建议性路面标记

图8 弯路车道箭头标线

2.2 通过材料选择降低投资

2.2.1 利用沿线资源降低投资

(1)石材示警桩、示警墩

山区农村公路沿线石材丰富,取材方便。选择相似规格大小的柱状或块状石材,外涂红白相间漆,设置于路侧用作示警桩和示警墩(图9)。优点:就地取材,成本低,施工方便,且完全可以起到示警作用。

(2)路中石块振动带

在对向事故多发的弯路中央设置石块振动带,提示驾驶员注意按车道行驶。选取表面圆滑的石块沿道路中线埋设,石块露出路面1cm左右(图10)。优点:成本低廉,效果明显;基本不需要维护;寿命长。

图9 石材示警桩、示警墩

图10 路中石块振动带

(3)钢丝笼护栏

山区农村公路多为路侧险要路段,需要设置路侧防护设施。但普遍使用的防护设施如波形梁钢板护栏、缆索护栏和混凝土护栏造价较高、施工较为复杂,不适合大规模应用于农村公路。将各种水利工程常用的钢丝笼应用于农村公路防护上,利用山区农村公路丰富的石材资源,在路侧危险路段设置钢丝笼护栏。将钢丝笼沿道路方向依次布置于路侧，笼内装入按一定比例搭配的块石或天然鹅卵石，相邻钢丝笼之间用绑扎丝或金属环扣互相连接，形成一整体起到防护作用(如图11)。

钢丝笼护栏的优点：成本低，块石或鹅卵石可以就地取材；施工程序简单，仅需小块场地备料和现场操作即可施工；免维护，钢丝笼护栏对变形或弯曲具有良好的适应性，当受到撞击时，在钢丝笼内部形成一种交错拉紧和挤压状态，能适应外部变形不致断裂；寿命长，钢丝笼护栏在正常使用条件下使用年限为10～20年。

(4)石砌挡墙

在上坡方向路侧险要路段，因车辆爬坡，速度较低，发生路侧事故的概率较下坡方向路侧险要路段小，一般不需要设置防护等级较高的护栏。在安保工程实施过程中，沿上坡方向路侧险要路段设置石砌挡墙，即将按一定比例搭配的块石沿道路线形以一定规格尺寸堆砌起来(如图12)。

图11 路侧钢丝笼护栏

图12 路侧石砌挡墙

石砌挡墙的优点：成本低，所需石材就地取材，施工程序简单；维护简单，撞击后按原有尺寸重新堆砌即可；与周围环境协调，将散落在路侧的块石按一定规格堆砌起来，增强了农村公路路面环境的整洁性，还可以将草种和土壤散入石砌挡墙，几年后石砌挡墙将隐没在草丛中，完全融入周围环境中；可以防止路基水土流失。

2.2.2 选择新型材料降低投资

新型材料标志板和立柱。现有公路标志板及立柱多使用铝合金材料制作，因价格昂贵，农村公路安保工程不可能大规模地使用。在实施过程中，使用废旧线路板回收材料再循环后的树脂玻璃纤维制作标志版面，并用玻璃钢材料制作标志立柱(如图13)。

新型材料标志板和立柱造价低于常用的铝合金标志板和钢立柱，且因回收价值不大，解决了标志板和立柱经常丢失的问题，适合于在农村公路安保工程中大规模使用。

2.2.3 利用废旧资源降低投资

(1)简易桥梁示警桩

山区农村公路上有许多桥梁两侧设有示警桩，但大部分都已破损，已无法起到示警作用，且多为钢筋混凝土结构，拆除较为困难。在安保工程实施过程中，保留原有示警桩，并外套废弃的波形梁护栏圆形立柱，然后将混凝土灌入圆形立柱内，立柱外靠近行车道一侧粘贴反光膜，成为简易桥梁示警桩(如图14)。

图13 新型材料标志板和立柱

图14 简易桥梁示警桩

(2)废旧集料防撞桶

在路侧宽度不足或路肩有树木的路侧险要路段不能设置钢丝笼护栏时，设置废旧集料防撞桶，即将废旧的集料桶或汽油桶下部埋于路侧路面下，内装块石或泥土，也可以栽植小型观赏植物，集料桶外粘贴反光膜(图15)。废旧集料防撞桶既能起到防撞作用，又可以起到诱导作用，且利用废旧的集料桶，成本较低。

图15 废旧集料防撞桶

2.3 通过结构形式创新降低投资

2.3.1 利用路侧构造物

标志附着路侧杆柱。充分利用农村公路路侧原有的杆柱，将标志附着其上(如图16)，这样可以节省标志立柱和基础的投资成本。

图16 标志附着路侧杆柱

2.3.2 利用山体

利用山体支撑标志。在道路两侧路侧宽度无法设置标志时，将标志立柱与山体相连接(图17)，这样可以节省标志基础的投资成本。

图17 利用山体支撑标志

3 结论

本文所述的大部分低成本安保技术措施是第一次在我国农村公路上使用，其中很多技术措施也完全适用于在国省干线公路安保工程。在农村公路安保工程实施过程中，这些技术措施节约了大量的投资成本。

通过现场调研以及问卷调查的方式对这些低成本安保技术措施进行了初步评价。评价结果显示，这些技术措施能够有效地发挥作用，能够被包括驾驶员、沿线居民在内的道路使用者所接受，并且切实降低了投资，符合农村公路安保工程实施过程中的实际需要。

参 考 文 献

[1] 交通部公路科学研究院. 公路安全保障工程实施技术指南[M]. 北京:人民交通出版社,2008:1-2.

[2] 中华人民共和国交通运输部. 2009 年公路水路交通运输行业发展统计公报[EB/OL]. 中华人民共和国交通运输部网站: http://www. mot. gov. cn.

[3] 中华人民共和国公安部交通管理局. 中华人民共和国道路交通事故统计年报(2009 年度)[M]. 无锡:公安部交通管理科学研究所,2009:35.

[4] Kevin Hamilton, Janet Kennedy. Rural road safety: a literature review[R]. TRL Limited, Scottish Executive Social Research, 2005:5-6.

[5] Rural safety management[R]. The Institution of Roads & Transportation,1999.

[6] Traffic safety fundamentals handbook[R]. Minnesota Department of Transportation, 2008:76.

[7] Road safety: federal and state efforts to address rural road safety challenges [R]. United States General Accounting Office, 2004:49-51.

[8] Low Cost Local Road Safety Solutions[R]. The American Traffic Safety Services Association,2006:1-32.

[9] 杨道富,等. 铅丝笼的应用及特性研究[J]. 漯河职业技术学院学报(综合版),2006,1(1):2-3.

高速公路紧急事件管理系统实施效果评价

支晓伶[1] 李绪龙[2]

(1. 交通运输部公路科学研究院 北京 100088;
2. 吉好地咨询(北京)有限公司 北京 100044)

摘 要:本文阐述了高速公路紧急事件管理系统实施效果评价的含义和意义。在分析系统结构特点及影响其实施效果的各因素的基础上,给出了评价指标体系,并应用模糊数学理论建立了既全面考虑又兼顾重点的系统实施效果模糊综合评价模型。该模型应用集值统计法确定评价指标集,采用三角形隶属度函数得到实施效果评价矩阵,通过层次分析法确定多层指标权重。算例中对北京某高速公路紧急事件管理系统实施效果评价的计算结果与实际相符,实施效果综合评价结论为“较好”。这说明该方法可综合项目专家的模糊评价信息,能对系统实施效果作出合理的评价。

关键词:高速公路 紧急事件管理系统 实施效果评价 模糊数学

Implementing Effect Evaluation of Motorway Emergency Management System

Zhi Xiaoling[1] Li Xulong[2]

(1. Research Institute of Highway Ministry of Transport Beijing 100088;
2 GHD Pty. Ltd. Beijing 100044)

Abstract: This paper introduces the meaning and significance of implementing effect evaluation for motorway emergency management system. It puts forward evaluation index system by analyzing the characteristics of system structure and factors which influence the implementing effect of the system. Based on this, the fuzzy comprehensive evaluation model is established by fuzzy mathematics theory. This model first defines the evaluation index system by set－valued statistics, and then gets the evaluation matrix through triangle membership function, and finally confirms the multi index weights by AHP. The calculating result of implementing effect evaluation for one motorway emergency management system in Beijing is 77.21, corresponding “good” degree of the comprehensive evaluation conclusion. This result is in compliance with the reality which demonstrates the model can make a reasonable evaluation for actual system.

Keywords: Motorway Emergency management system Evaluation of the implementing effect Fuzzy mathematics

0 引言

近二十多年来,我国高速公路建设取得了长足的发展,对提高经济运行质量和效率、推动国民经济发展发挥了极其重要的作用。

但是在高速公路带来巨大社会效益和经济效益的同时,也引发了一些问题,其中最为重要的就是交通安全问题。高速公路的流量大、速度快等运行特点导致其在发生问题时所造成的影响要远远大于普通公路。因此，建立一套行之有效的紧急事件管理系统来保证其运输的通畅和安全是非常必要的。

目前我国已建成运营的高速公路紧急事件管理系统，对改善高速公路安全状况起到了一定的作用，但是普遍没有达到预想的效果，主要存在以下问题：

①系统实施前，缺乏统一的标准和建设指南。由于高速公路紧急事件管理系统在国内刚刚起步，相关评价数据欠缺，导致目前尚未建立合理的标准体系，难以对新建同类系统进行有效的指导。

②紧急事件管理系统是一种需要在运行过程中不断完善的应用系统，其中许多关键技术环节，例如紧急事件的检测算法以及紧急事件的应急处理预案，都需要在后续的应用过程中进行不断的修正和完善，方能使系统逐渐发挥更大的作用。而我国目前在此类系统实施后的评价和完善方面，尚未开展广泛有效的研究。

由此可见，对已建的紧急事件管理系统的实施效果进行准确有效的评估，一方面有利于对该系统个体的进一步完善，另一方面，也有利于对同类系统项目进行总结和分析，为国家在高速公路紧急事件管理领域积累经验和制订标准方面，提供有效的实际数据支持。

1 系统实施效果评价的含义与指标体系

1.1 系统实施效果评价的含义

高速公路紧急事件管理系统实施效果评价的具体含义是指从高速公路紧急事件管理系统本身出发，运用适当可行的项目后评价方法对其系统实施效果进行分析和总结，以评价已建成高速公路紧急事件管理系统设计的合理性与有效性。一方面，可以对该系统个体中的关键环节设计进行评估，有助于该系统自身的改进。另一方面，在此基础上发现紧急事件管理系统中存在的问题并分析其原因，总结高速公路紧急事件管理系统建设的经验与教训，为以后高速公路紧急事件管理系统的建设提供参考与借鉴，提升我国高速公路紧急事件管理系统的建设水平与实际运营效果，从而有效缓解我国日益严重的高速公路安全形势。

1.2 系统实施效果评价指标体系

我们将决定系统实施效果本质特征的关键因素所组成的集合，称为系统实施效果评价指标体系。根据高速公路紧急事件管理系统结构组成(图1)和对影响系统实施效果的各因素的详细分析，构建出高速公路紧急事件管理系统实施效果评价指标体系，如图2所示。

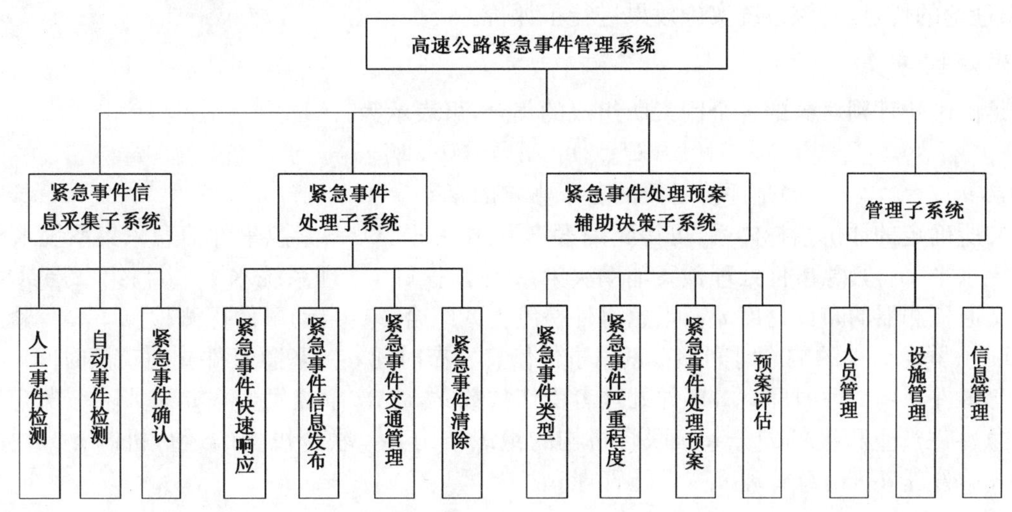

图1 高速公路紧急事件管理系统结构组成

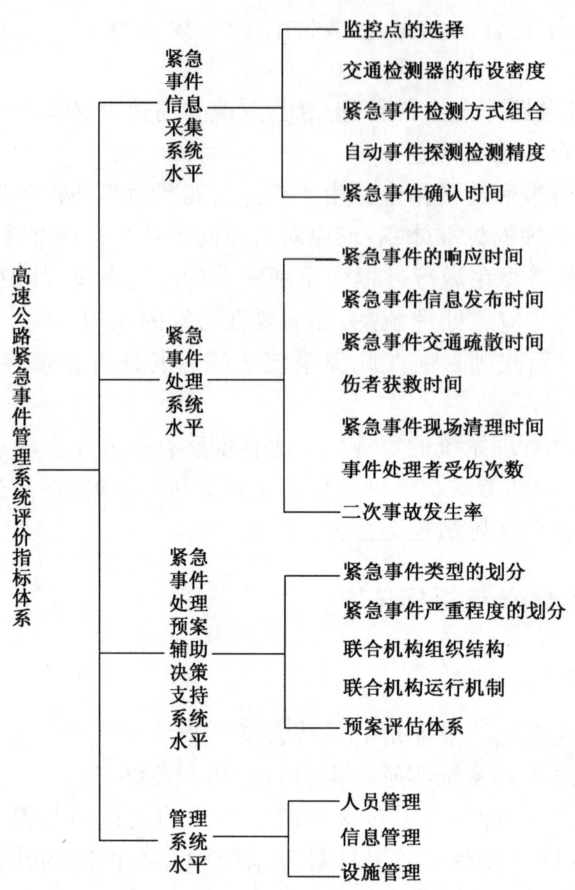

图2 高速公路紧急事件管理系统实施效果评价指标体系

2 模糊综合评价模型

高速公路紧急事件管理系统是一个由人、车、路、环境组成的复杂系统，影响其实施效果的因素众多，且很多因素是定性的，具有很大的模糊性。对于定量指标，由于目前国内高速公路运营管理体制等问题造成相关数据严重积累不足，基础资料难以收集，同样具有模糊性，也很难定量评价。

本文针对此评价所需基础资料多、指标繁杂、指标不易量化等特点，融合了德尔菲评分法、层次分析理论、模糊数学理论的优点，对该系统实施效果进行了评价。

2.1 确定因素集

因素集是由影响评判对象的各个因素所组成的集合，可表示为：

$$U=\{u_1,u_2,u_3,\cdots,u_i\}$$

其中元素 $u_i(i=1,2,\cdots,n)$ 是评价对象的若干影响因素。

根据上文所确定的评价指标体系，可得到因素集为：第一层：U={紧急事件信息采集系统水平 U_1，紧急事件处理系统水平 U_2，紧急事件处理预案辅助决策系统水平 U_3，管理系统水平 U_4}；第二层：U_1={监控点的选择 u_{11}，交通检测器的布设密度 u_{12}，紧急事件检测方式组合 u_{13}，自动事件探测检测率 u_{14}，紧急事件确认时间 u_{15}}，U_2={紧急事件的响应时间 u_{21}，紧急事件信息发布时间 u_{22}，紧急事件交通疏散时间 u_{23}，伤者获救时间 u_{24}，紧急事件现场清理时间 u_{25}，事件处理者受伤次数 u_{26}，二次事故发生率 u_{27}}，U_3={紧急事件类型的划分 u_{31}，紧急事件严重程度的划分 u_{32}，联合机构的组织结构 u_{33}，联合机构的运行机制 u_{34}，预案评估体系 u_{35}}，U_4={人员管理 u_{41}，信息管理 u_{42}，设施管理 u_{43}}。

2.2 确定评价集

评价集是由对评判对象可能作出的评判结果所组成的集合，根据心理测量科学的试验，评价等级通常大于4而小于9。本文将评判等级取为5个,即:V={v_1,v_2,v_3,v_4,v_5}={很差,较差,一般,较好,很好}。

2.3 评价指标的无量纲化

评价指标分为定性指标和定量指标,应分别有相应的无量纲化方法。但是,由于高速公路紧急事件管理系统的建设仍然处于起步阶段,相关评价工作更是几乎处于空白阶段,对于确定定量指标所需的相关数据严重缺乏,很难收集,因此,本文对定量指标也采取定性指标的方法。

本文采用集值统计法作为定量指标无量纲化的工具。集值统计法改变以往传统的专家调查法的做法(由专家对指标的好坏程度给出一个固定值或点值),对指标的好坏程度给出相应空间的一个子集或者说是一个区间估计值。集值统计是经典统计和模糊统计的一种拓广,考虑到专家判断的模糊性,将专家评分结果用集值统计法来确定定性指标的评价值。

假设有n个评价者对某一评价指标u在1～100分值范围分别给出一个区间估计值,对各定性指标可按表1中的标准打分,但是分值区间的起点和终点不一定要和下表一致,可大可小,也可介于两评判等级之间。

表1 定性指标评分标准

评语等级	很　差	较　差	一　般	较　好	很　好
分值区间	[0,20)	[20,40)	[40,60)	[60,80)	[80,100]

这样便可以得到n个区间估计值,形成一个集值统计序列:

$$(a_1,b_1),(a_2,b_2),\cdots,(a_k,b_k),\cdots,(a_n,b_n)$$

其中a_k,b_k分别为第k个评价者对该指标作出的评价区间的下限和上限。

根据集值统计原理式(1):

$$\bar{u}=\frac{1}{2}\frac{\sum_{k=1}^{n}(b_k^2-a_k^2)}{\sum_{k=1}^{n}(b_k-a_k)} \tag{1}$$

式中:u——评价指标;

a_{k}——第k个评价者对该指标做出的评价区间的下限;

b_{k}——第k个评价者对该指标做出的评价区间的上限。

上式得出的$\bar{u}$便是把专家评分通过集值统计方法得到该定性指标的定量化评价估计值,该值的可靠度或可信度通过式(2)计算:

$$b_{\mathrm{d}}=\frac{1}{1+g}\times 100\% \qquad 0\leqslant b_{\mathrm{d}}\leqslant 1 \tag{2}$$

其中:

$$g=\frac{1}{3}\frac{\sum_{k=1}^{n}[(b_k-\bar{u})^3-(a_k-\bar{u})^3]}{\sum_{k=1}^{n}(b_k-a_k)} \tag{3}$$

b_{d}值越大,说明该估计值的可靠程度越高,否则越差。一般地,当$b_{\mathrm{d}}\geqslant 0.9$时则认为专家们对指标$u$的定量化估计值是可以接受的,即专家的意见比较集中。当$b_{\mathrm{d}}<0.9$时,需要专家们对该定性指标重新进行分析和评价。

2.4 隶属函数的确定

要进行模糊综合评价,首先要建立模糊关系矩阵$\boldsymbol{R}$,也即评判矩阵:

$$\boldsymbol{R}=\begin{bmatrix}R_1\\R_2\\\vdots\\R_n\end{bmatrix}=\begin{bmatrix}r_{11}&r_{12}&\cdots&r_{1m}\\r_{21}&r_{22}&\cdots&r_{2m}\\\cdots&\cdots&\cdots&\cdots\\r_{n1}&r_{n2}&\cdots&r_{nm}\end{bmatrix}n\times m$$

在进行模糊评价时，如何确定各个因素对应各个评判等级的隶属程度(隶属度)，即 r_{ij} 的大小，是整个评价能否进行的关键。模糊数学中的隶属函数可以选取各种不同的形状，如三角形、梯形、钟形等。因为三角形隶属函数形状简单，容易计算，并且和其他较复杂的隶属函数得出的结果差别较小，故被广泛采用。本文即采用三角形隶属函数，图形如图 3 所示。

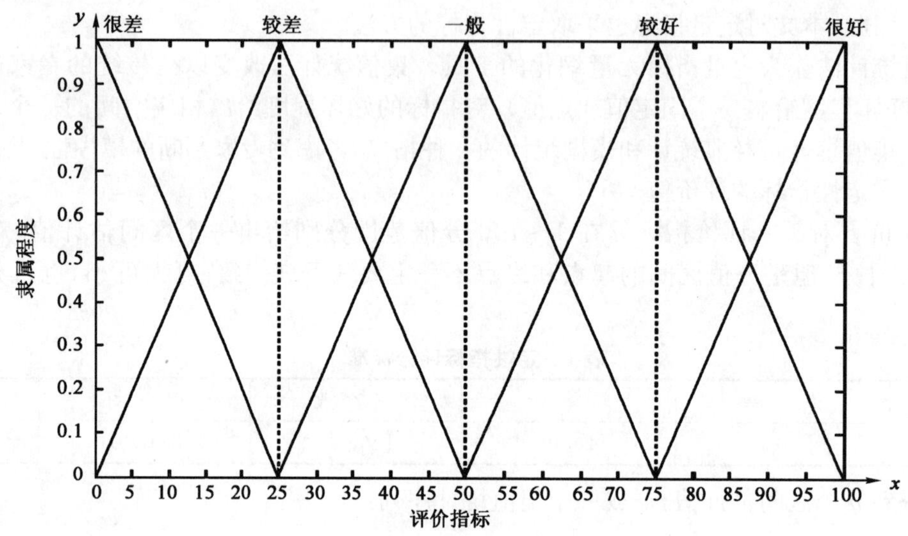

图 3　评价指标隶属度函数图

图中：x——评价指标分值；

y——评价指标隶属函数。

各等级隶属函数解析式如下：

$$y_1=\begin{cases}\dfrac{25-x}{25} & 0\leqslant x<25\\ 0 & x\geqslant 25\end{cases} \tag{4}$$

$$y_2=\begin{cases}\dfrac{x}{25} & 0\leqslant x<25\\ \dfrac{50-x}{25} & 25\leqslant x<50\\ 0 & x\geqslant 50\end{cases} \tag{5}$$

$$y_3=\begin{cases}0 & 0\leqslant x\leqslant 25\\ \dfrac{x-25}{25} & 25<x\leqslant 50\\ \dfrac{75-x}{25} & 50\leqslant x<75\\ 0 & x\geqslant 75\end{cases} \tag{6}$$

$$y_4=\begin{cases}0 & x\leqslant 50\\ \dfrac{x-50}{25} & 50<x\leqslant 75\\ \dfrac{100-x}{25} & 75\leqslant x<100\end{cases} \tag{7}$$

$$y_5=\begin{cases}0 & x\leqslant 75\\ \dfrac{x-75}{25} & 75<x\leqslant 100\end{cases} \tag{8}$$

式中：y_1——评价指标隶属于“很差”的隶属函数；

y_2——评价指标隶属于“较差”的隶属函数；

y_3——评价指标隶属于“一般”的隶属函数；

y_4——评价指标隶属于“较好”的隶属函数；

y_5——评价指标隶属于“很好”的隶属函数。

根据评价指标值通过以上公式便可得到的各评价指标隶属于各等级的隶属度即 r_{ij}，从而可得到单因素评价矩阵 R。

2.5 评价指标权重的确定

权重是指各因素在评价中对评价目标所起作用的大小程度。对于带有定性指标的指标体系的赋权方法，目前较为有效的是层次分析法（AHP），因此本文采用层次分析法来确定指标权重。

根据上文确定的评价指标体系构造层次结构图如图 4 所示。

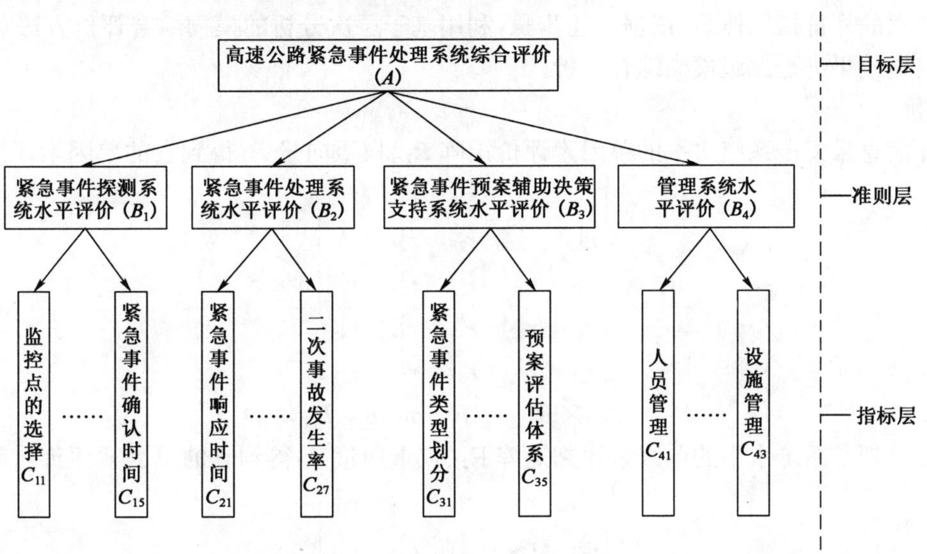

图 4 层次结构图

递阶层次结构模型确定以后，采用表 2 所示的 9 标度法，结合专家调查的手段，得到判断矩阵，矩阵形式如图 5 所示。

表 2 九标度表

评判标度	含义
1	对 B_k 而言，两个因素同样重要
3	对 B_k 而言，C_{ki} 比 C_{kj} 稍微重要
5	对 B_k 而言，C_{ki} 比 C_{kj} 明显重要
7	对 B_k 而言，C_{ki} 比 C_{kj} 强烈重要
9	对 B_k 而言，C_{ki} 比 C_{kj} 极端重要
2、4、6、8	重要程度介于上述两相邻评判尺度之间
倒数	因素 C_{ki} 与 C_{kj} 比较得判断值 c_{ij}，则因素 C_{kj} 与 C_{ki} 比较的判断值为 $c_{ji}=1/c_{ij}$

B_k	C_{k1}	C_{k12}	…	C_{kn}
C_{k1}	C_{11}	C_{12}	…	C_{1n}
C_{k12}	C_{21}	C_{22}	…	C_{2n}
…	…	…	…	…
C_{kn}	C_{n1}	C_{n2}	…	C_{nn}

图 5 判断矩阵图

然后根据判断矩阵 $\boldsymbol{C}_k$、最大特征根 λ_{max} 及特征向量 $\boldsymbol{W}$ 的关系式 $\boldsymbol{C}_k\boldsymbol{W}=\lambda_{max}\boldsymbol{W}$，采用方根法计算出各指标的权重。即：

第一层次的因素权重集

$$A=(a_1,a_2,a_3,a_4)$$

第二层次的因素权重集

$$A_1=(a_{11},a_{12},a_{13},a_{14},a_{15})$$

$$A_2=(a_{21},a_{22},a_{23},a_{24},a_{25},a_{26},a_{27})$$

$$A_3=(a_{31},a_{32},a_{33},a_{34},a_{35})$$

$$A_4=(a_{41},a_{42},a_{43})$$

2.6　高速公路紧急事件管理系统模糊综合评价模型

根据已经建立的评价指标体系,依据上述步骤,利用基于层次分析的模糊综合评价方法对高速公路紧急事件管理系统实施效果进行二级模糊综合评价。

(1)一级评价

由紧急事件信息采集子系统水平的单因素评价矩阵 $\boldsymbol{R_1}$、权重向量 A_1 得到它的单因素评价向量 B_1：

$$\boldsymbol{R_1}=\begin{bmatrix} r_{11}^1 & r_{12}^1 & r_{13}^1 & r_{14}^1 & r_{15}^1 \\ r_{21}^1 & r_{22}^1 & r_{23}^1 & r_{24}^1 & r_{25}^1 \\ r_{31}^1 & r_{32}^1 & r_{33}^1 & r_{34}^1 & r_{35}^1 \\ r_{41}^1 & r_{42}^1 & r_{43}^1 & r_{44}^1 & r_{45}^1 \\ r_{51}^1 & r_{52}^1 & r_{53}^1 & r_{54}^1 & r_{55}^1 \end{bmatrix} 5\times 5$$

$$B_1=A_1\times \boldsymbol{R_1}=(b_{11},b_{12},b_{13},b_{14},b_{15}) \tag{9}$$

由紧急事件处理子系统水平的单因素评判矩阵 $\boldsymbol{R_2}$、权重向量 A_2 得到它的单因素评价向量 B_2：

$$\boldsymbol{R_2}=\begin{bmatrix} r_{11}^2 & r_{12}^2 & r_{13}^2 & r_{14}^2 & r_{15}^2 \\ r_{21}^2 & r_{22}^2 & r_{23}^2 & r_{24}^2 & r_{25}^2 \\ r_{31}^2 & r_{32}^2 & r_{33}^2 & r_{34}^2 & r_{35}^2 \\ r_{41}^2 & r_{42}^2 & r_{43}^2 & r_{44}^2 & r_{45}^2 \\ r_{51}^2 & r_{52}^2 & r_{53}^2 & r_{54}^2 & r_{55}^2 \\ r_{61}^2 & r_{62}^2 & r_{63}^2 & r_{64}^2 & r_{65}^2 \\ r_{71}^2 & r_{72}^2 & r_{73}^2 & r_{74}^2 & r_{75}^2 \end{bmatrix} 7\times 5$$

$$B_2=A_2\times \boldsymbol{R_2}=(b_{21},b_{22},b_{23},b_{24},b_{25}) \tag{10}$$

由紧急事件处理预案辅助决策子系统水平的单因素评判矩阵 $\boldsymbol{R_3}$、权重向量 A_3 得到它的单因素评价向量 B_3：

$$\boldsymbol{R_3}=\begin{bmatrix} r_{11}^3 & r_{12}^3 & r_{13}^3 & r_{14}^3 & r_{15}^3 \\ r_{21}^3 & r_{22}^3 & r_{23}^3 & r_{24}^3 & r_{25}^3 \\ r_{31}^3 & r_{32}^3 & r_{33}^3 & r_{34}^3 & r_{35}^3 \\ r_{41}^3 & r_{42}^3 & r_{43}^3 & r_{44}^3 & r_{45}^3 \\ r_{51}^3 & r_{52}^3 & r_{53}^3 & r_{54}^3 & r_{55}^3 \end{bmatrix} 5\times 5$$

$$B_3=A_3\times \boldsymbol{R_3}=(b_{31},b_{32},b_{33},b_{34},b_{35}) \tag{11}$$

由管理系统水平的单因素评判矩阵 $\boldsymbol{R_4}$、权重向量 A_4 可以得到它的单因素评价向量 B_4：

$$\boldsymbol{R_4}=\begin{bmatrix} r_{11}^4 & r_{12}^4 & r_{13}^4 & r_{14}^4 & r_{15}^4 \\ r_{21}^4 & r_{22}^4 & r_{23}^4 & r_{24}^4 & r_{25}^4 \\ r_{31}^4 & r_{32}^4 & r_{33}^4 & r_{34}^4 & r_{35}^4 \end{bmatrix} 3\times 5$$

$$B_4=A_4\times \boldsymbol{R_4}=(b_{41},b_{42},b_{43},b_{44},b_{45}) \tag{12}$$

(2)二级评价

二级模糊综合评价即是对于准则层四个因素的综合评价。上面得到的一级模糊综合评价集 B_i 既是考虑准则层第 i 个因素的单因素评价集,同时也构成了二级模糊综合评判的评判矩阵 $\boldsymbol{R}$,即:

$$\boldsymbol{R}=\begin{bmatrix}B_1\\B_2\\B_3\\B_4\end{bmatrix}=\begin{bmatrix}b_{11}&b_{12}&b_{13}&b_{14}&b_{15}\\b_{21}&b_{22}&b_{23}&b_{24}&b_{25}\\b_{31}&b_{32}&b_{33}&b_{34}&b_{35}\\b_{41}&b_{42}&b_{43}&b_{44}&b_{45}\end{bmatrix}4\times 5$$

于是,二级模糊综合评判模型为:

$$B=A\times\boldsymbol{R}=A\times\begin{bmatrix}B_1\\B_2\\B_3\\B_4\end{bmatrix} \tag{13}$$

$$=(a_1,a_2,a_3,a_4)\times\begin{bmatrix}b_{11}&b_{12}&b_{13}&b_{14}&b_{15}\\b_{21}&b_{22}&b_{23}&b_{24}&b_{25}\\b_{31}&b_{32}&b_{33}&b_{34}&b_{35}\\b_{41}&b_{42}&b_{43}&b_{44}&b_{45}\end{bmatrix}4\times 5$$

$$=(b_1,b_2,b_3,b_4,b_5)$$

这样就得到最终评价结果 B,它是一个五维的行向量,表明评价对象隶属于各个评判等级的隶属度。

3 实证分析

为了验证上述模型的合理性与实用性,本文以北京某高速公路紧急事件管理系统项目为例,对其实施效果进行评价。

3.1 系统概况

该高速公路全长约 41km,设有一处高速公路分中心,高速公路紧急事件管理系统作为路段监控系统的主要组成部分,与路段监控系统合建在此分中心。除一台紧急事件管理系统工作站外,其他计算机网络设备与路段监控系统合用。该高速公路紧急事件管理系统项目于 2004 年 6 月启动,2005 年 8 月竣工试运行。

3.2 各指标值的采集

以专家调查的手段,通过对该高速公路监控中心 5 名相关管理工程师的问卷调查,再运用集值统计原理得到各指标的分值如表 3～表 6 所示。

表 3 紧急事件信息采集子系统下各指标值

指标名称	分值	指标名称	分值
监控点的选择	76.67	自动事件探测检测精度	44.78
交通检测器的布设密度	65.35	紧急事件确认时间	75.84
紧急事件检测方式组合	75.21		

表 4 紧急事件处理子系统下各指标值

指标名称	分值	指标名称	分值
紧急事件响应时间	71.25	紧急事件现场清理时间	73.46
紧急事件信息发布时间	75.43	事件处理者受伤次数	85.56
紧急事件的交通疏散时间	81.34	二次事故发生率	70.26
伤者获救时间	68.48		

表 5 紧急事件处理预案辅助决策子系统下各指标值

指标名称	分值	指标名称	分值
紧急事件类型的划分	72.51	联合结构的运行机制	75.56
紧急事件严重程度的划分	74.89	预案评估体系	64.58
联合机构的组织结构	80.25		

表 6 系统管理子系统下各指标值

指标名称	分值	指标名称	分值
人员管理	71.45	设施管理	81.47
信息管理	65.53		

3.3 指标隶属度的确定

利用 2.4 节中确定的隶属函数计算各指标隶属度，构成一级评判矩阵 $\boldsymbol{R}_1$、$\boldsymbol{R}_2$、$\boldsymbol{R}_3$、$\boldsymbol{R}_4$ 如下：

$$\boldsymbol{R}_1=\begin{bmatrix}0 & 0 & 0 & 0.9332 & 0.0668\\0 & 0 & 0.3860 & 0.6140 & 0\\0 & 0 & 0 & 0.9916 & 0.0084\\0 & 0.2088 & 0.7912 & 0 & 0\\0 & 0 & 0 & 0.9664 & 0.0336\end{bmatrix}_{5\times5}$$

$$\boldsymbol{R}_2=\begin{bmatrix}0 & 0 & 0.1500 & 0.8500 & 0\\0 & 0 & 0 & 0.9828 & 0.0172\\0 & 0 & 0 & 0.7464 & 0.2536\\0 & 0 & 0.2608 & 0.7392 & 0\\0 & 0 & 0.0616 & 0.9384 & 0\\0 & 0 & 0 & 0.5776 & 0.4224\\0 & 0 & 0.1896 & 0.8104 & 0\end{bmatrix}_{7\times5}$$

$$\boldsymbol{R}_3=\begin{bmatrix}0 & 0 & 0.0996 & 0.9004 & 0\\0 & 0 & 0.0044 & 0.9956 & 0\\0 & 0 & 0 & 0.7900 & 0.2100\\0 & 0 & 0 & 0.9776 & 0.0224\\0 & 0 & 0.4168 & 0.5832 & 0\end{bmatrix}_{5\times5}$$

$$\boldsymbol{R}_4=\begin{bmatrix}0 & 0 & 0.1420 & 0.8580 & 0\\0 & 0 & 0.3788 & 0.6212 & 0\\0 & 0 & 0 & 0.7412 & 0.2588\end{bmatrix}_{3\times5}$$

3.4 指标权重的获得

通过对 20 名有经验的工程师、专家进行调查，并按照前面所述步骤计算得到各指标相对于其上层准则及准则相对于目标的权重分配，结果如表 7～表 11 所示。

表 7 准则层指标相对于目标层的权重分配

目标 A 下各准则	相对权重	目标 A 下各准则	相对权重
紧急事件检测系统水平	0.4604	紧急事件处理预案辅助决策系统水平	0.1580
紧急事件处理系统水平	0.2941	系统管理水平	0.0875

$\lambda_{max}=4.0457$，$CI=0.0152$，$CR=0.0169<0.1$，满足一致性要求。

则：$A=(0.4604\quad 0.2941\quad 0.1580\quad 0.0875)$

表 8 紧急事件检测系统(B_1)下各指标相对权重分配

B_1 准则下各指标	相对权重	B_1 准则下各指标	相对权重
监控点的选择	0.057 4	自动事件探测检测精度	0.257 2
交通检测器的布设密度	0.130 3	紧急事件确认时间	0.413 9
紧急事件检测方式组合	0.141 3		

$\lambda_{max}=5.2169$,CI=0.054 2,CR=0.048 4<0.1,满足一致性要求。

则:$A_1=(0.0574 \quad 0.1303 \quad 0.1413 \quad 0.2572 \quad 0.4139)$

表 9 紧急事件处理系统(B_2)下各指标相对权重分配

B_2 准则下各指标	相对权重	B_2 准则下各指标	相对权重
紧急事件响应时间	0.195 2	紧急事件的现场清理时间	0.128 4
紧急事件信息发布时间	0.106 0	事件处理者受伤次数	0.160 2
紧急事件的交通疏散时间	0.063 5	二次事故发生率	0.307 4
伤者获救时间	0.092 1		

$\lambda_{max}=7.5652$,CI=0.094 2,CR=0.071 4<0.1,满足一致性要求。

则:$A_2=(0.1952 \quad 0.1060 \quad 0.0635 \quad 0.0921 \quad 0.1284 \quad 0.1602 \quad 0.3074)$

表 10 紧急事件处理预案辅助决策系统(B_3)下各指标相对权重分配

B_3 准则下各指标	相对权重	B_3 准则下各指标	相对权重
紧急事件类型的划分	0.081 7	联合机构的运行机制	0.226 1
紧急事件严重程度的划分	0.081 7	预案评估体系	0.384 4
联合机构的组织结构	0.226 1		

$\lambda_{max}=5.0264$,CI=0.006 6,CR=0.005 9<0.1,满足一致性要求。

则:$A_3=(0.0817 \quad 0.0817 \quad 0.2261 \quad 0.2261 \quad 0.3844)$

表 11 系统管理(B_4)下各指标相对权重分配

B_4 准则下各指标	相对权重	B_4 准则下各指标	相对权重
人员管理	0.157 1	设施管理	0.249 3
信息管理	0.593 6		

$\lambda_{max}=3.0536$,CI=0.023 8,CR=0.046 2<0.1,满足一致性要求。

则:$A_4=(0.1571 \quad 0.5936 \quad 0.2493)$

3.5 一级评价

利用一级评价模型 $B_1=A_1\times\boldsymbol{R_1}$、$B_2=A_2\times\boldsymbol{R_2}$、$B_3=A_3\times\boldsymbol{R_3}$、$B_4=A_4\times\boldsymbol{R_4}$ 进行计算,得单因素评价结果如下:

紧急事件信息采集子系统评价结果:

$$B_1=A_1\times\boldsymbol{R_1}=(0 \quad 0.0537 \quad 0.2538 \quad 0.6737 \quad 0.0189)$$

紧急事件处理子系统评价结果:

$$B_2=A_2\times\boldsymbol{R_2}=(0 \quad 0 \quad 0.1195 \quad 0.8477 \quad 0.0856)$$

紧急事件处理预案辅助决策子系统评价结果:

$$B_3=A_3\times\boldsymbol{R_3}=(0 \quad 0 \quad 0.1687 \quad 0.7787 \quad 0.0525)$$

系统管理子系统评价结果:

$$B_4=A_4\times\boldsymbol{R_4}=(0 \quad 0 \quad 0.2472 \quad 0.6883 \quad 0.0645)$$

3.6 二级评价

将一级评价结果组成二级评判矩阵 $\boldsymbol{R}$,即:

$$\boldsymbol{R}=\begin{bmatrix}B_1\\B_2\\B_3\\B_4\end{bmatrix}=\begin{bmatrix}0 & 0.0537 & 0.2538 & 0.6737 & 0.0189\\0 & 0 & 0.1195 & 0.8477 & 0.0856\\0 & 0 & 0.1687 & 0.7787 & 0.0525\\0 & 0 & 0.2472 & 0.6883 & 0.0645\end{bmatrix}_{4\times 5}$$

综合评价结果为：

$$B=A\times\boldsymbol{R}=(0\quad 0.0247\quad 0.2003\quad 0.7427\quad 0.0478)$$

3.7 评价结果分析

利用加权平均法，对综合评价结果评价向量 $B=A\times\boldsymbol{R}=(0\quad 0.0247\quad 0.2003\quad 0.7427\quad 0.0478)$ 进行计算分析，得出北京某高速公路紧急事件管理系统实施效果综合评价结果 $V=77.21$ 分，说明总体实施效果较好。

参考文献

[1] 孙有发.基于集值统计的模糊神经网络专家系统及其应用[J].模糊系统与数学，2001，6(2)：97-101.

[2] 陈守煜.工程模糊集理论与应用[M].北京：国防工业出版社，1998.

[3] Farradyne. Traffic Incident Management Handbook [R]. FHWA，2000.

高速公路突发交通事件疏导措施决策

李文华 陆 建 胡晓健

（东南大学交通学院 南京 210096）

摘 要：针对高速公路发生突发交通事件，通过 VISSIM 仿真软件模拟事发后采取各种疏导措施的实施效果。为便于对措施进行分析与决策，采用事发点通过交通量、平均排队长度和平均延误三个指标表征实施效果，并依据实施效果对各措施特点及实施条件进行研究。最后，通过多目标决策技术，结合仿真结果进行了最优措施决策，并依据措施的分析结果对最优决策结果进行了进一步的确定，保证了决策过程的可靠性。

关键词：高速公路 突发交通事件 仿真 疏导措施决策

Measures of Traffic Grooming after Traffic Accidents on the Expressways

Li Wenhua Lu Jian Hu Xiaojian

（School of Transportation in Southeast University Nan Jing 210096）

Abstract: This paper illustrates the effects of traffic grooming measures after traffic accidents simulated by VISSIM software. To facilitate analysis and decision-making, this paper indicates actual effects through traffic flow of the accident section, average length of waiting lines and average delay. It also conducts research on the features and implementation conditions of these measures based on the actual effects. In the end, through multi-goal decision-making technology, this paper conducts optimal decision-making by considering simulation findings, and further affirms the results of optimal decision-making according to the analysis of these measures, which has guaranteed the reliability of decision-making.

Keywords: Expressways Traffic accidents Simulation Traffic grooming measures and decision-making

0 引言

世界各国的统计资料表明：高速公路事故率通常要比一般公路低很多。但是由于高速公路具有车流量大、行车速度高的特点，一旦发生交通事故往往非常严重，不仅一次事故殃及的车辆多、伤亡率高，造成严重的交通阻塞和行车延误，而且车辆拥堵得不到很好的疏导，还易引起二次事故的发生，严重影响高速公路的通行质量。

合理的交通疏导措施的实施可以有效缓解高速公路上的交通压力，但是目前我国针对突发事件造成的拥堵采取的疏导措施，往往凭经验进行，尚没有对各种措施的特点及实施条件进行深入的研究，也缺乏针对各种需求及事件严重程度的最优措施决策。

本文将针对这一现状，对措施应用特性及措施间关系进行深入分析，同时进行最优措施决策，为各种情况下疏导措施的正确选择及实施提供支持。

1 疏导措施原理

高速公路发生交通事件后，常用的交通疏导措施主要有进口匝道控制、出口匝道控制以及限速措施。

基金项目：国家科技支撑计划课题（2009BAG13A06）；教育部新世纪优秀人才支持计划（NCET-08-0115）；江苏省青蓝工程。

出入口匝道控制的基本原理是通过控制出入口匝道的交通量,来减少出入口匝道与主线交叉口至事发点路段上的交通量,从而平衡交通需求与交通供给。交通事件发生后,事发点上游交通量之和大于事发点剩余通行能力,从而发生拥堵。若根据事发点上游交通需求与事发点剩余通行能力之差来调节出入口交通量,则可减轻高速公路上的交通拥堵,改善交通运行状况,尽可能使高速公路主线交通流处于最佳状态。

限速措施是通过高速公路主线上设置的可变限速标志来限制行车速度,改变交通流密度,使主线交通流得以均匀、稳定运行,提高路段的通行能力。

2 仿真方案设计

模拟目的:通过设定某交通需求条件下,突发事件造成严重拥堵时,采取不同的疏导措施或者改变措施参数,对比分析措施实施效果,总结各措施特点及实施条件,从而为疏导措施的正确选取提供借鉴。

仿真对象:某段六车道(单向三车道)高速公路,仿真路段图如图1所示。路段总长度为9km,车道宽度为3.75m,大型车比例为30%,小型车速度分布区间为80~100km/h,大型车速度分布区间为70~90km/h。该路段有四条匝道,两个出口匝道,两个入口匝道,各匝道间距为2km,匝道均为双车道,各车道宽为3.5m,各匝道长度设为1 500m,其中入口匝道1与事发点距离为2km。匝道上大型车比例为30%,小型车速度分布区间为50~60km/h,大型车速度分布区间为40~50km/h。

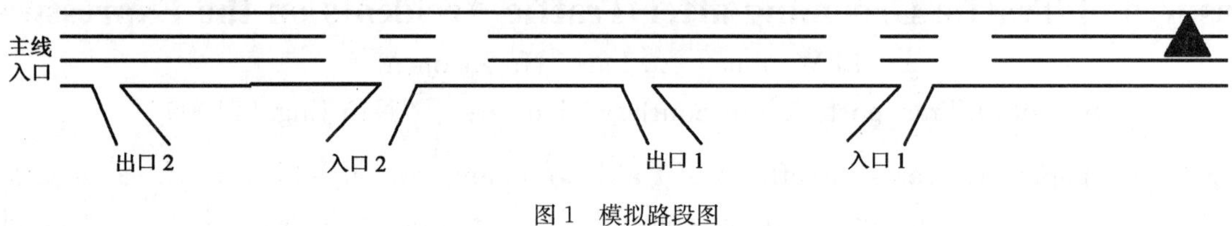

图1 模拟路段图

交通条件设定:主线交通需求为4 320 辆/h,匝道交通需求为1 000 辆/h,代表高交通需求状态。事件造成两条车道关闭,代表严重交通事件。事件发生在图1中的三角标志处。

仿真时间设定:仿真总时间4 600s,其中0~1 000s为无突发事件,自由运行状态,第1 000s事件发生,1 000~4 600s为事件持续时间。

3 仿真结果分析

对各疏导措施进行编号:A——无疏导措施;B1——入口匝道1需求减半;B2——入口匝道2需求减半;C1——出口匝道1需求增加50%;C2——出口匝道2需求增加50%;D1——主线限速60km/h(限速标志距事发点4km);D2——主线限速40km/h(限速标志距事发点4km);D3——主线限速60km/h(限速标志距事发点8km);D4——主线限速40km/h(限速标志距事发点8km)。

在设定的交通条件下,采取各种疏导措施后的仿真结果如表1所示。

表1 仿真结果表

评价指标 \ 疏导措施	A	B1	B2	C1	C2	D1	D2	D3	D4
通过车辆数(辆/h)	1 736	1 762	1 745	1 742	1 747	1 781	1 742	1 745	1 729
平均排队长度(m)	5 042	4 828	4 528	4 116	4 276	4 972	4 952	5 048	4 897
平均延误(s)	1 084.7	989.2	1 039.2	970.2	990.8	1 021.9	960.9	1 015.5	946

对上表仿真结果的总体分析可见,采用疏导措施与无疏导措施相比,各项疏导评价指标都有不同程度的改善和优化,但是改善幅度较小。究其原因:一方面交通需求较高,而且突发事件造成的影响程度较深,剩余通行能力很小,使得事发路段通过交通量受到极大约束;另一方面,仿真过程中采取的疏导措施力度较轻,不足以大幅度改善各评价指标。

通过对上表中数据的分析,可以定性地对措施进行对比分析,从而为采取何种疏导措施提供依据。

(1)可以看到出入口匝道采取控制措施,与无疏导措施相比,通过车辆数略有增加,平均排队长度及平均延误指标均有小幅度减小。造成这种现象的主要原因是疏导措施、实际交通需求以及剩余通行能力三方面制约的结果。一方面,采取匝道控制措施后,主线交通需求减少,交通压力得以缓解,因而各项指标均有所改善;另一方面,由于事件较为严重,事发路段剩余通行能力较小,通过交通量指标改善程度有限;最后,事件发生后,由于高需求以及事件严重程度较深,造成拥堵排队车辆较多,需要较长时间才能完全恢复到正常交通状态。此时进行匝道需求控制可以起到不再增加排队长度以及缓解交通压力的作用,但只是减少少量交通需求,所以对拥堵的缓解作用非常有限。

因此,针对上述现象,可以采取更大幅度控制匝道流量的措施,或者多个匝道联合控制方案,最大幅度减少主线交通需求,从而使疏导效果达到最优。

(2)限速措施的采取对各个评价指标的改善效果并不明显,甚至有的指标会出现变差的情况。这也说明了限速措施主要起到平稳交通流的作用,减少二次交通冲突的产生;但是对于减轻道路交通拥堵状态,效果不佳。

因此,想要达到更好的疏导效果,应该配合其他疏导措施同时实施。

(3)B1 措施的实施效果与 B2 相比较,通过交通量指标无明显差异,但是 B2 措施的实施对于排队长度指标的改善更为有效。由于事件造成的拥堵排队长度较长,平均排队长度位于入口匝道 1 与入口匝道 2 之间,接近入口匝道 2 的位置,入口匝道 1 与主线交叉口基本处于死锁状态,入口匝道 1 中可以进入主线的交通量很少;而入口匝道 2 与主线交叉口处还未形成排队,这时减少入口匝道 2 的交通需求,可以很大程度上减少排队长度。

在减少平均延误方面 B1 措施更占优势,分析原因主要是,B1 措施中入口匝道 1 与事发点距离较近,而 B2 措施中入口匝道 2 与事发点距离较远,所以 B1 措施的实施更能对两入口匝道之间的车辆起到缓解压力的目的,因而,平均延误也就更少。

在此交通状况下,若是以减少平均排队长度为主要目的,应该重点控制拥堵排队尾端上游未进入死锁状态的入口匝道的驶入交通量;想减少主线车辆的平均延误,应该重点控制排队尾端下游与事发点距离较近的入口匝道的驶入交通量。

(4)C1 措施的实施效果与 C2 相比,通过交通量指标仍无明显差异,但是在平均排队长度与平均延误指标的改善方面,C1 更占优势。C1 措施在减少平均排队长度及平均延误方面占优势,出口匝道 1 措施可以对事发时已经进入两出口匝道间主线上的交通流起到缓压作用,而入口匝道 2 交通量控制措施则不会对那部分交通量产生任何影响。

在此交通状况下,应将主线交通量尽量多地分到与事发点距离较近的出口匝道上。

(5)C1 与 C2 措施的实施效果和 B1 与 B2 相比,通过交通量指标仍无明显差异,但是前两种措施对平均排队长度和平均延误指标的改善程度更大。一定程度上说明,出口匝道控制比入口匝道控制更占优势,其优势源于出口匝道交通量的调节不会被主线交通所影响,也不像入口匝道那样容易产生排队现象。

因此,在调节交通量相同,且匝道与事发点距离基本相同时,可以首先考虑出口匝道控制,其次考虑入口匝道控制。

(6)限速措施的采取对各个指标的改善幅度很小,有的指标甚至于比无疏导措施时还要差。通过分析可以看出,限速措施只是改善了事发路段车流的平稳性,使事发点的通过车辆数尽可能接近事发路段剩余通行能力,而平均排队长度及平均延误指标不会发生本质性的改善。由于车流平稳性的改善,二次事故发生的可能性也会大大降低。同时,限速措施的实施也起到通告前方事故的作用,使将要进入事发路段的车辆提前选择其他路线行驶。

因此,限速措施可以配合其他疏导措施同时采取,以达到最佳疏导效果。

(7)D1 措施的实施效果与 D2 比较,D1 实施后事发点的通过交通量指标略优于 D2,但是其他两个指标均劣于 D2。

D3 措施的实施效果与 D4 比较,D3 实施后事发点的通过交通量指标略优于 D4,但是其他两个指标均劣于 D4。

从上面的比较可以看出：在同一限速点，限速值稍低的措施会使得平均排队长度和平均延误指标改善明显，但由于剩余通行能力的制约，通过交通量指标的改善效果不明显。

因此，在高需求且事件较为严重时，应尽量设置较低的限速值。而合理限速值的采取与事发时段交通需求、事发点剩余通行能力以及限速标志所处位置这三个因素有关，可以进行定量分析，得出某点的最佳限速值。由于篇幅限制，在这里只进行了定性分析。

4 措施决策

基于上面的仿真结果，进行最优措施的决策，决策过程主要包括：量纲换算、确定目标权数、综合评价与决策三个步骤。

4.1 量纲换算

一般来说，决策问题的多个目标总是具有不同的量纲，要进行方案评价，首先必须进行量纲换算。通过无量纲加权总和法进行量纲换算，经换算后的各值如表 2 所示。

表 2 无量纲换算表

疏导措施 / 评价指标	A	B1	B2	C1	C2	D1	D2	D3	D4
通过车辆数(辆/h)	0.974 73	0.989 33	0.979 78	0.978 10	0.980 91	1	0.978 10	0.979 78	0.970 80
平均排队长度(m)	0.816 34	0.852 52	0.909 01	1	0.962 58	0.827 83	0.831 19	0.815 37	0.840 51
平均延误(s)	0.872 13	0.956 32	0.910 31	0.975 05	0.954 78	0.925 72	0.984 49	0.931 56	1

4.2 确定目标权数

目标权数是对目标的重要程度给予定量估价，它将直接影响评价结果，因此确定目标权数比较关键。确定目标权数的方法很多，这里我们利用 DARE 评分法确定三个指标的目标权数，如表 3 所示。

表 3 指标权数表

评价指标	指标评分		
	暂定分数	修正分数	指标权数
通过车辆数	0.9	0.99	0.32
平均排队长度	1.1	1.1	0.36
平均延误	—	1	0.32
求和	—	3.09	1.00

4.3 综合评价与决策

综合评价与决策后，各指标效用值的加权值及各措施的综合评价值 w_i，如表 4 所示。

表 4 综合评价表

疏导措施 / 评价指标	A	B1	B2	C1	C2	D1	D2	D3	D4
通过车辆数(辆/h)	0.311 91	0.316 58	0.313 53	0.312 99	0.313 89	0.32	0.312 99	0.313 53	0.310 65
平均排队长度(m)	0.293 88	0.306 91	0.327 24	0.36	0.346 52	0.298 02	0.299 22	0.293 53	0.302 58
平均延误(s)	0.279 08	0.306 02	0.291 30	0.312 01	0.305 53	0.296 23	0.315 03	0.298 09	0.32
综合评价值	0.884 88	0.929 52	0.932 07	0.985 01	0.965 95	0.914 25	0.927 25	0.905 16	0.933 24

与 $\max\{w_1, w_2\cdots, w_n\}$ 对应的第 k 种措施就是最优措施，所以措施 C1(出口匝道 1 需求增加 50%)为最优。根据分析可知，与事发点距离相近时，相同的交通控制量，出口匝道控制措施实施效果优于入口匝道；而

出口匝道与事发点距离越近，疏导效果越好；而限速措施对各指标改善程度很小，只是起到辅助疏导的作用。可以得出，与事发点距离越近的出口匝道，交通量控制措施的实施效果越好。可见，最后疏导措施决策结果与分析结果相一致，对决策过程进行了进一步肯定。

上面只是根据单一措施的实施效果进行了措施的决策选取，在实际实施过程中，可以多个措施同时实施。

在事件造成的关闭车道数不同以及交通需求控制量不同时，疏导措施决策结果会产生差异，但分析及决策过程同样适用。

5 结语

由于目前国内外尚未有对疏导措施特性的分析研究，在高速公路突发事件造成车辆拥堵排队时，多是凭经验采取疏导措施，从而无法保证最佳疏导效果。针对这一不足，本文以在设定的具体条件下，运用 VISSIM 仿真软件对突发事件下采取各种疏导措施后的交通运行状态进行了仿真模拟，并对模拟结果进行了分析，从而得出疏导措施应用特性，为突发事件下疏导措施的正确选择提供了依据。最后，以仿真数据为基础，运用多目标决策法进行了模拟状态下的最优措施决策，为措施的正确决策提供了方法论支持。

参考文献

[1] FARAHMAND Farid, ZHANG Qiong, JUE Jason P. Dynamic Traffic Grooming in Optical Burst-switched Networks[J]. Journal of Light Wave Technology, 2005, 23(10): 3167-3177.

[2] CHEN Bensong. Hierarchical Traffic Grooming in Large-scale WDM Networks[D]. North Carolina State University, 2005.

[3] 谈晓洁. 基于知识的交通拥堵疏导决策方法及系统研究[D]. 南京：东南大学管理学院，2005.

[4] 任其亮. 时空路网交通拥堵预测与疏导决策方法研究[D]. 成都：西南交通大学交通运输学院，2007.

[5] 蔡志理. 高速公路交通事件检测及交通疏导技术研究[D]. 长春：吉林大学交通学院，2007.

[6] 王剑. 区域高速公路改扩建模式及交通分流技术研究[D]. 西安：长安大学公路学院，2008.

北京市公路交通应急处置系统的建设

孙荣山[1]　徐华峰[2]　张　伟[2]

（1. 北京市交通委员会路政局　北京　100053；

2. 中国公路工程咨询集团有限公司　北京　100083）

摘　要：北京市公路交通应急处置系统的建立，实现了公路路网运行状态监测、公路路网管理与应急处置、路政巡查、路网巡视与养护管理业务信息化同步实施。对突发事件高效准确的应急处置也是系统实现的中心功能，形成完整的应急处置闭环管理模式，具备了信息获取和汇总、预测分析与报告、预警信息管理等功能，使突发事件应急处置报送、决策、处理、评估数字化、实时化，以实现人身伤亡、财产损失最小化、社会资源消耗最少化。

关键词：公路交通　路网管理　应急管理系统　突发事件

On the Building of Highway Traffic Emergency Response System in Beijing

Sun Rongshan[1]　Xu Huafeng[2]　Zhang Wei[2]

(1. Road Administration of Beijing Municipal Commission of Transport　Beijing　100053;

2. China Highway Engineering Consulting Group Company Ltd.　Beijing　100083)

Abstract: The building of Highway Traffic Emergency Response System in Beijing has realized the IT application in the monitoring of highway network, the management and emergency response of highway network, highway administration and patrolling, highway network inspection and maintenance. Efficient and accurate emergency response is the core function of the system, which has formed a complete emergency response closed-circuit management model, featuring information gathering and aggregation, prediction, analysis, report, management of early warning information and other functions. This has realized the digitalization of reporting, decision-making, handling and assessment of emergency response in real time, which has minimized casualty and economic losses as well as the consumption of social resources.

Keywords: Highway traffic　Highway network management　Emergency response system　Emergency

0　引言

随着社会经济的快速发展和城市现代化水平的不断提高，各种灾害事件、重大事件对公路交通功能正常发挥的影响程度和波及范围也越来越大。2008 年南方地区低温雨雪冰冻灾害、四川汶川特大地震、以及各大中城市因天气、人为等因素造成的大面积、长时间的公路交通损坏和拥堵状况的发生，使得道路交通状况非常脆弱，特别是在出现紧急情况时，甚至造成交通彻底瘫痪。

北京市交通委员会路政局在路网管理与应急处置方面，为落实交通运输部对公路管理的指导思想和工作重点，充分考虑现有的基础条件和业务管理需求，以北京市公路网为对象，以公众公路出行需求为导向，在现有的相关建设的基础上，重点考虑路网管理与应急处置的需求，进一步完善和优化北京市公路交通视频监控点的总体布局，整合已有和新建外场设备的动态数据，分别于 2006 年 5 月和 2007 年 4 月，分两期进行了北京市公路路网管理及应急处置系统建设，实现了北京市公路路网管理与应急处置、公路路政巡查及综合信息管理、公路养护综合信息管理，以及面向公众的公路信息服务；并充分考虑与国家路网管理与应急处置分中心及北京市相关系统的衔接；从而实现了北京市公路路网高水平的日常运行管理、高效的应急处置，为公众提供安全便捷畅通的公路出行服务，为全国省级公路路网管理和应急处置系统建设提供示范。

1 公路交通应急管理系统的构建

1.1 建立公路交通应急管理机制的必要性

(1)可以准确预测未来道路状况运行的发展趋势，在其发生重大事故之前，能够及时发出信息，起到预警作用。

(2)及时搜集和发现危害公路交通安全的信息，对搜集到的信息进行快速分析处理，然后根据科学的信息判断标准和信息确认程序对影响交通安全和畅通的可能性做出准确的预测和判断，进而评价当前道路交通秩序运行的状态。

(3)可以及时向公众发布交通状况信息，及时向公众发布关键路段的交通状况信息，以引起交通参与者或全社会的警惕。

(4)对促进我国公路交通安全健康发展具有积极作用，建立道路交通安全风险预警与应急管理机制也是我国社会经济发展中的一项带有全局性和战略性的基础工作。

1.2 应急管理机构的运作

依据《北京市"十一五"期间城市减灾应急体系建设规划》的要求，确定了北京市应急管理体系采用"3+2"的应急管理模式，"3"是指市级应急管理机构、区县应急管理机构以及13个专项应急指挥部；"2"是指市紧急报警服务中心和市非紧急救助服务中心，如图1所示。

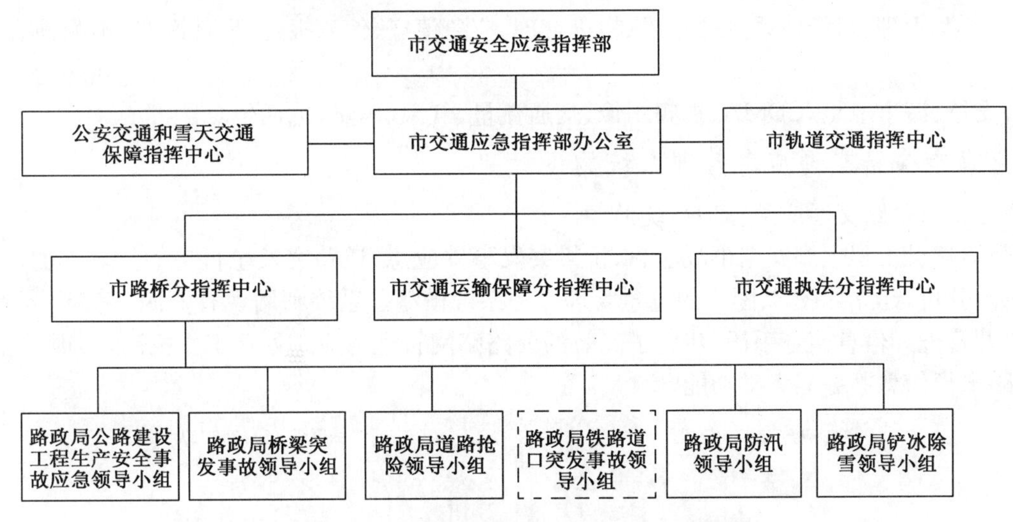

图1 北京市交通委员会路政局应急管理组织机构图

北京市交通安全应急指挥部是13个专项应急指挥部之一，在北京市突发公共事件应急委员会(简称市应急委)领导下，按照"统一指挥、分级负责、专业处置"的原则，负责管理北京市城市道路基础设施运营、轨道交通运营等，在恶劣天气状况下，负责指挥协调道路交通保障过程中突发公共事件的应对工作，并参与其他灾害突发公共事件的应急保障工作。

北京市公路交通应急管理系统分为北京市交通委员会路政局和各区、县公路分局两层。各分局注重日常路网管理职能，路政局则注重系统数据的汇总及系统的管理功能，主要包括日常的公路交通运行状态动态监测和公路交通调度管理，以及应对突发事件的应急处置。

1.3 应急管理系统平台的构建

北京市公路交通应急平台的主要功能包括公路应急信息报告、实时图像传输、网上会商、应急资源管理、应急预案管理、应急指挥联动、预测预警、总结评估及辅助决策，可为决策者及时、科学处置应急事件提供全面的信息支持和可视化实战指南,如图 2 所示。

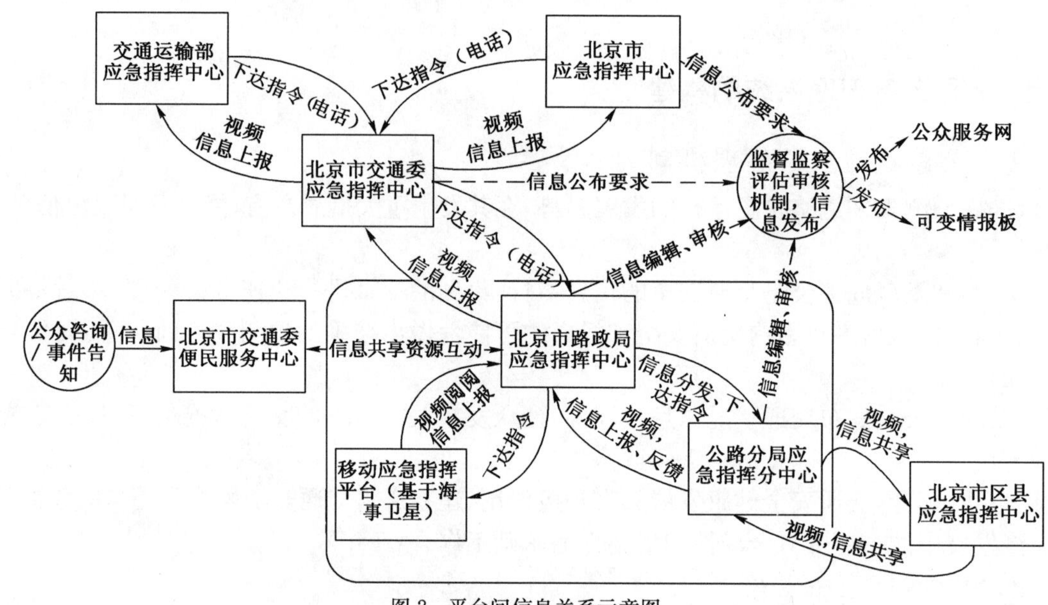

图 2 平台间信息关系示意图

北京市交通委员会路政局公路专项应急平台所需支持及应用划分如下:

(1)数据支持:应急组织体系、应急物资、应急预案、地理信息、公路基础信息、应急信息、统计分析、决策支持模型、知识管理、历史应急事件、风险源数据。

(2)应用:预案管理、组织体系管理、应急物资管理、应急值守、信息报送、事件发布、预测预警、辅助决策、综合评估。

(3)设备支持:海事卫星/CDMA、视频图像、交通流量、气象、雨量、电话传真。

1.4 北京市公路交通应急管理系统的设计

1.4.1 北京市公路交通应急管理系统模型

根据对公路建设工程生产安全事故应急、桥梁突发事件应急、道路突发事件应急、雪天道路交通保障应急、防汛应急的分析,建立如图 3、图 4 的应急管理业务系统模型。系统利用现有资源,完善了公路路网运行状态监测、协调管理和信息服务手段,建立了高效的公路路网管理与应急处置工作机制,实现了业务管理、应急处置和公路出行信息服务三大类功能。

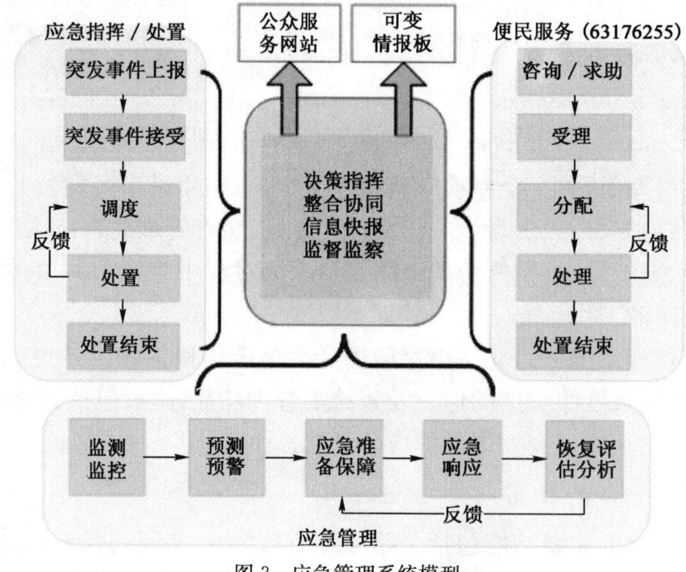

图 3 应急管理系统模型

应急处置系统应包括监测防控、预测预警、应急值守、应急保障(应急预案、应急资源等)、信息报送、应急处置、事后评估等方面。

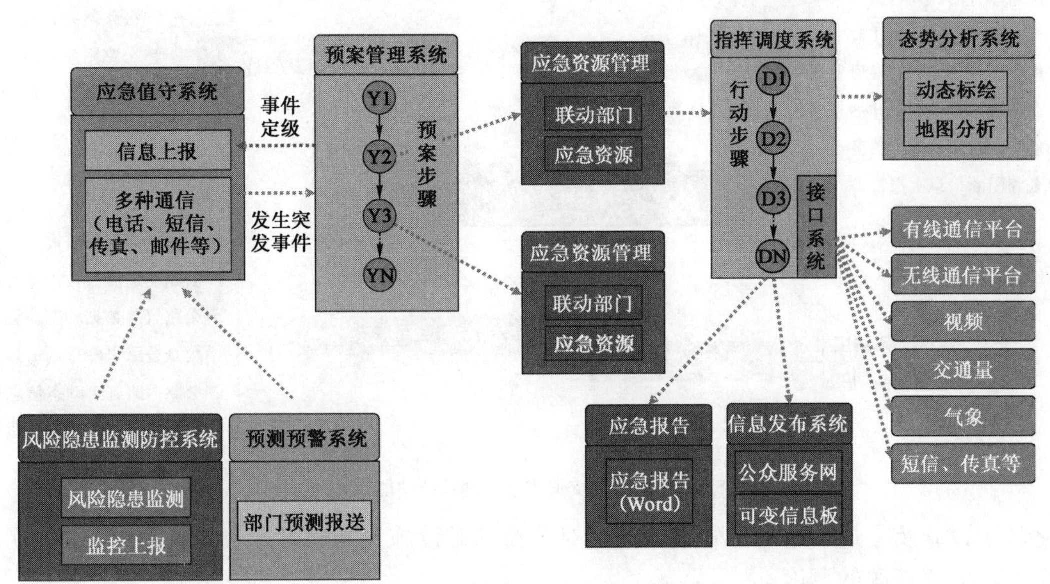

图4 系统组成与业务集成示意图

1.4.2 北京市公路交通应急管理系统功能设计

公路交通应急管理系统注重在总体掌控路网运行动态的基础上,高效地对公路进行日常管理(如设施管理、路网监控、动态数据监测、必要时的路网调度等),提高公路交通常态的运行管理和服务水平;在突发事件的情况下,针对其对路网运行的影响,为维持和恢复路网的正常运行提供支撑。

1)业务、数据支撑

系统在国道、市道及重要旅游公路沿线共设置一系列外场设备,支撑整个系统的运行,包括:102 块可变信息板、184 套视频监测设备、31 套公路自动气象检测设备、210 处交通量检测设备、4 处交通运行状态监测设备、96 台路况巡视手持终端、52 套路政巡查车载设备、1 套海事卫星传输系统。

公路基础设施资源来源于"中国国家公路数据库系统"、"北京公路信息资源管理平台",公路附属设施资源来源于"中国公路桥梁管理系统 ";基于公路空间数据、公路属性数据、固定外场设备采集数据、移动外场设备采集数据、业务报送数据进行专题分析。

2)运行机制及原则

为全面提升系统使用率,需建立预警机制、事件报送机制、协调与指挥机制与预案启动机制。

(1)预警管理机制。根据气象、道路预警级别建立预警通知、启动、解除管理机制,因恶劣天气、在公路上发生突发事件可能对公路运行造成影响时,依据预警管理机制发布预警信息、响应预警等预警管理工作。

(2)报送机制。根据事件级别建立应急信息报送机制,突发事件发生时,依据应急信息报送机制报送突发事件信息。

(3)协调与指挥机制。建立协调与指挥机制的必要性在于保证各应急组织之间良好的互动关系,而协调与指挥机制的实施需要建立相应的协调与指挥机构,协调与指挥有区别,但也有密切联系,协调过程存在指挥,指挥过程也存在协调。

(4)应急预案的启动机制。应遵循自下而上、分级管理、分级反应的原则。

3)系统设计

系统功能设计如图 5 所示。

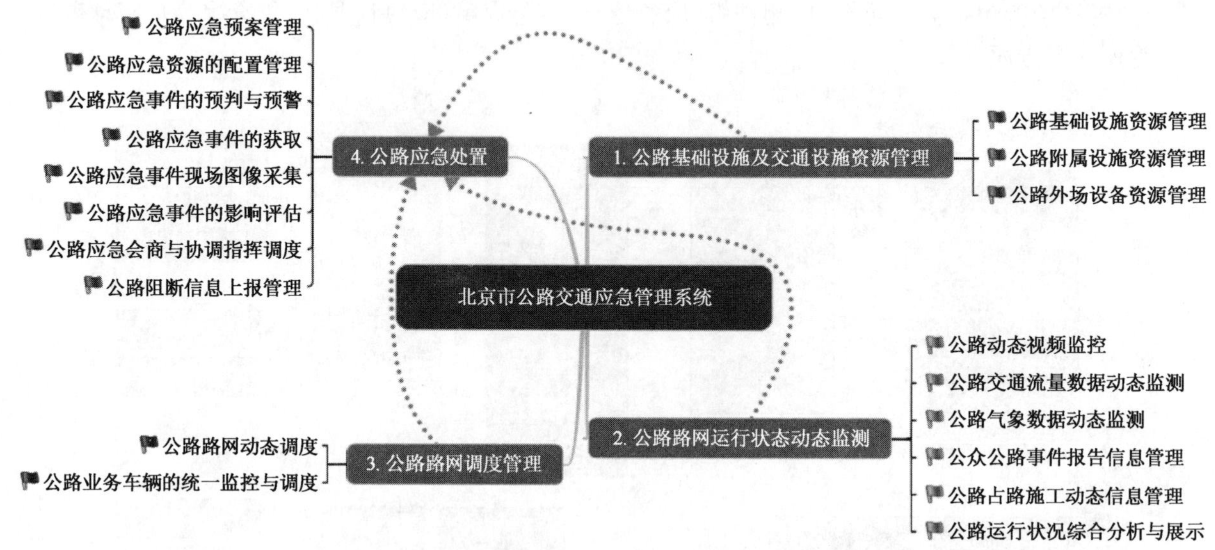

图 5 北京市公路交通应急管理系统功能设计

(1)公路基础设施及交通设施资源管理。通过对公路基础设施及交通设施资源管理,为公路应急处置提供数据支撑,实现应急资源的调度。

(2)公路路网运行状态动态监测。通过对动态视频、交通流量、公路气象信息、公路公众事件信息等信息的管理,实时掌握公路路网状况;实现公路运行状况综合分析与展示,为公路应急处置提供数据支撑。

(3)公路路网调度管理。通过大型的 GIS 地理信息系统和 GPS 卫星定位技术,实现公路路网动态调度与公路业务车辆的统一监控与调度,大大提高了日常工作的管理、监督力度及应急指挥、调度的效率。

(4)公路应急处置。实现从应急预案管理、应急资源配置、应急事件的预判与预警、公路应急事件的获取到应急触发时应急事件的影响评估、应急会商与协调指挥调度、阻断信息上报管理等一整套应急处置流程(如图 6)。

①数字化预案

a. 应急预案编制:在现有应急预案的基础上加大预案数字化处理,即,将预案进行分解,使其结构化,把分解步骤落实到组织、人、资源、设备、职责、处理方法等;在预案中要做到定岗、定责、定事、定资源、定流程、定办法。

b. 应急预案管理:根据应急事件类别不同针对性建立专项应急预案,该专项应急预案需由主管业务部门结合应急事件和专项业务处理的特点进行编制,在预案编制时应遵循上述“应急预案编制”的规则及要求进行编制。

c. 应急预案使用:需满足根据所报送的突发事件快速匹配应急预案,为突发事件处置提供指导意见或执行方案。

②应急处置(图 6)

通过日常管理、应急预警、应急处置三方面实现从事前、事中、事后三个阶段进行控制和应对公路突发事件,突发事件发生时,可快速报送应急事件信息,指挥人员可快速下达指令、可快速对资源进行有效调度,并可形成应急报告;事后总结应集中资源调用、应急指挥、路线绕行等信息,形成评估报告。

a. 事前:第一时间获知影响路网运行的突发事件。

b. 事中:在事件发生后,动态获知和及时预判事件对路网运行的影响范围和程度;通过对应急预案和应急资源的管理,为应急处置和恢复路网正常运行提供辅助支持。

c. 事后:事后评估,完善预案、资源管理,丰富应急知识库。

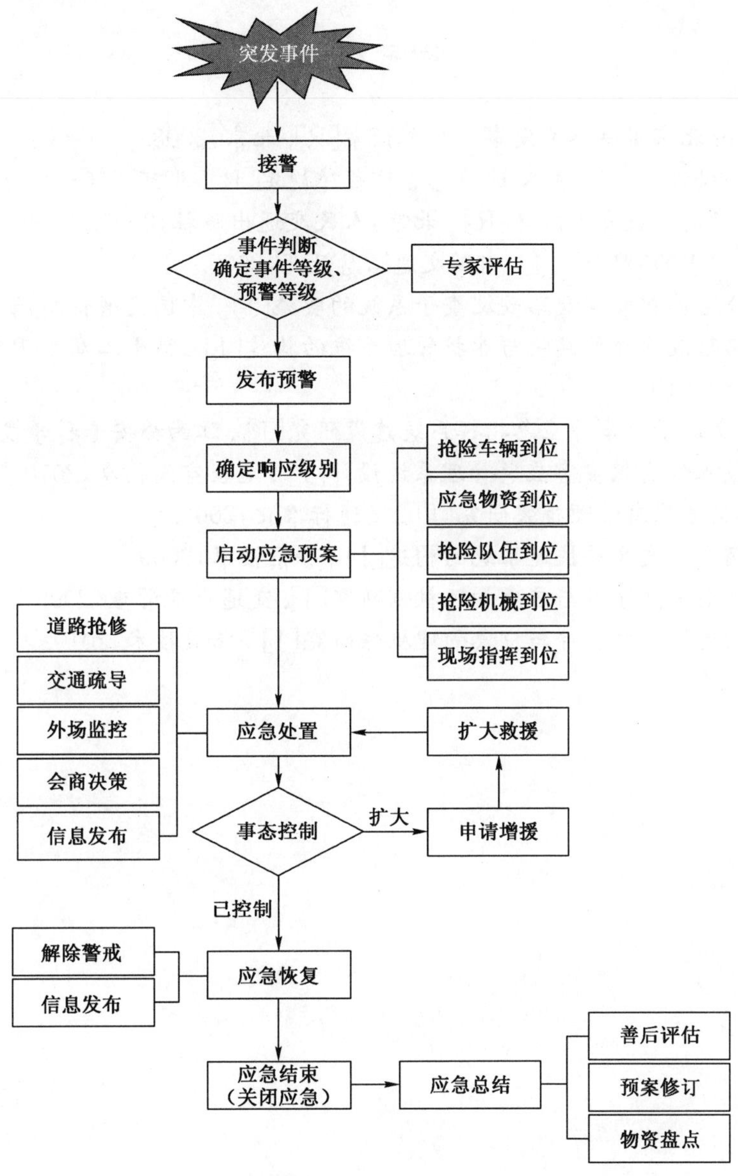

图 6　应急响应及处置流程图

2　结语

通过对北京市交通委员会路政局公路交通应急处置系统的建设，公路应急事件的指挥、决策、调度、实施得到了基础保障，同时实现了对突发事件高效准确地应急处置。系统实现的中心功能，形成完整的应急处置闭环管理模式，具备了信息获取和汇总、预测分析与报告、预警信息管理等功能，使突发事件应急处置报送、决策、处理、评估数字化、实时化。公路应急抢险立足于平战结合，快速反应，为公路路政、养护及应急管理提供了更加科学的管理手段，并为各项突发事件发生时的应急处置管理提供了保障。

尽管现今各种应急预案涉及的部门和内容相似，但都是相互独立制订的，没有归纳到统一的应急管理系统中；全国的公路交通行业现有各种信息系统、管理系统和控制系统也基本处于各自运作状况，没有及时、统一的应急通信号码，各个运作实体与行业内外的信息交换缺乏有机的纵横联系；而现有的公路应急系统中多为国外产品，缺乏自有知识产权，软、硬件国产化率较低，日常维护和更新困难。所以需要构筑符合我国现阶段国情的公路交通应急管理体系，以有效地应对各类突发公共事件，实现人身伤亡、财产损失最小化、社会资源消耗最少化，有利于维护社会稳定，完善和谐社会的管理职能。

参 考 文 献

[1] 北京市交通委员会.北京市道路突发事件应急预案[R].北京,2008.

[2] 中华人民共和国公安部.高速公路交通应急管理程序规定[R].北京,2008.

[3] 章锡俏.公路水路交通科技发展战略[R].北京:人民交通出版社,2005.

[4] 张伟.城市公路管理中的"双G"[J].中国交通信息产业,2009.

[5] 李宝华,张新海.公路养护管理及路政巡查子系统的实施[J].中国交通信息产业,2008.

[6] 徐华峰,张伟.公路路政管理信息化与养护管理系统的构建[J].第十二届中国高速公路信息化管理及技术研讨会论文集,2010.

[7] 刘明洁.城市道路交通紧急事件应急指挥系统建设研究[J].江西公安专科学校学报,2008.

[8] 谢洪斌.基于3S技术的自然灾害应急管理系统设计[J].地理空间信息,2010.

[9] 章锡俏.城市道路交通应急管理框架研究[J].交通标准化,2009.

[10] 覃峰.城市道路交通突发事件快速系统的构建[J].警察技术,2009.

[11] 朱茵.道路交通安全风险预警与应急管理机制研究[J].交通企业管理,2009.

[12] 刘小东.危险货物运输突发事件与应急管理机理研究[J].物流技术,2010.

区域性公路隧道应急管理平台研究与设计

刘 震[1] 郭 彦[2] 刘彦飞[1] 黄 丹[1]
(1.重庆市华驰交通科技有限公司 重庆 400060;
2.重庆市人民政府应急管理办公室 重庆 400015)

摘 要:公路隧道已经成为交通事故的主要空间分布点,快速妥善处理公路隧道交通事故尤为重要,而我国在公路隧道的应急管理方面还没有形成一套行之有效的应急管理体系,也缺乏一个高效的信息化管理平台。为此,作者研究并设计了一种区域性公路隧道应急管理平台,一方面通过建立公路隧道预测分析模型,基于虚拟现实技术进行仿真分析达到准确预警的效果;另一方面进行资源共享和信息整合,高效统一地展开救援行动。该平台能够较好地预警并处理各种隧道突发交通事件,对于减少公路隧道灾害有着重要的意义,同时也有广泛的市场空间和推广价值。

关键词:公路隧道 应急 预案 管理平台

On Research and Design of Regional Highway Tunnel Emergency Response Management Platform

Liu Zhen[1] Guo Yan[2] Liu Yanfei[1] Huang Dan[1]
(1. Chongqing Huachi Communications Scientific And Technical Co., Ltd. Chongqing 400060;
2. Emergency Management Office of Chongqing People's Government Chongqing 400015)

Abstract: Highway tunnels have become a major area of traffic accidents, which makes rapid and prudent handling of these accidents especially important. But China lacks an effective response management system and an efficient IT management platform with regard to the emergency management of highway tunnels. This paper studies and designs a Regional Highway Tunnels Emergency Response Platform, which will, on one hand, realize accurate early warning by building a highway tunnel prediction and analysis model and conducting simulation analysis based on virtual reality technology, on the other hand, this platform will enable resource sharing and information gathering, so as to carry out rescue efforts in an efficient and planned manner. This platform will produce fairly sound early warning and handle all kinds of tunnel traffic accidents, which are significant for reducing tunnel accidents, thus giving this platform huge market potential and commercialization value.

Keywords: Highway tunnel Emergency response Plan Management platform

0 引言

随着我国高速公路的快速发展,长隧道和特长隧道也越来越多。隧道呈隐蔽带状的结构特点,决定了高速公路隧道发生消防安全、交通事故的多样性和不确定性。公路隧道一旦发生交通、火灾事故,将导致人员伤亡、设施毁坏、交通中断甚至环境破坏,造成无法估计的经济损失。1999 年 3 月 24 日,法、意两国间的勃朗峰隧道火灾导致 41 人死亡,烧毁车辆 43 部,交通中断达 1 年半以上;2001 年,浙江省高速公路隧道事故 433 起,占全省高速公路交通事故总数的 13.7%,事故发生率 13.18 起/km,远远高于其他路段 4.14 起/km。隧道已经成为交通事故的主要空间分布点和事故黑点,因此,加强高速公路隧道的安全预防管理、提高应急处置能力,是保证高速公路安全、保障过往驾乘人员的生命安全、减少国家财产损失的重要举措。

从全国总体情况来看，公路隧道的应急管理工作主要还是落实在管理指导、责任划分上，在应急救援的有关组织机构与职责、法律责任等方面做了一些规定，或者只是在隧道应急管理的单一环节做了一定的研究，而对应急管理体系中关键的监测监控、预测预警、预案演练、指挥调度、应急联动等方面的研究，难以满足目前公路隧道以"重在预防、快速响应"为特征的安全管理工作要求。迄今为止，在我国公路隧道的应急管理上，尚未形成一套行之有效的应急管理体系，缺乏一个高效的信息化管理平台，因此开展区域性隧道应急管理平台的研究和设计意义非凡。

1 隧道应急管理平台功能和构架

区域性公路隧道应急管理平台的目标是建立一个能迅速收集、处理、传送区域内公路隧道突发事件中的各种信息和指令的区域性公路隧道应急管理平台，贯穿突发事件预警、应急指挥、预案发布和事后评估的全过程，实现对公路隧道在维修、检测、使用过程中出现重大隐患或发生突发事件造成交通堵塞，可能造成人员伤亡的重大险情以及发生等级以上安全事件进行统筹管理，辅助领导决策，实现科学快捷应急指挥，使突发安全事件对社会经济的影响程度降到最低。隧道应急管理平台的结构如图1所示，各种数据信息通过标准化处理后存储在应急管理平台数据库中，数据库为应急决策专家辅助系统提供信息支持，应急决策专家辅助系统的输出指导各职能部门展开应急工作。

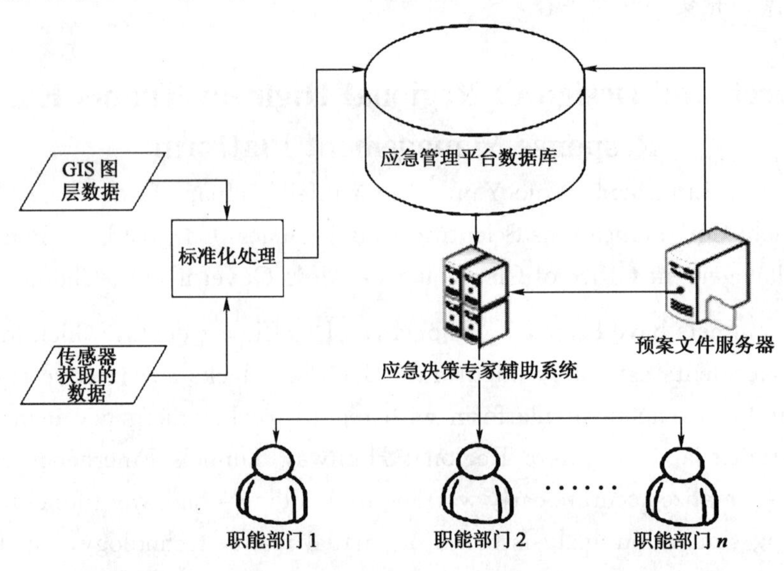

图1 隧道应急管理平台结构示意图

2 隧道交通事故的预警

高速公路隧道应急管理平台的预警部分主要包括：预案的编制、预案的演练和应急仿真技术。预案和推演部分是提高应急管理效率的基础，通过对隧道应急过程的仿真能够为应急管理提供正确的向导。

2.1 隧道交通事故的预案编制

按照系统论的思想，应急预案是一个开放、复杂和庞大的系统，预案的设计和组织实施应遵循体系要素构成和持续改进的指导思想。通过对国内外应急救援体系的研究、分析，公路隧道应急预案体系可以由应急机构、响应程序、预案培训、公众教育、预案管理5个部分构成。

应急机构主要是指在隧道交通事故发生后需要参加应急的相关职能部门，主要包括：组织机构、指挥调度机构、救援机构、善后处理机构、对外交流机构。响应程序主要是指救援过程中各职能部门之间的信息交互和通信。预案培训主要是指对应急过程中涉及的相关职能部门人员进行预案内容的培训，各职能部门相关人员在充分了解自身职责的前提下，也熟悉其他职能部门的相关任务，便于预案的顺利实施。公众教育主要是面向非职能部门的相关人员，使得其在公路隧道事故中能够采取正确的方法自救。预案管理主要是对预案的更新、维护等日常操作。

2.2 公路隧道应急预案的推演

通过预案的推演，将公路隧道应急管理平台中的各要素串接成一个可执行的应急计划。

预案文件系统服务器中针对不同的实际情况拟订了不同的预案，但所有预案在整体推演路线上都较为统一。如图2所示，首先通过上级组织机构拟订指挥调度机构，指挥调度机构根据现场信息数据发布应急救援指令。救援机构接收到指挥调度机构的救援指令后展开救援工作，并将救援信息反馈到指挥调度机构。指挥调度机构同时将隧道现场信息和救援情况发布给对外交流机构、善后处理机构和相关部门。善后处理机构和对外交流机构根据指挥调度机构发布的信息完成相关职能使命。

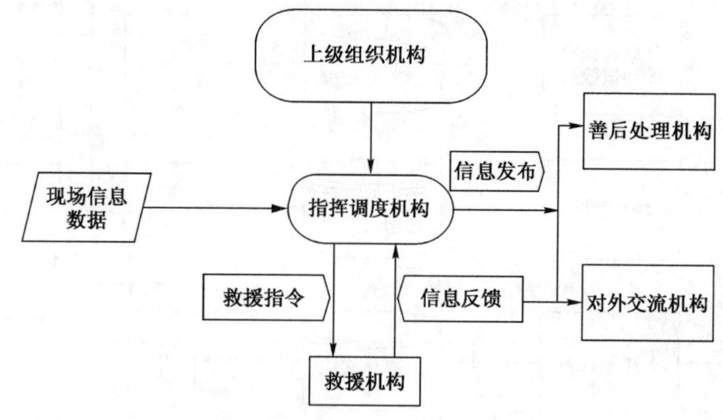

图2 隧道应急系统预案推演路线

2.3 基于虚拟现实技术的仿真系统

虚拟现实技术是指动态模拟实体元素随时间的变化所产生的行为和事件。基于虚拟现实技术的预案推演与仿真就是将公路隧道中的实体元素通过符号表示出来并动态地模拟其随时间变化所产生的行为和事件。

通过基于虚拟现实技术的仿真为决策者提供了一个近乎真实的隧道及周边区域场景，使决策指挥者能获得与实际现场一致的态势和气象信息等资料、应急救助资源信息，并能对各种应急预案的执行进行模拟仿真，以验证预案的有效性。

仿真系统主要包括三种模式：预案仿真模式、突发事件仿真模式、应急演练模式。预案仿真模式是指按照预案规定的内容，完整地按照预案执行救援的全过程。预案仿真将预案变得可以执行，并形成了一个验证手段。突发事件仿真模式是指在发生突发事件时完全模拟现场场景，为决策者提供一个近乎真实的隧道及周边区域场景，使决策指挥者能获得与实际现场一致的态势和气象信息等资料、应急救助资源信息。应急演练模式是日常应急预演中模拟真实隧道可能发生的各种灾害进行各种方案的演习。

3 隧道应急的实施平台

隧道应急预案的实施主要依托基于地理信息平台的应急指挥软件平台、基于有线（无线）调度的指挥通信系统、图像监控系统、综合保障系统。这些系统为突发公共事件事前的预测预警，事中的协调、调度和战略指挥，事后的评估、重建管理提供动态的支持，使决策者对发生在辖区范围内的突发公共事件能够“看得见、听得清、信息准、反应快”，确保“指令下得去，信息上得来”。

3.1 隧道应急信息平台的构建

建立全面准确的数据库信息平台是构建区域性公路隧道应急信息平台的核心所在。在公路隧道应急信息平台中包含了四种主要的数据，其分别为：预案和决策策略等文本信息、GIS（地理信息系统）数据、用于虚拟现实和仿真的多媒体数据、源于系统中安置的获取隧道实时信息的传感器数据。

区域隧道应急信息平台的构建流程如图3所示，预案和决策策略等文本信息存储在文件库中；GIS数据以图层文件的形式存放在图层文件库中；多媒体数据存放在多媒体数据库中；隧道传感器数据存放在关系数据库中。GIS 的宏观性决定了其在信息平台上的基础地位，以 GIS 所对应的图层数据库为基础将各个库的信息关联起来，将关系数据库中的数据表信息与 GIS 库中的图层文件绑定，并为每一个绑定的对赋予唯一的 ID 号。预案和决策策略文本文件库和多媒体文件库中的信息较为复杂，但其总体上可以分为两部分：一部分是能够与 GIS 关联的文件；另一部分是不能与 GIS 关联的文件。能够与 GIS 关联的将其作为对应图层文件的一个属性，通过相应的路径直接调用即可。对于较为复杂且不能与 GIS 关联其他文件则通过上层用户指令直接调用。

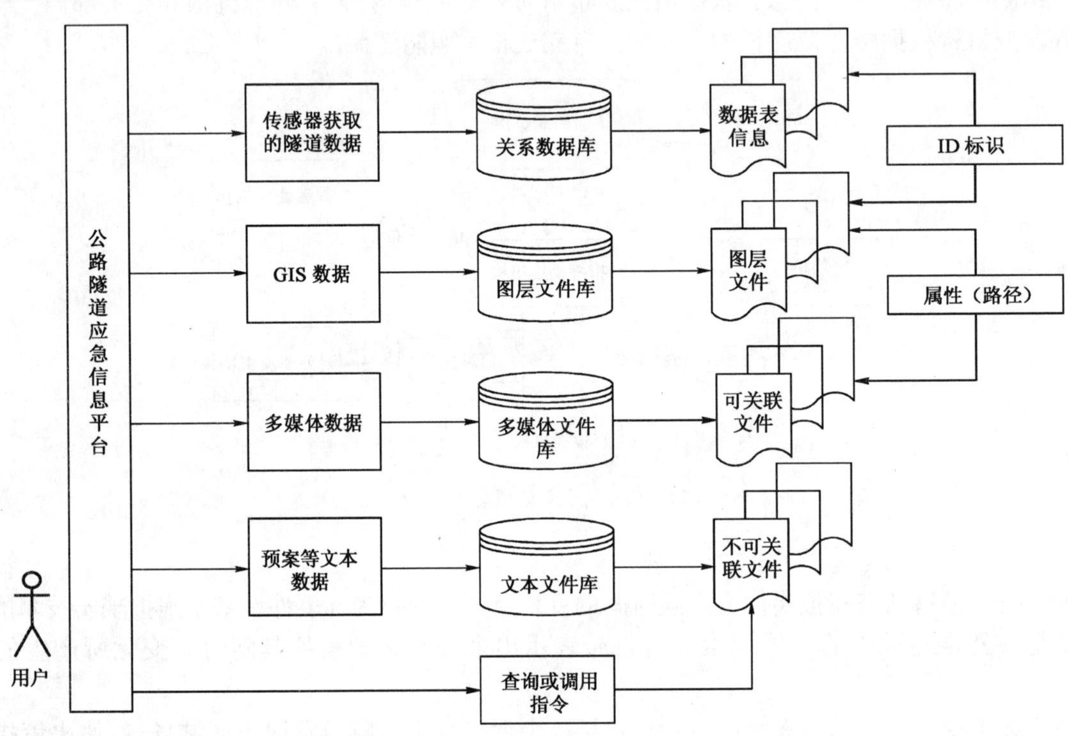

图 3 区域隧道应急信息平台构建流程

3.2 智能化应急决策专家辅助设计

智能化应急决策专家辅助设计是区域性隧道应急管理平台的重要组成部分，智能化应急决策专家辅助设计能够及时地为现场的指挥调度机构提供向导。应急决策专家辅助设计的流程如图 4 所示。

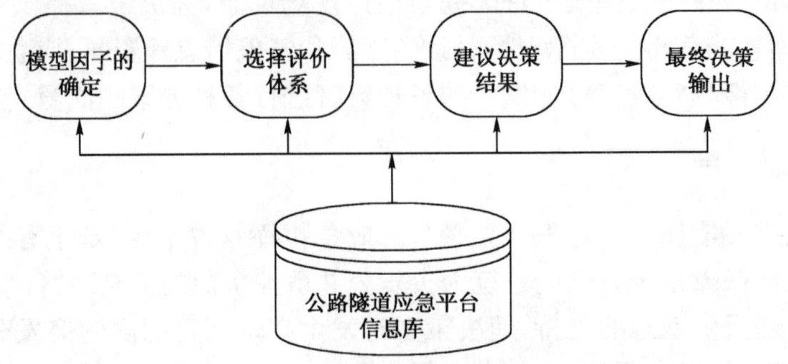

图 4 应急决策专家辅助设计的流程

公路隧道应急平台信息库包含了整个管理平台的所有信息，在整个应急决策专家辅助设计流程过程中提供全方面的数据信息支持。模型因子确定环节的任务是针对现场状况建立模型，确定现场的主要因素，在应急平台信息库的支持下对各因素赋予不同的权值，并构建评价体系集合。选择评价体系环节的任务是在模型因子确定后选择评价方式，对可选预案策略进行评价。建议决策结果环节的任务主要是根据不同的需求在评价中选择相应的策略作为建议。最终决策环节部分是在建议决策结果的基础上加入人为的操作部分,确保决策的可控性。最终决策输出作为指挥调度指令,掌控现场的执行机构。

4 结语

区域性公路隧道应急管理平台是在国家应急管理体系下的一种专业应急平台。它结合国内外在公路隧道安全保障、公路隧道应急抢险方面上先进的管理思想和经验,以区域性公路隧道的应急管理流程为主线,融合计算机技术、网络和通信技术、多媒体技术、系统仿真技术、虚拟现实技术等现代科技技术,具备监测监控、预测预警、动态决策、综合协调、应急预演、应急联动等功能,是在公路隧道发生突发事件时实施应急预案的先进手段和工具。它的建成和推广应用将在我国公路隧道安全管理上建立起一种统一指挥、功能齐全、反应灵敏、运转高效的应急管理机制,大大地提高公路管理部门在面对突发事件时的应急处置能力,在预防和应对自然灾害、事故灾难和社会安全事件、降低人民群众生命财产损失上具有重要的社会意义和经济效益。

参考文献

[1] 姜学鹏,徐志胜.危险品车辆通行公路隧道的风险控制[J].2007,2(22):41-45.

[2] 中华人民共和国交通部.2005年公路水路交通行业发展统计公报[S].2006.

[3] 张生瑞.高速公路隧道群交通事故分布特点及预防对策[J].长安大学学报,2007,27(1):63-66.

[4] 张欣,钟耳顺.基于GIS的应急预案过程动态推演模拟技术研究[J].武汉大学学报,2008,33(3):281-284.

[5] 王文俊,孟凡间,等.基于本体的预案研究[J].计算机工程,2006,32(19):170-172.

[6] 邵刚.可视化隧道火灾仿真系统开发[J].计算机仿真,2007,24(3):198-201.

[7] 金浩,杨培中,金先龙.秦岭特长公路隧道火宅数值仿真研究[J].计算机仿真,2006,23(10):269-272.

[8] 陈晓利.高速公路隧道群营运安全管理技术研究[D].重庆交通大学,2008.

[9] 张保森,肖红,田凯.构建环境应急决策支持系统的思考[J].环境科学与管理,2010,35(1):57-59.

[10] 徐晓核,张永兴,等.基于GIS的公路隧道监控管理信息开发及应用[J].地下空间与工程学报,2007,3(1):78-82.

[11] 魏汝营,陈建宏,杨立兵.突发事件应急救援设施选址决策模型[J].工业安全与环保,2009,35(11):50-52.

农村公路安全保障工程需求分析

张建军[1,2] 张高强[1,2] 康云霞[3] 李春水[3]

(1. 交通运输部公路科学研究院 北京 100088;

2. 公路交通安全技术交通行业重点实验室 北京 100088;

3. 北京市交通委员会路政局门头沟公路分局 北京 102300)

摘 要:农村公路是我国公路网的重要组成部分,是农民群众从事生产、生活的主要基础设施。近年来,我国农村公路交通环境发生了巨大变化,农村公路交通安全问题愈发突出。农村公路交通事故所占比例逐年上升,坠车等群死群伤特大交通事故时有发生,农民已经成为道路交通事故的最大受害群体。农村公路交通安全问题的致因主要有:农民群众交通安全意识淡薄,农村机动车性能相对较差,农村公路交通安全设施相对不足,交通安全管理相对滞后,亟需实施农村公路安全保障工程以改善交通安全。由于农村公路在投资、交通环境、道路使用者、交通工具、后期养护和交通管理的特殊性,国省干线公路安全保障工程的技术方案不能完全适用于农村公路。需要针对农村公路的特殊性,开发低成本、针对性强的安全保障技术。

关键词:农村公路 安全保障工程 交通安全 低成本 技术措施 需求分析

Requirements Analysis of Highway Safety Enhancement Project on Rural Roads

Zhang Jianjun[1,2] Zhang Gaoqiang[1,2] Kang Yunxia[3] Li Chunshui[3]

(1. Research Institute of Highway Ministry of Transport Beijing 100088;

2. Key Laboratory of Road Safety Research Ministry of Transport Beijing 100088;

3. Mentougou Highway Sub-bureau, Road Administration of Beijing Municipal Commission of Transport Beijing 102300)

Abstract: Rural roads are an important component of highway network and the major infrastructure for the farmers' production and life. In recent years, the traffic environment of rural roads has changed dramatically, and the safety problems of rural roads have become more and more prominent. The proportion of accidents on rural roads increased year by year. The severe road accidents which led to lots of casualties happened frequently. The farmers have become the largest victim group of road accidents in China. The factors leading to road safety problems of rural roads includes: the road safety awareness of farmers is relatively weak; the safety performance of motor vehicles is relatively poor; the safety facilities on rural roads lack relatively; the road safety management of rural roads lags behind. It is very urgent to implement the Highway Safety Enhancement Projects (HSEP) on rural roads. Due to the specificity of rural roads, the existing technical measures cannot be directly applied to the HSEP for rural roads. These specificities includes investment, road environment, road users, vehicles, maintenance responsibility, and traffic management. New low-cost technical measures must be adopted or invented to fit the limit of the budget and the safety requirements.

基金项目:国家科技支撑计划资助项目(2009BAG13A02);北京市交通委员会路政局科技计划资助项目。

Keywords: Rural road Highway Safety Enhancement Project (HSEP) Traffic safety Low-cost Technical measure Requirement analysis

0 引言

农村公路是我国公路网的重要组成部分，是农村地区重要的公益性基础设施，是农村经济发展、农业结构调整、农民持续增收的重要基础条件。四通八达的农村公路交通网络，缩短了边远农村与中心城市之间的时空距离，加强了现代文明的传播和信息的交流，促进了农民群众思想观点、思维方式和生活方式的深刻变化。

然而，随着农村公路建设的深入推进，农村公路交通环境发生了巨大变化，农村公路交通安全问题愈发突出，亟待实施安全保障工程来改善农村公路的交通安全形势。由于农村公路的特殊性，国省干线公路安全保障工程的技术方案不能完全适用于农村公路。

1 农村公路交通安全环境的变化

农村公路里程大幅增长，道路通行条件得到大幅改善。自 2003 年交通部提出“修好农村路，服务城镇化，让农民兄弟走上沥青路和水泥路”以来，我国农村公路建设掀起了高潮，通车里程大幅增长（如图 1）。至 2009 年年底，我国农村公路通车里程达到 336.91 万公里，占公路通车里程总数的 87.26%。全国通公路的乡（镇）占全国乡（镇）总数的 99.60%，通公路的建制村占全国建制村总数的 95.77%。随着通车里程的增长，农村公路通行条件也大为改善。2006 年，全国公路未铺装路面里程为 193.19 万公里，占当年公路通车总里程的 55.9%；2009 年，全国公路未铺装路面里程为 160.83 万公里，占当年公路通车总里程的 41.7%。

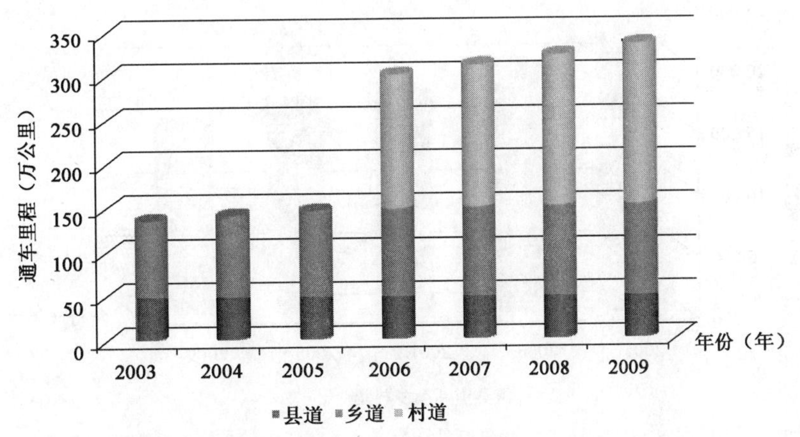

图 1　农村公路通车里程

（注：2006 年以前，村道未纳入公路通车里程统计。）

农村公路交通量大幅增加。农村公路通行条件的改善为汽车进入农家提供了强有力的硬件设施保障。随着农民群众生活水平的提高，近年来农村地区机动车保有量大幅增长。农村公路上常见的三轮汽车、低速载货汽车、摩托车、上路行驶的拖拉机等车辆保有量从 2003 年年底的 7 165 万余辆增至 2008 年年底的 1.18 亿辆左右（图 2），5 年间增长 64.29%。另外，2009 年以来，受国家“汽车下乡”政策的积极影响，农村地区汽车和摩托车增长迅速。至 2009 年年底，全国已补贴下乡汽车摩托车 583 万辆，其中汽车补贴 167 万辆，摩托车补贴 416 万辆，其中，获补贴的摩托车数量占 2009 年摩托车新增保有量的 83.32%。随着农村地区机动车保有量的增加，农村公路交通量也随之增加。

随着农村公路里程大幅增长，道路通行条件大幅改善，交通量明显增加，车辆运行速度也明显提高。以前在路况相对较差情况下没有出现的农村公路安全问题，在现在路况较好情况下就集中暴露出来。

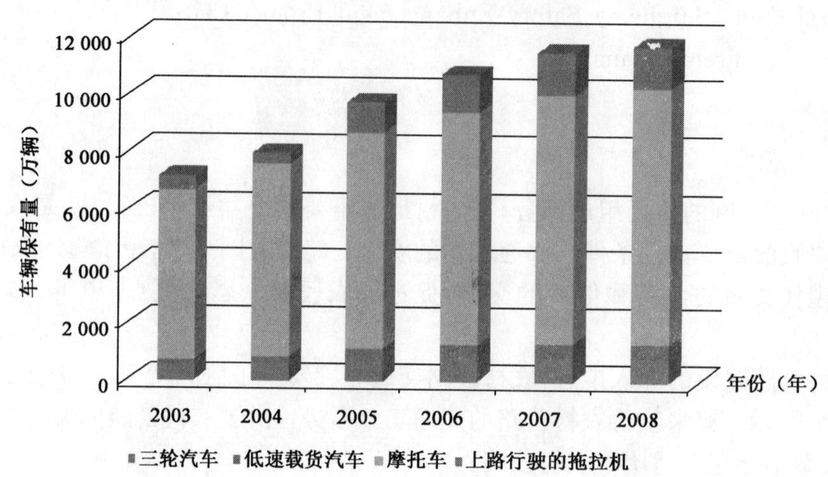

图 2　农村公路常见车辆类型保有量(2003～2008 年)

2　农村公路交通安全问题的主要特点

2.1　农村公路交通事故所占比例大

近五年来,随着我国道路交通事故的下降,农村公路交通事故也逐年下降(图 3)。2009 年,农村公路上共发生道路交通事故 54 599 起,造成 15 418 人死亡,64 985 人受伤。与 2005 年相比,2009 年农村公路道路交通事故起数、死亡人数和受伤人数分别下降 41.31%、29.17%和 37.44%。

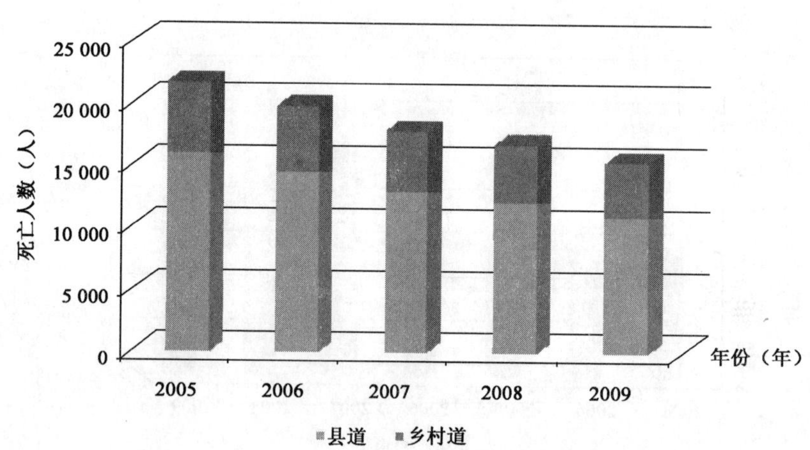

图 3　近年来农村公路交通事故死亡人数变化情况

农村公路交通事故一直占有较大比例。虽然近五年来农村公路交通事故逐年降低,但其所占公路交通事故比例逐年增高(图 4),2009 年农村公路交通事故起数、死亡人数和受伤人数分别占公路交通事故的 39.68%、31.55%和 39.58%。也就是说,公路交通事故中每死亡 3 人就有 1 人死于农村公路交通事故。与 2005 年相比,2009 年农村公路道路交通事故起数、死亡人数和受伤人数占公路交通事故的比例分别上升 5.59个百分点、3.17 个百分点和 4.18 个百分点。

2.2　群死群伤事故时有发生

近年来,随着我国道路交通事故的下降,农村公路群死群伤事故总体上呈下降趋势,但仍然时有发生(如表 1)。2005～2009 年,农村公路上共发生一次死亡 10 人以上的特大交通事故 35 起,共造成 492 人死亡、479 人受伤。近五年来,农村公路上发生的一次死亡 10 人以上的特大交通事故起数、死亡人数、受伤人数平均占一次死亡 10 人以上特大交通事故总数的 21.34%、19.23%和 19.42%。

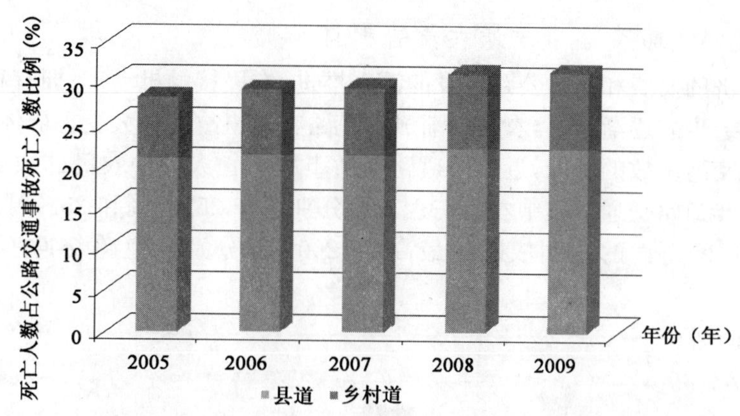

图4 近年来农村公路交通事故死亡人数所占公路交通事故死亡人数比例变化情况

表1 农村公路上发生的一次死亡10人以上的特大交通事故（2005～2009年）

年份(年)	事故起数(起)		死亡人数(人)		受伤人数(人)	
	数量	百分比	数量	百分比	数量	百分比
2005	7	14.89%	82	10.16%	115	16.31%
2006	11	28.95%	162	29.03%	136	29.37%
2007	7	26.92%	110	28.28%	121	26.95%
2008	5	17.24%	79	16.60%	43	8.53%
2009	5	20.83%	59	17.93%	64	18.55%
合计	35	21.34%	492	19.23%	479	19.42%

这35起农村公路特大事故涉及14省，其中东部地区4起，涉及广东省(2起)、河北省(1起)、浙江省(1起)；中部地区6起，涉及湖南、湖北两省(各3起)；西部地区25起，涉及云南省(10起)、重庆市(4起)、贵州省、西藏自治区(各3起)、甘肃省、宁夏回族自治区、陕西省、四川省和广西壮族自治区(各1起)。西部地区，特别是云南省、重庆市、贵州省、西藏自治区是农村公路特大交通事故的高发省区。具体见表2。

表2 2005～2009年农村公路上发生的一次死亡10人以上的特大交通事故分布

东部地区		中部地区		西部地区					
省份	事故起数(起)	省份	事故起数(起)	省份	事故起数(起)	省份	事故起数(起)	省份	事故起数(起)
广东省	2	湖北省	3	云南省	10	西藏自治区	3	宁夏回族自治区	1
河北省	1	湖南省	3	重庆市	4	甘肃省	1	陕西省	1
浙江省	1	—	—	贵州省	3	广西壮族自治区	1	四川省	1

农村公路上发生的一次死亡10人以上的特大交通事故中坠车(包括坠崖、坠河、坠桥)事故最为常见。2005～2009年，在农村公路上发生的一次死亡10人以上的35起特大交通事故中坠车事故共28起，比例高达占80%。坠车加重了事故的严重程度，应把预防坠车事故作为农村公路上事故预防工作的重要内容。具体见图5。

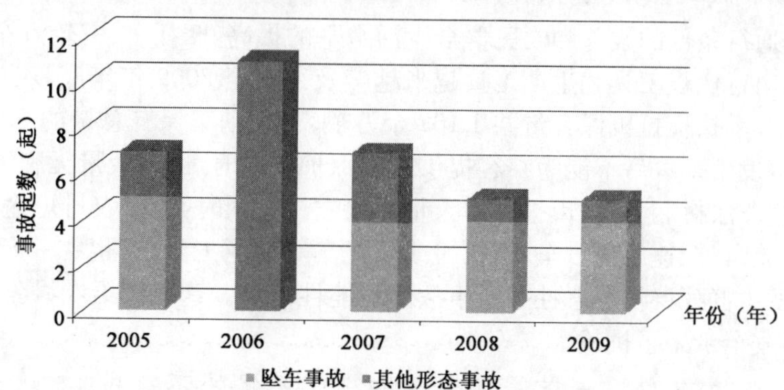

图5 农村公路上发生的一次死亡10人以上特大交通事故形态(2005～2009年)

2.3 农民成为道路交通事故最大受害群体

伴随着农村经济的发展和农村公路建设的深入推进，农民接触机动车、拥有和驾驶机动车的机会大大增加。涉及农民的交通事故逐渐增多，农民逐渐成为道路交通事故的最大受害群体。

随着我国道路交通事故的降低，近年来道路交通事故伤亡人员中农民的数量也大幅下降（如图6）。与2006年相比，2009年道路交通事故中农民伤亡人数分别下降25.06%和33.79%。但从道路交通事故伤亡人员行业类型看，农民伤亡的比例依旧是最高的，2009年分别占道路交通事故伤亡总数的43.81%和38.14%。

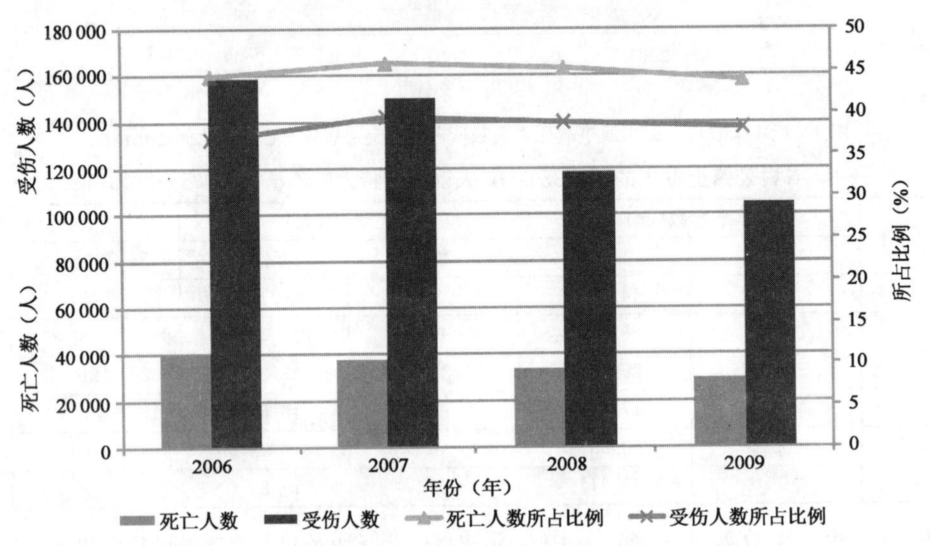

图6 农民道路交通事故伤亡情况（2006～2009年）

3 农村公路交通安全问题致因分析

3.1 农村公路快速增长与农民群众交通安全意识淡薄的不适应

2009年，因农民导致的交通事故数量占事故总数的30.85%，死亡人数占总数的34.94%，受伤人数占总数的31.16%。农民已经成为我国交通事故的重要肇事群体之一，突出反映了农民的交通安全意识仍比较淡薄。

在农村驾驶机动车的人员中有相当一部分没有经过正规培训，有些甚至是在"实践"中练出来的。这些驾驶员交通安全意识淡薄，紧急情况下应急反应能力差。导致农村公路上超速超载、酒后驾车、逆向行驶、违章超车、三轮车、轻型载货汽车违法载客等交通违法违章现象突出。这些现象加剧了农村公路行车秩序的混乱，一定程度上导致了农村公路事故多发。

3.2 农村公路快速增长与农村机动车性能相对较差的不适应

随着农村公路通行条件的改善和农民群众生活水平的提高，摩托车、三轮汽车、低速载货汽车、手扶拖拉机等作为农民群众出行代步工具和生产工具越来越普及。截至2009年年底，农村地区常见的三轮汽车、低速载货汽车、摩托车、手扶拖拉机保有量共1 102余万辆，占机动车保有总量的59.07%（如图7）。这些车辆安全性能相对较差，发生事故后不能为乘客提供有效保护。同时，还有大量无牌无证车辆充斥在农村。由于农村购买力低，一些非法拼装车、城市报废车大量流入农村。同时，由于农村短途客运发展相对滞后，农民出行往往只能搭乘三轮车、低速载货汽车、拖拉机或摩托车等交通工具，这也在一定程度上使得货车违法载客有了市场，也使得发生群死群伤等恶性交通事故的可能性增加。这些都给农村公路交通安全留下了隐患，对改善农村公路交通安全带来了挑战。

3.3 农村公路快速增长与交通安全设施相对不足的不适应

大量的实例反复表明：对于道路交通系统而言，在驾驶员、车辆因素确定后，良好舒适的道路环境能够避免交通事故，反之则可能诱发交通事故。从公路设施看，尽管经过近年来的大规模建设，农村公路总体技术状况有了很大改善，但三、四级及四级以下等级公路里程仍是农村公路的主体。这些公路大多受当时资金、技术水平和自然条件等因素的限制，安全设施严重不足。群死群伤特大交通事故在一些地势险峻路段时有发生。根据统计，2003 年以来发生的一次死亡 10 人以上的重特大道路交通事故中，发生在安全防护设施相对落后的农村公路上就占 54%。农村公路一次死亡 10 人以上的特大交通事故中坠车事故高达 80%也在一定程度上说明了农村公路安全防护设施匮乏。

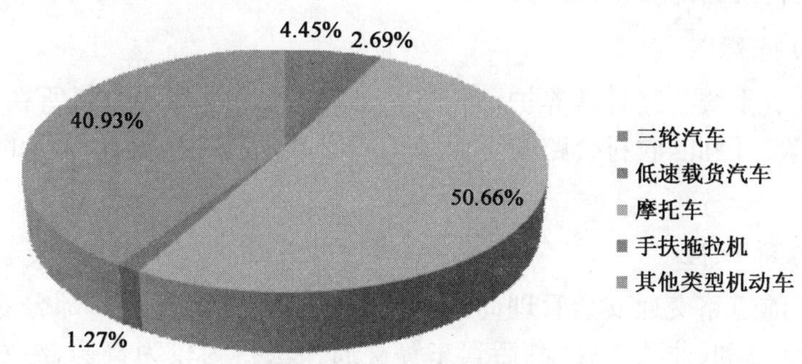

图 7　2009 年我国机动车保有量组成

3.4　农村公路快速增长与交通安全管理相对滞后的不适应

农村公路线长面广，纵横交错，交通管理任务艰巨。但是由于交通管理部门警力不足，对农村公路交通安全管理往往事鞭长莫及、力不从心。到 2009 年年底，全国管理农村公路的警力只有 2.1 万人，人均管理近 160km。交通安全管理的相对滞后从一定程度上导致了农村公路交通秩序的混乱，农村机动车超速超载、无牌无证、非法改装、非法载客等违法行为得不到有效治理，一些事故隐患得不到及时排除，由此引发的交通安全事故也屡见不鲜。有些超载大货车为了躲避国省道的超载检查，选择绕道农村公路。而农村公路一般等级较低，经不起超载大货车的碾压，也给交通安全也带来的一定的隐患。

4　农村公路安全保障工程特殊性分析

实施公路安全保障工程是完善道路安全设施、改善道路交通安全的重要途径。农村公路现存的交通安全问题，亟需实施农村公路安全保障工程以改善交通安全。自 2004 年以来实施的公路安保工程积累了大量国省干线公路安全保障工程的处治经验。但是由于农村公路的特殊性，农村公路安保工程处治技术不能照搬国道、省道等干线公路。这些特殊性包括：

4.1　交通投资的特殊性

投资小是农村公路的重要特点。农村公路安保工程不可能有干线公路安保工程的投资规模。这就要求农村公路安保工程要在较低的投资水平下也要能达到较高的安全效果。因此，必须针对农村公路的实际情况，研究开发低成本的安全保障技术。

4.2　交通环境的特殊性

农村公路技术等级低，道路条件相对较差，普遍缺乏必要的交通安全设施。山区农村公路路窄、坡陡，线形差，自然条件恶劣，防护设施明显不足且缺乏维护；交通量相对较小，交通组成相对单一，以农用车和小型车辆为主；车辆行驶速度较低。农村公路如果照搬干线公路安保处治措施，将造成极大的浪费。因此，应针对农村公路的实际情况，研究开发适用于农村公路的安全保障技术。

4.3　道路使用者的特殊性

农村公路道路使用者主要有两类人群：当地人和外地人。在中国，大规模农村公路建设始于 2003 年，农村公路路况的好转时间并不长，当地人对路况的好转需要一个适应的过程；且本地人交通安全意识相对较差，多为农用车驾驶员，其中有很多是没有经过培训考核的驾驶员。外地人因以前没有或很少接触农村公路，对农村公路路况更加不熟悉。因此，需要针对交通参与者的特殊性，开发适用于农村公路的安全保障技术。

4.4 交通工具的特殊性

农村公路上运行的车辆以农用车和小型车辆为主。这些车辆吨位小、运行速度慢，且农用车辆安全性能校对较差，运行安全隐患相对较大。甚至有些报废车辆和非法改装车辆上路行驶。因此，需要针对交通工具的特殊性，开发适用于农村公路的安全保障技术。

4.5 后期养护的特殊性

在我国，公路部门负责干线公路日常养护，而农村公路的养护主体为公路所在地政府，而当地政府普遍欠缺公路后期养护的经验。因此，农村公路安全保障工程必须选择一些简单易行的技术措施，以降低后期养护的复杂性。

4.6 交通管理的特殊性

由于警力的限制，目前道路交通安全管理尚未延伸到农村公路。相当一部分农村公路交通安全基本处于无人管理的状态。无证驾驶、非法载客、酒后驾车等交通违法行为较为普遍，给农村公路交通安全带了较大挑战。因此，需要针对交通管理的特殊性，开发适用于农村公路的安全保障技术。

正是由于农村公路的特殊性，使得农村公路安全保障工程处治技术若照搬干线公路，一方面不划算，不具有可行性；另一方面也完全没有必要。应开发适应于农村公路特点的安保工程技术措施，使得农村公路安保工程在较低的投入水平下能够达到较高的安全水平。

5 结论

近年来，农村公路交通环境发生了巨大变化，农村公路交通安全问题愈发突出，坠车等群死群伤特大交通事故时有发生，农民已经成为我国道路交通事故的最大受害群体。导致农村公路交通安全问题的原因主要有农民群众交通安全意识淡薄、农村机动车性能相对较差、农村公路交通安全设施匮乏、交通管理相对滞后。亟待实施安全保障工程来改善农村公路的交通安全形势。但是，由于农村公路交通投资、交通环境、交通参与者、交通工具、后期养护和交通管理方面的特殊性，国省干线公路安全保障工程的技术方案不能完全适用于农村公路。需要针对农村公路的特殊性，开发低成本、针对性强的安全保障技术。

参考文献

[1] 交通运输部. 2009 年公路水路交通运输行业发展统计公报. 交通运输部网站：http://www.mot.gov.cn.

[2] 交通运输部. 公路水路交通运输行业发展统计公报(2003～2009 年). 交通运输部网站：http://www.mot.gov.cn.

[3] 公安部交通管理局. 中华人民共和国道路交通事故统计年报(2003～2009 年)[M].

[4] 工业和信息化部装备工业司. 2009 年汽车工业经济运行报告. 工业和信息化部网站：http://www.miit.gov.cn.

[5] 孟建柱. 国务院关于贯彻实施道路交通安全法加强道路交通安全工作情况的报告[EB/OL]. 中国人大网，2009,4. http://www.npc.gov.cn.

关于我国公路交通应急能力建设的思考

张　勇
（交通运输部科学研究院城市交通研究中心　北京　100029）

摘　要：在界定应急能力内容，分析中国公路应急能力建设现状和问题的基础上，结合国外应急能力建设经验，提出了我国公路应急能力建设的指导思想、建设原则和主要任务。认为必须在国家交通主管部门的统一组织下，统一规划我国公路交通应急体系建设，因地制宜地促进地方公路交通应急能力的提升。

关键词：公路　应急　思考

Reflection on the Emergency Response Capacity Building of China's Highways

Zhang Yong
(China Urban Sustainable Transport Research Center, Research Institute of Highway Ministry of Transport　Beijing　100029)

Abstract: Based on defining emergency response content and analyzing the current situation of and problems in China's emergency response capacity building, by taking into account the experience of capacity building both at home and abroad, this paper comes up with the guiding principles, building principles and major tasks of emergency response capacity building of China's highway transport. It believes that this capacity building must be conducted under the overall organization of state traffic authorities in a well-planned manner while considering different conditions in different areas so as to elevate emergency response capabilities.

Keywords: Highway　Emergency response　Reflection

0　引言

公路是国民经济发展和人们日常生活最为重要的交通基础设施。近年来频繁出现的极端天气和自然灾害在造成公路基础设施严重破坏的同时，也给国民经济造成巨大损失。重大灾害发生后，公路不仅承担着应急运输的重要任务，特定情况下，公路还成为了应急救援的“生命线”。加强公路交通应急能力建设，构建完善的公路交通应急体系，具有重要的现实意义。

《中华人民共和国突发事件应对法》将突发事件应对分为预防与应急准备、监测与预警、应急处置与救援、事后恢复与重建四个阶段，具体涉及：预案、管理体制、运行机制、法制体系、应急规划、应急队伍、技术支撑、物资设备、资金保障、通信与信息保障、风险保障、社会动员、培训宣传、组织指挥、抢险救援、征用补偿、灾后评估、事后奖惩等多个方面的能力建设。

1　我国公路交通应急存在的主要问题

当前，虽然我国公路交通应急能力建设取得了巨大成绩，但与日益复杂的应急需求相比，还需进一步增强。主要问题表现为：

（1）应急管理体制有待进一步完善

“十一五”期间，初步形成统一领导、分类管理、分级负责、条块结合、属地为主的公路交通应急管理体制。

2009 年以大部制改革为契机,交通运输部整合机构职能,设立了专门的应急办公室;建立了包括应急领导小组、应急工作组、公路网管理与应急处置中心、专家咨询组和现场工作组的公路应急工作体制;初步形成了部、省、市、县四级公路交通应急管理体系。但是对于应急办在指导行业安全生产和应急管理工作的具体内容、实施方法,以及有关公路应急处置体系建设内容等方面,与公路局的职责划分尚需进一步明确。

(2)应急预案体系结构仍不太合理

国家层面制订了《公路交通突发事件应急预案》、《交通建设工程重大生产安全事故应急预案(试行)》,以及针对气象灾害、水灾与地质灾害、重点物资运输、危险货物运输、安全事故等方面的公路应急预案;地方公路管理部门和运输企业也根据实际情况建立了各自的突发事件灾害应急预案,自上而下的公路交通应急预案体系基本形成。但是预案体系结构不太合理、预案间内容交叉,部分交通应急预案可操作性不强、预案平时缺乏演练等问题依然较为突出。

(3)应急机制亟需进一步完善

尽管建立了交通与军队、公安、民政、农业、卫生、气象、海洋等部门的应急联动机制,但仍不够顺畅;根据预案,建立了应急交通社会动员和捐赠机制、征用补偿机制、善后处置机制和信息发布与宣传机制,但对于如何动员、动员程序和可采取的措施等,缺少详细规定;应急缺乏资金保障,征用补偿难以落实。

(4)应急法制建设工作亟待加强

虽然《公路法》、《公路管理条例》等法律法规,以及部分部委规章对公路交通应急做出了不同程度的规定。但是,《突发事件应对法》提出的许多要求在公路法规体系中没有得到完全体现,导致公路交通部门在应急时常常陷入法律依据不足的困境。

(5)应急力量仍显不足

虽然武警交通部队、公路养护管理部门、路政管理部门、公路经营管理单位、公路养护工程企业等都已纳入公路应急抢通保障队伍,地方建立了以大型运输企业为主体的应急运输保障队伍。但是在巨灾面前,应急队伍的抢险救援能力仍显不足,“5·12”地震和 2008 年年初的南方冰雪灾害应对中,不得不借助军队和社会力量。

(6)应急通信保障仍难以满足应急需求

尽管高速公路、道路危险品和长途客运基本都建立了相应的监控系统,部分省市也应用了短波、海事卫星通信系统,甚至先进的交通移动应急通信指挥平台;但是公路应急通信系统主要依托有线网络建立,卫星电话等先进通信手段尚未普遍配备到基层,一旦发生大面积停电和网络中断的情况,应急通信方式也将中断,应急通信将失去保障,“5.12”地震和 2008 年年初的南方冰雪灾害证明了这一点。

(7)公路应急物资储备数量和种类严重不足

公路养护单位和部门根据日常应急需求,储备了基本的应急物资和设备,如部分高速公路储备了应急沙包,设置了应急车道等。但国家层面缺乏公路应急物资储备,绝大多数地方公路部门缺乏应对极端天气设备储备。

(8)应急缺乏资金保障,征用补偿难以落实

交通行业至今没有专项应急财政保障资金。由于缺乏稳定的应急资金保障,不仅应急物资储备、基地建设受影响,而且企业和群众参与应急工作的积极性也受到影响,甚至应急演练和宣传因缺乏经费支持而无法举行。

(9)应急监测预警能力不足

普通公路基本没有监控,高速公路仅监测重点路段和关键节点;长途客运 GPS 监控仅限于部分车辆;半数以上的省份尚未实现与交通运输部的网络和视频会议系统的互连互联;省厅交通应急平台尚未全面建成;各地方公路信息平台相互对立,缺乏协同规划,建设标准和规范不相统一,各平台间及与上下级平台间信息沟通不畅,综合协调机制不健全,省际之间的信息孤岛问题严重,公路交通监测预警能力严重不足。

(10)灾后公路损失评估的方法、标准和制度缺乏

尽管《公路交通突发事件应急预案》对调查评估进行了规定,但也仅仅规定了调查评估报告的上报内容,

缺乏调查和评估的具体实施细则，更未形成相应的制度。

2 国外应急能力建设的经验

(1)建立完善的应急管理体系

美、加、俄、澳及欧盟各国针对应急工作特点和本国国情，都成立了自上而下、完善的应急分级管理机构，有完备的编制、预算和经费，经常制订或修订应急战略规划、发展应急管理计划和培训计划，经常组织应急演练。在紧急状态下，负责应急响应，协调政府各部门和社会各方面力量。

(2)建立健全的应急法律保障

发达国家普遍建立了较为完善的应急管理法律法规，制订了及时完善法规的机制。如美国的《国家紧急状态法》，加拿大的《危机法》，澳大利亚的《危机管理法》。内容包括政府机构处理灾害的职责分工、权利、内容、程序等。

(3)建立统一的指挥联动系统

美国的"911"城市应急指挥联动系统，从灾害的上报、相关数据的采集、警情判断、联动指挥到应急现场支持、辅助决策，采用统一的指挥调度平台，借助网络、可视电话、无线接入、语音系统等各种高科技通信手段，在最短时间内调动警察、消防、环保、急救、交通等不同部门、不同警区的力量协同作战，对灾害做出有序、快速、高效的反应。

(4)建立先进的应急信息系统

德国的"危机预防信息系统"，搜集并整合了重要的应急信息，并通过网络建立了联通所有运作中心的快速信息交换平台。

(5)建立财政应急资金保障

发达国家一般以法律的形式确定了应急管理的财政资金保障，通常是设立专门账号，确保专款专用。

3 关于我国公路交通应急能力建设的战略思考

加强我国公路交通应急能力的建设，必须在正确的指导思想和建立科学的原则的基础上，规划确定建设的主要任务。

3.1 指导思想

以邓小平理论和"三个代表"重要思想为指导，坚持"以人为本"，深入贯彻落实科学发展观。整合资源，依靠科技创新和信息技术，兼顾近期任务和长远目标，统筹全局建设，落实重点建设任务，全面提升公路交通应急能力，最大限度地减少公路运输旅客伤亡和财产损失，为国家经济社会和环境的可持续发展，人民群众的安全出行提供可靠保障。

3.2 建设原则

(1)明确功能，准确定位。公路交通应急是交通主管部门履行政府社会管理和公共服务职能、保障公共产品安全、维护公共安全的重要体现，是国家灾害应急管理的重要组成部分。

(2)统筹规划，突出重点。由交通运输部全面统筹规划公路应急工作，整合利用现有设施装备、队伍和物资，根据公路灾害风险程度，按照全面覆盖、重点加强、局部调整的原则进行布局优化；强化灾害多发区段和干线交通网密集区的应急资源配置。

(3)预防为主，讲求实效。公路交通应急加强源头预防、过程监控和救援处置能力的规划和建设，提高灾害发现、预警的及时性和救援抢险、恢复交通的实效性。

(4)立足当前，着眼长远。根据现实需要和实际能力确定建设项目的要求，既要满足当前应急管理工作需要，又要适应技术和应用的发展，不断提升应急技术的应用水平。

3.3 建设目标

根据《"十一五"期间国家突发公共事件应急体系建设规划》的总体目标和国务院"十一五"期间应急管理

工作目标要求，制订公路交通应急能力建设的总体目标。

2015年，建立健全公路交通灾害应对的基本制度，使得预防与应急准备、监测与预警、应急处置和救援、事后恢复与重建的四大能力明显增强，应急管理综合能力显著提高，形成统一指挥、分级响应、反应灵敏、运转高效、保障有力的国家公路交通应急体系，有效预防和减少交通灾害的发生，控制、减轻和消除灾害引起的严重社会危害，为保护人民生命财产安全，维护国家安全、公共安全、环境安全和社会秩序提供交通运输保障。

2020年，建成完备的国家公路交通灾害应急体系，应急管理综合能力全面提高，与国家经济社会发展水平相适应，与交通运输发展需求相适应，公众生命财产和物资运输安全得到更加充分、可靠的保障。

3.4 主要任务

结合公路交通应急的现状与需求，公路交通应急能力建设任务主要包括以下五方面的内容。

(1)建立健全应急基本制度

进一步完善公路交通应急管理体制，明确界定部内应急相关机构各自的应急职责和机构间的合作机制；尽快完善公路交通应急管理法规；加强跨部门合作机制建设；完善交通应急社会动员机制；建立健全应急征用补偿机制。

(2)提高应急预防与准备能力

建立健全公路灾害应急预案体系；加强公路交通规划中的应急规划编制；全面建成交通运输部与各省级交通部门连接的网络和视频会议系统；遵循平战结合原则，以高速公路通信系统为基础，以公用应急通信设施为支撑，以卫星通信为补充，因地制宜，实现多种通信手段的集成和融合，逐步形成有线与无线相结合、基础电信网络与机动通信系统相配套、天地合一的公路交通应急通信指挥系统，确保灾害应对工作的通信畅通；加强基层队伍先进应急通信设备的配备。

加快建立国家公路交通应急物资储备体系；加强各级应急物资储备库点间的信息沟通和物资共享调用机制；建立公路应急物资的定期更新和应急设备的定期保养机制；完善重要应急物资的储备、调拨和紧急配送体系。

鼓励、扶持具备相应条件的交通教学科研机构培养应急管理专门人才，鼓励、扶持交通教学科研机构和有关企业研究开发用于灾害预防、监测、预警、应急处置与救援的新技术、新设备和新工具；加强交通应急专家队伍管理。

定期对公路交通部门负有处置灾害职责的工作人员进行培训；交通应急部门应当组织开展应急知识的宣传普及活动和必要的应急演练；充分利用新闻媒体开展灾害交通的预防与应急、自救与互救知识的公益宣传。

(3)提高应急监测和预警能力

建立统一的公路灾害信息系统，汇集、储存、分析、传输有关灾害的信息，实现交通运输部与国务院、其他部委、省级交通部门，以及其他专业机构，甚至重点企业的监测网点的信息系统互联互通，加强跨部门、跨地区的信息交流与情报合作；建立有关部门、专业技术人员、专家学者参加的灾害会商评估制度；根据灾害的种类和特点，建立健全基础信息数据库，完善监测网络；按公路行政管辖区划，分别划分监测区域，确定监测点，明确监测项目，对可能发生的灾害进行监测；进一步健全灾害预警制度。

(4)提高应急处置和救援能力

明确灾害发生后公路交通应急应该采取的救助、控制措施，以及与其他部门的职责分工、配合有关部门可采取的必要应急处置措施；建立公路交通应急专业人员的资格和能力评价制度；明确交通运输从业资格人员参加灾害应急的救援与处置的义务。

(5)提高应急事后恢复和重建能力

制订公路交通应急队伍能力评估制度，通过评估不断提升交通应急管理水平；建立公路灾后评估制度，建立灾害评估标准、程序、主体、内容和方法等；建立灾害交通应急事后奖励和惩处制度，明确奖励和惩处的具体办法。

4 结语

在当前我国公路交通应急仍以地方为主的情况下，由于各地方的经济发展水平、安全责任意识、管理水平等方面参差不齐，各地方公路交通应急能力的建设水平必然差异巨大。必须在国家交通主管部门的统一组织下，根据我国灾害分布和区域特点，结合各地方经济发展水平，编制我国公路交通应急体系建设的总体规划，并因地制宜地促进各地方公路交通应急能力的发展，从而全面提升我国公路交通应急能力水平。

参考文献

[1] 郭济，高小平，沈荣华，等. 中央和大城市政府应急机制建设[M]. 北京：中国人民大学出版社，2005.
[2] 计雷，池宏，陈安，等. 突发事件应急管理[M]. 北京：高等教育出版社，2006.
[3] 薛澜，钟开斌，等. 国家应急管理体制建设：挑战与重构[J]. 改革，2005，3：5-16.
[4] 戚建刚. 行政应急管理体制的内涵辨析[J]. 行政法学研究，2007，1：14-19，143.
[5] 应松年. 突发公共事件应急处理法律制度研究[M]. 北京：国家行政学院出版社，2008.
[6] 李娜. 我国政府应急管理体系的构建[J]. 辽宁经济，2006，3.
[7] 詹承豫，顾林生. 转危为安：应急预案的作用逻辑[J]. 中国行政管理，2007，5：89-92.
[8] 向良云. 地方政府区域应急协作的制度框架：美国的经验与启示[J]. 社会主义研究，2009，5：113-116.
[9] 李志祥，刘铁忠，王梓薇. 中美国家应急管理机制比较研究[J]. 北京理工大学学报（社会科学版），2006，8(5).
[10] 金磊. 美国城市公共安全应急体系建设方法及经验[J]. 失效分析与预防，2006，1(4).
[11] 王芳，马冲，郭君超. 加拿大突发事件应急中心的工作模式及启示[J]. 中国牧业通讯，2009，(22)：38-40.
[12] 刘焕成，刘芬，刘爽. 美国应急管理现状及对我国的启示[J]. 情报科学，2009，11：1619-1630.

我国道路交通安全面临的机遇与挑战

张建军[1,2]　张高强[1,2]　吕进中[3]
（1. 交通运输部公路科学研究院　北京　100088；
2. 公路交通安全技术交通行业重点实验室　北京　100088；
3. 中国人民解放军装备指挥技术学院士官系　北京　102249）

摘　要：2003 年以来，我国政府从人、车、路、管理、法律、科技等方面采取了一系列针对性的政策和措施以遏制道路交通事故。在经济快速发展、机动车保有量快速增长和道路交通安全环境发生较大变化的背景下，我国成功实现了道路交通事故从高发到基本遏制、直至逐年下降的工作目标，交通安全形势逐年好转。

本文回顾了我国道路交通事故的发展历程，分析了我国道路交通安全面临的主要挑战：交通事故反弹压力在不断增大、交通参与者安全意识依旧薄弱、安全隐患因素仍旧突出、交通安全管理体制与机制仍存在缺陷，事故应急处理和救护水平依然薄弱。本文还分析了我国道路交通面临的机遇：道路交通安全获得空前重视、整体交通安全环境正迅速得到改善、交通安全科学发展迅速，这些都为我国进一步改善交通安全形势提供了可能。

关键词：交通安全　道路安全　交通事故　事故率　挑战　机遇

The Opportunities and Challenges of Road Safety in China

Zhang Jianjun[1,2]　Zhang Gaoqiang[1,2]　Lü Jinzhong[3]
(1. Research Institute of Highway Ministry of Transport　Beijing　100088;
2. Key Laboratory of Road Safety Research Ministry of Transport　Beijing　100088;
3. Sergeant Department, Academy of Equipment Command and Technology, Chinese People's Liberation Army, Beijing　102249)

Abstract: Since 2003, the Chinese government has taken a series of targeted policies and measures to suppress road accidents. In the case of the rapid economic development, rapidly growing motor vehicle amount, and changes greatly in road safety environment, China successfully achieved the objectives that road accidents from the peak to be suppressed, until to the decline year-by-year. The situation of road safety in China has been improved every year.

The development of road accidents in China is reviewed, and the main challenges and the opportunities are analyzed in this paper. The challenges include: road accidents rebound pressure is increasing, the road safety awareness of road users is still weak, safety risk factors are still outstanding, road safety management system and mechanism are still flawed, and road accidents emergency treatment and ambulance are still weak. The opportunities include: road safety has drawn the unprecedented attention, the overall environment of road safety is rapidly improving, and the road safety research is rapidly carried out. The opportunities make it possible for further improvement of road safety in China.

Keywords: Road Safety　Traffic safety　Road accident　Mortality rate　Challenge　Opportunity

---

基金项目：国家科技支撑计划资助项目（2009BAG13A02）；北京市交通委员会路政局科技计划资助项目。

0 引言

为遏制道路交通事故高发态势，自2003年以来，我国政府从人、车、路、管理、法律、科技等方面采取了一系列针对性的政策和措施。在经济快速发展、机动车保有量快速增长的背景下，我国成功实现了道路交通事故从高发到基本遏制、直至逐年下降的工作目标，交通安全形势逐年好转。根据公安部的统计，自2005年至今，我国道路交通事故起数、死亡人数、受伤人数、万车死亡率、10万人口死亡率以及直接经济损失等指标均呈现不同程度的下降(图1)(注：自2004年起，根据《中华人民共和国道路交通安全法》的规定，我国道路交通事故统计范围有较大变化)。我国道路交通安全进入到一个崭新阶段。

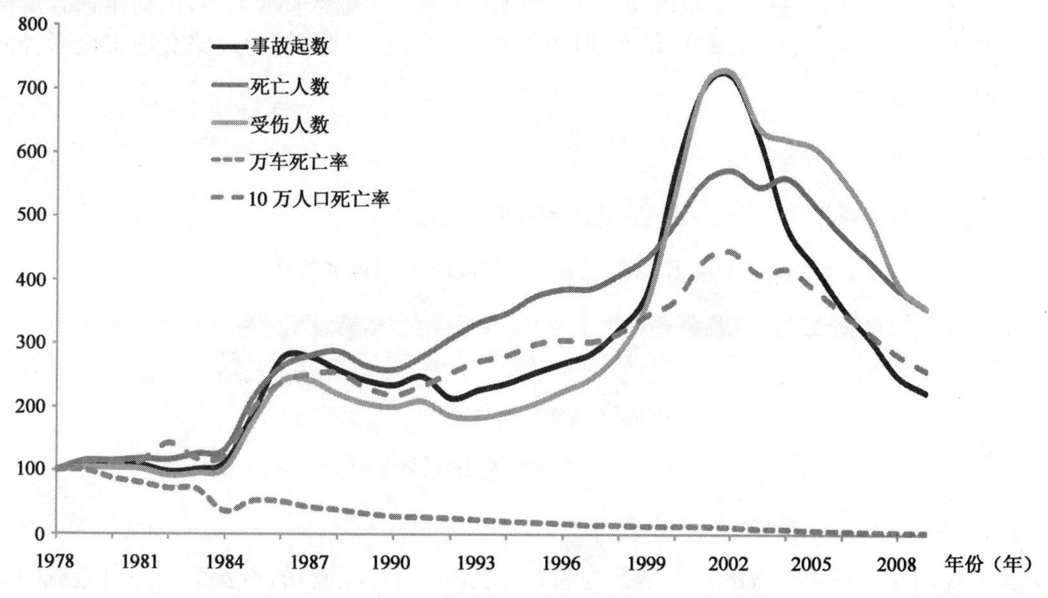

图1 改革开放以来我国道路交通事故变化趋势(1978年为100)

在新的阶段，我国道路交通事故总量持续下降，交通事故率稳步下降，弱势群体总体交通安全形势有较大改善，高速公路事故多发态势得到遏制，安全效益初步显现，但事故基数仍然较大，机动车驾驶人违法肇事比例上升，客车、摩托车、货车肇事比例依然较大，二、三级公路交通事故仍然较高，群死群伤事故仍时有发生。影响和制约道路交通安全的一些问题尚未得到全面解决，我国道路交通安全仍在面临着巨大挑战，工作稍有松懈，道路交通安全形势就可能发生反弹。同时，我国道路交通安全也面临着前所未有的历史机遇。

1 面临的挑战

从2005年以来，我国道路交通事故步入快速下降的阶段。2005～2009年，道路交通事故起数、死亡人数、受伤人数、万车死亡率和10万人口死亡率每年平均下降14.32%、8.74%、10.38%、18.17%和9.23%(如表1)。2009年道路交通事故死亡人数与1994年相当。虽然道路交通安全形势迅速好转，但是交通事故反弹的压力仍然存在，进一步改善道路交通安全形势仍面临着诸多挑战。

表1 近年来我国道路交通事故主要指标变化情况

年份(年)	事故起数(起)		死亡人数(人)		受伤人数(人)		万车死亡率		10万人口死亡率	
	数量	比上年(%)	数量	比上年(%)	数量	比上年(%)	数量	比上年(%)	数量	比上年(%)
2004	517 889	—	107 077	—	480 864	—	9.93	—	8.24	—
2005	450 254	−13.06%	98 738	−7.79%	469 911	−2.28%	7.57	−23.77%	7.55	−8.36%
2006	378 781	−15.87%	89 455	−9.40%	431 139	−8.25%	6.16	−18.63%	6.84	−9.42%
2007	327 209	−13.62%	81 649	−8.73%	380 442	−11.76%	5.11	−17.05%	6.21	−9.21%
2008	265 204	−18.95%	73 484	−10.00%	304 919	−19.85%	4.33	−15.26%	5.56	−10.47%
2009	238 351	−10.13%	67 759	−7.79%	275 125	−9.77%	3.63	−16.17%	5.08	−8.69%
平均	—	−14.32%	—	−8.74%	—	−10.38%	—	−18.17%	—	−9.23%

1.1 交通事故反弹的压力犹存且不断增大

研究表明，当人均 GDP 达到大约 8 600 美元(以 1985 年美元国际价格为标准)，道路交通事故人口死亡率将达到顶峰。2009 年，我国人均 GDP 仍不足 4 000 美元，以发达国家的经验看，随着经济的进一步发展，我国道路交通事故人口死亡率仍存在较大的上升空间。

虽然近年来我国机动化水平快速提升，但相比于发达国家，我国机动化水平仍然处于较低水平。2008 年我国机动化水平仅为发达国家的五分之一左右(图 2)。可以预见，未来几十年，虽然我国经济和人民群众生活水平的提高，我国机动化水平仍将进一步快速提高。但由于道路增长远远赶不上机动车保有量的增长，而且随着城市化进程的加快，一些大中城市功能不断扩张，人流、物流越来越集中，机动车保有量快速增长与道路资源不足的矛盾越来越明显，行车难、停车难问题越来越突出。这些都为道路交通安全形势的持续改善带来了巨大压力。

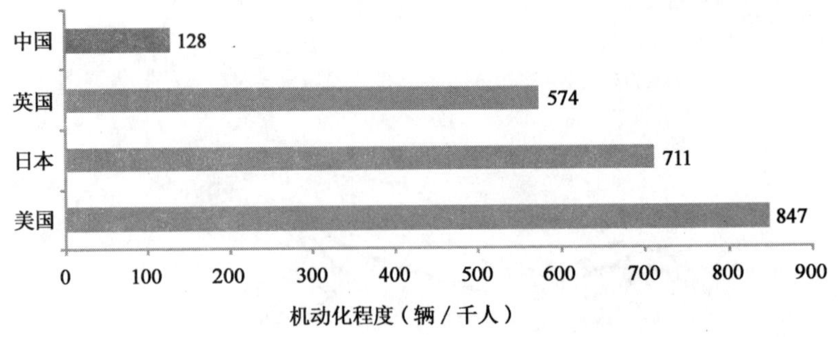

图 2 我国与英国、日本、美国等国机动化程度(2008 年)

1.2 交通参与者安全意识依旧薄弱

道路交通事故的发生是由于人的不安全行为和物(道路、车辆、环境)的不安全状态所造成的。分析道路交通动态系统人、车、路和环境四大要素在交通事故中所起的作用，就目前世界各国官方机构和各类组织公布的统计报告和相关数据而言，都指出驾驶员的过失是交通事故发生的最主要的原因，其次是车辆故障和车辆维护不当。发达国家依靠长期积累的道路交通伤害数据，对道路交通安全的事故致因因素进行了细致的分析，其结论基本是一致的：即道路交通事故的 90%是由于驾驶员的错误引起的；道路设施的主要作用是减少错误的产生和减少错误发生后的损害程度；车辆的防护性能(被动安全性)也可以减少错误发生后的损害程度。

交通参与者的交通行为受社会环境、遵章守纪意识、安全意识所主导。根据我国公安交通部门的统计资料分析，我国道路交通参与者的交通安全意识依旧淡薄，人的因素是造成交通事故的主要原因。机动车交通违法违规行为仍很突出，自行车、行人遵守交通规则意识淡薄。2008 年由人的原因造成的交通事故约占事故总数的 99.85%。其中因机动车驾驶员违法造成的交通事故约占总数的 90.68%，机动车非违法过错造成的交通事故约占总数的 4.22%，非机动车违法占 3.58%，行人、乘车人违法占 1.37%。近年来因机动车未礼让行人导致事故致死人数年均增长 5%。

交通参与者安全意识的提高对于减少道路交通事故具有决定性意义。目前，由于交通参与者安全意识薄弱，所以我国的道路交通安全形势好转的基础是不牢固的。道路交通事故的减少在一定程度上是建立在对各种交通违法行为的高压打击行动之上的。打击行动一停止或力度一减弱，道路交通事故就极可能出现反弹。

1.3 安全隐患因素仍旧突出

我国道路交通流组成与国外不同，大型车辆所占比例较大，且车辆构成复杂，各车型之间性能差距较大。虽然近几十年来我国的汽车工业有了较大发展，车辆性能有了较大提高，但是与国外相比，总体性能仍然偏低，特别是车辆超载现象仍在一定范围内存在，这就造成了车的因素对交通安全影响较大。

与发达国家机动车组成以汽车为主不同，我国机动车组成以摩托车为主，2009 年摩托车 9 453 余万辆，占机动车保有量的比例高达 50.66%，而汽车保有量为 7 619 余万辆，占机动车保有量的比例仅为 40.84%(如图 3)。且与发达国家相比，我国汽车安全装置(如侧面气囊/儿童座椅/倒车雷达/ESP 等)配置率较低，发生事故后乘客不能得到有效保护。部分车辆安全技术标准(如汽车安全气囊标准、电动自行车生产标准)不健全，部分车辆生产、销售环节失管漏管(如货车载质量“小吨大标”)。在农村，随着道路通行条件的改善，农民群众生活水平的提高，摩托车、三轮汽车、低速载货汽车、电动车等车辆作为农民群众出行代步工具和生产工具越来越普及。还有大量无牌无证车辆充斥在农村。由于农村购买力低，一些非法拼装车、城市报废车大量流入农村，这些机动车安全性能得不到任何保证。同时，由于农村短途客运发展相对滞后，农民出行往往只能搭乘三轮车、拖拉机或摩托车等交通工具，这也在一定程度上使得货车违法载客有了市场，也使得发生群死群伤等恶性交通事故的可能性增加。这些都给道路交通安全留下了隐患，对改善道路交通安全带来了挑战。

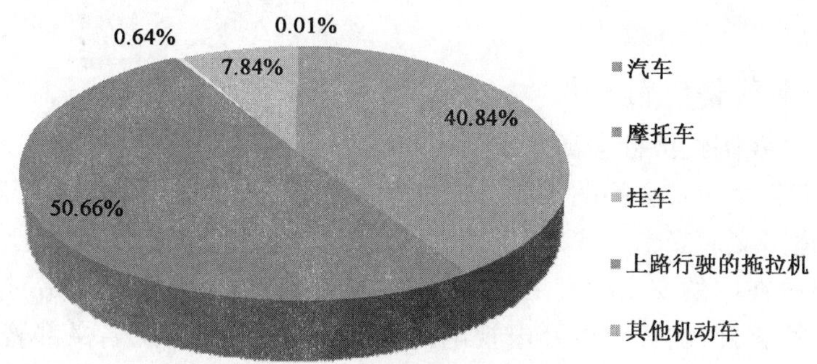

图 3 我国机动车保有量组成(2009 年)

一些交通运输企业挂靠经营问题突出，不履行对驾驶人的安全管理和教育职责，驾驶人聘用把关不严。部分运输企业对驾驶员缺乏有效教育、管理和监督，对营运车辆检测监控不严。据统计，在一次死亡 10 人以上重特大道路交通事故中，80%是由营运车辆及其驾驶员交通违法行为导致的。

我国道路安全防护设施仍显不足。大量的实例反复表明：对于道路交通系统而言，在驾驶员、车辆因素确定后，良好舒适的道路环境能够避免交通事故，反之则可能诱发交通事故。从公路设施看，尽管经过近年来的大规模建设，公路总体技术状况有了很大改善，但三、四级及四级以下等级公路里程仍占总通车里程的近 90%。这些公路大多受当时资金、技术水平和自然条件等因素的限制，路况差，混合交通严重，安全设施不足。特别是一些早期建成的山区公路“先天不足”，安全防护设施不到位，群死群伤的特大交通事故在一些地势险峻路段时有发生。2003 年以来发生的一次死亡 10 人以上的重特大道路交通事故中，发生在安全防护设施相对落后的农村公路上就占 54%。

1.4 交通安全管理体制与机制仍存缺陷

道路交通安全是一项综合性社会管理工作，只有举全社会之力，依据制订的国家交通安全战略，制订各级政府各部门的阶段性重点工作目标和考核完善计划，循环往复，不断从国家安全战略的高度和宏观政策层次着手，强化道路交通安全治理，确保法律法规的完备性和持续稳定的资金投入，经过长期、综合性的全社会的协同努力，才可能遏制道路交通事故。欧洲、北美及日本等发达国家治理交通事故的历程充分论证了这一点。

虽然我国于 2003 年就建立了全国道路交通安全工作部际联席会议制度，但目前我国交通安全管理体制与机制还存在以下问题：一是交通管理的职能划分过细，不同职能分散在不同部门，缺乏一个统一、权威的综合管理机构；二是同一职能由不同部门共同管理，导致机构重叠，协调难度大。利益多的环节多部门重复管理，利益少的环节存在管理盲区。而涉及多部门的决策则缺乏统一的意志，缺乏有效的执行和监督体系，进而导致各部门、各地区缺乏统一的认识和行动，甚至在具体问题上互相推诿乃至相互制肘也就不足为奇了。我国涉及交通管理的部门包揽了宣传、公安、司法、计划、交通、建设、工商、农机、财政、卫生、教育、安全监督、保险等 19 个之多的政府部门，彰显了我国道路交通安全管理的复杂现状。

1.5 事故应急处理和救护水平依然薄弱

2002年1月公安部、卫生部联合下发了《关于建立交通事故快速抢救机制的通知》，明确要求各地建立交通事故快速抢救机制，实现“110”、“120”和“122”急救信息联动和反馈制度，切实提高交通事故现场急救能力。部分省、直辖市也设立了道路交通救援委员会，并且在县市成立了相应的委员会，指导其交通事故紧急救援工作。上述形式的交通事故救援对减少我国交通事故损害有一定的积极意义，但从总体来说，目前我国交通事故救援工作还只是处于起步阶段，救援工作还存在很多问题。

道路交通应急处理和救护水平偏低，其结果是导致死亡率和致残率上升，使事故后果加重。因此，救援体系建设工作强化“黄金半小时”救护制是关键，并对机动车驾驶人开展必要的医疗急救知识培训，掌握在交通事故现场对受伤人员的初步救护技能，并且从法律上规定对途经事故现场的车辆驾驶员都有责任和义务对事故伤害者进行救助。

2 面临的机遇

2.1 道路交通安全获得空前重视

在改革开放不断深入，我国经济社会高速发展的新形势下，我国政府提出了以人为本的科学发展观，构建社会主义和谐社会。道路交通安全问题已成为促进社会和谐、改善民生的基本问题之一。

党和政府高度重视道路交通安全工作。“十六大”以来，党和政府提出了建设社会主义和谐社会的宏伟目标，对包括道路交通事故在内的安全生产工作格外重视。自上届中央政府开始对道路交通安全提出明确的工作目标。2003年9月5日，国务院召开电视电话会议，首次以国务院名义部署道路交通安全工作。本次会议提出了在上届政府任期(注:2003～2007年)内实现道路交通事故从高发到基本遏制、直至逐年下降的工作目标。2003～2007年，连续五年实现全国道路交通事故起数、死亡人数、万车死亡率“三下降”，一次死亡10人以上特大交通事故下降至1990年以来的最低点，设定的目标已基本实现。2008年4月30日，张德江副总理代表本届政府提出要“采取更加有力的措施，把事故数量降下来，把死伤人数降下来，确保道路交通安全形势进一步好转”。

道路交通安全工作格局基本形成。1984年以前，我国的道路交通基本由交通部门一家管理，1984～1986年因农村经济的发展，农机部门参与了农用运输车辆的管理。1986年以后，我国道路交通的管理演变成了交通和公安两家共管的局面:交通部门负责道路规划、建设、路政管理、运政管理、稽征管理等，公安部门负责交通安全管理。目前道路交通安全仍然沿用这一管理体制，并涉及宣传、司法、计划、建设、工商、财产、卫生、教育、安全监督等19个政府部门。

道路交通安全管理是一个跨部门、跨行业的综合性管理工作。虽然现有交通安全管理体制存在一定的缺陷，但也对目前我国道路交通安全形势的改善起到了积极作用。为切实加强对全国道路交通安全工作的组织领导，协调、整合部门力量，形成政府统一指导，有关部门各司其职、齐抓共管、综合治理、标本兼治的工作格局，促进道路交通安全与经济社会协调发展，2003年10月，经国务院批准，建立了全国道路交通安全工作部际联席会议制度。其主要职能是在国务院领导下，掌握全国道路交通安全情况，分析道路交通安全形势，研究政策，制订中长期战略规划；统筹研究全国道路交通安全工作，对全国道路交通安全工作进行部署，指导和监督各省、自治区、直辖市人民政府及其职能部门的道路交通安全工作；协调解决涉及相关部门的道路交通安全问题，促进部门协作配合，实现信息共享，建立长效机制，预防和减少道路交通事故，全面推进我国道路交通安全工作。

目前，政府统一领导，有关部门各司其职、齐抓共管、综合治理、标本兼治的道路交通安全工作格局基本建立，为我国道路交通安全形势的持续改善奠定了重要的体制保障。

2.2 道路交通安全环境迅速改善

人民群众关心关注道路交通安全。虽然近年来道路交通事故持续下降，但是随着生活水平的提高，人民群众对自身出行安全愈加关注，道路交通事故已经成为影响人民群众安全感的最重要因素(如图4)，超过了刑事犯罪、公共秩序混乱等因素。这一方面说明我国道路交通安全形势还十分严峻,但另一方面也说明人民群众越来越关注道路交通安全,更加注意自身出行时的交通行为,同时也说明了人民群众的道路交通安全意识在逐渐增加,这无疑对进一步改善我国道路交通安全形势有重要的促进作用。

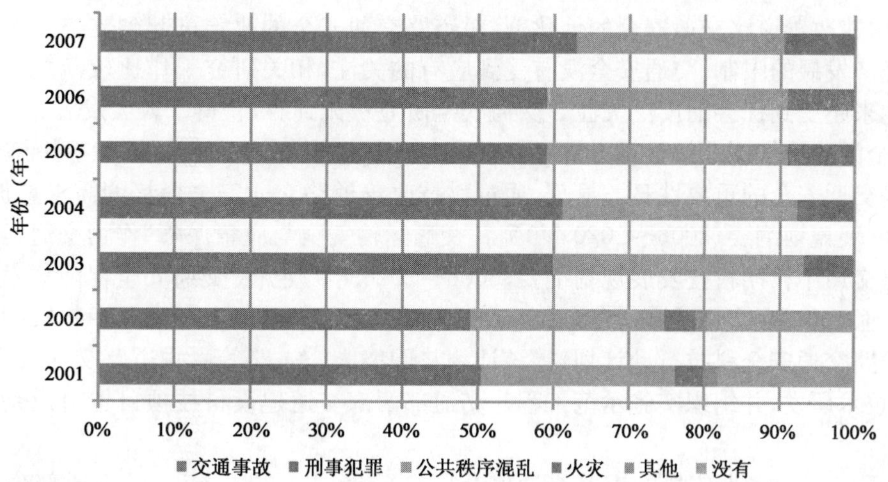

图 4 近年来影响人民群众安全感的主要因素

我国道路通行条件正逐步得到改善。截至 2009 年年底,全国公路总里程达 386.08 万公里(包括183.00 万公里村道),公路密度达 40.22 公里/百平方公里。高等级公路通车里程稳步增长,高速公路里程达 6.51 万公里,二级及以上公路里程 42.52 万公里,约占公路总里程 11.0%。全国城市道路总里程已达 26.7 万公里。我国道路通行条件得到很大改善。

汽车工业快速发展,汽车安全性能正逐步提高,机动车组成结构正逐步优化。2009 年,我国已成为全球第一汽车生产大国。随着我国汽车工业的进一步发展,机动车安全性能正进一步得到改善。近年来我国相关部门开展了打击制售假冒伪劣汽车配件、加强道路运输车辆改装管理、加快调整道路运输运力结构、严格机动车安全技术检验、加强农机安全监理、建立中国新车评价规程(C-NCAP)、建立并实施缺陷汽车召回制度等一系列活动,使汽车安全性能逐步提高。此外,近年来我国机动车组成结构发生可喜变化,安全性能相对较高的汽车(包括载客汽车、载货汽车和其他汽车)保有量占机动车保有总量的比例由 2004 年的 33.28% 增至 2009 年的 40.84%,而安全性能相对较差的摩托车保有量占机动车保有总量的比例由 2004 年的 62.63%降至 2009 年的 50.66%(如图 5)。机动车组成结构的变化将对我国交通安全形势的进一步改善起到积极作用。

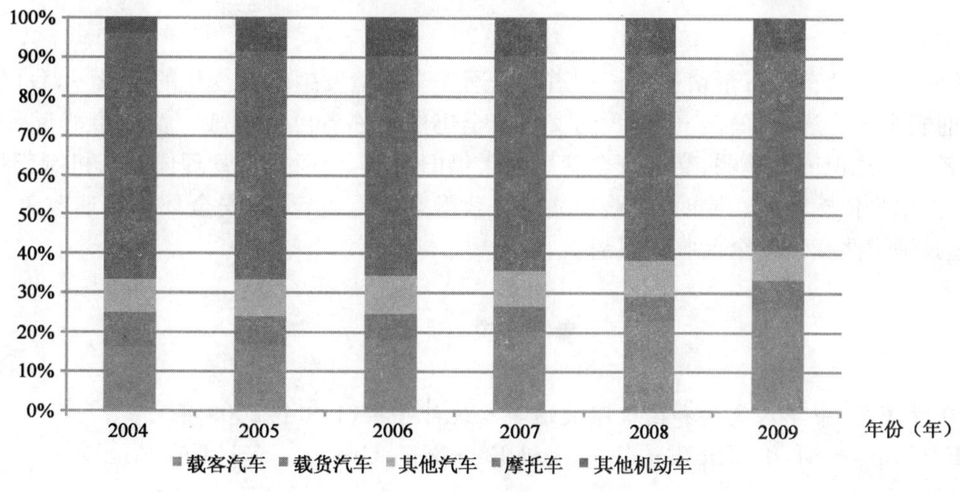

图 5 我国机动车组成结构变化情况(2004～2009 年)

道路交通安全环境的改善为我国道路交通安全形势的持续改善奠定了坚实的基础和良好的舆论氛围。

2.3　道路交通安全科学发展迅速

科学研究是快速改善道路交通安全的催化剂,对道路交通安全的改善可起到支撑和引领作用。改革开放初期,受社会经济发展的限制,交通安全没有受到应有的关注,相关研究工作比较薄弱。随着改革的逐步深化,交通安全越来越受到社会的广泛关注。交通安全研究从无到有,获得了较大发展。

科技改善安全的独特作用获得重视。除制订法律、执法、宣传教育和工程治理等措施降低交通事故之外,科技改善道路交通安全的重要性日益显现,通过科技改善道路交通安全形势的需求愈加强烈。《国家中长期科学和技术发展规划纲要(2006～2020年)》将"交通运输安全与应急保障"作为交通运输业的优先主题之一。《公路水路交通中长期科技发展规划纲要(2006～2020年)》也将"交通安全保障技术"作为重点领域。2006年,"综合交通运输系统与安全技术"首次进入国家"863计划"。2008年2月,科技部、公安部和交通部联合启动《国家道路交通安全科技行动计划》。该计划将围绕人、车、路等影响道路交通安全的因素,开展交通安全领域关键技术研发,并组织实施示范工程。交通部西部交通建设科技项目也对道路交通安全研究提供了强有力的支持。

逐步建立以重点实验室为依托的道路交通安全研究平台。以2003年6月交通部公路交通安全工程研究中心成立为标志,我国道路交通安全研究进入到一个新的阶段。经过近年来的发展,目前国内致力于道路交通安全研究的重点实验室主要有:公路交通安全技术交通行业重点实验室(交通运输部公路科学研究院)、汽车安全与节能国家重点实验室(清华大学)、道路与交通工程教育部重点实验室(同济大学)、汽车运输安全保障技术交通行业重点实验室(长安大学)、北京工业大学交通工程实验室等。这些实验室每年产生大量的交通安全研究成果,是道路交通安全技术的孵化器,在我国道路交通安全研究中具有举足轻重的作用。

初步搭建起较为完备的道路交通安全技术学科体系。改革开放以来,伴随着交通工程学的发展,道路交通安全技术得到了较快发展。尤其是近十几年来,随着国内学者对道路交通安全技术的认识和理解进一步深化,交通安全技术学科发展迅速,初步搭建起了较为完备的道路交通安全技术学科体系。

一大批道路交通安全研究成果已成功应用于工程实践。近年来,一大批交通安全研究成果在工程中获得了广泛应用,取得了较好效果。如道路交通安全评价技术、公路安全保障技术、速度管理技术、太阳能在低能耗交通安全设施中的应用技术等在工程实践中发挥了重要作用,为道路交通安全形势的改善作出了重要贡献。

道路交通安全科学的发展,为我国道路交通安全形势的持续改善提供了重要的技术保障。

3　结论

在经济快速发展、机动车保有量快速增长和道路交通安全环境发生较大变化的背景下,我国道路交通事故逐年下降,交通安全形势逐年好转。但是我国交通安全仍然面临着巨大挑战。交通事故反弹压力在不断增大,交通参与者安全意识依旧薄弱,交通安全隐患因素仍旧突出,交通安全管理体制与机制仍存在缺陷,事故应急处理和救护水平依然薄弱。同时,道路交通安全获得空前重视、交通安全环境迅速改善、交通安全科学发展迅速也是我国道路交通安全面临的机遇。

参考文献

[1] 公安部交通管理局.中华人民共和国道路交通事故统计年报(1995～2009年).

[2] Koppits E, Cropper M. Traffic Fatalities and Economic Growth. Accident Analysis & Prevention, 2005, 37: 169-178.

[3] Traffic Safety Facts 2008. U. S. Department of Transportation, 2010: 14-15.

[4] Reported Road Casualties Great Britain: 2008 Annual Report. Department for Transport, U. K., 2009:105-106.

[5] White Paper on Traffic Safety in Japan 2009 Abridged Edition. Cabinet Office, Japan, 2009:2-5.

[6] 交通运输部公路科学研究院. 2010年中国道路交通安全蓝皮书[M]. 北京:人民交通出版社,2010.

[7] 孟建柱. 国务院关于贯彻实施道路交通安全法加强道路交通安全工作情况的报告[EB/OL]. 中国人大网, 2009,4. http://www.npc.gov.cn.

[8] 公安部,卫生部. 关于建立交通事故快速抢救机制的通知[R]. 2002.

[9] 国务院. 国务院关于同意建立全国道路交通安全工作部际联席会议制度的批复[R]. 2003.

[10] 国家统计局综合司. 全国群众安全感调查主要数据公报(2001～2007年)[EB/OL]. 国家统计局. http://www.stats.gov.cn.

[11] 交通运输部. 公路水路交通运输行业发展统计公报(2009年)[EB/OL]. 交通运输部网站. http://www.mot.gov.cn.

我国宏观交通安全影响因素分析

张铁军[1] 王 洋[2] 米晓艺[1]

（1. 交通运输部公路科学研究院 北京 100088；
2. 大连市城市规划设计研究院 大连 116011）

摘 要：针对我国城市化快速发展的情况，以及相关的宏观经济、社会等指标对交通安全的影响，本文通过对统计年鉴数据的整理和分析，借用分数多项式回归法、因子分析法和基于面板数据的负二项模型分析法等进行了城镇化进程对交通事故死亡人数整体影响分析、宏观影响因素的因子分析和基于因子分值的综合分析等。分析结果表明，随着城镇化发展，未来我国交通事故呈下降趋势；综合分析表明，宏观整体因素状况、客货运输汽车因素对交通事故死亡呈正向影响；公路里程和等外公路里程、人口对交通事故死亡呈负向影响。

关键词：宏观指标 城镇化 因子分析

Analysis of Macroscopic Factors about Traffic Safety

Zhang Tiejun[1] Wang Yang[2] Mi Xiaoyi[1]

（1. Research Institute of Highway Ministry of Transport Beijing 100088；
2. Dalian Urban Planning Design Institute Dalian 116011）

Abstract：Based on the development of urbanization，relevant macroscopic economic and social factors are influencing the traffic safety. This paper collects relative data，and does some analyzing work such as the influence of urbanization on the traffic death，factors of macroscopic variables，and synthesized analysis based on the scores of factors. Results show that the traffic death reduces with the development of urbanization；the increase of whole macroscopic variables and the volume of vehicles carrying freight or guest result in more traffic death；the increase of highway mileages and off-grade highway mileages，and the population result in less traffic death.

Keywords：Macroscopic factors Urbanization Factor analysis

0 引言

随着改革开放的深入进行，我国当前处于城市化快速发展进程阶段，从2000～2009年，中国城镇化率由36.2%提高到46.6%；城镇人口由4.6亿增加到6.2亿；城镇县城区面积由2000年的2.24万km^2，增加到2008年的3.63万km^2。对应到城镇化的发展，我国的经济、教育、基础设施，甚至人的意识形态都经历着重大的改变，该影响也体现在对我国交通安全的影响上。比如城镇化的发展改变了交通事故的分布特点，体现出郊区事故趋于集中的态势。为客观反映城镇化深入发展形势下我国交通安全特性及其发展趋势，本文借用因子分析等方法，针对1999～2007年，我国31个省市地区与城镇化发展相关的宏观经济、社会发展水平、交通发展状况等宏观因素对交通安全的影响特性进行了分析研究。

1 国内外研究现状

关于城镇化以及宏观因素对交通安全的影响，国内外有较多的研究。国内同济大学的潘晓东老师，对城镇规模的迅速扩大和功能的不断完善带来的交通安全问题进行了分析，并提出了相应的对策。郭春玲等老师对公路交通与农村城镇化适应性的综合评价进行了分析和研究，提出了公路交通和农村城镇化发展水平评价指标体系，建立了适应性评价方法，并用适应性指数对两者进行适应性评价。毛力增等老师借用相关性分析法对世界上具有国际代表性的26个国家和地区的道路交通安全状况研究。梁广华等老师根据1983年以来交通系统人—车—路中相关数据按照多元统计方法建立了我国交通安全模型。国外研究中，World Bank用88个国家1963～1999年的面板数据研究了收入增长对交通事故死亡率、每车死亡率、机动化水平的影响。20世纪80年代，英国专家J. Michael Thomson实地研究表明影响城镇的要素中相对可达性、动态作用均与公路交通条件有关。

综合国内外的研究，主要分为从规划角度研究城镇及经济发展等与交通的适应性，以及研究宏观经济指标对交通安全特点的影响。在宏观因素对安全的影响上，以定性描述、简单回归分析等方法为主。考虑到与城镇化发展相关的宏观因素指标较多，且很多因素本身存在着线性相关关系，本文拟借用因子分析在解决相关因素综合影响等方面的优势，来研究我国31个省市的宏观数据指标对安全的影响。

2 研究数据

受城镇化影响的宏观指标很多，结合前人的研究经验，以及数据的可获取性，本文用于分析和研究的数据为1999～2007年我国31个省市自治区的26项宏观数据指标。其中GDP、人口、土地面积、公共交通客运总量、每万人拥有公共交通车辆数、人均城市道路面积、民用汽车拥有量、民用载客汽车、民用载货汽车、各地区公路运输汽车拥有量、公路载客汽车、公路载货汽车、民用机动车驾驶员人数、民用汽车驾驶员人数、城镇化水平、卫生机构人员数、公路里程、高速公路里程、一级公路里程、二级公路里程和等外公路里程这21个指标项的数据直接来源于《中国统计年鉴》(2001～2008年)。交通事故起数、交通事故死亡人数、交通事故受伤人数和交通事故直接财产损失这4个数据指标取自公安交通管理部门发布的《交通事故年报》，由公安局统计资料所得。为了分析教育程度对安全的影响，本文借用每十万人口中正在受教育人口数指标，其值为每十万总人口数中，小学、初中、高中、大专及以上人口数之和，是由《中国统计年鉴》中小学、初中、高中、大专及以上人口数的统计数据计算所得。由于在分析过程中为了保证指标间的均衡性，对一些指标进行了增大量级等措施，用于本文分析和研究的变量含义和基本统计情况如表1所示。

表1 变量含义、赋值和基本统计表

含　义	变　量	均值 mean	最小值 min	最大值 max
年份	year	2 003.50	2 000	2 007
省份	pro	16.00	1.00	31.00
GDP(千亿元)	gdp	5.34	0.12	31.08
人口(千万人)	pop	4.14	0.26	9.72
土地面积(万 km^2)	area	29.98	0.62	160.00
公共交通客运总量(亿人次)	gjkyl	136 182.70	0.01	59.62
每万人拥有公共交通车辆数(标台)	gjl	9.54	3.00	30.81
人均城市道路面积(m^2)	rjcsdl	10.08	3.90	31.83
民用汽车拥有量(万辆)	mqc	85.06	4.50	428.95
民用载客汽车(万辆)	mzk	54.99	2.30	302.49
民用载货汽车(万辆)	mzh	28.10	2.12	118.88
各地区公路运输汽车拥有量(万辆)	glysqc	26.71	1.93	145.04
公路载客汽车(万辆)	glzk	8.08	0.32	98.57
公路载货汽车(万辆)	glzh	18.62	1.44	80.76
民用机动车驾驶员人数(10万人)	mjjsy	36.05	0.67	161.01
民用汽车驾驶员人数(10万人)	mqjsy	21.05	0.60	86.54
城镇化水平(%)	czh	44.65	18.93	89.09

续上表

含　义	变　量	均值 mean	最小值 min	最大值 max
卫生机构人员数(万人)	wsjg	17.74	10.06	45.21
每10万人口中受教育人口数(万人)	jyqk	8.35	4.14	9.45
公路里程(10^3km)	gllc	70.64	4.33	238.68
高速公路里程(10^3km)	gslc	1.07	0.00	4.56
一级公路里程(10^3km)	yjlc	1.09	0.00	8.99
二级公路里程(10^3km)	ejlc	7.10	0.57	23.86
等外公路里程(10^3km)	dwlc	17.01	0.00	109.43
交通事故死亡人数(千人)	sw	3.05	0.21	11.15

3　分析研究

3.1　城镇化进程对交通事故死亡人数整体影响分析

针对变量之间的非线性(nonlinear)关系,采用分数多项式回归进行分析。该方法中多项式的幂可取非整数,相对于传统的多项式回归,可识别最佳的多项式函数形式。如图1所示,近年来随着时间(year)的推进,我国的城镇化发展呈现了非线性、持续增长的趋势,但随着城镇化水平(czh)的不断提高,其增加幅度会不断降低。图2为对应城镇化的交通事故死亡人数(sw)分布情况,由分布情况可知,存在着明显的两阶段分布特征,即第一阶段随着城镇化水平的增长,交通事故死亡人数呈快速增加趋势,但当城镇化水平增加到一定幅度后,交通事故死亡人数开始下降,而且可以推测随着城镇化水平的进一步提升,下降的趋势将趋于平缓。根据如图2拟合的分数多项式曲线根据2008年的城镇化率(45.68%),和2009年的城镇化率(46.6%)对2008年交通事故死亡人数和2009年交通事故死亡人数进行预测,预测值分别为74 812人和65 967人,对应到2008年和2009年实际交通事故死亡人数(2008年中国道路交通事故死亡73 484人,2009年中国道路交通事故死亡67 759人),综合考虑交通事故发生的偶然性,以及受国家宏观政策调控力度等的影响,分析结果有一定的可参照性。

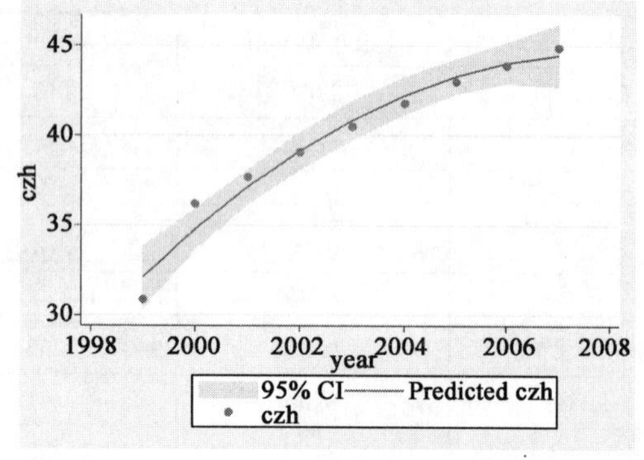

图1　1999～2007年城镇化发展情况

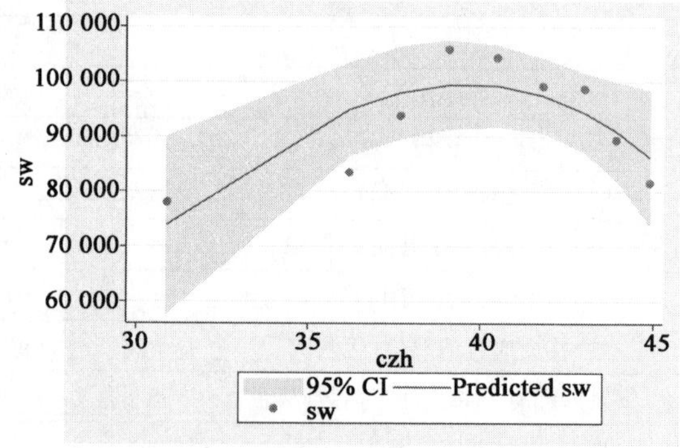

图2　对应城镇化的交通事故死亡人数分布情况

3.2　宏观影响因素的因子分析

因子分析的目的在于研究原始变量的内部关系,寻找众多变量的共同因素,简化原变量的协方差结构,分析变量中存在的复杂关系。对宏观变量的相关分析表明,多个因素存在明显的线形相关关系。由此,在本文的研究中,通过对影响交通交通事故发生的21个与城镇化发展相关的宏观变量进行因子分析(由于未获取分省的城镇化数据,则czh未作为因子分析的宏观影响因素),再计算对安全影响的综合得分。分析结果中4个因子的特征值大于1.0($k>1$),并且总共解释了89.42%的累计方差碎石检验(scree),获得了5个因子。由于碎石检验的精度一般受人的主观因素影响,另外,89.42%的解释量足以说明问题,则取定4个因子，具体如表 2 所示。样本有效性的检验(Kaiser-Meyer-Olkin)结果为 0.837 6，表明样本足够用于因子分析。

表 2　因子解释方差

因　子	特 征 值	解 释 方 差	累 计 方 差
Factor 1	11.345 64	0.633 5	0.633 5
Factor 2	1.883 86	0.105 2	0.738 6
Factor 3	1.525 03	0.085 1	0.823 8
Factor 4	1.261 87	0.070 5	0.894 2

因子负荷结果如表 3 所示。在因子 1 中，绝对值大的变量包括 GDP、人口、公共交通客运总量、民用汽车拥有量、民用载客汽车、民用载货汽车、各地区公路运输汽车拥有量、公路载客汽车、公路载货汽车、民用汽车驾驶员人数、卫生机构人员数、高速公路里程、一级公路里程、二级公路里程，这些变量载荷系数在因子 1 上都是正数，表明这些因素是正向变动的，主要概况反映了宏观整体因素状况。因子 2 中，绝对值大的变量包括各地区公路运输汽车拥有量和公路载客汽车，主要反映了宏观因素中客货运运输汽车对交通安全的影响。因子 3 反映了公路里程和等外公路里程对交通安全的影响。因子 4 反映了人口对交通安全的影响。其中，因子 2、3 和 4 是决定交通暴露程度的重要细节因素，是决定交通事故发生情况的部分决定性因素。

表 3　因子负荷结果表

Variable	Factor 1	Factor 2	Factor 3	Factor 4
GDP	0.939 7①	0.133 3	0.053 1	−0.018 3
pop	0.691 4①	0.193 4	0.220 4	0.516 2④
area	−0.266 1	0.061 7	0.437 6	−0.267
gjkyl	0.719 3①	−0.066 4	−0.251 1	−0.269 1
gjl	−0.067 3	−0.109 7	−0.053 1	−0.786 7
rjcsdl	0.219 8	0.137 9	0.105 1	−0.436 1
mqc	0.972①	0.079	0.018 9	−0.069 2
mzk	0.943 6①	0.001	−0.021 6	−0.180 4
mzh	0.883 2①	0.261	0.104 1	0.204 8
glysqc	0.630 5①	0.759 4②	0.038 2	0.113 1
glzk	0.131 8	0.947 2②	−0.021 5	0.029 8
glzh	0.862 6①	0.376 9	0.077	0.149 6
mjjsy	0.934 3①	0.180 2	0.103 7	0.142 2
mqjsy	0.947 2①	0.060 6	0.113	0.021 1
wsjg	0.816 3①	0.160 3	0.088 4	0.372 8
jyqk	0.135 9	−0.159 6	−0.118 1	0.012 9
gllc	0.474 2	0.055 1	0.806 9③	0.171 8
gslc	0.831 3①	0.068 6	0.281 9	0.241 7
yjlc	0.846①	0.250 4	0.019 8	−0.008 8
ejlc	0.768 1①	0.074 2	0.205	0.378 4
dwlc	0.001 4	−0.053 1	0.853 6③	−0.022 7

注：①表示变量在第一个因子上显著；②表示变量在第二个因子上显著；③表示变量在第三个因子上显著；④表示变量在第四个因子上显著。

3.3　基于因子分值的综合分析

基于因子分析结果，对因子进行分值计算，并根据计算结果进行综合交通事故伤害分析。由于研究样本数据中既有空间维(省份),又有时间维(年),并考虑在以往的事故预测模型研究中,负二项模型在于符合事故分布上具有明显的优势,被证明是经典事故预测研究模型,但其未能有效解决事故分布的时间和空间三维相关性问题,本文研究中应用面板数据负二项分析模型进行研究。本文分别针对固定效应模型和随机效应模型进行了建模,模型建模结果以及 Hausman 检验,由于 Hausman 检验的统计值十分显著(182.25),故基于因子得分的分析结果,可以采用固定效应模型的估计值来解释经验分析的结果(表 4)。

表 4 模型建模结果

模 型	模型 1(固定效应模型)			模型 2(随机效应模型)		
参数	coef	S.E	$P>\|z\|$	coef	S.E	$P>\|z\|$
b1	0.11	0.04	0.004	0.18	0.04	0.000
b2	0.07	0.03	0.023	0.10	0.03	0.000
b3	−0.09	0.02	0.000	−0.11	0.02	0.000
b4	−0.13	0.03	0.000	−0.16	0.03	0.000
intercept	3.70	0.10	0.000	3.68	0.10	0.000
参数联合检验	Wald chi2(4)	35.30	0.000	Wald chi2(4)	50.52	0.000
/ln_r				1.09		
/ln_s				5.00		
Hausman 检验	b=consistent under Ho and Ha; obtained from xtn_fe B=inconsistent under Ha, efficient under Ho; obtained from xtn_re Test: Ho: difference in coefficients not systematic chi2(4) = (b−B)'[(V_b−V_B)^(−1)](b−B) =182.25 Prob>chi2=0.000 0					

如表 4 的分析结果,从整体趋势上,因子 1 表明的宏观整体因素组合状况,以及因子 2 表明的宏观因素中,客货运运输汽车因素对交通事故伤亡有正向影响,即随着这些因素指标的增加,从整体趋势上交通事故死亡有增加的趋势。因子 1 表明,从现实情况中对应到我国的经济发展阶段,交通事故死亡仍然面临巨大的压力;而因子 2 反映的趋势与国内外研究结果以及经验认识基本一致,该部分影响随着车辆状况的提高、超载的治理、安全管理水平的提高等会进一步的改善。

因子 3 表明的公路里程和等外公路里程对交通安全的影响,以及因子 4 表明的人口对交通安全的影响对交通事故呈负向影响,即随着这些因素指标的增加,交通事故死亡反而降低。分析该表现,对于因子 3,相对于高速公路和一、二级公路,公路的总里程量和等外公路里程量很大,但大多数的交通事故集中于高等级公路上,由此反映出该趋势。如 2007 年,高速公路和一、二级公路上的交通事故死亡人数占到了 43.53%,而占公路总里程仅仅 10.615%,再综合考虑 26.18%的事故死亡发生在城市公路上,则更可表明公路总体里程的增加对事故的分散作用。因子 4 表明,人口对交通安全的影响主要在于越往城镇、大城市,人口越密集,而由于城镇内往往交通管理水平比较高,并且车速比较低,交通事故时造成人员死伤的概率也大大降低,如 2007 年我国公路和城镇道路交通事故死亡比例基本为 3∶1。对于因子 3 和因子 4 的分析结果也与我国目前交通事故的分布特点相一致。

4 结语

基于我国城镇化的发展情况,以及相应的经济等宏观因素指标对交通事故死亡的影响情况,借鉴国内外研究成果以及我国交通安全实际情况,本文收集了 1999~2009 年的 26 项宏观数据指标,包括 GDP、人口数目、土地面积、车辆保有量、道路里程、驾驶员数量、公共交通发展水平、城镇化发展水平、医疗发展水平、受教育人口比例等,并借用分数多项式回归法、因子分析法和基于面板数据的负二项模型分析法等进行了城镇化进程对交通事故死亡人数整体影响分析、宏观影响因素的因子分析和基于因子分值的综合分析等工作。主要有如下结论：

(1)交通事故死亡人数随着城镇化进程，存在着第一阶段随着城镇化水平的增长，交通事故死亡人数呈快速增加，但当城镇化水平增加到一定幅度后，交通事故死亡人数开始呈下降的趋势。

(2)因子分析把21项宏观因素分成宏观整体因素状况(因子1)、宏观因素中客货运运输汽车因素(因子2)、公路里程和等外公路里程(因子3)、人口(因子4)四类核心因素。

(3)宏观整体因素状况、客货运运输汽车因素对交通事故死亡呈正向影响；公路里程和等外公路里程、人口对交通事故死亡呈负向影响。

本文针对我国与交通安全相关的宏观因素指标进行了分析，并取得了一些量化结论。但随着我国经济的进一步发展，以及我国经济发展模式的改变，我国的交通安全特性也将进一步变化，由此需要动态地不断完善相关工作，同时在研究方法上也需要不断完善。

参考文献

[1] 中国社会科学院. 城市蓝皮书. 2010.

[2] 潘晓东，殷艳红，杨轸. 城镇化过程中公路交通安全问题及对策[J]. 黑龙江交通科技，2007，1：126-127.

[3] 郭春玲，庄宇，张雅婕. 公路交通与农村城镇化适应性的综合评价[D]. 重庆：重庆交通大学学报，2010，4：294-298.

[4] 毛力增，段里仁，毛恩荣. 道路交通安全影响因素的国际对比与系统分析[J]. 交通运输系统工程与信息，2007，7(3)：111-117.

[5] 梁广华，等. 我国交通安全预测与分析[J]. 交通运输工程与信息学，2005，3(3)：116-121.

[6] World Bank. Traffic Fatalities and Economic Growth[R]. April，2003.

[7] [英]Thomson，Michael J. 城市布局与交通规划[M]. 倪文彦，陶吴馨，译. 北京：中国建筑工业出版社，1982：96-106.

[8] 陈峰. 现代医学统计方法与Stata应用(第2版)[M]. 北京：中国统计出版社，2006.

[9] 国家统计局.《中国统计年鉴》. 北京：中国统计出版社，2001—2008.

[10] 公安部交通管理局. 中华人民共和国道路交通事故统计年报(1999～2009).

[11] 刘宝，岳伟，张仁伟，胡善联. 上海市零售药店分布与医疗机构分布的关联分析[J]. 中国卫生经济，2005，3：74-76.

[12] HARWOOD D W，COUNCIL F. M，HAUER E，et al. Prediction of the Expected Safety Performance of Rural Two-Lane Highways[R]. FHWA-RD-99-207. 2003. 11：33-40.

[13] Teik Hua Law，Robert B. Noland，Andrew W. Evans；Factors associated with the relationship between motorcycle deaths and economic growth；Accident Analysis & Prevention；Volume 41，Issue 2，2009：234-240.

公路交通事故紧急救援

孔令明

（河南省周口市农村公路管理处　周口　466000）

摘　要：交通事故造成的损失是惊人的，我国需要不断提高交通事故应急救援水平，完善救援系统，尽量减少生命和财产的损失，减少对社会的不良影响。为做好事故救援，社会各方面都应做好准备，制订应急救援预案，成立应急救援机构，做好思想和物质准备。要形成全社会积极参与交通事故救援的氛围，并广泛进行救援知识的宣传，争取事故受伤害者在关键时间段尽早得到有效救护。一个完善的应急救援系统对保证事故应急救援的质量，对救援水平的提高起决定作用，作为交通事故应急救援系统，能利用先进的通信联络方式迅速组织各部门、社会各界群众有条不紊地进行救援工作。要有规范的救援方法和现场救援步骤安排，避免浪费时间和劳力，保持车内受伤人员不受干扰，迅速有效地完成救援任务，并妥善处置事故车辆，尽快恢复交通秩序。事故救援以人为本的理念要优先，彰显社会文明，在交通管理方面也应当狠抓事故预防工作。

关键词：公路　事故　救援

Emergency Rescues after Highway Traffic Accidents

Kong Lingming

(Zhoukou Rural Highway Administration in Hehan Prouince　Zhoukou　466000)

Abstract: Traffic accidents cause tremendous losses, and China needs to constantly improve its accidents emergency rescue capacity and improve rescue system so as to reduce casualties and economic losses to the minimum and reduce unfavorable social influences. To conduct sound emergency rescue, all sectors must be well prepared, formulate plans for emergency rescue, set up special institutions and be ready in terms of awareness and material. A climate in which all social sectors take part in the traffic accidents emergency rescue must be created, and rescue techniques must be widely publicized so as to enable the accident victims be taken care of as early as possible. A sound emergency rescue system plays a decisive role in guaranteeing the quality of emergency rescue and the improvement of rescue level. The traffic accident emergency rescue system can make use of advanced communication technology to organize all sectors and people from all social circles to conduct rescue in a prudent manner. Standardized ways of appealing for help and accident scene rescue arrangement should be implemented to avoid waste of time and labor force. The victims in the vehicles should not be interrupted, and rescue work should be carried out in a rapid and effective manner, accident vehicles should be handled with care so as to restore normal traffic order as early as possible. During accident rescue, the rescuers should put people first to show social civilization level. With regard to traffic administration, emphasis should be placed on accident prevention.

Keywords: Highway　Accident　Rescue

0　引言

日常生活中，人们出门便面对交通问题，道路交通安全是社会生活秩序正常和群众安居乐业的重要基础。而频发的交通事故是不容回避的社会之痛，造成社会和个人的生命财产损失，造成当事人难以抹去的精神创伤。交通事故的救援反映社会文明程度的高低，本文主要从交通部门的角度探讨交通事故救援的方法。

1 交通事故救援预案

我国每年因交通事故死亡人数相当于一个县城的人数，平均每天死亡300人左右，平均每分钟就有一人在车祸中受伤，因此不断提高交通事故救援水平有重要的意义。交通管理部门交通事故救援预案主要包括以下内容。

1.1 事故类型和危害程度分析

根据损害后果分为：未造成人员伤亡的车损事故、造成1～2人死亡的重大事故、造成3～9人死亡的特大事故、造成10人以上死亡的特大恶性事故。

1.2 应急处置基本原则

应急处置基本原则包括以下方面：

①就近抢救的原则；

②抢救伤员和被困人员优先；

③防止事故扩大优先。

1.3 应急救援组织机构及职责

(1)建立相应的救援组织体系

交通主管部门应成立处置交通事故应急救援指挥部，所属机构单位领导列入其成员，加强应急救援工作的统一指挥、协调。

(2)指挥部职责

指挥部职责包括以下方面：

①发生特大以上交通事故时，做出启动应急救援的决定，调动各应急职能部门人员立即开展救援行动；

②审核有关信息发布，保证信息的真实、准确；

③适时组织应急预案演练。

(3)各成员单位与指挥部要协调运作，保持信息畅通，在承接交通事故报告，维护现场秩序，抢险施救，参与事故调查处理，抢险物资、资金调配等方面建立相应的责任制。

(4)工会、物业负责做好事故影响区域人员的疏散及伤亡家属的安抚善后工作，做好抢险情况的宣传报道，正确引导舆论，建立和维护好应急通信网络。

(5)生产方面，负责有序生产，对受害人员的岗位安排好上岗顶班人员。

1.4 预警行为

预警行为包括以下方面：

①告知行车中应注意的事项，告知路面相关信息；

②对于大风、雨雪天气出车应选派驾驶经验丰富，技术娴熟的驾驶员。

1.5 信息和报告程序

若发生或发现交通事故，当事人、现场人员要立即向上级部门和投保的保险公司报警，说明事故发生的时间、地点、路段、伤亡情况、事故形态等。

1.6 应急处置

1.6.1 响应分级

(1)一级响应

发生无人员伤亡的车损事故，预计只需启动单位应急预案就可控制时，应急救援指挥部应密切注意事件发展的态势,做好相应工作。

(2)二级现场应急

事故被确认为不能及时控制局面,肇事车辆载运危险物品可能引发火灾、爆炸、污染环境的。

(3)三能全体应急

发生特别重大交通事故或引起火灾、爆炸等情况,不能得到控制,需立即启动全体应急响应,组织开展全员抢险救灾,并立即汇报公安机关,请求支援。

1.6.2　响应程序

响应程序包括以下方面:

①交通事故发生后,根据信息通报,各责任人员迅速到达指定位置,立即开展相关工作;

②协调附近医疗机构组成现场医疗救护组,设立临时救护点,做好接治伤员及转院工作;

③损害后果严重,现场局面复杂的交通事故,根据情况及时向当地政府报告,请求支援。

1.7　处置措施

抢救伤员、控制灾情、转移车辆等方面的具体操作。

1.8　应急物资保障准备

灭火器、切割机、千斤顶、吊车、担架等。

由于发生交通事故往往是偶然的,需要全社会及时自觉地参与到救援中,并且要科学地采取行动。

2　交通事故救援系统

交通事故的救援需要了解一些科学知识。一般情况下交通事故受伤者的死亡发生在三个不同时期:一是碰撞瞬间;二是发生事故后1～2h;三是入院后30d内。第一、三阶段死亡高峰医疗手段很难改变死亡率。而第二阶段伤员多死于严重的头、胸、腹部和其他大血管损伤,在具有先进外伤救护条件的发达国家,死亡人数约占事故死亡总数的35%,我国因救护工作条件较差,这一比例达到60%以上。因此,尽早采取正确的医疗措施可提高生还率。由此可见,如果存有一个完备的交通事故急救系统,在受伤后的1～2h内,对伤者在路边进行紧急处理,及时送往医院救护会大大减轻损伤程度,并能保障尽快恢复交通。

2.1　交通事故紧急救援系统的功能

交通事故紧急救援系统的功能包括以下方面:

(1)检测

获取交通事故信息以及周围交通流所受影响。

(2)调度

向事故现场派出事故处理人员或紧急救护车辆。

(3)求援

进行事故勘查和现场救援。

(4)服务

提供所需的紧急救护服务和其他必要服务。

2.2　交通事故紧急救援系统的构成和实施步骤

根据我国国情,应有公安机关协调当地人民政府及保险公司,组织医院和急救中心,建立具有快速反应能力的交通事故紧急救援系统。紧急救援系统的正常工作需要有快捷的通信联络作保障,一般道路可使用"122"交通事故专用报案电话、无线电通信、移动通信等设备。交通民警接到报案后据情与医疗急救部、消防部、环卫队、养路队等协同部门联系,并赴现场进行事故勘查及现场活动的指挥,使各项救援、服务工作有条不紊地进行。

2.3 交通事故现场救援

发生交通事故后如有人员被困车中，则需要救援人员运用合理的救援方法和适当的救援工具，从汽车中救出被困人员。

(1)考查现场情况

开始进行救援工作之前，急救人员应对事故现场做一番客观考察，以避免意外的发生。若现场和四周有诸如损坏的电线或致命的气体、液体等危险情况，应将其排除后再进行救援工作。

(2)固定事故汽车位置

尽快将事故汽车固定下来。可先在汽车轮前后放上木条或砖石块，使之不能前后滚动，然后将车轮放气以保证车轮在救援过程中不能摆动，以免加重伤者伤势。

(3)检查和保护受伤人员

救援人员要检查受伤人员状况和受伤情况以确定救援工作的速度和方式。未脱离汽车之前，先用毛毯将受伤者盖起来，可起保暖和防止受惊的作用，还可防止碎片和其他物件的伤害。在救援这段时间内，应有人员陪伴伤者，及时了解受伤者的情况，满足伤者的要求。

(4)救出被困人员

如果汽车被撞变形，受伤人员无法移动，应使用专用救援工具把有关的汽车部件移动或去除，将被困人员救出。

(5)现场诊断急救

如果医疗人员未到现场，应先将伤者送至路旁的安全地带，立即进行必要的检查和救护。

(6)清理现场

当交通警察勘察完现场后，救援人员应拖走事故汽车并清扫路面，协助警察恢复正常的交通秩序。

3 结语

进行事故应急救援的终极目标是减少事故损害，服务社会，对交通事故应标本兼治，从源头上减少事故发生率。为减少事故，全社会应大力倡导人性化交通，关爱他人，文明交通，并要清理和登记路障，提高公路等级，进行交通环境治理整顿等来为交通安全服务。

参考文献

[1] 王文武.公路路政管理手册[M].北京：人民交通出版社，2003.

[2] 秦蔚民.汽车安全驾驶与安全管理800问[M].北京：北京理工大学出版社，1995.

道路交通事故应急救援体系研究

李洪福

（山东省烟台市莱阳公路管理局　莱阳　265200）

摘　要：本文在分析国内外交通事故紧急救援现状的基础上，阐述了我国实施交通事故紧急救援存在的问题及构建体系的意义，分析研究了我国交通事故紧急救援体系构建的相关要件，旨在推进我国道路交通事故紧急救援建设步伐。

关键词：交通事故　应急救援

Research on Emergency Rescue Mechanism for Highway Traffic Accidents

Li Hongfu

(Laiyang Highway Administration Bureau of Yantai in Shandong Province　Laiyang　265200)

Abstract: By analyzing the current situation of traffic accident emergency rescue both at home and abroad, this paper illustrates the problems in and the significance of China′s implementation of traffic accident emergency rescue. This paper also analyses and studies the major components in building China′s traffic accidents emergency rescue mechanism so as to accelerate China′s effort in bringing such a mechanism into being.

Keywords: traffic accidents　emergency rescue.

0　引言

目前，交通事故已成为“世界第一害”，而中国是世界上交通事故死亡人数最多的国家之一。从 20 世纪 80 年代末中国交通事故年死亡人数首次超过五万人至今，中国（未包括港、澳、台地区）每年交通事故约 50 万起，因交通事故死亡人数均超过 10 万人，已经连续十余年居世界第一。

2009 年，中国汽车保有量约占世界汽车保有量的 3%，但交通事故死亡人数却占世界的 16%。近年来，虽然我国道路交通事故的总量有所降低，但安全形势仍然十分严峻，主要表现在道路交通事故频发，交通事故致亡率较高，给人民生命和财产造成巨大损失，如表 1 所示。

表 1　近年来我国道路交通事故数据分析

年　份	死亡人数(人)	受伤人数(人)	平均每天死亡人数(人)	直接财产损失(亿元)
2005 年	98 738	469 911	271	18.8
2006 年	89 455	431 139	245	14.9
2007 年	81 649	380 442	224	12
2008 年	73 484	304 919	201	10.1
2009 年	67 759	275 125	186	9.1

这种状况的存在固然有许多主客观因素，但应急救援不力是我国交通事故死亡人数居高不下和致死率高的一个主要原因。应急救援的目的是为了降低人体损伤程度，避免有致命伤的伤员因抢救迟缓而丧失生命。据我国卫生部的资料表明，在 1 000 例交通事故伤者中，只有 14.3%乘救护车到达医院。道路交通事故实验表明，如果在交通事故发生后 5min 内采用应急救援措施，30min 内采用急诊，至少可以使 18%～25%

的重伤者免于死亡。交通事故发生后的半小时被称为"生命黄金半小时"。因此,实施道路交通事故现场应急救援是降低事故死亡率的重要措施,是预防道路交通事故的有效手段,现阶段建立道路交通事故应急救援体系已迫在眉睫。

1 国内外交通事故救援现状

1.1 国外事故救援现状

国际上已经将紧急救援(Emergency Rescue)与交通事故预防的"3E"对策合称事故预防的"4E"策略,交通事故紧急救援成为快速发展的智能交通系统(ITS)的重要组成部分。发达国家在交通事故急救体系、急救网络建设、急救方案决策及急救技术等方面的研究较为成熟且得到了广泛应用,已经形成由简单的路面交通事故紧急救援发展到由多个部门参与的陆上、空中联合协作的立体救援体系。

早在工业革命初期,一些工业发达国家就开始关注道路交通事故应急救援问题。目前,西方发达国家在交通事故紧急救援方面有许多先进经验和成功做法,在道路交通事故紧急救援法规建设、机构设置、应急队伍、急救方案决策和支持保障体系和公民知情权等方面,形成了比较完善的应急救援体系,为减少交通事故人员伤亡和财产损失发挥了重要作用。

美国在全国范围内建立了完善的"紧急救援医疗服务系统(Emergency Medical Service System,缩写为EMS)",虽然该系统用于对交通事故中的受伤者提供紧急医疗救援,但更侧重医疗资源的配置和紧急预案的制订。

土耳其制订了交通事故紧急救援方案,成立了交通事故急救中心和专门的运输中心。

巴西建立"道路使用者援助系统"(User-Aid System,简称 UAS),该系统配备了拖曳车、抢修车、救护车等装备以及相应的技术人员,巴西的高速公路交通事故救援具有较快的反应能力,如表 2 所示。

表 2 巴西高速公路交通事故急救时间

项 目	救护车开出时间	到达现场时间	现场抢救时间	返回医院时间	合计
时间(min)	1~2	5~8	2~8	6~13	14~31

德国在现有的医疗资源和应急手段的基础上,单独形成了一套专门的交通事故快速反应与紧急救援机制,其中,2/3 的国民受过急救培训,机动车驾驶员必须经过 8h 急救培训,每辆汽车都配有简易急救设施和急救箱,急救电话分布相当广泛;德国将国内划分为 330 个紧急医疗服务区,每个服务区拥有急救车辆、急救设备、医护人员和志愿者。此外,德国还拥有 50 个空中救援基地,从事救援的直升机服务半径不超过 50km。

完善的交通事故紧急救援体系让这些国家受益匪浅。德国交通事故死伤数量占意外伤亡数量的比例大大降低;法国的实践表明,对于交通事故重伤者,在交通事故发生后 90min 内给予急救,其生存率为 10%以下,在 60min 内获救,其生存率为 40%,在 30min 内获救,其生存率高达 80%;土耳其 EGA 同样指出,交通事故发生后 5min 内给予重伤者急救措施,伤后 30min 内给予急救,则有 18%~25%的伤者生命得到挽救。交通事故紧急救援为这些国家挽救了大量的生命,减轻财物损失、交通拥堵等,社会效益非常显著。而我国交通事故死亡者中大约 40%为当场死亡,60%死于送往医院途中或在医院中死亡。

1.2 国内事故救援现状

自 20 世纪 70 年代以来,我国的研究人员已经意识到交通事故紧急救援的重要性并在不断进行探索。目前,我国部分高速公路、部分地区已建立了交通事故急救制度,如山东交通急救中心提出了责任制急救模式。越来越多的人士也认识到交通事故紧急救援的重要性。

公安部与卫生部已联合要求各地建立交通事故快速抢救机制,实现"110"、"122"与"120"急救信息服务通报和反馈制度,切实提高交通事故信息传递、现场急救和急救转运等综合反应能力。部分省、直辖市也设立了道路交通救援委员会,并且在县市成立了相应的委员会,指导其交通事故紧急救援工作。

我国交通事故救援形式主要有:①公安交通管理部门与当地法医中心、医院协作。公安交通管理部门接警后通知法医中心、医院立即赶赴事故现场,实施救助措施。②公安交通管理部门与当地某些医院、急救中心联合,实现“122”与“120”联动,发生人员伤亡性质的交通事故后,各部门同时获取信息,联合救援。③通过肇事车辆、过往车辆、行人将受伤者送往医院、急救中心或者受伤者自救。目前,我国多数交通事故救助属于此种类型。④发生火灾性质交通事故后,消防部门与公安交通管理部门协力救助。⑤当事故车辆损坏严重或者陷入困境需要以拖曳、起吊或者解体切割等为内容的救助活动时,公安交通管理部门向拥有有关设备的单位求援。

上述形式的交通事故救援对控制我国交通事故损害有一定的积极意义,但从总体来说,我国交通事故救援工作还只是处于起步阶段,救援工作还存在如下很多问题:

(1)救援力量分散,救援职能交叉

道路交通事故紧急救援工作,涉及诸多的业务部门,如:交通警察部门、医务部门、消防部门、特殊物品处置部门等,这些救援力量往往缺乏协调和统一的工作机制,造成资源的分散,在临时组织救援力量时,存在责任不明、机制不完善等问题,影响了救援力量作为统一整体作用的发挥。

(2)重伤员抢救,轻交通管制

我国道路交通事故的救援工作,大多数只注重伤员的医护救援工作,而轻视交通基础设施的维护、现场交通秩序的疏导和事故前方路段的交通诱导等工作,加剧甚至产生由交通事故造成的交通拥堵问题,有时还导致二次事故的发生。

(3)反应迟缓,装备落后

在我国交通事故救援工作中,由于救援信息网络化建设的落后和部分参与救援的人员对事故现场的不熟悉,导致救援车辆不能及时出发和选择最佳的救援路径,延误了事故的救援时间,以致救援效率不高。

另外,由于救援力量的分散和救援经费的缺乏,我国道路交通事故紧急救援装备不及、数量上不足,而且技术上也较为落后,尤其是在广大的农村地区,相当一部分的乡镇卫生院没有救护车,部分县级医院的救护车也已超期服役。一旦发生重大交通事故,这些地区只好从其他地方调集救援设备(如车辆拆破器),严重延误了宝贵的救援时间。

(4)救援预案分级不实际

目前,我国各大中城市的交警支队和交警大队,均对一般交通事故和重特大交通事故编制了相应的紧急救援预案,预案中对交通事故救援指挥机构、救援人员分工均作了明确要求。

事故救援预案按死亡人数和财产损失作为预案的启动条件,有些不切实际。因为死亡人数和财产损失的统计是在紧急救援后或是在救援过程中完成的,而在交通事故发生后,是无法预知人员伤亡情况和财产损失的,尤其是我国道路交通事故死亡者中大约60%是死于送往医院途中,或是在医院中死亡。

1.3 建立交通事故救援体系的意义

交通事故紧急救援强调在一体化管理的前提下,利用内部资源和社会资源,以最快的反应能力在交通事故影响的范围内,救治伤员、抢修设施、排除障碍、恢复交通,减少交通事故影响,实现交通事故损害后果的最小化及社会效益的最大化。

目前,我国道路交通事故紧急救护水平比较低,交通事故重伤者得到救护约在事故发生后1h左右,有的甚至超过2h。按照土耳其EGA观点,在我国实施有效的交通事故紧急救援,每年交通事故死亡人数可以减少约2~3万。不仅如此,有效的交通事故紧急救援可以减轻交通事故受伤者的肉体和精神痛苦,降低伤残人数和伤残等级,减少二次事故的发生,降低交通事故财物损失,减少因交通事故造成交通拥堵、交通延误,确保交通安全、畅通,提高交通运输效率,降低交通事故的间接经济损失等。这不仅为我国节约大量的人力资源,也为社会节约大量物质财富,对我国现代化建设是非常有意义的。

2 道路交通事故应急救援体系的构建

由于潜在交通事故风险多种多样,所以相对的应急救援措施可能千差万别,但其基本应急模式是一致的。构建应急救援体系,应贯彻顶层设计和系统论的思想,以事件为中心,以功能为基础,分析和明确应急救援工作的各项需求，在应急能力评估和应急资源统筹安排的基础上，科学地建立规范化、标准化的应急救援体系，保障各级应急救援体系的统一和协调。

一个完整的应急体系由组织机制、运作机制、法律基础和应急保障系统四部分构成，如图1所示。

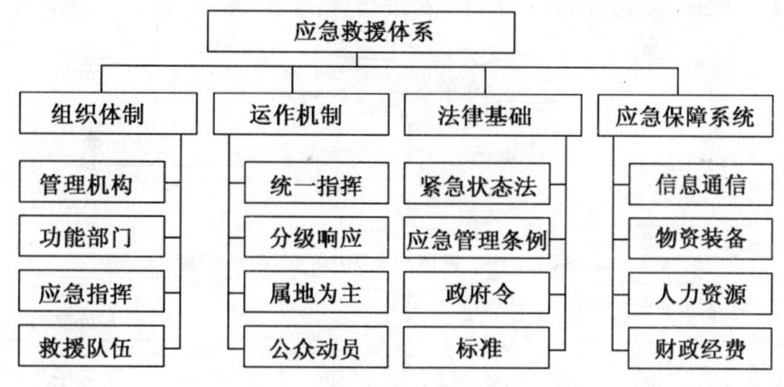

图1 应急救援体系基本框架

2.1 组织机制

(1)建立统一领导、统一指挥、分级管理、职责明确的应急救援网络体系

各省、市、县建立统一的领导机构是道路交事故应急救援工作特殊性的客观要求。由于道路交通事故应急救援工作不但涉及多个部门，而且需要调动大量的人力、物力和财力，故需要全局性的考虑和规划。这就需要在政府的直接领导下，以公安局、卫生局、交通局为主建立应急救援指挥机构，设道路交通事故应急救援应急委员会，按照道路交通事故现场抢救、人员救治、群众疏散、交通管制、物质保障和通信信息传输等情况，明确公安交警部门、消防部门、医院救护、环卫、路政、施救、保险等部门的职能，各司其职，有序运行。通过有效的运行机制，解决应急救援过程中力量调配、信息共享等问题，以提高应急救援效率。

(2)建立、完善各级道路交通事故应急救援指挥中心

结合本地区实际情况，建立地方政府领导下的省(自治区、直辖市)、市(地)、县道路交通事故应急救援指挥中心，充分利用现有专业救援力量，包括防化部队、消防部队和武警部队、医院重症救护等救援队伍。结合本地区事故类型的特点，在调研的基础上，统一考虑和规划，逐步组建省(自治区、直辖市)、市(地)、县三级专业救援队伍和应急救援指挥中心。在现有110、122、119、120的基础之上，以110为主组建道路交通事故应急救援指挥中心。高速公路路段上，应由高速公路指挥中心组建道路交通事故应急救援指挥中心，从而形成完整的道路交通事故应急救援体系。道路交通事故应急救援体系如图2所示。道路交通事故应急救援指挥中心负责和组织道路交通事故应急救援预案的编制、审核和备案；组织检查应急救援机构的应急准备工作情况；统一调配应急救援力量和资源；接处交通事故案件，下达指挥令，协调道路交通事故应急救援工作。

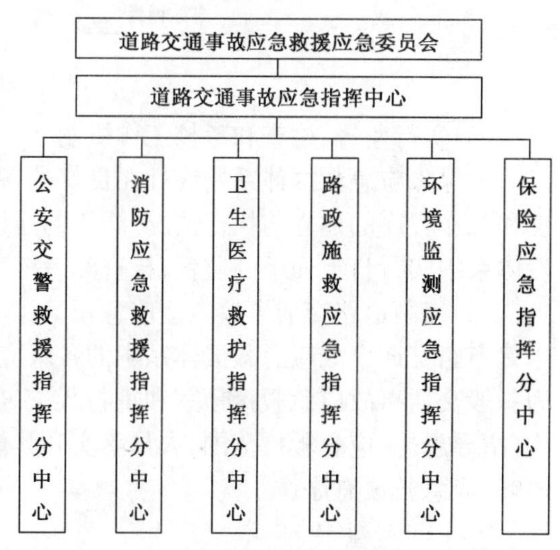

图2 道路交通事故应急救援体系

2.2 运作机制

反应灵敏、运转高效的道路交通事故应急救援工作机制应包括联席会议制度、统一指挥和协调机制、监督、检查和考核工作机制及交通事故救援应急预案等。

(1)建立联席会议制度

道路交通事故应急救援应急委员会定期组织召开由各成员单位参加的联席会议，交流各成员单位之间的应急准备工作情况和有关信息，共同研究解决工作中存在的重大问题和制定有关政策文件，发布重大道路交通事故预警信息。

(2)统一指挥和协调机制

道路交通事故应急救援指挥中心及其下属各级应急机构均建立24小时值班制度，保证始终处于待命状态。一旦发生交通事故，涉及人员伤亡和财产损失，可以根据现场应急救援工作的具体情况，协助应急救援力量的调配，抢救伤亡人员。道路交通事故应急救援指挥程序框图如图3所示。

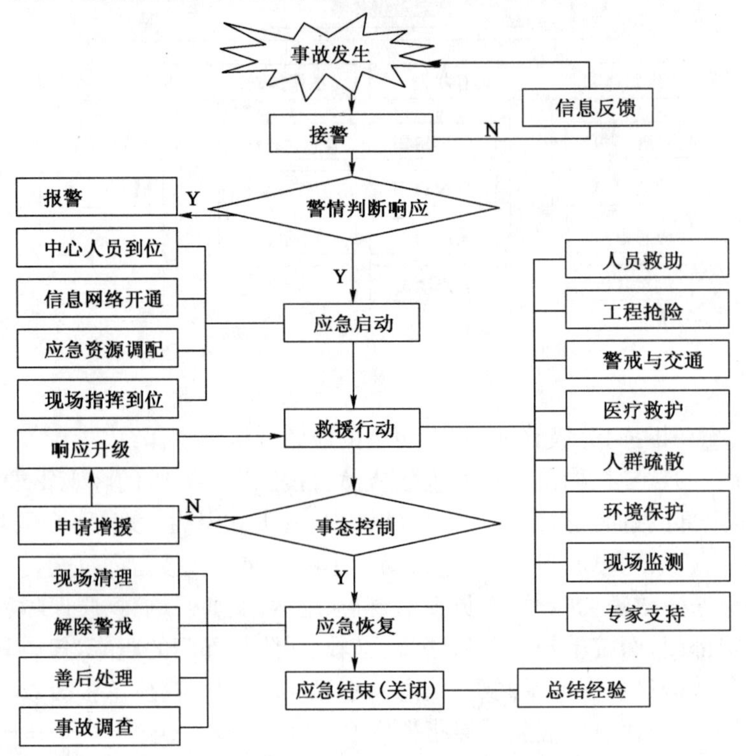

图3　道路交通事故应急救援指挥程序框图

(3)实行监督、检查和考核工作机制

为保障应急救援体系始终处在良好的备战状态，并实现持续工作，对各级应急机构的机构设置情况、制度和工作程序的建立与执行情况、队伍的建设和人员培训考核情况、救援装备和经费管理与使用情况等在救援体系中实行自上而下的监督、检查和考核工作机制，同时对道路交通事故救援队伍的应急能力进行考核。

(4)编制道路交通事故救援应急预案

道路交通事故应急救援体系中的各级应急救援机构均应编制各自的应急救援预案。应急救援预案可分为一般交通事故应急救援预案和重特大交通事故应急救援预案。道路交通事故应急救援预案要有指挥机构、指导思想、应急救援范围、人员落实和具体分工、应急救援的其他要求，确保一旦发生道路交通事故，指令通畅，应急救援有序。

2.3　法律基础

道路交通事故应急救援体系的建立与依法开展应急救援工作必须有相应法律、法规作为支撑和保障。应制定以《中华人民共和国道路交通安全法》、《国家生产安全应急救援条例》为核心，配套法规完善的道路交通事故应急救援法律、法规保障体系，现阶段应严格执行《机动车第三者责任强制保险条例》，真正实施机动车第三者责任强制保险制度，设立道路交通事故社会救助基金，完善道路交通事故应急救援的保障体系，使应急救援工作得以顺利开展。

2.4　支持保障系统

为保障道路交通事故应急救援体系的有效运行，在现有基础上，建立完善的道路交通事故应急救援支持保障系统。

(1)确保道路交通事故应急救援通信与信息系统传递信息的及时、准确道路交通事故应急救援通信与信息系统是保证道路交通事故应急救援体系正常运转的关键。道路交通事故应急救援体系必须在各级应急救援指挥中心之间、应急人员之间、救援体系与外部之间建立畅通的通信网络系统。道路交通事故应急救援信息系统的建设包括建立应急救援信息网,确保公安交警的事故现场保护和应急救援、公安消防的消防救护、化学物品应急抢救,卫生部门的医疗抢救,路政、养护部门的现场施救的信息畅通,同时开发应急救援信息数据库和应急救援指挥决策支持系统。

(2)确保道路交通事故应急救援装备保障的到位

以有关科研院所、研究机构、高等院校等为依托,建立道路交通事故应急救援技术与装备保障支撑体系,针对应急救援工作具体需求,开展对应急救援重大装备和关键技术的研究开发。制定各级应急指挥救援技术与装备配备基本标准,结合各自应急救援工作的特点,保证各应急机构的应急救援装备的配备水平和种类。

(3)确保道路交通事故应急救援技术的普及

在充分利用已有资源的基础上,建立起我国道路交通事故应急救援体系的宣传教育和培训体系。一是通过各种形式和活动,加强对公众的道路交通事故应急救援知识教育,提高社会应急意识,如应急救援政策、基本防护知识、自救与互救基本常识等;二是加强公安交通、消防、路政、环保等应急救援人员应急救援技术的培训,设立应急救援培训基地,对各级应急指挥人员和应急人员进行强化培训和训练,通过基础培训、专业培训,确保应急救援技术的普及,为全面提高应急救援队伍的作战能力和水平打下良好的基础。

3 结语

"凡事预则立,不预则废。"我们应在道路交通事故应急救援交通工作机制、应急救援指挥中心建设、交通事故救援应急预案、应急救援体系的支持保障系统等方面做好充分准备,坚持理性、科学的态度和务实的精神,因地制宜。并充分认识这项工作的艰巨性和长期性,多部门通力合作,逐步建立起道路交通事故应急救援体系,为降低道路交通事故死亡率,构建和谐社会作出积极贡献。

随着社会的发展,我国道路结构日益立体化,交通拥堵日趋严重,对具有快速反应能力的交通事故紧急救援提出了新的挑战,交通事故紧急救援体系应与时俱进,根据我国城市的实际情况不断完善与发展,以适应新时期交通安全的迫切需要。

参考文献

[1] 公安部交通管理局. 中华人民共和国道路交通事故统计.

[2] 许洪国. 交通事故分析与处理[M]. 北京:人民交通出版社,2003.

[3] 封畦. 德国应急管理体系的启示[J]. 城市与减灾,2006.

[4] 刘铁民. 安全生产管理知识[M]. 北京:煤炭工业出版社,2005.

[5] 金磊. 中国城市安全警告[M]. 北京:中国城市出版社,2004.

[6] 王绍玉,冯百侠. 城市灾害应急与管理[J]. 重庆:重庆出版社,2005:367.

论高速公路交通事故的应急救援

王　勇　张宪木

（山东省泰安市公路应急救援中心　泰安　271000）

摘　要：本文介绍了高速公路典型的交通事故实例，分析了高速公路交通事故的特点以及忽视交通事故应急救援的后果，提出了高速公路建立应急救援体制的必要性和紧迫性，总结出建立、健全高速公路交通事故应急救援体系的方法与措施。

关键词：高速公路　交通事故　应急救援体系　措施

On the Emergency Rescue of Expressway Traffic Accidents

Wang Yong　Zhang Xianmu

(Road Rescue Center of Tai'an Municipal Government, Shandong Province　Tai'an　271000)

Abstract: This paper introduces cases of typical expressway traffic accidents, gives an analysis of expressway traffic accidents, and points out the consequences if emergency rescue is ignored. It presents the necessity and urgency of building an emergency rescue system, and summarizes the methods and measures of building and optimizing emergency rescue system of expressway traffic accidents.

Keywords: Expressway　Traffic accidents　Emergency rescue system　Measures

0　引言

随着我国经济发展进入快车道，社会各项事业全面进步，高速公路作为关系国计民生的基础事业其产生和发展离不开国家的强大、社会的进步，是国民经济发展的必然结果。据统计，我国的高速公路通车里程已接近8万公里稳居世界第二。进入2010年以来，我国高速公路的建成规模将达到初步形成网路、构成两纵两横的发展网路。作为高速公路发达的省份，山东省也在全国高速公路事业的建设中位居前列，成为我省对外展示经济发展成果的窗口之一。

与此同时，高速公路发展建设的形式仍有待提高，各项辅助配套设施仍亟待加强，有些严峻的现实特别是高速公路所面临的危险突发事件日益增多，伴随高速公路的日益延伸已经凸显在我们面前。特别是在安全管理方面，由于安全保障的路子得摸索、分析、研究，管理经验要进一步地提高，这样也就影响了高速公路的发展进度。再加上我国高速公路在修建和管理过程中在摸索中找经验，在突发事故灾害面前没有好的应对举措，往往忽略了交通事故的应急救援工作，已经给高速公路的正常营运、投资的回收效益以及道路的安全管理的声誉带来了一定的影响。

1　高速公路交通事故的特点

(1)车辆行驶速度快

高速公路车辆行驶速度较快，一般设计时速为90～120km/h，有些车辆的速度比这更高。

(2)交通事故多发生于夜间

高速公路夜晚的交通事故比较频繁，人员死亡率也比白天高。夜间行车视线不好，长时间高速匀速行驶极其单调，容易使驾驶员疲劳是造成夜间发生事故多的重要因素。

(3)气候的差异性，突发性

与城乡内道路明显不同，高速公路常跨越不同省市，因此各地区间不同的天气气候条件也是引起事故发生的原因之一。

(4)驾驶员的安全行车意识淡薄

一些驾驶员忽视安全，不遵守交通管理规则，超速行车、压线开车等。这种缺乏安全观念、随意行驶的行为是发生大型事故的重要原因。

(5)各种因素导致路况复杂

货运车辆装卸不达标，车厢也没有遮盖，货车抛洒物严重影响后面车辆行驶。

另外，少数路面养护不符合规定、交通标志损坏、工程警示信号预设不及时、不醒目等人为的影响，使高速公路行车不畅，也容易诱发交通事故。

2 忽视交通事故应急救援的后果

公安部交通管理局提供的数字显示：仅2008年第一季度我国高速公路上发生的交通事故，就导致1 388人死亡，占整个交通事故死亡总数的8.6%，日均死亡人数超过15人。其中，因超速、疲劳驾驶发生事故所导致的死亡人数，分别占死亡总数的9.5%和9%。

长深高速公路是贯穿我国南北的大动脉，全长3 585km，自建成通车以来，每年发生不同程度的交通事故多起，辽宁段于2010年5月23日凌晨发生的特大交通事故，致使32人死亡，24人受伤。事发时，一辆主车挂蒙F×××牌号的大货车从服务区出来后，因方向辨别错误造成逆向行驶，与正常行驶的由天津开往哈尔滨的津AB××宇通豪华卧铺大客车相撞并起火，致使货车上3人当场死亡，大客车上28人当场死亡，1人经抢救无效死亡，另有21人受伤。由于违反了交通管理的相关规定，造成了巨大的人员伤亡，这样的交通事故，不得不引起我们的警觉，在获得巨大经济效益的同时，却没有避免因交通事故带来的巨大损失。

教训是深刻的，痛定思痛，笔者综合分析认为：①应急救援力量跟不上、滞后，管理人员及救援人员认识和思想的不到位以及专业知识的欠缺是高速公路交通事故多发、频发的根本原因；②我国高速公路的主管机关和运营机构疏忽了建立“以人为本”的运营管理思想；③疏忽了高速公路交通事故应急救援工作在确保高速公路安全、高效运营中所发挥的不可估量的作用；④疏忽了最大限度减少交通事故死亡人数是保障高速公路运营的根本。然而，高速公路在我国建成通车后，却依然没有建立统一的高速公路交通事故主管部门，没有形成交通事故应急救援的理论体系，没有用以进行交通事故应急救援的方法和必要的设备，对应急救援工作的认识不够以及没有相关的对应急救援机构的认知和给与足够的权能致使我国高速公路的死亡人数超过了正常数值。而较大的交通事故死亡率不同程度地损害了我国高速公路的形象。

由于不成熟的发展模式，我国高速公路的各级主管部门虽然做了很大的努力、研究、探索，也相应地提出了完善高速公路交通事故应急救援体系是高速公路高效、安全的基础，但没有很好的应对措施还是导致了不同程度的后果。京沪高速公路是贯穿我国南北的交通大动脉，全长1 262km，于2006年底全线贯通，其中山东段全长431.82km，自建成通车后，各市管辖段相继成立了管理处，包括养护、路政、收费站等部门，他们为高速公路的畅安舒美、预防治理交通事故的发生进行了很多有益的尝试、探索，做了大量工作，缓解了一些交通事故的突发问题，公安部门也为此专门成立了高速公路交警队伍，为高速公路消除了很多的安全隐患，为高速公路的畅通无阻提供了强有力的保证。然而这些虽然在安全管理方面取得了一定的成效，但依然没有很好的解决高速公路面对突发灾害事故时的应急救援问题，没法在突发事故面前专业、及时地完成救援任务。

随着相关部门对以人为本理念认识的不断加深以及对救援工作理解的不断加强，逐步意识到存在的问题归根结底是缺少专门的主管机构以及专业的救援力量，无法有效整合资源形成合力，往往不能发挥最大的作用，于是高速公路的应急救援机构、一支机动快捷高效的应急救援队伍就应时而生。2010年，山东省泰安市首先成立了公路应急救援中心，随后各地高速公路陆续成立了应急救援机构，标志着高速公路应急救援工作在山东省的全面展开。为高速公路的安全畅通，挽救人民生命财产的安全提供了重要保障。

一系列的交通事故显示，高速公路绝不能缺少完善的事故应急救援综合保障体系。我们在大力发展高速公路产业的同时，必须时刻将安全管理和应急救援放在重要的位置并加以认真的规划布置。笔者针对当前高速公路应急救援工作的开展情况，经过全面调研，深入分析研究，结合高速公路建设所面临的问题，抛砖引玉，谈点自己的认识和浅见来与大家共同探讨应急救援工作的重要性。

3 建立高速公路应急救援体制的必要性

随着我国各项事业的迅猛发展，以人为本已成为社会各项事业可持续发展的基本理念。因而，交通事故中的人员伤亡数目也已经成为衡量交通管理水准的重要标准。因此最大限度地减少事故对人们的伤害，降低事故死亡率就成为有关部门亟待解决的问题。

据统计，同样伤势的重伤员，在30min内脱困获救，其生存率为80%；在60min内脱困获救，其生存率为40%；在90min内脱困获救，其生存率仅为10%以下。由此可见，事故发生后的尽快施救，缩短被困伤员的获救时间，是减少事故死亡率的关键。基于此，各级管理部门应将救援的重点放在人员的救援上。2009年，在尚未完全成型的山东省救援队伍的努力下，在挽救人身财产上下工夫、找路子、积累经验，逐步建立起一支应急救援队伍，为交通事故的救援提供了保障。

根据我国目前的经济发展状况以及高速公路建设和管理的情况，建立高速公路应急救援体系完全可以做到。只要利用现有的监控系统、报警设备、驾驶员互助系统和公路巡逻系统，互为补充，装备一些先进的应急救援清障装备，破拆装备，科学的进行管理，培训教育好救援队伍，完全能够适应我国高速公路突发事件的需要。

4 怎样建立、健全高速公路交通事故应急救援体系

应急救援体系必须互相协调、互相配合、同步进行，建立、健全高速公路交通事故应急救援体系应注意以下几点。

(1)通过立法明确救援工作的主管部门

高速公路交通事故应急救援应采取立法的方式予以确认。应尽快将关于应急救援相关的条例规范上升到法律的高度，从立法上给应急救援工作以足够的支持和保障。构建高速公路应急事务管理的组织架构，提高高速公路应急救援机构的层次，壮大应急救援机构的规模，增强应急救援机构的职能权限，最大限度地发挥应急救援机构的作用。

应急救援机构是开展应急救援工作的载体，其社会的认知度，在人民群众心中的地位必须加以强化，政府要加大对应急救援机构的投入与支持，促进救援事业的长足进步。使广大人民群众在驶上高速路时，心中想到有救援机构的保障，能踏实行驶，安全旅行。

(2)完善应急救援体系的相关理论，确立核心的指导思想

与国外同行交流合作借鉴，结合我国目前的国情，参考目前各地救援方面的经验，不断摸索、总结，逐步拓宽、发展，形成一套有中国特色的、适用于我国实际的应急救援理论体系。坚持以“三个代表”重要思想为指导，全面贯彻落实科学发展观，以构建社会主义和谐社会为目标，以保障公众生命财产安全为根本，以落实和完善应急预案为基础，以提高预防和处置突发公共事件能力为重点，坚持预防与应急并重，充分依靠法制、科技和人民群众，全面提高应急救援能力，为实现高速公路的安全畅通提供强有力的保障。

(3)加大力量配置专用设备

山东省泰安市公路应急救援中心处于起步阶段，中心成立后配备了部分清障设备，但从京沪高速山东段管辖路段的车流量来看还远远满足不了当前形势下应急救援工作的要求，高速公路交通事故应急救援体系中除具有一支机动快速的救援队伍外，还必须配备先进齐全的破拆设备。而我们目前缺少的正是破拆救援设备。破拆救援工具是专门解救伤亡人员的设备，这种设备体积小巧、便于携带、工作性能可靠、机动性强、利用其特殊的扩张、剪切、支撑、托举等功能在较短的时间内将严重变形的事故车辆解体，救援处于被困状态的人员及物品，降低事故的损失，减少人员伤亡。

此外，我国南北方气候的差异性较大，南方多雨水，易发泥石流，山体滑坡，造成冲垮桥梁道路；北方冬季

寒冷多大雪，路面容易积雪，造成结冰打滑；针对这些问题应结合当地的实际情况，研发救援作业设备，比如大型的除雪设备，防滑设备，来应对恶劣的天气灾害。除此之外，还应该具备先进的现代化通信设备，包括岗位呼叫系统，GPS 定位系统等也应该配备给每位救援队员及装备到救援车辆，实现高速公路运行监控的可视化、网络化、系统化、智能化。

图 1 是泰安公路应急救援中心建立的应急网络图。通过应急救援网络有利于与指挥中心保持密切的联系，运用现代化的通信设备进行资源信息的共享。救援队员在遇到突发事故发生时能在第一时间迅速反应，快速高效地赶到现场，指挥中心应定位掌握实施救援的状况，随时提供必要的支援和协助，通过监控视频、应急视频会议、应急通信车实现与各相关单位密切配合，联动指挥救援，顺利完成救援任务。与气象部门密切联系，建立高速公路气象监测点，监控各个路段的气象变化情况，通过限行封道及时消除天气突变的隐患，避免事故的发生。消防部门的灭火设备以及危化品防护装备对于救援队员来说也是应该要掌握和配备的，以便能在消防官兵赶到之前控制住危险的蔓延。最后国际上先进的应急救援设备要随时引进，即学即用。

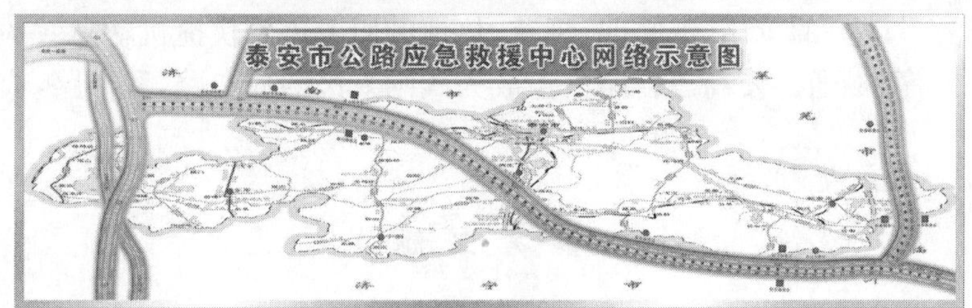

图 1　泰安市公路应急救援中心网络示意图

(4)加强应急救援指挥人员的管理水平

高标准，严要求，建立健全各项应急救援规章制度，制订行之有效的应急预案，逐步建立规章条例标准化，救援措施程序化，队伍管理军事化，教育培训科学化，业务工作规范化，操作规程精细化，救援设备现代化，安全措施制度化，廉政教育经常化，社会监督多元化的长效机制。使救援工作分工明确，责任到人。不断提高救援队伍的专业知识以及挽救人民生命财产的责任心以及荣誉感，使救援人员从思想上、政治上、责任上强化应急救援工作的重要性，爱岗敬业、立足本职的自觉性。要培养懂救援，会管理的人才，除学习培训外，要“走出去请进来”，多参加国内外的应急救援工作的交流研讨会议，结合自身实际，丰富自己的专业知识，用国际的开放的眼光看待救援事业的重要性、长远性，形成一套与时俱进的应急救援体系。

(5)提高应急救援队伍的专业技能

建立以应急救援培训、演练基地、装备、信息等基础建设为保障的综合应急救援队伍。与医疗机构，气象部门展开全方位的合作，制订教学大纲，进行定期联合培训教育，充实救援队伍各方面的知识，另外在内部挖掘的基础上要广纳专业人才、技术能手，壮大救援队伍，比如把在部队受过机械专业培训的退伍军人，特别是参加过国家自然灾害以及特大交通事故抢险救险的老战士；受过高等教育乐于奉献救援事业的大学生；熟悉维修大型设备的技术人员充实到救援队伍中来，一方面以自身行动带动其他队员的纪律性，自觉性；另一方面在救援经验，专业技术上互相学习、取长补短、精益求精、共同提高，使大家在熟练操作设备的基础上，掌握如何在危及生命的情况下进行应急施救，如何在极端恶劣的天气下依法施救，打造一支专业技术过硬、高素质的应急救援队伍。

(6)建立应急救援长效机制

要同高速公路管理机构、高速交通警察、医疗单位、消防官兵、路政巡查、气象部门等单位展开全方位合作，建立应急救援长效机制，展开经常性的救援演练活动(见附件 1、附件 2、附件 3)，以演练为契机，与教学工作相结合，做到密切配合、协同作战、联动救援，可以尝试在高速公路设立各单位的应急救援常驻机构，以保证在第一时间赶往现场，及时救援。这是应急救援工作以后发展的方向。

要加强同社保部门特别是保险公司的联系，共同分担事故的损失和压力。高速公路的有关管理部门应建立与保险公司的密切合作关系，共同开发包括应急抢险救援等在内的新兴保险险种，学习保险公司在防险专业等方面的先进知识，利用其经济实力缓解各方压力。

要结合当地高速公路的实际，对应急救援工作的必要性和迫切性做广泛的宣传，通过接听电话、发放宣传材料、网络、报纸等形式向广大公众和单位提供咨询和教育，防患于未然。

完善应急救援监督机制，接受人民群众、社会各界舆论的监督，对接到投诉的事跟人，要进行责任追究，正确把握应急救援工作的方向，对人民群众的生命财产负责。

5 结语

随着我国高速公路管理部门理论认识的不断加强，管理方面经验的不断提高，高速公路应急救援机构必将成为公路管理方面的重要组成部门。将不断加快应急救援体系的建设，创新工作思路，改进工作方法，努力探索和尝试先进的工作模式，着力推进设备、人员、信息等要素资源的合理配置和协调发展及目标，救援队员必将坚持“以人为本、安全第一、预防为主、综合防治、先人后物、减少损失”的工作原则，本着特别能吃苦，特别能战斗，特别能奉献的顽强精神，凭着精干的队伍、精良的设备，最短的时间、最快的速度，提供最有效的保障这一响亮的承诺，以文明、规范、热情的服务以及快捷机动高效的救援方式更加有效地保障高速公路的安全、有序、畅通。使高速公路真正成为我国人民的放心路，和谐路，成为我国迅速崛起的交通运输大动脉。

参考文献

邓世雄，赵新才. 中国道路交通事故流行趋势与特征[J]. 重庆医学，2004，33(7)：1 074-1 076.

附件 1 突发事故现场的救援措施演练

一、假设情况：

(1)一辆货物运输车辆在 S31 泰新高速公路下行 16km 处发生交通事故，造成人员受伤。

(2)因连降暴雨 S31 泰新高速公路下行 22km 处桥梁被洪水冲垮，造成交通中断，急需架桥恢复交通清除障碍物。

(3)S31 泰新高速公路上行 8km 处发生危化品泄漏并起火，急需扑救。

二、针对以上发生的突发事故，我们要采取的应急救援措施：

(1)应急救援机构接到山东省 96660 接警电话后，迅速开启应急救援预案，按照救援工作流程图(附件 2、附件 3)，执行联动救援模式，上传下达救援任务，联络各相关单位，组织救援力量，救援机构按事故等级分梯队应对，分别负责前线救援任务以及后勤保障，由总指挥带队第一时间赶往事故现场实施救援(附图 1)。

附图 1

(2)控制车辆驶入。收费站应按照不同等级限制车辆的驶入，高速公路管理机构应当在收费站前方及匝道入口处设置明显标志，告知管制内容。高速交警应派人在主要收费站区指挥疏导交通。

(3)分流车辆。应当在管制路段的两端选择通行能力大的匝道出口设置分流点，引导车辆驶离高速公路。高速交警负责分流点现场秩序管理，路政大队全力配合。

(4)在保证收费站入口有一条通道畅通的情况下，现场副总指挥引导 120 救护车辆由快速通道进入事故发生点，抢救人员，第一时间把伤员带离高速公路救治(附图 2，附图 3)。

(5)高速交警迅速驾驶警车鸣警笛进入现场。交警大队人员对事故现场进行拍照、勘查、询问、记录(附图 4)。

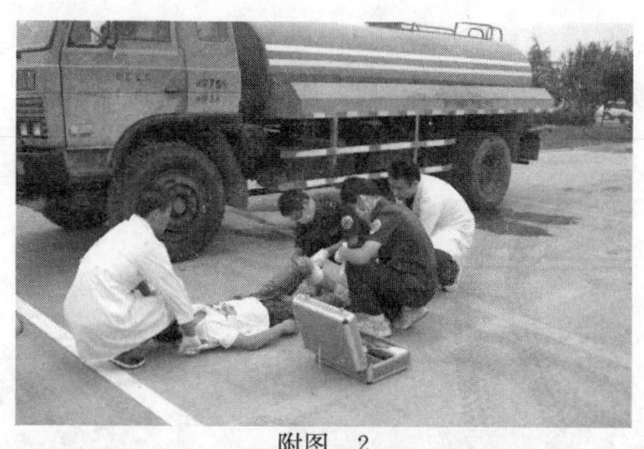
附图　2

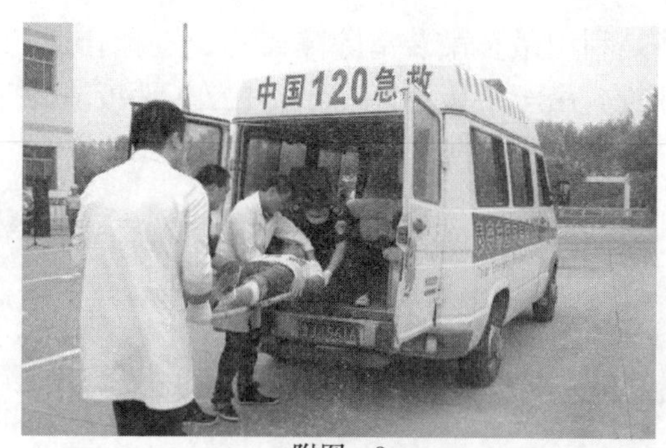

附图　3

(6)路政大队迅速驾驶警车鸣警笛进入现场。由路政大队人员对事故现场摆放锥形标进行交通管制处理现场,事故车辆被拖走后离开现场(附图5,附图6)。

附图　4

附图　5

(7)救援清障车辆进入执行清障作业,驾驶员迅速驾驶沃尔沃清障车鸣警笛进入现场,对事故车辆进行清障。清障操作人员对事故现场按照要求摆放锥形标。对事故车辆进行解刹车,挂拖钩。拖离事故现场(附图7,附图8)。这样第一种假设事故完成救援。

附图　6

附图　7

(8)第二种假设事故下驾驶员迅速驾驶平板清障车鸣警笛进入现场。通过临时架设的双边桥选择合适的地形停好实施清障(附图9)。

附图　8

附图　9

(9)利用吊车吊装清除障碍物。选择合适的地形后,操作人员摆放锥形标对吊车进行操作。操作人员挂好障碍物,吊至平板清障车上。吊车、平板清障车离开现场(附图10～附图12)。

附图 10

附图 11

(10)针对第三种有危化品泄漏或引起火灾的事故,驾驶员迅速驾驶消防车鸣警笛进入现场。对危化品做探测、降温、堵漏处理,扑灭火源(附图13～附图16)。

附图 12

附图 13

附图 14

附图 15

附图 16

整个施救过程通过救护伤员,拖走事故车辆,吊装清除障碍物,扑灭火源等措施清除了障碍物,消除了事故造成的危害。

附件 2 救援中心工作流程图

附件 3 事故清障现场作业流程图

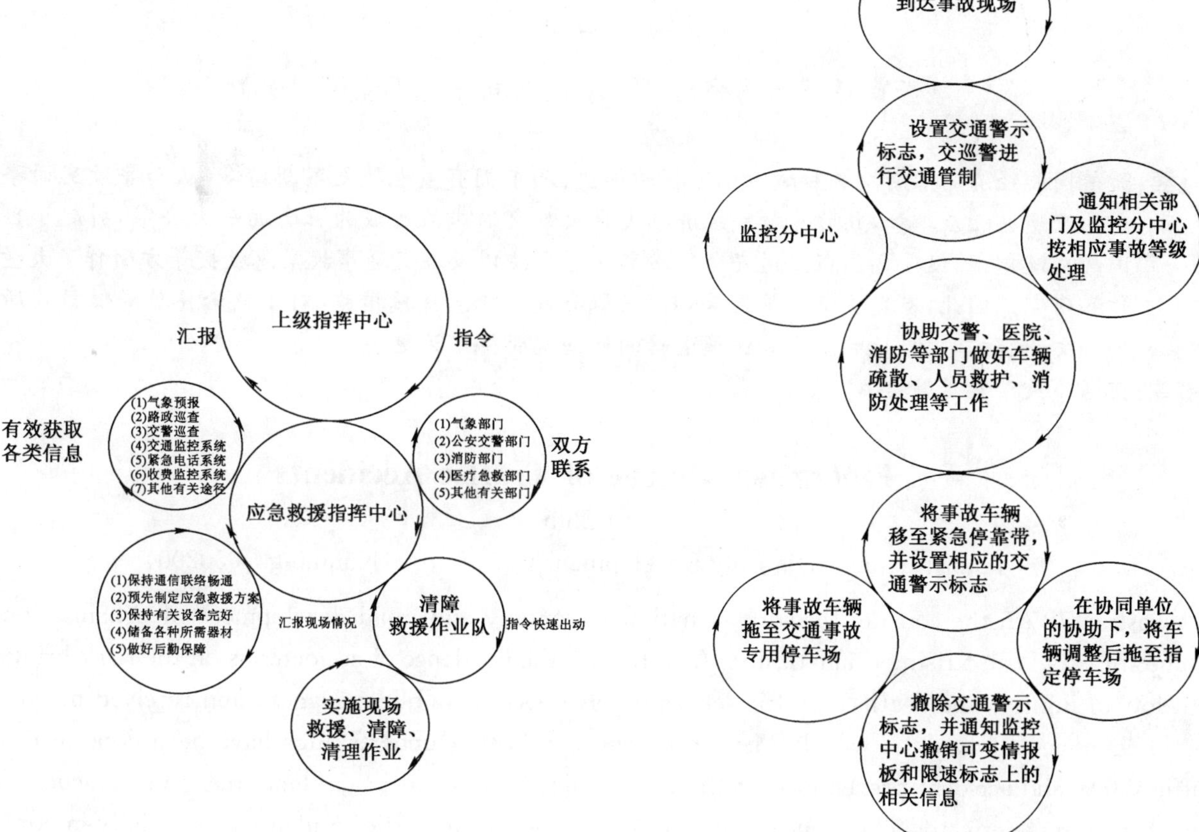

交通事故紧急救援

余治虎

(云南昆玉高速公路开发有限公司 昆明 650200)

摘 要:随着国民经济的不断增长和城市化进程的加快,汽车拥有量也随之不断增多,从而导致交通事故发生的几率也相应增加,伤亡人数和经济损失巨大。交通事故已成为社会的一大公害,引起了世界各国的广泛重视,促使各国在交通安全预防和交通立法以及在交通事故紧急救援等方面作了大量的工作和研究。因此,在发生交通事故后如何采取有效的紧急救援措施,对于救治伤员降低事故所造成的损失,预防二次事故的发生和保障道路的畅通就变得尤为重要。

关键词:交通事故 紧急救援

Emergency Rescue of Traffic Accidents

Yu Zhihu

(Yunnan Kunyu Highway Development Co., Ltd. Kunming 650200)

Abstract: With the constant growth of national economy and rapid development of urbanization, the number of cars is also rising dramatically. As a result, the incidence of accidents is on the rise, bringing about lots of injuries and deaths. Traffic accidents have become public nuisance, and received much attention in countries all over the world. Many researches and other undertakings have been done in terms of traffic safety and accident prevention, traffic law—making, and traffic accident emergency rescue. Therefore, how to take effective emergency rescue measures following traffic accidents is especially important to save those injured, reduce accident—induced losses, prevent potential second accident, and improve traffic flow.

Keywords: Traffic accidents Emergency rescue

0 引言

由于交通事故的发生具有随机性和突发性,而许多交通事故又是难以预防的。特别是我国西部地区的高原山区高速公路,存在着弯多坡陡,隧道多的特征,所以一旦发生交通事故,不但难以发现而且还增加了救援的难度。如果救援不及时往往后果不堪设想。所以高速公路的紧急救援问题不容乐观。

例如:2009 年 12 月 28 日清晨 6 时左右,由于大雾低温导致路面能见度降低及桥面结冰,江西九景高速公路湖口鄱阳湖大桥上发生严重交通事故,近百辆车连环追尾,该事故已造成 15 人死亡,至少 19 人受伤。救援工作从上午 7 时开始,直到下午 15 时 45 分才结束;2009 年 4 月 25 日清晨云南安楚高速发生了一起特大交通事故:先前在凌晨 1 点 40 分时,一辆载煤大货车由于车速过快,失控后撞在公路左边护栏上,占据了高速路单边 3 车道的一个半车道。事故发生后,交警已经在该车 500m 后放置了警示锥桶和安全警示标志。但在清晨 6 时 40 分左右一辆旅游大客车行驶至该路段时,发现警示标志后减速行驶,但此时,被一辆超载又超速的大卡车追尾,两车被撞翻下路边的农田里,造成 20 死 21 伤的重大事故……

据统计,国外的交通事故致死率大大低于中国。如日本的致死率为 0.9%,美国的致死率为 1.3%,中国的致死率均匀为 27.3%。数据显示,交通事故在 30min 之内死亡的占 85%。这意味着在 30min 之内得到及时有效的急救能够挽救大部分伤员的生命。所以,实施交通事故紧急救援是降低事故死亡率的有效手段。

本文就着重探讨一下高速公路交通事故紧急救援的工作情况和方法。

1 我国目前的交通事故状况

中国是世界上交通事故死亡人数最多的国家之一。2009 年，中国汽车保有量约占世界汽车保有量的 3%，但交通事故死亡人数却占世界的 16%。统计数据表明，每 5min 就有一人丧身车轮，每 1min 就有一人因为交通事故而伤残。每年因交通事故所造成的经济损失达数百亿元。仅 2010 年上半年，全国共发生交通事故 99 282 起，死亡 27 270 人，有 116 982 人受伤，发生一次死亡 10 人以上的特大交通事故 15 起。

2 交通事故的原因及简要分析

大量事例和实践反复表明：90%以上的交通事故都是因交通违章造成，交通违章是诱发道路交通事故的根本原因。违章的原因主要有两个，一是超重、超载、超速和疲劳驾驶；二是酒后驾车。除此之外车辆行驶过程中的突发性事故、异常天气、道路养护施工、道路设施的损坏（被盗），及有的车辆可靠性和安全性能较差等，增加了交通事故发生的概率。

在我国，交通事故每死 3 个人，就有 2 个是违章驾驶；每死 5 个人，就有 4 个死在郊区县；每死 3 个人，就有 2 个人死在高等级公路上；高等级公路每年死亡 6 万人，占死亡人数的 67%。在因违章造成交通事故死亡的驾驶员中，16～40 岁以下的年青人占 1/2，而 3 年以下驾龄的驾驶员就占到了 39.1%。

3 高速公路交通事故的紧急救援

3.1 高速公路紧急救援特殊性

(1)车辆多，车速快，车辆事故频率高；

(2)人员伤亡大，营救时间紧迫；

(3)容易导致交通堵塞，甚至引发二次道路交通事故；

(4)容易导致发生次生事故或灾害。

3.2 目前紧急救援管理部门的组成

高速公路突发交通事故的紧急救援管理作业，涉及如下诸多业务部门：①高速公路交通管理中心；②交警部门；③路政部门；④医疗部门；⑤消防部门；⑥道路养护部门；⑦环保部门。

3.3 交通事故紧急救援方案的决策和管理

在获悉突发交通事故发生后，应视其突发交通事故的类型和程度，迅速地就以下的救援方案作出正确决策，救援方案应尽可能全面细致。

(1)事故现场的调查汇报与救援力量的管理方案；

(2)紧急救援技术方案与装备的使用；

(3)救援线路和信息采集与发布的管理方案；

(4)拥堵路段车辆的疏导与事故现场的控制管理方案；

(5)特殊路段(山区，隧道)的紧急救援方案；

(6)特殊气候条件下(自然灾害)的紧急救援方案；

(7)特殊车辆(化学危险品，易燃易爆品)紧急救援方案。

3.4 高速公路交通事故应急救援的过程

(1)各救援部门在确认报案后，已先期到达的救援人员应将事故发生的地点、事故类型、事故规模、人员伤亡等信息及时上报救援中心，为下一步的救援提供有效的信息。

(2)根据信息反馈应及时组织和调整事故救援力量，配备必要的救援设备设施，并且快速到达现场。

观察现场周围如有损坏的电线或有毒气体等，应先将其排除后再进行救援工作。如果是晚上，更加要细心观察，加强照明。如果是货车、油罐车，或有化学品的车辆要查清物品的类型，有针对性的及时做好防护措施。

(3)保护事故现场及时疏导人员，对特殊车辆采取有效的控制措施。先前到达的救援人员可根据交通事故的现场情况，在来车方向距事故现场150～500m处设立警告标志，或者封闭事故现场，防止其他车辆进入事故现场。尽快安排人员对后续车辆进行有效的疏导，同时将事故车辆固定下来，以保证车辆在施救过程中不能移动，避免其他的意外事故发生。

对事故次生的化学事故，应采取关阀断源、器具堵漏、稀释降毒、筑堤导流等措施，有效控制有毒有害物质的扩散和易燃易爆物品爆炸燃烧事故的发生。如果是车辆碰撞产生火灾，就应先救受伤人员，并将人员及时远离现场，以免火灾烧伤及引发的爆炸而产生二次伤害。同时应立即对着火点进行扑灭。

(4)检查和急救受伤人员。救援人员要检查受伤人员的伤势以确定救援工作的速度和方法。如果汽车被撞变形，受伤人员无法移动，应使用专门的救援工具把汽车部件移动或去除，将车中被困人员救出。如果受伤人员被困，就需做好被困者的思想安抚工作，以使伤者情绪稳定，配合救援工作。

如果医疗救护人员还未到现场，救援人员应对受伤人员进行必要的急救，如包扎伤口、胸外心脏按压，人工呼吸等，并向救援中心及时报告人员的伤亡情况，便于医疗部门根据情况采取相应的救援措施。

(5)完善信息采集、发布和及时有效的提供交通信息服务。针对交通事故路段的情况，救援人员应及时将高速公路环境(气象条件)和交通状态(交通流量、密度、排队长度、异常交通现象等)相关信息上报给救援中心或参与救援的相关部门，便于这些部门在救援时能够进行效的信息沟通和及时采取应急措施。

当发生突发交通事故情况时，通过短信平台、道路可变信息板以及在收费站的出入口进行提示，并及时通过新闻媒体或电台广播进行相关信息的发布，尽其所能的为车辆提供交通信息，既可以让这些车辆了解前方的交通状态，采取适当的对策预防追尾撞车事故的发生，又可以指导其他车辆绕行，减少这些车辆的等候时间，降低事故突发路段的交通压力，为迅速恢复正常交通提供条件。

(6)清理现场和现场恢复。事故处理完毕后，应尽快清点人员和器材装备，拖走事故车辆并清扫路面，解除警戒，恢复正常的交通秩序，并安全撤离。

3.5　云南昆玉高速公路公司和收费站紧急救援工作的介绍

(1)为保障畅通，避免交通事故的发生，昆玉高速公路针对突发事故采取了积极有效的应对措施。

①制定了各种情况下的突发事件应急处理程序；

②强化特殊路段和事故多发地段的交通事故预防措施，安装各种警告标志；

③及时地发现异常交通现象，并由监控管理中心与其他相关职能部门相联系；

④通过信息板和收费站出入口向过往驾乘人员及时发布相关信息；

⑤将沿线各收费管理所的稽查队作为紧急救援的辅助力量，加强学习和培训积极参与相关救援工作；

⑥在收费管理所和收费站配置了必要的救援设施和设备，如灭火器材和相关器械。

(2)收费站工作区域或临近主干道发生交通事故的应急救援方案。

①获悉事故信息后，立即派人查看现场，并及时将情况上报监控中心；

②先期到达的人员积极协助路政、交警部门进行相应处理；

③如果是发生人员受伤时，由先期到达的人员安排车辆送往就近医院救治；

④如果发生火灾，则就近使用收费站内配备的灭火器材，及时进行扑灭；

⑤做好对拥堵车辆的宣传解释工作，采取措施及时疏导分流。

4　交通事故紧急救援体系

4.1　目前我国的救援体系概况

目前，国外发达国家已经形成由简单的路面交通事故紧急救援发展到由多个部门参与的陆上、空中联合协作的立体救援体系。我国也有一系列的对策与措施，但还没有形成一套完善的高速公路交通事故紧急救援体系，也没有相应的法规予以保证。

我国在交通事故紧急救助工作上的研究刚开始起步，在各大中小城市里都基本实现了“120”与“110”、“122”和“119”等几个部门之间信息传递、现场救援和救援转运的协调机制。然而，随着我国高速公路路网建设规模基本完成，现有的救援模式已远不能满足发展的需要，对救援体制和模式又有了新的功能需求。

4.2 我国的交通事故紧急救援工作主要存在的问题

(1)救援力量分散，职能交叉。

道路交通事故紧急救援工作，涉及诸多的部门，存在着职能交叉，多头管理的问题。这些救援力量往往缺乏协调和统一的工作机制，造成资源的分散，即使在临时组织成救援力量时，也存在责任不明，信息沟通不畅等问题，从而影响了救援效率。

(2)反应迟缓，装备落后，紧急救援水平较低。

事故发生后，大部分是靠交警巡查或过路驾驶员及路过者的口头报案来抢救伤者，有的路人视而不见，很多地区交通和信息不便，延误了事故的救援时间，再加上缺乏紧急救援设施和基础医疗水平较低，以致救援效率不高。

(3)沿线设施不齐，技改资金不到位，缺乏足够重视。

高速公路沿线的设备设施缺乏，重点路段缺乏有效的实时监控，而且相关配套设施和技术改造的资金不足，无法形成有效的监控网络和信息交流平台。

4.3 建议

(1)加快交通紧急救援法规建设步伐，完善现行的相关法规。

我国高速公路虽然发展比较迅速，因缺乏相应的法律法规在紧急救援的过程中，并没有很好的体现出紧急救援的效率。故高速公路交通事故紧急救援系统必须有完善的法律法规体系予以支持。

(2)统一规范化管理，提高救援队伍素质和水平。

成立专门的协调机构或者道路紧急救援组织势在必行，便于统一协调管理。组建专业化的多功能紧急救援队伍，加强规范系统的训练，提高救援的效率。

(3)加大投入，改善救援装备和救援条件。

配备必要的道路交通事故救援设备，主要是在交通事故多发地段和重点路段安装道路监控设备，并与各救援部门之间形成网络，便于随时监控和及时展开救援，特别是山区高速和隧道，就更为重要。同时还应增加必要的多功能交通巡逻车以及破拆救援设备。包括相关的医疗救护设施。

5 结语

当前我国社会主义各项事业飞速发展，建立适合我国国情的高速公路交通事故紧急救援体系的时机和条件基本成熟。国家应在立法方面对交通事故紧急救援予以保证，加大对于交通事故紧急救援的财政投入，健全高速公路紧急救援法律法规体系，充分发挥联动机制的作用，通过有效的救援系统，以人为本，以最快的反应能力救治伤员、抢修设施、排除障碍、恢复交通，减少交通事故的影响，促进高速公路健康发展，构建社会主义和谐社会。

参考文献

[1] 公安部交通管理局统计信息. http://www.mps.gov.cn/n16/n85753/index.html,2010.

[2] 张博.高速公路交通事故紧急救援法律法规建设研究.交通标准化,2010.

[3] 潘广伟.处置道路交通事故的对策,2008.

[4] 李寿莹，聂在禄，陈现波.建立高速公路紧急救援系统之探讨,2006.

遥感技术在公路灾害应急管理中的应用

刘亚岚[1] 张 勇[2] 任玉环[1] 李 丽[1] 刘向龙[2] 郭 力[3] 王国锋[4]

(1. 中国科学院遥感应用研究所 北京 100101;
2. 交通运输部科学研究院 北京 100029;
3. 中交宇科(北京)空间信息技术有限公司 北京 100101;
4. 中国公路工程咨询集团有限公司 北京 100089)

摘 要:本文分析了遥感技术在公路灾害应急管理中的应用进展,指出了我国公路灾害应急管理中的问题,探讨了遥感在公路灾害应急管理中的技术方法,并对建立应急管理机制与规范等问题提出了建议,对提高重大灾害公路应急管理决策水平具有实际意义。

关键词:公路灾害 应急管理 遥感

Application of Remote Sensing Technology in Highway Disaster Emergency Management

Liu Yalan[1] Zhang Yong[2] Ren Yuhuan[1] Li Li[1] Liu Xianglong[2] Guo Li[3] Wang Guofeng[4]

(1. Institute of Remote Sensing Applications Chinese Academy of Sciences Beijing 100101;
2. Research Institute of Highway, Ministry of Transport Beijing 100029;
3. China Trans Geomatics Co., Ltd Beijing 100101;
4. China Highway Engineering Consulting Group Company Ltd. Beijing 100089)

Abstract: This paper analyzes the updated application of remote sensing technology in highway disaster emergency management, and points out problems with highway disaster emergency management in our country. It explores technical skills involved in using remote sensing technology for highway disaster emergency management, and puts forward suggestions on building emergency management systems and regulations, which is of practical significance to improve decision—making skills in major highway disaster emergency management.

Keywords: Highway disaster Emergency management Remote sensing

1 公路灾害及其应急管理

随着中国经济的快速增长,公路在国民经济、社会发展、公众出行以及国家战略安全等方面的基础性作用日益增强。我国正以前所未有的速度建设公路基础设施。同时,我国是一个自然灾害频繁的国家,公路网易受各种灾害破坏。影响公路的主要灾害包括气象水文灾害和地质地貌灾害,如表 1 所示。地质地貌灾害往往对公路造成极强的破坏作用。例如,2008 年汶川大地震造成公路、铁路和航空三大交通系统严重破坏。根据统计,共造成 24 条高速公路受到影响,161 条国级、省级干线公路受损。气象水文灾害每年对公路交通运输有严重影响,尤以 2008 年我国南方遭遇的冰雪灾害损失最为严重,京广铁路和京珠高速公路等交通大动脉瘫痪,灾害的影响和损失也前所未有。

基金项目:交通运输部西部交通建设科技项目资助(2009318221097)。

上述灾害中暴露出我国尤其是交通基础设施的安全隐患、抗灾缺乏经验和应急管理体系的不完善,引起了政府的高度关注。胡锦涛总书记在2008年中国科学院第十四次两院院士大会上对空间信息技术建设提出了新的要求:"加快遥感、地理信息系统、全球定位系统、网络通信技术的应用以及防灾减灾高技术成果转化和综合集成,建立国家综合减灾和风险管理信息共享平台,完善国家和地方灾情监测、预警、评估、应急救助指挥体系。"发挥遥感等高新技术在公路灾害应急管理中的作用,加快应急能力建设已迫在眉睫。

表1 影响公路的主要灾害分类

灾类名称	灾种名称		
	突发型	过渡型	迁延型
气象水文灾害	暴雨、冰雹、山洪、沙尘暴、龙卷风	洪涝	干旱、霜冻、寒潮、雪灾
地质地貌灾害	地震、火山喷发、山崩、雪崩、泥石流	滑坡	沙害、地面沉降

灾害应急管理按照自然灾害发生的时间顺序分为事前、事中和事后的管理三部分。灾前应采取积极措施尽可能预防和避免灾害的发生;一旦灾害发生了,按照预案并结合实际情况尽快防止灾害的扩大和发展,同时展开救援工作。当灾害结束后则应当做好灾后重建工作,尽快恢复正常的生产与生活。灾害预报是尚未攻克的世界性技术难题,因此,灾害发生后,灾情信息快速准确获取和评估是灾害应急管理的有效保障,也是最经济而有效减轻灾害损失的手段。对于灾后重建,更需客观全面地评估灾前和灾中的地面情况,为重建提供科学依据。目前,可靠的灾害损失评估信息主要依靠传统地面调查和历史资料,所费时间长,且因历史数据更新滞后导致精度较低。因此发展其他更有效的灾害损失评估途径成为必然。

长期以来,人类在自然灾害面前一直处于被动局面。利用遥感可迅速对灾情做出评估,灾情速报一直在灾害遥感监测中占据重要地位。遥感技术应用于公路灾害应急管理的优势在于时效性强、周期成像、多分辨率、多波段、覆盖范围广、立体感强。灾害发生时,可直接获取灾区影像,进行灾情分析和区域交通状况监测评价,为应急提供直接有效的信息支持。

本文分析了遥感技术在公路灾害应急管理中的应用进展,指出了我国公路灾害应急管理中的问题,探讨了遥感在公路灾害应急管理中的技术方法,并对建立应急管理机制与规范等问题提出了建议,对提高重大灾害公路应急管理决策水平具有实际意义。

2 遥感数据源及其遥感数据获取

目前可用于灾害应急管理的遥感数据源获取有卫星遥感平台与航空遥感平台两种。主要在轨民用商业卫星有:美国陆地卫星LANDSAT-5、7,NOAA气象卫星,中等分辨率成像光谱仪(MODIS),高分辨率卫星IKONOS和快鸟(QUICKBIRD)、轨道观测卫星(ORBVIEW),此外还有目前世界最高分辨率(0.41m)和定位精度(3m)的光学卫星GeoEye－1;法国SPOT4、5,日本ALOS,印度遥感卫星IRS－P5、P6,以色列E-ROS,德国的快眼RapidEye等;雷达卫星可以不受天气的影响,如加拿大的RADARSAT-2卫星,欧空局(Envisat)、德国(TerreSAR-X)、意大利(COSMO-SkyMed)等均可提供高质量的雷达数据。目前我国已经建立了资源、气象、海洋、环境与减灾卫星系列,包括资源1号—01、02星、资源1号02B以及资源3号卫星,海洋-1(HY-1)、北京一号小卫星以及环境1A、1B等,初步形成了不同分辨率、多谱段、稳定运行的卫星对地观测体系,大大提升了我国卫星遥感数据获取能力。而且中国在2007年成为国际减灾合作机制(Chater)的正式成员,灾害发生时可快速从合作国获取重灾区域遥感数据,从而缩短卫星监测某一区域的周期,弥补了国产数据源的不足,可以更有效地应对灾害。2008年汶川8.0级地震和2010年玉树7.1级大地震期间,我国均启动了国际减灾合作机制来获取遥感数据。

除了卫星遥感平台外,航空遥感平台也是灾区遥感数据源获取的重要途径,包括高空飞机、中低空飞机、飞艇、直升机及民用无人飞机等。无人机平台机动灵活,拍摄的影像地面分辨率可高达0.2m左右或更高空间分辨率的图像,使用成本低等特点。在近两年得到了较好的应用,如汶川地震期间中科院遥感所与成都电子科技大学及北京安翔动力科技有限公司等联合应用无人机获取重灾区及堰塞湖的图像。

上述包含光学和合成孔径雷达等多种遥感器，保证全天候、大范围监测，也可对重点地区开窗放大。因此，目前遥感数据源的获取有了基本保障，可基本满足防灾减灾对灾情信息的要求。随着卫星对地观测技术的发展，将形成非常周密的观测网获取必要的数据。

3　遥感在公路灾害应急管理中的应用现状

在已过去的“联合国减灾10年计划”的推动下，灾害遥感技术得到了迅速发展和广泛应用。美国、欧洲、日本和澳大利亚等国相继开展了大量的研究，建立了较完善的灾害监测、预报和减灾应急系统。1997年，美国交通部与国家航空航天局(NASA)就率先联合实施了“遥感和地理空间信息技术在交通行业的应用”项目。利用遥感对公路、隧道、港口、机场等易遭受灾害的区域和危险区域进行识别等，并把其存放到数据库中，同时还利用遥感数据更新已有的应急管理数据库，以改善威胁交通系统的灾害与风险的快速反应能力。印度空间研究组织建立了灾害管理系统(DMS)，并通过印度星全色与多光谱数据融合提取详细的有关道路(包括土路、柏油路、机动车道和铁路等)、沟渠和大堤等基础设施信息，包括受损信息等。

目前，国内在洪水、泥石流、滑坡、地震、塌方等重大自然灾害的遥感监测和评价方面也积累了丰富的成果与经验，如中科院等对1998年全国特大水灾中长江、嫩江流域被淹没公路的监测，对1999年台湾南投地震与2003年新疆伽师地震中损毁公路的监测；交通运输部科学研究院、民政部减灾中心等利用国产遥感一号卫星数据对2008年初我国南方遭遇冰雪灾害造成的交通拥堵——京珠高速湖南郴州段进行了监测 。

由于缺乏公路基础信息，上述研究主要以灾前灾后图像为基础，对受灾影响的公路及其附属设施进行识别和标注，缺乏更详细的分析。因此，对灾情损失统计与评估的信息量也相对不足。加上所提取的信息表达不够直观，不能满足应急的需求。中科院遥感所、交通运输部科学研究院等在汶川地震公路损毁的监测评估中，利用基础数据库，辅助提取公路灾前的信息，避免了单一用遥感数据所带来的信息不完整和不够准确等问题。此外，在WebGIS平台上实现了实时高分辨率影像数据与其他空间信息的集成及三维可视化，再现了震后地面真实场景，为灾害应急管理决策起到了支撑作用。

但从上述灾害所暴露出来的突出问题是缺少遥感应急规范。由于在空间、时相以及标准及评估项目不一致，不同单位的评估结果很难相互比较和核定，而使灾情评估的准确性受到很大影响，从而影响应急管理决策。加上现有交通信息比较分散，缺乏规范的交通基础设施与其他综合信息集成的本底数据库的支持，应急时可利用的信息较少，而已有的信息应用又有一定的困难。

4　遥感在公路灾害应急中的应用技术方法

在公路应急管理中不同阶段所需要获取的相关信息，通过遥感信息提取、GIS及三维可视化等技术方法完成。

(1)灾前，从遥感数据中主要是获取一些包括公路线路、附属设施及其沿线的地形、地貌、地质等背景信息及数字高程模型图(DEM)，为建立应急基础数据库提供数据，一般可以采用自动分类(如监督和非监督分类)或目视判读的方法。

(2)灾中，主要是获取公路的灾情信息，利用灾后的遥感影像，通过分析，监测灾区交通基础设施受损情况，公路被阻断、掩埋、淹没、冲毁、塌陷，桥梁垮塌或被淹等信息，确定灾害体的范围、位置，公路灾情的主要遥感识别方法如下：

①目视判读为主，计算机辅助为辅进行直接判别灾害；

②使用图像分类技术提取包括公路等多方面信息，将不同地物区分，然后加以分析；

③通过变化检测来发现公路的变化，然后确定受灾道路的位置。

在判别出灾情后，通过地理信息系统(GIS)量算受灾路段的长度等，并通过对每条道路的受灾情况的总体分析，在GIS中与交通网基础信息进行叠加，实现应急管理所需的信息服务。同时还可以初步判断出受灾程度最小、最易抢通的线路，为应急抢通决策指挥提供辅助信息支持。

(3)灾后重建，利用灾后高分辨率遥感影像自动分类或目视判读分析调查得出重建工程沿线的地形、地貌、地质及次生灾害发育情况，并制作地质图、土地利用图、DEM、坡度图、坡向图等，为公路设计提供基础资料。利用三维可视化技术，通过 DEM 与遥感影像、公路设计矢量图的叠加，对施工效果图进行虚拟仿真，使设计结果可视化，表达真实感效果。同时还可计算公路施工的挖填方量等信息，大大减少人工地面调查工作量及危险性。

5 建议与展望

当前，遥感技术已成为公路应对突发事件的重要科技手段。随着遥感技术的发展，它在灾害应急管理中的应用将越来越受到重视，并展现巨大的潜力。如何更快、更准确地为我国公路灾害应急提供技术支撑，值得思考。作者认为：

第一，需要建立公路灾害遥感应急机制，包括建立运行中心及其数据保障机制，以及反应实时的统一公路应急系统，依靠遥感空间信息技术进行业务运行，增强应急反应能力。第二，由于目前遥感监测手段越来越齐全，但基础信息支撑差距甚远，亟待建设以 GIS 为支撑的公路综合基础数据库，才能使灾情评估更全、更快、更准。第三，需要建立公路遥感应急规范和标准，解决灾害遥感监测评估灾情的规范化问题。同时，遥感数据与地理信息数据库的一致性等问题也需要统一规范。第四，目视判读虽然是目前灾害信息提取的可靠手段，但效率低，结果因人而异。因此，需要发展公路遥感监测评估技术方法，以保障提取信息的可靠性及效率。

总之，随着遥感与地理信息系统、三维可视化等相关技术的不断发展，将会在公路灾害应急中发挥更大的作用，并使交通应急管理工作提高到一个新的水平。

参考文献

[1] 阎守邕. 国家空间信息基础设施建设的理论与方法. 北京：海洋出版社，2003.

[2] 刘爱文，夏珊，徐超. 汶川地震交通系统震害及震后抢修. 震灾防御技术，2008，3(3)：243-250.

[3] 南方冰雪灾害对政府应急管理的启示. http://www. hnshx. com/Article_Show. asp? ArticleID=3030

[4] 胡锦涛在两院院士大会上的讲话. www. gov. cn.

[5] 自然灾害应急管理的概况. http://www. thldl. org. cn/news/1001/30635. html.

[6] 李才兴，唐伶俐，灾害遥感发展现状分析. http://d. wanfangdata. com. cn/Periodical_gjtk200203004. aspx.

[7] 我国首启国际减灾合作机制. http://news. 163. com/4c5brpee0001124j. html.

[8] 我国首次启动国际减灾合作宪章机制控制灾害. http://news. sina. com. cn/c/2007-07-21/110113497366. shtml.

[9] 中科院遥感所. 中科院三架无人飞机已获取第一批灾区遥感监测数据，2008. http://www. irsa. ac. cn.

[10] 我国 2020 年前发射 100 多颗卫星形成对地观测网. http://www. southcn. com/tech/news/200411160947. htm.

[11] Jensen，J. "The Changing Face of Remote Sensing" Remote Sensing for Transportation - Report of a Conference on December 4 - 5，2000，Washington. D. C：Transportation Research Board，The National Academies），2001. Appendix A.

[12] 魏成阶，刘亚岚，王世新，等. 台湾南投"9. 21"地震震害卫星遥感监测评估[J]. 遥感在中国. 北京：地震出版社，2000：124-128.

[13] 王晓青，魏成阶，苗崇刚，等. 震害遥感快速提取研究—以 2003 年 2 月 24 日巴楚—伽师 6. 8 级地震为例[J]. 地学前缘，2003，10：285-291.

[14] 刘亚岚，张勇，任玉环，等. 汶川地震公路损毁遥感监测评估与信息集成[J]. 遥感学报，2008，12(6)：933-941.

基于高速公路应急信息发布系统 AMS 解决方案

张丙干　余群星

（湖北省阳新县公路管理局　黄石　435200）

摘　要：自从 1988 年中国大陆第一条高速公路建成以来，高速公路在这 22 年里给国家创造的财富是有目共睹的。然而，随着汽车行业和国内经济的飞速发展，受天气条件所限制的高速公路上也出现拥堵现象，一系列的意外事故也频频发生。安全隐患日益严峻，这使得国务院于 2006 年 1 月 8 日公开发布了《国家突发公共事件总体应急预案》。总体预案是全国应急预案体系的总纲，明确了各类突发公共事件分级分类和预案框架体系，从组织体系、运行机制、应急保障、监督管理等方面规定了各级政府机构应对突发公共事件的组织体系、工作机制等内容，是指导预防和处置各类突发公共事件的规范性文件。本论文结合高速公路应急信息发布系统 AMS 提出了解决方案。

关键词：高速公路　事故　机制　解决方案

Expressway Emergency Information Distribution System-based AMS Solution

Zhang Binggan　Yu Qunxing

(Highway Administration Bureau, Yangxin County　Hubei Province Huangshi　435200)

Abstract: Since the first expressway was completed in mainland in 1998, expressways have made a lot of economic and recognized contributions to the country. With the rapid growth of car industry and domestic economy, expressways, restricted by weather conditions, however, have experienced traffic jams and a series of accidents. As the safety problems become increasingly grave, the State Council issued *Overall Emergency Plan for National Sudden Public Incidents* on January 8, 2006. Overall plan, as the overall guideline of the national emergency plan system, specifies the grades and kinds of public incidents and the framework system of plan. The emergency plan clarifies details such as the organizing system and working mechanism of dealing with emergency incidents by governments at all levels in such aspects as organizing system, operating mechanism, emergency support, and supervisory management. It is a normative document for preventing and handling sudden public incidents. This paper presents solutions based on expressway emergency information distribution system AMS.

Keywords: Expressway　Accidents　Mechanism　Solution

0　引言

高速公路是国家现代化的标志，高速公路交通网发展速度之快，有效地改善了我国公路交通结构与运输效率，对促进我国的经济发展起到异常重要的作用。随着人们生活水平的不断提高，有车一族和驾驶人员数量的迅猛增长，越来越多的人们享受到了高速公路带来的极大便利，然而高速公路同时因其流量大、速度快、冲击力强等特点也产生了一系列交通事故。如：近年来在高速公路上由于安全视距不够、速度过快、车辆故障、危险品事故以及大雾、冰雪、暴雨等低能见度恶劣天气原因造成的交通事故引起的堵车、道路关闭、车辆侧翻及多车连环相撞等重大交通事故，危害极大、后果严重。加之广大市民交通法制意识参差不齐，高速公路附属设施不完善，高速管理工作难度越来越大，目前单纯依靠有限的警力与传统的工作方式无法明显改善高速公路秩序问题。如何快速、高效应对突发事件；如何在第一时间联动其他单位部门快速进行应急指挥解决问题;如何提高服务水平;如何最大程度保障人民生命和财产安全? 是有待解决的问题。

高速公路应急指挥系统是应急能力建设的重要组成部分,基于先进信息技术和系统,对各种应急信息资源进行整合和有效利用,以确保应急预案体系的建设、制订、实施和评价。另外,高速公路应急指挥系统还包括设施抢修的应急处置方案;交通保卫、交通管制应急处置方案;监控、收费系统发生故障的应急处置预案等,与特殊天气的应急处置方案、交通事故的应急处置方案一起,共同建立起一个全路网、全方位的应急处理系统,能够在高速公路遇到突发事件时,提前预警、充分准备、临危不乱,及时处置,保障高速公路营运路段的运行安全和畅通。现实需求加上数字技术的成熟,高速公路应急信息发布系统应运而生。

1　公路系统常用的应急智能调度方案

智能高速公路协同调度指挥解决方案主要包括有线和无线调度两种。有线调度:通过接入网关实现与 PSTN 电话互通,通过图形化调度台能够对 PSTN 固话、专网固话、系统内 IP 调度终端进行混合调度。无线调度:利用综合调度系统的无线接口,实现调度台可以同模拟集群、常规对讲、手机等用户直接呼叫或召开混合会议,实现事故现场图像实时传回指挥中心,帮助领导直观决策指挥。

无线调度终端主要包括普通手机、PDA 及 3G 手机等移动通信终端,车载式单兵、手持式单兵、背负式单兵等无线集群通信终端、短波通信、卫星通信等。无线调度主要实现对位置移动的人员、车辆的统一调度。高速公路协同调度指挥平台提供如下功能和服务:

多功能图形化调度台:采用面向用户的图形化界面调度台,操作简单、方便、直观,提供监听、强插、强拆、代接、转接、禁话、组播、音视频应急会议等功能。

分级调度指挥:具有多级别调度指挥功能,实现分级调度。

应急预案:当紧急事件发生时,可查询相关预案,对应急预案组成员进行点击群呼召开音视频会议,商议决策。

值班排班:通过系统标准开放的业务接口与高速公路管理单位的日常值班系统对接,实现值班排班信息的记录、办理、查询,并将值班信息显示在大屏幕上。

电子通信录:可通过多种条件查询联系方式,可按照部门、机构对人员进行分组划分。

数字录音:对所有通话进行数字录音,确保每一重要环节有据可查,如应答、调度、会议等,都进行语音记录。

报表统计:高速公路突发事件处理过程的信息记录与存储。

智能报警:当交通或高速监控系统探测到异常状况时,能实现自动多点语音报警、语音/视频应急会议、短信群发、Email 群发报警。使工作人员能够在第一时间掌握现场异常情况,以便及时处理。辅助决策:当出现应急突发事件时,通过 GIS 协同地理信息、图像采集系统等辅助决策系统,可自动显示出报警地点及现场情况,实时反馈到指挥中心,能够辅助调度人员进行调度决策。智能构建的高速公路协同调度指挥解决方案,实现了紧急突发事件处理的全过程跟踪和支持:从突发事件的上报、相关数据的采集、紧急程度的判断、实时沟通、联动指挥、应急现场支持、领导辅助决策。任何事件、任何地点、全天候的高速信息访问,以安全、快速的方式提供无缝的、可靠的通讯。能使各应急小组快速、准确地交换危机状况信息,争取有限人力、时间资源,节省应急费用。在最短时间内,以最快的速度,恢复人们的生产和正常生活,为保护人民生命财产安全,维护社会稳定,构建和谐社会做出了重要贡献。

2　基于 AMS 的解决方案

已经有相当多的高速公路管理部门意识到,必须利用高新技术研发的新型协同调度指挥系统,通过科学和信息化的管理服务手段,才能提高现有交通利用率、缓解交通压力、改善高速公路管理效能。

智能结合高速公路目前发展现状、特点和实际需求,以道路交通信息化为前提,利用自主研发的协同调度指挥系统,为高速公路管理单位提供一个高智能、信息化、综合性高速公路应急调度指挥解决方案,提供语音、图像、数据、集群对讲等多种通信手段。做到“看得见、听得清、呼得出、信息准、定位准、反应快”,确保“信息采集既快又准,指令下达快",为领导提供实时、准确的现场情况,实现远程监控、远程指挥调度,多种通信手段和处理方式,真正提高快速反应、统一调度、协同指挥能力,大大提高用户对突发事件的反应速度和处理效率,最大地减少事故损失。高速公路协同调度应急指挥平台将有线和无线通信技术、信息技术、IT 技术、传感技术等综合运用,以视频监控信息采集为基础,以 GIS 地理信息系统为辅助手段,以音视频调度指挥平台为核心,由视频会议、数字录音系统、值班排班系统及配套的安全防护系统、相关的标准和规范组成。

本平台集有线、无线,移动、固定,语音、视频及数据等多种功能于一体,整合了多种网络通信方式,满足了日常值守与处置突发公共事件的需要。当接警中心收到突发事件报告时,指挥中心通过 GIS 和无线视频图像采集等辅助系统,能够精、快、准地了解事故位置,能够实时了解下场情况,通过图形化调度台能第一时间召开紧急音/视频会议,在最短时间内快速处理突发事件,最大限度减少事故损失,充分保证高速交通有序进行,从而保障指挥调度的快速、准确和安全,实现对紧急事件的信息化的智能控制。使指挥中心成为一个功能齐全、信息丰富、相互联动的有机整体,实现实时、远程调度指挥和业务处理的综合协同调度指挥平台。

2.1 系统 AMS 的功能概述

系统采用 BS+CS 开发模式、数据缓存技术,保证系统的安全稳定和高效运行;系统采用精简版的 SQL SERVER 数据库作为数据后台,安全有效地储存数据,而且精简版能更少地占用计算机资源;系统采用分批数据浏览模式,保障系统的运行速度;前台式的自定义功能,做专属的业务管理系统;系统数据自动维护备份,无忧的数据管理;按业务分类操作模块,系统功能清晰明了;双菜单操作模式,满足不同的操作习惯。根据系统的要求,该系统应该具有以下的功能:①支持主流格式的音视频、图片、PPT/TXT、FLASH、HTML 文件的播放;②支持滚动字幕形式的通知、学校新闻等,多种语言支持;③动态实时的考试信息、会议安排,可以全屏发布或者分屏发布;④支持浏览器,可以从外部网站直接获取数据发布,也可以是系统内部数据;⑤支持 LED 显示屏播放;⑥所有的播放、控制、管理通过管理软件实现;⑦内容的下载和播放都是通过网络进行,不需要人工干预;⑧视频窗口位置大小任意调节;⑨支持 FLASH 动画网页和基于网页的 JSP/ASP/等应用程序;⑩支持分区、分组、分级管理的灵活管理模式;⑪支持多种厂家、多种标准接口 DVI/VGA/S-VIDEO/RS232 显示设备的接入;⑫可以对每台终端实现区别管理,播放不同的内容;⑬理论上没有限制终端接入的数量,并可以对每个终端的下载速度进行管理;⑭通过管理软件可以实现对终端的播放、暂停、重启、文件删除等。

2.2 系统应急预案要求

本信息发布系统主要是在收费站入口处,服务区和重点路段,以 LED 和 LCD 显示器端联合发布方式来传播各种应急必需信息。该系统按应急预案的实际需求能做到:①及时发布应急预案;②信息可不断更新改善,提高应急预案的实用性;③积极开展演练,完善应急预案;④对于交通事故的应急、节假日车流高峰应急、收费站应急、路政队应急、大雾等特殊气象应急等方面做到建设高起点、高标准、前瞻性、可操作的高速公路服务区应急信息发布系统。

2.3 系统基本功能实现

(1)数据分配功能:向 AMS 内的各种设备发送数据,如加工艺流程、工时标准、生产调度计划、数控加工程序、设备控制程序、工件检验程序等。

(2)控制与协调功能:控制系统内各设备的运行并协调各设备间的各种活动,使物料分配与输送能及时满足加工设备对被加工工件的需求,工件加工质量满足设计要求。

(3)决策与优化功能:根据当前生产任务和系统内的资源状况,决策生产方案,优化资源分配,使各设备达到最佳使用状态,保证任务的按时、按质完成和以最少的投入获得最大的利润。

(4)操作支持功能通过系统的人机交互界面,使操作者对系统进行操作、监视、控制和数据输入,在系统发生故障后使系统具有通过人工介入而实现再启动和继续运行。

2.4 系统特点

LED 和 LCD 统一接入和管理,由于播放终端带有 DVI 接口和 RS232 接口,在输出到 LCD 的同时,可以设定屏幕上的任意区域的内容输出到 LED 屏，可以代替原来 LED 屏的控制主机，并通过网络集中管理和控制所以所有的播放计划和播放的内容，真正做到统一接入平台和统一管理平台. 系统结构如图 1 所示。

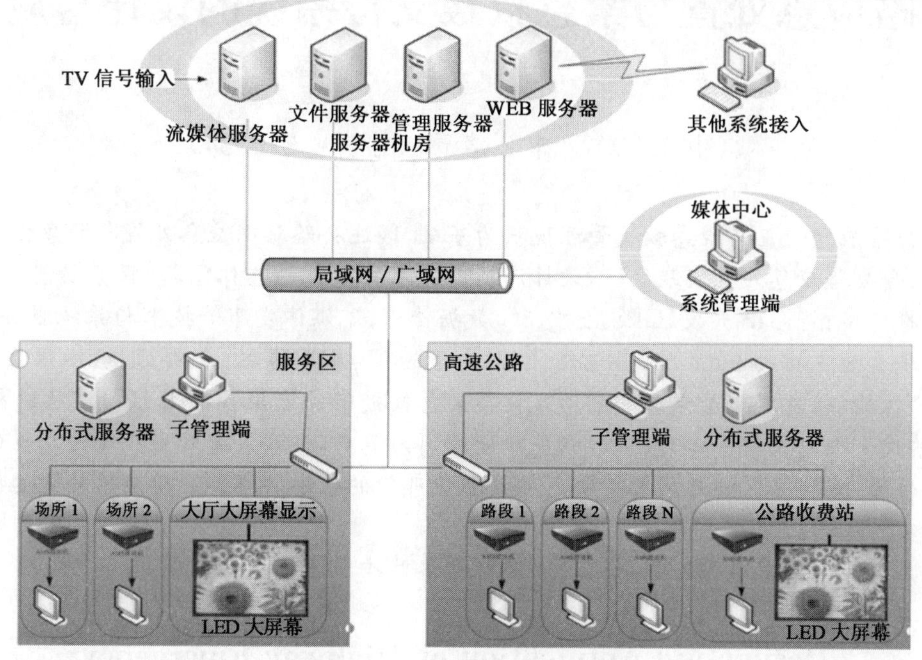

图 1 基于 AMS 系统的结构

收费站入口处信息发布可以采用 LED 和 LCD 接入显示。

在各入口处，可以设置一套 LCD 显示装置，以文字、动画等多媒体方式播放，用以提醒驾驶员路段长度以及下一段路行驶注意事项；播放实时天气状况以及天气预报；为等待的驾驶员提供消遣的娱乐动画。在收费站的顶端设置一两套大又长的 LED 显示装置，以大字体显示到站欢迎辞，告知大家收费情况。服务区数字标牌即大屏幕 LCD 显示装置，主要以文字、动画等多媒体播放显示服务区的服务状况，实时天气状况以及天气预报，及时更新显示高速路上交通状况、紧急事项，提醒乘客、驾驶员行车安全；显示饮食、休息、上车、卫生等服务区各方面的向导帮助、注意事项。

重点路段数字标牌（事故多发路段，转弯路口等）即 LED 显示装置，能根据交通、天气及指挥调度部门的指令及时显示文字信息，如：施工地段，谨慎驾驶，注意安全，强风、浓雾等警示标语及简单图形，从而让驾驶人员提前了解道路状况，避免交通阻塞，减少交通事故发生。同时还可根据路面实际情况通过监控中心来显示限速值，从而有效地对交通流进行诱导，提高路网的交通运输能力。

参 考 文 献

[1] 姜华平，许洪国，李浩，李祥贵. 高速公路车辆超速行驶交通事故分析[J]. 交通运输系统工程与信息，2003，(03).

[2] 门涛，李晓霞. 高速公路交通事故成因及对策探讨[J]. 公路与汽运，2004，(04).

[3] 刘新荣，孙翔，蒋树屏，张永兴. 四车道公路隧道特点及其所需解决的几个问题[J]. 地下空间，2003，(04).

[4] 邹胜勇. 浅析道路交通事件应急体系建设[J]. 交通标准化，2006，(04).

[5] 吴毅洲，陈鹏. 道路交通事故成因分析及其预防对策[J]. 沿海企业与科技，2005，(03).

公路应急处置与紧急救援支持系统的设计与应用

江玉龙

（山东省临沂市公路局　临沂　276034）

摘　要：以干线公路应急处置与紧急救援管理现状为基础，阐述公路路网应急处置与紧急救援支持系统的新需求；结合公路应急处置实践经验，设计满足新需求的系统的总体结构、服务功能、数据流图和软件开发支撑环境；将GIS开发、GPS监控、3G数据传输、流媒体发布等技术与系统服务功能相结合，探讨了以平台为支撑的96660服务电话管理、电子地图、GPS监控、集群通话、短信收发、DLP大屏显示、视频传输、信息发布等系统在应急处置与紧急救援中的应用。应用B/S网络结构技术研发应用软件，构建一个以指挥中心为枢纽，相关职能部门为节点，一线应急处置人员为端点的互联互通的应急平台体系，实现了区域路网相关紧急救援职能部门的信息共享和公路应急处置远程指挥调度的区域性管理。

关键词：公路应急处置　紧急救援　系统设计　实时网络监控　远程指挥调度

Design and Application of Highway Emergency Response and Emergency Rescue Supporting System

Jiang Yulong

（Highway Bureau of Linyi　Linyi　276034）

Abstract：Based on the status quo of emergency response and emergency rescue management on arterial highways, this paper explains the new requirement of emergency response and emergency rescue supporting system for highway network. Based on the experience of highway emergency response, the design will meet new demands for the overall structure, service function, chart of data flow, and software development supporting environment of the system. It integrates technologies including GIS development, GPS monitoring, 3G data transmission, and streaming media distribution and service function of the system. This paper explores application in emergency response and emergency rescue of systems such as platform-based 96660 service call management, electronic map, GPS monitoring, trunking communication, message sending and receiving, DLP big-screen display, video transmission, and information distribution. Using B/S network structure technology to develop applied software and build an emergency response platform system characterized by a commanding center, related functional departments, emergency response personnel connected with each other. In so doing, information is shared with related functional departments conducting emergency rescue on regional highway network and regional management of remote commanding and dispatching of highway emergency disposal is realized.

Keywords：Highway emergency response　Emergency rescue　System design　Real-time network monitoring　Remote commanding and dispatching

0　引言

随着社会经济发展对公路建设新需求的不断增加，近几年，公路建设呈现出跨越式的迅猛发展态势。据统计，到2009年年底，我国干线公路通车总里程已达42.45万公里。与此同时，随着公路在国民经济建设和人们生产生活中作用的不断提升，社会对公路的关注度也与日俱增。近年来，公路重大突发事件经常见诸媒体，特别是2008年南方冰雪灾害，使公路应急管理能力遭受前所未有的严峻考验，触动了业内人士、政府部门乃至全社会的深刻反思，更进一步凸显出公路应急管理体系建设的重要性和紧迫性。

应急处置体系在全国公路行业中尚比较薄弱，还处于建设起步阶段，公路应急处置的体系结构和服务功能得到了初步的研究，公路应急处置平台和决策支持系统取得了基本的研究成果。但是，针对干线公路应急处置工作，在实践应用上仍存在预警监测力度不够，信息共享沟通不畅，统一指挥调度乏力，协调联动机制得不到有效落实等问题。目前国内该领域的发展趋势是建立完善的应急处置体系和科学的应急处置平台。

笔者针对干线公路应急处置的实际情况，结合多年来应急处置实践经验，阐述应用C/S、B/S网络结构技术研发公路应急处置与紧急救援支持系统，力图建立科学的应急处置决策支持系统的体系结构、服务功能、数据流图，进而为突发事件应急处置提供具有完善服务功能、应急响应和实施救援的决策支持平台。

1　系统的需求分析

当前国内公路应急处置体系建设还处于起步阶段，尚未真正建立起“职责分明、运转协调”的应急处置机构，缺乏科学高效的应急技术支撑系统，存在统一指挥调度乏力、信息共享沟通不畅、预警监测力度不够等诸多问题。对此，笔者对公路应急处置与紧急救援支持系统提出了新的应用需求：

①如何利用现有的通信、监控等资源，加强对重要时段、重要地段的实时预警监测。

②如何将应急事件现场信息、处置信息、结束信息第一时间上报到应急指挥中心，发布到路况信息平台、可变信息情报板，答复公众咨询，提供信息服务，实现信息资源共享。

③如何将应急事件信息进行分类、记录、转发、统计，实现信息数字化自动处理。

④如何远程指挥、调度离应急事件现场最近的车辆、人员赶赴现场救援，实现紧急救援资源的优化调度。

⑤如何远程指挥调度相关部门处置公路突发事件，增强远程监督相关部门参与应急处置的及时性，提高公路应急处置效率。

⑥如何在不同地区，不同部门之间建立互联互通的应急平台体系，实现数据和信息的共享，促进应急联动和沟通协调。

⑦如何利用实时网络监控，实现信息化管理考核。

2　系统的结构与服务功能设计

根据服务功能与逻辑层次，建立公路应急处置与紧急救援支持系统总体结构，如图1所示，其设计思路为：

①将系统分为应急事件信息采集子系统、公路应急处置与紧急救援支持子系统和应急事件信息发布子系统3个物理模块。

②3个物理模块组合起来完成系统数据流程设计的各项服务功能。

③应急事件信息采集子系统为实现服务功能提供事件的地点、类型和危害程度等基础数据；公路应急处置与紧急救援支持子系统实现各相关系统有效集成于同一操作平台，完成各项服务功能所需的方法和决策命令；应急事件信息发布子系统实现救援过程中的各种指令和信息的发布。

3　公路应急处置与紧急救援支持系统软件设计

3.1　软件结构设计

在系统结构和服务功能设计的基础上，运用B/S网络软件结构技术，选择编程语言、数据库管理系统、应用服务器等开发公路应急处置与急救援支持系统软件。应用该软件能够进行应急事件信息采集、发布，短信收发通知，道路实时监控监测，GPS监控查询，远程指挥调度等功能服务。软件结构设计如图2所示。

3.2　数据流程设计

应急事件处置涉及内部公路路政、养护、救援、收费等部门，外部交警、医疗、消防、安监等部门。其处置过程主要包括应急事件信息采集、应急事件鉴别与确认、应急事件响应及处置、应急事件信息服务、应急事件清障保畅等环节。主要目的是利用应急处置与紧急救援支持系统,合理调度应急处置力量,快速处置突发事件,尽快恢复道路交通,缩小事件影响范围。在事件处理的整个过程中,需要对现场连续监控并不断地调整交通管理方案,同时不断地向公众发布必要的信息。

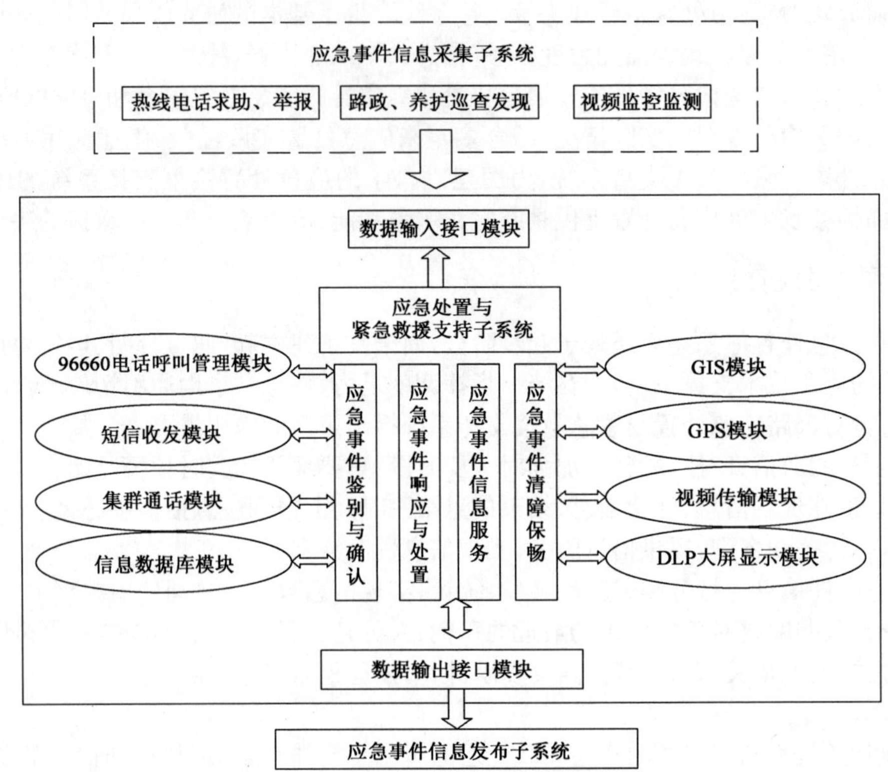

图1 公路应急处置与紧急救援支持系统总体结构

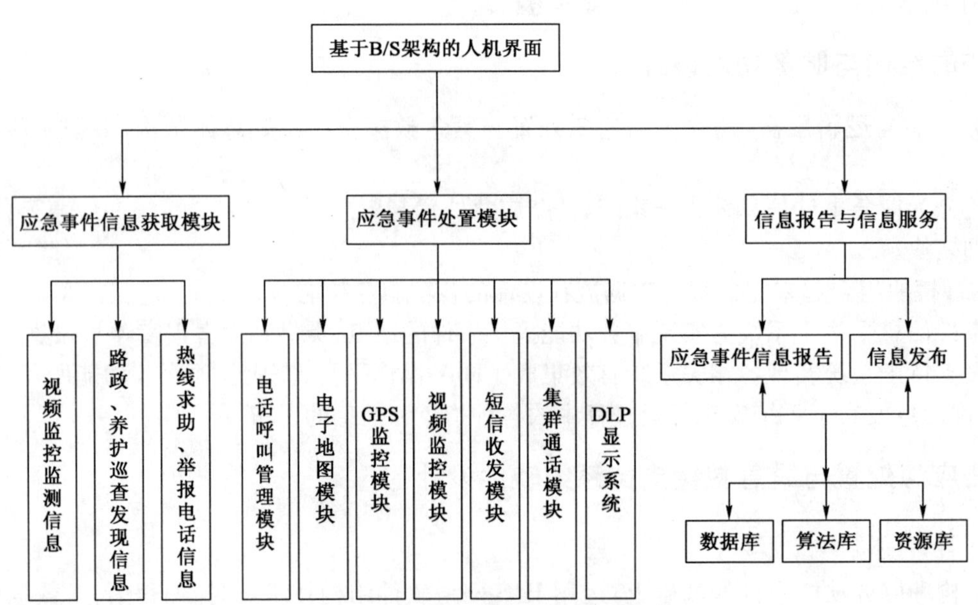

图2 公路应急处置与紧急救援支持系统软件结构设计

(1)应急事件信息采集

应急事件信息主要来源于道路视频监控监测、执勤人员巡查发现、驾乘人员热线求助举报三个渠道。信息采集工作对正确评估分析应急事件和采取及时有效的应急反应至关重要。因此要确保 96660 服务热线

24小时畅通、预警监测监控24h到位，指挥中心才能快速、准确地采集并迅速响应事件，从而最大限度减少事件持续时间，降低事件影响程度。

(2)应急事件鉴别与确认

对采集到的信息要及时通过集群通话通知路政、养护、救援等部门到现场了解情况，以便迅速确认事件位置、影响程度，确定响应事件所需资源。

(3)应急事件响应及处置

在确认应急信息后，可依托应急处置中心指挥平台(或个人控制终端)无线视频监控、GPS监控、电子地图等模块，共用DLP大屏幕作为显示系统，通过集群无线对讲，远程指挥调度路政、养护、救援、收费站等相关部门处置公路突发事件。同时，加强与外部交警、医疗、消防、安检等相关部门的协调联动，做好事件现场管理，制订道路抢通、疏散、绕行方案，及时上报处置信息，确保对事件的响应协调、有效进行。

(4)应急事件信息服务

对收集到的信息进行分类、汇总、审核，及时通过96660服务热线、跨路天桥电子显示屏、可变情报板、省市交通广播音乐台、省市公路门户网站等多渠道、全方位向公众发布道路通阻及预测预警信息，及时向过往驾乘人员通报道路阻断原因、预计恢复时间等信息。

(5)应急事件清障保畅

根据事件处置进度，包括人员救护，路政、交警现场勘察等情况，有效利用清障资源，先行将事故、故障车辆拖至紧急停靠带，或直接拖下高速公路，确保道路通行能力恢复到正常水平。

3.3 软件模块中各子系统的应用

(1)96660服务电话管理模块

通过电话呼叫管理，将96660呼入电话自动计入信息平台数据库，值班人员根据来电性质将来电信息分为“咨询、求助、投诉、内部”四大类，系统为值班人员接线、登记、处理、落实反馈等环节，提供信息录入、保存、查询、监控、打印、统计报表以及向手机和授权用户平台转发短信息等功能服务，较好地实现了信息数字化自动处理。

(2)电子地图模块

利用专用的电子地图(或开放的电子地图)支撑环境，实现以下功能：①标注公路路况信息。将计划性事件信息(公路养护施工、重大社会活动等)、突发性事件信息(交通事故、恶劣天气、自然灾害、社会安全等)引起的影响公路正常通行的(交通中断或阻塞)信息，及时标注到电子地图，并向社会发布。②标注公路节点信息。将高速公路、国省道干线公路起讫点桩号、收费站、服务区、公路站及大中型桥梁等重要节点桩号、名称信息全部标注到地图上，便于查询干线公路地理信息。③搭建地图信息平台。将公路路况信息、公路节点信息以及巡查车辆运行信息集中展示于同一地图界面，建立远程指挥调度平台。

(3)车辆GPS监控模块

对车载GPS系统和紧急救援支持系统进行二次开发，通过网络和软件接口，将全局路政、养护巡查车辆运行数据信息记入支持系统数据库中，并动态显示在电子地图模块上，实现对路政、养护巡查车辆实行定位、巡查情况记录、历史轨迹查询、远程指挥调度和监督考核等管理，并形成数据报表(统计车辆行驶里程、有效里程)，为管理部门提供考核依据。

(4)集群通话模块

针对应急处置一线人员业务移动性、突发性、紧急性以及应急处置需多部门协调联动等特点，利用电信PTT网络，为路政、养护、救援等部门统一配备无线对讲机，实现集群无线对讲，实时交换信息，提高信息报告、发布和共享的效率。

(5)短信收发模块

在信息平台上通过短信模块，与短信网关或短信MODEM进行交互，通过收发短信息向相关领导报告公路路况信息、向现场工作人员发送指挥调度信息或接受前端工作人员的短信反馈，且通过信息平台转发的短信息具有双向功能。

(6)中心显示模块

中心部署 DLP 大屏幕、LED 信息屏、计算机等信息显示设备，通过信息平台的集中控制，将现场视频、语音、道路状态、车辆状态、人员状态等投放到显示设备上，在处置公路突发事件或有业务需要时，相关领导、部门可以利用应急处置中心指挥平台(或个人控制终端)视频监控、GPS 监控、电子地图等模块，共用 DLP 大屏幕作为显示系统，通过集群无线对讲，调度养护、救援等相关部门协作配合，指挥处置公路突发事件。

(7)视频传输模块

利用通信服务商的物理链路(SDH，VPN，3G 等)将前端现场计算机信号、视频信号、语音信号传输到指挥中心，集中控制和显示。

①固定视频监控。整合监控资源，加强对高速公路、国省干线公路重要路段、大型桥梁、隧道、大型互通式立交桥、收费站、治超站、服务区等重点目标的日常监测与监控，对如恶劣天气等各种交通异常信息进行有目的的监测、汇总和分析，提前发布预警信息，实现有效的事前预防。

②移动视频监控。在全局部分路政、养护巡查车上安装视频摄像、传输设备，利用 3G 无线网络将道路现场影像实时传输到应急指挥中心，通过 DLP 大屏幕或个人终端(电脑、手机)第一时间掌握道路现场车辆通行情况、道路养管状态，指挥处置公路突发事件。

(8)信息发布模块

系统平台增加内部信息和公众信息发布模块，通过相应的网络和通信链路，将影响道路正常通行的路况信息随时发布到信息平台“动态信息”栏，标注到“电子地理信息地图”，并链接到市局网站、道路 LED 系统或城市 LED 系统向社会发布，既能够为相关职能部门提供提醒或监督调度等功能，又可以方便社会广大群众及时了解出行信息。

(9)数据接口模块

平台具有良好的扩展性和持续拓展功能，能与 DLP 大屏幕、视频监控、GPS 监控、LED 显示屏、集群通话、市局网站、OA 办公内网、路政管理系统、道路信息显示等系统顺利衔接，使各功能系统与应急处置、紧急救援支持系统有效集成于同一操作平台。

3.4 网络硬件与开发软件的支撑环境设计

(1)网络硬件的支撑环境设计

系统整体构建在安全可靠的网络平台上，利用通信服务商的物理链路(SDH，VPN，3G，GSM 等)，通过中心三层网络交换设备和安全设备，将前端现场计算机信号、视频信号、语音信号、车辆运行数据等传输到指挥中心，集中控制和显示。中心平台采用 IBM3650 高端服务器，并进行双击热备，保证系统的运行效率及稳定性。系统网络结构采用 B/S 结构，适用于互联网，支持更多用户，扩展性好。

(2)开发软件的支撑环境设计

服务器操作系统采用最新的 Windows2008 Server，具有更强的稳定性和兼容性。PC 终端操作系统采用 Windows XP；数据库采用 SQL Server 2008，是最新版本的 SQL Server 数据库，具有更高效的数据处理机制，同时兼容之前的所有版本；Web 服务器软件采用 IIS；开发软件主要采用了 Microsoft Visual Studio 2008 和 C++。

3.5 开发技术支撑环境设计

(1)广域网通信技术

由于辖区各路政、养护、救援及监控分中心与指挥中心距离较远，对数据采集及信息发布的时效性要求较高，因此系统考虑采用以 SDH 链路为核心的广域网通信技术。以应急指挥中心为核心，呈发散性布局，将各路政、监控、救援等部门实时接入核心网络，共享信息资源。在应急指挥中心建立核心数据库，通过 IIS 服务，实现 B/S 体系下的系统应用。

(2)3G 技术

随着 3G 技术逐步走向应用，利用 3G 无线网络实时传输现场视频，将极大地提高应急处置效率。鉴于此，我局为路政、养护巡查车辆装备了无线视频传输设备，通过 3G 无线网络，将道路现场影像实时传输到应急指挥中心，实现远程指挥调度处置公路突发事件。此外，可以随时监控应急事件现场当前位置和处置状态，有效实现了信息化管理考核。

(3)PTT 通讯技术

应急处置工作需多部门快速反应、协调联动、信息互通共享，采用传统一对一通话方式，影响了应急处置效率和信息服务质量。依托中国电信手机 PTT 网络，在一部手机上实现全市 PTT 对讲调度及普通语音、短信通信功能，并能实现全市智能网组建，实现缩位拨号。

(4)流媒体技术

由于实时网络监控范围广，包括普通路收费站，高速路收费站、服务区及道路监控、路政巡查、养护巡查车辆等，监控、查看人员多，涉及业务科室包含路政科、养护科、征收科、应急指挥中心等多个科室。在查看相关视频时难免有重叠性，而查看视频的人员越多，视频越不流畅，无法满足正常的业务需要。为此，我们采用了流媒体技术，即在使用端的计算机上创建一个缓冲区，在播放前预先为下一段数据作缓冲，当网路实际连线速度小于播放速度时，播放程序就会取用一小段缓冲区内的数据，这样可以避免播放的中断，使得播放品质得以保证。

(5)短信收发和点击呼叫技术

建立短信网关，根据应急事件信息影响程度，及时向相关领导报告公路路况信息、向现场工作人员发送指挥调度信息或接受前端工作人员的短信反馈，起到通知或提醒的作用。通过平台转发的短信具有双向功能，即通过系统转发的短信息带有编码，按照转发编码回复的短信能自动回传到原转发信息办理情况记录栏，实现信息自动记录处理。

同时，系统具备点击呼叫功能，操作人员可以通过平台点击呼叫来电号码答复来电，或呼叫电子地图车辆信息电话号码，就近指挥调度一线人员处置突发事件。

3.6 应急处置与紧急救援支持系统应用

目前，该系统已应用于临沂市公路应急处置中心，实践证明，该系统对于解决信息沟通不畅、预警监测不力、协调联动乏力等问题，有效地减少应急事件信息采集及确认时间，提高应急事件响应及处置效率，提升信息服务水平，加快信息化建设等方面作用越来越明显，取得了显著的社会和经济效益。

4 结语

(1)根据公路应急处置与紧急救援决策支持系统的现状，阐述了建立高速公路路网紧急救援的联动机制，紧急救援一体化信息平台，开发路网紧急救援决策支持软件等新需求，提出了开发基于路网信息化应急处置与紧急救援支持系统软件所需实现的服务功能。

(2)根据需求分析，设计了构建公路应急处置与紧急救援决策支持系统的体系结构，分析了结构中各个模块的构建内容和所能实现的逻辑功能。

(3)设计了公路应急处置与紧急救援决策支持系统构建和运行所需的硬件和软件支持环境，给出了软件数据流程图和 B/S 网络软件结构技术的应用途径，为建立以市局应急处置平台为中心，以高速公路管理处、县区局等为节点，上下贯通、左右衔接、互联互通、信息共享的分布式应急处置与紧急救援支持系统软件提供技术路线。

(4)探讨了以公路应急处置与紧急救援支持系统为平台的 96660 服务电话管理、电子地图、GPS 监控、视频监控、集群通话、短信收发、信息发布、DLP 大屏幕、数据接口等系统应用。上述系统的集成应用，对于建立实时网络监控，实行信息化管理考核，完善应急处置远程指挥调度体系、实现应急处置平台体系及其业务系统和技术支撑系统的有机结合等方面起到有效的技术支撑，对于明确公路应急处置与紧急救援支持系统功能与作用起到科学的定位作用。

参考文献

[1] 康省桢,徐勇,王宜伟,罗炎.我国高速公路突发事件应急处置现状研究[J].工业安全与环保,2008,34(1):40-42.

[2] 杨晓光,彭国雄,王一如.高速公路交通事故预防与紧急救援系统[J].公路交通科技,1998,15(4):46-51.

[3] 郑黎黎,丁同强,成卫.高速公路交通事件管理智能决策支持系统[J].昆明理工大学学报(理工版),2004,29(6):118-121.

[4] 吕保和,王明贤,肖建兰,等.我国高速公路交通事故应急救援体系的构建[J].中国安全科学学报,2006,16(7):76-80.

[5] 柴干,周家铭,濮居一,周莎莎.高速公路紧急救援决策支持系统的设计[J].中国安全科学学报,2007,17(5):58-63.

[6] 钟连德,孙小端,陈永胜.高速公路突发事件应急管理系统[J].公路,2006(1):127-130.

[7] 刘峰.高速公路全程监控系统及应急处置协同工作平台的研究[D].上海:复旦大学,2006.

[8] 陈睿,韩春梅,朱健,等.高速公路应急救援指挥软件系统的设计[J].交通与计算机,2001,19(5):26-29.

浅谈应急资源优化管理

许 蓓 李 冰 焦麒麟 沈 志

(淄博市公路管理局 淄博 255000)

摘 要:应急资源在应急管理工作中具有举足轻重的作用。加强应急资源优化配置是开展应急管理的主要内容,合理优化的应急资源配置对提升应对突发事件的科学技术水平和应急能力具有非常重要的意义。本文探讨了公路应急资源优化的需求、选址、配置及调度,对公路工作的应急管理工作提出了自己的看法。

关键词:应急资源 优化管理

On the Optimal Management of Emergency Resources

Xu bei Li Bing Jiao Qilin Shen Zhi

(Highway Administration Bureau of Zibo Zibo 255000)

Abstract: Emergency resources play an essential role in emergency management. Optimal allocation of emergency resources is the main issue of emergency management, as reasonable and optimal allocation of emergency resources is of great significance to improve the scientific response to sudden incidents and the ability to deal with emergency. This paper explores the requirements, site selection, allocation and dispatching of optimal highway emergency resources, and presents views on emergency management in highway administration.

Keywords: Emergency resources Optimal management

0 引言

随着国家经济社会的迅速发展,改革开放30年来,全国公路总里程已接近400万km,公路发展的突飞猛进,也为公路的安全生产带来新的挑战,为最大限度预防和降低突发事件发生及造成的影响,保障生命财产安全,维护社会稳定,促进经济社会全面、协调、可持续发展,就必须要做好应急管理工作,而应急资源的优化在应急管理工作中又具有举足轻重的作用。加强应急资源优化配置是开展应急管理的主要内容,合理优化的应急资源管理对提升应对突发事件的科学技术水平和应急能力具有非常重要的意义。

国务院发布的《国家突发公共事件总体应急预案》(简称《总体预案》),要求“各有关部门要按照职责分工和相关预案,做好突发公共事件的应对工作,同时根据总体预案切实做好应对突发公共事件的人力、物力、财力、交通运输、医疗卫生及通信保障等工作,保证应急救援工作的需要,以及恢复重建工作的顺利进行。”同时要求“建立健全应急物资监测网络、预警体系和应急物资生产、储备、调拨及紧急配送体系,完善应急工作程序,确保应急所需物资和生活用品的及时供应,并加强对物资储备的监督管理,及时予以补充和更新。”目前国内公路应急救援中应急资源的优化配置等方面的管理,还存在诸多问题有待解决。首先,应急管理体制造成资源不能适时的、合理的储备,应急资源得不到科学的优化配置。应急资源的管理工作一直处于分散无序的状态,没有从统一、整体的角度来充分考虑配备应急资源。

其次,应急救灾资源的管理低效,缺少应急资源配置标准和考核标准。大多是自备自用,很多时候出现事后紧急筹集、调配或者重复储备,使各种已有资源不能实现有效整合,应急资源没有系统管理,合理利用。

如何应用科学的方法对公路应急资源进行优化管理,成为公路应急管理方面一个迫切需要解决的问题。

1 公路应急资源的优化管理

鉴于目前公路应急资源优化配置中存在的问题，当前应集中解决好多种应急资源的优化管理问题。

应急优化管理应包含如下内容：

①应急资源的需求评估；②应急物资的储备；③资源的优化配置和调度。

应急资源优化管理实际上就是发挥应急资源最大效用的问题。对应急目标进行风险分析，全面评估应急资源需求，在弄清资源需求后，才能进行需求应急资源的储备选址以及资源的优化配置和调度。

1.1 应急资源的需求评估

(1)首先要根据不同情况进行需求评估

要对公路风险情况进行评估调查，摸清公路应急工作中可能出现的应急事件及可能带来的事故风险，要结合公路所在地的实际情况来评估。评估要结合道路实际，所处地理环境、气候环境，也要根据以往发生的突发事件情况等来综合评估。比如山区道路和平原公路的资源配置需求是不一样的，北方和南方因气候不同，在冬季对应急物资的需要不一样，易发生事故路段和安全路段也要区别对待。

(2)需求的评估要科学合理

一是应急物资的需求评估要由专业人员进行评估，要根据公路所在当地的气候、路况、地理条件等因素综合评估；二是要有管理部门人员参加，管理部门尤其是一线管理人员对当地公路路况、公路突发事件发生情况及应急工作的实际开展具有丰富的经验；三是评估工作要密切结合灾害发生的概率，以及由灾害产生的次生事故需要；四是要形成评估报告，注明应急资源的需要原因，并根据实际情况，及时完善修改。

1.2 应急资源的储备

(1)应急资源的选址

应急设施、物资的选址决策对应急资源管理至关重要，因为设置在合理位置，不仅可降低成本，而且还能保证应急救援的时效性，从而最大可能地减少人员伤亡和财产损失。应急设施的选址决策是一项系统工程，要考虑政策、法律、技术、安全、经济和社会等方面的因素。同时选址也要考虑目标区域的风险分析结果，只有这样才能使选址科学合理。

(2)应急资源的选址原则

公路应急资源的选址应符合相应的技术规范和安全标准。从经济因素考虑应急选址的合理性主要是考虑直接与间接的运行费用。从社会因素考虑选址，即这些资源设立后产生的社会效益，重大突发事件发生后，这些资源在救灾减灾方面产生的直接效用和间接的社会效应。从实际情况来看，储备应急物资还要考虑应急的时效性与经济性的合理化，配备应急资源的覆盖面积过大则影响救援时间，覆盖范围太小则操作难度大，经济费用高，对于公路应急资源又具有自己点多面广的特殊性，所以在进行选址时，需要从不同的角度考虑问题。

(3)应急资源选址理论与方法的研究

在应急准备阶段，根据风险分析结果，研究覆盖优先排序问题，并对应急选址问题进行研究，构建应急设施优化选址模型，实现应急设施的最优覆盖。针对不同的应急目标，动态的、多重心的应急选址，解决应急资源的数量、容量及位置，以及储备的物资量、应急资源的覆盖范围、应急资源的供给能力和应急资源库存配置与运输的优化问题。根据不同的应急目标，选择不同的覆盖要求，优化不同目标下的覆盖率，得到最优覆盖。

公路应急资源的选址具有自身的特殊性，需要结合季节性、路段特殊性、道路周边环境、储存地点的合理性等因素综合考虑。从季节性来说，夏季和冬季的应急资源需求是不一样的，资源的种类也不尽相同，要根据当地气候特点在特殊季节到来前选取物质储备点，如北方冬季防滑物资可根据道路情况，遵循就近、合理的原则沿路储备，而夏季砂石料因具有一定的商品价值性，就需要相对集中场库储备，优先考虑救援的时效性与覆盖面积；从路段的特殊性来看，要综合考虑路段所在地区的特殊性，综合考虑救援工作的难度与救援的开展等，总之公路应急资源的储备地点的选取具有很大的复杂性，要做好资源选址就必须实际出发，综合考虑应急工作诸多因素，综合考虑，科学选址。

1.3 应急资源配置和调度问题

资源的合理配置与调度包括两方面内容：一是灾害发生之前应急准备阶段，资源的合理配置问题；二是在灾害发生中和发生后，即应急响应和恢复阶段资源的合理调度问题。

(1)应急资源配置与调度的原则

依据灾害发展趋势和影响范围预测，结合灾害发生环境，实现不同时间、空间尺度内，灾害发展速度、方向、范围、危害等参数的应急资源配置预测，并根据灾害严重程度、风险区大小等，构建与灾害发生、发展、结束整个灾害过程相适应的，多灾种、多物资、动态的应急资源优化配置调度。

(2)应急资源配置与调度

应急资源要根据应急资源的需求评估来进行配置，应急资源的配置应避免传统管理模式下各种应急资源配置过程中的重复、缺项以及资源管理低效等问题。

应急资源的调度要根据现有的资源配置情况和生产需求，调动库存资源来满足应急需求，除了要考虑能否满足利润最大化原则外，还需要结合突发事件的特点进行考虑：

①时效性和紧迫性：应急管理中的资源调度应该以反应时间最小为首要原则，这是由突发事件本身的特点所决定的。时间紧迫性是应急问题最显著的特点，突发事件发生后，应该以最快的速度进行救助，尽量将损失减少到最小程度，时间效率高于经济效益。

②动态性：突发事件发生时，状况是不断变化的，这与一般的资源调度需求任务有很大不同。救助工作不是单一阶段的工作，而是根据事故发生和事故发展的情况进行动态的多阶段的资源调度。

应急资源调度并不十分侧重于经济性，属于资源调度时间最小化和费用最小化的多目标规划问题。但由于公路应急工作的不确定性，导致所需物资的种类较多，并且随着实际情况的布点变化，需求量可能会发生变化，从而使得应急调度更加困难和复杂。

应急资源的配置与调度，首先应根据风险分析结果及不同的应急目标要求，对目标区域的风险进行排序，再根据排序结果进行资源优化配置调度，充分利用各种应急资源，实现应急工作的效益最大化。

①根据风险评价结果考虑应急工作的发展变化情况，估算不断变化的应急资源需求，及时进行配置完善。

②优化资源配置、地点选址。

③建立多方应急联动模式，与当地相关部门、应急队伍建立应急联动，使应急资源的利用、配置、调度实现区域最大优势化。

④充分运用定位系统等现代化工具，对应急资源进行数字化管理，逐步引进物联网等先进科学技术，提高资源配置、调度的现代化水平。

2 结语

应急资源优化管理主要包括应急资源需求评估、应急资源的选址及应急资源配置与调度等方面的内容，全面做好应急资源的优化管理工作中的各个环节是全面做好应急管理的基础。

通过对应急资源优化管理领域的讨论与研究，丰富了应急资源优化管理理论，对公路应急资源管理有一定的实践借鉴意义。

参考文献

[1] 刘茂，吴宗之. 应急救援概论[M]. 北京：化工出版社，2004.5.

[2] 方磊. 基于偏好DEA模型的应急资源优化配置[J]. 系统工程理论与实践，2008. 5.

[3] 周晓猛，姜丽珍，张云龙. 突发事故下应急资源优化配置定量模型研究[J]. 中国科技论文在线，2007,7(6).

[4] 王成敏，孔昭君，杨晓珂. 基于需求分析的应急资源结构框架研究[J]. 中国人口·资源环境，2010,20(1).

云南六曼公路建设保通及应急管理措施探析

杨华勇

(云南六曼公路建设指挥部　保山　678000)

摘　要:2010年起云南全省52条二级公路将全部上马开工建设,周密部署安排安全保通工作,并做好突发事件的应急准备管理成为六曼公路和全省52条二级公路改造建设工作中的一件大事。安全保通工作是一个完整体系的应用,包括事前预防、过程控制和应急管理等方面的内容。在实际工作中除健全保通工作机制,切实制定保通管理制度和措施并加强过程控制外,应急管理的作用不容小视。从目前公路建设管理体制着眼,结合六曼公路保通工作措施的实施,保通应急管理体系建设应遵循"基础在从业单位、协调在建设单位"的原则,以各从业单位应急管理体系为基础,全面加强组织体系、运行机制和应急能力建设。

关键词:公路建设　保通　应急管理措施

Exploration and Analysis of Measures for the Construction and Smooth Flow of Yunnan Liuman Highway and Measures for Emergency Management

Yang Huayong

(Yunnan Liuman Highway Construction Commanding Department　Baoshan　678000)

Abstract: Since 2010, fifty-two second grade highways have begun construction in Yunnan Province. Considerate planning and arrangement of safety and smooth flow of Liuman Highway and other fifty-two second grade highways, and good preparation for emergency management of sudden incidents became a major issue in the construction and renovation of highways in Yunnan Province. Ensuring safety and smooth flow is a comprehensive system including advance prevention, process control and emergency management. In practice, the role of emergency management should not be underestimated, besides a complete working mechanism of ensuring smooth flow, establishment of management system and measure for smooth flow, and strengthened process control. Based on the current management system of highway construction, coupled with the implementation of measures for ensuring smooth flow of Liuman Highway, this paper finds that emergency management system to ensure smooth flow should abide by the principle of "construction party as the basis while the owner as coordinator", and that emergency management system builds on emergency management system of construction parties to comprehensively improve organization system, operation mechanism and emergency coping ability.

Keywords: Highway construction　Ensuring smooth flow　Emergency management measures

0　引言

根据云南省政府、交通厅的有关部署和安排,2010年起云南全省52条二级公路将全部上马开工建设。据调查情况看,这些道路大部为地州之间或地州内部各县、乡之间的联络干线,穿村越镇,沿线人口密度高,对地方沿线经济的发展有着积极重要的作用。新建52条道路大部在原有低等级道路上改造,平交道口多,施工干扰大,和原有老路交叉路段多。从设计上看,道路部分新建路段新老路水平落差路段多,例如六曼公路部分新老路之间的横坡比达到70°的段落就有3段长约5 km。新线作业无法避免对既有老路通行安全造成隐患。为此,保证新建道路的顺利进行的同时,又要保证沿线人民的基本通行、运输需求及通行安全,安全保通工作的压力非常大,安全保通工作的形势非常严峻。周密部署安排安全保通工作,并做好突发事件的应急准备管理,成为六曼公路和全省52条二级公路改造建设工作中的一件大事。

1 云南六曼公路保通情况

在实际工作中,云南六曼公路建设指挥部通过分析六曼公路生产建设过程中存在的三多、两大、两保证、一唯一等问题(即该原有道路为沿线一乡、一镇之间及乡镇到两地州之间唯一的通道,平交路口多、新老路交叉路段多,新老路水平落差路段多,沿线车流量较大,沿线百姓人口流动大,施工的同时必须保证原有道路的通行,必须保证通行的安全),采取了以下措施开展安全保通工作。

(1)分级分别成立了指挥部及各合同段安全保通工作领导小组,由各相关单位的分管领导挂帅,将安全保通工作责任层层进行落实。

(2)同时积极会同交警、安监部门共同制定了专项安全保通方案,经征得两州市同意,施工期间对道路实行分时段封闭施工,并将方案在两地的媒体上对社会公告。既保证了有效的施工时间,又不误过往行人、车辆的通行。

(3)指挥部专门拨出专项资金在线路起点和终点设置岗亭,委托交通武警执勤,按照公告的规定,严格控制外部车辆进入施工区域,减少施工干扰和安全隐患。同时为规范保通管理,六曼公路还配置了120多名经地方交警部门培训合格的保通人员上路执勤,分段落进行交通管制,有效保障施工安全。

(4)对新老路水平落差路段除专门设置保通人员,严格分时段封闭、及时清排老路上方危石浮石外,还部分采并用被动防护网(钢管立柱挂钢丝网)在老路上边坡进行防护,以防止新线施工造成的落石、浮土滑落伤及行人、车辆,消除安全隐患。

(5)指挥部及监理、沿线各施工单位分别根据各单位的实际制订专项保通应急预案,储备一定的应急物质、设备。

从六曼公路开工至今无保通安全责任事故发生,证明以上措施的切实有效性。但同时应急预案各项措施的有效性和各合同段应对突发事件的能力在实际工作也因此并未得到检验。

安全保通工作是一个完整体系的应用,包括事前预防、过程控制和应急管理等方面的内容。在实际工作中除健全保通工作机制,切实制定保通管理制度和措施并加强过程控制外,应急管理的作用不容小视。但在工程建设保通实际工作中应急管理往往被作为一个单独的内容和具体保通工作分隔开来,未得到应有的重视和加强,主要存在以下几个方面的问题:

(1)应急预案体系不健全,专项预案可操作性不强。缺乏层级相互匹配、内容相互衔接的各种专项处置预案。同时现有公路应急预案总体上原则性要求多,可操作性不强,缺乏常态性演练,可能导致预案启动后反应不及时,协调不顺。

(2)缺乏有效的沟通协调机制,应急处置效率不高。建设单位及各监理、施工单位之间缺乏强有力的应急协调机制;信息共享、应急联动机制尚未形成;各单位之间以及各单位与外部之间的协调配合亟待加强,尚未实现本施工区域内外应急工作统一指挥和调度。

(3)应急资源缺乏有效整合,应急处置队伍的素质水平有待提高,应急管理资金尚未保障。应急物资和设备分级分类储备体系尚未建立,物资及设备的数量和种类并不能完成满足应急需要。

分析上述应急管理工作中存在的问题,从目前公路建设管理体制着眼,结合六曼公路保通工作措施的实施,保通应急管理体系建设应遵循"基础在从业单位、协调在建设单位"的原则,以各从业单位应急管理体系为基础,全面加强组织体系、运行机制和应急能力建设。

2 保通工作采取的措施

2.1 加强应急组织体系建设

解决应急管理能力不足的问题,必须在现有管理体系框架下,建立上下衔接的应急管理机构。形成整体,相互联动。具体做法是:按照预案,建设单位、监理及施工单位分别成立了保通应急工作领导小组,明确了各级各部门的职责、任务。

指挥部保通应急领导小组及其办公室主要负责本项目保通工作的运行监测及各类公路交通突发事件的预警、应急处置、指挥调度和信息发布,并指导以下两级应急保障队伍建设和物资储备工作,组织日常应急演练。

总监办保通应急领导小组及其办公室。由监理单位设立。负责审核施工单位保通应急预案的实施性、可操作性,根据指挥部保通应急领导小组的决定和现场情况,指导、监督各施工单位按照预案开展应急救援工作。包括提出启动预警状态和应急响应行动建议,收集、上报、发布信息等。

施工单位应急领导小组。根据本施工地段的具体情况,制定和完善安全保通应急预案,组织应急队伍建设和应急物质储备,负责日常监控、信息收集,消除整改事故隐患,在应急状态下具体处置突发事件。

在灾害或突发事件发生后,保通应急领导小组迅速运作,统一组织指挥,按照既定的职责、任务,分工负责,实行"一级抓一级、一级对一级负责"的工作责任制,保证应急保通工作的处置落实到位。

2.2 建立、健全和完善各类应急处置预案,奠定应急救灾处置工作制度基础

针对目前专项预案无针对性或可操作性不强等问题,必须充分认识到建立、健全和完善各类应急处置预案工作的重要性和必要性。在具体工作中应根据可能发生的各类事件,分类制订和完善相应的应急预案和措施。诸如《应对特殊恶劣气候条件保障道路安全畅通工作预案》、《汛期道路交通安全管理工作应急预案》、《自然灾害保通应急救援预案》等应急处置工作预案,从适用范围、组织领导、工作职责、工作流程、组织协调、应急措施等方面分门别类地作了明确具体的规定,并不断健全和完善,为科学决策指挥、快速协调反应、有效利用资源、合理调配力量、及时准确应对,切实做好道路保通工作提供详实的理论依据和制度基础。

2.3 推广联动机制,形成区域联动、部门互动、协调有序的应急管理机制

运转高效的多部门协调和联动机制是安全保通应急管理体系建设的关键。

(1)建立预警信息快速通报与联动响应机制。各单位之间应建立互通联动的信息平台,并通过建立公安、气象、交通等部门的联络机制,确定不同类别预警信息的通报渠道,建立预警信息快速沟通渠道,形成较为快速有效的预警及突发事件信息的沟通,提高信息发布的时效性、完整性、准确性和一致性。

(2)建立统一指挥调度机制,统一调度指挥各方面力量。实现路警"统一指挥调度、统一使用资源、统一接警号码、统一巡逻执法、统一处置程序、统一信息共享",形成有机的应急救援统一体。

(3)建立相关部门联动机制,保证建设项目内部之间及项目与外部交通、路政、气象、运输等部门的沟通协作和联合处置。

2.4 提高应急能力建设

应急能力建设是满足和保证有效应对突发事件和恶劣天气下保通应急工作的必要手段、技术支撑和重要力量,主要包括三个方面。

(1)应急平台建设。这个平台应该包括日常监测监控、突发事件预警、动态跟踪、资源调配、调度指挥、多方联动、事后处置等功能。通过建设从业单位内部和外部联动机制的建立,通过共享信息资源的有效支持和应急救援统一体的形成,达到应急管理的联动响应应急平台。

(2)具备一定应急处置能力应急队伍的建设。这只队伍的建设可以从在从业队伍中挑选人员,专业素质集中培训等方面来加强。但如此一来,不但耗时,而且成本较高,在二级建设时间短、任务重的情况下不具备可行性。笔者认为,应急队伍建设应从基础开始,从以下三个方面开展:

①加强目前各从业单位应急救援队伍的教育培训和应急演练使之掌握一定的自救和应急处置知识及能力。

②在从业单位中挑选一支具备一定应急救援能力的队伍,作为整个项目应急救援的机动骨干力量和重大突发事件的专业与突击力量,进行重点专业素质培训和应急设备、设施储备。同时在安全生产费用中,对这只应急队伍给予一定的专项费用拨付,保证企业合法利益。

③健全联动机制，保证与外部专业应急队伍的协调与沟通。

(3)物资设备保障。根据道路建设情况和各从业队伍的分布情况，进行合理布局、统筹规划，按照具备一定辐射范围分别建立各应急物资储备中心，储备一定的公路抢通物资、机械设备、防护器材等，保证突发事件下应急救援物质的及时到位。

2.5 加强宣传教育、路面管控以及疏导工作

(1)加强交通安全宣传。把交通安全宣传作为保通和应急救援工作中一项重要内容，通新闻媒体，采取媒体播报、发布短信、电子显示牌提示、发放安全提示卡等多种途径，提前向社会公告交通管制措施情况，加强对交通及路况信息的宣传通报工作，引导群众安全出行，同时充分利用各交通安全检查服务站和执勤岗点，力所能及地为过往车辆和群众提供服务。

(2)加强道路交通疏导工作。以保障道路交通安全畅通为第一要务，紧紧依靠公路沿线各级党委、政府，紧密联系交通、公路养护、路政管理等相关部门，深入发动群众和各方力量，对受暴雨、汛期等恶劣天气和各种突发情况影响的道路，加大道路安全保障工作力度。尽量减少封闭道路，只要能满足车辆基本通行条件的，尽量不采取交通管制措施。在道路具备安全通行条件的前提下，优先保障电力、通信等应急救灾车队，以及客运、生活必需品等运输车辆的通行；采取间断放行、分段放行、施工路段限速等多种方式和措施，引导车辆分批安全通行，做好交通疏导工作。对确实不具备通行条件的，坚决、果断地采取道路封闭措施，及时做好受困人员的服务工作，并抓住气象条件转好等有利时机，多采用间隔放行等应变措施，减少滞留车辆和人员。同时，提前做好道路通行工作准备，一旦道路状况好转，具备安全通行条件，尽快恢复交通。

(3)加强路面管控，对发生的道路交通事故能采取简易程序处理的，积极配合交警部门以尽快恢复路面通行为原则，一律从简、从快处理，做到快速处置、快速撤离、快速放行；加强远距离分流，科学合理地选择分流点，避免形成局部堵点，特别是防止新老路水平落差路段的堵车现象，以免造成意外事故发生；积极协调有关部门在新老路交叉路段、平交道口、临水临崖等易发生事故路段增设安全提示标志和标牌，实施重点管控。

(4)在应急处置阶段，应加强与周边各地(州、市)交警部门联系，通过电话、传真等形式将施工路段的道路情况信息及时通报到相邻地(州、市)交警支(大)队，协助地方有关部门和沿线政府做好信息发布和告知，提前劝返、分流车辆，避免交通阻塞范围扩大；及时向电台通报，向各交通运输部门通报，及时通报到广大驾乘人员。保证应急和道路疏散工作的顺利开展。

参 考 文 献

[1] 高速公路应急管理体系建设的基本思路.中国中央党校.2010.

[2] 高速公路应急管理体系建设的思路.清华大学领导力培训项目网.2010.

昆明市交通应急平台建设与运用

刘代昆

(昆明市交通运输局　昆明　650032)

摘　要:本文主要阐述了昆明市交通应急平台建设的基本内容、依据、技术要点情况。并通过桌面和实战演练,介绍了交通子系统的应用等方面的情况以及应用中的一些看法。本文通过对市级交通应急子系统的介绍,为今后同类工作提供借鉴。

关键词:交通　应急平台

Construction and Application of Traffic Emergency Response Platform in Kunming City

Liu Daikun

(Kunming Municipal Bureau of Transport　Kunming　650032)

Abstract: This paper deals with the specifics, justifications, and main technical points involved in the construction of traffic emergency response platform. By means of on-screen display and field drill, it introduces the application of traffic subsystems and some views on the application. This paper is intended to provide some implications for future emergency responses by an introduction and explanation of emergency response subsystem at municipal level.

Keywords: Traffic　Emergency response platform

1　前言

1.1　建立健全昆明市交通突发公共事件应急机制的重要性

交通是国民经济的大动脉,是基础产业,交通在处置突发公共事件中一直处于主导地位。因此,建立健全昆明市交通突发公共事件应急机制,为昆明市政府排忧解难,即是贯彻落实“科学发展观”的重要内容,也是目前昆明市行政区域内交通各部门的一项迫切任务,昆明市、县两级交通部门以及交通企事业单位要从实际出发,努力提高应对复杂局面,处理交通突发事件的能力。

1.2　交通应急子系统概述

昆明市应急平台是实现市政府协调指挥各相关部门,处理各类突发事件和向公众提供社会紧急救助服务的联合行动系统,其中,昆明市交通应急平台是昆明市应急平台中一个重要的子系统。它涉及道路桥梁工程、客货运输、危险品运输、水上安全和运输以及各种运力维护保障等。

交通应急平台建设是交通应急管理的一项基础性工作,对于建立和健全统一指挥、功能完善、反应灵敏、协调有序、运转高效的交通应急机制有着重要意义。交通应急平台建成能加强交通内部各企事业单位之间的配合与协调,对交通突发事件做出有序、快速、高效的反应,能为昆明的公共安全提供强有力的交通保障。

昆明市交通应急平台软件能满足昆明市交通突发事件处置工作的需要,为交通突发事件的处置提供充足的信息和资源,在此基础上实现交通突发事件处置的信息化、自动化和智能化。能对处置情况进行自动记录和科学评估,实现交通应急管理日常工作的信息化。

2 交通应急平台建设目标

昆明市交通运输局以昆明市政府应急平台的建设为契机，逐步推进交通应急平台体系建设，分阶段完成具有交通突发事件监测监控、信息报告、综合研判、辅助决策、指挥调度等功能，能够获取现场图像和音频信息的交通应急平台体系建设。

(1)信息报告

能使用电话、网络、无线、传真等方式接受各县(市)区交通局及市属交通企事业单位报告的交通突发事件信息，完成对各交通企事业单位的指挥调度，满足各平台间数据、音频、视频等信息综合传输的需求。

(2)数据处理

建立统一的处置记录数据库，生成各种分析报告，充实和完善交通预案数据库，为交通应急处置、指挥调度和决策分析提供支撑，建立科学化管理体系。

3 交通应急平台软件技术规范

采用B/S(即浏览器/服务器)和智能客户端的体系结构定制开发，用户可以在任何具备浏览器的客户端上通过网络进行业务的处理；系统能满足多种具体功能要求。

3.1 提供智能模块

根据交通突发事件的基本要素，依据事件链和处置模型，生成事件处置方案，调用基础支撑系统和其他功能模块，完成指挥调度、综合研判、辅助决策、监测监控、事件预测等操作。将交通突发事件处置流程信息化、自动化、智能化，提高交通突发事件处置的科学性和有效性，减少人为因素造成的工作失误。处置方案包括要能自动搜索相关交通预案、案例，以记录形式在方案中显示，以链接形式打开查阅。事件处置流程包括事件处置的责任单位、协作单位、职责分工、分管领导、专家资源、救援力量、救援物资、可能引发的次生事件内容，并链接相关单位的信息、资源、电话，调度相关功能模块，完成电话呼出、短信发送、网络指令等指挥调度操作，将操作结果自动加载到处置记录中。处置事态，依托交通地理系统，显示事发地地图及周边危险源、重点部位、救援力量态势、物资和疏散避难场所分布等信息，并可以进行处置态势标注，接入现场视频掌握现场情况，为事件处置提供参考。

3.2 提供指挥调度模块

依托基础数据库，在基础系统的支持下，使用电话、传真、无线、网络，通过视频会议、异地会商等手段，实现对交通系统等单位资源的指挥调度，保证交通突发事件得到及时有效的处置。

3.3 提供地理信息及隐患监测模块

提供满足交通突发事件处置的GIS系统，提供基础地理数据库及交通突发事件地图定位、周边情况分析等功能，包括三维场景的显示和突发事件地点的定位，提供最优路径分析和障碍路径分析。

3.4 提供模拟演练系统

通过对各类交通突发事件场景进行仿真模拟，在虚拟场景中分析事态、提出应对策略，进行网络模拟演练。在交通应急平台及其支撑系统上实现交通突发事件应急实战模拟演练培训，提高交通应急能力。

4 交通应急平台数据构成

4.1 基础GIS图层

(1)居委会；

(2)建制村；

(3)中小学；

(4)交通企事业单位。

4.2 专题GIS图层

(1)管辖区公路图层(含详细属性);
(2)桥梁(含图片、资料信息);
(3)隧道(含图片、资料信息);
(4)隘口(含图片、资料信息);
(5)渡口码头(含图片、资料信息);
(6)客运站停车场(含图片、资料信息)。

4.3 基础属性数据

4.3.1 公路

公路线路、线路区段、桥梁、隧道、隘口等Excel表格。

4.3.2 水路

港口码头、河流、湖泊等Excel表格。

4.4 应急队伍资源

4.4.1 机构队伍人员

保障队人员、交通企事业单位、交通保障队伍、交通管理机构等Excel表格。

4.4.2 机械装备

客货运输车辆、施工机械、吊车、挂车、油罐车等Excel表格。

4.4.3 专家

专家数据库信息电子文档(含姓名、性别、特长、专业、工作单位、联系电话等详细信息)。

4.5 应急相关数据

(1)现有应急预案;
(2)交通应急救援相关知识;
(3)典型案例;
(4)交通相关法规;
(5)应急演练方案、总结。

4.6 已完成主要数据采集

4.6.1 公路

高等级公路4条,县道125条,乡道1 430条,村道2 260条,专用公路190条,共计4 009条。

4.6.2 交通企事业单位、装备

第一批录入交通运输行业:客运站27;客运企业52;客车5 589;货运企业503;货车8 032;罐车972;挂车591;吊车247;维修企业39;拖车34;停车场38。

交通建筑企业机械设备:挖掘机102;装载机96;推土机37;空压机58;发电机62。

5 交通应急预案编制与应急队伍建设

5.1 预案编制

5.1.1 交通应急预案在预案体系中的重要地位

首先,突发事件发生或及将发生,各级政府要在第一时间内组织各方面力量,及时采取有力措施控制事态发展,开展应急求援工作,避免其事态扩大,努力减轻和消除其对人民生命财产造成的损害,交通在其中起着重要作用;其次,发生自然灾害、事故灾难或者公共卫生事件后,各级政府和各有关职能部门要迅速调集应急救援所需物资、设备、设施、工具,及时转移、撤离或者疏散易受危害的人群,转移重要财物,均离不开交通。

5.1.2 昆明市交通运输局预案编制情况

交通应急预案是交通应急管理体系的基础，也是交通突发事件的处置依据。昆明市交通运输局原三件交通应急预案是2006年按《昆明市政府总体预案》的要求编制的，《中华人民共和国突发事件应对法》出台后，对照该法和昆明市交通应急处置实际，暴露出了预案的诸多问题和不足，需对预案作较大补充和完善。根据云南省交通运输厅和昆明市政府有关交通应急工作方面的要求，昆明市交通运输局于2010年组织力量重新编制《昆明市道路桥梁抢险预案》（市政府专项预案）、《昆明市水路保障预案》（部门预案）、《昆明市公路运输保障预案》（部门预案）三件预案，并根据实际工作的需要新编制《昆明市水上交通安全事故应急预案》（部门预案）一件预案。重新编制的四部预案涉及多个相关部门和全市数十家大型建筑、公路和水路运输企事业单位。重新整组全市交通专业保障队伍。保障专业分为：公路客货、油料和水路运输；道路桥梁抢险和汽车修理等，交通专业保障队伍担负着平时特殊情况下的交通保障任务，战时执行抢修、抢建、抢运人员、物资等交通保障任务。通过对现有交通应急预案的修订，进一步完善了交通应急预案体系，形成了以专项交通应急预案为主线，部门交通应急预案为保障，基层交通应急预案为支撑，条块结合，点面结合，上下统一，左右衔接，处置规范的交通应急预案体系。

5.2 交通应急队伍建设

5.2.1 应急队伍

交通应急队伍建设的基本原则是：坚持专兼结合，社会参与，着力提高应急队伍的应急能力；坚持立足实际、按需发展，充分依托现有交通资源，逐步加强和完善应急队伍建设，形成规模适度、管理规范的应急队伍体系。

交通应急队伍运行机制：各基层应急队伍组成人员平时在各自单位工作，发生突发事件后立即集结到位，在交通现场指挥部的统一领导下，完成处置任务。建立健全交通应急队伍及装备统一调度、使用的工作机制。

目前，昆明市交通运输局已建成主城区城市公交客运和出租车客运应急分队各1支；市级道路客运保障分队3支，特种运输3支，县级客货运输分队42支；水上搜救和水上运输综合保障分队5支；汽车维修分队18支。市级道路桥梁抢险分队3支，路管单位和各县18支。初步建立起市级、部门和基层单位相互配合、上下衔接的应急队伍体系。

5.2.2 专家组

昆明市交通运输局组建了“昆明市道路桥梁专家组”，有专家68名。

6 利用交通应急平台实施交通应急演练简介

6.1 桌面演练

根据昆明市政府有关开展地震应急演练的精神，为提高昆明市交通应对地震灾害的能力，最大限度地减轻地震灾害造成的损失。根据《昆明市地震救援演练总体方案》和《昆明市道路桥梁突发事件应急预案》的相关要求。昆明市交通运输局决定与2009年11月在东川和呈贡组织实施道路桥梁抢险演练。

6.1.1 演练方式

此次演练分两块：一是预案推演；二是现场模拟震后道路交通抢险保通进行实地演练。

6.1.2 灾情设定

2009年10月某日8时43分，昆明市东川区发生6.4级地震，昆明市大部分地区震感强烈，震中所在地区通信中断，伤亡和损失情况不明，相邻县区受到波及，部分道路、桥梁、水库等基础设施受损，通往震中地区主要交通要道龙东格公路出现多处山体滑坡和道路塌方、桥梁出现裂痕，交通中断。阻碍了市政府组织的各类救援队伍的车辆通行，接市政府应急委命令，需对此交通受阻路段进行及时抢险保通，以保障市各专业救援队伍顺利驶入震中地区，展开救援行动。

6.1.3 启动预案

地震灾情发生后，昆明市交通运输局值班室接到市政府应急办公室灾情通报，根据昆明市应急委指示，昆明市交通局运输局局长立刻前往昆明市指挥中心，并启动《昆明市道路桥梁突发事件应急预案》，成立“昆明市交通现场应急指挥部”，在第一时间内通知昆明市道路桥梁专家组专家赶赴灾情发生现场，对发生灾情的路段及时提出科学的抢险措施，现场指挥部作出决策，通过交通应急指挥系统迅速组织力量进行抢险保通和运输救灾物资。

6.1.4 数据库显示道路情况

此次地震震源位于昆明市东川区铜都镇与阿旺镇之间。昆明市主城区通往灾区的主要道路如下：国道1条嵩待高速(GZ40000000)；省道1条会宜线(S207530000)；县道2条，龙东格公路(×B06530113)、新杨公路(×A69530113)；其中共涉及桥梁35座，分布在新杨公路和龙东格公路上；重要路段高边坡5处。

6.1.5 救援路线分析

路线一：由昆明市区经昆曲高速→嵩待高速→龙东格公路→东川区。路线距离190km，抢险救援队预计3.5h赶至险情现场。全程高速，建议为优选路线。

路线二：由昆明市区经东阿线→新杨公路→龙东格公路→东川区，路线距离240km，抢险救援队预计4.5h赶至险情现场。该路线需经新杨公路大白河桥(全长156m)和块河大桥(全长400m)，四级公路，路况较差，建议为次选路线。

路线三：由昆明市区经昆曲高速→嵩待高速→会泽(经会宜线)→东川区，路线距离380km，抢险救援队预计7h赶至险情现场，此路线需翻越乌蒙山，路况较差，建议为备选路线。

6.1.6 队伍集结

通过交通应急平台下达预令，预备出征工程抢险队3支：第一支，中国云南路建集团股份公司工程分队：挖掘机2台，装载机3台，推土机3台，工程车3辆，吊车2辆，指挥车1辆，应急抢险人员20名。第二支，云南云桥建设股份有限公司工程分队：挖掘机1台，装载机3台，推土机3台，吊车2辆，工程车2辆，指挥车1辆，应急抢险人员20名。第三支，云南阳光道桥股份有限公司工程分队：挖掘机6台，装载机3台，工程车2辆，指挥车1辆，应急抢险人员20名。

预备调用运输保障队3支：第一支，昆明交运集团：大货车20辆；第二支，昆明远福货运公司：大货车20辆；第三支，昆明顺财运输公司：大货车20辆。

6.2 实战演练设置(预演设抢险科目三个)

6.2.1 危险高边坡处理(向昆明市指挥中心提供单个视频资料)

昆明市道路桥梁专家组赶到现场后，发现阿旺镇岩头中桥附近一高边坡存在严重坍方，公路上方仍存在危情，需对边坡上方进行处理，现场约有土石方超过200m^3，路中有一块十吨巨石置于龙东格公路上，完全阻断了公路。专家组根据现场情况及时做出了抢修方案后，现场指挥部迅速发出指令，路政人员及时将该路段进行封闭，抢险队员随后将次危险高边坡进行处理。

6.2.2 巨石爆破(向昆明市指挥中心提供单个视频资料)

从公路上方坠落的巨石挡住了公路抢险车辆的通行，抢险队员决定将其爆破再将其清理，伴着一声巨响，巨石被抢险队员成功爆破。

6.2.3 清理塌方(全程实况视频)

应急抢险分队根据灾情实际情况，调集了挖机2台，自卸汽车3辆，20余名市道路桥梁保障队员对坍方土石方进行清除。经过1h的奋力抢修，龙东格公路岩头中桥附近的塌方险情已基本排除。龙东格公路的抢险保通为抢险物资的运送起到了保障作用。

6.2.4 现场演练科目主要流程(全程视频指挥)

昆明市交通运输局领导向昆明市指挥中心报告交通工程抢险救援队情况(地点：昆明市指挥中心)：报告指挥长，昆明市交通运输局抽调云南阳光道桥股份有限公司工程分队现已赶往塌方现场，有装载机1台，挖机1台，工程运输车辆3辆，抢险人员共20名。根据昆明市道路桥梁专家组提出的抢险措施：清理坍塌土石方时人工机械同时进场，以机械作业为主，人工配合清除路面土石方。报告完毕。

根据前方提供数据分析：龙东格公路穿行于多山区域，其路堑段较长，强烈地震时，造成塌方，塌方体高

12m，长 15m，塌方体约 200m^3，从工程地质角度来看，这次塌方属于“岩崩”一类地质现象。塌方地段发生在大于 55°、高度在 30m 以上的高陡边坡。针对塌方实际情况专家组提出以下应急措施：①抢险人员要及时查看是否有新的险情出现，以便适时采取措施。②抢险人员还要注意存在以下情况的地段：坡面不平整，岩体结构面处于不利位置的；岩体为断层破碎带的；大爆破开挖的山坡；岩块风化剥落形成上下层密度不均匀的山坡。③治理方法：将公路上的小型岩崩体清除，清理塌方体时人工机械同时进场，以机械作业为主，人工配合清除路面土石方。调用云南阳光道桥股份有限公司工程分队应急抢险人员 20 名，挖机 1 台，装载机 1 台，工程运输车 3 辆，立刻进场清理塌方。

道路疏通，昆明市交通运输局现场指挥部领导通过卫星传输视频向昆明市指挥中心报告：报告指挥长，昆明市交通工程抢险队经过 1 个多小时的不懈奋战，阿旺镇岩头中桥附近道路坍塌土石方 200m^3 已基本清运出现场，塌方现象已得到控制，经昆明市道路桥梁专家组勘验，抢修路面基本恢复，可以放行车辆，报告完毕。

6.3 演练评估

6.3.1 演练目的

(1)检验昆明市道路桥梁和运输保障两件预案以及交通应急队伍的准备情况；

(2)检验交通子系统硬件、软件的适用性，探索远程现场指挥的运行机制；

(3)增强交通组织单位、参演单位、参演领导和队员对相关预案的熟悉程度，提高相关单位和人员的应急处置能力。

6.3.2 实现情况

通过此次演练，全面检验了交通预案的有效性和可操作性，进一步明确了市、县交通管理部门和企事业单位预案在交通突发事件应对过程中的定位。对交通应急队伍的实战情况进行了全面检查，进一步提高了队伍的实战能力。

此次演练，依托昆明市应急平台综合应用软件进行指挥，检验了交通应急子系统硬件和软件的适用性，为下一步改进提供了宝贵意见。

通过此次演练，交通部门的参演单位、领导和队员充分熟悉了预案，明确了职责，完善了应急机制。

6.4 演练总结

6.4.1 领导重视

局长任演练领导小组组长，亲自修改演练方案，分管应急工作的副局长亲自指挥演练，演练所需经费充足。

6.4.2 从实际出发，创新思路

根据昆明市政府演练方案，昆明市交通运输局没有硬抄硬搬，而是按演练的内容和目的进行了合理分解。精心分设演练场地，安排演练科目，制订演练方案。在指挥推演和实战演练中，所有科目的地理位置、交通基本信息、保障队伍数据等都是真实数据，处置方案和措施都是根据科目结合实际情况制定，具有真实的操作性。

6.4.3 体会

昆明市各级道路桥梁抢险队伍，都是兼职的专业人员，他们平时的工作就是以建、管、养公路为主。修路架桥本就是他们的长项，是他们的看家本领，所以，平日里就应该建立起良好的应急观念，只要把平时的工作做好了，常抓不懈，应急情况下的道路桥梁保障才有良好的基础。当然，适时开展路基工程和桥梁工程应急训练和演练也是很有必要的，特别是要利用好一般水毁恢复工程，锻炼交通专业保障队伍。车、船运力征用，要求应急工作人员要熟悉情况，交通管理部门要建好数据库，做到有备无患。通过组织机构，人员、机械设备、制度诸多方面的建设，最终建立起规模适度、结构合理、精干管用、指挥顺畅，具有快速反应能力和综合保障能力的交通专业保障队伍，实现提升“保障能力”的总目标。

7 结语

昆明市交通应急平台是借助昆明市政府应急平台功能搭建的一个功能相对独立的交通应急子系统，交通应急的全部基础数据通过一个1∶250 000的电子地图来实现。交通应急平台的建立，使昆明市交通应急队伍建设，坚持专兼结合，社会参与成为可能。汶川地震，昆明市交通运输局接到上级指示，要求调集部分大型货车赶往四川灾区承担救灾物资的抢运工作。昆明市交通运输局立即启动运输保障预案，动员专业和社会运输力量上前线，仅用了短短15h就集结了335辆大货车组成赴川抗震救援运输队。救援队日夜兼程于第二天中午就赶到了灾区，救援队到达灾区后，冒着余震的危险，历经15天，共抢运救灾物资3 800多吨。圆满完成了这次运输保障任务。这个例子说明，交通应急队伍在大的灾难面前，必须动员社会力量参与。交通应急平台的建立为快速、科学地动员交通社会力量参与交通应急提供了制度和信息资源保障。

这次借助昆明市政府应急平台功能举行的交通独立演练是昆明市地震综合演练的一部分，国家和云南省防震减灾局以及昆明市政府领导亲临现场指导。昆明市交通运输局分管应急工作的副局长组织领导了这次演练。演练结束，各级领导对这次演练给予了高度评价。通过检验达到了预期目的。实践证明，昆明市交通应急平台的建设基本符合昆明市交通实际，有前瞻性；下一步将继续扩充数据库，尽量穷尽交通数据量，将交通应急子系统建成全省一流的交通应急系统。

参考文献

[1] 昆明市政府应急指挥中心功能需求方案.昆明：市政府就急办会议安排，2009.
[2] 昆明市政府地震应急演练实施方案.昆明：昆政府办文[2009]76号，2009.

基于青海省救灾应急物流体系即时响应能力的研究

张　珺

(青海省交通职业技术学院　西宁　810003)

摘　要:应急物流的发展不仅是一个行业的发展进步,而且对于保障人民生命和财产安全具有重要意义。青海省在应急物流体系建设方面,应采取搞好应急物流体系的规划设计,针对青海省灾害发生的特征,优化应急物流资源储备体系,建立紧急通道机制,建立救灾应急后备役车辆制,确立军民融合、平战一体的建设思想,推进应急物流重点工程建设等措施,从而使青海省在面对重大自然灾害时能够争分夺秒地抢救生命和财产,使损失降到最低。

关键词:青海省　救灾　应急物流体系　即时响应能力

Study on the Instant Response Capability of Disaster Relief Logistics System in Qinghai Province

Zhang Jun

(Qinghai Communication Technical College　Xining　810003)

Abstract: The development of emergency logistics not simply represents the progress of an industry. It also plays an important role in safeguarding people's life and property. In terms of building emergency logistics, Qinghai Province should well plan and design emergency logistics system, optimize emergency logistics resources reserve directed at the characteristic of disaster in Qinghai Province, build emergency channel mechanism and the system of prepared disaster relief vehicles. Guided by the idea of joint efforts of the military and civilians both at wartime and peacetime, measures like promoting the construction of key projects for emergency logistics should be taken to enable Qinghai Province to save lives and properties timely and minimize losses in occurrence of major natural disasters.

Keywords: Qinghai province　Disaster relief　Emergency logistics system　Instant response capability

0　引言

在我国南方冰雪灾害和汶川大地震,以及近期发生的玉树大地震、舟曲泥石流等灾害中,应急物流扮演了重要角色。从国家安全战略全局的高度,审视应急物流的地位与作用,加速推进应急物流全面建设与发展,确实值得我们认真研究。青海省各级政府一直重视减灾、防灾和救灾工作,建立了应急预案机制,并列入各级政府的重要职责,但是青海省对应急物流及相关问题的基础性研究还相当薄弱,一些物流研究机构已开始研究应急物流问题,但也是刚刚起步,本文针对青海省灾害发生的特点,提出如何提高青海省救灾应急物流即时响应能力的若干对策。

1　搞好应急物流体系的规划设计

急物流体系主要包括应急物流组织系统、应急物资系统、应急物流设施设备系统、应急物流专业人员系统、应急物流信息管理系统、应急物流理论系统、应急物流政策法规系统等七个系统。这七个系统是应急物流体系的基础要素,也是应急物流体系建设的着力点。

设计思想与原则如下:

以科学发展观为指导，以应对突发公共事件为统揽，以全程可视可控的信息网络为依托，以现代物流先进技术装备、智力工程、工作机制为支撑，建成集物流指挥调度、物资筹措、物资运输、物资仓储、物资配送于一体，各环节顺畅衔接、一体联动，具有中国特色的应急物流体系。

应急物流体系建设要以应急物资保障目标为核心，系统组织符合应急物流特点的物资采购、运输、储备、装卸、搬运、包装、流通加工、分拨、配送、回收以及信息处理等各项活动。

应坚持整体谋划、逐步集成；军民结合、政府统筹；着眼应急、兼顾平时；系统优化、信息主导；立足现有、边建边用；厉行节约、注重效益的建设原则和指导思想。

2 针对青海省灾害发生的特征，优化应急物流资源储备体系

在应急物资储备系统中，国家是主体，军队是骨干，地方是补充，市场是辅助，家庭是基点。我国应立足恶劣复杂的环境条件，根据不同地区可能发生灾害的类型、强度等实际情况，由国家主管部门统一部署，各级地方政府组织指导，从家庭储备做起，市场参与，建立国家、军队、地方、市场和家庭“五位一体”的应急物资储备系统，有效保障应对突发公共事件的物资需求。青海省是雪灾的频发区，水灾、旱灾、地震、冰雹等气象灾害和公共卫生灾害也较常见。因此，青海省救灾应急物流资源储备体系应以雪灾灾害为主要目标，同时兼顾其他灾害。青海省应急物流储备体系应以西宁、格尔木、玉树、果洛和黄南为节点形成资源一体化网络。储备方式包括实物储备和数字化储备，实物储备针对紧急级物资和部分重要级物资，数字化储备针对重要级和一般级物资及物流能力（运输车辆、装卸设备、包装容器等）储备和应急人员储备（包括专业人员和志愿者）。

应急物流能力和应急人员储备不仅要建立数据库，掌握动态信息，更重要的是应根据应急预案进行培训和演练，才能在灾害突发时实现即时响应的目标。

3 建立紧急通道机制

青海省的应急物资不可能完全依赖物资储备或本地调拨，重大灾害发生时，来自全国或国际社会的人道主义援助物资或省外采购、调拨的物资都要求在第一时间进入青海。因此，必须建立地区间、国家间的“紧急通道”机制，即建立并开通一条或者多条应急保障专用通道，可有效简化作业程序和提高速度，使应急物资迅速通过海关、机场、铁路、地区检查站等，让应急物资及抢险救灾人员及时、准确到达受灾地区，从而提高应急物流的即时响应能力。就青海省而言，国际救灾物资主要通过西宁、格尔木或玉树机场—高速公路—衔接公路这样的通道运输。国内救灾物资主要通过铁路和公路网作为通道。建立紧急通道机制就是要求事前有明确的规划线路，而不是临时规划线路，并分析各条通道的瓶颈部位，有通道疏散的预案。对国际救灾物资而言，就是简化海关、商检等程序，建立专门通道，做到即时处理、零等候；同时，有足够的车辆资源和集中统一的调度能力，及时将到达物资发送到受灾地区。果洛、黄南是雪灾常发区域，只有公路运输是不够的，应建设机场，保证公路和航空运输两条通道。应急物流通道设施设备是应急物流体系有效运作的物质基础，包括具有应急物流功能的交通网络、通道信息管理平台、点线结合部等设施以及运输、搬运等相关设备和工具，必须大力抓好其配套建设，完善功能，提高应急能力。

4 建立救灾应急后备役车辆制

参照中国人民解放军预备役的相关办法，青海省可以率先建立“救灾应急后备役车辆制”。后备役车辆从该省物流企业和其他企业的货运车辆中招募。由于汽车运输实用性强、机动性好，可深入到乡镇、村，后备役车辆应以汽车为主。

加入后备役的车辆应有明显的标识，可以在执行救灾应急物流任务时予以优先通过，并减免相关费用。后备役车辆必须参加预演，保证车辆保持良好的状况，在启动应急预案时，应无条件服从征用。“救灾应急后备役车辆制”可以由省民政厅会同省发改委（省物流办）、省交通厅、省公安厅、省军区后勤部等相关部门组建，省财政对训练和执行应急任务时的耗费给予适当补贴。后备役车辆制可以首先在青海省现代物流重点联系企业中实施，并保证车辆来源的地区分布、车辆类型和吨位结构保持合理。主管部门必须建立车辆信息

动态档案，确保后备役车辆的完好率、在编率、在位率。人民解放军预备役也有类似车辆预征制度，但其演练毕竟以军事科目为主，救灾应急不是其主要功能。2008 年汶川地震的抢险过程表明，受过专业训练的队伍的有效性远高于非专业队伍。救灾应急后备役车辆通过接受专门的培训和日常演练，其快速反应能力和救灾的有效性将得到显著提高。后备役车辆制本质上是一种物流能力的储备，它与应急物资的储备同样重要。

5 确立军民融合、平战一体的建设思想

力量的结合。站在国家安全战略的高度，发挥政府的主导作用，通盘考虑、整体谋划应急物流体系建设，统筹规划、优化配置军民两大渠道的应急物流资源，充分融合全社会的物流力量，调动社会的应急物流潜力。

统一的指挥。组建国家应急物流事务部，相应明确国家、省、地、县各级的管理职能和协调方法，逐步形成集中领导、分级响应、属地管理的纵向指挥调度体系和信息共享、分工协作的横向沟通协调体系，构建军民融合式的应急物流指挥机制。

统一的标准。制订应急物流标准体系表，规范应急物流的运输、储存、包装、装卸、搬运、配送以及相应的信息处理等环节内部及各环节之间的工作标准，与应急物流活动有关的设施设备、工具器具的技术标准，各个环节各类技术标准之间、技术标准与工作标准之间的配合要求，以及于其他相关系统的配合要求等。

平时的演练。结合国情、社情，平战一体，强化平时演练，在《国家突发公共事件总体应急预案》框架下，定期组织公众参加应急物流演练，使各级机构和广大人民群众熟悉应急物流应急预案，提高全民的应急物流意识，增强防灾避险、减灾自救的能力，并在演练中对预案进行实地检验和修订完善。

6 推进应急物流重点工程建设

首先是智力开发工程，开展青海省应急物流现状研究，切实摸清青海省目前的应急物流资源情况，构建应急物流数据库系统。加强应急物流基础理论、应用理论和对策理论研究。加快应急物流人才培养。加大应急物流教学培训机构建设，论证开设应急物流相关专业，加强专业人才的培养、考核、认证工作，加快培养过硬的应急物流指挥管理、技术操作和教学科研专业人才队伍。

其次是设施设备工程，统筹规划应急物流通道网络，以城市、乡镇等人口密集聚居区为节点，综合考虑铁路、公路、航空等运输方式，与铁路合作，开展驮背运输。论证设置简易停机坪、物资空投点，提升高速公路服务区等设施的服务保障能力，建立应急直升机队，确保应急物流通道始终处于畅通状态。整合现有的物流通道，实现常规物流通道与应急物流通道的资源共享，在主要物流中心、物流基地建设存仓、滑坡仓等能够快速装卸货物(散装货物)的专用设施，发展技术先进、性能可靠的尖端物流装备。

第三是应急储备工程，着力优化应急物资储备的规模、品种、结构和布局，使应急物资的集中储备和分散储备有机结合，有效保障应对突发公共事件的物资需求；编制应急物资储备名类目录，应急物流要结合安全环境、气象条件和地理特征等，在重要方向、重点地区，有针对性地预置部分急需物流装备和物资器材。

第四是法规制度工程，从顶层对应急物流建设进行规范，制定地方和部门法规，从管理层面对应急物流建设作出相应的规定。完善应急物流相关规章制度、规则条例、标准规范，对实际操作进行规范化管理。

应急物流是所有自然灾害和社会灾害发生后，抢救人民生命和财产的"生命线"。应急物流是一个极其复杂的系统，应急物流系统的有效运行是抢救生命和财产的保证。所以，目前应该切实认识到对应急物流系统进行建设的紧迫性，抓紧应急物流建设的相关工作，常设应急物流指挥协调部门，为将来的自然灾害和社会灾害做好一切准备工作，尽最大努力保证人民的生命安全和财产损失最小化。应当尽快找出并解决我国应急物流系统存在的相关问题，从国外应急物流救灾中吸取经验，从而提高自己的应急物流救灾水平，将灾害的损失降到最低。

参考文献

[1] 李孟刚.中国物流产业安全问题研究[J].中国流通经济，2007(12)：7-10.

[2] 王庆智,王喜富.基于供应链管理的物流信息平台设计研究[J].物流技术,2007(8):203-205.
[3] 孙宗虎,李世宗.物流管理流程设计与工作标准[M].北京:人民邮电出版社,2007.
[4] 王坚红,王京.国外救灾物流的运作方式及启示[J].中国物流与采购,2006(6):56-58.
[5] 徐东."破冰"应急物流[J].中国物流与采购,2008(11).
[6] 张志鹏,曾佑校,陈博.应急物流法规建设[J].物流技术与应用,2009(2).
[7] 徐东,黄定政.应急物流体系的构成[J].物流技术与应用,2008(8).

西藏道路交通应急处置体系及模演实例

林于廉[1,2] 田金昌[2]

（1. 重庆大学三峡库区生态环境教育部重点实验室 重庆 400045；
2. 西藏自治区公路基本建设工程质量监督站 拉萨 850000）

摘 要：本文根据国内外研究成果和实践经验，结合西藏的实际情况，提出了西藏道路交通应急处置体系，包括公路技术状况评定和气象监测，应急处置预案系统的建立、报批、启动、信息发布等方面，通过模演实施，证明该应急处置体系具有可操作性。

关键词：西藏 道路交通 应急处置体系 模演

Traffic Emergency Response System and Simulation Drill Cases in Tibet

Lin Yulian[1,2] Tian Jinchang[2]

(1. Key Laboratory of the Three Gorges Reservoir Region's Eco-Environment,
Ministry of Education, Chongqing University Chongqing 400045
2. Station of Quality Supervision of Highway Construction in Tibet Autonomous Region Lasa 850000)

Abstract: This paper builds on research results and experience in practice from home and abroad, takes into account real conditions in Tibet, and presents traffic emergency response system in Tibet, including evaluation of highway technical conditions, weather monitoring, setup of emergency response plan system, report and approval, launching, and information distribution. Simulation drills are conducted to prove the feasibility of the emergency response system.

Keywords: Tibet Highway traffic Emergency response system Simulation drill

0 引言

西藏是一个自然灾害频发的地区，崩塌、滑坡、泥石流、水毁以及冰湖溃决、冰雪消融型泥石流等自然灾害时有发生。一旦有暴雨和持续降水、地震、冰雪融水等因素的激发，这些自然灾害就会造成川藏公路、青藏公路的路基、路面及桥涵破坏，危及行车安全或中断交通，造成重大人员伤亡和重大财产损失。2010 年 7 月，川藏线 318 线（西藏境内）就因为连降暴雨造成泥石流上百处、塌方及水毁路基达 1 500m，道路中断将达到 20 天以上，直接经济损失上亿元。川藏公路、青藏公路对西藏拓展、经济增长和社会进步起到了决定性的作用。同时这两条路线又是西藏重要的生命线，是其他生命线系统的依托。当灾害事件发生后，必须及时、有效地组织救援和恢复重建工作，确保道路安全、畅通，以减少灾害造成的损失。

为了确保西藏生命线的正常运行，必须加强西藏突发灾害条件下的道路交通应急管理工作，建立完善应急交通管理体制和机制，提高灾害事件预防和应对能力，控制、减轻和消除灾害事件引起的严重社会危害，及时恢复道路交通正常秩序，保障道路畅通，增强道路交通应急处置能力，满足有效应对灾害事件的需要，保障西藏社会经济正常运行。

1 西藏交通应急处置体系

美国、欧洲、日本等发达国家都有一套成熟的道路交通应急处置体系，从他们在道路交通应急处置体系的建设来看，其主要的经验是：完善的道路交通应急处置体系和机制；在道路交通应急处置过程中，重视 ITS

基础设施的建设和先进交通信息系统的开发。

哈尔滨工业大学李静等在借鉴发达国家先进成果和实践经验的基础上，结合多年的实践研究，描述了建立道路交通应急处置体系所涉及的关键内容：事件检测与判定，事件快速响应，事件信息发布，事件处理及交通管理。

2005年，科技部在《“十一五”科技计划》中明确提出了“交通安全保障关键共性技术”的研究目标是“建立铁路(轨道)、水运、公路和民航运输的安全监控预警、应急处置和救援服务系统，实现对运输全过程的安全监控，形成较为完善的应急反应体系，具备应对重大突发事故灾难的能力”。2005年1月，交通运输部颁布了《公路水路交通科技发展战略》，其中明确指出：包括交通应急处理技术在内的交通安全保障技术是“交通科技具有牵动性、前瞻性、关键性的战略重点”之一，提出到2020年实现“交通安全保障技术整体提高，在事故预防、应急反应、救助打捞等方面达到国际水平”的目标。为此，作者借鉴国内外研究成果和实践经验，结合西藏的实际情况，提出了西藏道路交通应急处置体系。

1.1　公路技术状况评定和气象监测

按《公路桥涵养护规范》(JTG H11—2004)一般性评定的方法，公路技术状况分为优、良、中、次、差五个等级，评定公式如下：

$$\mathrm{MQI} = w_{\mathrm{PQI}}\mathrm{PQI} + w_{\mathrm{SCI}}\mathrm{SCI} + w_{\mathrm{BCI}}\mathrm{BCI} + w_{\mathrm{TCI}}\mathrm{TCI}$$

式中：w_{PQI}——路面使用性能PQI，权重70%；

w_{SCI}——路基技术状况SCI，权重8%；

w_{BCI}——桥隧构造物技术状况BCI，权重12%；

w_{TCI}——沿线设施技术状况TCI，权重10%。

通过上述步骤的加权打分法评定公路技术的等级。其中总分在60～70分之间的为次，小于60分为差。

各养护段单位在所养护路段设置气象监测器实时监控所在路段内的气象变化，当检测到即将发生灾害天气下的紧急事件时，立即将信息传送到所属监控中心，确认事件信息是否属实。

1.2　道路交通应急处置预案系统的建立

对于经评定确认为次、差类的道路以及道路自然灾害事件，应即刻制订安全应急预案系统，其核心内容主要含以下几方面。

(1)确定交通应急响应及处置等级，西藏交通应急响应分为两级

①一级响应：道路冲毁、桥涵垮塌、雪崩、泥石流频发导致道路严重阻断。

②二级响应：道路部分毁坏、桥面严重开裂或桥梁检测评定等级为五类、滚石崩坍时有发生，导致道路暂时阻断。

(2)确定组织机构及职责

成立交通应急处置领导小组和应急处置工作组。由交通运输厅成立交通应急处置领导小组，明确值班电话，同时明确组长、副组长、组员及相应联系电话。

应急处置领导小组主要职责如下：

①指导工程抢险；

②指导各级公路管理处进行交通管制；

③负责新闻媒体的联系、采访和发布公告等；

④负责紧急抢修方案、维修或改造方案的制订；

⑤适时将应急响应及处置工作向自治区交通运输厅汇报。

相关公路管理处成立应急处置工作组，应明确值班电话，同时明确组长、副组长、组员及相应联系电话，并向社会公布。

应急处置工作组主要职责如下：

①加强交通观测，发现问题，紧急启动相应应急处置预案；

②按相应应急处置预案内容组织实施；

③按应急处置领导小组的部署，完成其他各项工作任务；

④将应急工作的实施情况适时报应急处置领导小组。

(3)应急处置工作组下设若干个工作小组，明确组长及主要职责

①观察维修组，明确组长及联系电话，负责现场24h值班观察，组织公路技术状况检测及评定，组织抢修工程实施。

②施救工作组，明确组长及联系电话，负责现场人员及车辆的施救工作。

③交通管制组，明确组长及联系电话，负责现场标志设置和引导车辆转向其他路线。

(4)确定应急处置措施及处置流程

一级响应及处置：

①由观察维修组现场值班人员发现问题及时报告应急工作组，立即启动应急预案，应急工作组立即报厅应急处置领导小组。

②抢救伤亡人员、救助驾乘人员：由施救工作组负责，受伤人员就近送往医院救治；组织、发放救援物质，保障驾乘人员的生存需要。

③由养护单位负责抢通、抢修道路，搭设临时桥梁。

二级响应及处置：

①由观察维修组发现问题及时报告应急处置工作组，立即启动应急预案，应急处置工作组立即报厅应急处置领导小组。

②由养护单位组织保通机械清通道路。

1.3 应急处置预案系统的报批

道路交通应急处置预案在自治区交通运输厅的领导下，由公路局管养部门具体负责、各养护单位具体实施。应急处置预案启动后因投入大量的人力、物力、财力，应取得自治区交通运输厅安监处的批准，程序是由道路养护管理单位提出，报公路局管养部门批准，再报自治区交通运输厅安监处批准。

1.4 应急处置预案的启动

当常规或定期检测初步判断道路技术等级为次、差时，应即刻制订应急预案，直到改造、改建时为止；当确认在灾害天气下有紧急事件发生时，通过事件等级鉴别系统，结合当时路段运行状况对天气恶劣程度及事件严重程度进行预估，判断灾害天气持续时间和事件影响范围，触发事件应急响应系统，同时启动紧急救援预案参考库。

1.5 事件信息发布

突发道路灾害事件不严重时，管养部门通过交通广播、移动通信设备等发布气象信息及路况信息，提醒和警告驾驶员谨慎驾驶，注意车速；突发道路灾害事件较为严重时，必须及时上报、向外发布信息。

1.6 道路交通安全应急预案系统的实施

(1)道路养护管理单位应针对自治区交通运输厅、公路局的批复发文，明确落实各项措施的责任人及责任体系。

(2)确定应急预案系统所需费用：包括连续观测和检测费、交通管制费、道路修复设施费以及抢通道路所需设备费、临时桥梁的购置费等。上述费用应经公路局审核后报交通运输厅批准。

(3)组织养护维修、抢修工程：对于公路技术状况为次、差的路段，由养护单位调查报公路局管理处按程序组织实施；灾害天气下的紧急事件严重程度较低，相关部门按照统一制订的紧急救援方案实施救援与疏导；当事件严重程度较高，相关部门需要向交通运输部汇报相关信息，由厅应急救援中队负责抢险保通工作。

(4)安全预案系统的维护费用昂贵，应结合远景规划迅速进行改造或重建，尽量缩短交通阻断时间。

(5)完善道路养护管理档案资料和易发灾害事件地段的档案资料。积极与建设单位建立交流平台，将各

种病害消灭在萌芽状态。加强气候监测，预防灾害天气下的紧急事件造成人员伤亡和财产损失。

1.7 及时改造、改建、抢通道路

应急处置体系启动期间，道路养护管理部门应及时进行改造或改建次、差路段，恢复道路的使用功能；对自然灾害事件中垮塌的桥涵及时架设临时桥梁抢通道路；加强滑坡、滚石、水毁、泥石流、崩坍路段的治理工作。

1.8 各级安全应急响应的撤销

对于进行改造、改建的路段，交工验收合格后，除日常的道路养护管理外，可立即撤销安全应急响应。对于自然灾害下断通的路段，自道路保通或抢通达到通行要求之日起，可立即撤销应急响应。

2 应急演练

2009 年 4 月，交通运输部发布了《公路交通突发事件应急预案》，该预案中明确规定武警交通部队纳入国家应急救援力量体系，作为国家公路交通应急抢险保通队伍。为有效应对道路阻断引发的公路交通突发公共事件，提高交通部门保障公路安全畅通和处置公路突发事件的能力，特别是增强川藏路养护单位武警交通第四支队应急救援机动中队处置突发事件的能力，假定以国道 318 线 K4008＋520 处 1～30m 桥梁毁坏为背景，进行公路桥梁阻断应急模演。

2.1 组织机构

武警交通四支队的应急处置组织机构设置了应急处置领导小组、组长、副组长、组员。各组员的分工如下：办公室设在工程技术股，负责协调各股室的应急工作和具体指导应急方案的实施；路政办公室负责公路交通管制；作训计划股负责电台、手持台等通信保障；宣传保卫股负责新闻的审订和发布；物资装备股负责机车设备和物资的提供；财务股负责抢通资金的落实；卫生队负责医疗、药品、食品保障。

2.2 演练程序

2.2.1 应急响应

模拟在灾害天气下发生桥梁毁坏阻断交通事件，灾害监测组立即将灾害情况上报指挥组和行业主管部门并通报宣传组，指挥部立即启动紧急救援预案命令武警交通第四支队应急救援机动中队处置突发事件。

2.2.2 预案启动

武警交通第四支队应急救援机动中队接到命令后，技术组和施工组迅速赶赴现场，拟订抢通方案，清理施工现场，确定所需机车设备和物资材料。宣传组随后赶到现场做好群众工作，并与施工组联系随时掌握灾害情况。保障组根据施工组提供的机车设备、物资材料及配件立即送至抢通现场，并做好随后的医疗、食品落实工作。

2.2.3 桥梁架设

桥梁架设分为 7 个步骤：滚轴的安装、鼻架的拼装、正桥的安装、加强弦杆的拼装、桥架的推出、桥梁的坐落、铺设引桥。

2.2.4 应急响应撤销

桥梁架成、车辆能顺利通行后宣布撤销应急响应。

2.3 演练结果

模演中的桥梁阻断处距离武警交通第四支队应急救援机动中队物资储备处 92.9km，模演地点设在四支队应急救援机动中队训练场，模演结果如表 1、表 2 及图 1～图 4 所示。

表 1 应急保障人数表

项 目	通 信	医 护	桥梁架设					交通疏导后勤保障	总 计
			桁架装运	弦杆加强	横梁组	连接组	桥面组		
人数	2	2	24	8		10		10	56

表 2 应急处置时间表

项　目	应急响应	预案启动	物资装运	桥梁架设	响应取消	总　计
时间(min)	4	6	120	420	10	560

注:为了计算实际应急处置时间,表中加入了物资装运时间。

图 1 桁架拼装

图 2 弦杆加强

图 3 桥面铺装

图 4 桥梁通车

从以上结果可知,如果国道 318 线 K4008+520 处 1～30m 桥梁在自然灾害事件中毁坏,在物资储备充分的条件下,需要 56 个人、560min 就可抢通,保证受阻车辆顺利通行;从模演的结果还可看出,西藏道路交通应急保障体系是可行的。

3 结语

(1)西藏道路交通应急处置体系是可行的,它至少包括以下文件结果:①定期评定报告,确定道路技术状况;②特殊检查报告及结论;③自然灾害事件的气象监测预警报告;④交通运输厅批准的交通预警系统;⑤养护单位和应急处置队的工作安排和责任体系。

(2)为了最大限度地预防和减少灾害造成的损害,做好道路技术状况评定和自然灾害事件的预测工作尤为重要。

(3)为了尽快恢复交通,必须做好充足的物资储备工作。

参 考 文 献

[1] URBINA E and WOLSHON B. National review of hurricane evacuation plans and policies: a comparison and contrast of state practices[J]. Transportation Research Part A, 2003, 37(3): 257-275.

[2] COVA T J and JOHNSON J P. A network flow model for lane-based evacuation routing[J]. Transportation Research Part A, 2003, 37(7): 579-604.

[3] 李静,安实,崔建勋.道路交通应急处置体系研究[J].哈尔滨工业大学学报(社会科学版), 2009, 11(6):139-144.

[4] 刘小明,胡红.应急交通疏散研究现状与展望[J].交通运输工程学报, 2008, 8(3):108-121.

[5] 中华人民共和国行业标准.JTG H11—2004 公路桥涵养护规范[S].北京:人民交通出版社,2004.

浅谈高速公路服务区危化品车辆安全管理

宋瑞全

（同三高速公路日照管理处　日照　276826）

摘　要：随着经济建设的高速发展，危险化学品的使用范围越来越广泛，危险化学品运输业务也日益增多。高速公路服务区作为高速公路的“中转站”、“加油站”，是长途旅客休息的重要场所，是重要的人员、车辆集散地。危化品运输车辆一旦发生交通事故，危害性极大，极易造成群死群伤的群体性事件。因此，加强对服务区危险化学品运输车辆的安全管理，是高速公路管理部门的重要职责，也是当前高速公路安全生产工作的重中之重。本文通过分析加强服务区危化品停车安全管理的重要性、必要性、现状以及日常管理中存在的不安全因素，探讨加强高速公路服务区危化品车辆安全管理的新举措。

关键词：高速公路　危化品运输　安全生产

On Safety Management of Vehicles Carrying Dangerous Chemicals in Expressway Service Area

Song Ruiquan

（Tongsan Expressway Rizhao Management　Rizhao　276826）

Abstract：With rapid economic development，dangerous chemicals are more and more widely used，and more dangerous chemicals are transported by expressway. Expressway service area，as the “transfer station” and “gas station” for expressway，is an important place for passengers on distant travel to have a rest. It is also a place where a large number of people and vehicles are gathered. Once vehicles carrying dangerous chemicals are caught in an accident，they will bring about much damage and group event of mass injuries and mass deaths. Thus，it is the top priority for safe operation of expressway and an important duty of expressway administration agency to promote safety management of vehicles carrying dangerous chemicals in expressway service area. This paper analyzes the importance，necessity，and status quo of safety management of vehicles carrying dangerous chemicals parking in expressway service area. It also analyzes the unsafe factors in daily management of such vehicles，and explores new measures to improve safety management of vehicles carrying dangerous chemicals in expressway service area.

Keywords：Expressway　Transport of dangerous chemicals　Safe production

——2007年3月8日1时12分，一辆从浙江开化驶往温州的槽罐车在行驶到金丽温高速公路温州方向28公里处时，因左前轮炸胎冲入对向车道后翻车，事故造成罐体内25吨二甲基甲酰胺（毒）危化品严重泄漏，导致金丽温高速公路严重堵塞，堵塞车队长达数十公里。泄漏事故对周边环境造成了严重污染。

——2006年5月18日，汉宜高速公路宜昌枝江段发生一起汽车连环相撞的交通事故，事故造成一辆装有硫酸二甲酯的罐车发生泄漏，导致5人死亡，12人受伤，44人中毒，疏散群众数千人。

——2005年3月29日，京沪高速公路江苏淮安段，一辆装载液氯的罐装车由于左前轮爆裂，撞上护栏，侧翻至高速公路另一侧，与迎面驶来的一辆大货车相撞，致液氯泄漏，造成28人死亡，350人中毒，万名群众紧急疏散，一万多头牲畜死亡和大面积的农田被毁，巨大的经济损失不可估量。

……

一起起事故，让无数鲜活的生命撒手人寰，让一个个原本美满幸福的家庭支离破碎。车祸猛于虎。由于危化品运输货物的危险性，往往一旦发生事故，稍有不慎，这只“虎”将凶猛百倍、千倍。

随着经济建设的高速发展，危险化学品的使用范围越来越广泛，危险化学品运输业务也日益增多。高速公路服务区作为高速公路的“中转站”、“加油站”，是长途旅客休息的重要场所，是重要的人员、车辆集散地。危化品运输车辆一旦发生交通事故，危害性极大，极易造成群死群伤的群体性事件。因此，加强对服务区危险化学品运输车辆的安全管理，是高速公路管理部门的重要职责，也是当前高速公路安全生产工作的重中之重。

1 危化品的定义及运输特点

随着现代科学技术的迅速发展，在社会生产和流通过程中，危险品货物的品种数量在不断增加，化学物品由于其分子结构和元素组成的不同而性质不同，其中具有爆炸、易燃、毒害、腐蚀、放射性等危险性质的化学物品，也称危险品。国家《危险货物分类和品名编号》(GB 6944—86)给出的定义是：“凡具有爆炸、易燃、毒害、腐蚀、放射性等性质，在运输、装卸和储存保管过程中，容易造成人身伤亡和财产损毁而需要特别防护的货物，均属危险货物。”

危险品一般都是工业原料或产品，以其特殊的物理、化学性能，在接触和处理过程中必须遵守相应的规则，以免发生事故，造成灾害，其运输环节是一项技术性和专业性很强的工作，主要特点为：

1.1 品类繁多，性质各异

按照危险货物的危险性，《危险货物分类与品名编号》(GB 6944—2005)将危险品分为9类共22项。每一项中又包含具体的危险货物，《危险货物品名表》(GB 12268—2005)中在册的已达2 763个品名。2 763种危险货物和每年不断新增加的危险品，其物理和化学性质差异很大。仅我县兴发集团使用和生产的产品、原料、试剂就多达300多种，其中剧毒化学品四氧化二氮每月需运进800余t，黄磷每月需运输12 000t，运量位居全省前列。

1.2 危险性大

危险货物作为一种特殊品类，在道路运输中具有很大的危险性，容易造成人员伤亡和财产损失。危险品运输事故造成的危害极大，如前文中提到的京沪高速公路上的液氯泄漏事故，造成28人死亡，2万多亩土地受污染，直接经济损失2 900余万元。在9类危险货物中，每一类都具有自己独特的危险性，对外界条件有着严格的要求。

1.3 运输管理方面的相关规章、规定多

危险品运输是整个道路货物运输的一个重要组成部分，除要遵守道路货物运输共同的规章，如《中华人民共和国道路交通安全法》等法律法规外，还要遵守许多特殊规定，包括：

(1)联合国相关规定：《关于危险货物运输的建议书》和《国际公路运输危险货物协议》等。

(2)道路危险货物运输的国家标准：《危险货物分类和品名编号》(GB 6944—2005)、《危险货物品名表》(GB 12268—2005)、《危险货物包装标志》(GB 190—90)、《危险货物运输保障通用技术条件》(GB 12463—90)、《道路运输危险货物车辆标志》(GB 13392—2005)、《汽车运输液态危险货物常压容器(罐体)通用技术条件》(GB 18564—2001)、《常用危险化学品的分类及标志》(GB 13690—92)、《包装储运图示标志》(GB 191—2000)、《放射性物质安全运输规程》(GB 11806—2004)等。

(3)道路危险货物运输行业标准：《公路、水路危险货物运输包装基本要求和性能试验》(JT 0017—88)、《汽车运输危险货物规则》(JT 617—2004)、《汽车运输、装卸危险货物作业规程》(JT 618—2004)、《汽车运输企业行业安全管理标准》(JT/T 3144—91)、《营运车辆技术等级划分和评定要求》(JT/T 198—2004)、《汽车导静电橡胶拖地带》(JT 230—95)、《剧毒化学品目录》(公告2003年第2号)、《爆破器材运输车辆安全

技术条件》(科工爆[2001]156 号)、《运油车、加油车技术条件》(QC/T 653—2000)等。

1.4 专业性强

危险品运输不仅要满足一般货物的运输条件，严防超载、超速等危及行车安全的情况发生，还要根据货物的物理和化学性质，满足特殊的运输条件。其专业性主要表现为：一是业务专营。《危险化学品安全管理条例》(国务院 344 号令)及《道路危险货物运输管理规定》(交通部 2005 年第 9 号令)中明确规定只有符合规定资质并办理相关手续的经营者才能从事道路危险货物运输经营业务。同时还规定，凡从事道路危险货物运输的单位，必须拥有能保证安全运输危险货物的相应设施、设备；从事营业性道路危险货物运输的单位，必须具有 5 辆以上专用车辆的经营规模，配有相应的专业技术管理人员，并已建立健全安全操作规程、岗位责任制、车辆设备保养维修和安全质量教育等规章制度。二是车辆专用。装运危险货物的车辆不同于普通货物运输的车辆，《汽车运输危险货物规则》和《营运车辆技术等级划分和评定要求》对装运危险货物的车辆技术状况和设施做了特别的规定。《道路危险货物运输管理规定》也明确规定，运输危险货物的车辆、容器、装卸机械及工具，必须符合交通部《汽车运输危险货物规则》要求的条件，并经道路运政管理机关审验合格。三是人员专业。危险货物运输业是一个特殊的行业，从事道路危险货物运输的相关人员必须掌握危险货物运输的有关专业知识和技能，并做到持证上岗。从事道路运输危险货物的驾驶员、押运员和装卸人员必须了解所运载的危险货物的性质、危害特性、包装容器的使用特性和发生意外时的应急措施。

2 加强服务区危化品停车安全管理的重要性和必要性

一是适应经济持续快速发展的需要。随着经济的持续、快速发展，危化品的生产、经营、储存、使用必然增加。岚山港目前已建成规模庞大的液化码头和液化灌区，作为我国东部沿海大通道的同三高速公路，危险品运输通行车辆显著增加，进驻日照服务区休息的危化品车也随之猛增。因此必须加强服务区危化品安全管理，努力减少重特大恶性事故发生，切实保障同三高速公路日照段安全畅通，发挥好高速公路经济助推器作用，推动经济又好又快发展。

二是减少高速公路交通事故的需要。由于环境等部门的制约，水上运输危化品的可能会越来越少。故而道路运输危化品的车辆势必增加，对运输危化品车辆的监管形势日趋严峻。近年来，因危化品运输车辆导致的高速公路交通事故明显增加。必须进一步强化管理职能，有效堵塞运输剧毒化学品过程停车管理的安全漏洞，加大对运输剧毒化学品车辆的检查和管控力度，严防泄漏、失火等重特大高速公路事故发生，确保高速公路安全畅通。

三是保障人民群众安全出行的需要。随着生活水平的提高，外出旅游人数增多，特别是各个小长假及旅游旺季的到来，高速公路服务区的人流量、车流量必将呈现迅速增长的态势。确保服务区的运营安全是工作中的重中之重，而危化品运输车辆的安全管理更是不容忽视。

3 同三高速公路日照服务区危化品车辆管理现状

同三高速公路日照服务区地处日照市岚山区高兴镇，位于同三高速公路日照段主线 K300+500m 处，占地面积 200 多亩，建筑面积 1.07 万 m^2，总投资 5 000 多万元。停车场总面积 4.7 万 m^2，设停车位 246 个，平均每天入区车辆数为 2 300 多辆，进区休息停驻人员 6 000 多人，接待高峰时日均客流可达 1 万余人，是山东省目前建筑面积最大、服务功能最全的跨路景观式服务区。服务区一直将危险化学品运输工作作为安全生产工作的重中之重，从实际出发，牢固树立安全生产意识，加大安全设施投入，狠抓安全专项管理，实现了连续 4 年安全生产无事故，规范了高速公路行车秩序，保证了人民群众生命财产安全。

一是危险化学品运输车辆实行定点停放制度。合理规划各类停车区域，保持车辆安全顺畅进入服务区，并设置危化品运输车辆隔离区域，合理确定停车间距。同时要求载有易燃、易爆、剧毒化学物品的运输车辆一般不得在停车场停放，确需停放时，必须远离加油站及建筑物，由服务区保卫人员引导到危险品运输车辆专用隔离区，专用区域设有明显的指示标志。

二是开展危化品运输车辆登记制度。载有易燃、易爆、剧毒化学物品的运输车辆进入服务区后，保卫人员应及时进行逐一登记，包括车辆进入服务区的具体时间、停放位置、所载化学品的名称、种类、车辆驶离服务区的时间等内容，并指挥其停放到危险品化学品运输车辆专用区域。对违反规定乱停、乱放的危险化学品运输车辆，由保卫人员责令其停放到指定区域。

三是实行限时规范停放制度。危险化学品运输车辆进入服务区后，限时 1 小时之内必须驶离服务区。否则发生一切后果由车主自负。严格停车场停车秩序，设置 160 个大理石隔离墩，确保进入服务区车辆有序停放，为来往车辆的安全驶入和驶出提供安全保障。

四是实行 24 小时动态监控。配置广场照明设施和电子监控装置，设有消防通道，消防器材配备齐全，定期进行检修、维护。设立专职安全管理人员，全面负责停车场安全管理。成立安全巡逻小分队，24 小时不间断对场区安全进行巡逻，发现泄漏、自燃等存在事故隐患的危险化学品运输车辆，及时向主管领导汇报，并责令车主立即排除事故隐患，同时做好相关记录。

五是制定危险化学品运输车辆突发事故处置预案。成立突发事故处理小组，明确服务区各经营单位的相关责任人员，落实责任追究制度。详细规定突发事故信息逐级上报制度，要求各经营单位要对加油站、汽修厂、停车场、服务区的工作人员进行有关危险化学品安全知识培训，使相关人员了解危险化学品的类别、性质、危险特性和包装容器，熟悉各类危险化学品的使用特性和正确的防护处置方法，按照不同部门和业务特点，制订各自的危险化学品事故应急处置预案并进行现场演练，对事故发生后的处理方法也做了详细介绍。

六是为适应新的治安形势，我处在服务区设立交通治安办公室(治安保卫中队)。2009 年，服务区的改造任务非常繁重，并且是边运营边施工，如何在确保工程顺利进行的前提下，加强对施工人员及过往司乘人员和车辆，特别是危险化学品运输车辆的安全管理是一件急迫的事情。4 月我处联合高速交警大队、岚山区高兴镇派出所在服务区成立了交通治安办公室。由高速交警大队和当地派出所对我处正式在编人员进行培训，培训合格后着协查标志服上岗，主要负责对服务区工作人员、施工人员、过往司乘人员及车辆，重点是危化品运输车辆进行安全管理和监督，有效杜绝了服务区重大安全责任事故的发生。

4 服务区危化品运输车辆停放管理中存在的不安全因素

同三高速公路日照段危化品运输安全形势总体平稳，没有发生过重特大安全生产事故，但也潜在不少安全隐患，必须高度重视。

一是管理人员对危化品运输管理的重要性认识不够。虽然将此类车辆、人员作为重点管理对象实施监督管理，但有时职责范围内的工作没做到位。

二是危险化学品车辆违规行为比较突出。危险化学品车辆很多存在不按规定设置警示标志、不按规定行驶、超载、违法临时停车、无证运输等交通违法行为，导致登记不全。

三是部分外地危化学运输车辆的涌入，给本地管理带来难度。由于运输市场的放开，部分外地危险化学品运输车辆增加，给管理增加难度。

四是缺乏有效的管理制度。对于违规停放的危化品车辆缺乏硬性的管理制度，不能从根本上有效实施管制和惩处。

5 加强高速公路服务区危化品车辆安全管理的新举措

随着社会经济的快速发展以及科学技术的进步，在确保服务区危化品车辆停放安全问题上也出现了许多新问题，因此在以后的工作中，我们还要从以下几个方面，重新定位和强化服务区危化品运输车辆安全管理，从而确保整个服务区的运营安全。

一是加强源头管理。组织人员深入沿线的危化品生产、运输企业进行调查摸排，全面掌握生产、运输企业名称、性质、车辆、驾驶人及危险品种类、运输线路等方面情况，了解近期变更的情况。同时加强与相关部门的沟通和联系，对从事危化品运输的企业进行安全检查，从源头上确保危化品的运输安全。

二是将日常的巡逻管控同严查严处危化品运输违法行为相结合。结合日常工作，协助公安民警在执勤当中加大对危险化学品运输车辆的检查力度，及时掌握高速公路沿线的剧毒化学品运输车辆的通行情况。

发现危化品运输车辆的无证运输、不按规定的通行时间路线速度行驶、不配备押运人员等违法行为及时举报；对未达到安全行驶标准的危化品运输车辆，一律不允许驶上高速公路。

三是广泛深入宣传，增强驾驶员安全意识。不定期组织人员深入危化品生产、运输重点单位、服务区、收费站口，通过摆放相关事故案例展板、发放宣传单等形式，开展危化品运输安全知识宣传教育，将危险化学品的安全管理法律法规、运输装载、行驶速度和突发事件处置等宣传材料发放到危险化学品运输车辆驾驶员手中，切实加强对危险物品的宣传教育工作，使广大危险化学品运输车辆驾驶员掌握运输危险化学品物品的安全常识，自觉遵守有关法律、法规的规定，做到守法驾驶、安全出行。同时充分利用广播电台、报纸杂志等新闻媒体，播报危险化学品运输车辆交通违法、肇事和违规运输等典型事例，全方位地营造对危险化学品运输严管严治的社会舆论氛围，从而提高危险化学品从业人员对危险化学品运输安全重要性的认识和他们的交通安全意识。

四是提高应急处置能力。加强与公安、交警、路政、消防、安监、气象、卫生等职能部门的协调互动，建立起信息沟通和共享的渠道，建立起各部门协同作战的应急救援预案，提高处置危险化学品事故的能力，确保一旦发生危险化学品运输交通事故，能够及时、有效施救，减少危害后果，有效控制事态发展和恶化，最大限度地降低和减少损失。要加强对相关人员的应急管理培训，从应急处置、现场抢救等方面，加强危化品基本知识培训，提高处置危化品事故的应对能力，确保危化品运输车辆一旦发生交通事故或出现泄漏时，能够快速反应，及时施救，减少事故影响，保障人民群众生命财产安全。

浅谈危险品运输管理与事故应急系统

周　宏

（四川省交通厅高速公路交通执法第四支队　成都　610041）

摘　要:道路运输不论数量上还是品种上,危险化学品的运输都占了相当大的比重。由于危险化学品具有易燃、易爆、毒害、放射性等特性,危险化学品的安全运输一直是道路运输管理部门重点关注的对象。随着我国经济的快速发展,危险化学品的运输需求也快速增加,对运输质量及运输安全的要求更加突出。因此,研究危险化学品运输的管理,不断提高安全意识和管理水平,维护社会经济健康稳定发展,具有重要的现实意义。本文通过对危险化学品主要特性以及危险化学品的道路运输特点的分析,结合危险化学品运输过程实际情况,借鉴国内外危险化学品运输管理的先进经验,提出了危险化学品运输安全管理的关键是从业人员,危险化学品运输安全管理的根本是运输车辆,危险化学品运输安全管理的基础是健全的管理制度、建立事故应急救援系统等安全管理措施和预案。通过全球定位系统、地理信息系统、专家系统、自动监测等技术的集成,充分发挥各自技术的优势,建立危险化学品运输及事故应急系统,通过集成各子系统实现危险化学品运输管理的自动化、智能化,在事故发生的第一时间自动报警,并通过现场信息数据分析做出最有效的救援安排。

关键词:危险化学品运输　安全管理　应急救援系统

On Transport Management of Dangerous Chemicals and Accident Emergency Response System

Zhou Hong

(The 4th Group of Highway Administration, Sichuan Provincial Department of Transportation Chengdu　610041)

Abstract: Dangerous chemicals account for much of things transported by highway in terms of volume and kind. As dangerous chemicals are easy to catch fire and explode, are toxic, and radioactive, safe transportation of dangerous chemicals has been one of the focuses of transport administrations. With rapid development of national economy in our country comes the fast growth of transporting dangerous chemicals. More demands arise for the quality and safety of transportation. Therefore, research on the management of dangerous chemicals is of great significance to improve safety awareness and management level, and promote the healthy and stable development of social economy. This paper analyzes the main characteristics of dangerous chemicals and the features of transporting dangerous chemicals by highway, takes into account the real conditions of transporting dangerous chemicals, and builds on the advanced experience of transporting dangerous chemicals from home and abroad. It holds that safety management of transporting dangerous chemicals involves many issues. Concerned personnel is the key; vehicles are the fundamental factor; sound management system is the basis. Safety management measures and plan like building accident emergency response system are needed to be established. In addition, technologies like global positioning system, geographical information system, expert system and automatic monitoring are integrated to fully exploit respective technical advantages, and build a system for dangerous chemicals transport and accident emergency response. All subsystems combine to achieve automatic and intelligent transport management of dangerous chemicals. Automatic alarming is sounded at the moment of the accident. At the same time, effective rescue operation is decided on an analysis of field information data.

Keywords: Dangerous chemicals transport Safety management Emergency rescue system

0 引言

随着我国化学工业的发展和经济建设的需要，公路运输危险品的运量越来越大，危险化学品种类也越来越多。危险化学品在运输过程中，存在着爆炸、中毒等重大事故风险。近年来我国发生的多起危险化学品公路运输的重大事故，给人民生命和财产造成重大损失，运输安全形势十分严峻。通过对运输过程中发生的泄漏爆炸事故的分析，究其原因有化学品存储不当、天气恶劣、道路状况、驾驶员疏忽等。而导致此类事故造成重大危害的一个重要原因，是未能在事故发生后的第一时间发现并报警，失去了及时处理及救援疏散的宝贵时间，使得危险化学品进一步泄漏扩散或爆炸而造成重大的损失。对危货运输车辆的管理，必须利用现代化的先进管理手段。强化危货车辆的全过程管理。当然，还必须建立和健全道路危险化学品事故应急救援体系，健全应急救援技术和信息支持系统，培养高素质的应急救援队伍，形成快速反应的应急救援机制，提高应急救援能力，将危化品运输事故造成的损失降至最低。当前，在美国、欧洲等西方发达国家，危化品运输的监控和管理相对比较完善，相关的法律法规及信息智能技术也比较成熟。利用卫星定位系统，专门针对军队车辆、危险车辆及卡车的运输提供远程信息服务，以实时监控运输车辆及货物在途中的状况，实现突发事件的实时报警监控，对大型爆炸、泄漏等严重事件的提前预警等。近年来，全球定位系统技术(GPS)以其快速性和准确性在我国各行业得到了广泛应用并逐步走向成熟。与之关联的地理信息系统(GIS)技术发展也十分迅速，现代(GIS)技术在空间分析、数据表达表现、三维虚拟现实都取得了长足发展，其为决策者提供的决策辅助功能也越来越强大。危险化学品运输管理把这些先进的技术和最新的研究成果集成后用于运输管理及应急救援，将会显著地降低我国危化品运输的事故风险，大大提高我国处理化学品突发事故的效率和效果。为此，就各种技术在系统中的集成问题开展系统的探讨。

1 技术原理

在环境科学领域有许多现象、过程或问题是难以用具体的数值模型描述或模拟的空间问题，以(GIS)为基础，以模型库驱动为核心，由数据库、模型库、方法库、知识库及其管理系统构成基本框架的空间决策支持系统以及专家系统，进行技术集成，将在环境科学研究中发挥重要作用。

1.1 危险化学品泄漏扩散数学模型

关于污染物在空气中的扩散数学模型，目前研究比较成熟的是以 Gaussian 模型及以此为基础的一些修正改进模型。但 Gaussian 模型只适用于中性气体，模拟精度较差，而泄漏的有毒气体以密度较大的重气体居多，目前主要的重气扩散模型包括箱与相似模型，三维传递现象模型，介于二者之间的浅层模型等。它们各具不同的复杂程度与适用范围。与相似模型的概念清晰且计算量较小，但是存在很大的不确定性。采用(CFD)的流体力学模型能够更好地描述重气在大气湍流运动中的物理现象，具有广泛的通用性，但有关数值计算要花费大量的计算机时。浅层模型兼顾了这两类模型的优点，部分地克服了它们的局限性，将可能成为今后的研究发展方向。

1.2 地理信息系统(GIS)

地理信息系统是一种以采集、存储、管理、分析和评价全球或区域与空间地理分布有关数据的空间信息系统。它是随着计算机科学、信息科学、环境科学等学科的发展而兴起的一门边缘交叉学科。(GIS)接受数据具有多样性特点，(GIS)空间分析的功能很强，具有快速响应功能，可实现真正应急救援的目的。突发事故的分析过程涉及大量的地理信息数据和应急救援的空间分析处理方法，(GIS)有明显的技术优势，为应急救援系统的建立与实施提供了很大的保证，对提高环境预警水平也起到了决定性的作用。

1.3 全球定位系统(GPS)

全球定位系统是一套基于卫星的无线导航系统，它可以有无限个用户同时使用，提供全球范围从地面到9 000公里高空之间任一载体的高精度的三维位置、三维方向以及运动速度和精确的时间信息。目前，伴随着(GPS)技术在车辆监控系统中的应用，危险品运输、金融等特殊行业都纷纷开发了本行业的(GPS)专用监控系统，以便在发生突发事件时，通过公用和专用通信网络，将报警信号从各自行业的计算机专网送至报警系统，从而实现了突发事故的快速接警和应急救援。

1.4 专家系统(ES)

专家系统，是一个智能程序系统，在其内部具有大量的专家水平的该领域知识与经验，能借助计算机来解决特定领域的技术问题。由于事故救援工作涉及的知识面比较广，它不仅需要化学专业的专家，还与医疗、环保、消防、公安、组织指挥、道路交通、人员疏散等方面相联系。因此，必须通过专家系统来汇集各领域专家的经验与知识。提出比较全面的救援指挥信息，为决策提供科学依据。

2 系统构建

系统由运输车辆管理子系统、事故自动报警子系统、泄漏模拟分析子系统、事故应急救援子系统、信息发布及数据维护子系统等5个子系统组成。在日常的危化品运输管理中，主要通过“运输车辆管理”子系统实现每次运输任务的信息登记、位置报告存储等；当车辆不幸发生事故导致危化品泄漏或爆炸的萌芽状态时，“事故自动报警”子系统将通过传感器自动检查到并自动报警，并返回所有有用的事故信息，此时系统调用“泄漏模拟分析”子系统根据返回的事故信息进行扩散或爆炸模拟，得到此次事故的预测结果，然后“事故应急救援”子系统根据事故预测结果和现场监测数据进行救援方案的制定；当需要将事故数据和撤离安排等重要信息告诉公众，或各部门要对系统数据库进行维护，均通过“信息发布及数据维护”子系统完成。

2.1 运输车辆管理子系统

实现对执行危化品运输任务的车辆的信息化管理。出发前，将该车辆运输的危化品名称、数量以及车牌号、驾驶员等信息录入数据库；在运输途中，车载(GPS)间歇地向管理中心传回其状态信息并保存。管理中心需查询某车辆状态时，通过(GSM)通讯系统向车载(GPS)发出要求，车载(GPS)立即报告自己的状态；到达目的地时，在数据库中记录该车辆的到达时间并结束该次任务。

2.2 事故自动报警子系统

实现在事故发生的第一时刻自动向管理中心报警并传回现场数据信息。发生泄漏或爆炸事故时，安装于运输车辆的有毒气体传感器自动检查到有毒气体超标，自动接通报警线路通过车载GPS向管理中心报警，同时连续地将现场的毒气浓度、压力、温度等数据信息传回应急中心。管理中心接到报警信号确认事故后立即对车载终端发出熄火指令并收集现场数据信息保存至数据库。

2.3 泄漏模拟分析子系统

负责根据现场传回的事故数据信息，调用数学模型分析事故的危害范围及发展趋势。将通过事故监测得到的事故的各项参数包括泄漏量、气象资料等数据传递给事故预测模型的相应接口，通过数值计算得出周围的污染浓度的分布及未来的扩散趋势，并根据毒负荷原则将周边区域危险程度分类，结合(GIS)地图叠加统计分析处于各级区域的人口、敏感单位、危险源等信息。

2.4 信息发布及数据维护子系统

通过Web实现数据库资源共享、事故信息的公众发布及数据库的维护更新。为充分共享系统数据库，向公众提供风险源分布、气象资料、事故汇总、化学品急救等知识的查询和学习；发生事故时向公众提供与事故相关的监测信息、危害预测、专家建议等各项信息，为公众采取正确行动提供重要指导；通过Web实现属性数据库和空间数据库的远程更新，由于数据库资料涉及部门众多，可由各相关部门通过网络负责与之相关的资料更新。

2.5 事故应急救援子系统

负责根据各项数据资料的综合分析制定出具有专家水平的应急救援方案。作为系统的核心功能，利用危险识别、风险评价及灾时应急对策等知识库中的专家知识和实时监测数据以及预测模型的计算结果，专家系统可通过其推理机制分析事故的相关效应，对要采取的应急处理措施进行优化选择和评价，并产生命令文件驱动(GIS)进行相关的空间分析；系统根据历年发生的各类事故的资料，提出事故处理人员和设备安排，并可根据实际的交通情况给出最佳行动路线。

3 完善法制建设

3.1 加快法制建设，为规范危运市场秩序提供有力依据

在国家对危运管理工作框架性法规的基础上，结合道路危险品运输这个子行业的特殊性，应尽快出台一套适合危运管理的行政法规，对市场进入、退出、安全监管及法律责任予以明确，对运输、托运、装卸、仓储等各个环节加以规范，确保危运管理工作有法可依。

3.2 定期对运输企业安全生产进行评估，加强对危险品运输企业源头管理

近年来，随着经济的发展，危险品运输企业数量增长较快，由于不同运输企业的筹建方式不同，其生产及安全管理状况也存在差异，《道路运输条例》颁布实施之后，对危险化学品运输企业开展安全生产评估成为当务之急。评估应包括运输企业的安全生产机构、安全生产制度、培训和教育、事故防范、运输安全管理、车辆技术管理、驾驶员安全管理、事故管理等八项制度。通过评估来规范市场对存在的问题进行整改，对不能实现安全生产的企业要清理出道路危险品运输市场，有效控制事故的源头，遏制事故的发生。

3.3 加强对托运人的管理，切实抓好化学危险品托运行为

《条例》在第三十八条中明确："通过公路运输危险化学品的，托运人只能委托有危险化学品运输资质的运输企业承运。"但《条例》却没有明确违反了应如何处理的问题。在日常的危运过程中，由于托运方未履行职责，导致无危运资质的运输车辆冲击危运市场的现象屡屡发生。原因是由于危险化学品托运人违章托运无危险品运输资质的车辆承运化学危险品所引发的。化学危险品由于其爆炸、燃烧、腐蚀、有毒、放射等危险品性，作为危运管理部门日常对危运市场及道路的监督检查中，往往由于遇到查处了装有化学危险品的运输车辆难以处理的问题。不查处又不作为，查处后，车辆停放问题又变成了安全问题。化学危险品的托运，是危险品生产、销售、运输等各个环节中不可分割的部分，托运人的职责不落实，为降低物流成本片面追求经济利益而罔顾公共安全，置国家及人民的利益于不顾，是不负责任的典型体现。笔者认为应在有关的法律、法规中落实托运人的法律责任，并落实有关部门对托运方的监管责任，从源头上把好危运的托运。

3.4 全面落实资质制度，推行道路危险货物运输招投标

国家已对危险化学品运输实施了资质认定制度，未经资质认定，不得运输危险化学品。通过连续几年的专项整治，道路化学危险品运输企业已基本实现了资质化，但由于化学危险品的生产、经营、储存、使用、销售、处置各个环节不同程序存在不够规范的地方，特别是化学危险品生产、销售、使用单位在托运化学危险品运输方面问题较为严重。各地方政府，应根据实际情况，打破地方垄断，引导化学危险品生产、销售、使用企业实施化学危险品运输招投标。招投标，一方面可以减低生产、销售、使用化学危险品企业的物流成本；另一方面可以扶持化学危险品运输企业向专业化、规模化的发展，使整个化学危险品的生产、托运、销售、运输等行为逐步走向成熟、规范，进入良性循环的好局面。

3.5 建设全国性的危运企业、车辆及从业人员的信息平台，为危运及管理工作提供准确有效的信息

由于我国的危运市场是开放的市场，建立全国性危运信息平台，有利于危运市场的健康发展。通过信息平台可以及时了解和掌握危运企业、车辆及从业人员的情况，在危险货物运输招投标、托运化学危险品及签订运输合同提供准确方便的信息。在全国开展道路危险品运输专项整治工作后，全国各地进一步加强和规

范了危运市场，由于历史遗留的车辆“大吨小标”等问题的存在，致使相当部分的罐式危运货车无法换领道路运输证。这些车辆为了生存，导致大量的假牌假证出现，给管理部门日常的稽查工作增加了难度。通过危运信息平台，危运企业、车辆及从业人员的情况一目了然，为打击无牌无证非法营运和规范危运市场秩序提供有力依据。

3.6 实现全面统一，切实解决好危管工作中存在的地区性差异问题

建立全面统一的、健康的道路运输市场是我国运输市场管理的首要任务。由于各地对有关法律、法规及政策理解的不统一，存在着明显的地区性差异，有些地方为了吸引税费，肆意放宽有关政策，降低运输企业及危运车辆进入化学危险品运输市场的资质标准及规费、税收标准，吸引外省、市的个体业户车辆到该区域挂户，当地有关部门对这些挂户的危运罐车也不进行日常的安全监管，隐藏了大量的安全隐患。这些现象是一种十分不正常的，各有关主管部门应从安全的大局出发，以对人民群众的生命财产安全负责任的态度，以建立全国统一的道路运输市场为依归，在全国范围内全面规范对危运车辆的管理工作，并开展一次针对道路化学危险品车辆及运输管理的专项整治工作，坚决杜绝此类现象的存在。

4 结语

该系统通过综合 GPS、GIS、ES 等自动监测等各项技术的优势特点，进行技术集成。并依托计算机平台实现了危险化学品的自动管理及泄漏事故的应急反应系统。与目前国内同类的辅助管理决策系统相比，该系统主要有以下特点：①将危化品的运输管理和事故的应急处置两个部分集成到一个系统中，更方便事故处理时参数的查找，使得危化品的管理更加规范。②对危化品运输的管理实现与电子地图及 GPS 结合，使管理中心能对运输车辆实现全程实时监控，大大提高了车辆管理的实效性和准确度。③自动监测报警系统实现了现场情况的自动监测，在发生事故时及时自动报警，避免了因人为原因而使报警时间滞后。自动监测装置能及时向指挥中心传回现场数据，使指挥中心能对事故有更准确的判断。④通过专家系统的嵌入，实现对事故的救援处理达到专家级的水平，为专家不在现场时救援方案的制定提供重要参考依据，这在大型泄漏爆炸事故中显得尤为重要。⑤完善法制建设，规范运输秩序，加强运输管理，从根本上维护人民群众的生命财产安全。

参考文献

[1] 陈红旗. 全面加强道路危险货物运输安全管理[J]. 江苏交通，2003，(11).

[2] 刘强，高晖. 危险化学品运输安全统一监控平台的探讨和设想[J]. 中国安全科学学报，2006，(02).

[3] GPS 的车辆监管系统应用方案[J]. 交通标准化，2005，(01).

[4] 许健，吕永龙，王桂莲. GIS/ES 技术在突发性环境污染事故应急管理中的应用探讨[J]. 环境科学学报，1999，(05).

[5] 时亚丽，陈燕俐，陈万金. 浅谈 ITS 技术在危险化学品公路运输过程中的应用[J]. 中国安全科学学报，2005，(03).

[6] Kurt Fedra. Lothar Winkelbauer A Hybrid Expert System，GIS，and Simulation Modeling for Environmental and Technological Risk Management，2002，(17).

特大型桥梁危化品运输风险分析及预防措施研究

——以崇启大桥为例

赵慕华 胡晓健 陆 建

（东南大学交通学院 南京 210096）

摘 要：特大型桥梁是道路运输网中的重要节点，一旦发生危化品运输事故，影响范围广，后果严重，因而加强特大型桥梁危化品运输风险防范具有重要的现实意义。本文以崇启大桥为例，分析了崇启大桥危化品运输污染风险，介绍了影响大桥危化品运输事故发生的主要因素，最后提出了相应的预防体系以及具体预防措施，可为特大型桥梁危化品运输管理提供借鉴。

关键词：危化品运输 风险分析 预防措施

Risk Analysis of Transporting Dangerous Chemicals on Extra-large Bridge and Study on Preventive Measures

——take Chongqi Bridge as an example

Zhao Muhua Hu Xiaojian Lu Jian

(School of Transportation Southeast University Nanjing 210096)

Abstract: Extra-large bridge is an important part of highway transport network. Once accident of transporting dangerous chemicals occurs, it will cause wide impacts and serious consequences. It is therefore of great significance to enhance risk prevention of transporting dangerous chemicals on extra-large bridge. This paper takes Chongqi Bridge as an example, analyzes the pollution risk of transporting dangerous chemicals on Chongqi Bridge, and introduces main factors impacting the occurrence of accident of transporting dangerous chemicals on bridge. It ends with prevention system and preventive measures. This paper has implications for management of transporting dangerous chemicals on extra-large bridge.

Keywords: Dangerous chemicals transport Risk analysis Preventive measures

0 引言

随着经济的发展，危化品产量和运量逐年上升，经由公路运输的危化品越来越多，随之而来的运输风险不断增加。特大型桥梁作为公路网中重要节点之一，一旦发生危化品运输事故，极易造成重大人员伤亡、经济损失和环境污染。因此，有必要加强特大型桥梁危化品运输污染风险防范。本文将以崇启大桥为例，对危化品运输风险防范展开研究讨论。

1 崇启大桥危化品运输风险分析

1.1 崇启大桥概况

崇启大桥连接上海市北部和江苏省东南，是上海至西安国家高速公路G40的重要组成部分。大桥全长约

基金项目：国家科技支撑计划课题（编号：2009BAG 13A06）；教育部新世纪优秀人才支持计划（NCET 08 0115）；江苏省青蓝工程。

52km(江苏段 21km,上海段 31km),预计 2012 年建成通车。大桥作为连接长江南北两岸的过江要道,有承担一定危化品运输任务的可能。由于沿江地区人口密集,长江渔业资源丰富且沿岸分布着自然环境保护区,因此有必要对崇启大桥危化品运输风险进行分析。

1.2 风险分析

崇启大桥建成通车后,运输的主要危化品可能有化学品、农药及石油类产品等,由于运输的危化品品种较多,难以绝对避免危化品运输事故的发生,因此需对大桥危化品运输风险做出分析评价。公路建设项目中,环境影响评价通常以公路建成通车后危化品车辆发生交通事故的概率来替代危化品运输污染风险。

崇启大桥危化品运输污染风险测算公式如下:

$$P = Q \cdot L \cdot P_1 \cdot P_2 \cdot P_3$$

式中:P——崇启大桥危化品运输污染风险,次/年;

Q——该地区车辆相撞、翻车等重大交通事故概率,次/(百万辆·km);

L——崇启大桥跨江大桥及接线段长度,km;

P_1——预测交通量,百万辆/年;

P_2——装载危化品货车占总交通量的比例,%;

P_3——在可比条件下,由于高速公路的修建,可能降低交通事故的比重,%。

1.2.1 参数确定

(1)根据崇启大桥所处启东地区多年来交通事故的调查和统计,交通事故概率平均为 0.235 次/百万辆·km,故 Q 取 0.235。

(2)崇启大桥江苏段跨江大桥长 4.544km,接线段长 16.464km。

(3)根据《崇启大桥工程可行研究报告》,各预测年限交通量如表 1 所示。

表 1 崇启大桥交通量预测表

年　份(年)	2015	2020	2025	2030
平均交通量(辆/日)	27 100	33 325	44 293	54 149

(4)根据《崇启大桥工程可行研究报告》的推算,崇启大桥营运后,危化品货车约占总车流量的 0.9%,故 P_2 取 0.009。

(5)在可比条件下,由于高速公路的修建,可能降低交通事故的比重取值范围通常为 0.5~1,一般取 0.5,则接线段 P_3 取 0.5。考虑到跨江大桥段气象条件复杂,潜在诸多危险因素,故跨江大桥段 P_3 取 0.7。

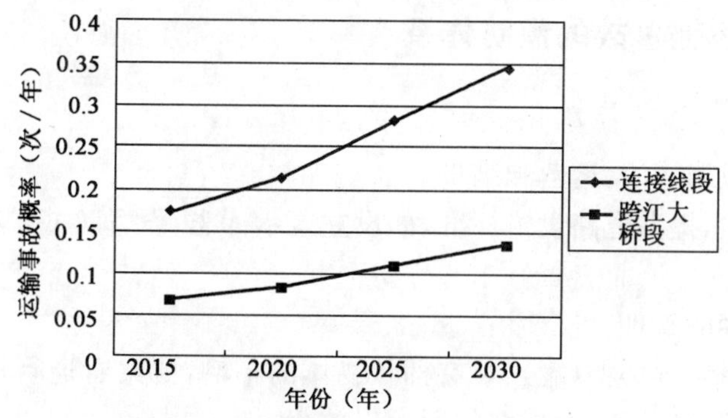

图 1 预测年、各路段危化品运输事故概率(次/年)

1.2.2 预测结果与分析

经计算,各预测年、各路段危化品运输事故概率见图 1。

从预测结果可见,在崇启大桥跨江大桥及连接线段发生危化品运输事故的概率较小,但连接线段各预测年发生事故的概率显著高于跨江大桥段,且随着每年交通量的不断增加,大桥发生危化品运输事故的概率也将逐年递增。

大桥跨江大桥及连接线处发生危化品运输事故，可能对周围环境，尤其是对周边地区的城镇居民生产生活、自然保护区内动植物的繁殖生长造成难以估量的破坏性影响。因此，有必要从工程、管理等方面研究、制定、落实大桥危化品运输事故的预防措施，降低该类事故发生的可能性。

1.3 崇启大桥危化品运输事故影响因素分析

特大型桥梁危化品运输事故的发生，一般由安全监管、危化品及其包装、相关人员、运输车辆与设备、道路与外部环境等因素构成。它们互相联系，构成一个统一的整体，如图2所示。

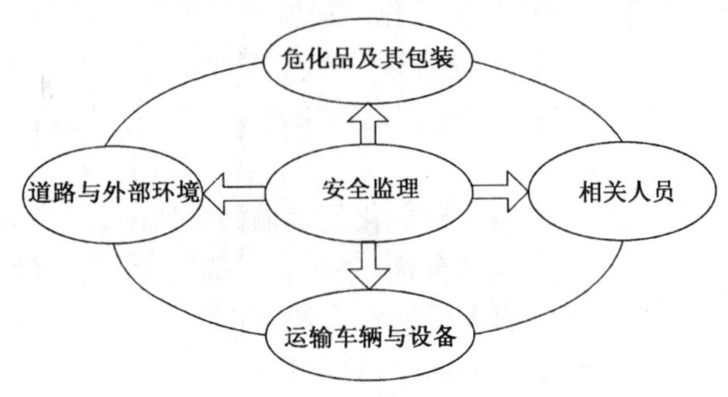

图2 危化品运输事故影响因素结构图

1.3.1 安全监管

安全监管指对其他四个因素的统一指导和监管，相关职能部门包括大桥运管中心、安全生产监督管理部门、交通运输部门、公安交通管理部门等。其中，大桥运管中心的主要职责是监管其他四个因素。大桥运管中心还需加强内部自我监管，排除安全监管漏洞，建立完善的安全监管体系。

1.3.2 危化品及其包装

大多数危化品运输事故都是由危化品碰撞泄露导致的，因此，危化品包装必须符合国家统一规定的“危险货物包装标志”。

1.3.3 相关人员

在危化品运输系统中，涉及的主要人员有驾驶员、押运员、装卸人员、车辆维修维护人员。运输从业人员的素质直接影响运输安全，加强对相关人员的监管是保证危化品运输安全的基础。

1.3.4 运输车辆与设备

运输车辆是运输危化品的载体，车辆技术状况直接影响运输的安全。危化品的危险性质，决定了危化品运输车辆的结构、技术性能和装备必须符合相应的特殊要求。

1.3.5 道路与外部环境

道路设施主要包括交通标志标线、照明设施、交通隔离与防护设施、防眩设施、监控设施等，其性能和安全状况直接或间接影响着危化品运输的安全性。

外部环境如灾害性天气、夜间可视性差、人为蓄意破坏等也将引起事故。

2 崇启大桥危化品运输事故的预防体系

2.1 崇启大桥运管中心完善危化品运输管理

2.1.1 完善大桥道路设施建设、运营和维护

在事故易发路段、桥梁段，提高道路设施标准，如设立警示标志、设置防撞护栏等。大桥运管中心应定期检测并统计其运行状况。

2.1.2 加强对过桥车辆的管理

对各类标有危化品的车辆、各类槽(罐)、装有桶状物体的车辆，要察看通行证、营运证、货运单、资格证；证件齐全、手续完备、符合通行条件的，上报登记后予以放行。

2.1.3 强化交通监控

通过监控设施，密切关注危化品车辆通过期间桥面交通流状况，从车辆密度、速度及交通量等方面分析交通流的稳定性，对异常的交通流状况进行先期处置，同时关注大桥交通安全设施是否存在安全隐患。

2.1.4 建立预警机制

大桥运管中心可结合交巡警部门的交通事故统计，分析在不同的季节、气候条件下事故发生的规律性特点，通过标志标线、可变信息板等对驾驶员预警。预警内容包括恶劣天气预警、事故多发地段及时段预警、下

游突发事故预警、下游交通拥堵预警等。

2.1.5 建立危化品事故信息数据库

大桥运管中心应逐步建立健全有关危化品事故处置信息的数据库，其内容主要涵盖以下几个方面。

(1)部门、专家类信息：包括地方政府、公安、交(巡)警、消防、环保、医疗救护等部门有关领导、专家以及附近区域乃至全国大型化工企业负责人的联络信息，便于发生事故时紧急联络。

(2)设备类信息：包括邻近地区各种特殊清障设备的分布信息，便于发生事故时根据实际情况尽早向有关单位请求支援。

(3)物资类信息：包括当地常见危化品消解物资的存储中心信息，明确各类危化品消解物资的名称、特性、适用对象、数量、存储地、管理机构及其联系方式等事项，便于发生事故时尽早调动消解物资。

(4)常识类信息：包含各种具有代表性危化品的化学性质及处理该类型危化品事故时的注意事项。发生事故且尚未能与有关专家取得联系时，可作为处置的重要参考，尽可能避免施救人员(特别是首批赶到事故现场的施救人员)的伤亡。

2.2 崇启大桥运管中心加强与政府相关部门联系

大桥运管中心可及时将具有危化品运输资质不达标、出现危化品超载、混装等违规行为的经营者的相关情况反馈给相关主管部门，由其加强监管、整治。

大桥运管中心还可与消防、医疗、公安等部门建立长效应急联动机制，实现事故信息和应急资源共享。一旦事故发生，及时快速通知相关救援单位启动相应的应急预案。此外，大桥运管中心可开展定期和不定期的联合演练，锻炼队伍，教育公众，提高应对事故的能力。

2.3 崇启大桥运管中心加强与运输企业合作

大桥运管中心可与当地危化品运输企业建立信息共享机制，对危化品车辆建立“一车一档”的安全档案，详细记录驾驶员、押运员、汽车技术指标等信息，并要求企业定期与大桥运管中心联络，及时汇报运输的实际情况，便于掌握运输车辆信息，及时采取措施。

大桥运管中心负责对危化品车辆在大桥运行时全程实时监控，当车辆发生故障或事故后，及时与运输企业联系，妥善处理，避免带来环境污染。

此外，大桥运管中心可及时告知运输企业相关预警信息，便于企业采取必要的预防措施，统筹考虑危化品的运输时间、线路。

3 崇启大桥危化品运输事故具体预防措施

及时发现和消除可能引发危化品运输事故的各种隐患，全力做好预防工作，是防范事故发生、保障公众生命安全、维护社会和谐稳定的重要手段。通过分析研究，现提出如图 3 所示的预防措施。

3.1 设置告示牌

大桥运管中心在收费站前方、匝道入口处设置告示牌，提醒危化品车辆驾驶员注意通行条件，减速行驶，主动申报，接受检查；在事故易发路段提前设置告示牌，提醒驾驶员减速慢行，安全通过。

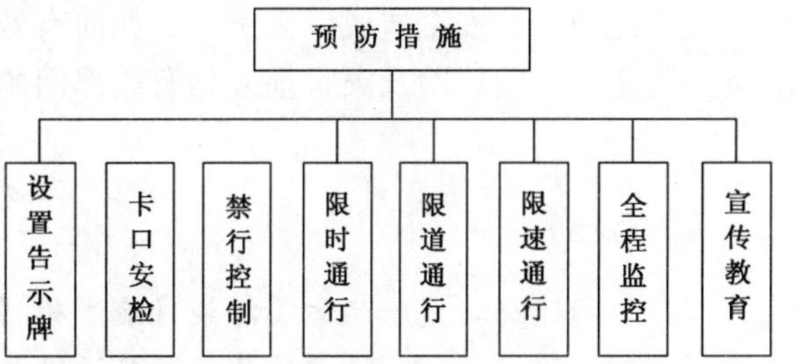

预防措施
设置告示牌
卡口安检
禁行控制
限时通行
限道通行
限速通行
全程监控
宣传教育

图 3 崇启大桥危化品运输事故具体预防措施

3.2 卡口安检

在收费站入口设置危化品车辆专用车道，对车辆实行登记管理制度，只有证照齐全且符合条件的车辆允许通行；对酒后驾驶、疲劳驾驶等交通违法行为严格查处，防范事故发生。

3.3 禁行控制

在暴风雨、雷电、冰雪等灾害性天气情况下禁止危化品车辆通行，对于已在桥上行驶的车辆，限制行车速度，及时引导分流，必要时派车护送。

建议：雨、雾、冰雪等天气能见度在200m以下时，跨江大桥段禁止危化品车辆通行（能见度在100m以下时，危化品车辆全桥禁行）；侧风平均风力6级以上时，跨江大桥段禁止危化品车辆通行（平均风力8级以上或阵风9级以上时，危化品车辆全桥禁行）；路面有积雪或结冰时，危化品车辆全桥禁行；在重大节日、重要活动期间限制危化品车辆通行。

3.4 限时通行

综合考虑交通事故发生具有时段分布特征以及尽可能减少气象灾害对危化品运输产生不利影响等因素，建议跨江大桥段危化品车辆通行时间为：9:00～11:00，14:00～16:00。

3.5 限道通行

大小车辆混行是造成交通事故的主要诱因之一，为此，对危化品车辆实施限道通行措施。危化品车辆须在指定入口通道进出，按指定车道行驶，如无特殊情况，不得变换车道。

3.6 限速通行

根据公安部交通管理部门相关数据显示，超速是导致危化品运输事故的重要因素之一。因而，应对危化品车辆实施限速控制，严禁其超速行驶。高速交警可设置固定、流动测速设备，重点查处超速危化品车辆。交巡警、路政等执勤人员加强巡逻，发现危化品车辆超速行驶时，设法提醒和制止。

3.7 全程监控

大桥监控中心通过全程监控方式加强安全监管。全程监控旨在获取危化品车辆的动态信息，及时发现危化品车辆的非法停车、逆行、突然减速、超速或低速行驶等异常通行行为以及交通事故等。此外，在跨江大桥段，对于运输易燃易爆、剧毒、高腐蚀、高辐射等高度危险性货物的车辆，需采取定时、定量全程护送措施，提高其通行安全性；对于大交通流量的情况，交巡警、路政等单位及时疏导，并采取全程护送方式，保障危化品车辆安全通行。

3.8 宣传教育

政府相关部门做好交通法律法规的宣传、教育，并充分利用新闻媒体广泛宣传危化品运输事故的严重危害，提高驾驶员交通安全意识。

危化品车辆进入高速公路时，收费站人员可提供印有监控中心24h值班电话和应急小组电话的宣传卡片，方便危化品车辆驾乘人员在发生事故时能够通过移动电话及时与监控中心和应急中心联系。

4 结语

总而言之，危化品运输由于运输行业本身的高风险性和危化品品种的多样性、潜在的高危险性、事故高危害性给社会公共安全造成巨大压力。如何有效加强和完善特大型桥梁危化品运输风险防范体系，最大限度减少危化品运输风险及灾害损失是有关部门亟待解决的问题。

参 考 文 献

[1] 温可．高速公路危险品运输污染风险浅析[J]．交通环保，2003，24：182-184.

[2] 高建刚，陈宏云，郑昊．危险货物道路运输事故统计分析[J]．中国安全科学学报，2007，17(8)：160-166.

[3] 姜学鹏，徐志胜，冷冰，等．危化品公路运输事故研究现状及其防灾对策[J]．智能交通，2006，3(6)：56-59.

[4] 靳军．危险化学品道路运输的影响因素分析[J]．现代商业，2009，29：181.

[5] 张江华，朱道立．危险化学品道路运输风险分析研究综述[J]．中国安全科学学报，2007，17(3)：136-141.

杭州市公路网抗击自然灾害应急机制研究

陆永林

（浙江省杭州市公路管理局　杭州　310030）

摘　要：为应对新形势下频繁发生的公路自然灾害，增强杭州市公路网的抗灾能力，本文分析总结了现状公路抗灾工作中存在的问题，针对性地从应急管理制度、应急组织机构、灾害信息管理、应急物资保障、应急社会联动等方面进行了公路抗灾应急机制的研究，提出了有效可行的公路应急管理工作流程。

关键词：公路自然灾害　应急机制　应急管理

Study on Emergency Mechanism of Hangzhou's Highway Network in Fighting Natural Disaster

Lu Yonglin

(Highway Administration Bureau of Hangzhou in Zhejiang Province　Hangzhou　310030)

Abstract: To cope with frequently-occurred natural disaster in highway and improve natural disaster—resistance of Hangzhou's highway network, this paper analyzes and summarizes the existing problems in highway's fighting natural disaster. It studies emergency response mechanism of highway's fighting natural disaster in terms of emergence response management system, emergency organizing agency, disaster information management, emergency material logistics, and emergency social mobilization. This paper presents a feasible and effective working process for highway emergency management.

Keywords: Highway　Natural disaster　Emergency response mechanism　Emergency response management

0　引言

杭州市自然灾害近年频发，对公路交通应急保障机制提出更高要求。从近几年公路抗灾应急实践来看，公路交通保障还没有完全形成全面覆盖、上下联动、快速反应的工作机制，容易造成滞后应急的被动情形。公路交通抗击自然灾害时效性是关键。所谓应急就是针对各类紧急、突发事件所采取的应对策略和紧急行动。公路网抗击自然灾害应急机制研究的目的是指在制度安排、人力动员、设备调配、物资储备、信息发布、社会联动等方面形成较为成熟的灾害应变体制，建立完善的公路网抗击自然灾害管理体系，制定灾害应急预案，及时准确获得灾害信息，对灾害的危害性和可能造成的损失做出明确的判断，依靠事先布设于公路沿线的应急救援点，开展公路灾害的应急管理，以全面增强公路抗击自然灾害的能力。

1　公路抗灾现状问题解析

杭州市现有公路抗灾工作主要依靠各区、县（市）公路段（处）和养护站，基本上还停留在经验基础上，由于制度建设、人力动员、社会联动、资源配置、信息通道等方面无法从全局角度进行合理的建设，面对新形势下的抗灾难题，抗灾工作面临着一些亟待解决的问题：

①公路抗灾过程中各部门、区域之间缺乏联动，不能发挥团队协作的力量，原有分散独立的管理机制和工作模式已经不能适应新条件下的抗灾要求；

②公路养护站（点）人员配备还欠合理，有些站点偏少，且养护队伍专业抢险技术不高，不足以应对大范围的公路灾害情况；

③救灾物资及应急抢险设备短缺，应急抢险机械设备偏少，缺乏新型抗灾材料和养护机械设备，极大地影响了抢通速度，难以满足抗灾的要求；

④抗灾工作技术含量不高，如不间断地使用工业盐、溶雪剂来抗冰冻，造成路面损害严重，路面坑洞、龟裂等病害不断出现，应积极寻求新的解决办法；

⑤抗灾工作信息化水平不高，没有建立完善的应急信息系统，综合协调机制不健全，对公路灾害的预见性以及对抗灾实况信息的上传下达性不强；

⑥高速公路养护管理体制、运行机制以及应急制度建设上还存在一些问题，政府部门对收费公路业主缺乏有效调控手段。

2 杭州公路抗灾应急机制的建立

杭州市现在的公路抗灾工作制度主要为杭州市交通局制定的"三防应急预案"(应对台风、潮汛和洪水灾害)，"预案"仅是针对具体的灾害采取一些临时性的应对措施，不利于将公路抗灾建设纳入经常化、制度化的轨道，本研究力求从一般化的角度，对杭州抗灾应急管理制度、组织机构和管理系统进行全面研究，为杭州市公路抗击自然灾害应急机制的建设提供充足的理论依据。

2.1 应急管理制度

建立健全抗灾应急管理制度是有效开展抗灾工作的基本保障。制定公路灾害管理和防灾减灾救灾的管理制度，并建立相应的实施条例和细则，从而形成完善的公路灾害应急管理法律体系，加强公路灾害管理的法规建设，明确紧急状态下各部门应急管理的职责和权限，同时给予相关部门一定的应急处置权，允许灾害应急部门根据灾情变化做出相应的紧急措施，明确政府、各社会组织和公民在防灾救灾中的权利和义务，为实施灾害管理提供可操作性的法规依据，提高公路灾害应急管理工作的规范性和有效性。

完善公路灾害信息报告制度、灾害应急物资储备制度和灾害预防控制措施，把杭州市公路灾害防治工作制度化，通过制度来明确各部门之间的权利与责任关系，以实现各部门之间的紧密协同、联合行动，避免各部门之间各自为政、相互推诿的现象发生。

公路灾害应急管理预案是各级公路管理部门防灾救灾的指导方针、政策措施和具体要求，应急预案的制定实施有利于各公路抗灾应急部门各司其职、有条不紊地开展公路抗灾应急管理工作。各级部门和公众可以根据不同的自然灾害和损失程度，分别制定相应的应急管理方案、措施，使灾害发生时，各级管理人员能够及时到位，明确在应急反应中的工作职责、任务和程序，及时有效开展相关抗灾工作。

2.2 应急组织机构

自然灾害具有不确定性、威胁性和紧急性的特征，因此需要建立一体化应急管理组织机构体系，对灾害管理实行统一领导、相互协作、快速联动。

(1)各级公路管理机构实行首长统一领导制

杭州市公路防灾减灾工作由杭州市分管公路交通的副市长统一领导，市交通局局长负责领导，市公路局局长协调指挥；各公路段(处)的应急管理由各区、县(市)分管公路交通的副区、县(市)长统一领导，各交通局局长负责指挥，公路段段长具体领导。虽然日常应急管理可以委托下属管理机构负责，但重大紧急事件仍需由各级公路管理机构首长担任最高指挥者和最终决策者，直接进行应急指挥和协调。这种集权领导体制可以确保发生重大自然灾害事件时的应急决策和行动的效率。

(2)常设应急管理机构负责日常管理和综合协调

根据杭州市的实际情况，设立局、段两级应急管理中心，以各级公路养护站为基础，在不增加新编制人员的前提下，充分利用已有应急管理资源，设立专门的公路抗灾应急管理机构，负责杭州市公路防灾救灾的日常管理和综合协调。其主要职责有：收集、汇总和评估杭州市公路的风险灾害信息，并向公路局局长和有关部门汇报；负责与气象、交警、各公路养护、路政等部门的联络、沟通和日常管理协调；公路灾害应急预案的起草、制定和协调；公路灾害应急行动的具体组织、指导和协调；应急专业培训、演习、宣传。

(3)应急管理顾问小组

成立由各相关部门代表和各领域专家学者组成的公路灾害应急管理顾问小组,由公路局局长担任组长,作为应急决策议事机构。主要职责是:平时就公路灾害管理的重大问题进行决策;在灾害应急时,为政府决策提供咨询建议,协调各部门的抗灾救灾工作。顾问小组成员一般包括:气象、执法、消防、医疗、环境和运输部门的人员;广播电视和报刊媒体的人员;公路、地质、水文、交通、通信等领域的专家学者;相关企业的管理人员。

(4)应急相关部门

应急的相关部门主要有交通警察、医疗卫生、环保、信息技术和通信、社会媒体等。在灾害发生时,需要各相关部门的协调配合,各司其职,分工协作。公路灾害应急管理机构应该加强与各相关部门的合作,并开展相关的演练工作,以建立一个完善的应急管理组织体系。

杭州市公路应急管理机构示意图如图1所示。

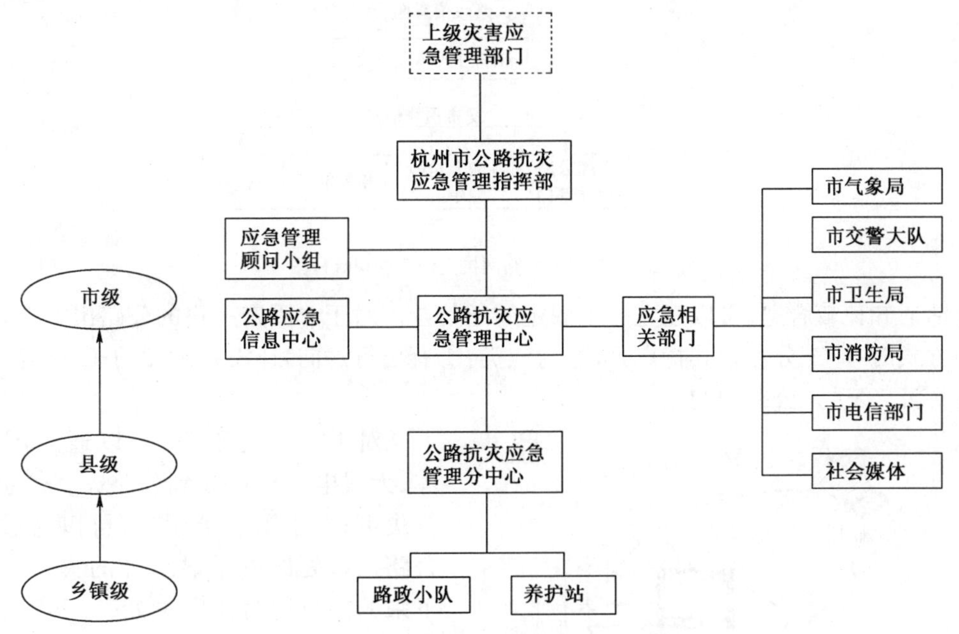

图1 杭州市公路应急管理机构示意图

2.3 灾害信息管理系统

利用最新信息通信技术,建立信息共享、反应灵敏的应急信息系统是应急管理体系建设的核心部分。公路灾害信息的收集主要通过以下方式获得:养护管理人员和路政巡查车发现灾害后利用无线集群电话系统上报应急分中心;过往司机利用公路上设置的紧急电话或移动电话报警;公路发生灾害后,会引起交通流的异常变化,监控系统根据此变化自动判断可能发生的自然灾害;监控管理员利用应急中心监控电视发现摄像机覆盖区域的自然灾害;公路沿线气象观测站检测到气象灾害及时反映给公路应急管理中心。

灾害应急管理中心接到报警后,立即记录灾害信息(包括时间、地点、灾害种类、灾情描述等),同时启动监视系统、GIS系统、GPS系统等进行定位,对灾害信息作出初步的综合分析和判断,并派出应急管理人员和移动路政巡查车赶赴现场确认(见图2)。

根据灾害的种类、事发地点和严重程度,在应急预案的基础上自动生成救援需求和应急方案,为有关部门提供应急措施,通过通信系统下达救援指令,同时发布灾害信息和相应的交通管制或引导信息。对重大灾害及时上报上级主管部门,并接受上级主管部门的指挥控制命令。根据不同的救援需求和各职能部门的分工,向有关部门通报灾害及救援需求信息,协调组织救援工作。向社会发布灾害信息和救援情况信息,避免和预防新的灾害事故发生。

灾害信息发布面对的用户由两部分组成:固定用户和非固定用户,各级抢险分中心成员、高速公路管理部门成员及相关部门成员都是固定用户,而公路出行者则是非固定用户。对于固定用户,灾害信息的发布方

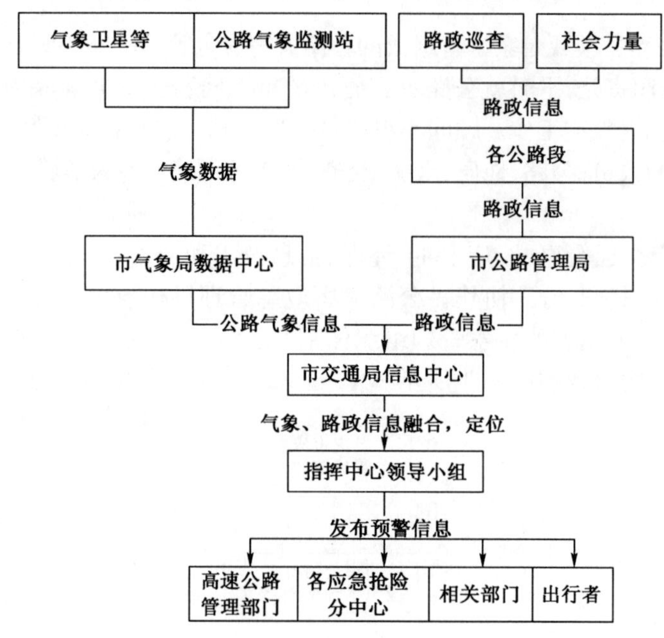

图 2 杭州市公路网抗灾信息管理流程图

式用短信和电话通知比较合适,可以建立一个固定的通信录。对于非固定用户的公路出行者,在选择对其发布灾害信息的方式时,应充分考虑其特点,可分为三类:①有出行意向,还没有出发的;②已经出发,但还没有进入公路网的;③已经进入公路网的。

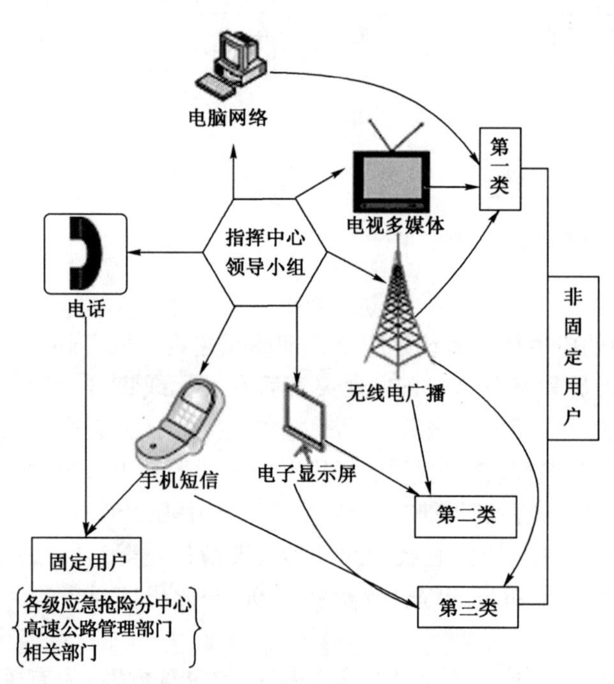

图 3 公路灾害信息发布网络

对于第一类用户,可以通过因特网、电视媒体、无线电广播接收到公路灾害信息,然后做出出行决策;对于第二类用户,可以通过无线电广播、公路入口处的电子显示屏的灾害信息提示,对接下来的出行行为作出决策;对于第三类用户,可以通过无线电广播、手机短信、公路沿线的电子显示屏的灾害信息提示,对接下来的出行行为作出决策,如图 3 所示。值得注意的是,对于已经进入公路网的用户,短信提醒不宜过长,阅读过长短信会引起注意力分散,可能造成交通事故。可以向用户发送简短的短信提示用户打开广播收听气象灾害信息。

2.4 应急物资保障系统

应急物资储备是顺利开展灾害应急工作的物质保障。严格按照应急物资储备制度做好应急物资的储备、保养,保障应急物资的使用功能,特别是大中型抢险设备,是开展特大灾害救灾的主要工具,应加强日常的保养维护。

在公路沿线设置应急救援点,公路局、各公路段(处)根据本地区的实际灾害情况,合理购置相关应急物资,在保障有效开展应急抢险救援与管理的前提下,避免应急物资的无谓闲置。受财力所限,个别应急分中心物资储备不足,可以联合社会救援力量,通过签订协议的方式,保证应急物资的储备。当自然灾害发生时,通过对社会救援力量的优先调用权,保证社会救援力量及时地投入到救灾工作中去。

2.5 应急社会联动机制

自然灾害特别是重大灾害一旦发生，需要投入大量的救援力量，以在第一时间内开展救灾工作，这时单靠应急救援中心的力量是远远不够的，需要全社会的参与、支持和配合，因此建立应急社会联动机制十分重要。

公路应急管理中心与相关企业组织签订互助协议或合同，明确双方在灾害应急中的责任义务职责分工和工作程序，建立制度化的合作互助关系。在制订应急预案、财政拨款使用、建立应急网络、组织应急培训演练时，都应将社会救援力量考虑在内，纳入应急管理框架中。应急中心对社会救援力量进行应急专业培训，使其掌握相关的知识、技能和方法，提高社会救援力量的应急能力。专门设置与这些社会救援力量联系沟通的渠道、部门和人员，加强在灾害应急管理中的联系沟通。建立与全社会进行双向交流的信息系统和网络平台。

3 杭州公路抗灾应急管理流程

根据杭州市公路抗灾应急预案，应急管理部门各司其职，对公路灾害进行应急响应、应急处置、应急结束全过程管理。“杭州市公路网应急管理流程示意图”如图 4 所示。

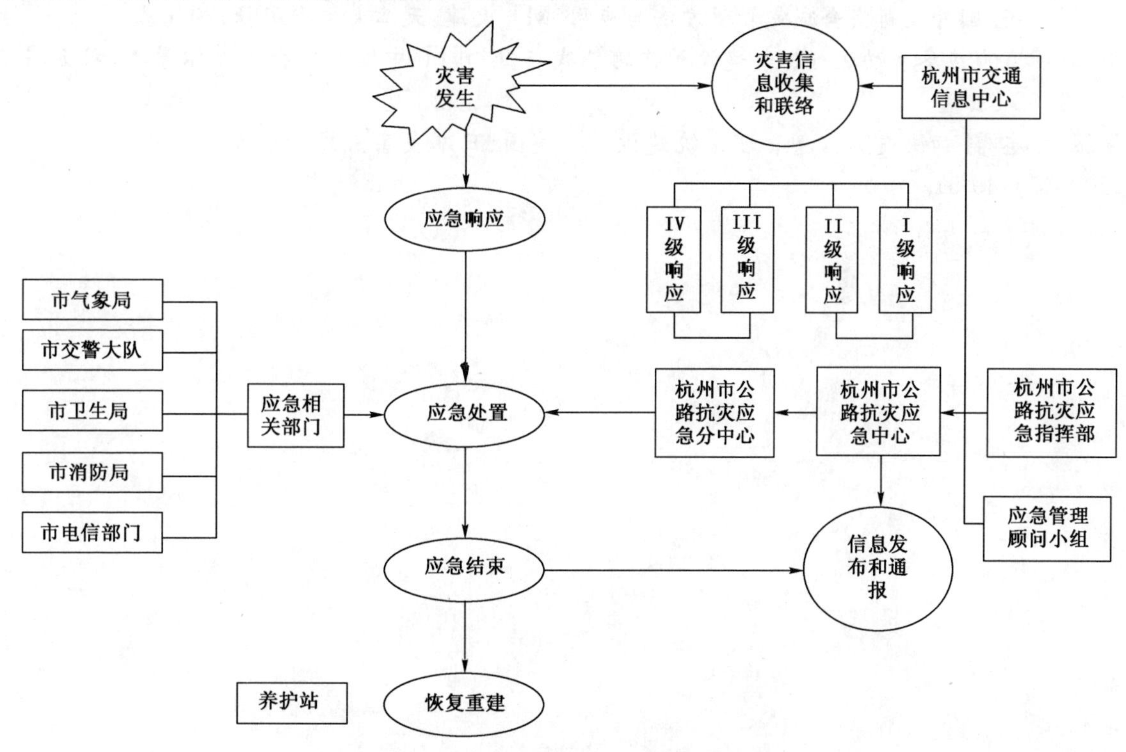

图 4 杭州市公路网应急管理流程示意图

灾害发生后，根据获取的灾害信息，由灾害应急管理机构会同应急管理顾问小组，对灾害发生的规模、影响范围和危害程度做出判断，将灾害分为不同的灾害级别，启动相应的应急预案，开展抗灾救灾工作。

公路灾害应急根据灾害等级分别由段、局应急管理中心指挥组织处置，主要工作措施为：根据预警和报警，应急人员及时到达现场；应急指挥中心进入应急反应状态，统一指挥协调抗灾救灾工作；对受灾地区和公众，发布灾情公告；建立和保持应急救援通信网络；对灾情发展进行检测和评估；对灾害现场进行警戒、人员疏散，开辟临时绕行便道，保持交通通畅；对受伤人员进行紧急救护；进行道路紧急抢修。

应急结束后，及时解除应急措施，对外发布灾害应急结束信息。进行各种善后和重建工作，以恢复公路的正常运行状态和秩序。对公路现场进行清理和恢复，例如公路边坡塌陷等灾害，密切观察后续灾情，预防次生灾害发生；必要时采取危险边坡处治或进行防护墙修建等相关工作。对应急响应行动进行事后评估，分析总结灾害应急的经验教训，为以后类似的灾害应对提供经验支持，逐步完善应急管理制度。对应急过程中的财政支出进行审查，并加快灾害恢复的财政拨款，以尽快完成灾害恢复工作。

4 结语

构建一个完善的公路灾害应急管理体系，是开展公路抗灾工作的重中之重。应该尽快建立和完善全市公路系统的应急管理制度，使灾害应急管理工作有规可循。建立专门的应急组织机构对全市公路的灾害应急进行专业管理，这是提高公路应急管理战斗力的根本。完善的灾害应急管理系统是灾害应急管理工作有序开展的基本保障，特别是建立全市范围内的公路灾害信息系统是灾害应急管理的基础，而完善的公路抗灾应急物资保障体系和社会联动机制，将有利于提高全市公路网的抗灾能力。加强灾害应急后的公路恢复建设，优先保证重要路段的灾害修复资金的及时到位是最终战胜自然灾害的重要措施。

参考文献

[1] 赵成根．国外大城市危机管理模式研究[M]．北京：北京大学出版社，2006.2.

[2] 李保俊，袁艺．中国自然灾害应急管理研究进展与对策[J]．自然灾害学报，2004(6)：18-23.

[3] 金磊，周有芒．国外最新安全减灾管理方法与应用[M]．天津：天津大学出版社，2006.7.

[4] 张平．我国城市应急联动运行机制建设面临的挑战与重构[J]．中国人民公安大学学报(社会科学版)，2008(5)：62-69.

[5] 王振耀，方志勇．加快灾害信息管理系统建设——美国、日本灾害应急管理系统建设启示[J]．中国减灾，2004(5)：49-51.

浅谈如何健全高速公路突发事件快速反应机制

王文敏 连 欢

（山东省威海市公路管理局 威海 264200）

摘 要：近年来，在高速公路给人民群众出行和生产生活物质的运输带来方便快捷的同时，交通事故率也随之明显上升，其中，因恶劣天气等高速公路突发事件引起的连环重大交通事故、长时间长距离的交通拥堵时有发生，这已成为高速公路管理部门面临的一个难题。本文研究的目的主要是为了整合现有高速公路管理资源，建立整套接警—指挥调度—处警数字化业务流程，及时采集信息、指挥调度、协调联动，全面提高高速公路快速反应能力，提高高速公路管理者、决策者的工作效率，为广大通行者提供舒适便捷的通行环境。

关键词：高速公路 应急 快速反应机制

On How to Complete Instant Reaction Mechanism of Sudden Events on Expressway

Wang Wenmin Lian Huan

（Highway Administration Bureau of Weihai Weihai 264200）

Abstract：In the past several years，expressways have offered lots of convenience to ordinary people in their travel and to transporting materials for daily life and production. Meanwhile，traffic accident rate has risen sharply. Sudden events on expressway like harsh weather conditions have led to chains of major traffic accidents，causing long—time traffic jams with long distance. This has become a thorny issue for expressway administration agency. This paper is intended to integrate existing resources of expressway management，and build a digital work flow composed of alarm receipt，commanding and dispatching，and coping with alarm to timely collect information，command and dispatch，and coordinate and act together. As a result，the instant reaction ability of expressway is improved comprehensively，and the work efficiency of administrators and decision—makers is also greatly enhanced，providing a comfortable and convenient environment for road users.

Keywords：Expressway Emergency response Instant reaction mechanism

0 引言

目前，我国高速公路总里程已突破5万km。随着高速公路事业的快速发展，日常管理工作中，突发事件的紧急救援越来越受到管理者和参与者的高度重视，如何营造一个更加安全畅通的通行环境也是大家热切关心的问题。为适应时代的发展，满足人们日益增长的交通环境需要，高速公路的管理理念也应从粗犷型向精细化转变，除了收费、养护管理外，快速反应紧急救援机制的建立与完善，也逐渐受到管理部门的高度重视。

1 高速公路快速反应的内涵

1.1 高速公路快速反应的概念

高速公路快速反应是指通过建立高速公路突发事件处理体系，科学、有效地处理各类突发事件。它是保障高速公路安全畅通的重要方式，是建立现代化、科学化、智能化高速公路管理体制的基础，其内容主要包括对突发事件的信息采集、指挥调度、协调联动、及时处置、高效处理等方面，涉及高速公路指挥调度、路政、养护、收费、通信、经营、交警等多个业务部门。

1.2 快速反应机制与突发公共事件处置间的关系

快速反应机制的建设是创建和谐社会的重要内容，是加强高速公路管理的重要任务，同时，也是提高政府行政能力的客观要求。建立有效的组织管理体系正是由于突发公共事件的严重性、危及性以及政府履行公共管理职能的要求，必须建立一个宏观层面上的指挥、决策、调度、协调权威性较高的组织主体，负责对可能或已经发生的突发公共事件的预测、评估、指导和检查。高速公路一旦发生突发公共事件，各管理部门必须快速反应，迅速启动应急预案，采取果断措施，组织救援，控制事态扩大蔓延，把事件损失降到最低限度。

2 公共突发事件及时处理的意义和主要做法

公共突发事件的及时处理是指在高速公路发生各类紧急突发公共事件时，协调、调度各有关部门对公共事件进行及时、有效处理，防止发生二次事件，有效阻止事态蔓延，最大限度地降低突发事件产生的可能和危害，保证人民群众生命、财产不受侵害，确保高速公路安全畅通，具体做法如下。

2.1 建立快速反应系统，形成快速反应联动机制

2.1.1 建立高速公路快速反应调度中心

目前，按照我国公安、交通职责的分工，高速公路应由高速公路交通主管部门和高速公路公安交通部门两家共同管理。为了进一步加大高速公路的管理力度，结合管理工作实际，高速公路管理部门、公安管理部门按照“合署值守、分工合作、互相配合、快速反应”的原则，联合组建高速公路指挥调度中心，负责全省高速公路紧急事件的总体指挥、调度，实现紧急突发事件的信息采集、快速接警、统一指挥、联动处理、高效处理、有效发布。

2.1.2 组建指挥调度分中心

指挥调度中心启动运行以后，在日常工作中要注重积累实践工作经验，认真总结工作中各类紧急突发事件的处理程序。在指挥调度中心各项工作基本纳入规范化管理轨道以后，立即组织人员成立基层(属段)指挥调度分中心。指挥调度分中心统一由指挥调度中心进行业务指导，负责属段内各种紧急突发事件信息的及时采集、快速报告、科学指挥、合理调度、有效处理。

2.1.3 成立基层快速反应救援队伍

将原有具体执行突发事件处理的基层部门，纳入基层紧急救援队伍，成立基层快速反应救援小分队。按照指挥调度中心和指挥调度分中心的指示要求，依据职责分工，相互配合，互相协作，负责各种事件的处理。

各级指挥调度部门均应实行 24 小时不间断值班制度，严格做到了“24 小时值班值守、24 小时接处警、24 小时接受咨询、24 小时受理投诉”，形成较为完整的三级快速反应体系，及时、有效处理高速公路各类紧急突发事件，保障人民群众利益，提高服务质量，共同确保高速公路安全畅通。

2.2 实现“两个联动，四个统一”，形成完整的高速公路快速反应机制

两个联动：突发事件第一时间发现巡逻联动。路政和交警共同对全省高速公路进行交叉巡逻，巡逻时间和路线由指挥调度中心统一安排。在巡路的过程中，赋予路政和交警双重职责，即双方同时负有案件处理和报告的责任。在巡逻的过程中，如发现有案件发生，双方各自在职权范围内处理，如果属于另一方管辖范围，则及时通报另一方或向指挥调度中心报告，由另一方及时处理。

接警、调度、处理联动。指挥调度中心调度员在接到救援或报警信息时，无论属于交通部门还是公安部门负责处置的事件，都实行首接负责制，实现统一接警、按各自职责进行调度处理。

四个统一：部门配合天衣无缝，统一使用资源。指挥调度中心的办公场所，高速公路有线、无线通信系统、监控系统、网络设施，两个部门的内部网站查询信息、移动监控信息等资源双方共享使用。

统一值班和指挥调度。双方共同派驻指挥调度人员在指挥调度中心值班，实行 24 小时值守。实行统一

挂牌，统一编号，统一对外使用文明服务用语。统一接受过往驾乘人员的咨询、投诉，统一接处民众救助，统一对全省高速公路路面信息和突发事件信息进行采集、处理和上报。

统一协调巡逻时间。指挥调度中心统一协调、安排交通路政和公安交警的路面巡逻时间，通过交叉巡逻、对事故多发路段重点巡查、在恶劣天气情况下增加巡查班次等措施，减少路面巡逻间隙。双方统一研究制作了《路政、交警巡逻车运行图》，统一按分配的时间和路段进行巡逻。

统一指挥程序和内部纪律。双方共同建立了统一的《指挥调度程序》、《指挥调度工作规范》、《高速公路临时封闭(开通)标准》、《快速反应实施办法》、《快速反应值班制度》、《突发事件快速反应应急处理预案》等一系列工作程序和内部纪律，实行统一的指挥调度，一致的严明纪律，实现指挥调度工作规范和快速的管理机制。

统一对进入高速公路的施工单位和施工现场进行审批。双方在原有交通部门制定的《××省高速公路养护施工作业管理规定》的基础上，根据管理工作实际，共同研究制定了《××省高速公路施工作业管理办法》、《施工作业路产保护协议书》、《施工作业安全协议书》、《施工单位黑名单登记表》等施工作业审批文书，建立统一的审批体系，规范审批行为，减化审批程序，提高审批效率，确保了道路施工单位及施工人员的安全，保证了高速公路的安全畅通。

2.3 制订快速反应应急预案，确保道路畅通

为了能够进一步提高高速公路各类紧急突发事件的快速反应处理能力，首先应该从规范各有关部门应急处理程序入手，在不断研究、探索的基础上，结合高速公路工作实际，联合研究、制订《高速公路突发事件快速反应应急处理预案》，明确自然灾害、交通事故、治安、刑事案件、预防、控制重大疾病和中毒等各类事件的应急处理预案，不断增强高速公路的通行能力、服务水平和快速处理突发事件的指挥调度、协调联动能力，规范各类突发事件的预案启动条件、启动方式及具体处理程序。建立现代化、科学化、智能化的高速公路快速反应体制，形成紧急救援快速反应联动机制，保障高速公路安全畅通。

2.4 加强高速公路管理，完善应急措施

针对恶劣气候条件下高速公路的通行情况，通过采取制订相应的应对措施等手段，确保高速公路安全畅通。

2.4.1 制订应急措施，规范协作行为

为加强高速公路管理，及时处置各类自然灾害和突发事件，保障高速公路交通安全，结合各省实际情况，高速公路路政管理部门与高速公路公安部门应联合制定《高速公路临时封闭标准》。针对恶劣天气或突发事件情况，规定启动高速公路临时交通管制的条件、处理程序以及处理过程中各部门应履行的职责，做好恶劣天气情况下应对措施的保障工作，确保高速公路安全畅通。

2.4.2 统一指挥调度程序及交通管制审批程序

为做好恶劣天气影响下的管理工作，确保国有资产稳定保值及交通参与者人身、财产安全不受侵害，高速公路路政、公安管理部门应按照“以人为本”的工作原则，统一恶劣天气下的指挥调度程序，规定首先发现的路政、交警等一线人员要将路面的实际情况及时上报高速公路指挥调度中心，由指挥调度中心工作人员根据上报实际情况及一线人员的工作建议，填写《封闭高速公路审批表》，并立即向各自上级领导进行情况汇报。经双方领导协商审批同意后，由指挥调度中心工作人员分别向各自的一线人员发出指令，采取临时交通管制措施，并立即通知新闻媒体发布管制信息。临时性交通管制措施实施后，指挥调度中心人员还要及时了解、掌握路况信息，并及时向上级领导报告，做好解除管制的准备工作。

2.4.3 互相配合，做好应急管理工作

从客观上加大在恶劣天气情况下预防交通事故的力度，确保驾驶员人身、财产安全不受侵害，最大限度地降低损失程序。主要做好以下几方面工作：

(1)在高速公路收费站入口加强提示工作，采取在入口适当发卡的办法，人为地拉大驶入车辆的行驶距离，使路面行驶车辆保持足够的安全距离，保障行车安全；

(2)采取警车领驶的方法，这种方式多用于风雪天气持续时间较长或雾气密度特别浓密时，根据实际天气情况，结合当地地理特征，指挥属段路政、交警等一线工作人员利用警车警示灯红、蓝爆闪的特点，为行驶属段车辆领路先行，将上路车辆带离危险路段，以确保驾乘人员人身安全；

(3)在恶劣天气影响下，高速公路较易发生交通事故，为做好控制此方面工作，防止因交通事故造成路面堵塞，应指挥属段路政、交警提前在重点路段前后方站口引导车辆有序驶出高速公路，以缓解堵塞路段行驶压力。

2.5 建立信息发布系统，确保信息有效发布

2.5.1 通过收费站入口发布警示信息

为了给驾乘人员提供更加及时、准确的路况信息，进一步提高高速公路的通行力、有效疏导交通，在恶劣天气情况下，为提醒上路驾驶员注意行车安全，提示路面警示信息等内容，采取在收费站通过一线入口收费员口头提示或在自动栏杆系统中安装语音提示等方式向行驶在路面的驾驶员宣传“雪天路滑，请慢行”等温馨提示语，通过发布提示用语，驾乘人员可以通过情报板第一时间掌握高速公路的通行情况，减少高速公路阻塞，提高行车安全。

2.5.2 通过可变情报板发布警示信息

在实际工作中，因受交通事故或恶劣天气影响，对道路实施临时交通管制或发布一些警示用语时，即可通过路面LED可变情报板对行驶在路面的驾乘人员发布警示信息，提示过往驾驶员小心驾驶，绕道通行，提高对外服务水平。

2.5.3 建立公众互联网站，及时发布有关信息

高速公路交通、公安管理部门应分别建立公众互联网站，权威、准确、及时对外发布有关高速公路管理方面中的重要决策及最新工作动态、天气、路况信息等，将管理工作纳入程序化、规范化、精细化的管理轨道。与此同时，广大交通参与者还可通过互联网渠道，向管理部门咨询、投诉、举报，并提出合理化建议或意见，积极参与到高速公路的管理建设当中。

2.5.4 注重“纵、横”双向沟通，确保信息渠道畅通

天气、路况等信息的及时采集在管理工作中起到至关重要的作用，仅限于本部门之间的信息沟通已无法满足目前高速公路的管理工作需要，为将管理工作进一步抓好、抓实，讲求信息的获取时效，指挥调度中心在与高速公路内部路政、交警、收费、养护、通信等部门建立信息沟通联系的同时，还应不断加强与气象、地震、医务救援、环境监测、运输管理、安全监管等社会其他相关部门的协调、联系，形成“纵、横”双向的信息联络网，建立信息互通渠道，为应对紧急突发事件影响下的高速公路的管理做好保障。

3 结语

应急救援体系的不健全、不完善，已成了高速公路的软肋，既广受社会诟病，又无法保障人民的生命财产安全。笔者旨在从政府公共管理的角度出发，提出政府部门需要建立和完善公共安全管理体制，建立快速反应机制的必要性，并从五个方面提出加强应急管理，完善快速反应机制，确保高速公路安全畅通。

参考文献

[1] 朱中原. 中国应急机制五年大考. 中国选举与治理网，2008-5-12.

[2] 张安琴. 公共事件护理应急预案体系的建立于完善[J]. 护理实践与研究，2010.

试论如何健全公路行业安全管理长效机制

连 欢 刘丽梅

(山东省威海市公路管理局 威海 264200)

摘 要:针对公路行业安全生产的特点,文章对如何健全安全管理的长效机制进行了探讨,并提出了各级领导应高度重视安全生产、必须加强安全生产工作的组织领导,建立健全各项安全生产规章制度、积极推进安全文化建设等一系列实现安全管理长效机制的具体措施。

关键词:安全生产 安全文化 安全监管 长效机制

On how to Complete Long-Term Mechanism for Safety Management of Highway Sector

Lian Huan Liu Limei

(Highway Administration Bureau of Weihai Weihai 264200)

Abstract: Directed at the characteristics of safe production of highway sector, this paper explores ways to complete long—term mechanism for safety management, and holds that leaders at all levels should value safety production, must improve the organization and leadership of safety production, build and complete all regulations for safe production, and actively promote a series of concrete measures such as developing safety culture to establish long-term mechanism for safety management.

Keywords: Safety production Safety culture Safety supervision Long-term mechanism

0 引言

安全生产工作是坚持立党为公,执政为民的必然要求,是贯彻落实科学发展观的必然要求,是实现好、维护好、发展好最广大人民的根本利益的必然要求,也是构建社会主义和谐社会的必然要求。针对公路行业受客观条件影响较大、事故发生难以避免的实际,本人认为,建立健全公路安全生产的长效机制,有效控制危险源,及时消除事故隐患,尽可能减少事故发生,防止事故扩大,是推进公路建、养、征、管工作的当务之急。本文就此谈一点浅见。

1 加强领导,使安全生产处于可控状态

1.1 各级领导对安全生产工作要有正确的认识

只要有人类的活动,就有安全问题;只要有生产经营活动,就有安全生产问题;只要人类的社会活动不停止,安全问题就在我们身边。所以,安全生产工作具有长期性。大量惨痛的事故教训也告诫人们,生产经营活动及其参与者具有复杂性,人们一旦在思想上稍有麻痹,安全事故就可能在身边,甚至在自己身上发生。因此,各级领导必须充分认识安全生产工作的长期性、复杂性、艰巨性和极端重要性,强化第一责任人的安全责任意识,树立正确的业绩观,增强安全生产的紧迫感、危机感和使命感。在公路生产经营中要以身作则,严格执行规章制度,切实处理好生产与安全的关系,当生产和安全发生矛盾时,必须先处理好安全问题。在安全监督管理中要明确责任,讲究科学,自觉依法办事。

1.2 健全监管机构,强化队伍建设

建立健全安全管理组织机构,是实现安全生产的基本保证。组织机构的建立必须符合《安全生产法》的

要求，遵循组织设计原则，与企业规模、生产过程的危险性相适应，配备专职安全管理人员和相应的资源。机关安全管理部门要做到高效精干、反应迅速、运转灵活、执法严谨、指挥有力，人员的配备要以有专业、懂技术、精管理、高素质的专家型人才为主，具有较强的专业技术技能和沟通、协调、组织、指挥的能力，能充分发挥机关的业务指导功能和监管权威。基层安全监管队伍建设是各项方针、政策、法规的具体执行者，是本行业安全生产规章制度的具体落实者，应具备与其工作岗位相适应的安全知识和管理能力。要把懂技术、熟工艺、善管理、责任心强的优秀人才吸收到安全管理队伍中来，并给予相应的责任和权力。

1.3 落实各级领导和全员安全生产责任制

安全生产责任制是企业最基本的安全制度，也是企业安全生产、劳动保护管理制度的核心。作为公路生产经营的主体必须依法加强安全生产基础建设，在确保安全生产管理组织机构和人员配备的基础上，要结合公路建、养、征、管工作实际，建立健全横向到边、纵向到底的安全生产责任制。要明确制定各级领导的安全管理职责和所有从业人员的安全生产职责，实行安全生产目标管理，层层落实安全生产责任，层层签订安全生产责任书，确保各项工作措施落实到位。并保证做到，不管行业如何改革，机构如何调整，人员如何变动，都要将安全生产责任落实到人，始终保持职工队伍的思想稳定。

1.4 履行各项职能，做到党政工团齐抓共管

公路行业企事业单位较多，涉及制造、服务、餐饮等多个领域，安全工作也涉及方方面面，单位各部门要各司其职，各负其责，切实履行好各自安全生产职能，要党政工团齐抓共管。单位党委工作计划要把安全工作列为重要内容之一，在进行"党风、党建、精神文明建设考核"中，要把安全生产工作做的好是不好列为重要考核内容，形成重视安全生产和齐抓共管的良好局面。

2 完善机制，为安全生产提供保障

2.1 建立健全宣传教育机制

针对公路岗位多、战线长，安全隐患发生频率高的特点，单位要将安全生产教育作为重要的基础工作来抓。要严格遵照国家、省、市关于安全生产教育工作的各项规定，采取多形式、多阵地、多渠道广泛深入持久对职工进行安全意识教育。使广大职工充分认识到安全生产的重要性，明确安全生产责任制的内容，做到知其任、明其责、尽其职，增强职工的安全生产素质，提高公路应急救援能力。要形成有效且可持续改进的教育机制，在思想意识上为建立安全生产长效机制奠定基础。

2.2 健立健全安全检查机制

事故防范是安全生产工作的出发点和归宿，而系统、有效的安全检查是发现事故隐患、控制事故发生的有效途径。因此要在落实上级规定的安全检查内容、形式和次数等要求的基础上，积极创新安全检查模式。

(1)检查制度要创新

要定期组织各单位、部门安全员进行巡检、互检，及时发现桥涵、隧道等重点部位存在的问题并及时汇报处理。

(2)检查形式要创新

要做到每次检查有针对性、有方案、有结果、有反馈。

(3)检查的内容要创新

不但要查出明显存在的隐患，更要查出安全管理制度、操作规程缺陷等潜在的安全隐患。

(4)组织考核也要创新

有条件的单位应组建专业的安全监察队伍，对机械使用情况和操作工的安全操作情况进行有效监督。

针对检查中发现的问题和隐患，及时进行整改。要实行"五定"，即：定整改责任人、定整改措施、定整改完成时间、定整改完成人、定整改验收人，限期对所存在的问题和隐患进行整改复查，确保把安全隐患

消灭在萌芽状态。同时，对恶性违章、重复性违章作为未遂事故来处理，按“四不放过”的原则，执行“说清楚”制度。

2.3 建立健全安全责任奖惩机制

在新形势下，要搞好安全工作，离不开经济杠杆的调节作用。为此，要进一步建立健全安全责任奖罚机制。如通过实行安全生产目标管理考核，设立用于安全生产的专项奖励基金，对完成目标任务、安全工作搞得好的单位和个人给予奖励；对于安全责任落实差、安全工作搞得差的单位给予处罚，必要时给予警告。在安全奖惩机制中，坚持重奖重罚原则，把安全责任落实到实处。

2.4 建立健全安全责任考核机制

根据公路建、养、征、管工作性质不同，建立健全各类安全生产责任考核机制。对安全生产责任的考核应尽量做到量化、细化、具体化，并实行事故一票否决制。考核工作必须坚持公开、公正、公平的原则，并自觉接受群众的监督。考核应建立在“注重结果、兼顾过程”的安全目标考核基础之上。

2.5 建立健全安全责任追究机制

发生事故时，要认真组织调查分析。对于连续发生事故或发生重大事故的单位要给予重罚，按“四不放过”原则追究领导和责任人的责任。坚决实行安全事故“一票否决”制度，认真进行分析、追查和处理。在分析、追查事故中，首先从各级领导责任查起，并把安全工作的好坏直接与各级领导利益挂钩。同时，对事故责任人也要进行责任追究，把各项安全指标完成情况纳入干部考核的重要内容，通过强化一系列管理措施，将安全生产事故降到“零”目标。

3 以人为本，积极推进安全文化建设

安全文化是行业文化的重要一环，是安全建设的灵魂，是单位预防事故的基础性工程。坚持以人为本，建设具有时代气息和公路特点的安全文化，对保障安全生产具有战略性意义。坚持安全文化建设要与公路生产经营、行业管理相结合，把安全文化渗透到职工的工作生活中去，潜移默化、因势利导，推进安全意识形态建设。

3.1 要推进安全文化理念建设

树立安全就是责任的理念，安全生产人人有责，安全责任重于泰山，强化“防患于未然”、“防范胜于救灾”的理念，推进安全科学管理。

3.2 要推进安全文化制度建设

建立以人为本的安全生产机制和规章制度，构建、完善以安全性评价动态管理及安全生产健康环境为中心的安全生产保障体系、监督体系和制度体系。

3.3 要推进安全文化行为建设

广泛开展业务技能和安全技能培训，提高员工自身业务技术素质和安全防护能力，增强员工按规章办事、按制度办事的自觉性，将“安全第一、遵章守纪”化为员工的自觉行动，将员工的言行融入安全的整体氛围中；同时要抓好习惯性违章行为工作，及时控制个人习惯性违章，以防其蔓延成群体习惯违章。

3.4 要推进安全文化方式建设

根据本单位、本部门的实际，开展形式多样、生动活泼、丰富多彩的企业文化活动，创造出具有公路特色的安全文化，使职工在心理、思想和行动上自觉形成安全生产意识，营造出安全生产良好氛围，倡导文明生产、安全生产，实现公路事业长治久安。

3.5 要推进安全文化探索和应用

通过理论的学习、探讨和应用，开拓安全管理人员的视野，提高从业人员思考问题的深度，使安全管理工

作做到与时俱进，不断发展创新。单位要从高层领导开始，重视搭建一个方便安全管理人员乃至从业人员交流、沟通的平台。从资金、时间和精神上提供有力支持，鼓励安全管理学术交流，结合公路信息化管理，利用先进的理论指导安全生产实践，促进安全文化的发展。

参考文献

[1] 中国安全生产协会注册安全工程师工作委员会. 安全生产管理知识[M]. 北京：中国大百科全书出版社，2008.

[2] 山东省交通厅运输安全处. 交通安全生产法规汇编[M]. 2009.

论保险机制在高速公路运营管理中的作用

韦增鸿

（广西高速公路管理局　南宁　530021）

摘　要：近年来，全国各地相继发生多起颇具有代表性的涉路诉讼案件。从法院的判决结果大致情况来看，无论是路障清除不及时，还是行人上路，甚至是一头牛、一条狗，引发交通事故，高速公路似乎都有甩不掉的“责任”。这些所谓责任事故的频发，曾一度使业内自嘲为“弱势群体”。由此来看，在高速公路市场化运作不可逆转的大背景下，在行业运作上引入保险机制，或许已成为一种趋势或必然。本文通过对高速公路运营管理责任风险的来由进行分析，探讨在高速公路行业内广泛引入商业保险的必要性和可行性，从而通过保险机制来达到防范责任风险，提升高速公路经营和管理的能力和水平。

关键词：高速公路　责任风险　商业保险　机制

On the Role of Insurance Mechanism in Operation and Management of Expressway

Wei Zenghong

(Guangxi Highway Administration Bureau　Nanning　530021)

Abstract: In the past several years, several expressway-related lawsuits have been filed one after another in many parts of our country. According to the verdicts by the court, expressway seems impossible to get rid of “responsibilities,” including failure to remove road blocks timely, pedestrians on expressway, or traffic accidents caused by even an ox or a dog. Such so-called human element accidents have made expressway sector mockingly call itself “vulnerable group”. Judging by such conditions that market operation of expressways is irreversible, it is the trend or inevitable to introduce insurance mechanism to the industry. This paper analyzes the cause of responsibility risks of managing and operating expressway, explores the necessity and feasibility of widely introducing commercial insurance to expressway sector. Thus, insurance mechanism is used to guard against responsibility risk and improve expressway operation and management.

Keywords: Expressway　Responsibility risk　Commercial insurance　Mechanism

0　引言

1999年4月2日，南京市雨花台人民法院的一纸判决震惊了整个高速公路行业，这就是后来被喻为“高速公路第一案”的江苏省江宁县东山镇副业公司（以下简称副业公司）诉江苏省南京机场高速公路管理处（以下简称高管处）“不履行合同义务，未及时清除高速公路障碍物而引发交通事故损害赔偿”案，事故的起因就是一块过往车辆遗落在高速公路上的防雨布使副业公司驾驶员孙某驾驶的车辆避让不及，导致了一死三伤的悲剧发生，副业公司为此次事故的善后处置花掉23万余元，为此副业公司以高管处收取车辆通行费后未履行保障道路安全和畅通的义务为由，将高管处告上了法庭。

这是一起在常人看来似乎波澜不惊的案子，然而，法院的判决却开了高速公路涉诉案件的一个先例，导致高速公路在之后类似的诉讼案中处于十分不利的境地，因为它的影响力远非像案件本身一样会尘埃落定。

首先，该案首开了高速公路管理无过错赔偿的先例，即用合同关系定位了高速公路经营管理者和使用者之间的关系，在违约和侵权相竞合的情形下，法院“巧妙”的运用民法过错推定的原理给高速公路“上”了责任。

其次，该案在业内引起极大的反响和争论，无论是在法律界、还是在公路界，甚至在社会舆论界，公说公有理、婆说婆有理，但都没有得出比判决更有说服力的论据。

再次，就是该案的后续影响力极其深远。该案后来被最高人民法院列入案例汇编，成为各地、各级法院审理涉路诉讼案件的"判例"，此后，各地相继发生的类似的涉路诉讼纠纷，其诉讼判决都有该案影响的"影子"，所以被称为"高速公路赔偿第一案"。

"第一案"发生后，立即产生多米诺骨牌效应，从2000年起，全国高速公路接二连三的发生多起涉路诉讼案，比较典型的有北京高速"张光喜案"(2000年7月)、河南高速"扫街"不净赔偿案(2002年2月)、沪宁高速醉汉"袭"警赔偿案(2004年3月)、哈双高速广告"遮挡"视线赔偿案(2004年11月)、华北高速"高速路不高速"索赔案、京石高速"狗撞车"巨额赔偿案(2006年11月)和成渝高速噪声污染赔偿案(2007年11月)等，从这些案例可以看出，对高速公路经营管理者而言，无论是路障清除不及时，还是行人上路；无论是天桥落石，还是劫匪抛石抢劫；无论是道路拥堵造成延误，还是噪声污染引发纠纷；无论是养护作业标志不规范，还是广告牌遮挡视线；无论是一头牛，还是一条狗，甚至是一名无知上路行人等等，只要发生"相关联"的事故，高速公路都脱不了"干系"，都有甩不掉的"责任"，这不仅仅是因为高速公路收费而产生的"合同责任"，更是因为高速公路作为公共产品提供者所肩负的社会责任和义务，姑且不去讨论这种责任和义务的公平与否，因为提供公共产品或服务的评价主动权从来就不在高速公路一方，而是在高速公路使用者所代表的社会公众及舆论一方，所以，作为高速公路经营管理者，应该用一种平和的心态看待这种评判，用一种积极的和有责任的心态去研究和探讨这种责任和义务，去认真探索如何防范、控制和消除这种责任风险，而不是规避或推卸所谓的责任。

1 高速公路运营管理的责任风险分析

1.1 高速公路运营管理的责任风险的来源

从这些案例当中我们又得出这样的结论：其实高速公路又是一个责任风险较大的行业。一方面，从技术的角度讲，无论是高速公路工程技术，还是高速公路管理技术与手段，作为高速公路经营和管理是一个技术要求较高的学科，其行业本身就具有技术和管理的风险属性，当然就包括责任风险；另一方面，在现有政策、法律和制度框架内，实现经营和管理的目标与政府或者社会所追求的目标总是有偏差的，在这种偏差之下，往往前者必须服从后者，进行所谓的偏差修正，即高速公路经营和管理活动必须服从社会的总体利益，这种服从本身就没有所谓公平性而言。正如政府强令开通"绿色通道"，经营者或者管理者必须服从这种政策的导向，这是一种来自社会的或者政治的责任要求；再一方面，高速公路作为基础设施性建设项目，在建设和管理的过程中还要承受来自自然或者社会的、不以高速公路经营管理者意志为转移的事故及事件所带来的风险或责任，因此，责任风险存在于高速公路规划、建设、养护、管理和经营等各个环节，也就是说责任风险贯穿于高速公路经营和管理的始终。

1.2 高速公路经营管理者的责任风险的体现形式

高速公路作为社会公共产品，具有产业的、行业的和社会的诸多属性，那么对经营管理者而言，其责任风险形式凸显在三个方面：

1.2.1 政治与政策的责任风险

高速公路作为公共性基础设施，其经营者和管理者向公众提供的是一种公共产品(高速公路)和公共服务(高速公路通行)，其本身就肩负着来自国家的和社会的公共责任，其所有的经营和管理活动不能仅仅基于自身的目的或者目标性，还要服从于社会的公共利益，具有公益性、目的性。从这点上讲，当高速公路经营管理者的行为或活动偏离这一目标性时，就会带来政治或者政策方面的责任风险，如国家出于对农业的支持和扶持，出台了"绿色通道"政策，要求经营管理者要为国家政治的需要"让利"，但又不能从政策给予"让利者"以补偿时，于是"让利者"对这种政策产生抵触或者执行的偏差，就会遭致政策压制、政府干预、舆论的谴责，甚至法律的制裁等等。

1.2.2 法律与制度的责任风险

从管理学的角度讲，高速公路管理属于公共管理的范畴，具有行政管理属性，而从经济学的角度讲，高速公路属于规制经济学范畴，是法制经济的一种表现形式，任何法律和制度都有欠完善或不合理的地方。法律作为国家上层建筑，是国家意志力的体现，但这种意志不是社会所有人意志简单的个体相加，所以合法的不一定合理，不公平的不一定不合法，对于权利和义务双方，不一定都是平等或者对等的，当双方出现矛盾或纷争时，执法者往往就会从最利于法律和制度执行的角度出发，进行必要的平衡和调节，如推行行政主导、尊重公共利益或情绪、遵循先例(案例)等等，所以在高速公路与民间的纠纷中，政府或者其所代表的法律就会站在公共利益或者大众舆论一边，因此，高速公路输掉一起又一起“官司”就不足为怪了。

1.2.3 道德与舆论的责任风险

因为高速公路及高速公路通行具有公共产品与公共服务的特性，因此具有公益属性，国家为了公益性的需要，不得不推行特管制，以防止公益垄断，同时也为了追求资源效用性，在非竞争性的高速公路引入市场机制，使高速公路又具有逐利性，正是这种双重属性，决定了高速公路极其容易地被推到道德和舆论的风口浪尖之上，所以高速公路很容易被舆论进行严格或者严厉地评判，这是任何公共行业的特性，这就是高速公路来自道德和舆论方面的责任风险所在。

2 商业保险在高速公路运营管理中的作用分析

2.1 商业保险的行业需求

正是因为高速公路的责任风险有来自于政治、法律和道德方面的因素，作为高速公路的经营者或管理者更深谙肩负责任的重大，因而必须树立相应的危机意识。虽然任何行业都是有风险，但高速公路的责任风险更大，因此，高速公路行业必须要有相应的责任风险防范机制，而这种防范机制必须迎合高速公路经营管理的责任风险的属性，即：既要符合政治或政策的需要，也要符合法律制度的要求，更要符合道德和舆论的指向或导向，我认为，在高速公路运营管理中引入保险机制符合了这种属性的基本要求。

2.1.1 保险符合国家政治建设的需求

当前，我国正在倡导社会主义和谐社会建设，大力提倡和扶持各种社会保障体系构建，而保险业正是符合了这种总体形势的要求，无论是社会强制保险，还是商业自主保险，保险及保险事业都符合国家政治和政策的需要，也符合社会发展的总统需求。

2.1.2 保险有良好的法制制度作保障

现代保险业诞生已经有几百年的历史，其有完善的法律制度去规范和运行，是法定的风险防范机制和途径，将保险机制引入公共管理是现代社会管理模式的一种转向，它不但符合高速公路公益属性的要求，更符合高速公路市场化运作的要求。

2.1.3 保险还具有双赢的社会功效

保险本身具有防止、分化和消除社会矛盾的功效，正如在机动车管理引入强制保险一样，现在的交通事故后续处理工作比以前好做得多了，而高速公路运营管理引入保险机制，一方面，可以促进内部运行机制的升级；另一方面，因为有了矛盾分化的途径，从而又在社会面获得赞同和支持，是一种双赢的举措。

2.2 保险机制对防范高速公路营运管理责任风险的作用

2.2.1 协助进行科学的决策

这个作用最主要体现就在高速公路的重大事项的决策方面，即通过保险合同的方式让专业的保险公司或咨询公司的早期介入：一方面，是加强被保险人或咨询人(往往是高速公路投资、建设单位)自身的内部行为进行自我有效约束；另一方面，也通过依靠保险公司相应的风险管理来进行外部制约，从而保证决策的科学性。这种作用在BOT运行模式下体现得更为明显，而在日常管理中也发挥极其重要的作用。如进行公司上市、重大资产抵押担保、重大投资，甚至一些重大的公共政策的执行，等等，专业的保险公司一方面进行着专业的咨询指导，另一方面又进行后续的补救，从而实现企业或单位的内外良性运作。

2.2.2 进行有效的过程监控

根据保险法和保险合同的规定,保险人有权对被保险人的保险事项进行跟踪和监督,以促进被保险人规范运作,正是这种适时的,甚至是一种贴身的监督和服务,可以防止被保险人"出错",也可以对被保险人的"失误"进行控制或者约束,防止"错误"或者损失的扩大化,同时采取一些有效预防措施,减少或者避免"错误"的再次发生,从而增强防范和抵御责任风险的能力。

2.2.3 发挥协调处理的作用

保险合同可以"染指"第三方,也就是说,当发生保险事件时,保险人可以自主、合法的介入事件,从而搭建一个协调解决的平台,无论是前台调查,还是后台处理,正是有了保险,使很多纷争得到有效控制,很多矛盾得以化解,为和平解决争议创造条件,以化解责任风险。

2.2.4 帮助控制成本或损失

高速公路具有公益性和逐利性(特别是经营性高速公路)的双重属性,这两种属性决定了高速公路必须并重看待这两种属性,即名(公共评价)和利(经营利益)对高速公路经营管理者来说同样重要。当许多纷争或矛盾指向高速公路经营管理者时,保险无疑是解决这种纷争或矛盾的最好途径或手段。一方面,有了保险赔付,无疑现实地减少高速公路的经济损失,另一方面,就是因为有了保险的介入,缓解、化解了许多矛盾和纷争,对高速公路来讲,无疑是一种社会的"补偿",是对"名誉"的维护。因此,保险对高速公路来说是双赢的。

正是保险机制具有防范风险、化解矛盾、减少损失、降低责任、提高效率、促进管理等作用,高速公路管理部门应该大力研究和引入保险,真正发挥保险机制对高速公路经营管理工作的良好促进作用。

3 构建完善的高速公路营运管理的保险机制和体系

3.1 树立行业风险意识,强化责任风险管理

在我国,高速公路自诞生之日起就是实行收费制管理,尽管收费的高速公路可分为政府收费还贷和经营性两种高速公路,这只是在管理单位性质或经济成分上的区别而已,但与公路使用者的法律关系不会因为所收费的去向而发生改变,正如在一些涉路诉讼纠纷中,高速公路反复强调自己与对方是行政管理关系而非民事关系或合同关系,以求获得民事"豁免"。这种解释和想法是天真的,是绝对行不通的,因为不管你的收费性质如何,但收费的标准、服务的要求、执行的法律等都是一致的,这种一致性在法律的执行上不可能用两个标准去评判。因此,作为高速公路经营管理者,必须要有这样的意识,在高速公路管理的理念、方式、方法上,必须放弃"官本位"思想和观念,回归现实和理性,同时,高速公路又是一个责任风险较高的行业,防范责任风险的意识必须贯穿于高速公路经营管理的始终,责任风险管理应当是高速公路经营和管理的一项重要的工作。

3.2 高速公路行业的保险选择

适合高速公路行业特点的商业保险基本简介

(1)决策责任保险

属于职业责任险,用以保障重大事项决策的科学性。投保人往往是作为工程建设或经营的咨询单位,被保险人是工程业主或经营业主。保险范围应是:由于咨询单位自身原因,造成业主决策失误而带来损失,应予以相应的赔偿。但因咨询单位是以从业人员的智力成果为业主提供技术服务的,一般资产、资金较少而无力赔付,必须借助保险予以保证。保险的目的就在于加强咨询单位自身的内部约束力,并依靠保险公司相应的风险管理来进行外部制约。

(2)工程责任保险

主要包括勘查、设计责任保险、招(投)标责任保险、监理责任保险、工程质量责任保险和作业人员人身意外伤害保险等五个保险类别。

勘查、设计责任保险。属于职业责任险,投保人是工程勘察、设计人(单位),被保险人是工程勘察、设计

单位、工程业主。保险范围应是由于勘察、设计人员由于疏忽或过失而引发的工程质量事故给业主和工程造成损失或费用,应予赔偿;但因工程勘察、设计单位财力有限,要通过保险来转嫁风险。

招、投标责任保险。在重大工程建设招标中,招标人一般要求投标人在投标的同时,提供银行担保或投标保证险保单,保证投标人中标后履行签订合同义务,否则,将依据保证合同或保险协议由银行或保险公司赔偿招标人因此受到的经济损失。其目的就是保障招、投标顺利进行和工程合同的签订与履行。

监理责任保险。属于职业责任险,是为工程监理单位因工作失误或者疏忽而设立的一种保险。对于投保单位,因其工作失误或者疏忽而给业主或者承包商等造成的损失,将由保险公司负责赔偿。目的是要通过研究制订科学合理的职业责任保险条款,促进工程监理单位加强内部管理,开展培训和工程风险咨询,加强职业道德建设,努力提高服务水平。

工程质量责任保险。它是通过工程承包商依协议对其承包工程项目购买相应的质量保险,当工程移交给业主后,因承包商缺陷责任给业主造成损失时,由保险公司承担相应的赔付责任,确保业主经济损失或缺陷能及时得到补偿或补救。

作业人员人身意外伤害保险。这是《建筑法》明确规定的一种强制保险,承包商必须为从事危险工程建设作业人员办理意外伤害保险所支付相应的保险费。其法定的投保人是承包商,也可以由承包商委托该项目经理部代办。被保险人应当是施工现场上的作业人员及其管理人员。

(3)运营公众责任保险

公众责任保险是对机关、企事业单位及个人在经济活动过程中因疏忽或意外事故造成他人人身伤亡或财产损失进行承保的一种责任保险。

公众责任保险的形式多样,主要有普通责任险、综合责任险、场所责任险、雇主责任险、承包人责任险等。

机关、企事业单位及个人可以对其的办公楼、饭店、工厂、商场、公共娱乐场所等进行投保公众责任保险来转嫁这方面管理责任风险。

本保险对高速公路运营过程中产生的责任起到"对症下药"的作用,特别是高速公路通行时发生的意外伤害或损失,当责任落到高速公路时,其作用就显而易见了。2002 年中国人保财产公司推出的"高速公路综合保险"立刻就得到全国多家高速公路经营管理单位的响应,并迅速推广,效果比较明显。

(4)高速公路利益保险

这主要是高速公路经营管理单位对自己所经营或管理的财产或利益进行投保,从而将经营管理风险转移到保险公司。以提高运营关系的安全性。主要包括:公路财产损失保险(主保包括公路及附属设施、车辆、机械、设备、房屋及建筑物等)、通行中断损失保险(主保包括因事故或事件造成通行费损失或维护、维持费的支出等)和现金保险(主保的是高速公路经营管理单位管理的运转现金的安全)等三种。

3.3 保险的机制运用

保险运作是一个系统的机制运行,其对高速公路经营管理工作的促进作用不能靠简单的购买保险和出险索赔就行了,要充分发挥保险的机制作用,还必须重视细节管理,加强投险论证、涉险的处置和险后的评估。

3.3.1 进行投险的科学论证,选择或制订符合行业要求和单位特点的保险品种

前面讲了,保险没有最好的,只有最合适的。各高速公路经营管理单位只有对自己的行业责任风险进行评估与论证,确定好投保方向性,同时也要了解保险市场现状,决定好相应的保险公司取向,做到知己知彼,才能使自己购买的保险服务物超所值。当然可以通过咨询、委托保险代理人或经纪人办理保险事项,也可以通过招投标的方式或者订单式保险方式获得良好的保险服务。

3.3.2 加强涉险处置,有效控制损失或影响,顺利地实现保险理赔

涉险事故或事件发生后,投保单位(被保险人)人员应及时到达事故或事件现场,采取一些必要的措施避免损失或影响扩大,确定案情后应及时报险,等待保险人的工作人员到达现场共同查勘,甚至协调处理第三方事务,如做好与涉险受害人或者保险赔付受益人的协调与沟通,争取达成赔偿协议或相关意向,尽量避免诉讼而造成不良影响,这也符合购买责任保险的初衷。

3.3.3 做好险后评估，以此提升保险的机制性作用。

保险对投保人而言，其作用不仅仅是“破财消灾”，而是“吃一堑、长一智”，通过涉险事故的调查处理，一方面，提升了我们每一个高管人的责任风险意识，以此推动行业危机处置和能力的提高；另一方面，又让我们认识到工作的不足或缺陷。从而更好地改进工作，避免再次“犯错”。保险使我们有了“第三只手”去强化管理、规范服务。

4 结语

在公共事业管理引入保险机制在国外并不是什么新鲜的事，而在我国，这还是一个新生事物。当在高速公路事业市场化运作不可逆转的情形下，把商业保险注入到高速公路经营管理运行机制中，已经成为一种可能，并将取得良好成效。但是，高速公路作为国民经济的基础型产业，这种运作模式及作用必须要伴随着国家的法制进程而进一步规范和增强，高速公路运营管理的保险机制也必须走一条法制化的发展之路。

当前，国家强制性保险在一步步地得到强化和推广，如强制性劳动保险、强制性机动车第三者责任保险、强制性建设施工人员伤害保险等等，那么，作为具有相当行业危险性的高速公路运营管理，是不是也应该推进高速公路运营管理的法定强制性保险工作呢？我认为这是一种发展的必然趋势，相关工作对行业内每一个人而言，其任重道远。

浅谈高速公路施工作业的安全管理

钟洪涛

（同三高速公路烟台管理处　烟台　264003）

摘　要：与普通公路施工作业相比，高速公路施工作业的安全管理有其特殊性，其施工安全管理方式需要我们不断进行探讨和研究。本文从人、物、管理和环境四个方面就高速公路施工作业安全管理做了深入的分析，指出了实施高速公路施工作业安全管理的必要性和存在的问题，在此基础上提出高速公路施工作业安全管理的具体措施，以期为施工安全管理人员开展工作提供一些建议和参考。

关键词：高速公路　施工作业　安全管理

On Safety Management of Expressway Construction

Zhong Hongtao

(Tongsan Expressway Yantai Management　Yantai　264003)

Abstract: Compared with the construction of ordinary road, expressway construction has its own characteristics in terms of safety management, which calls for constant exploration and study. This paper makes an in-depth analysis of expressway construction in four aspects: personnel, material, management, and environment. It points out the necessity and existing problems of safety management of expressway construction, and presents concrete measures for safety management of expressway construction in the hope of providing some suggestions and references for people in charge of safety management of expressway construction.

Keywords: Expressway　Construction　Safety management

0　引言

改革开放以来，随着我国社会经济的飞速发展，国家加大了对高速公路的投资和扶持力度，新建高速公路里程不断延伸，公路交通网络不断完善；同时，大批原有的高速公路由于使用年限较长或者车辆超载严重，部分路段路面状况已经不符合高速公路行驶质量的要求，需要对原有路段路面进行改造维修。这都导致了高速公路工程建设规模不断扩大，由此带来的高速公路施工安全问题也不断增多。

1　加强高速公路施工安全管理的重要性和必要性

“安全生产”是施工企业在进行生产经营活动中必须做好的一项重要工作。安全工作的成败直接影响到每个从业人员的生命安全和国家财产安全，决定着企业的前途和命运，影响社会的稳定和经济的持续健康发展。高速公路在施工过程中，一旦由于施工安全措施不到位，就会造成重大的交通安全事故，造成众多的人员伤亡和经济损失；同时，高速公路施工安全管理是一项综合性、系统性的工作，涉及人员、设备、物资、管理和环境等许多方面。因此，我们只有把这些方面综合起来，形成一套完善的安全管理体系，才能为高速公路施工作业设立一道安全的屏障，确保高速公路施工的安全和顺畅。

2　高速公路施工中存在的安全问题及其成因分析

高速公路施工作业过程中存在的安全问题主要包括四个方面：从业人员方面、设施与设备方面、施工环境方面和组织管理方面。

2.1 从业人员方面

2.1.1 基层安全管理人员

安全管理工作是一项综合性的工作，它涉及设计、施工及维护管理等许多方面，要求具有较高技术和文化知识水平的人员去落实。但是，目前高速公路施工现场大部分基层安全管理人员都来自一线工人，他们虽然有丰富的施工经验，但文化素质较低，对这些安全管理知识不能完全理解和掌握，在实际工作中难以有效地进行管理。

2.1.2 施工现场作业人员

随着企业内部分工的细化以及用人制度的改革，高速公路施工企业往往会把一些琐碎的工作委托外部施工单位来完成。而这些外部施工单位在安全管理方面缺乏专职人员，施工过程中只注重施工进度和质量，而忽视安全施工，不能真正做到安全第一。

在人员构成方面，这些外部施工单位中除管理人员是“正式工”外，企业内部人员大多都是“临时工”。这些“临时工”绝大多数是涌入城市的农村剩余劳动力。而企业出于经济利益考虑，却大量招收和使用农民工，使得这些临时工成为施工现场的骨干力量。由于他们人员流动性大，自控能力差，管理比较松散；人员素质差别较大，安全意识较差，习惯性违章行为较多；大部分人没有经过专门的专业技术学习或培训的时间较短，技术素质较低，有的连基本的安全知识都不理解，不仅影响了施工质量，也会给施工现场带来安全隐患，引发各种安全事故。

2.2 设施与设备方面

2.2.1 机械设备方面

由于高速公路施工机械设备类型繁多，作业地点经常变换，机械设备需要经常拆除或移动，加之操作人员流动性大，所以安全管理难度较大，主要存在以下问题：一是在施工过程中，工程项目往往点多线长，设备、人员调动频繁，而施工企业往往管理班子不全，人员力量薄弱，缺乏完整、严格的机械设备管理制度，对机械设备的台账、技术资料档案的建立等工作尚未完善，管理工作无章可循、管理无序，有的企业甚至在购买了新设备后，没有及时或根本不入账，造成管理工作相当被动，设备使用不当，严重的甚至造成国有资产的流失。二是机械设备的使用、维修和保养相互脱节。在作业过程中，操作人员为了赶工期、抢进度，常常使机械设备处于超负荷状况工作或带“病”作业，甚至违章操作，致使机械设备磨损老化严重。而操作人员往往只是“包用不包修”，维修人员也是马虎应付了事，每当机械设备出现故障，操作人员与维修人员往往互相推卸责任，不但增加了维修费用，也会给机械设备在使用过程中带来安全隐患。

2.2.2 安全设施方面

一是有的施工单位为节约成本，安全设施投入不足。在施工作业时使用不符合高速公路施工安全标准的标志标牌，如标志不发光，锥形筒反光膜脱落等；不及时补充正常损耗的标志标牌、反光背心、警示灯具；不按规定设立专职安全员。

二是标志标牌设置不规范。有的施工单位没有严格依照标准规范设立标志标牌，一些标志标牌设置距离不够，内容不规范、不清楚，不能够很好地起到提醒、诱导、警示驾驶人并促使驾驶人提前采取相应措施的作用；有的施工单位工程完成后，不能及时撤除标志导向牌、锥形筒等障阻物，也易造成交通事故。

2.3 施工环境方面

2.3.1 车辆通行环境

一些施工单位没有制订健全的占道施工疏堵保畅预案，执行措施不力，降低了高速公路的通行能力。尤其是在双向单车道施工时，施工作业占用一边的车道，仅留另一边车道通行，而高速公路车流量大，车速较快，一旦有大型货车发生故障或事故抛锚占道，形成路障，施救单位由于施救力量和技术设备受限，应急保畅预案不健全，很容易造成高速公路交通受阻或引发交通事故。

2.3.2 用电安全

施工工地环境条件往往比较恶劣，用电装置安装不规范，安全保护措施不齐全。现场用电操作人员多数为非电气专业人员，缺乏用电安全知识，很容易违章操作，造成触电事故。

2.4 组织管理方面

2.4.1 安全监督管理工作薄弱

一是部分高速公路施工单位的领导缺乏安全思想意识，安全责任主体不到位，仍然存在重经济效益、轻安全作业的倾向，“管理官僚化、干部机关化”的现象相当严重，脱离施工现场搞监管，导致施工作业事故频发。二是有的施工监理单位由于缺乏足够的人员和技术力量，尚未建立相对规范的安全监理模式，不能系统地组织安全监理工作。

2.4.2 施工单位内部安全管理制度不完善，制度落实不到位

高速公路施工单位多处于粗放劳务型状态，不少单位中标后，运来机械设备，从社会上招聘农民工，没有经过安全培训和安全教育，雇用的施工车辆没有经过安全检测，或是使用无牌无证车辆，就开展施工，施工单位的安全管理、安全培训等安全生产管理制度形同虚设。

3 解决高速公路施工安全问题的对策

3.1 从业人员方面

人是各项生产要素中最活跃的因素，高速公路施工的各项安全管理工作都要围绕“人”这个中心开展。因此，高速公路施工单位要强化安全生产意识，做好全员安全教育培训工作，将安全培训工作贯穿整个施工过程，把好全员基本安全素质关，从源头上减少施工安全隐患。主要可以采取以下措施。

一是对施工单位的基层安全员要进行集中培训，通过专业人员讲解施工现场管理规定、施工中要注意的安全事项，让他们掌握必要的安全知识和技能，在施工安全方面起到沟通管理机构和一线施工人员的桥梁和纽带作用。

二是加强特种作业人员的安全教育培训工作。特种作业人员由于其工作具有特殊性和危险性，因此对特殊工种的教育培训要更严格、更规范。对他们除了要进行国家劳动部门等有关的培训外，施工单位还要在平时组织经常的、分季节性的教育培训，真正做到安全教育培训经常化、制度化。

三是对新入职的施工人员要做好施工单位、项目部和班组的“三级”安全教育，让他们了解基本的安全方针政策和安全法律法规，掌握基本的安全生产知识和安全生产技能，增强自我保护意识，从整体上降低施工安全事故发生的频率。

3.2 设施与设备方面

3.2.1 加强高速公路施工机械设备的安全管理和运营

针对高速公路施工机械设备种类繁多、操作人员复杂的情况，在保证机械设备安全运营的过程中应做好以下工作。

一是建立完善的机械设备管理制度，坚持持证上岗。在施工单位内部建立必要的机械设备管理规章制度，如岗位责任制度、交接班制度、安全运行和操作规程、维修保养制度、机械设备技术档案制度等等。同时，要组织机械设备操作人员参加安全监察部门组织的培训，使其掌握基本理论、机械设备安全操作知识，经安全监察部门考试合格并取得操作资格证书，严格遵守安全操作规程，主动参与特种设备的使用管理工作，以确保特种设备的正常使用和安全运行，降低机械设备事故的发生。

二是加强对机械设备的日常保养和维修。施工单位应定期组织对机械设备的自检和正常的维修保养；操作人员在作业过程中发现事故隐患或者其他不安全因素，应当立即向现场安全管理人员和单位有关负责人报告；机械设备出现故障或发生异常情况，使用单位应当对其进行全面检查，消除事故隐患后，方可投入使用。

3.2.2 安全设施管理

高速公路工程施工中使用的安全设施在使用前，必须经过有关部门检验合格后方能投入使用；一些安全设施的搭建要事先经过技术人员的严格审批；对于重要的安全设施，要安排专人负责看护，施工单位要组织

安全技术人员定期对安全设施进行抽检;施工结束后要及时拆除或移走安全设施,保证高速公路的安全畅通。

3.3 施工环境方面

(1)高速公路施工单位在施工前要预先确定施工区的范围以及安全管理的施工方案,结合施工路段的情况以及天气、交通、地理位置、警力安排等各种因素进行仔细的分析,最好是画出安全管理方案的示意图,标出必要的文字说明,将安全管理方案向各个现场工作人员讲解清楚,规定好各班组人员的职责和要求,把安全管理施工方案落实到每一位工作人员中,这样才能有效地杜绝安全事故的发生。

(2)加强对施工现场的安全监管,要严格按照警告区、上游过渡区、缓冲区、作业区、下游过渡区、终止区这六个区域各自的划分标准,把施工区域划分好,设置好各类安全标志标牌,以保证给道路使用者和施工人员提供最大的安全保护。

(3)加强对施工现场的交通安全管理。施工现场所有施工人员应统一着橘黄色安全服;设专职交通协管员负责指挥交通,应付突发的交通情况;设专职安全员负责监督现场的安全管理、维护设置的交通安全管理设施;施工车辆必须配置黄色闪光标志灯,停放在施工区内规定的地点,进出施工场地时,要服从专职交通协管员的指挥,不得擅自进出;在施工区域两端设置彩旗、安全警示灯、闪光方向标,给施工车辆和通行车辆起到警示作用,避免造成危险。

(4)加强施工现场的用电安全管理工作。高速公路施工现场要制定完善的临时用电安全管理制度和岗位责任制度,并安排专人管理负责,配备熟练电工,严格遵守安全用电的操作规程,对现场使用的电器设备和线路要定期进行检查,并每天巡查,将隐患及时消灭在事故发生前。

(5)做好施工现场的安全信息宣传工作。施工单位在开工前3～5天,要通过新闻媒体、广播电视和高速公路上的电子情报板等,对道路的通行情况及施工信息向社会公布,警示过往车辆注意施工路段的情况,安全出行,避免车辆拥堵,减少路面施工的安全压力。同时,也可以提前制定分流车辆的方案,既保证施工的顺利进行,也保证过往车辆的交通安全,减少安全隐患。

3.4 组织管理方面

(1)高速公路工程建设部门要加强对施工单位的资质审查和安全管理。会同路政管理部门,把好入口关,加强对施工单位施工资质的审查和施工现场的安全监管,设立施工单位事故预防保证金制度,重视对违规操作的整治和处罚工作。每月组织施工单位召开"安全例会",对施工安全管理情况进行通报、讲评,对施工企业实行安全资质评定制度,建立安全管理奖罚措施,对安全资质不合格的单位,开除其施工资格。

(2)高速公路工程监理单位要认真审查施工单位编制的专项安全施工方案,派专人对施工现场安全情况进行巡视检查,对发现的各类安全隐患,书面通知施工单位,督促其立即整改;情况严重的,及时下达工程暂时停工令,要求施工单位停工整改,同时报告建设单位。

(3)高速公路施工单位要建立和完善安全生产责任制,以制度的形式明确施工单位各级领导、各职能部门、各类人员在施工活动中应负的安全职责。每个施工项目应根据具体情况,成立以项目经理为首的安全生产领导小组,并根据施工项目的性质、规模和特点,配备规定数量的专职和兼职安全管理员,督促检查各类人员贯彻执行安全生产管理制度,协助项目经理推动安全生产管理工作。

4 结语

高速公路施工的安全管理工作是一项系统性和复杂性的工作,其涉及面广,要求高,需要做好人、物、环境和管理等各方面的工作。其安全管理水平的高低与成败直接关系到国家和集体的财产安全及各类人员的生命安全,关系到施工单位的经济效益和社会信誉。因此,我们要认清其特殊性,加强管理,积极探索,不断提高高速公路施工安全的管理水平。

参 考 文 献

[1] 雒应. 路基路面施工百问[M]. 北京:人民交通出版社,2008.
[2] 王炜. 公路工程施工安全生产[M]. 北京:人民交通出版社,2003.
[3] 陈正昆. 浅谈高速公路工程安全监理[J]. 安徽:工程与建设,2009.3.
[4] 朱云峰,楼向卫. 浅谈高速公路施工安全管理[J]. 北京:中国水运,2009.1.
[5] 李桂化. 浅谈施工安全管理[J]. 天津:经营与管理,2008.2.
[6] 李建刚. 浅谈公路施工中项目安全管理的实施[J]. 兰州:甘肃科技纵横,2006.6.
[7] 上海市第一建筑有限公司. 加强设备管理确保施工现场机械安全成行[J]. 北京:中国设备工程,2005.1.
[8] 赵桐山. 公路工程施工事故隐患成因与安全管理[J]. 兰州:甘肃科技,2003.5.
[9] 相建成. 强化安全管理确保施工安全[J]. 长春:吉林劳动保护,1999.4.
[10] 胡永强. 加强外来施工单位的安全教育和管理[J]. 济南:化工劳动保护,1998.2.

筑路机械使用中的应急管理

安伟刚

（山东省东营市公路管理局　东营　257091）

摘　要：本文从应急管理体系和应急管理制度的建立、操作人员的选配、机械自身使用安全以及机械使用环境四个方面阐述了如何做好筑路机械的应急管理，确保机械在使用期内安全无事故。

关键词：筑路机械　使用　应急管理

On Emergency Management of Road Construction Machinery

An Weigang

（Dongying Highway Administration Bureau　Dongying　257091）

Abstract: This paper deals with how to make a good emergency management of road construction machinery and ensure safety with no accident when machinery is in use from four aspects: establishment of emergency management system and emergency management regulation, selection of operators, safe use of machinery, and the environment in which machinery is used.

Keywords: Road construction machinery　Use　Emergency management

0　引言

随着公路工程建设的迅速发展，特别是高等级公路的不断修建，使得施工单位机械保有量增加，大规模机械化施工取代了以前落后的施工方式。在工程施工中，机械设备一旦投入使用，就存在一个安全问题。要杜绝或尽量减少事故的发生，创造好的经济效益，就必须搞好筑路机械在使用中的应急管理。

应急管理就是建立一套适合筑路机械使用特点的、完整的安全预防体系，防患于未然；建立一种安全生产管理模式，保障安全；预防目标就是保证机械在整个使用期内安全无事故。

1　应急管理体系和应急管理制度是保障安全的前提

应急管理体系的建立，应该充分体现"安全生产、人人有责"以及"管生产必须管安全，谁主管，谁负责"的原则，建立一套应急管理体系，形成一个完整的管理网络，纵到底，横到边，层层落实不留死角。在整个网络中应包括第一责任人、主管负责人、日常安全业务管理责任人、安全管理员及操作人员。

第一责任人应是单位主要负责人，应熟知国家关于安全生产、应急管理的法律、法规和方针政策，并能认真贯彻落实，具备高度的安全意识和责任感，在抓生产的同时能抓好安全。组织制订本单位安全生产规章制度及应急预案，确保安全资金投入，并有能力审定安全生产的规划和计划并监督实施。

主管责任人可以是主管筑路机械的副处长或副经理，负责机械的安全管理，能结合国家有关安全、应急管理的法律法规，制订机械安全管理的方针目标和制度措施，保障机械的安全使用。

日常安全业务管理责任人应在主管责任人领导之下，实施安全管理、安全监督、安全检查，能对不安全因素或隐患进行排查或提出整改意见加以整改，并负责安全学习、培训等日常工作。日常安全业务管理责任人必须熟知机械结构原理、操作规程及使用环境，并能对机械安全管理制度进行细化分解和落实。

安全管理员应是设在施工现场的安全检查监督员，能认真贯彻国家的安全、应急管理法规和单位安全管理制度。责任就是紧盯现场，消除不安全因素，对机械进行安全检查，对违规违章行为能及时提出整改意见并进行整改处罚。

操作人员是机械使用安全的直接责任者,必须具备良好的业务素质和安全意识,能及时发现排除安全隐患。

管理体系如下:第一责任人(处长或项目经理)→主管责任人(副处长或项目副经理)→日常安全业务管理责任人(安全科或部)→安全管理员→操作人员。

应急管理制度的建立必须使应急管理体系和管理活动正常运转,约束安全管理者和被管理者,使应急管理规范化、合理化、科学化。遵照国家"安全第一,预防为主"的安全生产基本方针,依据中华人民共和国《劳动法》、《安全生产法》以及主管行业、上级主管单位的政策,结合本单位实际,制订安全管理制度。其内容应包括:一是要制订安全生产责任制,根据各岗位职能及特点在各自工作范围内制订详细的安全生产责任制,做到安全生产,人人有责,以实现每个职工都必须在自己岗位上认真履行各自的安全职责。二是要制订安全目标考核制度,其中包括安全目标的制订,为了实现安全目标而采取的安全检查制度、安全评比制度、安全奖罚及安全指标否决制度的制订。应制订筑路机械检审标准,检审方法以及如何处理检审中发现的问题。依据机械的安全技术操作规程、保修规程,确定机械的检查标准和要求,确定检查时间、检查项目、检查内容、检查情况、检查结果、检查后建议及检查人签名等,每项内容、标准、要求都应力求简明,易于判断和操作。三是应制订安全教育培训、安全活动制度,应包括计划、对象、内容、方式、记录、效果等。四是应制订安全例会及安全、应急宣传制度,还要制订危险工作申请、审批制以及特种机械及特种作业人员管理制度等。

2 操作人员是保障安全的关键

安全生产中人的因素是第一位的,由于违反操作规程而发生的机械事故和人身伤亡占事故总数的80%以上,操作人员在关键危险时刻的临时处置正确与否,关系到群体的生死、巨额财产的存毁。因此,做好操作人员的安全预防工作就能最大限度地降低事故的发生,可从以下几个方面入手。

2.1 操作人员的选择

应根据所操作机械的特点、大小难度、技术含量、作业环境,选择合适的操作人员。技术含量高、结构复杂的机械,应选择文化水平高的专业人员,以便容易掌握设备结构性能,实施安全操作。操作人员应具备良好的职业道德,敬业爱岗,应具有较强的安全意识和自我防护意识,心理稳定,身体素质好。对其听力、观察力以及对外界的反应能力进行考核测试,选择的操作人员必须在复杂的环境下具有良好的适应性、应变性。

2.2 应对选择的操作人员制订上岗前培训计划

可采取如下安全教育:结构原理性能培训教育;操作规程及保修规程教育;有关法律法规、法令条例及管理制度教育;特种设备及特种作业安全教育;防护用品、消防用品使用教育;典型经验宣传教育及家庭安全教育等。要做到三不上岗:不经培训不上岗、操作不熟练不上岗、不了解岗位可能发生事故及防范措施不上岗。

2.3 操作人员应持证上岗

操作人员接受培训后经安全监督部门或有关部门考核颁发证书后,方可上岗操作,并按规定进行证书检审,要实行定机、定人、定岗三定制度。大型及重点设备实行机站长负责制。

2.4 做好操作人员的劳动防护

依据《劳动法》做好操作人员的劳动防护,根据各种机械的特点确定保护措施,包括配备合格的劳动防护用品,劳动条件的改善,作息时间的安排,以便操作人员有充足的精力和体力。

2.5 对操作人员应建立一种约束机制

操作人员上岗后,安全管理者和被管理者应签订安全责任合同并与经济挂钩,分清义务和责任,制订服务承诺与奖罚措施,同时做好安全技术交底,使操作人员具有安全风险意识,才能有的放矢,避免事故的发生。安全生产责任合同应依据有关法律法规和本单位管理制度签订。

3 机械自身安全状况是保障安全的重点

机械自身安全包括为保障机械自身安全的管理制度制订和保持机械正常运转各个部位的安全预防。

3.1 安全管理制度的制订

首先要制订操作人员岗位责任制，结合每台机械的操作使用说明书及有关规定，制订机械检审制度及检查表，可采用定期、不定期对机械进行检查审验，把安全检查作为检审的重要内容，发现隐患，责令整改。整改可采用整改通知书形式，内容应包括整改单位、机型、内容、标准、期限、整改复查日期及整改责任人、检审人等。操作人员在操作机械过程中，应严格执行"三检"制度：工作前检查、工作中检查和工作后检查；工作前是预防，工作中是发现，工作后是处理。

3.2 保持机械正常运转各部位的安全预防

机械各部位运转要正常，缺少安全装置或安全装置已失效的设备不得使用，严禁拆除机械设备上的自动控制机构、力矩限制器、紧急停机开关等安全装置，严禁拆除监测、指示、仪表、报警及警示装置。

大型拌和站等固定设备安装、布局要合理，地基要坚实可靠，周围应无积水，并与高压线保持安全距离。电力系统、操作系统、工作系统工作要正常，消防器材要充足到位，机动车辆部件要齐全，灯光、电气、动力、传动、行驶、制动、工作及液压系统要工作正常。

要加强设备状态监测，对使用频率高、易损坏、易出故障、危险大的设备，应加强跟踪诊断，视情修理，发现问题及早采取措施，保持机械完好，运转正常。

依据机械制造商提供的安全操作规程，对机械的重点防范部位制订安全措施及设立安全标志，安全标志要根据国家标准规定制作，以提醒人们注意不安全因素。机械周围可设立醒目的安全标志牌，用以提醒人们注意安全及发生意外时如何采取紧急措施。安全用电及避雷设施应依据有关规定执行。根据设备技术状况制订设备报废计划，适时报废不安全设备，严禁使用淘汰及报废的设备。

4 机械使用环境是保障安全的必要条件

机械停放场地应符合安全卫生的要求。机械停放位置要合理，以适应机械运动所需的空间，周围环境不应对机械运动构成威胁。场地应平坦、坚实，使机械能进能出，便于在紧急情况下疏散。夜间应有充足的照明，消防器材要合理布置，并在周围及机械出入口设立警示标志。冬季要做好防冻、防火工作，夏季要做好防暑、防触电等工作。

机械进入施工现场前，应做好危险点、危害点、事故多发点的预防。要正确判定危险源。危险来自全方位，有空中、地下、四周以及障碍物等，这就必须预先进行标记，采取措施进行控制，可实行挂牌制，标明其危险或危害的性质类型、注意事项等内容警示操作人员，以避开危险，减少事故的发生。

总之，筑路机械使用中的应急管理是方方面面的，既有人的因素、机械因素，还有环境因素，是一个大的安全系统工程，这需要大家共同研究、探讨、实施，以确保筑路机械使用期内安全无事故。

社会公众对公路相关风险的认知和接受

提高儿童道路交通安全认知技能的方法与对策

朱立荣

(北京市交通委员会路政局路网中心　北京　100053)

摘　要:儿童道路交通安全问题是全世界普遍关注的问题。在我国,典型表现为儿童对道路交通安全认知和自我保护技能的缺失。通过分析儿童发生道路交通安全事故的五种主要原因,借鉴国外成功经验,提出采取有效措施预防儿童道路交通安全事故发生,加强儿童道路交通安全立法工作,加大道路交通安全设施建设和管理力度,探索解决道路交通安全问题的新思路等对策。

关键词:儿童　交通安全　对策

Methods and Measures to Enhance Children's Perception of Road Traffic Safety

Zhu Lirong

(Road Network Center of Roadway Administration of Beijing Municipal Commission of Transport　Beijing　100053)

Abstract:Children's road traffic safety is an issue catching worldwide attention. In China, the typical example is that children fail to perceive road traffic safety and lack self-protection skills. This paper analyzes five causes behind the occurrence of road traffic accidents to children, and draws upon successful experience from other countries. It presents effective measures to prevent children's involvement in road traffic accidents, promotes law-making process to ensure road traffic safety for children, with enhanced management and construction of more facilities to ensure road traffic safety, and explores new countermeasures to address the issue of road traffic safety.

Keywords:Children　Traffic safety　Countermeasures

0　引言

汽车是现代重要的交通工具,人们在享受汽车带来方便、快捷的同时,也不得不面对道路交通事故带来的困扰。车祸,现在已成为人类第一杀手。一百多年来,全世界葬身于车轮之下的人数已达 4 000 万,超过了第二次世界大战期间的死亡人数,而且每年还在以 40 万人的速度递增,因此,人们称道路交通事故是马路上的战争。

2004 年 5 月 1 日,我国第一部关于道路交通安全的法律——《中华人民共和国道路交通安全法》正式实施,用法律的形式固定下来的交通行为规范,体现出对公民生命权、健康权的充分尊重。各地区、各部门围绕该法律,先后制订、修订了多项国家和行业技术标准以及地方法规、规章。但是,随着经济的发展,车辆的增多,儿童的道路交通安全问题越来越突出。据世界卫生组织统计,每年全球死于道路交通事故的 15 岁以下儿童多达 18 万人,另有数十万儿童因此致残。2008 年,国际非营利性组织——全球儿童安全网络—中国(SAFE KIDS China)发布的《儿童步行者道路交通伤害报告》显示,中国平均每年有超过 3.5 万名儿童因道路交通事故受伤或死亡,其中 44%为儿童步行者。在中国每年有近 1.6 万名 15 岁以下儿童步行者因道路交通事故受伤甚至死亡,这其中约半数是由儿童自身违章行为而引起。

1 我国儿童道路交通安全问题现状及成因分析

目前,道路交通事故已成为造成儿童意外伤害的主要原因之一。然而,许多现实情况令人担忧。例如,在通过有信号灯的路口时,有相当多的儿童根本不看信号灯,直接在车流中穿行,“红灯停,绿灯行”成了一句空话。而在一些中小学校门口,不少私家车停靠在两边路口,随着放学人潮汹涌而出,原本不宽敞的道路显得更加拥挤。即便道路拥挤不堪,部分骑自行车的学生依然怡然自得,不少学生不仅在机动车道中间逆向行驶。有关城市随机抽样调查表明,中小学生普遍掌握了相应的交通安全知识,但是,随着年龄的增长和知识的积累,中小学生的交通安全意识反而在弱化。学校教育与家庭教育也存在脱节。比如老师在课堂上无数次地教育学生要遵守交通规则,但是,不少学生反映,家长却经常带着他们闯红灯,这令他们感到困惑。

是什么原因导致儿童道路交通事故频频发生?据交管部门调查统计,在所有的道路交通事故中,除极少数属意外原因造成,75%以上的事故是驾驶员或行人的人为因素造成的。综合分析导致儿童发生道路交通事故的原因主要有以下五点。

1.1 儿童遵守交通法规意识相对淡薄

查阅公安交通事故档案可以发现,交通事故的责任方多半是受害儿童,例如低龄孩子穿越马路时没有成年人带领、不走便道或人行横道、骑自行车技术不熟练或逆行,在公路旁玩耍、红灯亮时横过马路、骑自行车带人、在机动车道上骑自行车等等。

1.2 道路交通标志不醒目,交通安全设施不完善

因交通标志不醒目而造成的车祸也占道路交通事故的一部分。一些地区交通信号灯长期损坏无人修理,人行横道标志不清或难以辨认、人多拥挤或急弯危险的路段没有设置交通标志等;某些恶劣的自然条件,如雾、雪、雨、黑夜、停电等情况下,驾驶员难于辨认交通标志,也是造成事故的原因之一。

1.3 道路设计缺乏对弱势人群的特别保护

近几年,虽然道路设计中体现了“安全至上、以人为本”的理念,但是,仍缺乏对学校、幼儿园周边交通环境的超前考虑,许多学校、幼儿园门口道路狭窄、没有停车位,照明、排水等设施不健全,造成交通拥挤,车辆相互交织,上下学高峰通行能力大大降低甚至塞死,遇有阴天下雨,道路交通安全隐患和危险更加突出。

1.4 儿童乘车没有统一的安全保护规范

现阶段,我国在儿童乘车安全方面还没有相应的法规,也无完善的监控体系及惩罚措施。成人对儿童乘车安全存在着严重的误区,一旦发生交通事故,不正确的乘车方式将对儿童、家庭、社会造成巨大的无法弥补的伤害。儿童乘车危险因素主要有:家长抱着孩子乘车、孩子坐在副驾驶座位、把孩子单独留在车内、让孩子自己上下车、孩子在车里吃零食、让孩子在车里做游戏等等。

1.5 儿童缺乏道路交通安全认知和自我保护的技能

1.5.1 儿童自身条件因素影响对道路交通安全的认知

儿童比成人更易受到道路交通事故的伤害。孩子的身材都比较矮小,他们的视野不能越过小汽车、护栏或绿篱,而驾驶员也很难观察到他们。孩子通常在发现声音来源之前东张西望好几次;特别是在6～8岁这段年龄中,他们尚未萌生自我危险意识,也不能感知危险情况。另外,孩子很容易分心,只会本能地把思想集中在自己的乐趣当中,不理会危险。这些,都使他们成为最易受到交通伤害的人群。经科学权威人士分析,生理发育不成熟使儿童很难同时躲避两辆汽车。十几岁的儿童在生理发育的成熟度上有一个特点,虽然他们可以躲避移动物体,但视网膜和大脑只能处理一个移动物体,不能处理两个同时移动的物体。这就是为什么许多儿童在过马路躲避一辆车时却被另一辆车撞的原因。实际上,许多孩子并不在意身边的种种危险,其根本原因是自身条件因素影响对危险的认知。

1.5.2 国家对儿童自我保护技能缺乏系统的宣传和教育

目前,我国缺乏针对儿童道路交通安全问题进行系统宣传和教育的长效机制和机构。儿童的自我保护

技能大多来自家庭、幼儿园和学校，而当今社会，许多家长或老师无论在成长过程还是社会实践中，几乎没有得到过这方面的正规教育和良好熏陶，那么，这种局限导致儿童在成长过程中对道路交通安全认知能力的缺失，相应的技能少得令人担忧。多数有关交通安全的宣传和教育以专项活动、专家讲座、参观展览等不定期形式体现，虽然起到一定的作用，但是，缺乏按照儿童成长规律进行阶段性、系统性、针对性、灵活性的宣传和教育。

2 国外解决儿童道路交通安全问题的有效方法

高速公路上的车流井然有序，闹市区的交通忙而不乱，各种机动车、自行车以及行人都自觉地各行其道，特别是在路口没有车辆通行的情况下，孩子们也会耐心地等到绿灯亮了才横穿马路——许多外国公民这种较高的素养和社会公德，不仅与严格的交通执法和教育程度有关，还和有关专业机构在本国范围开展的交通安全教育工作有直接的关系。许多国家政府及各种社会团体一直致力于寻求解决儿童道路交通安全问题的有效方法，下面简要介绍如下。

美国是世界上拥有汽车数量最多的国家。保育院、幼儿园针对学龄前儿童的特点开设安全教育课；针对小学生进行交通安全规则和如何应对紧急事故为主要内容的交通安全系统教育；由“美国汽车协会”负责制作交通安全教育教材、宣传画和小册子等。儿童乘车时必须使用儿童安全座椅；如果汽车前座安装有双安全气囊，则必须把儿童安全座椅安装在后座上，违者会受到处罚。

芬兰交通安全教育协会成立于 1992 年，主要是由专业人员和交通警察对芬兰儿童进行预防性的交通安全教育，以增强他们的交通安全意识，并帮助遭遇交通事故的儿童尽早恢复健康，专门为 4～12 岁的儿童编写了附有光盘的《儿童交通安全指南》。

在丹麦，当孩子两岁半时即开始接受交通安全教育，并被邀请加入儿童交通俱乐部；6 岁时开始在学校接受交通安全教育；8 岁时开始知道为实现交通安全目标所应采取的行动、预防和减少交通事故的手段和措施。

法国在 20 世纪 50 年代就以法律的形式规定，学校有义务对学生进行交通安全教育，每月有半小时的交通安全教育和一个半小时的技术训练。

在英国，道路交通安全教育贯穿了孩子的整个成长过程。

与我国近邻的“花园之国”——新加坡建有许多的特殊儿童公园，里面有模拟的城市道路，一切“行人”、“车辆”均按实际交通规则运行，违者予以教育或处罚。公园定期向小学生开放，通过直观的形象教育，使孩子们从小就养成遵守交通规则、文明行车及走路的良好习惯。

3 提高我国儿童道路交通安全认知技能的对策

借鉴国外成功经验，结合我国国情，有效解决儿童道路交通安全问题的关键在于从娃娃抓起，要从根本上巩固好幼儿园、学校这块宣传、教育阵地，让孩子从小养成良好的习惯，在不同的成长阶段接受道路交通安全知识和技能的学习。

3.1 根据不同年龄段的儿童应采取有效措施预防事故的发生

(1)学龄前儿童：要让孩子从小耳濡目染交通安全常识，并从家长和老师的行动中懂得如何采取安全预防措施。在幼儿园，避免枯燥地灌输宣传内容，可以通过生动形象的画册、朗朗上口的童谣以及专为儿童制作的学习光盘，向儿童传授最基本的交通安全知识，涉及儿童在陆上、水上以及公共交通中的安全问题。例如，如何识别各种交通标志；骑自行车时要戴头盔，要走人行车道等等。

(2)学龄儿童：在学校开展道路交通安全知识教育，使学生懂得如何遵守交通规则，培养良好的行为规范，掌握必要的技能，避免交通事故的发生。可以通过每周固定的课时进行教育，还可以通过宣传画册、板报、知识竞赛及童谣等活动进行教育。此外，交管部门和学校应采取一定的安全防范措施，减少道路交通事故发生的可能，如学校门前的路口设专人执勤，在学生上学和放学时进行交通疏导等。

3.2 用立法来保护儿童的道路交通安全已经迫在眉睫

要立法明确儿童道路交通安全教育体系。首先，要实施符合儿童特点，细致而人性化的交通安全教育；其次，要规范儿童骑自行车、摩托车等交通工具的行为，同时明确严格的法律责任，处罚违章行为；另外，还应明确学校、幼儿园周围交通环境设施的特殊性能，推广实施"上学安全路线"项目、学校安全校车等措施，保证儿童道路交通安全。

立法保护儿童乘车安全也非常重要。儿童乘车安全的相关法规在我国一直是个空白。怀抱着孩子坐在汽车前排副驾驶的位置上，这项在很多汽车普及的发达国家和地区被明令禁止的行为，在我国却有明显法律缺位。可喜的是，目前我国的儿童座椅安全法规已经进入立法阶段。

3.3 加大道路交通安全设施建设和管理力度，把"安保工程"作为长效机制延伸下去

为提高道路交通安全水平，交通运输部在全国组织实施了以"消除隐患、珍视生命"为主题的公路"安保工程"。从2004～2006年，全国公路交通部门共投入资金90.1亿元用于安保工程实施工作，有66条国道、1 051条省道和253条县道共计27.8万处急弯、陡坡、视距不良、路侧险要等行车隐患路段得到处治，累计里程达8.3万km，最大限度地减小了公路交通事故伤害，为人民群众的生命财产安全提供了保障。

在此基础上，加大专为儿童道路交通安全设施建设和管理力度。在交通规划、道路设计、建设和改造时，充分考虑儿童安全通行的需求，明确学校、幼儿园周围交通环境设施的特殊性能，规范设置道路交通管理设施和交通安全设施；同时，加大资金投入和管理力度，对现有的不合理、不完善的道路交通安全设施及时进行修复完善，通过路侧可变情报板、广播、电视、网络等方式，及时发布路况安全提示信息，把"安保工程"作为长效机制延伸下去，不断改善公路与城市道路的安全通行条件。

3.4 积极探索解决道路交通安全问题的新思路，不断提高道路交通安全意识

道路交通违法行为要坚持教育与处罚相结合的原则，交管部门要真正做到有法必依、执法必严，建议所有交通违法行为均与个人信用挂钩，让违法者认识到违法代价的巨大，不仅仅是得不偿失，而是终身受害。在坚持严管严治的同时，切实增强服务意识，对违法者给予深刻的教育，培养自觉遵守道路交通安全法律法规的良好习惯；还要加强家长、教师和各级政府干部道路交通法律法规的普法学习，提高他们安全意识和自我保护意识的同时，发挥他们对儿童组织、宣传、教育的优势和影响力，形成家庭教育和学校教育合力。同时，国家积极培养和鼓励社会团体开展道路交通安全宣传和教育，通过网站、热线等不同方式提高儿童乃至全社会道路交通安全意识和认知技能。

确保儿童道路交通安全是一项社会系统工程，涉及经济、社会发展等方方面面，近年来，已得到我国政府和社会各界的大力支持，教育部门、交管部门以及社会专业机构密切合作，为儿童提供了内容丰富的交通安全宣传和教育。

备注："儿童系指18岁以下的任何人，除非对其适用之法律规定成年年龄低于18岁。"这是依据国际《儿童权利公约》界定的。

浅谈我国公众对风险的认知

虞 婧

（中咨（武汉）桥隧设计院有限公司 武汉 430000）

摘 要：由于风险影响着人们生活的方方面面，面对无所不在的风险，我们每个人都在以自己的行为应对风险，而且对待风险的态度和行为因人而异。人对事物的诠释依赖于他的经验、知识、心理状况和信仰等。改变此现象的方法有两条：一是通过教育训练，提高风险意识，这在风险管理中具有重要意义；二是让他们身临其境去感受和体会。影响风险认知的因素相当多，大体上可以分为两大类：第一类是风险自身的特性；第二类是认知者自身的特性及其社会、文化、政治环境。

关键词：公众认知 风险管理 高速公路

On Public Perception of Risk in China

Yu Jing

(ZhongZi (WuHan) Bridge and Tunnel Design Academr Co., Ltd. Wuhan 430000)

Abstract: Risks affect all aspects of people's lives. Faced with risks everywhere, we have our own way to cope with them. It varies from person to person in their attitude and response to risks, as people's understanding of things relies on their experience, knowledge, psychological conditions, and belief, among others. There are two ways to change this situation. One is to improve risk awareness through education and training, which is of great importance in risk management. The other is to experience and comprehend in person. Perception of risks is affected by many factors, which generally fall into two categories. The one is the characteristics of risk itself. The other is the character of perceivers themselves and the society, culture, and political environment in which they live.

Keywords: Public perception Risk management Expressway

1 影响风险认知的因素

由于风险影响着人们生活的方方面面，面对无所不在的风险，我们每个人都在以自己的行为应对风险，而且对待风险的态度和行为因人而异。在引起人注意之前，以生理感觉为基础；在引起人注意、对事物诠释和记忆阶段，则与人有意识的、主观的认知有关，而检索与反应阶段就折射出人的态度及行为。因此，认知是人的态度与行为的基础。

人对事物的诠释依赖于他的经验、知识、心理状况和信仰等。有时，人们对一些事物、信息不理不睬，是因为这些事物、信息不能被他们的经验、知识、信念和信仰所接受。改变此现象的方法有两条：一是通过教育训练，提高风险意识，这在风险管理中具有重要意义；二是让他们身临其境去感受和体会。

风险认知是人们对与某一风险相关的信息进行感觉、留意、诠释与记忆的过程。它是风险识别的一个重要基础环节。人们对风险的认知影响着人们的风险态度与风险行为，进而最终影响到风险管理决策和风险管理的效果。

影响风险认知的因素相当多，大体上可以分为两大类：第一类是风险自身的特性；第二类是认知者自身的特性及其社会、文化、政治环境。就风险而言，根据心理学者的研究结果，有两个最基本的特性影响人们的风险判断和认知：

(1)风险的严重程度;

(2)人们对它的熟悉程度。

除此之外,影响人们风险认知的因素还有很多:

(1)从事风险活动是否出于自愿;

(2)灾难后果是否立即发生且明显;

(3)人们能否控制风险;

(4)风险是新出现的还是曾经发生过的;

(5)灾难后果是否会殃及下一代;

(6)人们对效益或利润的追求程度。

毫无疑问,面对严重的风险事件的时候,如果民众具有认知和思维的理性,对于我们有效地应对危机是非常重要的。通过上述分析,我们可以看到,此时的认知理性受到两个方面的挑战,一方面来自风险事件本身的特征。一个涉及了大量生命财产的事件,也可能仅仅产生一个浅而小的涟漪,造成很小的社会影响,这取决于该事件被民众正确知觉的程度。事实上,信息的呈现方式会对被试的认知产生影响。另外,任何风险事件的发生都有其特定的条件,比如特定的时间性、地域性等特征,但民众在知觉过程中却极可能忽视某些重要的信息。另一方面的挑战来自民众认知的局限,比如,民众的某些个人的或群体的特征,如缺乏某类特定的知识,或者对负性信息的偏重等,可能会导致对知觉信息过程中的偏差。

所谓民众认知的理性,就是要对风险事件能够进行客观的解读,了解事件的本质,而不轻易被无关因素所干扰。我们知道,当广泛涉及民众利益的公共风险事件发生以后,信息的缺乏会引起民众的高度焦虑,但同样,获得支离破碎的信息也许更会加重人们的心理负担。因此,民众理性的建立必须基于风险事件信息的合理结构。

由于人们对风险的认识或是理解要受到知识、心理状况和信仰等的影响,因此每个人对风险的认知与识别都不尽相同,由此产生了风险的客观性和主观性。这一点需要我们在进行风险分析、实施风险管理过程中引起重视,以使风险管理更具有科学性和合理性。

2 培养员工风险认知技术和措施

2.1 树立强烈的危机意识

企业进行危机管理应该树立一种危机理念,营造一个危机氛围,使企业的员工面对激烈的市场竞争,充满危机感,将危机的预防作为日常工作的组成部分。首先,对员工进行危机管理教育。教育员工认清危机的预防有赖于全体员工的共同努力。全员的危机意识能提高企业抵御危机的能力,有效地防止危机发生。在企业生产经营中,员工时刻把与公众沟通放在首位,与社会各界保持良好的关系,消除危机隐患。其次,开展危机管理培训。危机管理培训的目的与危机管理教育不同,它不仅在于进一步强化员工的危机意识,更重要的是让员工掌握危机管理知识,提高危机处理技能和面对危机的心理素质,从而提高整个企业的危机管理水平。

2.2 建立预防危机的预警系统

预防危机必须建立高度灵敏、准确的预警系统。信息监测是预警的核心,随时搜集各方面的信息,及时加以分析和处理,把隐患消灭在萌芽状态。预防危机需要重点做好以下信息的收集与监测:一是随时收集公众对产品的反馈信息,对可能引起危机的各种因素和表象进行严密的监测。二是掌握行业信息,研究和调整企业的发展战略和经营方针。三是研究竞争对手的现状,进行实力对比,做到知己知彼。四是对监测到的信息进行鉴别、分类和分析,对未来可能发生的危机类型及其危害程度做出预测,并在必要时发出危机警报。

2.3 建立危机管理机构

这是企业危机管理有效进行的组织保证,这不仅是处理危机时必不可少的组织环节,而且在日常危机管理中也是非常重要的。危机发生之前,企业要做好危机发生时的准备工作,建立起危机管理机构,制订出危机处理工作程序,明确主管领导和成员职责。成立危机管理机构是发达国家的成功经验,是顺利处理危机、协调各方面关系的组织保障。危机管理机构的具体组织形式,可以是独立的专职机构,也可以是一个跨部门的管理小组,还可以在企业战略管理部门设置专职人员来代替。企业可以根据自身的规模以及可能发生危机的性质和概率灵活决定。

2.4 制订危机管理计划

企业应该根据可能发生的不同类型的危机制订一整套危机管理计划,明确怎样防止危机爆发,一旦危机爆发立即做出针对性反应等。事先拟订的危机管理计划应该囊括企业多方面的应酬预案。在计划中要重点体现危机的传播途径和解决办法。

进行风险分级管理。单纯的分析不是目的。除了将定期风险分析的内容记录在册,还应将风险进行分级分类。制订每一项风险的解决方案,明确责任人与责任完成时间与指标。

不定期举行不同范围的危机爆发模拟训练。企业是否能真正有快速危机处理的能力,实践是检验能力的最好试金石。成熟的企业之所以能有良好的抗震性,与其平素进行的危机模拟训练是分不开的。这与消防人员的消防训练、部队的军事演习在本质上是相通的。不定期是为了避免定期训练所形成的心理惯性,从而降低了训练的实际效果,而训练间隔时间太长则又失去了危机训练的意义。每次危机模拟训练结束,认真反思暴露出来的问题,并迅速予以整改。

3 公众破解风险的原则

危机从发生到产生大面积影响的时间一般不超过 24 小时。而几乎所有的危机处理失败的案例,都存在着态度上的偏差。当然,速度不能决定一切,在处理危机时必须以强有力的执行为后盾。因而可将之归纳为危机处理的“速度法则”、“态度法则”和“力度法则”。

3.1 速度法则

即使在预防危机上做足文章,仍难免挂一漏万,预防危机的意义部分在于即使企业有危机发生,充分的准备和正确的处理方式也会帮助企业在最大限度上使危机不至于演变成不可收拾的残局或是灭顶之灾。危机处理的难度是与企业处理危机的速度成反比的。速度越快,损失就越小。往往是危机发生的最初 24 小时,危机的走向就已经完成了。

3.2 态度法则

公众与媒体不仅关注事实真相,在某种意义上更关注当事人对事件所采取的态度。事实上,90%以上的危机恶化都与当事人采取了不当的态度有关,比如:冷漠、傲慢、敷衍或拖延。

3.3 力度法则

每当公众关注某一事件之时,公众的尺度往往较平时更为苛刻。因而,解决危机只有采取比平时更为严厉、更为迅速、更为强有力的措施,才可能在公众面前赢得信任,昭示诚意。力度法则是态度法则的必要补充,也是问题最终获得解决的关键点,但不应当做出不切实际、无法实现的允诺。

4 结语

总之,有危机并不可怕,没有危机才是可怕的,而没有危机意识更是可怕的。有了危机,辩证地看待、处理危机,才能使企业步入健康的、可持续发展之路,危机是企业获得快速发展的源源不尽的动力。孟子云“生于忧患,死于安乐”正是道出这样的道理。但危机意识的培养不是教条的,只有辩证地运用,才能使危机意识发挥最大的管理作用。

参考文献

[1] 符志民. 航天项目风险管理[M]. 北京:机械工业出版社,2005.
[2] 符志民. 研发项目开发风险种类和风险事件[J]. 管理与改革,2002.

[3] 严武. 风险统计与决策分析[M]. 北京:经济管理出版社,1996.
[4] 宾国强. 实际利率、金融深化与中国经济增长[J]. 经济科学, 1999(2).
[5] 范学俊. 金融体系与经济增长:来自中国的实证检验[J]. 金融研究, 2006(3).
[6] 谢晓非. 国人关注的焦点——一项风险认知研究的初步结果[J]. 社会心理学大会(中国内蒙古),1994.
[7] 谢晓非,徐联仓. "风险"性质的探讨——一项联想测验[J]. 心理科学,1995, 18(6):331-333.